民国首版学术经典

汉晋学术编年【一】

刘汝霖　著

上海科学技术文献出版社
Shanghai Scientific and Technological Literature Press

出版说明

民国时期虽只有短短三十几年，却在中国历史上拥有极其重要的地位。随着地理封闭格局的打破，社会制度的转型，思想束缚的解放，社会的文化和学术也开始了古今中西新旧融合与创新的历史过程，迎来一个百家争胜、异彩纷呈的局面，直接表现便是名家辈出、佳作迭现，且其视野之开阔、学识之渊博、影响之深远，为前代所不及，亦为后人所难达。

民国文学史堪称一部文学思潮、文学流派、文学运动、文学论争、文学社团的流变史，它们之间存在着相互交叉、相互生成的复杂关系，而要想从这些复杂的关系中理清头绪、找到脉络，关键还是要着手到具体的作家与作品上。由于受到各种因素的影响，有时即使是同一部文学作品，在不同的版本中也会呈现出大相径庭的风貌。我们尽量选取民国文学经典作品中最初的版本，保留了原书的内封和版权页、书后广告，将文学经典作品的原貌呈现出来。有些文学作品，由于作者早逝等因素，虽然在文学史上具有一定的价值，但人们对其知之甚少。为此，我们也挑选了一些并非广为流传，但是具有自己的风格、在当时的文学思潮中占据过一定地位的文学作品，为当代文学史的研究提供更多的资源。

从1911年辛亥革命结束清王朝统治到1949年中华人民共和国成立，在这一段特殊时期成长起来的中国学人涌现出了许多大家，并产生了在中国学术史占有重要地位的著作，尽管今人对民国学术的评价是仁者见仁，智者见智，但不可否认的是不论是这些大家的人格魅力，还是那些著作所折射出来的思想的光辉影响了几代学人。

有鉴于此，我们以“民国首版经典”之名影印了民国文学、学术经典。内容可谓包罗万象，诗歌、小说、散文、纪实文学，以及史学、理学、文学研究等方方面面，所选皆出自名家、大家之手，或为各学科奠基之作，或为集大成之作，或为震动当时、影响深远的传诵之作，其中不乏流传很少、极难觅寻的孤本，我们苦心孤诣，找寻到这些经典著作的初版本，影印出版，精装制作，以飨读者。

编　者

漢晉學術編年

第一冊

劉汝霖編

商務印書館發行

劉汝霖編

漢晉學術編年 第一册

商務印書館發行

中國學術編年序

我國爲世界文明古國之一，文化發揚，肇自遐古，源長流遠，繵縺數千載。秦火以前，書缺有間，百家諸子所述，或出傳聞，或由傅會，年代先後，較難輒定。自漢以還，賢哲踵起，流別至多，益以域外學說，蓁蓁而至，影響所及，洵非淺鮮，稽古之業，彌見發皇。亹亹學子，嘔心敝腦，二千餘年，未嘗間斷，成績之優，世罕倫匹。但以典籍之繁富，渺若煙海，又復純駁不掩，眞僞雜陳，學者從事於斯，終身未窺門徑者有之，誤入歧途冥行忘返者有之，條貫難尋，探索匪易，是以望洋興嘆者比比也。近歲歐州各國，漸重視東方文化。東鄰日本，尤提倡漢學。國人整理國故之聲，亦已喧騰數載。所苦者，事體既大，頭緒較繁，分工合作，均覺不易。昧者爲之，或注意瑣屑，沾沾自喜，或抄襲陳言，藉充篇幅，將何以饜世人之望乎？今欲開來學之捷徑，解千年之糾紛，允宜通盤計算，勒成專書，將我國自古迄今學術沿革盛衰之迹，彙爲一帙，使學者一覽無遺，資爲伐山之斧，通津之筏，一得之愚，不忘獻曝。夫友邦既示我以瓌寶，期我以收穫，我將默而不顧乎？將盡棄固有坐享他人之成功乎？此吾人所不得不努力者也。

民國十八年夏，余著周秦諸子考始訖，又擬將自漢以後學術，通盤整理，編年記載，一如司馬溫公之資治通鑑。歙縣吳檢齋師深贊斯議，並錫名曰資學通鑑。著筆未久，而應南開大學之聘，功課忙迫，鮮有暇時。且津門書籍缺乏，檢閱爲艱，進展匪易，事幾暫停。十九年夏，言旋北平，任職女師院研究所，方得博覽典籍，廣收史料，抉擇眞僞，考定年代，改名爲中國學術編年。因念前人所傳史體，互有短長，歷代史家，視爲無可如何。紀傳之體，一事輒分隔數卷；紀年之體，一事則散見數年；紀事之體，一人則分見數處。補救無方，翻閱斯難。今欲兼收衆美，彌補諸闕，允宜增加體例。一曰標明時代，文化演進，繁變無方，時代不同，色彩斯異。前代史家，昧於斯旨，故卷帙之分，恒依君主生卒朝代興亡史料多寡爲斷。晝分時代，既無深意，闡明演化，何由準則？漢之文景，崇尚道術，而觀轅固黃生之爭，儒家正名，反有遜於道家。武宣之代，儒術斯倡，而酷吏之用，雜霸之說，明儒實法，昭昭甚著。懷愍北狩，中原陸沈，牛繼馬後，開發東南，地域既殊，情勢絅異。倘以兩晉合爲一談，則失實殊甚。如此種種，不有特別標明，安能曉其背景？二曰注明出處，前人著書，每逞其淵博，凡引用前人之語，多不注明出處，致使覽者檢查無從，考究匪易，謬誤之點，莫由指摘，杜撰欺人之徒，因而生心。故今特標「出處」一格，將直引轉引之書，注明版本卷頁篇章。使讀者得之，欲參校原書，可收事半功倍之効；欲考究史事，鮮有因襲致誤之弊。三曰附錄考語，中國舊史，多重政治，集其事蹟，考其年代，尙屬易易。學術記載，向少專書，學者身世，多屬渺茫，既須多方鈎稽，又須愼其去取。故標出「考證」一格，將諸種證據，臚列於後，以備讀者之參考。四曰附錄圖表，前後之淵源，各派之同異，往往爲體例所限，分誌各處，以致讀者尋檢不易，故有圖表之設，以濟其窮。曰學者傳授表，說明學者傳授之次弟也。曰學者著述表，總計學者個人之著述也。曰學術系統表，總計一時代各派學術或歸納諸種學術於一系統之內也。曰學術說明表，分析一派學說之內容及各部之特點也。曰學術異同表，說明各派學術之優劣異同點也。五曰附錄索引，編年之體，既將各人各事，依年分誌，前後相隔，檢閱自難。故有索引，以濟其窮。曰問題索引，乃爲學術問題而設，曰人名索引，乃爲考查個人而設。俱將散見各處之事蹟，歸於一處，誌以公元，以備檢查。循此縱覽全書，庶可得編年之益而遺其弊矣。然人知有涯，學無止境，今之所謂是者，安知後日不以爲非，已之所謂是者，安知他人不斥其謬？個人之理解，可論定於一時，而學術界之是非，雖謂之萬古不決可也。倘蒙有識之士，切實整理，使斯學日趨於光明之途，則豈惟著者之幸，抑亦中國文化之幸也夫！

二十一年四月劉汝霖識於師大研究院

凡例

一、本書所載學術史料，包涵政府社會個人三方面。

一、本書爲整理史料便利起見，一例用文言體。惟各卷之後有總評，則用語體。

一、本書史料，雜採各處，須經選擇刪定，故對於原文，時有修改，總以不失原意爲主。

一、本書紀年，以當代君主紀元爲主，而附以甲子及公元，以便計算檢查。

一、各項事蹟，分誌於各年之內。其後俱附「出處」一項，以明其史料之來源。若此史事之眞像須經考證而得者，則更附「考證」一項。又有「附錄」一項，載各種圖表。

一、各學者之著述表，俱誌於其卒年或最後見於本書之年。

一、事體過於瑣細，或發生於本年之後而無特別叙述之必要者，則用雙行小字誌於本年之下。

一、各學者之事蹟，不必皆與學術有關，但爲考查該學者身世起見，有不能放棄者，亦略爲敘及，以資參考。

一、各學之事蹟，雖分誌於各年，但仍前後遙接。

一、本書各集之後，俱附有索引，以備檢查。

方法

本書既爲編年體，考證年代，實爲必要。而學術史料，年代先後，往往史無明文，故設有考證方法以處理之。分敘如下：

（一）線索　古人事蹟，散見各書，須精細整理，使成有系統之記載，則其人眞像，方能了然。線索一法，即先將某學者史料已知年代者列爲年表，然後將未知年代者，視其與已知者關係如何，列於其前或後，或置於二者之中。積之既多，即成一有系統之記載。茲列式如下：

設　A.　B.　C.　爲已知年代之史料

將與 A. B. C. 有關之事蹟，附於其前或後，則爲：

a'''', a'', A, a', a'''　　$b'''', b'', B\ b', b''',$　　c'''', c'', C, c', c'''

若：$a''' = b''''$　$b''' = c''''$　（即各二者所敘爲一事）

則可將三式連接爲：

$a'''' — a'' — A — a' — a''' — b'' — B — b' — b''' — c'' — C — c' — c'''$

再變爲：

$$A — a^1 — a^2 — a^3 — a^4 — a^5 — a^6 — a^7 — a^8 — a^9 — a^{10} — a^{11} — a^{12}$$

例如孟子書中載孟子之事蹟甚多，但吾人熟讀孟子書之後，對於其人之身世，仍不甚了然，蓋因其史料分散各處缺乏整理之故也。今用此法整理，先以齊人築薛一事爲起點。齊人築薛，有確實年代可考，在前三二二年。孟子以是年與滕文公議其事，可知孟子此時居滕。滕文公上載『滕文公爲世子，將之楚，過宋而見孟子。』又載勝文公居喪時兩使然友之鄒問孟子喪禮。可知孟子居滕之前居鄒，居鄒之前遊宋。再以齊人伐燕一事爲起點，此事發生於前三一四年，孟子在此年與齊宣王論伐燕之事，初至齊必在其前。而梁襄王於前三一七年即位，孟子初見之後，出鄙視之言，且其書中，不復見與梁襄問答之語，蓋已離此他適矣。盡心上載：『孟子自范之齊』范即今山東范縣，乃由大梁通臨淄之路。公孫丑下載：『千里而見王』可知孟子乃由梁至齊。『燕人畔』在前三一二年，同年秦楚搆兵。告子下載孟子宋牼遇於石丘（宋地），議勸秦楚罷兵之道，知孟子此時已去齊矣。公孫丑下又載孟子去齊時言，『予然後浩然有歸志』知孟子去齊後歸鄒，旋遊宋國。滕文公下言及宋王，宋稱王在三一八年，爲時後於齊人築薛，即後於孟子居滕也，可知孟子確有二次居宋之事。復觀公孫丑下載：『前日於齊，王餽兼金一百而不受，於宋餽七十鎰而受，於薛餽五十鎰而受。前日之不受是，則今日之受非也。今日之受是，則前日之不受非也。』於齊稱前日，於宋薛皆稱今日，更可證二次遊宋在遊齊之後，但遊宋不久即遊薛也。魯平公即位最晚，孟子居魯見平公，當在遊各國之後，此無須考證而知也。此爲第三點。此三點相合，則可略計孟子一生遊歷之次序如下：

遊宋，歸鄒，遊滕，遊梁，遊齊，歸鄒，再遊宋，遊薛，遊魯。

（二）轉證　一事發生之年代已無可考，但又有一事，與此同時發生。若將彼事年代考出，則此事亦即連帶解決。茲列式如下：

設A爲未知年代之史料

B爲A與同時發生之事蹟

今考出　B＝P

故知　A＝P

例如王充遊洛陽之年代已不可考，但觀後漢書班固傳注引謝承後漢書：『班固年十三，王充見之，撫其背曰：「此兒必記漢事」』班固十三歲，可考知在建武二十年，故知王充遊洛陽亦在此年。又如王弼爲尚書郎之年代不可考。但觀魏志鍾會傳注引王弼別傳：『是時黃門侍郎累缺，何晏既用賈充裴秀朱整，又議用弼，時丁謐與晏爭衡，致高邑王黎於曹爽，爽用黎，於是以弼補臺郎。』觀魏志裴潛傳注，裴秀二十五歲爲黃門侍郎。晉書裴秀傳，秀卒於泰始七年，壽四十八，故推知其二十五歲時在正始九年。王弼爲尚書郎之年，亦由此可知。

(三)剩餘　一事發生之年代已不可知，但第一知此事在同一時間中不得有二，第二知此事發生年代之最大範圍。可用此法，以求正確結果。即在最大範圍中，將已知年代者逐漸除去，故研究範圍，漸隨之縮小，至於最後，所餘之時間，即吾人所求者也。茲列式於下：

設　X 爲未知之年代

已知條件：P 爲 X 之最大範圍

今以 $P=X+a+b+c+d$

則 $P-(a+b+c+d)=X$

若 a, b, c, d 俱可考知，則得最正確之年代。

若 a, b, c, d 所知不全，則 X 之範圍亦可縮小。

例如夏侯勝之生卒年代，已不可知。依漢書考察，僅知其在宣帝時爲太子太傅。復考太子太傅之職，同時僅有一人。故可畫宣帝一代之二十五年爲最大範圍。第一，知宣帝地節三年始立太子，以前六年，自無太子太傅，可先畫除。第二，知初爲太子太傅者乃丙吉。第三，知繼丙吉者乃疏廣。漢書疏廣傳載，廣告歸時太子年十二，太子即後日之元帝也。元帝十二歲，在元康三年，是又有四年可除去者也。第四，知最後爲太子太傅者乃蕭望之，第五，知先於望之者乃黃霸。依黃霸傳推算，知其爲太子太傅在神爵元年，故以後十二年又可除去也。中間所餘二年，可斷定即夏侯勝爲太子太傅之年也。夏侯勝傳又載『年九十，卒官。』知其卒於元康四年之末，或神爵元年之初。則其生年，當在景帝初元六七年之間也。復列表明之如下：

宣帝在位二十五年

年號	年	
本始	一	未有太子太傅
	二	
	三	
	四	
地節	一	
	二	
	三	丙吉爲太子太傅
	四	疏廣爲太子太傅
元康	一	
	二	
	三	
	四	當即夏侯勝爲太子太傅之年
神爵	一	
	二	黃霸爲太子太傅
	三	
	四	
五鳳	一	
	二	蕭望之爲太子太傅
	三	
	四	
甘露	一	
	二	
	三	
	四	
黃龍	一	

（四）範圍　個人事蹟，已不可考，即最大範圍，亦不可知。唯有就其可接觸或見及之事約略定其年代而已。列式如下：

設 X 爲未知之年代

a, b, c, d. 爲所見及之事，

將 a, b, c, d. 之年代分別考出

若 $a < b < c < d$

則 d 爲 X 之最大範圍

注意：所見及或引證者以愈後而愈有效
所接觸者則愈後功愈前俱有効

又式：　設 X 爲未知之年代

a. b. c. d. e. 爲與 X 有關之事

將 a. b. c. d. e. 之年代考出

已知 $a > b > c > d > e$

再考 a, e, 與 X 之關係

若已知 $a > X > e$

再考 b. d. 與 X 之關係

若 $b > X > d$

則 X 縱不即等於 C, 亦可得最小範圍

如潘岳喪妻，史無明文載其年代。考西征賦注引其傷弱子序，謂其子生於元康二年三月，是年岳尚生子，其妻卒於其後可知。楊仲武誄又載：『而子之姑，余之伉儷焉，往歲卒於德宮里。』仲武卒於元康九年，則岳妻當卒於其前。故此當中七年，可謂最大範圍。又如左傳作者之年已不可考。但觀其書中所引占卜之事，有驗有不驗。而其時名人之預言，亦往靈驗如神。其驗者，必其見及者也。其不驗者，必其未見者也。依此原理觀之，閔二年傳：『……初畢萬仕於晉，辛廖占之曰：「……公侯之子孫，必復其始。」』襄二十九年傳：『吳公子札來聘，適晉，說趙文子韓宣子魏獻子曰：「晉

國其萃於三族乎。」』又札至魯，聞歌鄭風，曰：『其細已甚，民弗堪也，是其先亡乎。』昭八年傳：『晉侯問於史趙曰：「陳其遂亡乎？」對曰：「虞之世數未也，繼守將在齊，其兆既存矣。」』可知左傳作者見及三家分晉（前四〇三年）田氏簒齊，（前三八六年）又見及鄭之滅亡。（前三七五年）再考其所不能見及者：宣三年傳：『定王使王孫滿勞楚子，楚子問鼎之大小輕重焉。對曰：「……成王定鼎於郟鄏，卜世三十，卜年七百，天所命也。周德雖衰，天命未改。鼎之輕重，未可問也。」』周共三十六王，八百六十七年，可知作者未見及周之亡。僖三十一年傳：『衛遷於帝丘，卜曰三百年』衛至秦始皇六年徙野王，已三百八十九年。文六年傳：『秦伯任好卒，以子車氏之三子奄息仲行鍼虎爲殉，皆秦之良也。……君子曰：「秦穆之不爲盟主也宜哉，死而棄民。……君子是以知秦之不復東征也。」』可知作者未見及商鞅伐魏，（前三四〇）未見及周自成王以來滿三百年，（前三二二）未見及衛遷於帝丘滿三百年（前三二九）故可斷其作於前三七五至前三四〇之間。

(五)試錯　一人之身世，無可詳考。但有數處史料，俱能將年代約略範圍。即取合於一處之年代，入於他處試驗。如有不合，即事修改，以適合各處爲度，則所得者即正確之年代也。列式如下：

設 D 爲卒年　　a 爲一生中之任一年代。二者均知其十位數字而不知其個位數字.　　又設 n 爲二者相差之數

則 $D - a = n$

$D = a + n$

此式中 a 之個位數字有自 1 至 9 之可能，設其爲 1. 則須視 D 之十位數字，是否尚符原數，如有不符，則須增大。設其爲 9. 亦須視 D 之十位數字有無不符如有不符則須縮小。大抵所尋得之條件愈多，則範圍愈小。

例如桓譚之生年，已不可知。但御覽二百十五引桓譚新論：『余年十七，爲奉車郎。』北堂書鈔一百二引桓譚仙賦：『余少時爲奉車郎，孝成帝出祠甘泉河東，部先置華陰

集靈宮，武帝所造門曰望仙，殿曰存仙。書壁爲之賦，以頌二仙之行。』故知其爲奉車郎在成帝時代。復考後漢書桓譚傳，譚以起明堂之年出爲六安郡丞，道卒，年七十餘。按後漢書禮志，中元元年立明堂，知譚卒於中元元年也。又考前漢書成帝紀，帝以綏和二年（成帝最末之年）祠甘泉河東，假使此年譚年十七爲奉車郎，則卒時已七十九歲。移前則年及八十，移後則不得在成帝時爲奉車郎。故可確定於此年。其生年自可由此推出矣。又如世說新語注引文章敘錄：『嵇康以魏長樂亭主婿，遷郎中，拜中散大夫。』既謂之遷，當由他職遷來，其職爲何？史無明文。北堂書鈔一百引嵇康集曰：『康著遊山九吟，魏明帝異其文詞，問左右曰：「斯人安在？吾欲擢之。」遂起家爲潯陽長。』魏明帝末年，嵇康僅有十五歲，移前則過小，移後則不能見及明帝，故以此時爲宜。中散大夫或即由潯陽長遷來。

（六）關鍵　一事發生之年代，已不可考。若能於史料中，舉出一特異要點，亦可約略推出年代。列式如下：

設 A.B.C. 爲史料中足資考察之三點。

m. n. o. 爲範圍大小不同之三種時間。又 m > n > o.

經考察之後：

A. B. C.
↓ ↓ ↓ 即表示三者之時間，俱在 n 範圍中也。
n. n. n.

再經考察之後：

A. B. C.　　　　　　　　　　　　A. B. C.
↓ ↓ ↓ 但 m > n, 故 n 可不變，即 ↓ ↓ ↓
o. n, m.　　　　　　　　　　　　o n n

o 旣爲最小，故所表時間較準確，其所以小之原因，即其要點也。

例如韓非子初見秦篇之作者，頗有問題。胡適之梁任公據國策，以爲此乃張儀之語。王先愼等又據本書，且舉篇中所敘張儀死後之語，謂此非張儀所作而爲韓非所作。余考其中關鍵，皆在「大王」二字，本篇五次稱「大王」，可知爲當秦王面所說。再考本篇所敘讀「大王」之事，皆秦昭王時事。故知所謂大王即秦昭王也。本篇最後言及邯鄲解圍，知其爲秦昭王晚年作品，張儀久已死，韓非尚未入秦，知必出於第三者之手也。又如晉書夏侯湛傳言湛『泰始中舉賢良，中第。』但未確指其年代。考摯虞傳，知湛與虞同時對策。虞對策有『頃日食正陽』之語。再考晉書天文志，泰始二年七年八年九年十年俱有日蝕之事。但泰始九年之日食，乃在四月戊辰，是即所謂正陽也。（四月六月俱稱正陽之月）其他各年，俱不當正陽。故以此年爲確。

（七）遞推　某事之年不可考，自當先尋與其事有關之他事考察年代，考得之後，再返而規定某事，已如前所敘。假使他事亦不可考，又當再尋他事考察年代。茲列式如下：

式一，設A爲所求某事之年代

若 $A'' = m$ 而 m 爲確定之年代

遞推之程序

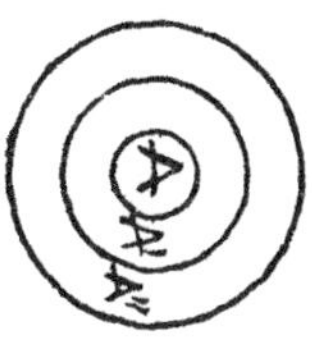

則A之範圍即可規定

例如嵇康入洛邑之年不可知，御覽引向秀別傳稱『向秀嘗與嵇康鍛於洛邑』二人鍛於洛邑之年不可考。御覽引鄧粲晉紀稱『嵇康嘗鍛於長林之下。鍾會造焉。』鍾會造訪之年又不可考。世說四載：『鍾會撰四本論始畢，甚欲使嵇公一見。』考鍾會之爲四本論，在嘉平五年，則康之入洛邑，至晚不得過嘉平五年也。

又有A事已知，由此推出B事，又由B事推出C事，舉式如下：

式二，設A爲已知之事

則A ——→ B ——→ C

例如史記秦本紀載涇陽君爲質於齊，正當秦昭王六年，(前三〇一)齊世家則載於湣王二十四年，(前三〇〇年)二者相差一載。田齊世家載湣王二十五年(前二九九)孟嘗君薛文入秦，秦本紀載昭王九年(前二九八)孟嘗君薛文來相秦，二者亦相差一載。由兩國地勢觀之，知當時由秦至齊，須經數月之路程。可由此推知：由某國登程，某國則記其出發之日。其至某國，某國即記其來至之日。中間既經數月，則兩端之事，自有時分於二年。是以齊秦記載有所不同也。更可推知，司馬遷作史記蓋直鈔兩國史記原文，未嘗修改。更可推知，當時各國史記，雖經秦火，尚未完全絕迹。

（八）假定　吾人考察史事，所集史料，皆已證明非僞。但其中頗有疑難，唯有立一假定，以求各方皆能應刃而解。例如老子之年代，頗有問題。先秦之書，多記老子孔子問答之語，史記亦載孔子問禮於老子，又載李耳之子爲魏將。兩方記載，皆能證明並非僞作。但其疑難之點，則在中間相隔百有餘年。今假定老子與李耳爲二人，然後以此假定解釋各方，若皆能適合；則此假定即有存在之價值矣。（詳見周秦諸子考）用此方法，有三步驟。第一，須詳看疑點所在。第二，須精審史料，察其有無僞者攙雜其中。第三，合理之解釋。無第一步，則嘗遺可疑之點，而僞其所不當疑。如梁任公中國歷史研究法載：『漢書藝文志云：「武帝末，魯恭王壞孔子宅，得古文尚書。孔安國獻之，遭巫蠱事，未立於學官。」吾儕即從漢書本文可以證此事之僞。景十三王傳云：「魯恭王以孝景前二年立……廿八年薨，子安王光嗣。」景帝在位十六年，則恭王應薨於武帝即位之第十三年，即元朔元年也。武帝在位五十四年，則末年安得有恭王？』吾以爲孔壁出書之事，劉歆既敢引證於朝廷之中，與其反對之博士，亦未聞有對此懷疑之語，可知來歷原自分明不容懷疑也。故吾人雖疑此處記載有誤，但不應完全否認此事也。吾嘗以爲此處疑點乃在「武帝」二字，先假定武帝爲景帝之訛，覺各方皆能應刃而解。後見論衡正說篇載：『孝景帝時，魯恭王懷孔子教授堂以爲殿，得百篇尙書於牆壁。武帝使使者取視，莫能讀者，遂秘於中，外不得見。』可證得書當景帝末，進書當武帝初，事實本甚昭然。不疑此一字之誤，而懷疑全段，危險孰甚！無第二步，則眞假混淆，假定一設，則眞像愈晦。如論語孟子俱載陽貨欲見孔子一事，但孟子較論語多『大夫有賜於士，不得受於其家，則往拜其門。』數語。崔東壁覺其不合，又不肯疑孟子語乃順口發出，故假定陽貨陽虎爲二人。以爲亂魯者乃陽虎，爲大夫者乃陽貨。但觀墨子非儒載『陽貨亂乎魯』可知陽貨與陽虎確爲一人，是崔氏輕下假定之誤也。無第三步，不免牽强附會，淹沒眞情，老子一事，謂其壽二百餘歲，亦可謂一種假定，但此乃不合理之假定，故不可用。

總目

第一集 漢至晉 漢高祖元年至晉愍帝建興四年
（漢族發展時期）
第二集 東晉南北朝 東晉元帝建武元年至陳後主禎明二年
（漢胡對抗時期）
第三集 隋唐五代 隋文帝開皇九年至周世宗顯德六年
（南北民族混合時期）
第四集 宋 宋太祖建隆元年至恭帝德祐二年
（新文化發生時期）
第五集 元明 元世祖至元十四年至明思宗崇禎十六年
（文化衰微時期）

第六集　清民國（清世祖順治元年至民國七年）

（古學復興時期）

第一集目錄

漢晉學術編年卷之一

漢

太祖高皇帝 姓劉氏，名邦，以布衣爲天子，在位凡十四年。

元年乙未（前二〇六）

漢王平三秦定正朔服色 先是，諸侯伐秦，相約先入關者王之。劉邦先入關，而項羽背約，分關中地立秦將爲雍塞翟三王，而以邦王漢中。至是，王用韓信之計，還定三秦。初，殷周建國，皆創業改制，咸正歷紀，服色从之，順其時氣，以應天道。自周室衰微，史官喪紀，疇人子弟分散，或在諸夏，或在夷狄，故其所紀，有黃帝顓頊夏殷周及魯歷。戰國並爭，在於彊國禽敵救急解紛而已，未皇念斯。是時獨有鄒衍明於五德之傳，而散消息之分，以顯諸侯。秦兼天下，亦頗推五勝，自以爲獲水德之瑞，乃更名河曰德水，以十月爲正，色上黑，度以六爲名，音上大呂，事統上法。然歷度閏餘，未能睹其眞也。相傳漢王微時，嘗殺大蛇。有物曰：『蛇白帝子也，而殺者赤帝子。』漢王已定三秦，遂襲秦正，以十月爲年首，而色尙赤。以張蒼言，用顓瑞歷。

【出處】史記歷書　封禪書　漢書律歷志　郊祀志

【考證】按史記歷書張蒼傳及漢書律歷志張蒼傳，皆謂漢尙黑，然史記封禪書及漢書郊祀志，皆謂漢尙赤。高祖紀赤帝子之說，淮陰侯傳赤幟之用，皆足爲漢尙赤之證。余謂此問題不宜求之過深，蓋高帝初起之時，事事草創，因陋就簡。服色之尙，自不便與秦相同。而歷算之改革，則非一時之事。故因襲正朔而服色不同也。及統一之後，用張蒼之說，始全襲秦制也。

【附錄】六家歷表

歷	上元	上元至此之年

黃帝	辛卯	二七五九九四三
顓頊	乙卯	二七六〇〇九九
夏	乙丑	二七五九六六九
殷	甲寅	二七六〇一六〇
周	丁巳	二七六〇二一七
魯	庚子	二七六〇四一四

二年丙申（前二〇五）

置太祝太宰官於長安　初，秦氏以前，中國尚未統一，各地習俗，頗異其趣。周秦重祭，汜地立祠。賢哲祖宗，名山大川，皆在祀典。齊居東方，尤重八神。（天主，地主，兵主，陰主，陽主，月主，日主，四時）燕齊之間，濱於渤海，三神山之幻影，時時吹入眼底，是以方士出焉。楚居南海，俗尚信鬼，沅湘之間，山川琦瑋，是以女神奉焉。吳越之國，濱於東海之陂，黿鼉魚鼈之與處，而蠹黽之與同渚。故人民斷髮文身，而所奉之神，或鳥身而龍首，或龍身而鳥首，或龍身而人面。至於當時學者，則以五行生尅之說附會帝運之轉移，是以五帝五德之說興焉。至是年冬，帝東擊項羽而還，入關，問故秦時上帝祠何帝也。對曰：『四帝，有白青黃赤帝之祠。』帝曰：『吾聞天有五帝，而四，何也？』莫知其說。於是帝曰：『吾知之矣，迺待我而具五也。』迺立黑帝祠，名曰北畤。有司進祠，上不親往。悉召故秦祀官，復置太祝太宰，如其故儀禮，因令縣爲公社。下詔曰：『吾甚重祠而敬祭，今上帝之祭，及山川諸神當祠者，各以其時禮祠之如故。』後四歲，天下已定，令長安置祠祀官女巫。其梁巫祠天，地，天社，天水，房中，當上之屬；晉巫祠五帝，東君，雲中君，巫社，巫祠，族人炊之屬；秦巫祠杜主，巫保，族纍之屬；荊巫祠堂下，巫先，司命，施糜之屬；九天巫祠九天；皆以歲時祠宮中。其河巫，祠河於臨晉。而南山巫，祠南山秦中。秦中者，二世皇帝也。各有時日。其後二歲，或言：『周興而邑立后稷之祠，至今血食天下，』於是帝制詔御史：『其令天下立靈星祠，常以歲時祀以牛。』

【出處】漢書郊祀志　百官表　國語越語　楚辭　山海經南山經

五年己亥（前二〇二）

田何徙關中　何字子莊，齊人也。初，魯人商子木瞿受易孔子，傳楚人馯子弘臂，臂傳江東人矯子庸疵。漢書儒林傳作商瞿授魯橋庇子庸，子庸授江東馯臂子弓。疵傳燕人周子家豎。漢書作子弓授燕周醜子家豎傳淳于人光子乘羽。漢書作家傳東武孫虞子乘。子乘復以授何。秦禁學，易爲筮卜之書，獨不禁，故傳授者不絕也。至是漢興，徙諸侯王子關中，何以齊田徙杜陵，號杜田生。授東武王子中同，雒陽周王孫，丁寬（詳見後），齊服生，劉向別錄云，齊人，號服先。皆著易數篇。惠帝時，何年老，家貧，守道不仕。帝親幸其廬以受業，終爲易者宗，齊卽墨成至城陽相，廣川孟但爲太子門大夫。魯周霸，莒衡胡，臨淄主父偃，皆以易至大官。要言易者，本之田何。

【出處】史記仲尼弟子列傳　儒林傳　漢書儒林傳　高士傳　經典釋文叙錄

【考證】漢書高帝紀，以是年徙諸侯王子關中。則何之被徙，當在此時，故誌之於此。

【附錄】周易傳授表

商瞿——馯臂——矯疵——周豎——光羽——田何（以上秦前）

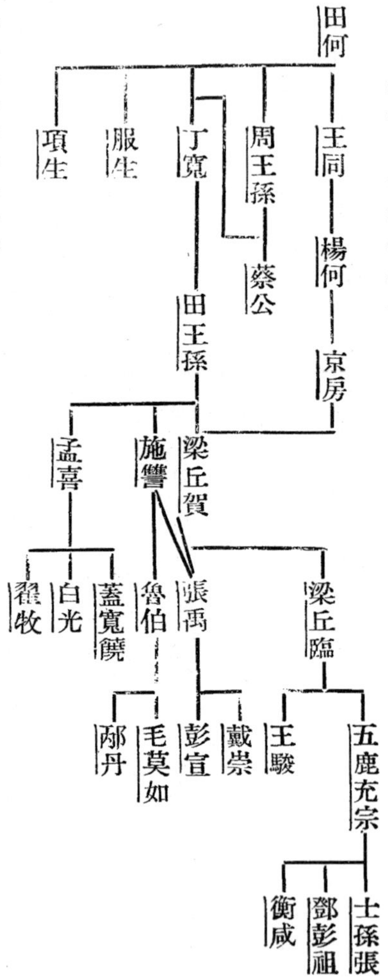

伏勝以尚書教於齊魯之間

伏勝濟南人也，初爲秦博士，秦時禁書，伏生壁藏之。其後大兵起，流亡。至是，漢興，伏生求其書，亡數十篇，獨得二十九篇，即以教於齊魯之間。學者由是頗能言尚書，山東大師，亡不涉尚書以教矣。孝文時，求能治尚書者，天下無有，聞伏生治之，欲召，時伏生年九十餘，老不可徵，於是詔太常使人受之。太常遣掌故鼂錯。伏生老不能正言，言不可曉也，使其女教錯。錯潁川人，齊人語多與潁川異，錯所不知者凡十二三，略以意屬讀而已。伏生又傳濟南張生及歐陽生，張生等作大傳，張生爲博士。而伏生孫以治尚書徵，弗能明定。是後魯周霸孔安國洛陽賈嘉，頗能言尚書云。

【出處】 史記儒林傳　漢書儒林傳

【考證】 伏生講學齊魯之間，原非一年之事。以是歲大亂方定，故誌之於此。又按張生歐陽生之受教伏生，不知何時，以情理揆之，當在鼂錯受書之前，然當時何不即徵二人，反需其女傳言乎？意者鼂錯還朝之後，張生之名始聞於朝廷，然後與伏生之孫共被徵。而伏生孫以不能明定尚書，張生遂獨爲博士矣。

【附錄一】 尚書傳授表

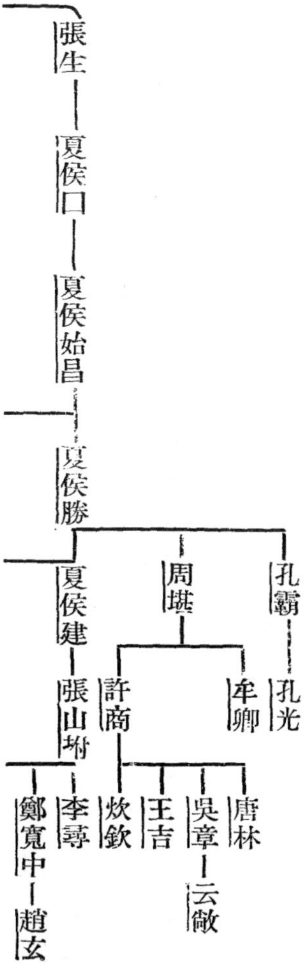

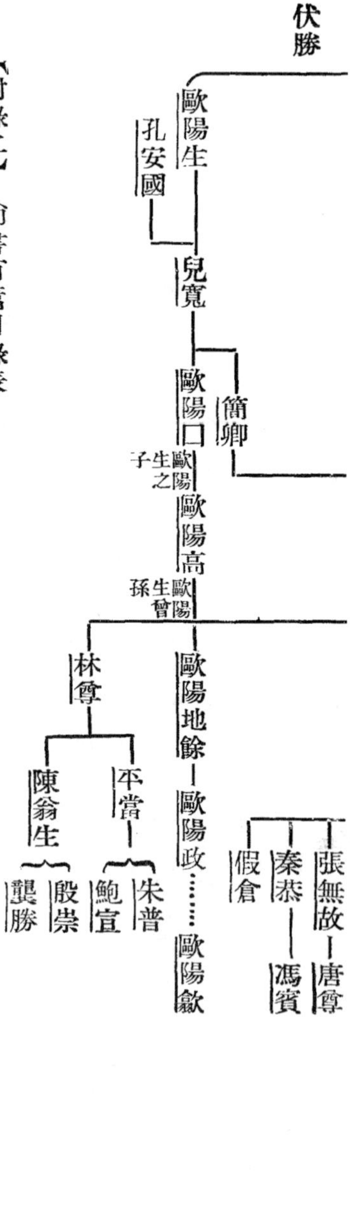

【附錄二】尚書百篇目錄表

篇名	篇數	作者及本篇大意：史記說	作者及本篇大意：書序說	伏生所傳者	孔壁多出者	晉人僞造者	備考
堯典	一		堯將遜于位讓虞舜作堯典	※			
舜典	一		堯將使舜嗣位歷試諸難作舜典		※		僞古文舜典乃自堯典分出篇首二十八字乃姚方興所加

汨作	一		帝釐下土方設居方別生分類作此篇		※		
九共	九		仝前		※		
槀飫	一		仝前				
大禹謨	一		皋陶矢厥謀禹成厥功帝舜申之作此篇		※	※	
皋陶謨	一	帝舜朝禹伯夷皋陶相與語帝前皋陶述其謀	仝前	※			僞古文自帝曰來禹汝亦昌言以下分爲益稷
棄稷	一		仝前		※		
禹貢	一		禹別九州隨山濬川任土作貢作此篇	※			

甘誓	一	啓伐有扈大戰於甘將戰作甘誓	啓與有扈戰於甘之野作甘誓	※		
五子之歌	一	太康失國昆弟五人須於洛汭作此篇	太康失邦昆弟五人須於洛汭作此篇		※	※
胤征	一	羲和湎淫廢時亂日胤往征之作胤征	羲和湎淫廢時亂日胤往征之作胤征		※	※
帝誥	一	自契至湯八遷湯始居亳從先王居作此篇	自契至於成湯八遷湯始居亳從先王居作此篇			
釐沃	一		仝前			
湯征	一	湯征諸侯葛伯不祀湯始征之作湯征	湯征諸侯葛伯不祀湯始征之作湯征			
女鳩	一	伊尹去湯適夏復歸於亳遇女鳩女房作此篇	伊尹去亳適夏復歸於亳遇女鳩女房作此篇			

女房	一	仝前	仝前				
湯誓	一	湯伐桀作湯誓	伊尹相湯與桀戰於鳴條之野作湯誓	※			
典寶	一	夏師敗績湯遂伐三朡俘厥寶玉義伯仲伯作典寶	夏師敗績湯從之遂伐三朡俘厥寶玉誼伯仲伯作典寶		※		
夏社	一	湯既勝夏欲遷其社不可作夏社	湯既勝夏欲遷其社不可作此篇				
疑至	一		仝前				
臣扈	一		仝前				
中𤳳之誥	一	湯歸至於泰卷中𤳳作誥	湯歸自夏至於大坰仲虺作誥			※	

湯誥	一	湯既絀夏命還亳作湯誥	湯既黜夏命復歸于亳作湯誥		※	※	
咸有一德	一	伊尹作	伊尹作		※	※	書序此篇在太甲之後今從史記誌于此
明居	一	咎單作	咎單作				
伊訓	一	太甲元年伊尹作此篇	成湯既沒太甲元年伊尹作此篇		※	※	
肆命	一	仝前	仝前		※		
徂后	一	仝前	仝前				
太甲訓	三	太甲修德諸侯咸歸殷百姓以寧伊尹嘉之作此篇	太甲既立不明伊尹放諸桐三年復歸于亳思庸伊尹作此篇			※	

沃丁	一	沃丁既葬伊尹于亳告單遂訓伊尹事作此篇	沃丁既葬伊尹于亳告單遂訓伊尹事作此篇				
咸艾	四	伊陟贊言于巫賢巫賢治王家有成作此篇	伊陟相大戊亳有祥桑穀共生于朝伊陟贊于巫咸作此篇				
大戊	一	仝前	大戊贊于伊陟作伊陟原命				史記作太戊書序作伊陟
原命	一	帝大戊贊伊陟於廟言弗臣伊陟讓作原命	仝上		※		
仲丁	一	（仲丁書闕不具）	仲丁遷于囂作				
河亶甲	一		河亶甲居相作				
祖乙	一		祖乙圮于耿作				

盤庚	三	帝小辛立殷復衰百姓思盤庚迺作盤庚三篇	盤庚五遷將治亳殷民胥怨作盤庚	※			伏生三篇合爲一篇
說命	三		高宗夢得說使百工營求諸野得諸傅巖作說命			※	
高宗肜日	一	帝祖庚立祖己嘉武丁之以祥雉爲德立其廟爲高宗作此篇	高宗祭成湯有飛雉升鼎耳而雊祖己訓諸王作此篇	※			
高宗之訓	一	仝前	仝前				
西伯戡黎	一		殷始咎周周人乘黎祖伊恐奔告于受作此篇	※			
微子	一		殷既錯天命微子作誥父師少師	※			
太誓	三	武王東伐紂師畢渡盟津乃作太誓告於衆庶	惟十有一年武王伐殷一月戊午師渡孟津作此篇			※	漢太誓乃漢人僞作自僞古文太誓行遂漸散亡

牧誓	一	甲子昧爽武王朝至於商郊牧野乃誓	武王與受戰於牧野作此篇	※			
武成	一		武王伐殷往伐歸獸識其政事作此篇		※	※	
洪範	一	武王問箕子殷所以亡箕子不忍言殷惡以存亡國宜告武王亦醜故問以天道	武王勝殷殺受立武庚以箕子歸作此篇	※			
分器	一		武王既勝殷邦諸侯班宗彝作分器				
旅獒	一		西旅獻獒太保作旅獒		※	※	鄭云獒讀曰豪西戎無君名強大有政者爲酋豪國人遣其酋豪來獻見於周
旅巢命	一		巢伯來朝芮伯作旅巢命				
金縢	一		武王有疾周公作金縢	※			

大誥	一	管蔡叛周周公討之三年而畢定故初作大誥	武王崩三監及淮夷叛周公相成王將黜殷作大誥	※			
微子之命	一	次作微子之命	成王既黜殷命殺武庚命微子啓代殷後作此篇			※	
餽禾	一	唐叔得禾異母同穎獻之成王成王命餽周公于東土作餽禾	唐叔得禾異畝同穎獻諸天子王命唐叔歸周公于東作歸禾				
嘉禾	一	周公既受命禾嘉天子命作嘉禾	周公既得命禾旅天子之命作嘉禾				
康誥	一	周公懼康叔齒少乃申告之作此篇	成王既伐管叔蔡叔以殷餘民封康叔作此篇	※			
酒誥	一	仝前	仝前	※			
梓材	一	仝前	仝前	※			

召誥	一	成王在豐使召公營洛邑周公復卜申視卒營築作此篇	成王在豐欲宅洛邑使召公先相宅作召誥	※			
洛誥	一	仝前	召公既相宅周公往營成周使來告卜作洛誥	※			
多士	一	成王既遷殷遺民周公以王命告作此篇	成周既成遷殷頑民周公以王命誥作多士	※			
無佚	一	仝前	周公作	※			
君奭	一	成王既幼周公攝政當國踐作召公疑之作此篇	召公爲保周公爲師相成王爲左右召公不說周公作此篇	※			
蔡仲之命	一		蔡叔既沒王命蔡仲踐諸侯位作此篇			※	
成王政	一		成王東伐淮夷遂踐奄作此篇				

將蒲姑	一		成王既踐奄將遷其君於蒲姑周公告召公作此篇				
多方	一	成王自奄歸在宗周作多方	成王歸自奄在成周誥庶邦作多方	※			
周官	一	成王在豐天下已安周之官政未次序於是周公作周官官別其宜	成王既黜殷命滅淮夷還歸在豐作周官			※	
立政	一	周公作立政以便百姓百姓說	周公作	※			
賄息愼之命	一	成王既伐東夷息愼來賀王賜榮伯作此篇	周公既伐東夷肅愼來賀王俾榮伯作此篇				
亳姑	一		周公在豐將沒欲葬成周公薨成王葬於畢告周公作亳姑				
君陳	一		周公既沒命君陳分正東郊成周作君陳			※	

顧命	一	成王崩召公畢公率諸侯以太子釗見先王廟作顧命申告之	成王將崩命召公畢公率諸侯相康王作顧命	※			馬鄭本皇若曰以下分爲康王之誥僞古文則自王出在應門之内以下分篇
康王之誥	一	康王即位徧告諸侯宣告以文武之業以申之作康誥	康王既尸天子遂誥諸侯作此篇				
畢命	一	康王命作册畢公分居里成周郊作此篇	康王命作册畢公分居里成周郊作此篇			※	
君牙	一		穆王命君牙爲周大司徒作君牙			※	
臩命	一	穆王閔文武之道缺乃命伯臩申誡大僕國之政作臩命	穆王命伯冏爲周太僕正作冏命		※	※	
甫刑	一	諸侯有不睦者甫侯言於王作修刑辟	呂命穆王訓夏贖刑作呂刑	※			
文侯之命	一		平王錫晉文侯秬鬯圭瓚作此篇	※			

肹誓	一	管蔡反淮夷徐戎亦並興反於是伯禽伐之於肹作此篇	魯侯伯禽宅曲阜徐夷並興東郊不開作費誓	※		
秦誓	一	秦穆公伐晉以報殽之役封殽中尸爲發喪哭之三日乃作誓	秦穆公伐鄭晉襄帥師敗諸崤還歸作秦誓	※		

※ 示有此篇

六年庚子（前二一〇）

高堂伯以禮教於魯　相傳周之盛時，禮儀三百，威儀三千。及其衰也，諸侯將踰法度，惡其害己，皆滅去其籍。至於孔子更修而定之時已不具。迨後戰國交爭，秦氏坑焚，崩壞尤甚。至是漢興，魯高堂伯傳士禮十七篇，即後世之儀禮也。

史記索隱：「謝承云：秦氏季代，有魯人高堂伯，則伯是其字，云生者，自漢已來，儒者皆號生，亦先生者省字呼之耳。」

魯徐生善爲頌，孝文時，以頌爲禮官大夫。傳子至孫延、襄。襄，其資性善爲頌，不能通經。延頗能，未善也。襄亦以頌爲大夫，至廣陵內史。延及徐氏弟子公戶滿意，桓生，單次，皆爲禮官大夫。而瑕丘蕭奮，以禮至淮陽太守。諸言禮爲頌者，由徐氏。

【出處】　經典釋文敘錄　史記儒林傳　漢書儒林傳

【附錄】禮經傳授表

徐生——徐口——徐延
　　　　　　　——徐襄
公戶滿意
桓生
單次
蕭奮——孟卿——閭丘卿
　　　　　　——后蒼——聞人通漢
　　　　　　　　　　——戴德——徐良
　　　　　　　　　　——戴聖——橋仁
　　　　　　　　　　　　　　——楊榮
　　　　　　　　　　——慶普——夏侯敬
　　　　　　　　　　　　　　——慶咸
高堂生

張蒼爲北平侯　蒼陽武人也，好書律歷，秦時爲御史，主柱下方書，有罪亡歸。及沛公略地過陽武，蒼以客從攻南陽。坐法當斬，解衣伏質，身長大，肥白如瓠。時王陵見而怪其美士，迺言沛公赦勿斬。遂西入武關，至咸陽。沛公立爲漢王，入漢中

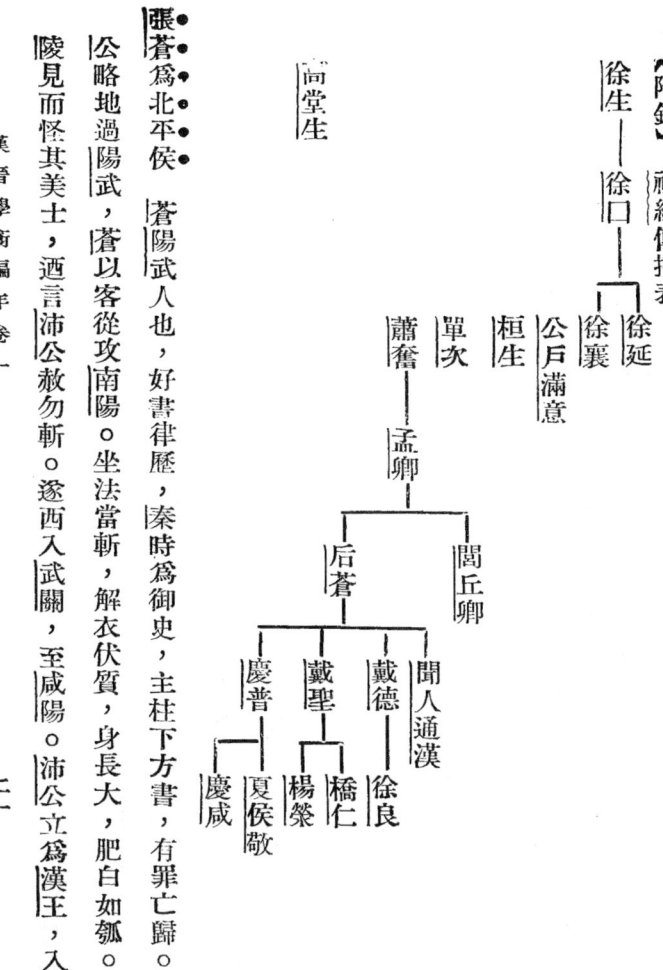

，還定三秦。陳餘擊走常山王張耳，耳歸漢。漢以蒼爲常山守，從韓信擊趙。蒼得陳餘，趙地已平，漢王以蒼爲代相，備邊冦。已而徙爲趙相，相趙王耳。耳卒，相其子敖，復徙相代。燕王臧荼反，蒼以代相從攻荼有功。至是，封爲北平侯，食邑千二百戶。初左丘明作傳以授曾申，申傳衛人吳起，起傳其子期，期傳楚人鐸椒，椒傳趙人虞卿。卿傳同郡荀卿。荀卿又傳於蒼，於是左氏傳遂流行於漢代矣。

【出處】漢書張蒼傳　儒林傳　經典釋文叙錄

【附錄】左氏春秋傳授表

左丘明——曾申——吳起——吳期（吳起之子）——鐸椒——虞卿——荀卿——張蒼

（以上秦前）

張蒼——賈誼……賈嘉（賈誼之孫）——賈公——賈長卿（賈公少子）——張敞、張禹——尹更始——尹咸（更始之子）、翟方進——劉歆

「胡常——賈護——陳欽

蓋公居齊言黃老術　相傳有河上丈人者，不知何國人也。明老子之術，自匿姓名，居河之湄，著老子章句，故世號曰河上丈人。當戰國之末，諸侯交爭，馳說之士，咸以權勢相傾。唯丈人隱身修道，老而不虧。傳業於安期生，爲道家之宗，（安期生琅琊阜鄉人，受學河上丈人，賣藥海邊，老而不仕，時人謂之千歲公。秦始皇東遊，請見與語，三日三夜，賜金璧直數千萬，出置阜鄉亭而去。留赤玉舄爲報，留書與始皇曰：『後數年求我於蓬萊山。』始皇即遣使者徐市盧生等入海，未至蓬萊山，輒逢風波而還，立祠阜鄉亭海邊十數處。及秦敗，安期生與其友蒯通交往，項羽欲封之，卒不肯受。）安期生敎毛翕公，毛翕公敎樂瑕公，樂瑕公敎樂臣公（一作巨公）瑕公臣公皆趙人樂毅之族也。（樂臣公其先宋公族，後別從趙。其族樂毅顯名於諸侯，而臣公獨好黃老，恬靜不仕。）趙且爲秦所滅，亡之齊高密。（臣公以善修黃老言顯聞於齊，齊人尊之，號稱賢師，趙人田叔等皆尊事焉。）蓋公者，齊之膠西人也。明老子，師事樂臣公。漢之起，齊人爭往干世主。唯蓋公獨遁居不仕，而敎於齊高密。至是，帝以長子肥爲齊王，以曹參爲相國。參之相齊，齊七十城。天下初定，悼惠王富於春秋。參盡召長老諸先生，問所以安集百姓。而齊故諸儒以百數，言人人殊。參未知所定，聞蓋公善治黃老言，使人厚幣請之。既見蓋公，蓋公爲言治道貴清靜而民自定。推此類言之。參乃避正堂舍蓋公焉。其治要用黃老術，故相齊九年，齊國安集，大稱賢相。蓋公雖爲參師，然未嘗仕，以壽終。

【出處】高士傳　神仙傳　史記樂毅傳　漢書曹參傳

【附錄】道家傳授表

河上丈人——安期生——毛翕公——樂瑕公——樂臣公——蓋公——曹參
　　　　　　　　　　　　　　　　　　　　　　樂臣公——田叔

劉交爲楚王申培等至楚　交字游，帝之同父少弟也。好書多材藝，少時嘗與魯穆生白生申培俱受詩於浮丘伯。伯齊人也，嘗與李斯俱事荀卿，既而李斯相秦，而伯則飯蔴蓬藜，修道白屋之下，以樂其志。及秦焚書，各別去。漢興，高祖過魯，申公以弟子從師入見於魯南宮。至是，漢廢楚王信，分其地爲二國，立劉賈爲荊王，交爲楚王，是爲楚元王王既至楚，以穆生白生申培爲中大夫。

【出處】史記儒林傳　漢書楚元王傳　儒林傳　鹽鐵論

七年辛丑（前二〇〇）

叔孫通定朝儀　通薛人也。秦時以文學徵，待詔博士。數歲，陳勝起，二世召博士諸儒生問曰：『楚戍卒攻蘄入陳，於公何如？』博士諸生三十餘人前曰：『人臣無將，將則反，罪死無赦！願陛下急發兵擊之。』二世怒，作色。通前曰：『諸生言皆非！夫天下爲一家，毀郡縣城，鑠其兵，視天下弗復用。且明主在上，法令具於下，吏人人奉職，四方輻輳，安有反者！此特羣盜鼠竊狗盜，何足置齒牙間哉！郡守尉今捕誅，何足憂？』二世喜，盡問諸生，諸生或言反，或言盜。於是二按諸生言反者下吏，非所宜言。諸生言盜者，皆罷之。迺賜通帛二十疋，衣一襲，拜爲博士。通已出反舍。諸生曰：『生何言之諛也！』通曰：『公不知，我幾不免虎口。』迺亡去之薛。歷仕項梁義帝項羽，後降漢。通儒服，漢王憎之，迺變其服，服短衣，楚製。漢王喜，拜通爲博士，號稷嗣君。漢王已并天下，諸侯共尊爲皇帝於定陶，通就其儀號。高帝悉去秦儀法，爲簡易。羣臣飲爭功，醉或妄呼，拔劍擊柱。上患之。通知上益饜之，說上曰：『夫儒者難與進取，可與守成。臣願徵魯諸生，與臣弟子共起朝儀。』高帝曰：『得無難乎？』通曰：『五帝異樂，三王不同禮。禮者因時世人情爲之節文者也。故夏殷周禮所因，損益可知者，謂不相復也。臣願頗采古禮，與秦儀雜就之。』上曰：『可，試爲之，令易知，度吾所能行爲之。』於是通使徵魯諸生三十餘人。魯有兩生不肯行，曰：『公所事者且十主，皆面諛以得親貴。今天下初定，死者未葬，傷者未起，又欲起禮樂。禮樂所由起，百年積德而後可興也。吾不忍爲公所爲，公所爲不合古。公往矣，毋汚我！』通笑曰：『若眞鄙儒，不知時變。』遂與所徵三十人西。及上左右爲學者，與其弟子百餘人，爲緜蕞野外。習之月餘。通曰：『上可試觀』上使行禮，曰，『吾能爲此』迺令羣臣習肄。會十月，漢七年，長樂宮成。諸侯羣臣朝十月。儀—先平明，謁者治禮，引以次入殿門。廷中陳車騎，戍卒衞官，設兵，張旗志。傳曰趨，殿下郎中俠陛，陛數百人。功臣列侯諸將軍軍吏，以次陳西方，東鄉。文官丞相以下陳東方，西鄉。大行設九賓臚句傳。於是皇帝輦出房，百官執戟傳警，引諸侯王以下至吏六百石，以次奉賀。自諸侯王以下，莫不震恐肅敬。至禮畢，盡伏。至法酒。諸侍坐殿上，皆伏抑首，以尊卑次起上壽。觴九行，謁者言罷酒。御史執法，舉不如儀者，輒引去。竟朝置酒，無敢讙譁失禮者。於是高帝曰：『吾迺今日知爲皇帝之貴也。』拜通爲奉常，賜金五百斤。九年，徙通爲太子太傅。

【出處】史記叔孫通傳

八年壬寅（一九九）

張蒼爲主計　蒼遷爲計相，一月，更以列侯爲主計。是時蕭何爲相國，而蒼迺自秦時爲柱下御史，明習天下圖書計籍，又善用算律歷，故令蒼以列侯居相府，領主郡國上計者。爲主計四歲，黥布反，漢立皇子長爲淮南王，而蒼相之。十四年，遷爲御史大夫

【出處】漢書張蒼傳　史記張蒼傳

十一年乙巳（前一九六）

陸賈上新語　賈楚人也，以客从高祖定天下，名有口辯。居左右，常使諸侯。時中國

初定，尉佗平南越，因王之。帝使賈賜佗印爲南越王。賈至，說佗令稱臣奉漢約。歸報，帝大悅，拜賈爲太中大夫。賈時時前說稱詩書。帝罵之曰：『廼公居馬上得之，安事詩書！』賈曰：『馬上得之，寧可以馬上治乎？且湯武逆取而以順守之，文武並用，長久之術也。昔者吳王夫差智伯極武而亡。秦任法不變，卒滅趙氏。嚮使秦已並天下，行仁義，法先聖，陛下安得而有之？』帝不懌，有慙色，謂賈曰：『試爲我著秦所以失天下，吾可以得之者，及古成敗之國。』賈凡著十二篇，每奏一篇，帝未嘗不稱善，左右呼萬歲，稱其書曰新語。其書所敷奏，於稱說詩書發明帝王所以治天下之道而外，又多引論語孝經，於孔子誅少正卯會夾谷厄陳蔡事以及顏曾諸人，皆樂舉而頌揚之，蓋儒家之流也。其所以法先聖者，言人類文明之進化，曾經三時期聖人之創造。故曰：『先聖仰觀天文，俯察地理，圖畫乾坤，以定人道。民始開悟，知有父子之親，君臣之義，夫婦之道，長幼之序，於是百官立，王道乃生。民人食肉，飲血，衣皮毛。至於神農，以爲行蟲走獸難以養民，乃求可食之物，嘗百草之實，察酸苦之味，教民食五穀。天下人民野居穴處，未有室屋，則與禽獸同域。於是黃帝乃伐木搆材，築作宮室，上棟下字，以避風雨。民知室居食穀而未知功力，於是后稷乃列封疆，畫畔界，以分土地之所宜。闢土殖穀，以用養民，種桑麻致絲枲以蔽形體。當斯之時，四瀆未通，洪水為害。禹乃決江疏河，通之四瀆致之於海，大小相引，高下相受，百川順流，各歸其所。然後人民得去高險，處平土。川谷交錯，風化未通，九州絕隔，未有舟車之用以濟深致遠。於是奚仲乃橈曲為輪，因直為轅，駕馬服牛，浮舟杖檝，以代人力。鑠金鏤木，分苞燒殖，以備器械。於是民知輕重，好利惡難，避勞就逸，於是皐陶乃立獄置罪，縣賞設罰，異是非，明好惡，檢奸邪，消佚亂。民知畏法而無禮義，於是中聖乃設辟雍庠序之教以正上下之儀，明父子之禮，君臣之義。使强不凌弱，衆不暴寡，棄貪鄙之心，興淸潔之行。禮義獨行，綱紀不立，後世衰廢，於是後聖乃定五經，明六藝，承天統地，窮事口微，原情立本以緒人倫。宗諸天地，口修篇章，垂諸來世，被諸鳥獸以匡衰亂，天人合策，原道悉備，智者達其心，百工窮其巧，乃調之以管絃絲竹之音，設鐘鼓歌舞之樂，以節奢侈，正風俗，通文雅。』

【出處】漢書陸賈傳　陸賈新語

【考證】四庫全書總目題要載：『案漢書賈本傳稱著新語十二篇，漢書藝文志儒家陸賈二十七（余按當為三字）篇，蓋兼他所論述計之，隋志則作新語二卷。此本卷數與隋志合，篇數與本傳合，似為舊本。然漢書司馬遷傳稱遷取戰國策楚漢春秋陸賈新語作史記，楚漢春秋張守節猶引之，今佚不可考。戰國策取九十三事，皆與今本合，惟是書之文，悉不見於史記。王充論衡本性篇引陸賈曰：天地生人也以禮義之性，人能察己所以受命則順，順謂之道。今本亦無其本。又穀梁傳至漢武帝時始出，而道基篇末乃引穀梁傳曰，時代尤相牴牾，其殆後人依託非賈原本歟。』余按漢書司馬遷傳贊中並未有司馬遷引陸賈新語之言，此蓋四庫館諸公因楚漢春秋因聯想及新語，又不細檢本書，遂因此致疑。且穀梁傳雖出於武帝時，然自秦火以上之師承未嘗間斷，此豈亦足致疑耶？

下詔求賢才 詔曰：『蓋聞王者莫高於周文，伯者莫高於齊桓。皆待賢人而成名。今天下賢者智能，豈特古之人乎，患在人主不交故也，士奚由進？今吾以天之靈，賢士大夫定有天下，以為一家，欲其長久世世奉宗廟亡絕也。賢人已與我共平之矣，而不與我共安利之，可乎？賢士大夫，有肯从我遊者，吾能尊顯之。布告天下，使明知朕意。御史大夫昌下相國，相國酇侯下諸侯王。御史中執法下郡守，其有意稱明德者，必身勸為之駕，遣詣相國府，署行，儀，年。有而弗言，覺，免。年老癃病勿遣。』

【出處】 漢書高祖本紀

十二年丙午（前一九五）

叔孫通復為奉常 高帝崩，孝惠即位，謂通曰：『先王園陵寢廟，羣臣莫習。』徙通為奉常，定宗廟儀法，及稍定漢諸儀法，皆通所論著也。惠帝為東朝長樂宮，及閒往，數蹕煩民。作復道，方築武庫南，通奏事，因請閒曰：『陛下何自築復道？高帝寢衣冠，月出游高廟，子孫奈何乘宗廟道以行哉？』惠帝懼曰：『急壞之』通曰：『人主無過舉，，今已作，百姓皆知之矣。願陛下爲原廟渭北，衣冠月出游之。益廣宗廟，大孝之本。』上乃詔有司立原廟。惠帝嘗出游離宮，通曰：『古者有春嘗菓，方今櫻桃熟，可獻。願陛下出因取櫻桃獻宗廟。』上許之，諸菓獻，由此興。

【出處】史記叔孫通傳　漢書叔孫通傳

孝惠皇帝

名盈，高帝子。在位凡七年。

元年丁未（前一九四）

二年戊申（前一九三）

訂安世樂　初，高祖時，叔孫通因秦樂人制宗廟樂。大祝迎神於廟門，奏「嘉至」，猶古降神之樂也。皇帝入廟門，奏「永至」，以爲行步之節，猶古「采薺」「肆夏」也。乾豆上，奏「登歌」，獨上歌，不以筦絃亂人聲，欲在位者徧聞之，猶古清廟之歌也。「登歌」再終，下奏「休成」之樂，美神明既饗也。皇帝就酒東廂，坐定，奏「永安」之樂，美禮已成也。又有「房中」祠樂，高祖唐山夫人所作也。周有房中樂，至秦名曰「壽人」，凡樂樂其所生，禮不忘本。高祖樂楚聲，故房中樂楚聲也。至是，使大樂令夏侯寬備其蕭管，更名曰「安世」樂。漢世高廟奏「武德」「文始」「五行」之舞，孝文廟奏「昭德」「文始」「四時」「五行」之舞。孝武廟奏「盛德」「文始」「四時」「五行」之舞。「武德」舞者，高帝四年作，以象天下樂已行武以除亂也。文始舞者，本舜「韶」舞也。高帝六年，更名曰「文始」，以示不相襲也。五行舞者，本周舞也，秦始皇更名「五行」也。「四時」舞者，孝文所作，以示天下之安和也。蓋樂已所自作，明有制也。樂先王之樂，明有法也。孝景採「武德」舞，以爲「昭德」，以尊太宗（即文帝）廟。至宣帝采「昭德」舞爲盛德，以尊世宗（即武帝）廟，諸帝廟皆常奏「文始」「四時」「五行」舞云。高帝六年，又作「昭容」樂「禮容」樂。「昭容」者，猶古之「昭夏」也。主出「武德」舞。「禮容」者，主出「文始」「五行」舞。舞人無樂者，將至至尊之前，不敢以樂也。出用樂者，言舞不失節，能以樂終也，大抵皆因秦舊事焉。

【出處】漢書禮樂志

四年庚戌（前一九一）

除挾書律　初，秦燔滅文章以愚黔首。下令敢有挾書者族。六藝自此缺焉。於是好古之士，或藏之山崖屋壁，如魯淹中孔壁藏古經，伏生藏尚書，河間人顏芝藏孝經。山岩藏周官等皆是也。或以口授生徒，如公羊壽傳春秋！

高堂生傳儀禮是。高祖因秦律，未遑除去。至是年三月，帝乃下令除之。於是壁藏者紛紛出世，而口授者亦得書之於簡策矣。各書多有殘缺，惟易爲卜筮之書，不在禁列，傳者不絕，詩則諷誦不在竹帛，故俱能遺秦而全也。

【出處】漢書惠帝本紀　經典釋文叙錄　漢書藝文志

五年辛亥（前一九〇）

顏貞出孝經　孝經者，孔子爲弟子曾參說孝道，因明天子庶人五等之孝，事親之法。孝爲天之經，地之義，民之行。舉大者言，故曰孝經。秦氏禁學，亦遭焚燼。河間人顏芝藏之。漢氏尊學，其子貞出之。是爲今文，長孫氏，博士江翁，少府后倉，諫大夫翼奉，安昌侯張禹傳之，各自名家，凡十八章。

【出處】漢書藝文志　經典釋文叙錄

【考證】按趙岐孟子題詞，孝經於文帝時曾立博士，則其初出當在文帝之前。孝經正義謂『初除挾書之律，芝子貞始出之。』於理爲近，故誌之於此。

七年癸丑（前一八八）

呂后 高帝后，惠帝母，稱制凡八年。

元年甲寅（前一八七）

申培至長安求學 浮丘伯在長安，楚元王聞之，遣子郢客與申培俱卒業。相傳秦孝公時有魯人穀梁子者，名淑，字元始，一名赤。學出於子夏，為春秋作傳，故曰穀梁傳。傳至孫卿。卿傳浮丘伯。於是申培受詩及春秋。穀梁之學，不如左氏之豔而富，公羊之辯而裁，惟辭清而婉，不敢放言高論。謂大夫曰卒諱莫如深之類，皆足證其為拘謹守經之儒所作也。文帝時，聞申公為詩最精，以為博士。元王好詩，諸子皆讀詩。申公始為詩傳，號魯詩。元王亦次之詩傳，號曰元王詩。

【出處】漢書楚元王傳　儒林傳　春秋穀梁序疏

【考證】按楚元王交傳載申培郢客於高后時至長安求學，又載高后以郢客為宗正，封上邳侯。考百官表，劉郢客於呂后二年為宗正，其初至長安求學當在前，故誌之於此。又按穀梁序疏云：『穀梁淑傳孫卿，孫卿傳魯人申公。』考申公之年，不能逮事孫卿，而其師則浮丘伯也。蓋孫卿傳浮丘伯，浮丘伯傳申公耳。古人言詞簡略，故多所缺漏也。

【附錄一】魯詩傳授表

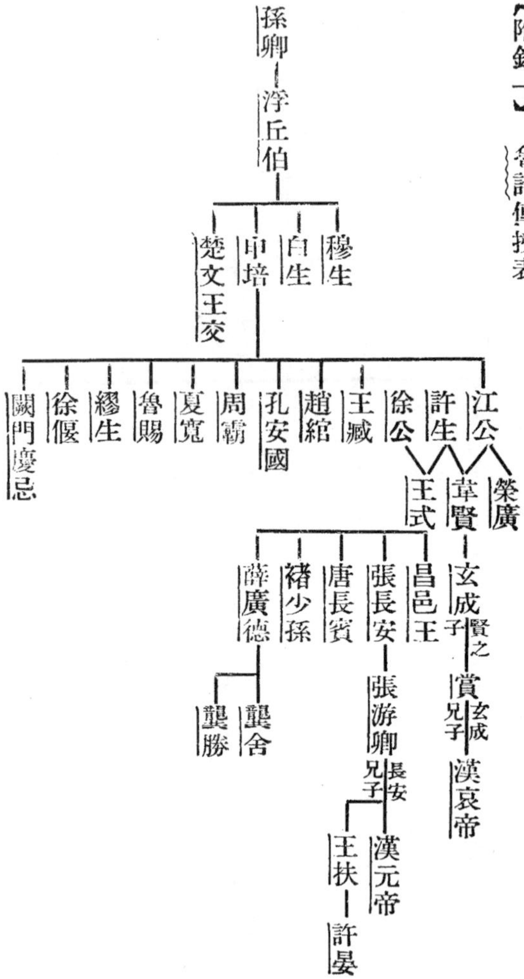

【附錄二】穀梁氏春秋傳授表

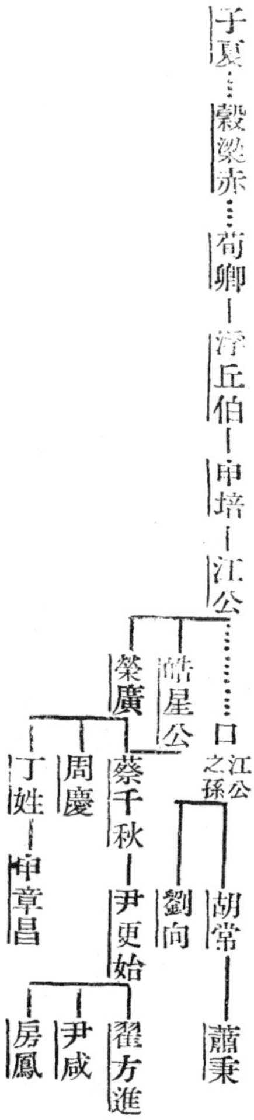

八年酉辛（一八〇）

太宗孝文皇帝 名恆，高帝子，在位二十三年。

元年壬戌（前一七九）

朝廷議欲定儀禮不果 初，秦有天下，悉內六國禮儀，采擇其善，雖不合聖制，其尊君抑臣，朝廷濟濟，依古以來。至於高祖，光有四海，叔孫通頗有所增益減損，大抵皆襲秦故。自天子稱號，下至佐僚及宮室官名，少所變改。至是，帝即位，有司議欲定儀禮。帝好道家之學，以爲繁禮飾貌，無益於治，躬化謂何耳。故罷去之。

帝欲廣遊學之路，論語孝經孟子爾雅，皆置博士。

【出處】史記禮書　孟子題辭

賈誼爲博士　誼洛陽人，年十八，以能誦詩書屬文稱於郡中。河南守吳公，聞其秀才，召置門下，甚愛幸。至是帝初立，聞吳公治平爲天下第一，故與李斯同邑而嘗學事焉，徵以爲廷尉。廷尉言誼年少，頗通諸家之書，於是帝召以爲博士。是時誼年二十餘，最爲少。每詔令議下，諸老先生未能言，誼盡爲之對。人人各如其意所出。諸生於是以爲能。帝說之，超遷，歲中至太中大夫。

【出處】漢書賈誼傳

陸賈復爲中大夫　初，惠帝時，呂太后用事，欲王諸呂，畏大臣及有口者。賈自度不能爭之，迺病免。呂太后時，王諸呂，諸呂擅權，欲刧少主危劉氏。而賈爲右丞相陳平畫策，交驩太尉周勃，兩人深相結，呂氏謀因以壞。及誅呂氏立孝文，賈頗有力。至是，帝欲使人之南越。丞相平迺言賈爲太中大夫，往使尉佗，去黃屋稱制，令比諸侯，皆如意指。陸生竟以壽終。生平著書有儒家言二十三編，（即今之陸賈新語）楚漢春秋九篇，又有賦三篇。

【出處】史漢陸賈傳　漢書藝文志

二年癸亥（前一七八）

楚夷王立申培復之楚　楚元王薨，太子辟非先卒，帝乃以宗正上邳侯郢客嗣，是爲夷王。時申培爲博士失官，隨郢客歸，復以爲中大夫，使傅太子戊，而戊不好學，病申公。

【出處】漢書楚元王傳　儒林傳

【考證】按漢書諸侯王表，郢客以是年嗣立，故誌其事於此。

賈山上至言　山潁川人也。祖父袪，故魏王時博士弟子。山受學袪所言，涉獵書記，不能爲醇儒。嘗給事潁陰侯爲騎。至是，上書言治亂之道，借秦爲諭，名曰至言。其辭曰：『……臣聞忠臣之事君也，言切直則不用而身危，不切直則不可以明道。故切直之言，明主所欲急聞，忠臣之所以蒙死而竭知也。……雷霆之所擊，無不摧折者。萬鈞之所壓，無不糜滅者。今人主之威，非特雷霆也，勢重非特萬鈞也。開道而求諫，和顏色而受之，用其言而顯其身，士猶恐懼而不敢自盡，又迺況於縱欲恣行暴虐惡聞其過乎？震之以威，壓之以重，則雖有堯舜之智，孟賁之勇，豈有不摧折者哉？如此則人主不得聞其過失矣，弗聞則社稷危矣。古者聖王之制，史在前書過失，工誦箴諫，瞽誦詩諫，公卿比諫，士傳言諫過，庶人謗於道，商旅議於市，然後君得聞其過失也。聞其過失而改之，見義而從之，所以永有天下也。天子之尊，四海之內，其義莫不爲臣。然而養三老於太學，親執醬而餽，執爵而酳，祝饐在前，祝鯁在後，公卿奉杖，大夫進履，舉賢以自輔弼，求修正之士使直諫。故以天子之尊，尊養三老，視孝也；立輔弼之臣者，恐驕也；置直諫之士者，恐不得聞其過也；學問至於芻蕘者，求善無饜也；商人庶人誹謗已而改之，從善無不聽也。……昔者周蓋千八百國，以九州之民，養千八百國之君，用民之力，不過歲三日，什一而籍，君有餘財，民有餘力，而頌聲作。秦皇帝以千八百國之民自養，力罷不能勝其役，財盡不能勝其求。……身死纔數月耳，天下四面而攻之，宗廟滅絕矣。

秦皇帝居滅絕之中而不自知者，何也？天下莫敢告也。其所以莫敢告者，何也？亡養老之義，亡輔弼之臣，亡進諫之士，縱恣行誅，退誹謗之人，殺直諫之士，是以道諛媮合苟容，比其德則賢於堯舜，課其功則賢於湯武，天下已潰，而莫之告也。……今陛下念思祖考，術追厥功，圖所以昭光洪業休德，使天下舉賢良方正之士，天下皆訢訢焉，曰：「將興堯舜之道三王之功矣」天下之士，莫不精白以承休德。今方正之士，皆在朝廷矣。又選其賢者，使爲常侍諸吏，與之馳驅射獵，一日再三出，臣恐朝廷之解弛，百官之墮於事也。諸侯聞之，又必怠於政矣。陛下即位，親自勉以厚天下、損食膳不聽樂，減外徭，衛卒，止歲貢，省廄馬，以賦縣傳。去諸苑以賦農夫，出帛十萬餘匹，以振貧民。禮高年九十者，一子不事。八十者，二算不事。大臣皆至公卿，發御府金賜大臣，宗族亡不被澤者。赦罪人，憐其亡髮，賜之巾；憐其衣赭，書其背，父子兄弟相見也，而賜之衣。平獄緩刑，天下莫不說喜，是以元年膏雨降，五穀登，此天之所以相陛下也。刑輕於它時而犯法者寡，衣食多於前年而盜賊少，此天下之所以順陛下也。臣聞山東吏布詔令，民雖老羸癃疾，扶杖而往聽之，願少須臾毋死，思見德化之成也。今功業方就，名聞方昭，四方鄉風，今从豪俊之臣，六正之士，直與之日日獵射，擊兎伐狐，以傷大業，絕天下之望，臣竊悼之。詩曰：「靡不有初，鮮克有終。」臣不勝大願，願少衰射獵，以夏歲二月，定明堂，造太學，修先王之道，風行俗成，萬世之基定，然後唯陛下所幸耳。古者大臣不媟，故君子不常見其齊嚴之色，肅敬之容。大臣不得與宴遊，方正修潔之士，不得从射獵，使皆務其方以高其節，則羣臣莫敢不正身修行，盡心以稱大禮。如此則陛下之道尊敬，功業施於四海，垂於萬世子孫矣。誠不如此，則行日壞而榮日滅矣。夫士修之於家而壞之於天子之廷，臣竊愍之。陛下與衆臣宴游，與大臣方正朝廷論議。夫游不失樂，朝不失禮，議不失計，軌事之大者也。」其後帝除鑄錢令，山復上書諫，以爲變先帝法非是。章下詰責，對以爲錢者無用器也，而可以易富貴，富貴者人主之操柄也，令民爲之，是與人主共操柄，不可長也。其言多激切，善指事意，然終不加罰，所以廣諫爭之路也。漢志儒家有賈山八篇。

【出處】漢書賈山傳

三年甲子（前一七七）

賈誼爲長沙王太傅　初，誼以爲漢興二十餘年，天下和洽，而固當改正朔，易服色，法制度，定官名，興禮樂。然後諸侯軌道，百姓素樸，獄訟衰息。乃悉草具其事儀法，色尚黃，數用五。爲官名，悉更秦之法。帝初即位，謙讓未遑也。然諸法令所更定及列侯就國，其說皆誼發之。於是帝議以誼任公卿之位，絳灌東陽侯馮敬之屬盡害之。迺毀誼曰：『雒陽之人，年少初學，專欲擅權，紛亂諸事。』於是帝後亦疏之，不用其議。至是，遂以誼爲長沙王太傅。

【出處】　史記賈誼傳　漢書賈誼傳　漢書禮樂志

【考證】　按漢書載誼之鵩鳥賦，稱誼爲長沙傅三年所作，又稱其年爲單閼之歲。單閼卯年也，時在文帝六年。則初爲長沙傅必在文帝三年，故誌其事於此。

四年乙丑（前一七六）

張蒼爲丞相　丞相漢嬰卒，蒼爲丞相。自漢興至是二十餘年，會天下初定，將相公卿皆軍吏，倉爲計相時，緒正律歷，以高祖十月始至霸上，故因秦時本十月爲歲首，不革。推五德之運，以爲漢當水德之時，上黑如故。吹律調樂，入之音聲，及以比定律令。若百工，天下作程品。至於爲丞相，卒就之。故漢家言律歷者本之張蒼。

【出處】史記張蒼傳　漢書張蒼傳

六年丁卯（前一七四）

賈誼作服鳥賦　誼既爲長沙王太傅，意不自得。及度湘水，爲賦以弔屈原。屈原，楚賢臣也，被讒放逐，作離騷賦，其終篇曰：『已矣！國亡人，莫我知也。』遂自沈江而死，誼追傷之，因以自喻。至是，爲長沙服三年，有服飛入誼舍，止於座隅。服似鴞，不祥鳥也。誼既以適居長沙，長沙卑濕，誼自傷悼，以爲壽不得長。蓋長沙俗以服鳥至人家，主人死。於是誼作服鳥賦，齊死生，等榮辱，以遣憂累焉。

【出處】史記賈誼傳

魯穆生自楚歸魯　初元王敬禮申公等。穆生不耆酒，元王每置酒嘗爲穆生設醴。及王戊即位，嘗設，後忘設焉。穆生退曰：『可以逝矣，醴酒不設，王之意怠。不去，楚人將鉗我於市。』稱疾臥。申公白生強起之曰：『獨不念先王之德與？今王一旦小失禮，何足至此！』穆生曰：『易稱知幾其神乎，幾者動之微，吉凶之先見者也。君子見幾而作，不俟終日。先王之所以禮吾三人者，爲道之存故也。今而忽之，是忘道也。忘道之人，胡可與久處？豈爲區區之禮哉！』遂謝病去，而申公白生獨留。

【出處】漢書楚元王傳

七年戊辰（前一七三）

賈誼爲梁懷王太傅 文帝思誼，徵之至，入見。上方受釐，坐宣室。上因感鬼神事，而問鬼神之本，誼具道所以然之故。至夜半，文帝前席。既罷曰，『吾久不見賈生，自以爲過之，今不及也。』迺拜誼爲梁懷王太傅。懷王上少子，愛而好書，故令誼傅之，數問以得失。誼上疏曰：『臣竊惟今之事勢，可爲痛哭者一，可爲流涕者二，可爲長太息者六，若其他背理而傷道者，難徧以疏舉。……陛下何不壹令臣得孰數之於前，因陳治安之策，試詳擇焉。……夫樹國固必相疑之勢，下數被其殃，上數爽其憂，甚非所以安上而全下也。今或親弟謀爲東帝，親兄之子，西鄉而擊，今吳又見告矣。天子春秋鼎盛，行義未過，德澤有加焉，猶尚如是，況莫大諸侯，權力且十此者乎。……高皇帝以明聖威武即天子位，割膏腴之地以王諸公。……恩至渥也，然其後十年之間，反者九起。……臣竊跡前事，大抵彊者先反。淮陰王楚最彊，則最先反，……盧綰最弱，最後反。長沙迺在二萬五千戶耳，功少而最完，勢疏而最忠，非獨性異人也，亦形埶然也。曩令樊酈絳灌，據數十城而王，今雖以殘亡可也。令信越之倫，列爲徹侯而居，雖至今存可也。然則天下之大計可知已。欲諸王之皆忠附，則莫若令如長沙王。欲臣子之勿菹醢，則莫若令如樊酈等。欲天下之治安，莫若衆建諸侯而少其力，力少則易使以義，……割地定制，令齊趙楚各爲若干國，使悼惠王幽王元王之子孫，畢以次各受祖之分地，地盡而止。及燕梁它國皆然。其分地衆而子孫少者，建以爲國，空而置之，須其子孫生者，擧使君之。……一寸之地，一人之衆，天子亡所利焉，誠以定治而已。……天下之執，方病大瘇，一脛之大幾如要，一指之大幾如股，平居不可屈信，……失今不治，必爲痼疾。可痛哭者，此病是也。天下之執方倒縣，……今匈奴嫚侮侵掠，至不敬也。爲天下患，至亡已也。而漢歲致金絮采繒以奉之。夷狄徵令，是主上之操也。天子共貢，是臣下之禮也。……倒縣如此，莫之能解，猶爲國有人乎？可爲流涕者此也。陛下何忍以帝皇之號，爲戎人諸侯，執既卑辱而禍不息，長此安窮？……臣竊料匈奴之衆，不過漢一大縣。以天下之大，困於一縣之衆，甚爲執事者羞之。陛下何不試以臣爲屬國之官，以主匈奴，用臣之計。請必係單于之頸而制其命，伏中行說而笞其背，擧匈奴之衆。唯上之令。今不獵猛敵而獵田彘，不搏反寇而搏畜菟，翫細娛而不圖大患。……可爲流涕者此也。今民賣僮者，爲之繡衣絲履偏諸緣，……美者黼繡，是古天子之服，今富人大賈，嘉會召客以被墻。……且帝之身，自衣皁，而富民牆屋被文繡。天子之后，以緣其領，庶人孽妾緣其履，此臣所謂舛也。……夫俗至大不敬也，至亡等也，至冒上也，進計者猶曰毋爲，可爲長太息者此也。商君遺禮義，棄仁恩，並心於進取，行之二歲，秦俗日敗，故秦人家富子壯則出分，家貧子壯則出贅，借父耰鉏，慮有德色。母取箕帚，立而誶語。抱哺其子，與公併倨。婦姑不相說，則反脣而相稽，其慈子耆利不同禽獸者，無幾耳。……其遺風餘俗，猶尚未改，今世以侈靡相競，而上無制度，棄禮義捐廉恥日甚，可謂月異而歲不同矣。……而大臣特以簿書不報，期會之間，以爲大故。至於俗流失，世壞敗，因恬而不知怪，慮不動於耳目，以爲是適然耳。夫移風易俗，使天下回心而鄉道，類非俗吏之所能爲也。俗吏之所務，在于刀筆筐篋，而不知大體，陛下又不自憂，竊爲陛下惜之。……管子曰：「禮義廉恥，是謂四維，四維不張，國乃滅亡。」……可不爲寒心哉，……豈如今定經制，令君君臣臣，上下有差，父子六親，各得其宜，……此業壹定，世世常安，而後有所持循矣。若夫經制不定，是猶度江河亡維楫，中天子十有餘世，而殷受之。殷爲天子二十餘世，而周受之。周爲天子三十餘世，而秦受之。秦爲天子二世而亡。人性不甚相遠也，何三代之君有道之長而秦無道之暴也？其故可知也。古之王者，太子迺生，固舉以禮，使士負之，有司齊肅端冕，見之南郊，見于天也。過闕則下，過廟則趨，孝子之道也。故自爲赤子而教固已行矣。……孩提有識，三公三少固明孝仁禮義以道習之，逐去邪人，不使見惡行。於是皆選天下之端士孝悌博聞有道術者以衛翼之，使與太子居處出入。故太子迺生而見正事，聞正言，行正道，左右前後，皆正人也。夫習與正人居之，不能毋正，猶生長於齊不能不齊言也。……三代之所以長久者，以其輔翼太子有此具也。及秦而不然，……使趙高傅胡亥而教之獄，所習者非斬劓人則夷人之三族也。故胡亥今日即位而明日射人，忠諫者謂之誹謗，深計者謂之妖言，其視殺人若艾草菅然。豈惟胡亥之性惡哉？彼其所以道之者非其理故也。鄙諺曰：「不習爲吏，視己成事。」又曰：「前車覆，後車誡。」……

天下之命，縣於太子。太子之善，在於早教諭與選左右，……教得而左右正，則太子正矣，太子正而天下定矣。書曰：「一人有慶，兆民賴之。」此時務也。凡人之智，能見已然，不能見將然。夫禮者禁於將然之前，而法者禁於已然之後，是故法之所用易見而禮之所爲生用難知也。若夫慶賞以勸善，刑罰以懲惡，先王執此之政，堅如金石。行此之令，信如四時。據此之公，無私如天地耳，豈顧不用哉？然而禮云禮云者，貴絕惡於未萌，而起教於微眇，使民日遷善遠辠而不自知也。……世主欲民之善同，而所以使民善者或異，或道之以德教，或歐之以法令。道之以德教者，德教洽而民氣樂，歐之以法令者，法令極而民氣哀。哀樂之感，禍福之應也。……今人之置器，置諸安處則安，置諸危處則危。天下之情，與器亡以異，在天子之所置之。湯武置天下於仁義禮樂，而德澤洽，禽獸草木廣裕，德被蠻貊四夷，累子孫數十世。此天下所共聞也。秦王置天下於法令刑罰，德澤亡一有，而怨毒盈於世，下憎惡之如仇讎，禍幾及身，子孫誅絕，此天下所共見也。……今或言禮儀之不如法令，敎化之不如刑罰，人主胡不引殷周秦事以觀之也。人主之尊譬如堂，羣臣如陛，衆庶如地。故陛九級上，廉遠地，則堂高。陛無級，廉近地，則堂卑。高者難攀，卑者易陵，理勢然也。故古者聖王制爲等列，內有公卿大夫士，外有公侯伯子男，然後有官師小吏，延及庶人，等級分明，而天子加焉，故其尊不可及也。里諺曰：「欲投而忌器」此善諭也。鼠近於器，尙憚不投，恐傷其器，況於貴臣之近主乎。廉恥節禮以治君子，故有賜死而無戮辱，是以黥劓之辠不及大夫，以其離主上不遠也。……今自王侯三公之貴，皆天子之所改容而禮之也，古天子之所謂伯父伯舅也，而令與衆庶同黥劓髡刖笞傌棄市之法，然則堂不亡陛乎？被戮者不泰迫乎？廉恥不行，大臣無乃握重權大官而有徒隸無耻之心乎？夫嘗已在貴寵之位，天子改容而禮貌之矣，吏民嘗俯伏以敬畏之矣。而今有過，帝令廢之可也，退之可也，賜之死可也，滅之可也。若夫束縛之，係緤之，輸之司寇，編之徒官。司寇小吏，詈罵而榜笞之，……非尊尊貴貴之化也。……古者大臣，有坐不廉而廢者，不謂不廉，曰簠簋不飾。坐汙穢淫亂男女亡別者，不曰汙穢，曰帷薄不修。坐罷軟不勝任者，不謂罷軟，曰下官不職。故貴大臣定有其辠矣，猶未斥然正以呼之也，尚遷就而爲之諱也。……其有大辠者，聞命則北面再拜，跪而自裁，上不使捽抑而刑之也。曰：子大夫自有過耳，吾遇子有禮矣。遇之有禮，故羣臣自憙。嬰以廉恥，故人矜節行。……故化成俗定，則爲人臣者，主耳忘身，國耳忘家，公耳忘私，利不苟就，害不苟去，唯義所在，上之化也。……顧行而忘利，守節而仗義，故可以託不御之權，可以寄六尺之孤，此厲廉耻行禮誼之所致也，主上何喪焉？此之不爲，而顧彼之久行，故曰可爲長太息者此也。』上深納其言

【出處】漢書賈誼傳

十二年癸酉（前一六八）

賈誼卒　初，梁懷王騎，墮馬而死，無後。誼自傷爲傅無狀，常哭泣。至是歲餘卒，年三十三。著書五十八篇，儒家著言。又常爲左氏傳訓詁。然觀其書中述左氏事，

僅禮容篇叔孫昭子一條。先醒篇言宋昭公出亡而復位；虢君出走，其御進酒食及枕土而死；耳痺篇言子胥何籠而自投於江；諭誠篇言楚昭王以當房之德復國；皆不合左氏。審微篇言晉文公請隧，叔孫于奚救孫桓子，春秋篇言衛懿公喜鶴而亡其國，先醒篇言楚莊王與晉人戰於兩棠，會諸侯於漢陽，申天子之禁。皆與左氏異。其禮篇君道篇說詩騶虞鴛鴦靈臺皇矣旱麓，亦與毛義不同。又有賦七篇。及武帝立，舉賈生之孫二人，至郡守。而賈嘉最好學，世其家。至昭帝時，列爲九卿。漢書藝文志陰陽家類有五曹官志五篇，注云：漢制，似賈誼所條。

【出處】　史漢賈誼傳　漢書藝文志　賈誼新書

十四年乙亥（前一六六）

公孫臣上書陳終始五德傳　魯人公孫臣上書曰：『始秦得水德，及漢受之，推終始傳，則漢當土德。土德之應，黃龍見，宜改正朔，服色上黃。』時丞相張蒼好律厤，以爲『漢迺水德之時，河決金隄，其符也。年始冬十月，色外黑內赤。與德相應。公孫臣言非是。』罷之。

【出處】漢書郊祀志

十五年丙子（前一六五）

詔諸侯王公卿郡守舉賢良文學士　上親策詔之曰：『惟十有五年九月壬子，皇帝曰：昔大禹勤求賢士，施及方外，四極之內，舟車所至，人迹所及，靡不聞命，以輔其不逮。近者獻其明，遠者通厥聽，比善戮力，以翼天子。是以大禹能亡失德，夏以長楙。高皇帝親除大害，去亂眾，並建豪英，以爲官師，爲諫爭，輔天子之闕而翼戴漢宗也。賴天之靈，宗廟之福，方內以安，澤及四夷。今朕獲執天下之正，以承宗廟之祀。朕既不德，又不敏，明弗能燭而智不能治，此大夫之所著聞也。故詔有司諸侯王三公九卿及主郡吏，各帥其志，以選賢良，明於國家之大體，通於人事之終始，及能直言極諫者，各有人數，以匡朕之不逮。二三大夫之行，當此三道，朕甚嘉之。故登大夫於朝，親諭朕志。大夫其上三道之要，及永維朕之不德，吏之不平，政之不宣，民之不寧，四者之闕，悉陳其志，毋有所隱。上以薦先帝之宗廟，下以興愚民之休利，著之于篇，朕親覽焉。觀大夫所以佐朕至與不至，書之，周之，密之，重之，閉之，興自朕躬。大夫其正論，毋枉執事。烏虖戒之，二三大夫其帥志無怠。』於是鼂錯上書言事。

【出處】 漢書文帝紀　鼂錯傳

公孫臣爲博士　黃龍見成紀，於是帝召公孫臣拜爲博士，與諸生申明土德草改歷服色事，更元年。

【書處】 漢書郊祀志

十六年丁丑（前一六四）

淮南王安立　初，淮南厲王長於六年謀反廢，徙蜀，道死於雍。至是，帝憐淮南王廢法不軌，自使失國。乃立其三子王淮南故地，三分之。以阜陵侯安爲淮南王。安爲人好書鼓琴，不喜弋獵狗馬馳騁，亦欲以行陰德，拊循百姓，流名譽，招致賓客方術之士數千人。於是遂與蘇飛，李尚，左吳，田由，雷被，毛被，伍被，晉昌等八人及諸儒大山小山之徒，共講論道德，總統仁義。作爲內書二十一篇，外書甚衆。又有中篇八卷，言神仙黃白之術，亦二十餘萬言。其內篇今尙存，尙無爲而不流於靜寂，任自然而不輕於人事。採莊周之「是非無常」兼取韓非之「因時制宜」有老聃之「無爲自治」，兼具荀卿之「化性起僞」故曰：『夫地勢東流，人必事焉，然後水潦得谷行。禾稼春生，人必加功焉，故五穀得遂長。聽其自流，待其自生，則鯀禹之功不立，而后稷之智不用。若吾所謂無爲者，私志不得入公道，嗜慾不得枉正術。循理而舉事，因資而立功，推自然之勢而曲故不得容者。事成而身弗伐，功立而名弗有，非謂其感而不應攻而不動者。若夫以火熯井，以淮灌山，此用已，而背自然，故謂之有爲。若夫水之用舟，沙之用鳩，泥之用輴，山之用蔂，夏瀆而冬陂，因高爲山，因下爲池，此非吾所謂爲之。』又曰：『先王之制，不宜則廢之。末世之事，善則著之。是故禮樂未始有常也。故聖人制禮樂而不制於禮樂。苟利於民，不必法古，苟周於事，不必循舊。……故聖人法與時變，禮與俗化，衣服器械，各便其用，法度制令，各因其宜。故變古未可非，而循俗未足多也。』又曰：『世俗廢衰而非學者多，人性各有所修短，若魚之躍，若雀之駮，此自然者，不可損益。吾以為不然，夫魚者躍，鵲者駮也。猶人馬之為人馬，所受於天不可變。以此論之，則不類矣。夫馬之為草駒之時，跳躍揚蹏，翹尾而走，人不能制。齕咋足以噆肌碎骨，蹶蹏足以破盧陷胸。及至圉人擾之良御教之。掩以衡扼，連以轡銜，則雖歷險超塹弗敢辭。故其形之為馬，馬不可化。其可駕御者，教之所為也。馬聾虫也，不可以通氣志，又待教而成，又況人乎。』故自稱其書曰：『若劉氏之書，觀天地之象，通古今之事，權事而立制，度形而施宜。原道之心，合三王之風，以儲與扈冶。玄眇之中，精搖靡覽，棄其畛挈，斟其淑靜，以統天下，理萬物，應變化，通殊類。非循一迹之路，守一隅之指，拘繫牽連之物，而不與世推移也。故置之尋常而不塞，存之天下而不窕。』

【出處】漢書淮南王傳　淮南子高誘序　修務訓（依王念孫校刊）　氾論訓　要略

使博士作王制　去歲四月，趙人新垣平以望氣見，上言長安東北有神氣，成五彩，若人冠冕焉，或曰東北神明之舍，西方神明之墓也。天瑞下，宜立祠上帝以合符應。於是作渭陽五帝廟，同宇，帝一殿，面五門，各如其帝色。至是年四月，帝親拜霸渭之會，以郊見渭陽五帝，五帝廟臨渭，其北穿蒲池溝水，權火舉而祠，若光輝然屬天焉，於是貴平至上大夫，賜累千金，而使博士諸生，刺六經中作王制，謀議巡狩封禪事。（後平坐言詐誅。）

【出處】漢書郊祀志

文帝後元元年戊寅（前一六三）

二年己卯（前一六二）

丞相張蒼免　蒼自帝用公孫臣，由此自絀，謝病稱老。又以任人爲中候，大爲姦利，上以讓蒼，蒼遂病免。（孝景五年薨，年百餘歲。謚曰文侯，傳子至孫類，有罪國除。蒼本好書，無所不觀，無所不通，而尤邃律歷，著書十八篇，言陰陽律歷事。（周昌壽曰：『藝文志不載』然藝文志陰陽家者流本載有張蒼十六篇，是漢志已著錄矣，惟篇數稍有不同耳。））

【出處】史記張蒼傳　漢書張蒼傳　漢書百官表　藝文志

五年壬午（前一五九）

●枚乘之梁國●　乘字叔，淮陰人也。自漢興以來，諸侯王皆自治民聘賢，吳王濞招致四方游士，乘與吳莊忌夫子齊鄒陽等俱仕吳，皆以文辯著名。乘仕爲郎中，久之，吳王有邪謀，稱疾不朝。乘上書諫之，吳王不納，是時梁孝王武貴盛，亦待士，乘遂去而之梁，从孝王游。

【出處】漢書枚乘傳

【考證】漢書枚乘傳，『乘在梁時，取皋母爲小妻。』其生皋當在後，而景帝後元二年，皋已十七歲，可推定其生於文帝後元六年，則乘之乘至取小妻，至遲亦當在五年也。姑誌之於此以俟考。

六年癸未（前一五八）

●文仲翁興學於蜀郡●　仲翁名黨，廬江舒人也。少好學，通春秋，以郡縣吏察舉，至是爲蜀郡守，仁愛好教化。見蜀地僻陋，有蠻夷風，文翁欲誘進之。乃選郡縣小吏開敏有材者張叔等十餘人，親自飭厲，遣詣京師，受業博士，或學律令。減省少府用度買刀布蜀物，齎計吏以遺博士。數歲，蜀生皆成就，還歸，文翁以爲右職，用次察舉。至武帝時，皆徵入，叔爲博士。叔明天文災異，始作春秋章句，官至侍中揚州刺史。又修起學官於成都市中，招下縣子弟，以爲學官弟子，爲除更繇，高者以補郡縣吏，次爲孝弟力田。常選學官僮子，使在便坐受事。每出行縣，益從學官諸生明經，飭行者與俱，使傳教令，出入閨閤，縣邑吏民，見而榮之。數年，爭欲爲學官弟子，富人至出錢以求之，繇是大化，蜀地學於京師者，比齊魯焉。至武帝時，乃令天下郡國皆立學校官，自文翁爲之始云。文翁終於蜀，吏民爲立祠堂，歲時祭祀不絕。巴漢亦立文學，自此巴蜀多好文雅。

【出處】漢書循吏文翁傳　華陽國志卷三

【考證】按文翁之爲郡守，漢書謂在景帝末。竊疑「景帝」爲「文帝」之訛。本傳載其立學之後，有『至武帝時』之語。若在景帝之末爲郡守，則遣雋士立學校之事，當皆在武帝時，以後之事，不得言『至』矣。華陽國志正作『文帝末年』，當是別有所本。而通典通考引漢書文，亦作『文帝』，則漢書之訛，當在宋代以後也。

七年甲申（前一五七）

孝景皇帝 名啟，文帝子，在位十六年。

元年乙酉（前一五六）

爲「昭德」舞 詔曰：『蓋聞古者，祖有功而宗有德，制禮樂各有由，歌者所以發德也，舞者所以明功也。高廟酎，奏「武德」「文始」「五行」之舞。孝惠廟酎，奏「文始」「五行」之舞。孝文皇帝臨天下，通關梁，不異遠方；除誹謗，去肉刑，賞賜長老，收恤孤獨，以遂羣生；減耆欲，不受獻，罪人不帑，不誅亡罪，不私其利也；除宮刑，出美人，重絕人之世也。朕既不敏，弗能勝識。此皆上世之所不及，而孝文皇帝親行之，德厚侔天地，利澤施四海，靡不獲福，明象乎日月，而廟樂不稱，朕甚懼焉。其爲孝文皇帝廟爲昭德之舞，以明休德，然後祖宗之功德，著於竹帛，施於萬世，永永無窮，朕甚嘉之。其與丞相列侯中二千石禮官，具禮儀奏。』丞相嘉等奏曰：『陛下永思孝道，立「昭德」之舞，以明孝文皇帝之盛德，皆臣嘉等愚所不及

○臣謹議曰：功莫大於高皇帝，德莫盛於孝文皇帝，高皇帝廟宜爲帝者太祖之廟，孝文皇帝廟宜爲帝者太宗之廟。天子宜世世獻祖宗之廟，郡縣諸侯宜各爲孝文皇帝立太宗之廟。諸侯王列侯使者，侍祠天子所獻祖宗之廟。請宣布天下。』制曰可。

【出處】史記孝文本紀

胡母生董仲舒爲博士　胡母生字子都，齊人；董仲舒廣川温人也。相傳孔子春秋之說，口授子夏。子夏傳與齊人公羊高，高傳與其子平，平傳與其子地，地傳與其子敢，敢傳與其子壽。至是，壽乃與弟子胡母子都著於竹帛。仲舒少治公羊春秋，與胡母生同爲博士，常著書稱子都之德。下帷講誦，弟子傳，以久次相授業，或莫見其面，蓋三年不窺園。其精如此。進退容止，非禮不行，學者皆師尊之。胡母生年老，歸敎於齊，齊之言春秋者，宗事之。公孫弘亦頗受焉。仲舒弟子，有蘭陵褚大，東平嬴公，廣川段仲，溫呂步舒，大至梁相，步舒丞相長史，惟嬴公守學，不失師法，爲昭帝諫大夫。仲舒以春秋爲孔子改制之書，故倡「三世」「三統」之說。「三世」者何？其言曰：『春秋分十二世，有見，有聞，有傳聞。有見三世，有聞四世，有傳聞五世。故哀，定，昭，君子之所見也。襄，成，宣，文，君子之所聞也。僖，閔，莊，桓，隱，君子之所傳聞也。所見六十一年，所聞八十五年，所傳聞九十六年。於所見，微其辭；於所聞，痛其禍；於傳聞，殺其恩；與情俱也。是故逐季氏而言又雩，微其辭也。子赤殺弗忍言日，痛其禍也。子般殺而書乙未，殺其恩也。屈伸之志，詳略之文，皆應之。吾以知其近近而遠遠親親而疏疏也，亦知其貴貴而賤賤重重而輕輕也，有知其厚厚而薄薄善善而惡惡也，有知其陽陽而陰陰白白而黑黑也。百物皆有合偶，偶之，合之，仇之，匹之，善矣。詩云：「威威抑抑，德音秩秩，無怨無惡，率由仇匹。」此之謂也。』「三統」者何？其言曰：『春秋曰王正月。傳曰：「王者孰謂？謂文王也。曷爲先言王而後言正月，王正月也。」何以謂之王正月？曰：『王者必受命而後王，王者必改正朔，易服色，制禮樂，一統於天下。所以明易姓非繼仁通以己受之於天也。王者受命而王，制此月以爲變，故作科以奉天地，故謂之王正月也。王者改制作科奈何？曰：當十二色，歷各法而正色，逆數三而復。絀三之前曰五帝，迭首一色，順數五而相復。禮樂各以其法象其宜，順數四而相復。咸作國號，遷宮邑，易官名，制禮作樂。故湯受命而王，應天變夏作殷號，時正白統。親夏故虞，絀唐謂之帝堯。以神農爲赤帝。作宮邑於下洛之陽，名相官曰尹。作濩樂，制質禮，以應天。文王受命而王，應天變殷作國號，時正赤統，親殷故夏，絀虞謂之帝舜。以軒轅爲皇帝，推神農以爲九皇。作宮邑於豐，名相官曰宰，作武樂制文禮以奉天。武王受命，作宮邑於鄗，制爵五等，作象樂，繼文以奉天。周公輔成王受命，作宮邑於洛陽，成文武之制，作「汋」樂以奉天，殷湯之後稱邑，示天之變返命。故天子命無常，唯命是德慶。故春秋應天作新王之事。時正黑統，王魯，尚黑，絀夏，親周，故宋。樂宜親「招武」，故以虞錄親，樂制宜商，合伯子男爲一等。』茲依董氏春秋繁露所載之三代改制法，列表如下：

九皇	五帝	三統

以伏羲爲九皇	以神農爲赤帝 黃帝 高陽 高辛	絀唐謂之帝堯	故親虞 夏	殷受命作新王
以神農爲九皇	以軒轅氏爲黃帝 高陽 高辛 堯	絀虞謂之帝舜	故親夏 殷	周作新王
以黃帝爲九皇	高陽 高辛 唐 虞	以夏爲帝	故親宋（殷） 周	春秋作新王

【出處】漢書董仲舒傳　儒林傳　春秋公羊傳注疏　春秋繁露

【考證】漢書公孫弘傳：『年四十餘，乃學春秋雜說。』儒林傳又稱其學於胡毋子都。宏齊人，子都亦齊人，則其受學子都，當在其年老歸敎於齊之後。而宏卒於元狩二年，年八十。則是年已四十五歲，是其受學子都，至遲不過景帝五年，而又在子都辭博士之後，故知子都之初爲博士在景帝初年也。

【附錄一】公羊氏春秋傳授表

子夏——公羊高——公羊平——公羊地——公羊敢——公羊壽——胡毋子都

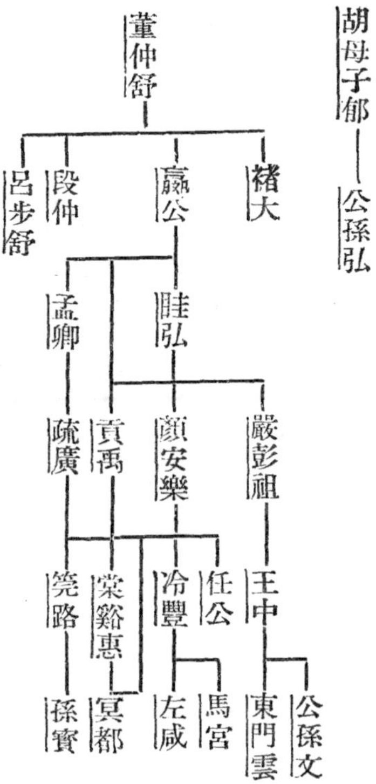

【附錄二】三傳異同表　公羊氏春秋，與左氏經文，多有不同，經說亦異。與穀梁氏亦間有出入。茲列表表明如下：

年代	公羊	穀梁	左
隱公三年	經：尹氏卒 傳：尹氏者何？天子之大夫也，其稱尹氏何？貶，曷爲貶？譏世卿，世卿非禮也。非大夫不卒，此何以卒？天王崩，諸侯之主也。	經：尹氏卒 傳：尹氏者何也？天子之大夫也。外大夫不卒，此何以卒之也？於天子之崩，爲魯主，故隱而卒之。	經：君氏卒 傳：君氏卒，聲子也。不赴於諸侯，不反哭於寢，不祔於姑，故不曰薨。不稱夫人，故不言葬。不書姓。爲公故，曰君氏。

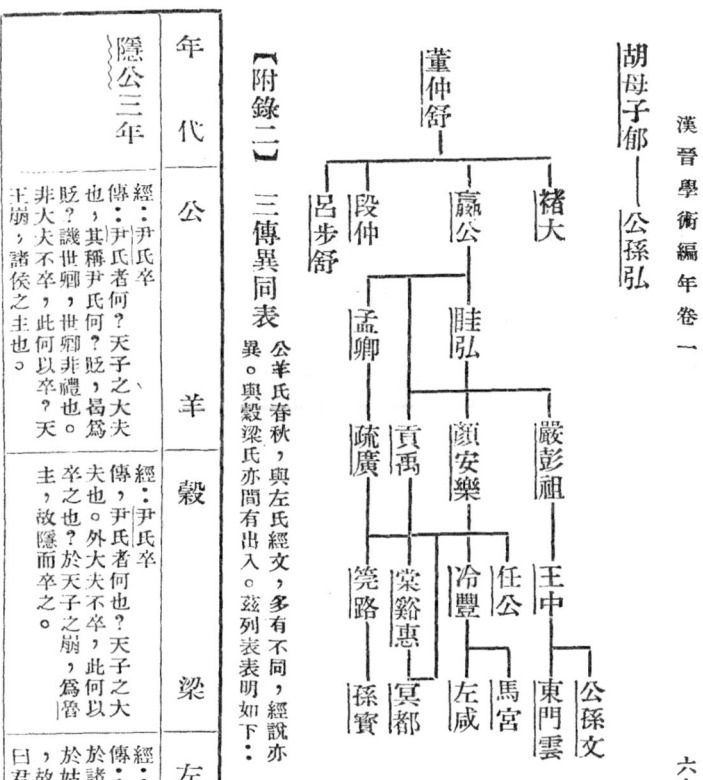

隱公六年	經：鄭人來輸平 傳：輸平者何？輸平猶墮成也。何言乎墮成？敗其成也。曰：吾成敗矣，吾與鄭人未有成也。	經：鄭人來輸平 傳：輸者墮也。平之爲言以道成也。來輸平者，不果成也。	經：鄭人來渝平 傳：更成也。
莊公元年	經：單伯逆王姬 傳：單伯者何？吾大夫之命乎天子者也。何以不稱使？天子召而使之也。逆之者何？使我主之也。曷爲使我主之？天子嫁女乎諸侯，必使諸侯同姓者主之。諸侯嫁女于大夫，必使大夫同姓者主之。	經：單伯逆王姬 傳：單伯者何？吾大夫之命乎天子者也。命大夫，故不名也。其不言如何也？其義不可受於京師也。其義不可受於京師何也？曰：躬君弒於齊，使之主婚姻，與齊爲禮，其義固不可受也。	經：單伯送王姬 注：單伯天子卿也。單采地，伯爵，王將嫁女于齊。既命魯爲女，故單伯送女不稱使也。
隱公元年	經：天王使宰咺來歸惠公仲子之賵 傳：宰者何？官也。咺者何？名也。曷爲以官氏？宰士也。惠公者何？隱之考也。仲子者何？桓之母也。何以不稱夫人？桓未君也。賵者何？喪事有賵。賵者蓋以馬，以乘馬束帛。車馬曰賵，貨財曰賻，衣被曰襚。桓未	經：天王使宰咺來曰惠公仲子之賵 傳：母以子氏，仲子者何？惠公之母，孝公之妾也。禮，賵人之母則可，賵人之妾則不可。君子以其辭受之，其志不及事也。曰者何也？乘馬曰賵，衣衾曰襚，貝玉曰含，錢財曰賻。	經：天王使宰咺來歸惠公仲子之賵 傳：緩，且子氏未薨，故名。天子七月而葬，同軌畢至。諸侯五月，同盟至。大夫三月，同位至。士踰月，外姻至。贈死不及尸，弔生不及哀，豫凶事，非禮也。

	宣公十年
君，則諸侯曷爲來賵之。隱爲桓立，故以桓母之喪告於諸侯，然則曷言爾，成公意也。其言來何？不及事也。其言惠公仲子何，兼之，兼之非禮也。何以不言及仲子，仲子微也，	經：齊崔氏出奔衛 傳：崔氏者何？齊大夫也，其稱崔氏何？貶，何爲貶？譏世卿。世卿非禮也。
	經：齊崔氏出奔衛 傳：氏者舉族而出之之辭也。
	經：齊崔氏出奔衛 傳：齊惠公卒，崔杼有寵於惠公。高國畏其偪也。公卒而逐之奔衛，書曰崔氏，非其罪也。且告以族不以名。凡諸侯之大夫違，告於諸侯曰：某氏之守臣某失守宗廟敢告，所有玉帛之使者則告不然則否。

鄒陽等之梁　吳王濞有逆謀，陽奏書諫，爲其事尚隱，惡指斥言，故先引秦爲諭，因道胡越齊趙淮南之難，然後乃致其意。吳王不納其言，於是陽等去而之梁，從孝王遊。

陽爲有人智略，慷慨不苟合，介於齊人羊勝公孫詭之間，勝等疾陽，惡之孝王，孝王怒，下陽吏，將殺之。陽客遊，以讒見禽，迺從獄中上書。語言悲憤，書奏，孝王立出之，卒爲上客。

【出處】漢書鄒陽傳

【考證】 按前已証明枚乘以文帝時至梁。而觀鄒陽上吳王書有『今天子新據先帝之遺業』之語，可知陽之去吳至梁，必在景帝初年。蓋諸人乃陸續去吳，固不必泥於一年也。

二年丙戌（前一五五）

申培自楚歸魯 楚王戊淫暴，爲薄太后服，私姦，削東海薛郡，乃與吳通謀。申培白生諫，不聽，胥靡之。衣之赭衣，使杵臼雅舂於市。申公愧之，歸魯，退居家敎，終身不出門。復謝賓客，獨王命召之，乃往。獨以詩經爲訓詁以敎，亡傳疑，疑者則闕不傳。弟子自遠方至受業者千餘人。

【出處】 史記儒林傳 漢書楚元王傳 儒林傳

河間獻王立 王名德，乃帝栗姬所生。修學好古，實事求是。從民間得善書，必爲好寫與之，留其眞。加金帛賜以招之。繇是四方道術之人，不遠千里，或有先祖舊書，多奉以奏獻王者。故得書多，與漢朝等。是時淮南王安亦好書，所招致率多浮辯

○獻王所得書，皆古文，先秦舊書，周官尚書禮禮記孟子老子之屬。皆經傳說記，七十子之徒所論。其學舉六藝，立毛氏詩左氏春秋博士，修禮樂，被服儒術，造次必於儒者。山東諸儒，多從而遊。有李氏者，得周官上於王，獨闕冬官，購以千金，不能得。取考工記以補之，合成六篇，奏之武帝。既出於山岩屋壁，復入於秘府，五家之儒，莫得見焉。王又好毛詩。初子夏傳曾申，申傳魏人李克，克傳魯人孟仲子，孟仲子傳根牟子，根牟子傳趙人孫卿子，孫卿子以傳魯人大毛公（名亨）。一云子夏授高行子，高行子授薛倉子，薛倉子授帛妙子。帛妙子授河間人大毛公。毛公爲詩故訓傳於家，以授趙人小毛公（一云名萇）小毛公爲河間獻王博士，以不在漢朝，故不列於學。賈誼爲左氏傳訓故傳至其孫嘉，嘉傳趙人貫公，亦爲王博士。毛詩說多與今文說不同，

茲舉數例如下：

篇名	今文（魯齊韓）說	古文（毛）說	備考
關雎	論衡：周衰而詩作，蓋康王時也，康王德缺於房大臣刺晏故詩作	周南召南正始之道。王化之基。是以關雎樂得淑女以配君子，	
燕燕	列女傳，衞姑定姜者衞定公之夫人公子之母也公子既娶而死，其婦無子畢三年之喪定姜歸婦自送之至於野恩愛哀思悲以感慟立而望之揮泣垂涕乃賦詩	莊姜送歸妾也。	

式微	據應劭漢書注則爲黎莊夫及傅母唱合詩。	黎侯寓於衛其臣勸以歸也。	
黃鳥	應劭漢書註：秦繆公與羣臣飲酣公曰：生共此樂。死共此哀。於是奄息仲行鍼虎許諾。及公薨，皆從死。黃鳥詩所爲作也。劉德曰：黃鳥之詩刺秦穆公要人從死。匡衡上疏：秦穆公貴信士多從死，	黃鳥哀三良也國人刺穆公以人從死而作是詩也。	按劉德爲楚王之後，所學當爲魯詩匡衡則爲齊詩齊魯詩說之不同，亦可見一斑。
商頌	史記：宋襄公之時修行仁義欲爲盟主其大夫正考甫美之故追道湯契高宗所以與作商頌	微子至於戴公。其間禮樂廢壞有正考甫者得商頌十二篇以那爲首	

三年丁亥（前一五四）

【出處】漢書景十三王傳　經典釋文叙錄

丁寬爲梁國將軍　寬字子襄，梁國人也。初，梁項生從田何受易，時寬爲項生從者，讀易精敏，才過項生，遂事何。學成，何謝寬，寬東歸，何謂門人曰：『易以東矣』。寬至雒陽，復從周王孫受古義，號周氏傳。（漢志有易傳周氏二篇）至是，吳楚反，寬爲梁將軍，距吳楚，號丁將軍。作易說三萬言，（漢書易家有丁氏八篇）訓故舉大誼而已。後世之小章句是也。（寬同授郡碭田王孫，王孫授施讎，孟喜梁丘賀，繇是易有施孟梁丘之學。）

【出處】漢書儒林傳　藝文志

四年戊子（前一五三）

枚乘爲弘農都尉　景帝即位，吳楚七國反，以誅鼂錯爲名。漢聞之，斬錯以謝諸侯。乘說吳王借此息兵。吳王不用，卒見禽滅，漢既平七國，乘由是知名，帝乃召拜爲弘農都尉。

【出處】漢書枚乘傳

五年己丑（前一五二）

枚乘以病免官復歸梁　乘久爲大國上賓，與英俊並游，得其所好，不樂郡吏，以病去官，復游梁。時梁王招延四方豪傑，自山以東，游說之士，莫不畢至。羊勝公孫詭鄒陽莊忌及梁人韓安國之屬，皆善屬辭賦，乘尤高。（梁孝王遊於忘憂之館，集諸遊客，各使爲賦，乘爲柳賦。其辭曰：『忘憂之館，垂條之木，枝委遲而含紫，葉萋萋而吐綠，出入風雲，去來羽族，既上下而好音，亦黃衣而絳足，蜩螗厲響，蜘蛛吐絲，階草漠漠，白日遲遲，于嗟細柳，流亂輕絲，君王淵穆其度，御羣英而翫之。小臣瞽聵，與此陳詞。于嗟樂兮。於是罇盈縹玉之酒，爵獻金漿之醪。庶羞千族，盈滿六庖。弱絲清管，與風霜而共雕，鎗鍠啾唧，蕭修寂寥，雋乂英旄，列襟聯袍，小臣莫效於鴻毛，空御鮮而嗽醪，雖復河清海竭，終無增景於邊撩。』路喬如爲鶴賦，公孫詭爲文鹿賦，鄒陽爲酒賦，公孫乘爲月賦，羊勝爲屏風賦。韓安國作几賦不成。鄒陽代作，於是鄒陽安國罰酒三升，賜枚乘路喬如絹人五。及中元六年孝王薨，乘乃歸淮陰。

【出處】史記梁孝王 家　漢書枚乘傳　西京雜記

七年辛卯（前一五〇）

司馬相如爲武騎常侍以病免　相如字長卿，蜀郡成都人。少時好讀書，學擊劍，故其親名之曰犬子。相如既學，慕藺相如之爲人，更名相如，以貲爲郎，事孝景帝爲武騎常侍，非其好也。會景帝不好辭賦，是時梁孝王來朝，從遊說之士鄒陽枚乘莊忌之徒，相如見而悅之，因病免，客遊梁。梁孝王令與諸生同舍，得與諸生遊士居。數歲，乃著子虛之賦。賦言楚使子虛至齊，從楚王田獵。田罷，過烏有先生，二人互誇楚齊田獵之事，極鋪張之能事。

【出處】史記司馬相如傳

【考證】按史漢司馬相如傳，俱言相如於景帝時作子虛賦，後見武帝，始爲天子遊獵之賦，是上林賦作於武帝時也。且漢書東方朔傳載建元三年始爲上林苑。則上林賦能作於其前。然觀子虛賦本虛藉子虛烏有先生烏是公三人爲辭。烏是公在子虛賦中未發一言，至上林賦中，則盡其所道。可知此兩文本爲一篇，前後相銜接，昭然甚明。不然，相如豈得逆知十餘年後必奉詔作上林賦而預伏其人於前乎？吳汝綸言：『子虛上林當爲一篇，史言空藉此三人爲辭，則亦以爲一篇矣。而又謂子虛賦乃遊梁時作，及見天子，乃爲天子遊獵賦。疑皆相如自爲賦序，設此寓言，非實事也。楊得意爲狗監及天子讀賦，恨不同時，皆假設之詞也。』其言似是矣。然相如進身，本由子虛一賦，若否認此事，則相如進身之塗變爲來歷不明，亦不可從。竊疑子虛初稿，本無『亡是公存焉』之語，及作上林賦時，始追增之也。

又三國蜀志秦宓傳載：『蜀本無學士，文翁遣相如東受七經，還敎吏民。於是蜀學比於齊魯。故地理志曰，文翁倡其敎，相如爲之師』。余按是說頗有可疑者，考史漢相如傳，相如以景帝時爲武騎校尉，又居梁者數歲，及梁王薨，乃返成郡。而返成都之後，家貧無以爲業。則相如蓋未有還敎吏民之事。其疑一也。若相如爲文翁所遣，則其學成之時，當與諸生同返蜀郡，何得獨留京師？又何爲納貲以任非其所好之職？其疑二也。蓋後人以文翁於景帝時在蜀倡敎，而相如乃當時蜀之學士，遂疑翁之所使。此乃意測之詞，故不採。

鄒陽爲梁王使長安　羊勝公孫詭欲使梁王求爲漢嗣，王又嘗上書，願賜容車之地，徑至長樂宮，自使梁國士衆，築作甬道，朝太后。爰盎等皆諫，以爲不可，上不許。梁王怒，迺與勝詭之屬謀，陰使人刺殺盎及他議臣十餘人，賊未得也。上疑梁殺之，使者冠蓋相望，責梁王。梁王始與勝詭有謀，鄒陽爭以爲不可，故見讒。枚乘莊夫子皆不敢諫。至是，梁事敗，勝詭死，孝王恐誅，迺思陽言，深辭謝之，齎以千金，令求方略解罪於上者。陽受計於齊人王先生，至長安，因客見王長君。長君者，王美人兄也。陽留數日，乘間而說曰：『竊聞長君弟得幸後宮，天下無有，而長君行迹，多不循道理者。今爰盎事即窮竟，梁王恐誅。如此則太后怫鬱泣血無所發怒，切齒側目於貴臣矣。臣恐長君危於絫卵，竊爲足下憂之。』長君懼，乘間入言梁事，事果得不治。漢志縱橫家有鄒陽七篇。而莊夫子亦爲賦二十四篇。

【出處】漢書梁孝王傳　鄒陽傳　藝文志

中元元年壬辰（前一四九）

二年癸巳（前一四八）

董仲舒論五行　河間獻王問仲舒曰：『孝經曰：「夫孝天之經也，地之義也。」何謂也？』對曰：『天有五行，木火土金水也。木生火，火生土，土生金，金生水。水爲冬，金爲秋，土爲季夏，火爲夏，木爲春。春主生，夏主長，季夏主養，秋主收，冬主藏。藏冬之所成也。是故父之所生，其子長之。父之所長，其子養之。父之所養，其子成之。諸父所爲，其子皆奉承而續行之，不敢不致如父之意盡爲人之道也。故五行者，五行也。由此觀之，父授之，子受之，乃天之道也。故曰：「夫孝地之經也，」此之謂也。』王曰：『善哉，天經既得聞之矣，願聞地之義。』對曰：『地出雲爲雨，起氣爲風，風雨者，地之所爲，地不敢有其功名，必上之於天命。若從天氣者，故曰天風天雨也，莫曰地風地雨也。勤勞在地，名一歸於天，非有至義，其孰能行此？故下事上如地事天也。可謂大忠矣。土者，火之子也，五行莫貴於土，土之於四時無所命者，不與火分功名。木名春，火名夏，金名秋，水名冬。忠臣之義，孝子之行，取之土。土者，五行最貴者也。其義不可以加矣。五聲莫貴於宮，五味莫美於甘，五色莫盛於黃，此謂「孝者地之義也」。』王曰：『善哉』

【出處】春秋繁露五行對

【考證】按仲舒之見獻王，當在獻王來朝時。然當武帝時獻王來朝，仲舒已出爲江都相，無由得見。故知必在景帝時。考史記諸侯年表，獻王當景帝時來朝者凡三，姑誌之於此以俟考。

三年甲午（前一四七）

轅固爲淸河王太傅　轅固生齊人也，以治詩爲博士。與黃生爭論於上前。黃生曰：『湯武非受命，迺弑也。』固曰：『不然！夫桀紂荒亂，天下之心，皆歸湯武。湯武因天下之心而誅桀紂，桀紂之民弗爲使而歸湯武。湯武不得已而立，非受命而何？』黃生曰：『冠雖敝，必加於首。履雖新，必貫於足。何者？上下之分也。今桀紂雖失道，然君上也。湯武雖聖，臣下也。夫主有失行，臣不正言匡過以尊天子，反因過而誅之，代立南面，非弑而何？』固曰：『必若云，是高皇帝代秦，卽天子之位，非邪？』於是上曰：『食肉毋食馬肝，未爲不知味也。言學者毋言湯武受命，不爲愚。』遂罷。竇太后好老子書，召問固。固曰：『此家人言耳』太后怒曰：『安得司空城旦書乎！』乃使固入圈刺豕。景帝知太后怒，而固直言無罪，乃假固利兵。下圈刺豕，正中其心，豕應手而倒。太后默然，亡以復辠，罷之。居頃之，帝以固爲廉直，拜爲淸河王太傅，久之。疾免。

【出處】史記儒林傳　漢書儒林傳

【考證】 按轅固之爲清河王太傅，史不明載何年。然考漢書景十三王傳，清河王立於是年，後六年而景帝崩。史記轅固本傳既稱『爲清河王太傅，久之病免，武帝初即位，復以賢良徵。』則至遲當免於景帝之末，至久亦不得過六年，故誌之於此。

【附錄】 齊詩傳授表

- 轅固
  - 夏后始昌
    - 后蒼
      - 翼奉
      - 蕭望之
      - 匡衡
        - 師丹
        - 伏理
        - 滿昌
          - 張邯
          - 皮容

五年丙申（前一四五）

韓嬰爲常山太傅 嬰燕人也，孝文時爲博士，至是，爲常山太傅。嬰推詩人之意而作內外傳數萬言，其語頗與齊魯間殊，然歸一也。（又爲韓故三十六卷）淮南賁生受之，燕趙間言詩者由韓生。韓生亦以易授人，推易意而爲之傳。燕趙間好詩，故其易微，唯韓氏自傳之。至武帝時，嬰嘗與董仲舒論於上前，其人精悍，處事分明，仲舒不能難也，後其孫商爲博士。孝宣時，涿郡韓生其後也，以易徵待詔殿中，曰：『所受易卽先太傅所傳也。嘗受韓詩，不如韓氏易深。太傅故事傳之。』司隸校尉蓋寬饒，本受易於孟喜。見涿韓生說易而好之，卽更從受焉。

【出處】漢書儒林傳　藝文志

【考證】按韓嬰爲常山太傅之年，史無明文。漢書本傳稱『景帝時至常山太傅』，考漢書景十三王傳，常山憲王舜以是年立，而是後不過四年，景帝卽崩。則嬰之爲太傅，當在舜初封王之時，故誌之於此。

【附錄】韓詩傳授表

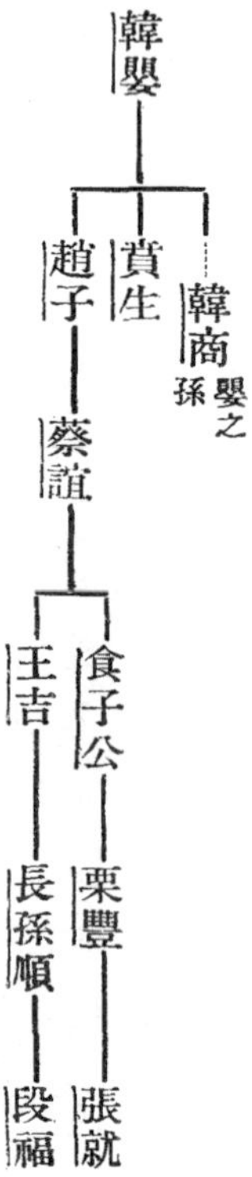

六年丁酉（一四四）

後元元年戊戌（前一四三）

司馬相如自梁歸成都　梁孝王薨，相如歸而家貧，無以自業，素與臨邛令王吉相善，遂往舍都亭。臨邛富人卓王孫有女文君新寡，好音，故相如繆與令相重，飲於王孫家，以琴心挑之，文君遂夜亡奔相如。後王孫分與文君僮百人，錢百萬，及其嫁時衣被財物，遂買田宅爲富人。

【出處】漢書司馬相如傳

二年己亥（前一四二）

梁國以枚皋爲郎　皋字少孺，枚乘之孽子也。初，乘在梁時，取皋母爲小妻。乘之東歸也。皋母不肯隨。乘怒，分皋數千錢，留與母居。至是，年十七，上書梁共王，得召爲郎。

【出處】漢書枚皋傳

【考證】枚皋傳，皋爲郎三年，得罪亡至長安，會赦。考武帝紀建元元年赦天下，皐之得罪遇赦，必在其時，其初爲郎，必在此年也。

三年庚子（前一四二）

魯恭王壞孔子宅得古文經傳　魯恭王好治宮室，壞孔子舊宅以廣其宮。聞鐘磬琴瑟之聲，遂不敢復壞。於其壁中，得古文尚書及禮記論語孝經凡數十篇，皆古字也。孔安國者，孔子後也。悉得其書。

【出處】漢書劉歆傳　漢書魯恭王傳　漢書藝文志　史記儒林傳

【考證】孔壁所出諸經，以尙書問題，糾紛最多。余則頗疑壁中所得者僅有書十六篇，禮三十九篇及論語孝經等書。其證有三：史記儒林傳云：『孔氏有古文尙書，而安國以今文讀之。因以起其家，逸書得十餘篇，蓋尙書滋多於是矣。』依此文言之，安國以今文讀古文之後，始識古字，識古字之後，始啓其家逸書。可知安國未識古字之前，逸書固未與他篇合爲一起。則此十餘篇與他篇來源非一，當即魯恭王之所發見，證一也。漢書藝文志云：『武帝末，魯恭王壞孔子宅欲以廣其宮，而得古文尚書，及禮記論語，孝經，凡數十篇。』若所得者僅爲逸書逸禮及孝經論語，則與『凡數十篇』之語正合，若並世俗通行之書二十八篇禮十七篇在內，則凡一百二十餘篇，與『凡數十篇』之語不合，可知壁中經自壁中經，與世俗通行之經本無可以連接之處，證二也。劉歆移書讓太常博士曰：『及魯恭王壞孔子宅，欲以爲宮，而得古文於壞壁之中，逸禮有三十九，書十六篇。』可知壁中所得者，僅逸書逸禮，與書二十八篇禮十七篇無涉，證三也。二書既單獨由壁中發現，則先秦之時與世俗通行考究爲一書與否，尚未敢定，宜諸儒不肯置對也。

又按劉歆移書讓太常博士有云：『天漢之後，孔安國獻之，遭巫蠱倉卒之難，未及施行。』考巫蠱倉卒之難，自壬午至庚寅，亦僅九日耳。事後仍可立之，何以終不施行乎？竊意魯恭王之得書，孔安國之獻書，與武帝之擬立古文，皆非一時之事。夫專制之時，事體之興廢，往往隨君主之喜怒，初擬與之而終不實行者多矣。或武帝偶有立古文之意，而事未果行，會時有巫蠱之禍，後人遂謂由於巫蠱也。劉歆之語，亦僅以申明先帝有立古文之意而已，至於何時進書，固無暇考證也。故移書之時，誤以進書與擬立古文二事混爲一談，於是安國之年，遂移至征和之時矣。班固因之，又以爲進書之歲即得書之歲，於是魯恭王之年，又延至武帝之末矣。今古文之糾紛，自茲起焉。

【附錄一】古文尚書傳授表

- 孔安國
  - 司馬遷
  - 都尉朝 — 庸譚 — 胡常 — 徐敖
    - 王璜
    - 塗惲 — 桑欽

【附錄二】孔壁古文僞古文尚書比較表

今本僞古文尚書與孔壁眞古文尚書。文字頗有異同（今本僞古文。乃經衞包改定者）茲據三體石經殘石所載君奭無逸二篇。較其異點。

孔壁古文	僞古文
不皇暇食	不遑暇食
不敢盤于遊于田	不敢盤遊於田
乃非民所訓非天所若	乃非民攸訓非天攸若
酗于酒德才	酗于酒德哉
乃䜌亂先王之正刑	乃變亂先王之正刑
不則用厥心韋怨 不則用厥口詛祝	否則厥心違怨 否則厥口詛祝
仲宗及高宗	中宗及高宗
兄若時	允若時
不寬紹厥心	不寬綽厥心

以上無逸篇

不弔	弗弔
我弗敢智	我不敢知曰
我亦不敢智	我亦不敢知
其崇出於不祥	其終出於不祥
弗敢遠念天畏	弗敢遠念天威
大弗克龔上下	大弗克恭上下
天難忱	天難諶
乃其隧命	乃其墜命
我迪惟寧王	我道惟寧王
天弗庸	天不庸
公曰君我聞在昔	公曰君奭我聞在昔

佫于上帝	格于上帝
衛惟茲有陳	率惟茲有陳
天惟純右命	天惟純佑命
弜咸奔	矧咸奔走
故一人事于四方	故一人有事于四方
有殷嗣天滅畏	有殷嗣天滅威

以上君奭篇

●●● 枚乘卒　武帝自為太子，聞乘名。至是，即位，乘年老，迺以安車蒲輪徵乘，道死。

乘以文鳴於文景之際，故時人以枚賈（賈誼）並稱，其上書君主，縱橫奔放，有戰國說士之風。其為賦也，首創七發，後人學者蠭起，遂為七體之祖。劉勰曰：『枚乘摛豔，首制七發，腴辭雲構，夸麗風駭，蓋七竅所發，發乎嗜慾。始邪末正，所以戒膏粱之子也。』其著作見於漢志者，有賦九篇。隋志注謂梁有枚乘集二卷。舊唐志同，新唐志作一卷。蓋其書久已佚矣。

【出處】漢書枚乘傳　文心雕龍

【附錄】枚乘文集佚

上吳王書二篇　漢書枚乘傳

梁王兔園賦一篇　藝文類聚

忘憂館柳賦一篇　西京雜記

臨霸池遠決賦　文選七哀詩注引目

總評

中國的學術，進到戰國時代，大放光明，輝煌燦爛，和古代的希臘。東西媲美。但希臘的學術，借着亞歷山大的兵力傳播遠方，更加發揮光大。中國的學術，自從經過秦代的摧殘，就一蹶不振。後來治古代學術的，大半歸罪於秦始皇。據我看來，政治的影響，固然是一個重要的原因；但學術界的本身，却也很有關係。因爲無論那一派學術，只要生機旺盛，斷不會因爲短時間的打擊，就一敗塗地。若是內部已經顯出衰微的狀態，縱然沒有政治的壓迫，也會漸漸走上滅亡的塗徑。希臘當各學術派都放過燦爛之花以後，有一個系統哲學時期，出了幾個大人物，下一番算總賬的功夫，立下學術的定義，立下學術的系統，指示後學一個研究學術的門路。天才高的人，固然可以繼續前人的成績，更作登峰造極的工夫。就是天才稍微差地一點的人，也能走進學術之門，有所發明。中國東周時代的學術界，缺乏這種人物，沒有德謨克利泰（Democritus），沒有柏拉圖（Plato），也沒有亞利士多德（Aristotle），雖然各派都有精奇透闢的思想，但不能創出系統，所以都是自由發展，自由散失，終不免有人亡道息的危險。

我們中國，自從戰國以後，各地的交通漸繁，風氣漸漸有統一的傾向，所以需要一種統一的思想。這時候既沒有偉大的思想家出來領導羣衆，思想界漸漸隨着一般民衆的思想走下去。所以到了秦漢之間，很可以明白看出有兩種傾向：

（I）由玄妙的進爲實用的　中國北方大平原地方，物產雖不十分缺乏，却也不豐富。人民非勤苦工作不能得到充足的衣食，所以養成勤苦耐勞注重實用的民族性。我們知道，無論怎樣玄妙的思想，傳之既久，免不了羣衆化。在中國歷史上看來，統一的政體是常事，分裂的政體是變例。戰國時代的文化，是各地分化的。因爲社會上有急劇的變動，所以新思想不期而生。到了社會歸於平穩之後，那些新思想對於環境的適合性是過去了。不能走到實用路上的，便都消滅了。（如墨家名家之類）能走到實用路上去的，自然是羣衆化了。（如道家儒家之類）

（2）由理智的變爲迷信的　宇宙問題，用理智來解釋，便是哲學，用迷信來解釋，便是宗教。中國的學術，進到戰國，早已脫離神話時代。所以當時的各學派，除了墨家以外，都是統毫不帶迷信的色彩。後來各種學派漸漸的歸到實用路上去了，而一般人民，對於宇宙問的疑問，仍有解決的必要，所以迷信思想乘機而起，應付了這種用途。當戰國時代，認天爲有意志，是民間普徧的現象。但是事天的儀式，各地不同。到後來交通日繁，各地宗教的儀式及神話的傳說，漸漸有結成一起的趨勢。如周秦的汎地立祠，用牛馬祭祀，齊的祀天地日月陰陽四時，燕齊間的神仙派和南方各地（吳楚越）的神話，都經過漢儒的解釋，又拿來解經。於是民間的低級思想，便公然侵入思想界了。

在這時期，惟一解釋宇宙的學說，便是「五行」學說。這種學說，來源很早，最初見於甘誓：『有扈氏威侮五行』又如周書洪範箕子給武王解釋「九疇」道：『初一曰五行………一曰火水，二曰火，三曰本，四曰金，五曰土，六曰潤下，火曰炎上，

木曰曲直　金曰從革，土爰稼穡。潤下作鹹，炎上作苦，曲直作酸，從革作辛，稼穡作甘。』在當時不過把各種事物粗率的分成五類罷了，所以又稱爲五材。左傳襄公二十七年載：『天生五材，民並用之，誰能去兵！』杜預注道：『金木水火土也』這種學說，到了戰國時代，又發生變化的說法。於是五行的意義越廣，附會的方面越多，所以用處也就越大。列一簡單的圖如下：

五行生克圖

（外面表示相克
裏面表示相生）

這種思想，漸漸流入思想界，差不多各家都受其響響，例如墨子經下載：『五行毋常勝，說在宜。』經說下解釋道：『五合水土火，火離然，火鑠金，火多也。金靡炭，金多也。』這種文字，雖然因爲文中字句殘缺，不可全懂，但也可以看出墨家是爲反對當時五行生克的學說而發。大概的意思是：五行的生克，是沒有一定的，全要看分量的適宜。水固然克火，但水少火多，也不免爲火所克。火所以能克金，全在火多金少，若是金多火少，一定會把火壓滅。我們由此知道五行的學說在當時已經侵入墨家研究的範圍。後來「神仙家」附會墨子，有墨子枕中五行記要五行變化墨子等書，大概不是無因而發。

當時的儒家，也很受這種學說的影響，我們看荀子非十二子批評子思孟軻就可以知道。他說：按『往舊造說，謂之五行。……子思倡之，孟軻和之。』再看當時的陰陽學家大師，他本是儒家的一派，陰陽五行的學說，不過是拿來說人主的工具。史記孟軻荀卿列傳載騶衍『其語閎大不經，必先驗小物，推而大之至於無垠。……然要其歸，必止乎仁義節儉君臣上下六親之施，始也濫耳。』鹽鐵論論儒道：『騶子以術儒干世主，不用，即以變化始終之論，卒以顯名。』又說：『騶子之作變化之術，亦歸於仁義。』至於道家，講玄虛之說，和陰陽家本有相像，更容易互受影響。道家祖黃帝，而漢志陰陽家有黃帝泰素二十篇。班固自注道：『六國時韓諸公子所作』師古注：『劉向別錄云：或言韓諸公孫之所作也，言陰陽五行以爲黃帝之道也，故曰泰素。』可見這種思潮，在周末已經侵入各種學派之中了。

自從騶衍專以「陰陽五行」學說顯名以後，這種思想，就成功一派獨立的學說。到了漢代，大顯神通，各種事物，沒有不拿五行來附會的。例如官名，以木代司農，火代司馬，金代司徒，水代司寇。至於土，却沒有地方安插了，不得不以君之官稱他。又如「五德」「五帝」，都拿五行來代替，而用「五行」的變化解釋他們的興亡。至於四方四時，似乎和「五行」不相干了，然而他們偏能用「土行四季」「土居中央」的說法來附會。我們看董子春秋的五行相生五行相克兩篇，把各官名都附會到「五行」上，把相生相尅的道理，可算發揮盡致，極其穿鑿之能事。從此儒家的經典，宇宙的問題，人事的變化，沒一樣不拿「五行」來解釋了。

我們再看漢代的政治，漢高祖本是一個無賴出身，所以他的朝廷，不過是一羣無賴盤據的會所，自然不懂的提倡學術。文景二帝雖然比較文雖一點，並且喜歡黃老，但也不過是個人的嗜好，並沒有積極的提倡。所以這時期的學術，在民間是自由變化的。這時正當大亂之後，人心思治，只要不干涉人民，便可以相安無事。所以刀筆出身的蕭何，行伍起家的曹參，都可稱為一代的良相，就是因為採取不干涉主義。道家的思想，在這時期自然是頗受歡迎。但這時道家的思想，又有在朝廷和在民間的不同。朝廷的道家，又和原來的精神不同，已經是儒家化了。看黃生和轅固生的爭論，（見本書前一四八年）黃生所說『冠雖敝，必加於首，履雖新，必貫於足。』的話，正名色彩，比儒家還强。民間的道家，以淮南為中心。淮安王招集許多道家的學者，研究老莊的無為主義。但民間的道家，雖不像朝廷的道家擁護君權，却也不像原先的老莊一味任物自然。他們對無為的解釋，主張無為和干涉不但不相防碍，而且還能互相輔助。所以淮南子修務訓說：『夫地勢東流，人必事焉，然後水潦得谷行。禾稼春生，人必加工焉，故五穀得遂長。聽其自流，待其自生，則鯀禹之功不立，而后稷之智不用。』到此便把老莊申韓合為一爐了。老莊講道，本是拿來解釋自然之理和萬物所以成的原因。漢初道家也是這主張，但同時又想將道用在人事，淮南子人間訓：『居知所為，行知所之，事知所秉，動知所由，謂之道。道者，置之前而不鷙，錯之後而不軒，內之尋常而不塞，布之天下而不窕。』這是說一切人為法則都從此產出，於是老莊的道，完全降到人間，從前的玄妙意味，到此不見了。他們講哲理之外，還講神仙黃白之術。主張燒煉丹藥，這裏面有兩種目的：一可以煉成黃金，二人吃了可以成仙。大概是本着從前老莊長生久視的理想，又採用當時方士的方法。所以後來不但流傳劉安成仙的故事，還有許多鍊丹的書籍，以致劉向大上其當，幾乎被殺。

講哲理的一派，很像西洋「希臘的羅馬時期」的折衷派（Eclecticism），很適合那個大帝國的需要。只可惜到武帝時代，淮南王謀反被殺，他手下的學者，也多遭殺戮。道家思想，遂受一重大打擊。講哲理的一派，很消極的隱處深山，如鄭子眞嚴君平等都是。講神仙黃白的一派，開後來道士的先聲。

當時儒家的人才，多出在現在的山東一帶。一則鄒魯一帶是儒家學派的策源地，東海蘭陵又是荀卿的歸宿之鄉。先賢的流風遺澤，容易引起後人的模仿。近水樓臺，自然是先受影響了。二則戰國時代的戰爭，最激烈的地方，是在現在的河南一帶，山東南部，很少見到兵戈。戰國末年，別國人民，都是成千成萬的死傷，而齊國却守局外中立四十餘年，鄒魯諸國，受他的蔭庇。所以這地方的文化，不受摧殘，得以從容發展，根深蒂固，雖有秦代短時間的禁學，影響並不甚大。到了天下太平，自然就會發展出來。所以西漢一代經學大師，多出於齊魯一帶。

我們須知道：儒家學術，雖倡自孔子，但並不是創自孔子。孔子本人，不過是鄒魯學者中一個最重要的人物，不過是鄒魯文化的代表者。但到漢代，他變成了一般學者崇拜的偶象。這種地位的昇高，並不是他本身的力量所致，實在是鄒魯地方全人民努力的結果，這有兩點可以證明：第一，孔子一生周遊七十二國，他的弟子又各地都有，但後來儒家人才的集中地點，還是在鄒魯一帶。他處儒家人才，則不如此地之盛。可見儒家思想向各方認進，完全是由地域遠近關係自然發展，孔子個人宣傳的力量甚小。第二，莊子天下篇批評別家的學術，都是以人爲單位。而對於儒家，統稱鄒魯之士，不稱孔子。可見孔子後來的聲名，完全是因爲代表鄒魯文化而起了。我們若研究鄒魯地方何以會產生儒家學術，可在地理和歷史兩方面說明。漢書地理志載魯地的民間生活：

地陿民衆，頗有桑麻之業，亡林澤之饒，俗儉嗇愛財，趨商賈，好訾毀，多巧僞，喪祭之禮，文備實寡，然其好學，猶愈於他俗。

因爲文備，所以一切繁文末節，講求得非常完備。因爲好學，所以文風容易振作。由歷史方面，我們知道有周一代大典，都是周公所創，自然用同樣的方法治魯。所以後來韓宣子到魯，就說：『周禮盡在魯矣。』魯國的君主，都是以守禮著稱。魯昭公雖然沒有治國的才能。卻會『自郊勞至於贈賄，禮無失違，』所以典章文物，非常詳明。好古色彩，非常濃厚。由這兩種情形結合起來，自然漸漸養成後來拘謹守禮的經學家了。

我們再研究儒家學派傳播的情形。凡解釋一種文化的傳播，若專就地域方面來講，自然和距離文化中心的遠近有關。牠的傳播的慢快，又和鄰近地方的民性有關。若就個人方面來講，則不限於距離遠近。我們先就地域來講，魯地的西南方是宋，宋地的民風是怎樣呢？漢書地理志載：

> 沛楚之失，急疾顓已。地薄民貧：而山陽好爲姦盜。

這種環境，自然不適合容納魯地的文化。魯地的西面是衛地。漢志載衛地的民風：

> 有桑間濮上之阻，男女亦亟聚會，聲色生焉。故俗稱鄭衛之音。周末有子路夏育，民人慕之。故其俗剛孟上氣力。……其失頗奢靡，嫁娶送死過度。而野王好氣任俠，有濮上風。

這種情形，也不近於容納魯國的文化。再看魯地的北方是齊地，孔子嘗說：『齊一變至於魯』可見齊魯的民風有很相近的地方。漢書地理志又載齊地的情形道：

> 其俗彌侈，織作冰紈綺繡純麗之物。號爲冠帶衣履天下。……其士多好經術，矜功名，舒緩闊達而足智。

這種情形，比較適於容納魯國的文化。所以到了漢代，儒家人才出於齊地的也很多。至於個人方面。孔子本人，周遊各地，不過爲實行他的政見。對於學術，並沒有多大的影響。最有影響於學術的，還是他歸國以後敎書的時期，但不過六年的光景，他就死了。他的弟子，最著名的，有子夏子游子張曾子子貢諸人，子貢是改歸商界去了，子張死的較早。影響後人最大的，自然要推子夏等三人。我們此處應當注意，學術思想的推進，個人的力量是不如社會的，但對於典章制度的授受，社會反不如個人。子游子夏是居於孔門文學一科的（此文學包函典章制度）曾子又是以謹愼守禮著名。所以儒家的經典，在此時期，漸漸有了定本。儒家行動的規則，也漸漸完備。子游曾子是居魯的，給鄒魯文化的中心點，加上一股新的向外發展的力量。子夏設教於西河，當然給陝西東部人民不少的影響。但這個地方，不久即歸幷於秦。秦國是不提倡這種文化的。所以他的印象，在一般人的腦中，不久就消滅了。鄒魯的文化，進展到河南西部，餘勢已經衰微。這個地方，却好有一枝接應的軍隊，即是周的文化。周文化和魯文化是同出一源的，性質非常相近。很容易合爲一處，再向四方發展。這種學術，解釋繁文末節，勝於別派的學術，對於中上階級，是很有利益的。所以頗得朝廷的提倡。秦始皇雖然焚書坑儒，但到了上嶧山的時候，還要『與諸生刻石頌秦德，議封禪望祭山川之事。』嶧山刻石的『孝道顯明』會稽刻石的『有子而嫁，背死不貞，防隔內外，禁止淫佚，男絜誠，夫爲寄豭，殺之無罪。男秉義程，妻爲逃嫁，子不得母。』都可以見出是受了儒家很深的影響。漢高帝雖然喜歡解儒冠溲溺其中，但到了羣臣『飲爭功，醉或妄呼，拔劍擊柱，』的時候，不得不借重儒者起朝儀。可以知道儒者是最受中上階級的歡迎的。我們由此看出，儒家思想的出發點，是在全個的鄒魯地面人民的國民性上。流行的地方，是在全中國社會的上流階級。別派學術的出發點，都是由於各學者個人一時的特見，沒有他這樣穩固的基礎，所以不如這派學術的行遠持久。

漢晉學術編年卷之二

漢

世宗孝武皇帝 名徹，景帝子，在位五十四十。

建元元年辛丑（前一四〇）

詔舉賢良方正直言極諫之士 冬十月（即正月）詔丞相御史列侯中二千石二千石諸侯相舉賢良方正直言極諫之士。對策者百餘人。帝善莊助對，擢助爲中大夫。助會稽吳人，莊夫子子，或言族家子。後帝又得朱買臣，吾丘壽王（字子贛趙人），司馬相如，主父偃，徐樂，莊安，東方朔，枚皋，膠倉，終軍，莊葱奇等，並在左右。

公孫弘者，字季，菑川人也，薛少時爲獄吏。有罪免。家貧，收豕海上，年四十餘，乃學春秋雜說。事後母孝謹，至是，以賢良徵，爲博士，年六十矣。時轅固復以賢良徵，年九十餘矣。諸諛儒多疾毀固，曰：『固老』罷歸之。固之徵也，公孫弘側目而視固。固曰：『公孫子務正學以言，無曲學以阿世。』自是之後，齊言詩者，皆本轅固生，諸齊人以詩顯貴，皆固之弟子也。昌邑太傅夏侯始昌最明。 丞相

趙綰奏：『所舉賢良，或治申商韓非蘇秦張儀之言，亂國政：請皆罷。』奏可

【出處】漢書武帝紀　公孫弘傳　嚴助傳　儒林傳　史記公孫弘傳　儒林傳

拜枚皋爲郎

皋在梁爲郎三年，爲王使，與冗從爭，見讒惡遇罪，家室沒入，皋亡至長安，會赦。適帝徵枚乘，道死，詔問乘子無能爲文者。皋乃上書北闕，自陳枚乘之子。上得之大喜，詔入見待詔，皋因賦殿中。詔使賦平樂館，善之，拜爲郎，使匈奴。

皋不通經術，詼笑類俳倡，爲賦頌好嫚戲，以故得媟黷貴幸，比東方朔郭舍人等，而不得比嚴助等得尊官，武帝春秋二十九，迺得皇子，羣臣喜，故皋與東方朔作皇太子生賦，及立皇子禖祝，受詔所爲，皆不從故事，重皇子也。初衞皇后立，皋奏賦以戒終，皋爲賦善於朔也。從行至甘泉雍河東，東巡狩，封泰山，塞決河宣房，游觀三輔，離宮館，上有所感，輒使賦之。爲文疾，受詔輒成，故所賦者多。司馬相如善爲文而遲，故所作少，而善於皋。皋辭賦中，自言爲賦不如相如，又言爲賦乃俳，見視如倡，自悔類倡也。故其賦有詆娸東方朔，又自詆娸，其文骫骳，曲隨其事，皆得其意。頗詼笑，不甚閑靡，凡可讀者百二十篇，其尤嫚戲不可讀者，尚數十篇。

【出處】漢書枚皋傳

徵魯申培爲太中大夫議立明堂

帝初即位，頗敬鬼神之祀，時漢興已六十餘歲，天下艾安，縉紳之屬，皆望天子封禪改正度。蘭陵王臧者，初從申公受詩。已通，事景

帝，爲太子少傅，免去。及帝即位，乃上書宿衞。代人趙綰。亦常受詩申公。而魏其侯竇嬰武安侯田蚡俱好儒術，推轂綰爲御史大夫，臧爲郎中令。綰臧請立明堂以朝諸侯，不能就其事，迺言師申公。於是上使使束帛加璧，安車以蒲裹輪，駕駟迎申公。弟子二人，乘軺傳從。至，見上，上問治亂之事。申公時已八十餘，老，對曰：『爲治者不至多言，顧力行何如耳。』是時上方好文辭，見申公對，默然。然已招致，即以爲太中大夫。舍魯邸，議立明堂，令列侯就國，除關，以禮爲服制，以興太平。舉謪諸竇宗室毋節行者，除其屬籍。時諸外家爲列侯，列侯多尚公主，皆不欲就國。以故，毀日至竇太后。太后好黃老之言，而魏其武安趙綰王臧等務隆推儒術，貶道家言。是以竇太后滋不悅魏其等。

漢書武帝紀　儒林傳　禮樂志　郊祀志　竇嬰田蚡傳　史記魏其武安傳

二年壬寅（前一三九）

淮南王安來朝　帝好藝文，以安屬爲諸父，辯博善爲文辭，甚尊重之（每爲報書及賜，常召司馬相如等視草。迺遣。

是年入朝，獻所作內篇，新出，上愛祕之。使為離騷賦，旦受詔，日食時上。又獻頌德及長安都國頌。每宴見，談說得失及方技賦頌，昏莫然後罷。安初入朝，雅善大尉武安侯田蚡，蚡迎之霸上，與語曰：『方今上無太子，王親高皇帝孫，行仁義，天下莫不聞。宮車一日宴駕，非王尚誰立者？』淮南王大喜，厚遺武安侯寶賂。其羣臣賓客江淮間多輕薄，以厲王遷死，感激安。由是始有反意矣。

【出處】史記漢興以來諸侯年表　漢書淮南王安傳

殺趙綰王臧廢明堂事　趙綰等草巡狩封禪改歷服色事未就，竇太后不好儒術，使人微伺趙綰等姦利事，會綰請無奏事東宮，竇太后大怒曰：『此欲復為新垣平也』上因廢明堂事，下綰臧吏，皆自殺。魏其武安俱罷。申公亦病免歸。數年卒。

【出處】史漢竇嬰田蚡傳　史漢儒林傳　史記封禪書

三年癸卯（前一三八）

東方朔為太中大夫給事中　東方朔字曼倩，平原厭次人也。以好古傳書愛經術，多所博觀外家之語。帝初即位，徵天下舉方正賢良文學材力之士，待以不次之位。四方士多上書言得失自衒鬻者以千數，其不足采者，輒報聞罷。朔初來，上書曰：『臣朔少失父母，長養兄嫂。年十三，學書，三冬文史足用。十五學擊劍，十六學詩書，誦二十二萬言。十九學孫吳兵法，戰陣之具，鉦鼓之敎，亦誦二十二萬言，臣朔固已誦四十四萬言，又常服子路之言。臣朔年二十二，長九尺三寸，目若懸珠，齒若編貝，勇若孟賁，捷若慶忌，廉若鮑叔，信若尾生。若此，可以爲天子大臣矣。臣朔昧死再拜以聞。』史記滑稽列傳：『朔初入長安，至公車上書，凡用三千奏牘，公車令兩人共持舉其書，僅能勝之。人主從上方讀之，止，輒乙其處，讀之二月乃盡。』朔文辭不遜，高自稱譽，上偉之，令待詔公車，後又使待詔金馬門。久之，爲常侍郎，遂得愛幸。至是，帝始爲微行，與左右善騎射者，期諸殿門，以夜漏下十刻始出。旦明入南山下馳射，至夕還，大驩樂之。是後數出，私置更衣十二所。然上以道勞，又遠苦爲百姓所患。于是使大中太夫吾丘壽王除上林苑，屬之南山。東方朔諫曰：『南山天下之阻，陸海之區，今規以爲苑，絕陂池水澤之利，而取民膏腴之地，上乏國阻，下奪農業，其不可一也。盛荊棘之林，大虎狼之虛，壞人冢墓發人室廬，其不可二也。垣而囿之，騎馳車騖，有深溝大渠。夫一日之樂，亦足以危無隄之輿，其不可三也。』帝乃拜朔太中大夫給事中。然遂起上林苑。

【出處】漢書東方朔傳　史記滑稽列傳

五年乙巳（前一三六）

置五經博士　博士本秦官也。取學通行修，博學多藝，曉古文爾雅。自文帝欲廣遊學之路，論語孝經爾雅孟子皆置博士。至是，罷傳記博士，獨立五經而已。

【出處】漢書武帝紀　漢舊儀　趙岐孟子題辭

【考證】按武帝之立博士，與文景時有大異者。蓋文景當提倡學術伊始，無論經子，皆使博士講習，各博士職務相同，非有專責也。論語孝經孟子爾雅皆置博士，乃使諸博士共講此書，非以諸書各立博士也。轅固韓嬰董仲舒皆在景帝時爲博士，不過以其學爲進身之階而已，非當時以齊詩韓詩公羊氏春秋各置博士也。至武帝時，積書既多，須分工治理，於是罷黜百家，專立五經，使博士各掌其經，不復相亂，自是始有專責矣。然當時亦只有經而已，非有各家之學也。各家之學之名，後者先定，先者乃依後者而追稱也。故有大小夏侯，乃稱前者為歐陽氏書，有大小戴，乃稱前者為后氏。有施孟梁丘，乃稱前者為楊氏。其初只有經之名而已，非專立歐陽后楊之學也。不然，楊何以元光元年被徵，是立學官在前，而徵其人在後，尚得謂之近理乎？后蒼以宣帝本始二年為少府，去立五經博士時已六十餘年，其非立其學審矣。又按後漢書翟酺傳稱：『孝文皇帝始置一經博士』而章懷太子注云：『武帝建元五年，始置五經博士，文帝之時，未遑庠序之事，酺之此言，不知何據。』則「一」字當為「五」字之訛。後人疑文景時不當有五經博士，因謂「一」字不誤。不知文景時之博士固不止有五經。然博士雖同，而性質則與武帝時大異也。

【附錄】五經博士表

易	宣帝時，立施孟梁丘三家之學，皆出於楊氏，至元帝世，復立京氏學。
書	歐陽氏傳大小夏侯。至宣帝時，大小夏侯氏學復別立學官。至平帝世，又立古文尚書。

五經博士（詩（魯齊韓三家，皆立於武帝之時。至平帝時，又別立毛詩。）禮（宣帝時，立大小戴之學，皆出於后氏，至平帝時，又立逸禮。）春秋（武帝立公羊氏春秋，至宣帝時，復立穀梁春秋。））

六年丙午（前一三五）

司馬相如為郎使巴蜀 初，蜀人楊得意為狗監，侍上。上讀子虛賦而善之曰：『朕獨不得與此人同時哉！』得意曰：『臣邑人司馬相如自言為此賦。』上驚，乃召問相如，相如曰：『有是，然此乃諸侯之事，未足觀，請為天子游獵之賦。』上令尙書給筆札，相如以子虛虛言也，為楚稱。烏有先生者，烏有此事也，為齊難，亡是公者，亡是人也，欲明天子之義。故虛藉此三人為辭，以推天子諸侯之苑囿，其卒章歸之於節儉，因以風諫。奏之天子，天子大悅，以相如為郎。數歲，會唐蒙使略通夜郎僰中，發巴蜀吏卒千人，郡又多為發轉漕萬餘人，用軍興法，誅其渠率，巴蜀民大驚恐，上聞之，迺遣相如責唐蒙等，因諭告巴蜀民以非上意。

【出處】漢書司馬相如傳

【考證】漢書西南夷傳，通夜郎僰中在是年，故誌之於此。

竇太皇太后崩黜黃老刑名百家之言　初孝惠高后時，公卿皆武力功臣，孝文時頗登用，然孝文本好刑名之言。及至孝景，不任儒，竇太后又好黃老術，故諸博士具官待問，未有進者。至是竇太后崩，武安君田蚡爲丞相，始黜黃老刑名百家之言而延文學儒者矣。

【出處】漢書儒林傳

司馬談爲太史令　談龍門人，嘗學天官於唐都，受易於楊何，習道論於黃子。至是爲太史令。掌天官，不治民。談愍學者之不達其意而師悖，乃論六家之要指曰：『易大傳：天下一致而百慮，同歸而殊塗。夫陰陽，儒，墨，名，法，道德，此務爲治者也。直所從言之異路，有省不省耳。嘗竊觀陰陽之術大祥，而衆忌諱，使人拘而多所畏。然其序四時之大順，不可失也。儒者博而寡要，勞而少功，是以其事難盡從。然其序君臣父子之禮，列夫婦長幼之別，不可易也。墨者儉而難遵，是以其事不可偏循，然其彊本節用，不可廢也。法家嚴而少恩，然其正君臣上下之分，不可改矣。名家使人儉而善失眞，然其正名實，不可不察也。道家使人精神專一，動合無形，贍足萬物。其爲術也，因陰陽之大順，采儒墨之善，撮名法之要，與時遷移，應物變化，立俗施事，無所不宜。指約而易操，事少而功多。儒者則不然，以爲人主天下之儀表也，主倡而臣和，主先而臣隨。如此，則主勞而臣佚。至於大道之要，去健羨，絀聰明，釋此而任術。夫神大用則竭，形大勞則敝，神形騷動，欲與天地長久，非所聞也。夫陰陽：四時，八位，十二度，二十四節，各有教令，順之者昌，逆之者不死則亡，未必然也。故曰使人拘而多畏。夫春生夏長秋收冬藏，此天道之大經也，弗順則無以爲天下紀綱，故曰四時之大順不可失也。夫儒者以六藝爲法，六藝經傳以千萬數，累世不能通其學，當年不能究其禮。故曰：「博而寡要，勞而少功。」若夫列君臣父子之禮，序夫婦長幼之別，雖百家弗能易也。墨者亦上堯舜道，言其德行曰：堂高三尺。土階三等，茅茨不翦，采椽不刮，食土簋，啜土刑，糲粱之食，藜藿之羹，夏日葛衣，冬日鹿裘。其送死桐棺三寸，舉音不盡其哀，教喪禮必以此爲萬民之率，使天下法，若此則尊卑無別也。夫世異時移，事業不必同，故曰儉而難遵。要曰彊本節用，則人給家足之道也。此墨子之所長，雖百家弗能廢也。法家不別親疏，不殊貴賤，一斷於法，則親親尊尊之恩絕矣。可以行一時之計而不可常用也。故曰嚴而少恩。若尊主卑臣，明分職不得相踰越，雖百家弗能改也。名家苛察繳繞，使人不得反其意，專決於名而失人情，故曰使人儉而善失眞。若夫控名責實，參伍不失，此不可不察也。道家無爲，又曰無不爲，其實易行，其辭難知。其術以虛無爲本，以因循爲用。無成勢，無常形，故能究萬物之情，不爲物先，不爲物後，故能爲萬物主。有法無法，因時爲業，有度無度，因物與合。故曰聖人不朽，時變是守。虛者道之常也，因者君之綱也。羣臣竝至，使各自明也。其實中其聲者謂之端，實不中其聲者謂之窾。窾言不聽，姦迺不生，賢不肖自分，白黑迺形。在所欲用耳，何事不成？乃合大道，混混冥冥，光耀天下，復反無名。凡人所生者神也，所託者形也。神大用則竭，形大勞則敝，形神離則死。死者不可復生，離者不可復反，故聖人重之。由是觀之，神者生之本也，形者生之具也，不先定其神而曰我有以治天下，何由哉？』

【出處】史記太史公自叙

【考證】史記太史公自叙云：『太史公仕於建元元封之間』其初仕時，最遲亦當在此年，故誌之於此。

元光元年丁未（前一三四）

董仲舒與鮑敞論陰陽　是年二月，京師雨雹，鮑敞問董仲舒曰：『雹何物也？何氣而生之？』仲舒曰，『陰氣脅陽氣。天地之氣，陰陽相半，和氣周旋，朝夕不息。陽德用事，則和氣皆陽，建巳之月是也，故謂之正陽之月。陰德用事，則和氣皆陰，建亥之月是也。故謂之正陰之月。十月陰雖用事，而陰不孤立，此月純陰，疑於無陽，故謂之陽月。詩人所謂『日月陽止』者也。四月陽雖用事，而陽不獨存，此月純陽，疑於無陰，故亦謂之陰月。自十月已後，陽氣始生於地下，漸冉流散，故云息也。陰氣轉收，故言消也。日夜滋生，遂至四月，純陽用事。自四月以後，陰氣始生於天上，漸冉流散，故云息也，陽氣轉收，故言消也，日夜滋生，遂至十月純陰用事。二月八月，陰陽正等，無多少也。以此推移，無有差慝，運動抑揚，更相動薄，則熏蒿歊蒸，而風雨雲霧雷電雪雹生焉。氣上薄爲雨，下薄爲霧。風其噫也，雲其氣也。雷其相擊之聲也。電其相擊之光也。二氣之初蒸也，若有若無，若實若虛，若方若員。攢聚相合。其體稍重，故雨乘虛而墜，風多則合速，故雨大而疏。風少則合遲，故雨細而密。其寒月則雨凝於上，體尙輕微而因風相襲，故成雪焉。寒有高下，上煖下寒，則上合爲大雨，下凝爲冰，霰雪是也。雹霰之流也。陰氣暴上，雨則凝結成雹焉。太平之世，則風不鳴條，開甲散萌而已。雨不破塊，潤葉津莖而已。雷不驚人，號令啓發而已。電不眩目，宣示光耀而已。霧不塞望，浸淫被泊而已。雪不封條，淩殄毒害而已。雲則五色而爲慶，三色而成矞，露則結味而成甘，結潤而成膏，此聖人之在上，則陰陽和，風雨時也。政多紕繆，則陰陽不調，風發屋，雨溢河，雪至牛目，雹殺驢馬，此皆陰陽相蕩而爲祲沴之妖也。」做曰：『四月無陰，十月無陽，何以明陰不孤立陽不獨存耶？』仲舒曰：『陰陽雖異，而所資一氣也。陽用事此則氣爲陽，陰用事此則氣爲陰，陰陽之時雖異，而二體常存。猶如一鼎之水，而未加火純陰也，加火極熱純陽也。純陽則無陰氣，息火水寒，則更陰矣。純陰則無陽，加火水熱，則更陽矣。然則建巳之月爲純陽，不容都無復陰也。但是陽家用事陽氣之極耳。薺麥枯由陰殺也。建亥之月爲純陰，不容都無復陽也。但是陰家用事陰氣之極耳。薺麥始生，由陽昇也。其著者！葶藶死於盛夏，欵冬華於嚴寒。水極陰而有溫泉，火至陽而有涼焰。故知陰不得無陽，陽不容都無陰也。』做曰：『冬雪必暖，夏雨必涼，何也？』曰：『冬氣多寒，陽氣自上躋。故人得其煖而下蒸成雪矣。夏氣多暖，陰氣自下昇，故人得其涼而上蒸成雨矣。』做曰：『雨既陰陽相蒸，四月純陽，十月純陰，斯則無二氣相薄，則不雨乎？』曰：『然，純陽純陰雖在四月十月，但月中之一日耳。』敞曰：『月中何日？』曰：『純陽用事，未夏至一日；純陰用事，未冬至一日，朔旦夏至冬至，其正氣也。』敞曰：『然則未至一日，其不雨乎？』曰：『然頗有之，則妖也。和氣之中，自生災沴，能使陰陽改節，暖涼失度。』敞曰：『災沴之氣，其常存邪？』曰：『無也，時生耳。猶乎人四肢五臟中也。有時及其病也，四肢五臟皆病也。』敞遷延負牆俛揖而退。

【出處】西京雜記

初令郡國舉孝廉各一人　制：郡國口二十萬以上，歲察舉一人，四十萬以上二人，六十萬三人，八十萬四人，百萬五人，百二十萬六人。不滿二十萬，二歲一人，不滿十萬，三歲一人。限以四科：一曰德行高潔，志節清白。二曰學通行修，經中博士，三曰明習法令，足以決疑，能按章覆問，文中御史。四曰剛毅多略，遭事不惑，明足決斷，才任三輔縣令。至五年，又詔徵吏人有明當代之務習先聖之術者，縣次給事，令與計偕。

【出處】漢書武帝紀　通典卷十三

董仲舒對策　帝擧賢良文學之士，親策問之，董仲舒對曰：『臣謹按春秋之中，視前世已行之事，以觀天人相與之際，甚可畏也。國家將有失道之敗，而天迺先出災害以譴告之。不知自省，又出怪異以警懼之。尙不知變，而傷敗乃至，以此見天心之仁愛人君而欲止其亂也。自非大亡道之世者，天盡欲扶持而全安之，事在彊勉而已矣。彊勉學問，則聞見博而知益明。彊勉行道，則德日起而大有功，此皆可使還至而立有效者也。……臣謹案春秋之文，求王道之端，得之於正，正次王，王次春。春者，天之所爲也。正者，王之所爲也。其意曰：「上承天之所爲，而下以正其所爲，正王道之端云爾。」然則王者欲有所爲，宜求其端於天。天道之大者在陰陽，陽爲德，陰爲刑，刑主殺而德主生。是故陽常居大夏，而以生育養長爲事。陰常居大冬，而積於空虛不用之處，以此見天之任德不任刑也。天使陽出布施於上而主歲功，使陰入伏於下而時出佐陽。陽不得陰之助，亦不能獨成歲終，陽以成歲為名，此天意也。王者承天意以從事，故任德教而不任刑，刑者不可任以治世，猶陰之不可任以成歲也。為政而任刑，不順於天，故先王莫之肯為也。今廢先王德教之官，而獨任執法之吏治民，毋迺任刑之意與？孔子曰：「不教而誅謂之虐」，虐政用於下，而欲德教之被四海，故難成也。臣謹按春秋謂一元之意：一者，萬物之所從始也。元者，辭之所謂大也。謂一為元者，視大始而欲正本也。春秋深探其本，而反自貴者始。故為人君者，正心以正朝廷，正朝廷以正百官，正百官以正萬民，正萬民以正四方。四方正，遠近莫敢不壹於正，而亡有邪氣奸其間者。是以陰陽調而風雨時，羣生和而萬民殖，五穀熟而草茂。天地之間，被潤澤而大豐美。四海之內，聞盛德而皆徠臣。諸福之物，可致之祥，莫不備至，而王道終矣。……古人有言曰：「臨淵羨魚，不如退而結網。」今臨政而願治，七十餘歲矣，不如退而更化，更化則可善治，善治則災害日去，福祿日來。詩云：「宜民宜人，受祿於天。」為政而宜於民者，固當受祿於天。夫仁誼禮知信五常之道，王者所當脩飭也。五者修飭，故受天之祐而享鬼神之靈，德施於方外延及羣生也。』又曰：『……孔子作春秋，先正王而繫萬事，見素王之文焉。……臣聞制度文采玄黃之飾，所以明尊卑，異貴賤而勸有德也。故春秋受命，所先制者，改正朔，易服色，所以應天也。然則宮室旌旗之制，有法而然者也。故孔子曰：「奢則不遜，儉則固。」儉非聖人之中制也。臣聞良玉不瑑，資質潤美，不待刻瑑，此亡異於達巷黨人，不學而自知也。然則常玉不瑑，不成女章，君子不學，不成其德。臣聞聖王之治天下也，少則習之學，長則材諸位。爵祿以養其德，刑罰以威其惡，故民曉於禮誼而恥犯其上。武王行大義，平殘賊，周公作禮樂以文之。至於成康之隆，囹圄空虛，四十條年。此亦敎化之漸，而仁誼之流，非獨傷肌膚之效也。……陛下親耕藉田，以爲農先，夙寤晨興，憂勞萬民，思惟往古而務以求賢，此亦堯舜之用心也。然而未云獲者，士素不厲也。夫不素養士而欲求賢，譬猶不瑑玉而求文采也。故養士之大者，莫大虖太學。太學者，賢士之所關也，敎化之本原也。今以一郡一國之衆，對無應書者，是王道往往而絕也。臣願陛下興太學，置明師，以養天下之士，數考問以盡其材，則英俊宜可得矣。……』又曰：『……臣聞天者，羣物之祖也，故偏覆包函而無所殊，建日月風雨以和之，經陰陽寒暑以成之。故聖人法天而立道，亦溥愛而亡私，布德施仁以厚之，設誼立禮以導之。春者，天之所以生也。仁者，君之所以愛也。夏者，天之所以長也。德者，君之所以養也。霜者，天之所以殺也。刑者，君之所以罰也。繇此言之，天人之徵，古今之道也。孔子作春秋，上揆之天道，下質諸人情，參之於古，考之於今。故春秋之所譏，災害之所加也。春秋之所惡，怪異之所施也。書邦家之過，兼災異之變，以此見人之所爲，其美惡之極，迺與天地流通，而往來相應。此亦言天之一端也。……天令之謂命，命非聖人不行。質樸之謂性，性非敎化不成。人欲之謂情，情非度制不節。是故王者上謹於承天意以順命也；下務明敎化民以成性也；正法度之宜，別上下之序，以防欲也。修此三者，而大本舉矣。……

……臣聞夫樂而不亂，復而不厭者，謂之道。道者萬世無弊，弊者道之失也。先王之道，必有偏而不起之處，故政有眊而不行，舉其偏者以補其弊而已矣。三王之道，所祖不同，非其相反，將以捄溢扶衰，所遭之變然也。故孔子曰：「亡爲而治者，其舜虖。」改正朔，易服色，以順天命而已。其餘盡循堯道，何更爲哉。故王者有改制之名，亡變道之實。然夏上忠，殷上敬，周尚文者，所繼之捄。當用此也。孔子曰：「殷因於夏禮，所損益，可知也。周因於殷禮，所損益可知也。其或繼周者，雖百世可知也。」此言百王之用，以此三者矣。夏因於虞，而獨不言所損益者，其道如一，而所上同也。道之大原出天，天不變，道亦不變。是以禹繼舜，舜繼堯，三聖相受而守一道，亡救弊之政也，故不言其所損益也。繇是觀之，繼治世者其道同，繼亂世者其道變。今漢繼大亂之後，若宜少損周之文致，用夏之忠者。……春秋大一統者，天地之常經，古今之通誼也。今師異道，人異論，百家殊方，指意不同。是以上無以持一統。法制數變，下不知所守。臣愚以爲諸不在六藝之科孔子之術者，皆絕其道，勿使並進，邪辟之說滅息，然後統紀可一，而法度可明，民知所從矣。』對既畢，帝以仲舒爲江都相，事易王，易王帝兄，素驕好勇，仲舒以禮匡正，王敬重焉。

【出處】 漢書武帝紀　董仲舒傳

【考證】 按仲舒於此年對策，漢書武帝紀記載本甚分明，而通鑑考異泥於仲舒本傳『推明孔氏，抑黜百家，立學校之官，州郡舉茂材孝廉，皆仲舒發之。』之文，遂誌於建元元年，不知此乃後世因時代相當，妄加附會，班固未審，因而歸美，本未可深信，即按本文而言，明誌於魏其武安侯爲相之後，則至早亦當在建元六年六月之後。且『臨政願治，七十餘載。』之文，亦須於建元五年之後方合。禮樂志又言仲舒對策之後『是時上方征討四夷，銳志武功，不暇留意禮文之事。』則仲舒之言，蓋未嘗見用，更足證明本傳所言爲歸美之辭矣。

徵楊何爲中大夫　何字叔元，淄川人，受易於王同。至是，徵入爲中大夫。何授京房，房授梁丘賀，賀字長翁，瑯琊諸人，以能心計，爲武騎，既從房受易，會房出爲齊郡太守，賀又事田王孫。

【出處】　史記儒林傳　漢書儒林傳

【考證】　按史記稱『要言易者，本於楊何之家。』漢書則言本之田何，二者所敘不同。蓋建元五年始立五經博士，而楊何以元光元年被徵，則當時之易博士爲楊氏無疑。故漢書儒林傳稱『初惟有易楊』，司馬遷正當楊氏講易之時，其記載宜其推尊楊氏。而宣帝之後，施孟梁丘皆立博士，其說不皆與楊有關。故班氏記載，不得不推各家之祖田何也。

二年戊申（前一三三）

楊貴倡羸葬　貴字王孫，京兆人，學黃老之術，家業千金，厚自奉，養生亡所不致。及病且終，先令其子曰：『吾欲羸葬，以反吾真，必亡易吾意。死則爲布囊盛尸，入地七尺。既下，從足引脫其囊，以身親土。』其子欲默而不從，重廢父命。欲從，其心又不忍。迺往見王孫友人祁侯。祁侯與王孫書曰：『王孫苦疾，僕迫從上祠雍，未得詣前。願存精神，省思慮，進醫藥，厚自持。竊聞王孫先令羸葬，令死者無知則已，若其有知，是戮尸地下，將羸見先人，竊爲王孫不取也。且孝經曰：「爲之棺槨衣衾」是亦聖人之遺制，何必區區獨守所聞！願王孫察焉。』王孫報曰：『蓋聞古之聖王，緣人情不忍其親，故爲制禮。今則越之。吾是以羸葬，將以矯世也。夫厚葬誠無益於死者，而俗人競以相高，靡財單幣，腐之地下。或廼今日入而明日發，此眞與暴骸於中野何異！且夫死者，終生之化而物之歸者也。歸者得至，化者得變。是物各反其眞也。反眞冥冥，亡形亡聲，廼合道情。夫飾好以華衆，厚葬以鬲眞，使歸者不得至，化者不得變，是使物各失其所也。且吾聞之：精神者，天之有也。形骸者，地之有也。精神離形，各歸其眞，故謂之鬼。鬼之爲言歸也。其尸塊然獨處，豈有知哉？裹以幣帛，鬲以棺槨，支體絡束，口含玉石，欲化不得，鬱爲枯臘，千載之後，棺槨朽腐，乃得歸土就其眞宅。繇是言之，焉用久客！昔帝堯之葬也：窾木爲匵，葛藟爲緘。其穿下不亂泉，上不泄殠。故聖王生易尚死易葬也。不加功於亡用，不損財於亡謂。今費財厚葬，留歸鬲至，死者不知，生者不得，是謂重惑。於戲！吾不爲也。』祁侯曰：『善』遂臝葬。

【出處】西京雜記 漢書楊王孫傳

【考證】按高惠高后文功臣表，祁侯它以是年坐射擅罷免，而武帝紀，以是年初行幸雍。祁侯之從，當在此時。則王孫之病，侯之致書，亦當在此時也。

董仲舒治江都 仲舒既爲江都相，其治國，以春秋災異之變，推陰陽所以錯行。天旱求雨，則閉陰閉陽，設土龍以招之。故闔邑里南門，置水其外，開邑里北門。具老豬豭一，置之於里北門之外，市中亦置豬豭一。聞鼓聲，皆燒豬豭尾，取死人骨埋之，開山淵，積薪而燔之。通道橋之壅塞不行者，決瀆之。春於邑東門外設壇，以甲乙日爲大蒼龍一，長八丈，居中央。爲小龍七，各長四丈，於東方，皆東鄉。夏於邑南門外設壇，以丙丁日爲大赤龍一，長七丈，居中央。爲小龍六，各長三丈五尺，於南方，皆南鄉。季夏於邑中央設壇，以戊已日爲大黃龍一，居中央，又爲小皆龍四，各長丈五尺，於南方，皆南鄉。秋於邑西門之外設壇，以庚辛日爲大白龍一，長九丈，居中央。爲小龍八。各長四丈五尺，於西方，皆西鄉。冬於邑北門之外設壇，以壬癸日爲大黑龍一，長六丈，居中央。又爲小龍五，各長三丈，於北方，北鄉。四時皆以水日爲龍，必取潔土爲之結蓋，龍成而發之。四時皆以庚子之日令吏民夫婦皆偶處。凡求雨之大體，丈夫欲藏匿，女子欲和而樂。其止雨，則令縣邑以土日塞水瀆，絕道，蓋井，禁婦人不得行入市。凡止雨之大體，女子欲其藏而匿，丈夫欲其和而樂。開陽而閉陰，闔水而開火。王嘗問仲舒曰：『粤王句踐與大夫泄庸種蠡謀伐吳，遂滅之。孔子稱殷有三仁，寡人亦以爲粤有三仁。桓公決疑於管仲，寡人決疑於君。』仲舒對曰：『臣愚不足以奉大對。聞昔者魯君問柳下惠：「吾欲伐齊，何如？」柳下惠曰：「不可」歸而有憂色，曰：「吾聞伐國不問仁人，此言何爲至於我哉！」徒見問耳，且猶羞之，况設詐以休吳虖。繇此言之，粤本無一仁。夫仁者，正其誼不謀其利，明其道不計其功。是以仲尼之門，五尺之童，羞稱五伯，爲其先詐力而後仁誼也。苟爲詐而已，故不足稱於大君子之門也。五伯比於他諸侯爲賢，其比三王，猶武夫之與美玉也。』王曰：『善』

【出處】漢書董仲舒傳　春秋繁露

【考證】按春秋繁露止雨有『二十一年八月，江都相仲舒告內史中尉，陰雨太多，恐傷五穀，趣止雨。』之語，是年爲易王二十一年故誌之於此。

帝親祠竈遣方士求神仙　李少君以祠竈穀道卻老方見上，上尊之。少君者，故深澤侯舍人，主方。匿其年及所生長，常自謂七十，能使物卻老。其遊以方徧諸侯，無妻子。人聞其能使物及不死，更饋遺之。嘗餘金錢衣食，人皆以爲不治產業而饒給，又不知其何所人，愈信爭事之。少君資好方，善爲巧發奇中。常從武安侯宴，坐中有九十餘老人，少君迺言與其大父游射處。老人爲兒，從其大父識其處，一坐盡驚。少君見上，上有故銅器，問少君，少君曰：『此器齊桓公十年陳於柏寢。』已而案其刻，果齊桓公器，一坐盡駭，以爲少君神，數百歲人也。少君言上曰：『祠竈則致物，致物而丹沙可化爲黃金，黃金成，以爲飲食器則益壽，益壽而海中蓬萊僊者迺可見之。以封禪則不死，黃帝是也。臣嘗游海上，見安期生，安期生食臣棗，大如瓜。安期生僊者，通蓬萊中，合則見人，不合則隱。於是天子始親祠竈，遣方士入海，求蓬萊安期生之屬，而事化丹沙諸藥齊爲黃金矣。久之，少君病死，天子以爲化去，不死也。使黃錘史寬舒受其方，而海上燕齊怪迂之方士，多更來言神事矣。亳人謬忌，奏祠泰一方，曰：天神貴者泰一，泰一佐曰五帝。於是天子令太祝立其祠長安城東南郊。

【出處】史記封禪書

五年辛亥（前一三〇）

河間獻王獻雅樂 初，周衰樂壞，遺法不存。漢興，制氏以雅樂聲律，世在樂官，頗能紀其鏗鏘鼓舞而不能言其義。河間獻王有雅才，以爲治道非禮樂不成，遂與毛生等共采周官及諸子言樂事者以作樂記。是年十月，王來朝，獻雅樂，對三雍宮，詔策所問三十餘事，推道術而言，得事之中，文約指明。帝以王所獻雅樂下大樂官，是樂與制氏不相遠常存肄之，歲時以備數，然不常御也。是年王歸國薨，凡立二十六年，中尉常麗以聞。制曰：『王身端行治，溫仁恭儉，篤敬愛下，明知深察，惠于鰥寡，大行令奏謚法曰：『聰明睿知曰獻，宜謚曰獻王。』

【出處】漢書禮樂志　藝文志　河間獻王傳

公孫弘復爲博士　初，弘使匈奴，還報，不合意。帝怒，以爲不能，弘乃移病免歸。至是，復徵賢案文學。菑川國復推上弘。弘謝曰：『前已嘗西，用不能罷，願更選。』國人固推弘，弘至太常。上策詔諸儒制曰：『蓋聞上古至治，畫衣冠，異章服，而民不犯。陰陽和，五穀登，六畜蕃，甘露降，風雨時，嘉禾興，朱草生。山不童，澤不涸，麟鳳在郊藪，龜龍遊於沼，河洛出圖書。父不喪子，兄不哭弟。北發渠搜，南撫交阯。舟車所至，人迹所及，跂行喙息，咸得其宜，朕甚嘉之。今何道而臻乎此？子大夫修先聖之術，明君臣之義，講論洽聞，有聲乎當世。問子大夫：天人之道，何所本始？吉凶之效，安所期焉？禹湯水旱，厥咎何由？仁義禮知，四者之宜，當安設施？屬統垂業，物鬼變化，天命之符，廢興何如？天文地理人事之紀，子大夫習焉，其悉意正議，著之于篇，朕將親覽焉。靡有所隱。』弘對曰：『臣聞上古堯舜之時：不貴爵賞而民勸善，不重刑罰而民不犯，躬率以正而遇民信也。末世貴爵厚賞而民不勸，深刑重罰而姦不止，其上不正遇民不信也。夫厚賞重刑，未足以勸善而禁非，必信而已矣。是故因能任官則分職治，去無用之言則事情得，不作無用之器即賦歛省。不奪民時，不妨民力，則百姓富。有德者進，無德者退，則朝廷尊。有功者上，無功者下，則羣臣逡。罰當罪，則姦邪止。賞當賢，則臣下勸；凡此八者，治之本也。故民者，業之即不爭，理得則不怨，有禮則不暴，愛之則親上，此有天下之急者也。故法不遠義，則民服而不離。和不遠禮，則民親而不暴。故法之所罰，義之所去也。和之所賞，禮之所取也。禮義者，民之所服也，而賞罰順之，則民不犯禁矣。故畫衣冠異章服而民不犯者，此道素行也。臣聞之，氣同則從，聲比則應。今人主和德於上，百姓和合於下。故心和則氣和，氣和則形和，形和則聲和，聲和得天地之和應矣。故陰陽和，風雨時，甘露降，五穀登，六畜蕃，嘉禾興，朱草生，山不童，澤不涸，此和之至也。故形和則無疾，無疾則不夭，故父不喪子，兄不哭弟。德配天地，明並日月。則麟鳳至，龜龍在郊，河出圖，洛出書，遠方之君，莫不說義，奉幣而來朝，此和之極也。臣聞之，仁者愛也，義者宜也，禮者所履也，智者術之原也。致利除害，兼愛無私，謂之仁。明是非，立可否，謂之義。進退有度，尊卑有分，謂之禮。擅殺生之柄，通壅塞之塗，權輕重之數，論得失之道，使遠近情僞必見於上，謂之術。凡此四者，治之本道之用也，皆當設施，不可廢也。得其要則天下安樂，法設而不用。不得其術，則主蔽於上，官亂於下，此事之情，屬統垂業之本也。臣聞堯遭洪水，使禹治之，未聞禹之有水也。若湯之旱，則桀之餘烈也。桀紂行惡，受天之罰，禹湯積德，以王天下。因此觀之，天德無私親，順之和起，逆之害生。此天文地理人事之紀，臣弘愚戇，不足以奉大對。』時對者百餘人，大常奏弘第居下。策奏，天子擢弘對爲第一。召入見，容貌甚麗，拜爲博士，待詔金馬門。每朝會議，弘輒開陳其端，使人主自擇，不肯面折庭爭。於是上察其行愼厚，辯論有餘，習文法吏事，緣飾以儒術。上說之。

一歲中至左內史。弘奏事，有所不可，不肯庭辯。常與主爵都尉汲黯請閒，黯先發之，弘推其後，上常說，所言皆聽，以此日益親貴。嘗與公卿約議，至上前，皆背其約，以順上指。汲黯庭詰弘曰：『齊人多詐而無情，始與臣等建此議，今皆背之，不忠。』上問弘，弘謝曰：『夫知臣者以臣爲忠，不知臣者以臣爲不忠。』上然弘言。左右幸臣每毀弘，上益厚遇之。

【出處】漢書公孫弘傳

六年壬子（前一二九）

司馬相如作難蜀父老　初，相如使蜀還報。唐蒙已略通夜郎，因通西南夷道，發巴蜀廣漢卒，作者數千人，治道二歲，道不成，士卒多物故，費以億萬計，蜀民及漢用事者，多言其不便。是時邛莋之君長，聞南夷與漢通，得賞賜多，多欲願爲內臣妾，請吏，比南夷。上問相如，相如曰：『邛莋冉駹者，近蜀道，易通。異時嘗通爲郡縣矣，至漢興而罷，今誠復通爲置縣，愈於南夷。』上以爲然，乃拜相如爲中郎將，建節往使。副使王然于壺充國呂越人馳四乘之傳。因巴蜀吏幣物以賂西夷。至蜀，蜀太守以下郊迎，縣令負弩矢先驅，蜀人以爲寵，於是卓王孫臨邛諸公皆因門下獻牛酒以交驩，卓王孫喟然而歎，自以得使女尚司馬長卿晚，而厚分與其女財與男等同。相如便略定西夷邛莋冉駹斯楡之君，皆請爲內臣。除邊關關益斥，西至沫若水，南至牂牁爲徼，通零關道橋孫水以通邛都。還報，天子大悅。相如使時，蜀長老多言西南夷不爲用，唯大臣亦以爲然。相欲如諫，業已建之，不敢。乃著書藉以蜀親老爲辭，而已詰難之，以風天子，且因宣其使旨，令百姓知天子之意。略謂：普天之下莫非王土，率土之濱，莫非王臣。冠帶之倫，已浸潤於聖澤，夷狄殊俗之國，政教未加，流風猶微，是以聖君恥之，將博恩廣施，遠撫長駕，使疏逖不閉，阻深闇昧得耀乎光明，遐邇一體，中外提福，是以未可以已也。其及有人上書，言相如使時受金。失官，居歲餘，復召爲郎。

【出處】史記司馬相如傳

【考證】按難蜀父老有『漢書七十八載』之語，故誌之於此。

元朔元年癸丑（前一二八）

主父偃莊安徐樂爲郎中　主父偃齊國臨菑人也。學長短從橫術，晚乃學易春秋百家之言，游齊諸子間。諸儒生相與排擯。不容於齊。家貧，假貣無所得，北游燕趙中山，皆莫能厚。客甚困，以諸侯莫足游者，元光元年，乃西入關，見衞將軍。衞將軍數言上，上不省。資用乏，留久，諸侯賓客多厭之，乃上書闕下。朝奏，暮召入見，所言九事，其八事爲律令，一事諫伐匈奴。略曰：『昔秦吞戰國，務勝不休，使蒙恬將兵北伐，辟地千里。天下飛芻輓粟，起于負海，轉輸北河，男子疾耕，不足于糧餉，女子紡績，不足于帷幕。百家靡敝，天下始叛。夫匈奴難得而治，非一世也。行盜侵驅，天性固然。虞夏商周，固弗程督。夫不上觀虞夏商周之統，而下循近世之失，此臣之所大憂百姓之所疾苦也。』偃同郡莊安以故丞相史上書，略言：『今天下人民，用財侈靡，臣願爲制度以防其淫。又今循南夷，朝夜郎，降羌僰，略薉州，建城邑，深入匈奴，燔其龍城，議者美之。此人臣之利，非天下之長策也。』燕郡無終徐樂亦上書，略言：『天下之患，在士崩，不在瓦解。何謂士崩？秦之末世是也。何謂瓦解？吳楚七國之兵是也。此二體者，安危之明要也。間者關東數不登，重以邊境之事，民皆有不安其處者矣。不安故易動，易動者，土崩之勢也。故賢主獨觀萬化之原，斷之廟堂之上，而銷未形之患，期使天下無土崩之勢而已矣。』書奏，上召見三人，謂曰：『公等皆安在，何相見之晚也？』於是上乃拜主父偃徐樂莊安爲郎中，數見，上疏言事，詔拜偃爲謁者，遷樂爲中大夫。一歲中四遷偃，爲中大夫。後遷安爲騎馬令，安樂俱著書一篇，縱橫家言。

【出處】　史漢主父偃傳

下詔議不舉孝廉者之罪　是時天下慎法，莫敢謬舉，而貢士蓋鮮，故詔曰：『公卿大夫，所使總方略壹統類廣教化美風俗也。夫本仁祖義，褒德祿賢，勸善刑暴，五帝三王所繇昌也。朕夙興夜寐，嘉與宇內之士，臻於斯路。故旅耆老，復孝敬，選豪俊，講文學，稽參政事，祈進民心。深詔執事，興廉舉孝，庶幾成風紹休聖緒。夫十室之邑，必有忠信，三人並行，厥有我師。今或至闔郡而不薦一人，是化不下究而積行之君子雍于上聞也。二千石官長，紀綱人倫，將何以佐朕燭幽隱勸元元厲蒸庶崇鄉黨之訓哉？且進賢受上賞，蔽賢蒙顯戮，古之道也。其與中二千石禮官博士議不舉者罪。』有司議奏曰：『古者諸侯貢士，壹適謂之好德，再適謂之賢賢，三適謂之有功，迺加九錫。不貢士，壹則黜爵，再則黜地，三而黜爵地畢矣。夫附下罔上者死，附上罔下者刑，與聞國政而無益於民者斥，在上位而不能進賢者退，此所以勸善黜惡也。今詔書昭先帝聖緒，令二千石舉孝廉，所以化元元移風俗也。不舉孝，不奉詔，當以不敬論。不察廉，不勝任也，當免。』奏可。

【出處】漢書武帝紀

董仲舒爲中大夫　江都易王薨，仲舒廢，又爲太中大夫。先是遼東高廟長陵高園殿災，仲舒居家，推說其義，草稾未上。主父偃侯仲舒，私見，嫉之，竊其書而奏焉。上召視諸儒，仲舒弟子呂步舒，不知其師書，以爲大愚。於下仲舒吏，當死，詔赦之。仲舒遂不敢復言災異。

【出處】 漢書董仲舒傳

【考登】 按仲舒於元光二年爲江都相，其中廢必在後，而爲中大夫當更在後。考主父偃於明年被誅，其譏仲舒必在其前，竊意仲舒之廢，必因易王之薨，故誌之於此。

二年甲寅（前一二七）

以孔臧爲太常 帝欲以孔臧爲御史大夫，臧辭曰：『臣世以經學爲業，乞爲太常，典臣家業，與從弟侍中安國綱紀古訓，使永垂後嗣。』帝從之。孔叢子云：『孔臧與子琳書曰：『侍中安國，羣臣近侍，特見崇禮，不供褻事，侍郎悉執虎子。唯安國掌玉壺，朝廷之士，莫不榮之。』安國官至臨淮太守，早卒。

【出處】 文選兩都賦李善注引孔臧集　通鑑　史記孔子世家

三年乙卯（前一二六）

倪寬爲廷尉文學卒史 寬千乘人也，事同郡歐陽生，受尚書。歐陽生者，字和伯，伏生弟子也。寬以郡國選，詣博士，受業孔安國。貧無資用，嘗爲弟子都養。時行賃作，帶經而鉏，休息輒讀誦，其精如此。以射策爲掌故，功次補廷尉文學卒史。寬爲人溫良，有廉知自將，善屬文，然儒於武，口弗能發明也。時張湯爲廷尉，廷尉盡用文史法律之吏，而寬以儒生在其間，見謂不習事，不署曹，除爲從史。之北地，視畜數年。

【出處】漢書倪寬傳　儒林傳

【考證】按倪寬補廷尉文學卒史之時，張湯爲廷尉。之北地數年還，湯仍爲廷尉。則其初補此職，當在湯初爲廷尉之時，故誌之於此。

●公孫弘爲御史大夫●　弘爲人談笑多聞，常稱以爲人主病不廣大，人臣病不儉節。養後母孝謹，後母卒，服喪三年。至是，遷御史大夫。時又東置蒼海，北築朔方之郡，弘數諫，以爲罷弊中國以奉無用之地，願罷之。於是上乃使朱買臣等難弘置朔方之便，發十策，弘不得一。弘迺謝曰：『山東鄙人，不知其便。若是，願罷西南夷蒼海，專奉朔方。』上迺許之。汲黯曰：『弘位在三公，奉祿甚多，然爲布被，此詐也。』上問弘，弘謝曰：『有之，夫九卿與臣善者無過黯，然今日庭詰弘，誠中弘之病。夫以三公爲布被，誠飾詐，欲以釣名。且臣聞管仲相齊有三歸，侈擬於君，桓公以霸，亦上僭於君。晏嬰相景公，食不重肉，妾不衣絲，齊國亦治，亦下比於民。今臣弘位爲御史大夫，爲布被，自九卿以下至於小吏，無差，誠如黯言。且無黯，陛下安聞此言？』上以爲有讓，愈益賢之。

【出處】漢書公孫弘傳

主父偃坐法誅　初，偃既親近，數上書言事。詔諸侯得分封子弟爲列侯，徙郡國豪傑於茂陵，建立朔方郡，俱偃謀也。大臣皆畏其口，賂遺累千金。或說偃曰：『大橫矣！』主父曰：『臣結髮游學四十餘年，身不得遂，親不以爲子，昆弟不收，賓客棄我，我阨日久矣！且丈夫生不五鼎食，死則五鼎烹耳。吾日暮途遠，故倒行暴施之。』偃嘗欲納女于齊王，王不許，偃因上言臨淄殷富，非親愛子弟不得王，今齊王屬疏，又與姊亂，請治之。于是拜偃爲齊相。偃至齊，遍召昆弟賓客散五百金予之，數之曰：『始吾貧時，昆弟不我衣食，賓客不我內門。今吾相齊，諸君迎我或千里。吾與諸君絕矣，毋復入偃之門。』乃使人以王與姊姦事動王。王以爲終不得脫罪，乃自殺。偃始爲布衣時，嘗遊燕趙。及其貴，發燕事。趙王怨其爲國患，欲上書言其陰事，爲偃居中，不敢發。及爲齊相出關，即使人上書，告言主父偃受諸侯金，以故諸侯子弟多以得封者。及齊王自殺，上聞大怒，以爲偃刼其王令自殺，乃徵下吏治。偃服受諸侯金，實不刼王令自殺。上欲勿誅。是時公孫弘爲御史大夫，乃言曰：『齊王自殺無後，國除爲郡入漢，主父偃本首惡。陛下不誅主父偃，無以謝天下。』乃遂族主父偃。偃著書二十八篇，縱橫家言。

【出處】史漢主父偃傳　藝文志

五年丁巳（前一二四）

以公孫弘爲丞相　弘代薛澤爲丞相，封平津侯

【出處】史漢公孫弘傳

爲博士置弟子員　丞相弘請曰：『丞相御史言，制曰：「蓋聞導民以禮，風之以樂。婚姻者，居室之大倫也。今禮廢樂崩，朕甚憫焉。故詳延天下方聞之士，咸登諸朝。其令禮官勸學，講議洽聞，舉遺興禮，以爲天下先。太常議與博士弟子，崇鄉里之化，以厲賢材焉。」謹與太常臧博士平等議曰：聞三代之道，鄉里有敎，夏曰校，殷曰庠，周曰序。其勸善也，顯之朝廷。其懲惡也，加之刑罰。故敎化之行也，建首善自京師始。繇內及外。今陛下昭至德，開大明，配天地，本人倫，勸學興禮，崇化厲賢，以風四方，太平之原也。古者政敎未洽，不備其禮，請因舊官而興焉，爲博士官置弟子五十人，復其身。太常擇民年十八以上，儀狀端正者，補博士弟子。郡國縣官，有好文學，敬長上，肅政敎，順鄉里，出入不悖，所聞令相長丞，上屬所二千石。二千石謹察可者，常與計偕，詣太常，得受業如弟子。一歲皆輒課，能通一藝以上，補文學掌故缺。其高弟，可以爲郎中。太常籍奏，即有秀才異等，輒以名聞。其不事學，若下材，及不能通一藝。輒罷之，而請諸能稱者。臣謹案詔書律令下者，明天人分際，通古今之誼。文章爾雅，訓辭深厚，恩施甚美，小吏淺聞，弗能究宣，亡以明布諭下，以治禮掌故，以文學禮義爲官，遷留滯。請選擇其秩，比二百石以上，及吏百石，通一藝以上，補左右內史大行卒史，比百石以下，補郡太守卒吏，皆各二人。邊郡一人，先用誦多者，不足，擇掌故，以補二千石屬，文學掌故補郡屬，備員。請著功令，它如律令。』制曰：『可。』

【出處】漢書儒林傳　史記儒林傳

【考證】按漢書百官表，弘以是年始爲丞相，則上奏之事，勢必不能再前。而奏中又載有『謹與太常臧博士平等議』之語，考臧之爲太常，始於元朔二年。終於是年。則上奏之事，勢又不能再後，故誌之於此。

詔天下郡國立學宮

【出處】玉海一百十一引

【考證】按漢書文翁傳，載武帝時令天下郡國皆立學校官，不知在何年。玉海所引，不知何所本，姑誌之於此以俟考。

六年戊午（前一一三）

董仲舒與江公議公羊穀梁之學　瑕丘江公受穀梁春秋及詩於申公，傳子至孫，爲博士。與董仲舒並。仲舒通五經，能持論，善屬文，江公吶於口，上使與仲舒議，不如仲舒。而公孫弘本爲公羊學，比輯其義，卒用董生。

【出處】漢書儒林傳

【考證】漢書儒林傳既稱丞相公孫弘助董仲舒，則必在其爲丞相之後，即元朔五年之後也。仲舒本傳又稱仲舒『爲膠西相以病免，歸居，朝廷如有大議，使使者及廷尉張湯就其家而問之。』考張湯以元狩三年由廷尉爲御史大夫，則仲舒之免膠西相必在其前，初爲膠西相及與江公議公穀之學，當更在前，故誌之於此。

董仲舒爲膠西相　公孫弘治春秋不如仲舒，而希世用事，位至公卿。仲舒以弘爲從諛，弘嫉之。膠西王亦上兄也，尤縱恣，數害吏二千石。弘迺言於上曰：『獨董仲舒可使相膠西王』膠西王聞仲舒大儒，善待之。

【出處】漢書董仲舒傳

【考證】見前條

元狩元年己未（前一二二）

終軍爲謁者給事中 軍字子雲，濟南人也。少好學，以辯博能屬文聞於郡中。年十八，選爲博士弟子，至府受遣，太守聞其有異材，召見軍，甚奇之，與交結。軍揖太守而去，至長安，上書言事。帝異其文，拜軍爲謁者給事中。從上幸雍，祠五畤，獲白麟，一角而五蹄。時又得奇木，其枝旁出，輒復合於木上。上異此二物，博謀羣臣。軍上對曰：『臣聞詩頌君德，樂舞后功，異經而同指，明盛德之所隆也。南越竄屏葭葦，與鳥魚羣，正朔不及其俗。有司臨境，而東甌內附，閩王伏辜，南越賴救。北胡隨畜薦居，禽獸行，虎狼心，上古未能攝。大將軍秉鉞，單于犇幕，票騎抗旌，昆邪右衽，是澤南洽而威北暢也。若罰不阿近，舉不遺遠，設官俟賢，縣賞待功，能者進以保祿，罷者退而勞力，刑於宇內矣。履衆美而不足，懷聖明而不專，建三宮之文質，章厥職之所宜，封禪之君無聞焉。夫人命初定，萬事草創，及臻六合同風，九州共貫，必待明聖潤色祖業，傳於無窮。故周至成王，然後制定，而休徵之應見。陛下盛日月之光，垂聖思於勒成；專神明之敬，奉燔瘞於郊宮；獻享之精交神，積和之氣塞明，而異獸來獲，宜矣。昔武王中流未濟，白魚入於王舟，俯取以燎，羣公咸曰休哉。今郊祀未見於神祇，而獲獸以饋，此天所以示饗而上通之符合也。宜因昭時令日，改定告元。苴以白茅於江淮，發嘉號於營丘，以應緝熙。使著事者有紀焉。蓋六鶂退飛逆也，白魚登舟順也。夫明闇之徵，上亂飛鳥，下動淵魚，各以類推。今野獸幷角，明同本也。衆支內附，示無外也。若此之應，殆將有解編髮，削左衽，襲冠帶，要衣裳而蒙化者焉。斯拱而俟之耳。』對奏，上甚異之，由是改元爲元狩。又作朝隴首歌，郊祀歌十九章之一也。歌曰：『朝隴首，覽西垠，靁電尞，獲白麟，爰五止，顯黃德。圖匈虐，熏鬻殛，闢流離，抑不詳。賓百僚，由河甕。掩回轅，鬗長馳，騰雨師，洒路陂。流星隕，感惟風，籋歸雲，撫懷心。』後數月，越地及匈奴名王有率衆來降者，時皆以軍言爲中。

【出處】漢書終軍傳　禮樂志

淮南王謀反事覺自殺　初，建元六年，慧星見淮南，王心怪之。或說王曰：『先吳軍時，慧星出，長數尺，然尙流血千里。今慧星竟天，天下兵當大起。』王心以爲上無太子，天下有變，諸侯竝爭。愈益治攻戰具，積金錢賂遺郡國，遊士妄作妖言阿諛王，王喜，反謀益甚。至是，事覺，上使宗正以符節治王，未至，王自刑殺。王好養士，又好神仙黃白之術，其遺書甚衆。世俗因謠傳安實不死仙去云。論衡道虛載：『儒書言淮南王學道，招會天下有道之人，傾一國之尊，下道術之士。是以道術之士，並會淮南，奇方異術，莫不爭出，王遂得道，舉家升天，畜產皆仙。犬吠於天上，鷄鳴於雲中。』

【出處】史漢淮南王傳

【附錄】淮南王著述表

淮南九師書　御覽六〇九引劉向別錄曰：所校讐中易傳，淮南九師道訓，除複重，定著十二篇。淮南聘善爲易者九人從之採穫，故書署中曰淮南九師書。

內書　漢志二十一篇，隋志同。今俱存

中篇　本傳有八卷，二十餘萬言

外書　漢志有三十三篇高誘見十九篇

枕中鴻寶苑秘書　漢書劉向傳引

淮南雜子星　見漢志天文家類有十九篇

淮南華畢經一卷　隋志引七略有一卷

淮南變化術一卷　隋志引七略有一卷

淮南中經　隋志引七略有四卷

淮南八公相鵠經一卷　隋志引七略有一卷

集二卷　梁二卷，隋一卷。漢志詩賦有淮南賦八十二篇。又有淮南王羣臣賦四十四篇，淮南歌詩四篇。

吾丘壽王爲光祿大夫侍中　初，吾丘壽王年少，以善格五待詔。詔使從中大夫董仲舒受春秋，高材通明，遷侍中中郎，坐法免，上書謝罪，願養馬黃門，上不許。後願守塞扞寇難，復不許。久之，上書願擊匈奴，詔問狀，壽王對良善，復召爲郎，稍遷。會東郡盜賊起，拜爲東郡都尉，上以壽王爲都尉，不復置太守。是時軍旅數發，年歲不熟，多盜賊。詔賜壽王璽書曰：『子在朕前之時，知略輻湊，以爲天下少雙，海內寡二。及至連十餘城之守，任四千石之重，職事並廢，盜賊從橫，甚不稱在前時，何也？』壽王謝罪，因言其狀。至是徵爲光祿大夫侍中。丞相公孫弘議禁民不得挾弓弩；壽王難之，以爲大射之禮，自天子降及庶人，三代之道。良民以自備而抵法禁，是擅賊威而奪民救也。無益於禁姦而廢先王之典，使學者不得習行其禮，大不便。公孫弘詘服焉。

【出處】漢書吾丘壽王傳

東方朔爲中郎 朔詼達多端，不名一行。應諧似優，不窮似智。正諫似直，穢德似隱。嘗在側侍中，數召至前談語，人主未嘗不說也。時召賜之飯於前，飯已，盡懷其餘肉持去，衣盡汙。數賜縑帛，擔揭而去，徒用所賜錢帛取少婦於長安中。好女，率取婦一歲所者，即棄去，更取婦。所賜錢財，盡索之於女子。人主左右諸郎，半呼之狂人。人主聞之曰，『令朔在事無爲是行者，若等安能及之哉？』朔初爲太中大夫，嘗醉入殿中，小遺殿上。劾不敬，有詔免爲庶人，待詔宦者署。後復爲中郎。時其子爲侍謁者，常持節出使，朔行殿中，郎謂之曰：『人皆以先生爲狂』朔曰：『如朔等所謂避世於朝廷間者也。古之人乃避世於深山中。』時坐席中，酒酣據地歌曰，『陸沉於俗。避世金馬門宮殿中，可以避世全身，何必深山之中蒿廬之下？』至是年，建章宮後閣重櫟中，有物出焉。其狀似麋，以聞。武帝往臨視之。問左右羣臣習通經術者莫能知，詔東方朔視之。朔曰：『臣知之，願賜美酒粱飯，大飧臣，臣乃言。』詔曰：『可』已飧又曰：『某所有公田魚池蒲葦數頃，陛下以賜臣，臣朔乃言。』詔曰：『可』於是朔乃肯言曰：『所謂騶牙者也。遠方當來歸義，而騶牙先見。其齒前後若一，齊等無牙，故謂之騶牙。』其後一歲所，匈奴混邪王果將十萬衆來降漢，乃復賜東方生錢財甚多。

【出處】史記滑稽列傳　漢書東方朔傳

【考證】漢書武帝紀，渾邪王以元狩二年來降，則辨騶牙之事，當在元年。朔之初爲中郎，年代已不可考，姑因事而誌於此。

莊助坐棄市 初，助侍燕從容，帝問助居鄉里時。助對曰：『家貧，爲友壻富人所辱。』帝問所欲，對願爲會稽太守。於是拜爲會稽太守，數年不聞問。賜書曰：『制詔會稽太守，君厭承明之廬，勞侍從之事，懷故土，出爲郡吏。會稽東接於海，南近諸越北枕大江，間者闊焉久不聞問，具以春秋對，毋以蘇秦从橫，』助恐，上書謝，稱『春秋天王出居於鄭，不能事母，故絕之。臣事君，猶子事父母也。臣助當伏誅，陛下不忍加誅，願奉三年計最。』詔許，因留侍中，有奇異，輒使爲文，及作賦頌數十篇。後淮南王來朝，厚賂遺助，交私論議。至是，淮南王反，事與助相連。上薄其罪，欲勿誅。廷尉張湯爭，以爲助出入禁門腹心之臣，而外與諸侯交私，如此不誅，後不可治。助竟棄市。

【出處】漢書嚴助傳　藝文志（著書四篇，儒家者言。又有賦三十五篇。）

二年庚申（前一二一）

膠西相董仲舒以病免　仲舒恐久獲辠，病免。凡相兩國，輒事驕王，正身以率下。數上疏諫爭，敎令國中，所居而治。及去位家居，終不問家產業，以修學著書爲事。仲舒在家，朝廷如有大議，使使者及廷尉張湯就其家問之，其對皆有明法。自武帝初立，魏其武安侯爲相，而隆儒矣。及仲舒對冊，推明孔氏，抑黜百家，立學校之官，州郡舉茂材孝廉，皆自仲舒發之。年老，以壽終於家，家徙茂陵。子及孫皆以學至大官。仲舒所著，皆明經術之意，及上疏條敎，凡百二十三篇。而說春秋事得失。聞舉，玉杯，蕃露，清明，竹林之數，復數十篇，十餘萬言。皆傳於後世。

【出處】　漢書董仲舒傳

【考證】　見元朔六年。

公孫宏卒　弘凡爲丞相御史六歲，年八十，終丞相位。其爲丞相也，上方興功業，婁舉賢良。弘自見爲舉首，起徒步，數年至宰相封侯，於是起客館，開東閣，以延賢人，與參謀議。弘身食一肉，脫粟飯，故人賓客仰衣食，奉祿皆以給之，家無所餘

○然其性意忌，外寬內深。諸常與弘有隙，無近遠，雖陽與善，後竟報其過。殺主父偃，徙董仲舒膠西，皆弘力也。著書凡十篇。儒家言。其後李蔡。嚴青翟，趙周，石慶，公孫賀，劉屈氂，繼踵爲丞相，自蔡至慶。丞相府客舘丘虛而已。至賀屈氂時。壞以爲馬廄車庫奴婢室矣。惟慶以惇謹，復終相位，其餘盡伏誅云。

【出處】漢書公孫弘傳

三年辛酉（前一二〇）

倪寬爲中大夫。倪寬自北地還，至府上畜簿。會廷尉時有疑奏，已再見卻矣。掾史莫知所爲，寬爲言其意。掾史因使寬爲奏，奏成，讀之皆服，以白廷尉張湯。湯大驚，召寬與語，乃奇其材，以爲掾。上寬所作奏，即時得可。異日湯見，上問曰：『前奏非俗吏所及，誰爲之者？』湯言倪寬，上曰：『吾固聞之久矣』湯由是鄉學，以寬爲奏讞掾，以古法義決疑獄，甚重之。至是，湯爲御史大夫，以寬爲掾，舉侍御史。見帝語經學，帝曰：『吾始以尚書爲樸學，弗好，及聞寬說，可觀。』迺從寬一篇，擢爲中大夫。寬授歐陽生子，世世相傳，至曾孫高子陽爲博士。東平簡卿，亦師事寬。故尚書歐陽大小夏侯氏學，皆出於寬。

【出處】漢書倪寬傳　儒林傳

【考證】按百官表，湯以是年爲御史大夫，其薦寬當在此時，故誌之於此。

作太一歌　是年，馬生渥洼水中，遂作太一歌，歌曰：『太一况：天馬下。霑赤汗，沫流赭。志俶儻，精權奇。籋浮雲，晻上馳。體容與；迣萬里。今安匹，龍爲友。』亦郊祀歌十九章之一也。

【出處】漢書禮樂志

【考證】按史記樂書云：『復次以爲太一之歌，歌曲曰：太一貢兮天馬下，霑赤汗兮沫流赭，騁容與兮跇萬里，今安匹兮龍與友。』辭較此爲簡，而每句有「兮」字。竊疑補樂書者，親聞奏演此歌，依其聲依稀寫其辭。而班固則直錄史官所載，故反得其全豹也。

五年癸亥（前一一八）

司馬相如卒　相如口吃，而善著書，常有消渴病，與卓氏婚，饒於財，故其事宦，未嘗肯與公卿國家之事，常稱疾閒居，不慕官爵，拜爲孝文園令，上大人賦，天子大悅。至是以病免，家居茂陵。天子曰！『司馬相如病甚，可往從，悉取其書，若後之矣。』使所忠往，而相如已死，家無遺書。問其妻，對曰：『長卿未常有書也，時時著書，人又取去，長卿未死時，爲一卷書，曰：有使來求書，奏之。』其遺札書言封禪事，所忠奏之，天子異焉。當武帝之世，漢代文學始盛，承楚辭之風，相如以天稟之資，發而爲賦，麗質精構，作者踵效，遂蔚爲辭宗，揚雄論之曰：『長卿之賦，不似從人間來，其神化所至耶？』其飄灑風流，由此可見一斑也。著賦凡二十九篇。凡將一篇，又有荊軻論。

【出處】史漢司馬相如傳　藝文志

六年甲子（前一一七）

使博士褚大徐偃等循行天下　大董仲舒弟子，偃申公弟子，俱蘭陵人，爲博士。是年六月詔曰：『日者有司以幣輕多姦，農傷而末衆，又禁兼幷之塗，故改幣以約之，稽諸往古，制宜於今，廢期有月，而山澤之民未諭。夫仁行而從善，義立則俗易，意奉憲者，所以導之未明與，將百姓所安殊路，而撟虔吏因乘勢以侵蒸庶耶？何紛然其擾也。今遣博士大等六人，分循行天下，存問鰥寡廢疾，無以自振業者貸與之。諭三老孝弟以爲民師，舉獨行之君子，徵詣行在所，朕嘉賢者，樂知其人，廣宣厥道，士有特招，使者之任也。詳問隱處無位，及冤失職，姦猾爲害，野荒治苛者，舉奏。郡國有所以爲便者，上承相御史以聞。」

【出處】漢書武帝紀　食貨志

元鼎元年乙丑（前一一六）

終軍奉詔詰徐偃　偃使行風俗，矯制，使膠東魯國鼓鑄鹽鐵。還奏事，徙爲太常丞。御史大夫張湯劾偃矯制，大害，法至死。偃以爲春秋之義，大夫出疆，有可以安社稷存萬民，顓之可也。湯以致其法，不能詘其義。有詔下終軍問狀。軍詰偃曰：『古者諸侯國異俗分，百里不通，時有聘會之事。安危之勢，呼吸成變，故有不受辭造命顓已之宜。今天下爲一，萬里同風，故春秋王者無外。偃巡封域之中，稱以出疆，何也？且鹽鐵郡有餘臧，正二國廢，國家不足以爲利害，而以安社稷存萬民爲辭，何也？』又詰偃：『膠東南近琅邪，北接北海，魯國西枕泰山，東有東海，受其鹽鐵。偃度四郡口數田地，率其用器食鹽，不足以並給二郡邪？將勢宜有餘而吏不能也？何以言之？偃矯制而欲鼓鑄者，欲及春耕種，贍民器也。今魯國之鼓，當先具其備，至秋迺能舉火，此言與實反者，非！偃已前三奏無詔，不惟所爲不許，而直矯作威福，以從民望，干名采譽，此明聖所必加誅也。枉尺直尋，孟子稱其不可。今所犯罪重，所就者小。偃自予必死而爲之邪？將幸誅不加欲以采名也。』偃窮詘，服罪當死，軍奏偃矯制顓行，非奉使體，請下御史徵偃即罪。奏可。上善其詰，有詔示御史大夫。軍爲謁者，使行郡國，所見便宜以聞，上甚悅。偃仕至膠西中尉。緒大後至梁相。

【出處】漢書終軍傳　儒林傳

【考證】按終軍傳觀之，張湯既劾偃法至死，終軍亦以爲『明聖所必加誅』偃又服罪當死，則偃之坐死罪，蓋無疑義。然郊祀志載：『徐偃又曰：太常諸生行禮，不如魯善。』事在元封元年。則偃是年末被誅可知。考武帝紀，是年五月赦天下。蓋假以遇赦而獲宥也。

吾丘壽王言寶鼎　夏五月，得鼎汾水上，帝嘉之，薦見宗廟，臧於甘泉宮，君臣皆上壽，賀曰：『陛下得周鼎』壽王獨曰非周鼎。上聞之，召而問之曰：『今朕得周鼎，羣臣皆以爲然，壽王獨以爲非，何也？有說則可，無說則死。』壽王對曰：『臣安敢無說？臣聞周德始乎后稷，長於公劉，大於太王，成於文武，顯於周公。德澤上昭，天下漏泉，無所不通，上天報應，鼎爲周出，故名曰周鼎。今漢自高祖繼周，亦昭德顯行，布恩施惠，六合和同。至於陛下，恢廓祖業，功德愈盛，天瑞並至，珍祥畢見。昔秦始皇親出鼎於彭城而不能得，天祚有德而寶鼎自出。此天之所以與漢，乃漢寶，非周寶。』上曰：『善』羣臣皆稱萬歲。是日賜壽王黃金十斤。後坐誅事。著有賦十五篇。又有書六篇，儒家言。

【出處】漢書吾丘壽王傳　武帝紀　說苑十一善說

四年戊辰（前一一三）

以倪寬爲左內史　寬既治民，勸農業，緩刑罰，理獄訟，卑體下士，務在於得人心。擇用仁厚士，推情與下，不求名聲，吏民大信愛之。寬表奏開六輔渠，定水令，以廣溉田，收租稅，時裁闊狹，與民相假貸，以故租多不入。後有軍發，左內史以負租課殿，當免。民聞當免，皆恐失之。大家牛車，小家担負，輸租繦屬不絕，課更以最，上由此愈奇寬。

【出處】漢書兒寬傳

南越請內屬遣終軍報之　初，漢當發使匈奴，軍自請曰：『軍無橫草之功，得列宿衛，食祿五年，邊境時有風塵之警，臣宜披堅執銳，當矢石，啟前行。駑下不習金革之事。今聞將遣匈奴使者，臣願盡精厲氣，奉佐明使，畫吉凶於單于之前。臣年少材下，孤於外官，不足以亢一方之任，竊不勝憤懣。』詔問畫吉凶之狀，上奇軍對，擢爲諫大夫。至是，南越與漢和親，迺遣軍使南越，說其王，欲令入朝，比內諸侯。軍自願請受長纓，必羈南越王而致之闕下。軍遂往說越王，越王聽許，請舉國內屬。天子大悅，賜其丞相呂嘉銀印，及內史中尉太傅印，餘得自置。除其故黥劓刑，用漢法，令使者留塡撫之。越相呂嘉不欲內屬，發兵攻殺其王，及漢使者皆死。軍死時年二十餘，故世謂之終童，著書八篇，儒家者言。

【出處】漢書終軍傳　藝文志　兩粵傳

五年己巳（前一一二）

作景星歌　因得鼎汾陰，遂作景星歌，歌曰：『景星顯見，信星彪列。象載昭庭，日親以察。參侔開闔，爰推本紀。汾脽出鼎，皇祜元始。五音六律，依韋饗昭。雜變並會，雅聲遠姚。空桑琴瑟結信成，四興遞代八風生。殷殷鐘石羽籥鳴，河龍供鯉醇犧牲，百末旨酒布蘭生，泰尊柘漿析朝酲，微感心攸通修名，周流常羊思所並。穰穰復正直往寧，馮蠵切和疏寫平。上天布施后土成，穰穰豐年四時榮。』亦郊祀歌十九章之一也。

【出處】漢書禮樂志

【考證】按武帝紀得鼎於元鼎四年，而禮樂志則謂元鼎五年作歌，蓋得鼎後一年始作歌。王先謙謂「五」字當作「四」非也。

六年庚午（前一一一）

司馬遷爲郎中 遷字子長，太史談之子也。生於龍門，耕牧河山之陽。年十歲則誦古文。（嘗从孔安國問故，故史記載堯典禹貢洪範微子金縢諸篇，多古文說。）二十而南遊江淮，上會稽，探禹穴，窺九疑，浮於沅湘，北涉汶泗，講業齊魯之都，觀孔子之遺風。鄉射鄒嶧，戹困鄱薛彭城，過梁楚以歸。至是，仕爲郎中，奉使西征巴蜀以南，南略邛莋昆明。

【出處】史記太史公自序　漢書儒林傳

【考證】按武帝以是年平西南夷，以爲五郡，而明年太史談即卒。將卒時，遷適反，見之河洛之間，則其爲郎中出使，當在是年也。

倪寬有罪係既而赦之 倪寬有重罪繫，按道侯韓說諫曰：『前吾丘壽王死，陛下至今恨之，今殺寬，後將復大恨矣。』上感其言，遂貰寬。

【出處】漢書劉向傳

【考證】　按史記建元以來侯者年表，韓說以是年始爲按道侯。其諫武帝，不能在前。而漢書劉向傳又載『遂貰寬，復用之，位御至史大夫。』則寬之被赦，當在爲御史大夫之前，而寬明年即爲御史大夫，故誌其事於此。

立樂府　初，高祖既定天下，過沛，與故人父老相樂，醉酒歡哀，詩三侯之章，（即大風歌，其辭曰：『大風起兮雲飛揚，威加海內兮歸故鄉，安得猛士兮守四方。』侯語辭也，兮亦語辭、沛詩有三兮，故云三侯也。）令沛中僮兒百二十人習而歌之。至孝惠時，以沛宮爲原廟，皆令歌兒習吹以相和，嘗以百二十人爲員，文景之間，禮官肄業而已。至是，李延年以好音見，（延年身及父母故皆倡也，坐法腐刑，給事狗監中。）上善之，下公卿議曰：『民間祠有鼓舞樂，今郊祀而無樂，豈稱乎？』公卿曰：『古者祠天地皆有樂，而神祇可得而禮。』於是定郊祀之禮，祠太一於甘泉，就乾位也。祭后土於汾陰，澤中方丘也。乃立樂府，采詩夜誦，有趙代秦楚之謳，以李延年爲協律都尉。（延年嘗次序十九章之聲。十九章者，通一經之士，不能獨知其辭，皆集會五經家，相與共講習讀之，乃能通知其意。多爾雅之文。以正月上辛，用事甘泉圜丘，使童男女七十人俱歌，春歌青陽，（歌曰：青陽開動，根荄以遂，膏潤并愛，跂行畢逮。霆聲發榮，壧處頃聽，枯槁復產，迺成厥命。衆庶熙熙，施及夭胎。羣生嗟嗟，惟春之祺。）夏歌朱明。（歌曰：朱明盛長，敷與萬物，桐生茂豫，靡有所詘。敷華就實，既阜既昌，登成甫田，百鬼迪嘗。廣大建祀，肅雍不忘。神若宥之，傳世無疆。）秋歌西皥。（歌曰：西皥沆碭，秋氣肅殺。含秀垂穎，續舊不廢。姦僞不萌，祅孽伏息。隅辟越遠，四貉咸服。既畏茲威，惟慕純德，附而不驕，正心翊翊。）冬歌玄冥，（歌曰：玄冥陵陰，蟄蟲蓋臧，草木零落，抵冬降霜。易亂除邪，革正易俗，兆民反本，抱素懷樸。條理信義，望禮五嶽，籍斂之時，掩收嘉穀。）昏祠至明夜，常有神光如流星，止集於祠壇，天子自竹宮而望拜，百官侍祠者數百人，皆肅然動心焉。

【出處】史記樂書　漢書禮樂志　佞幸傳

【考證】按十九章之年代可考者，在元狩元鼎元封太始各年所作，蓋由陸續作成。至武帝晚年始有十九章之名也。

元封元年辛未（前一一〇）

太史公司馬談卒　是歲天子始建漢家之封，而太史公留滯周南，不得與從事，故發憤且卒。而子遷適反，見父於河洛之間。太史公執遷手而泣曰：『余先周室之太史也，自上世嘗顯功名於虞夏，典天官事。後世中衰，絕於予乎。汝復爲太史，則續吾祖矣。今天子接千歲之統，封泰山，而余不得從行，是命也夫！是命也夫！余死汝必爲太史，爲太史無忘吾所欲論著矣。且夫孝始於事親，中於事君，終於立身。揚名於後世，以顯父母，此孝之大者。夫天下稱誦周公，言其能論歌文武之德，宣周召之風，達太王王季之思慮，爰及公劉以尊后稷也。幽厲之後，王道缺，禮樂衰。孔子修舊起廢，論詩書，作春秋，則學者至今則之。自獲麟以來，四百有餘歲，而諸侯相兼，史記放絕。今漢興，海內一統，明主賢君忠臣死義之士，余爲太史而弗論載，廢天下之史文，余甚懼焉，汝其念哉！』遷俯首流涕曰，『小子不敏，請悉論先人所次舊文，弗敢闕。』

【出處】史記太史公自序

帝封太山　初，上與公卿諸生議封禪，封禪用希曠絕，莫知其儀體。而羣儒采封禪尚書周官王制之望祀射牛事。齊人丁公年九十餘，曰：『封禪者，古不死之名也。秦皇帝不得上封。陛下必欲上，稍上，即無風雨，遂上封矣。』上於是迺令諸儒習射牛，草封禪儀。數年，至是且行，天子復聞公孫卿及方士之言，黃帝以上封禪，皆致怪物與神通，欲放黃帝以接神人，蓬萊高世，比德於九皇，而頗采儒術以文之。群儒既已不能辯明封禪事，又拘於詩書古文而不敢騁。上爲封祠器視羣儒，羣儒或曰不與古同。徐偃又曰：『太常諸生行禮，不如魯善。』周霸屬圖封事。於是上黜偃霸，而盡罷諸儒弗用。先是司馬相如病死，有遺書，頌功德，言符瑞，足以封泰山。帝奇其書，以問兒寬。寬對曰：『陛下躬發聖德，統楫羣元，宗祀天地，薦禮百神。精神所鄉，徵兆必報，天地並應，符瑞昭明。其封泰山，禪梁父，昭姓考瑞，帝王之盛節也。然享薦之義，不著于經，以爲封禪告成，合祛於天地神祇。祇戒精專，以接神明，總百官之職，各稱事宜而爲之節文。唯聖主所由，制定其當，非羣臣之所能列。今將舉大事，優游數年，使羣臣得人自盡，終莫能成。唯天子建中和之極，兼總條貫，金聲而玉振之，以順成天慶，垂萬世之基。』上然之，乃自制儀，采儒術以文焉。既成，將用事，拜寬爲御史大夫，從東封泰山。

【出處】漢書郊祀志　兒寬傳

二年壬申（前一〇九）

司馬遷作河渠書　初，遷南登廬山，觀禹疏九江，至於會稽太湟，上姑蘇，望五湖，東闚洛，泗，大邳。迎河行淮，泗，濟，漯，洛渠。西瞻蜀之岷山及離碓。北自龍門，至於朔方。曰：『甚矣！水之爲利害也。』至是，从負薪塞宣房，悲瓠子之詩，帝以瓠子河決，已二十年不塞，遂自臨決河，沈白馬玉璧，令羣臣从官，自將軍以下，皆負薪寘決河，遂作瓠子之詩。而作河渠書。

【出處】　史記河渠書

作芝房歌　甘泉宮內產芝，九莖連葉，遂作芝房之歌，歌曰，『齊房產草，九莖連葉。宮童効異，披圖案諜。玄氣之精，回復此都。蔓蔓日茂，芝成靈華。』亦郊祀歌十九章之一也。

【出處】　漢書武帝紀　禮樂志

三年癸酉（前一〇八）

司馬遷爲太史令　遷爲太史令，思繼父志，乃紬史記石室金匱之書，時年三十八矣。

【出處】　史記太史公自序　史記索隱引博物志

【考證】　按太史公自序索隱引博物志云：『太史令茂陵顯武里大夫司馬年二十八

，三年六月乙卯除六百石也。』此三年即指元封三年也。若然，則至太初元年爲三十八歲，而『五年而當太初元年』句下正義云：『按遷年四十二歲』正義所言，當即由博物志推得。若原文爲二十八，必不至誤推爲四十二。且三易誤爲二，而四不易誤爲三，故知二十八爲三十八之訛也。由此可推而其推知其生於景帝後元五年。

四年甲戌（前一〇七）

東方朔對帝問　朔雖詼笑，然時觀察顏色，直言切諫，上常用之。自公卿在位，朔皆敖弄，無所爲屈。上以朔口諧辭給，好作問之。嘗問朔曰：『先生視朕何如主也？』朔對曰：『自唐虞之隆，成康之際，未足以諭當世。臣伏觀陛下功德，陳五帝之上，在三王之右，非若此而已。誠得天下賢士公卿在位咸得其人矣。譬若以周邵爲丞相，孔丘爲御史大夫，太公爲將軍，畢公高拾遺於後。卞莊子爲衛尉，皐陶爲大理，后稷爲司農，伊尹爲少府，子贛使外國，顏閔爲博士，子夏爲太常，益爲右扶風，季路爲執金吾，契爲鴻臚，龍逢爲宗正，伯夷爲京兆，管仲爲馮翊，魯般爲將作，仲山甫爲光祿，申伯爲太僕，延陵季子爲水衡，百里奚爲屬國，柳下惠爲大長秋，史魚爲司直，蘧伯玉爲太傅，孔父爲詹事，孫叔敖爲諸侯相，子產爲郡守，王慶忌爲期門，夏育爲鼎官，羿爲旄頭，宋萬爲式道候。』上迺大笑。是時朝廷多賢材，上復問朔：『方今公孫丞相，兒大夫，董仲舒，夏侯始昌，魯人，通五經，以齊詩尚書敎授，自董仲舒韓嬰死後，帝復得始昌，甚重之。吾丘壽王，主父偃，朱買臣，嚴助，汲黯，膠倉，終軍，嚴安，徐樂，司馬遷之倫；皆辯知閎達，溢于文辭，先王自視，何與比哉？』朔對曰：『臣觀其齒牙，樹頰胲，吐脣吻，擢項頤，結股脚，連脽尻，遺蛇其迹，行步偊旅。臣朔雖不肖，尙兼此數子者。』朔之進對澹辭，皆此類也。

武帝既招英俊，程其器能，用之如不及，時方外事胡越，內興制度，國家之事。自公孫弘以下至司馬遷，皆奉使方外，或爲郡國守相至公卿。而朔嘗至太中大夫，後嘗爲郎，與枚皋郭舍人俱在左右詼啁而已。久之，朔上書陳農戰強國之計，因自訟獨不得大官，欲求試用，其言專商鞅韓非之語也。指意放蕩，頗復詼諧，辭數萬言，終不見用。朔因著論，設客難己，用位卑以自慰諭。又設非有先生之論。朔之文辭，此二篇最善。其餘有封泰山，責和氏璧，及皇太子生禖，屏風，殿上柏柱，平樂觀賦獵，八言七言上下，從公孫弘借事。凡劉向所錄朔書，具是矣。世所傳他事，皆非也。朔至老且死時諫曰：『詩云：「營營青蠅，止于蕃。愷悌君子，無信讒言，讒言罔極，交亂四國。」願陛下遠巧佞，退讒言。』帝曰：『今顧東方朔多善言』怪之。居無幾何，朔果病死。傳曰：『鳥之將死，其鳴也哀。人之將死，其言也善。』此之謂也。漢志有東方朔二十篇，縱橫家言。

【出處】漢書東方朔傳　史記滑稽列傳褚先生補傳

【考証】東方朔對辭，既稱引兒大夫，則至早必在兒寬爲御史大夫之後，即在元封元年之後也。又言及夏侯始昌，始昌曾預言太初元年之柏梁臺災日，武帝始得之之時，當在其前。則東方朔之稱引之，當在是年左右，姑誌之於此以俟考。

六年丙子（前一〇五）

大初元年丁丑（前一〇四）

●定儀禮　初，帝招致儒術之士，令共定儀禮，十餘年不就。或言，古者太平，萬民和喜，瑞應辨至。乃採風俗，定制作。帝聞之，制詔御史曰：『蓋受命而王，各有所由興，殊路而同歸，謂因民而作追俗爲制也。議者咸稱太古，百姓何望？漢亦一家之事，典法不傳，謂子孫何？化隆者閎博，治淺者褊狹，可不勉與。』乃以是年改正朔，以建寅月爲歲首，詳見下條。易服色，色上黃，數用五。封泰山，事在三年。定宗廟百官之儀。以爲典常，垂之於後。

【出處】史記禮書

詔命大中大夫公孫卿等造太初歷　初，高帝時，以張蒼言，用顓頊麻。比於六麻，疏闊中最爲微近，然正朔服色，未覩其眞，而朔晦月見，弦望滿虧多非是。至是大中大夫公孫卿，壺遂，太史令司馬遷等，言麻紀壞廢，宜改正朔。遂詔卿，遂，遷及倪寬與侍郎尊大典星射姓等，議造漢麻。迺定東西，立晷儀，以追二十八宿，相距於四方，舉終以定朔晦分至，躔離弦望。迺以前麻上元泰初四千六百一十七歲，至於元封七年，復得閼逢攝提格之歲，中冬。十一月甲子朔旦冬至，太歲在子。已得太初本星度新正。姓等奏不能爲算，願募治麻者，更造密度，各自增減，以造漢太初麻。迺選治麻鄧平及長樂司馬可，酒泉候宜君，侍郎尊，及與民間治麻者，凡二十餘人。方士唐都，巴郡落下閎與焉。都分天部，而閎運算轉麻。其法以律起麻，曰：律容一龠，積八十一寸，則一日之分也。與長相終．律長九寸，百七十一分而終復，三復而得甲子。夫律陰陽九六，爻象所從出也。故黃鐘紀元氣之謂律，律法也，莫不取法焉。與鄧平所治同。於是皆觀新星度日月行，更以算推，如閎平法。法一月之日，二十九日八十一分日之四十三。先藉半日，名曰陽厤。不藉，名曰陰厤。所謂陽厤者，先朔月生。陰厤者，朔而後月迺生。平曰：『陽厤朔皆先旦月生，以朝諸侯王羣臣便。迺詔遷，用鄧平所造八十一分律厤，罷廢尤疏遠者十七家。復使校厤律昏明，宦者淳于陵渠，復覆太初晦朔弦望，皆最密，日月如合璧，五星如連珠。陵渠奏狀，遂用鄧平厤，以平為太史丞。而以建寅月為正月。

【出處】漢書律曆志

虞初作周說　初，河南人，以方士侍郎乘馬衣黃衣，號黃車使者。是年，以方祠詛匈奴大宛。生平作有周說九百四十三篇，其說以周書為本，後世小說之祖也。

【出處】漢書藝文志

司馬遷作史記　是年十一月甲子朔旦冬至，天歷始改，建於明堂，諸神受紀。太史公曰：『先人有言，自周公卒五百歲而有孔子，孔子卒後，至於今五百歲。有能紹明世，正易傳，繼春秋，本詩書禮樂之際，意在斯乎，小子何敢讓焉。』上大夫壺遂曰：『昔孔子何爲而作春秋哉？』太史公曰：『余聞董生曰：周道衰廢，孔子爲司寇，諸侯害之，大夫壅之。孔子知言之不用道之不行也，是非二百四十二年之中，以爲天下儀表。貶天子，退諸侯，討大夫，以達王事而已矣。子曰：我欲載之空言，不如見之於行事之深切著明也。夫春秋上明三王之道，下辨人事之紀，別嫌疑，明是非，定猶豫，善善惡惡，賢賢賤不肖，存亡國，繼絕世，補敝起廢，王道之大者也。易著天地，陰陽，四時，五行，故長於變。禮經紀人倫，故長於行。書記先王之事，故長於政。詩紀山川，谿谷，禽獸，草木，牝牡，雌雄，故長於風。樂樂所以立，故長於和。春秋辯是非，故長於治人。是故禮以節人，樂以發和，書以道事，詩以達意，易以道化，春秋以道義。撥亂世反之正，莫近於春秋。春秋文成數萬，其指數千，萬物之散聚皆在春秋。春秋之中，弒君三十六，亡國五十二，諸侯奔走不得保其社稷者，不可勝數。察其所以，皆失其本已。故易曰：失之毫釐，差以千里。故曰：臣弒君，子弒父，非一旦一夕之故也，其漸久矣。故有國者，不可以不知春秋，前有讒而弗見，後有賊而不知。爲人臣者，不可以不知春秋，守經事而不知其宜，遭變事而不知其權。爲人父而不通於春秋之義者，必蒙首惡之名。爲人臣子而不通於春秋之義者，必陷簒弒之誅，死罪之名，其實皆以爲善爲之不知其義，被之空言而不敢辭。夫不通禮義之旨，至於君不君，臣不臣，父不父，子不子。夫君不君則犯，臣不臣則誅，父不父則無道，子不子則不孝。此四行者，天下之大過也。以天下之大過，予之則受而弗敢辭。故春秋者，禮義之大宗也。夫禮禁未然之前，法施已然之後。法之所爲用者易見，而禮之所爲禁者難知。』壺遂曰：『孔子之時，上無明君，下不得任用，故作春秋垂空文以斷禮義，當一王之法。今夫子上遇明天子，下得守職，萬事既具，咸各序其宜。夫子所論，欲以何明？』太史公曰：『唯唯！否否！不然。余聞之先人曰：伏羲至純厚，作易八卦，堯舜之盛，尚書載之，禮樂作焉。湯武之隆，詩人歌之。春秋採善貶惡，推三代之德，褒周室，非獨刺譏而已也。漢興以來，至明天子，獲符瑞，建封禪，改正朔，易服色，受命於穆清，澤流罔極，海外殊俗，重譯款塞，請來獻見者，不可勝道。臣下百官，力誦聖德，猶不能宣盡其意。且士賢能而不用，有國者之耻。主上明聖而德不布聞，有司之過也。且余嘗掌其官，廢明聖盛德不載，滅功臣世家賢大夫之業不述，墮先人所言，罪莫大焉。余所謂述故事，整齊其世傳，非所謂作也。而君比之春秋，謬矣。』於是論次其文。初，遷前之史籍，體裁簡樸而散漫。有分國敘述之國語戰國策，有紀年體之春秋，有錄黃帝以來至春秋時帝王公侯卿大夫祖世所出之世本，有表解史事之譜牒。對於國家社會之狀況，皆莫能充分表現。遷乃兼取各體，採經摭傳，纂述諸家之體，合而爲一書，凡百三十篇，五十二萬六千五百字。分本紀十二，年表十，書八，世家三十，列傳七十。本紀爲全書敘述之骨幹，其他年表，書，世家，列傳，則分敘各時代之世序，諸國諸人之事蹟，以及禮儀學術之沿革。故此書之性質，不僅爲政治史，且包有學術史、文學史，以及人物傳之性質。其八書自天文學以至地理學，法律，經濟學罔不包羅。其列傳則敘述社會上各色人物；莫不栩栩欲活。自此中國正史體裁立，二千年不能出其範圍。

【出處】史記　史公自敘

【附錄】史記分析表

體例	篇數	體例之由來	內容	舉例
本紀	十二	大宛傳引禹本紀，知此體乃襲前人者。	統一政府	五帝　夏　殷　周　秦始皇　漢高祖　呂太后　孝文帝　孝景帝　孝武帝
			有統一勢力者	秦　項羽
表	十	自序云：『蓋取之譜牒舊聞』又云：『而譜牒經略』可知此體仿於周之譜牒。	年表	三代世表　十二諸侯　六國　秦楚之際月表　漢興以來諸侯　高祖功臣侯　惠景間侯者　建元以來侯者　建元以來王子侯者　漢興以來將相名臣

八書

劉知幾曰：『夫刑法禮樂風土山川。求諸文籍，出於三禮。及班馬史，別裁書志，考其所記，多効禮經。』

禮儀	禮	
音樂	樂	
軍事	律	（今之律書言氣候，乃後人所補）
麻算	歷	
星象	天官	
宗教	封禪	
水利	河渠	
經濟	平準	

衛世家贊云：『余讀世家言』知古本有世家一體

割據政府	吳太伯　齊太公　魯周公　燕召公　管蔡
	陳杞　衛康叔　宋微子　晉　楚
	越王勾踐　鄭　趙　魏　韓
	田敬仲完

世家　三十

開國元勛有茅土之封能維持長久者	蕭相國　曹相國　留侯　陳丞相　絳侯
外戚宗室有茅土之封能維持長久者	外戚　楚元王　荆燕　齊悼惠王　梁孝王　五宗　三王
有大功於天下須特別表揚者	孔子　陳涉

列傳　七十

劉知幾曰：『夫紀傳之興，肇於史漢，蓋紀者編年也。傳者列事也，編年國列帝王之歲月，猶春秋之經。列事錄人臣之行狀，猶春秋之傳。春秋則傳以解經，史漢則傳以釋紀，尋茲草創，始自子長。』

政治家	管仲　申不害　商君
武人	司馬穰苴孫武吳起等傳
貴族	孟嘗君　平原君　信陵君　淮南王
官吏	穰侯呂不韋張蒼張釋之及循吏酷吏諸傳
策士	樂毅　春申君　李斯
說客	蘇秦　張儀　范雎　蔡澤
思想家	老子　莊子　韓非　孟子　荀卿

文學家	屈原　賈生　司馬相如
經學家	儒林傳
高士	伯夷　魯仲連
武士	刺客列傳
士豪	游俠
醫生	扁鵲　倉公
卜者	日者列傳
商人	貨殖列傳
俳優	滑稽列傳
野蠻民族	匈奴大宛西南夷諸傳

二年戊寅（前一〇三）

御史大夫倪寬卒 初，梁相褚大，通五經，爲博士時，寬爲弟子。及御史大夫缺，徵褚大，大自以爲得御史大夫。至洛陽，聞倪寬爲之，褚大笑。及至，與倪寬議封建於上前，大不能及，退而服曰：『上誠知人！』寬爲御史大夫，以稱意任職，故久無有所匡諫於上，官屬易之，至是，以官卒。著書九篇，儒家言。又有賦二篇。

【出處】 漢書倪寬傳　藝文志

四年庚辰（前一〇一）

作天馬歌 貳師將軍李廣利斬大宛王首，獲汗血馬來，作西極天馬之歌，歌曰：『天馬徠，從西極。涉流沙，九夷服。天馬徠，出泉水，虎脊兩，化若鬼。天馬徠，歷無草，徑千里，循東道。天馬徠，執徐時，將搖舉，誰與期。天馬徠，開遠門，竦予身，逝昆侖。天馬徠，龍之媒，游閶闔，觀玉臺。』亦郊祀歌十九章之一也。

【出處】 漢書禮樂志

天漢元年辛巳（前一〇〇）

王卿爲御史大夫　卿字延年，琅邪人。以是年由濟南太守爲御史大夫。二年，有罪自殺　嘗以論語教授。

論語者，孔子應答弟子時人，及弟子相與言，而接聞於夫子之語也。當時弟子各有所記。夫子既卒，門人仲弓子游子夏等相與輯而論纂，故謂之論語，漢興，傳者則有三家，魯論語者，魯人所傳，卽今所行篇次是也。常山都尉龔奮，長信少府夏侯勝，丞相韋賢及子玄成，魯扶卿，太子少傅夏侯建，前將軍蕭望之竝傳之，各自名家。齊論語者，齊人所傳，別有問王知道二篇，凡二十二篇，其二十篇中，章句頗多於魯論語。卿及昌邑中尉王吉，少府宋畸，御史大夫貢禹，尚書令五鹿充宗，膠東庸生之，唯王陽名家。古論語者，出自孔氏壁中，凡二十一篇，有兩子張（分堯曰篇後子張問何如可以從政以下爲篇，名曰從政。）篇次不與齊魯論同，文異者四百餘字，惟博士孔安國爲之訓解，而世不傳。

【出處】　前漢書藝文志　論語序解疏　前漢書百官表　經典釋文序錄

【附錄】　論語傳授表

- 論語
  - 古論 — 孔安國
  - 魯論
    - 扶卿
    - 韋賢 — 韋玄成
    - 龔奮
    - 夏侯勝
      - 蕭望之 — 朱雲
      - 夏侯建 — 張禹

- 齊論
  - 庸譚
  - 王吉
    - 王駿
  - 五鹿充宗
  - 貢禹
  - 宋畸
  - 王卿

三年癸未（前九八）

司馬遷下腐刑　初帝遣貳師將軍李廣利將兵擊匈奴，李陵爲別將，獨遇單于，戰敗降虜。上聞陵降，怒甚。羣臣皆罪陵，惟太史令司馬遷盛言：『陵事親孝，與士信，常奮不顧身，以徇國家之急。且陵提步卒不滿五千，深蹂戎馬之地，抑數萬之師，雖古名將不過也。身雖陷敗，彼之不死，意欲得當以報漢也。』上以遷爲誣罔，欲沮貳師，爲陵遊說，下遷獄，至是置腐刑。

【出處】漢書李陵傳

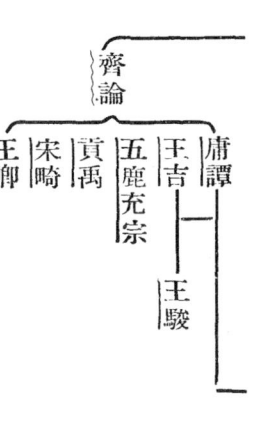

四年甲申（前九七）

夏侯始昌爲昌邑太傅　始昌明於陰陽，先言柏梁臺災日，至期日，果災。時昌邑王以少子愛，上爲選師，始昌爲太傅。年老，以壽終。族子勝，亦以儒顯名。

【出處】漢書夏侯勝傳

太始元年乙酉（前九六）

三年丁亥（前九四）

帝行幸東海獲赤鴈作朱鴈歌　歌曰：『象載瑜，白集西。食甘露，飲榮泉，赤鴈集，六紛員。殊翁雜，五采文。神所見，施祉福，登蓬萊，結無極。』亦郊祀歌十九章之一也。

【出處】漢書禮樂志

四年戊子（前九三）

征和元年己丑（前九二）

二年庚寅（前九一）

巫蠱獄起　江充用事，與太子及衛后有隙，恐上晏駕後爲太子所誅。會巫蠱事起，充因此爲姦。是時上春秋高，意多所惡，以爲左右皆爲蠱道祝詛，窮治其事。充典治巫蠱，既知上意。因言宮中有蠱氣，先治後宮希幸夫人，以次及皇后，遂掘蠱於太子宮，得桐木人。太子懼不能自明，遂與皇后謀斬充，以節發兵，與丞相劉屈氂大戰長安，死者數萬人。太子兵敗，亡去，自殺於湖。

【出處】漢書武五子傳

三年辛卯（前九〇）

司馬遷爲中書令　初，遷既被刑，爲中書令，尊寵任職。有故人任安者，字少卿，滎陽人也。帝使護北軍使，又用任爲益州刺史，逢太子有兵事，召任安與節，令發兵。安拜受節，入閉門不出。安笞辱北軍錢官小吏，小吏上書言之。書上聞，帝曰：『是老吏也，見兵事起，欲坐觀成敗，見勝者欲合從之，有兩心。』下安吏，安予遷書，責以古賢臣之義。至是遷報書曰：『……明主以爲僕沮貳師而爲李陵游說，遂下於理，拳拳之忠，終不能自列，因爲誣上，卒從吏議。家貧，財賂不足以自贖，交遊莫救，左右親近不爲壹言。身非木石，獨與法吏爲伍，深幽囹圄之中，誰可告愬者？此正少卿所親見，僕行事豈不然邪？李陵旣生降，隤其家聲，而僕又茸以蠶室，重爲天下觀笑。悲夫悲夫！事固未易一二爲俗人言也。僕之先人，非有剖符丹書之功，文史星歷，近乎卜祝之間，固主上所戲弄，倡優畜之，流俗之所輕也。假令僕伏法受誅，若九牛亡一毛，與螻蟻何異，而世又不與能死節者比。特以爲智窮罪極，不能自免，卒就死耳。何也？素所自樹立使然。人固有一死，死有重於泰山，或輕於鴻毛，用之所趨異也。太上不辱先，其次不辱身，其次不辱理色，其次不辱辭令，其次詘體受辱，其次易服受辱，其次關木索被箠楚受辱，其次鬄毛髮嬰金鐵受辱，其次毁肌膚斷支體受辱，最下腐刑極矣。傳曰：「刑不上大夫」此言士節不可不厲也。猛虎處深山，百獸震恐，及其在穽檻之中，搖尾而求食，積威約之漸也。

故士有畫地爲牢，勢不入；削木爲吏，議不對；定計於鮮也。今交手足，受木索，暴肌膚，受榜箠，幽於圜牆之中。當此之時，見獄吏則頭槍地，視徒隸則心惕息，何者？積威約之勢也。及已至此，言不辱者，所謂彊顏耳，曷足貴乎！且西伯伯也，拘羑里；李斯相也，具五刑；淮陰王也，受械於陳；彭越張敖南鄉稱孤，繫獄具罪，絳侯誅諸呂，權傾五伯，囚於請室；魏其大將也，衣赭，關三木；季布爲朱家鉗奴，灌夫受辱居室。此人皆身至王侯將相，聲聞鄰國。及罪至罔加，不能引決自財，在塵埃之中，古今一體，安在其不辱也。由此言之，勇怯勢也，彊弱形也，審矣，曷足怪乎？且人不能蚤自財，繩墨之外，已稍陵夷，至於鞭箠之間，迺欲引節，斯不亦遠乎？古人所以重施刑於大夫者，殆爲此也。夫人情莫不貪生惡死念親戚顧妻子，至激於義理者不然，迺有不得已也。今僕不幸早失二親，無兄弟之親，獨身孤立，少卿視僕於妻子何如哉？且勇者不必死節，怯夫慕義，何處不勉焉，僕雖怯耎欲苟活，亦頗識去就之分矣，何至自湛溺累紲之辱哉？且夫臧獲婢妾猶能引決，況若僕之不得已乎。所以隱忍苟活函糞土之中而不辭者，恨私心有所不盡鄙沒世而文采不表於後也。古者富貴而名摩滅，不可勝記，唯俶儻非常之人稱焉。蓋西伯拘而演周易；仲尼戹而作春秋；屈原放逐，迺賦離騷；左丘失明，厥有國語；孫子臏脚，兵法列修；不韋遷蜀，世傳呂覽；韓非囚秦，說難孤憤；詩三百篇，大氐賢聖發憤之所爲作也。此人皆意有所鬱結，不得通其道，故述往事，思來者。及如左丘無目，孫子斷足，終不可用，退論書策，以舒其憤，思垂空文以自見。僕竊不遜，近自託於無能之辭，網羅天下放失舊聞，考之行事，稽其成敗興壞之理，凡百三十篇。亦欲以究天人之極，通古今之變，成一家之言。草創未就，適會此禍，惜其不成，是以就極刑而無慍色。僕誠已著此書，藏之名山，傳之其人，通邑大都，則僕償前辱之責，雖萬被戮，豈有悔哉。然此可爲智者道，難爲俗人言也。且負下未易居，下流多謗議。僕以口語，遇遭此禍，重爲鄉黨戮笑，汙辱先人，亦何面目復上父母之丘墓乎！雖累百世，垢彌甚耳。是以腸一日而九回，居則忽忽若有所亡，出則不知所如往，每念斯恥，汗未嘗不發背霑衣也。身直爲閨閤之臣，寧得自引深臧於巖穴耶？故且從俗浮湛，與時俯仰，以通其狂惑。今少卿迺敎以推賢進士，無迺與僕之私指謬乎？今雖欲自彫琢，曼辭以自解，無益於俗不信，祇取辱耳。要之死日，然後是非迺定。書不能盡意，故略陳固陋。』安竟腰斬。遷既死後，其書稍出，宣帝時，遷外孫平通侯楊惲祖述其書，遂宣布焉。至王莽時，求封遷後爲史通子。

【出處】漢書司馬遷傳

四年壬辰（前八九）

後元元年癸巳（前八八）

二年甲午（前八七）

孝昭皇帝 名弗陵，武帝子，在位一十三年。

始元元年乙未（前八六）

公戶滿意爲太中大夫 初，孝文時，徐生以頌爲禮官大夫。傳至滿意，爲太中大夫。

至是，燕王旦以已乃武帝長子，當嗣立，遂與齊王子劉澤等謀爲叛逆。事覺，帝緣恩寬忍，抑案不揚。使滿意等往風喻之。滿意習於經術，見王稱引古今通義，國家大禮，文章爾雅，謂王曰：『古者天子，必內有異姓大夫，所以正骨肉也。外有同姓大夫，所以正異姓也，周公輔成王，誅其兩弟，故治。武帝在時，尙能寬王。今帝始立，年幼，富於春秋，未臨政，委任大臣。古者誅罰不阿親戚，故天下治。方今大臣輔政，奉法直行，無所敢阿，恐不能寬王。王可自謹，無自令身死國滅，爲天下笑。』於是燕王旦乃恐懼服罪，叩頭謝過。後旦復與上官桀等謀殺霍光，廢帝，事復覺，乃伏誅。

【出處】史記三王世家褚先生補傳

二年丙申（前八五）

王吉爲昌邑中尉　吉字子陽，琅邪皐虞人也。少時學明經，以郡吏舉孝廉爲郎，補廬右丞，遷雲陽令，至是舉賢良，爲昌邑中尉。而王好游獵，驅馳國中，動作無節。吉輒諫爭，王雖不能聽，然猶知敬禮吉，國中亦莫不敬重焉。初河內趙子事燕韓生受詩，授同郡溫人蔡誼。誼授郡人食子公與王吉。食生爲博士，授泰山栗豐，吉授淄川長孫順，順爲博士，豐部刺史，由是韓詩有王食長孫之學。豐授山陽張就，順授東海髮福（經典釋文作段福），皆至大官，徒衆尤盛。

【出處】漢書王吉傳　儒林傳

五年己亥（前八二）

●擧賢良文學增博士弟子員　詔曰：『朕以眇身，獲保宗廟，戰戰栗栗，夙興夜寐，修帝王之事，古通保傅傳，孝經論語尙書，未云有明。其令三輔太常擧賢良各二人，郡國文學高第各一人。』又增弟子員滿百人。

【出處】漢書昭帝傳　儒林傳

六年庚子（前八一）

●議罷鹽鐵榷酤　先是元年遣故廷尉王平等五人持節行郡國擧賢良，問民所疾苦。至是詔有司問郡國所擧賢良文學，民所疾苦，於是鹽鐵之議起焉。初武帝時，以國用不足，縣官悉自賣鹽鐵酤酒。至是賢良茂陵唐生文學魯國萬生之徒六十有餘人，皆對願罷郡國鹽鐵酒榷均輸，務本抑末，毋與天下爭利，然後敎化可行。御史大夫桑弘佯以爲此乃所以安邊境，制四夷，國家大業，不可廢也。當時相詰難，頗有其議文。及罷議止詞，公卿奏曰：『賢良文學，不明縣官事，猥以鹽鐵爲不便，請且罷郡國榷酤，關內鹽鐵，』奏可，

至宣帝時，汝南桓寬次公治公羊春秋，舉爲郎。至廬江太守丞，博通善屬文，推衍鹽鐵之議，增廣條目，極其論難，著數萬言。（共六十篇，分十卷，）亦欲以究治亂，成一家之法焉。其辭曰：『余覩鹽鐵之義，觀乎公卿文學賢良之論，意指殊路，各有所出。或上仁義，或務權利，異乎吾所聞。周秦粲然皆有天下而南面焉，然安危長久殊世。始汝南朱子伯爲余言：當此之時，豪俊並進，四方輻輳，賢良茂陵唐生，文學魯萬生之倫，六十有餘人，咸聚闕庭，舒六藝之風，陳治平之原，知者贊其慮，仁者明其施，勇者見其斷，辯者騁其辭。誾誾焉，侃侃焉，雖未能詳備，斯可略觀矣。然蔽於雲霧，終廢而不行，悲夫！公卿知任武可以辟地，而不知德廣可以附遠。知權利可以廣用，而不知稼穡可以富國也。近者親附，遠者說德，則何爲而不成，何求而不得。不出於斯路，而務畜利長威，豈不謬哉？中山劉子雍言王道，矯當世，復諸正務，在乎反本。直而不徼，切而不索，彬彬然斯可謂弘博君子矣。九江祝生，奮史魚之節，發憤懣，譏公卿，介然直而不撓，可謂不畏強禦矣。桑大夫據當世，介時變，推道術，尚權利，辟略小辯，雖非正法，然巨儒宿學，惡然不能自解，可謂博物通仕矣。然攝卿相之位，不引準繩以道化下，放於利末，不師始古。易曰：「焚如棄如，」處非其位，行非其道，果隕其性，以及厥宗。車丞相卽周魯之列，當軸處中，括囊不言，容身而去。彼哉彼哉！若夫丞相御史兩府之士，不能正議，以輔宰相。成同類，長同行，阿意苟合，以說其上，斗筲之徒，何足選也。』

【出處】漢書第三十六傳贊　昭帝紀　鹽鐵論

元鳳元年辛丑（前八〇）

二年壬寅（前七九）

孟卿教授於蘭陵 卿東海蘭陵人，從嬴公受春秋，從蕭舊學禮，故善春秋及禮。授后蒼，字近君，東海郯人，文學於夏后始昌，通詩禮。 疏廣，字仲翁，東海蘭陵人，少好學，家居教授，弟子自遠方至。 閭丘卿。魯人從孟卿受禮。 世所傳后氏禮疏氏春秋，皆出孟卿。孟卿以禮經多，春秋煩雜，乃使子喜從田王孫受易。喜好自稱譽，得易家候陰陽災變書，其說以坎，離，震，兌爲四正卦。餘六十卦，卦主六日七分，合周天之數。內辟卦乾，夬，大壯，泰，臨，復，坤，剝，觀，否，遯，姤十二，謂之消息卦。乾盈爲息，坤虛爲消，其實乾坤十二畫也。 四卦主四時，爻主二十四氣。十二卦主十二辰，爻主七十二候。六十卦主六日七分，爻主三百六十五日四分日之一。易緯稽覽圖曰：『甲子卦氣起中孚，六日八十分日之七。』鄭康成注云：『六以候也。八十分爲一日，日之七者，一卦六日七分也。』故六十卦得三百六十五日四分日之一。 辟卦爲君，雜卦爲臣，四正爲方伯，二至，二分，寒溫，風雨，總以應卦爲節。詐言師田生且死時，枕喜厀，獨傳喜，諸儒以此耀之。同門梁丘賀疏通證明之曰：『田生絕於施讎手中，時喜歸東海，安得此事？』又蜀人趙賓好小數書，後爲易，飾易文，以爲箕子明夷，陰陽氣無箕子，箕子者，萬物方荄茲也。賓持論巧慧，易家不能難，皆曰非古法也。云受孟喜，喜爲名之。後賓死，莫能持其說，喜因不肯仞，以此不見信。喜舉孝廉爲郎，曲台署長，病免，爲丞相掾，博士缺，衆人薦喜，上聞喜改師法，遂不用喜。喜授同郡白光少子，沛翟牧子兄，皆爲博士，繇是孟家有翟白之學。

【出處】漢書儒林傳

【考證】按孟卿之設教，當非一年之事。考疏廣后蒼俱在宣帝之初任職，則其受教於孟卿在當昭帝時。且元鳳三年眭孟被殺，孟與卿出一門下，其年代當相差不遠，故誌之於此。

三年癸卯（前七八）

殺眭弘　弘字孟，魯國蕃人也。少時好俠，鬪鷄走馬。長迺變節，從嬴公受春秋，以明經爲議郎，至符節令。是年正月，泰山萊蕪山南，匈匈有數千人聲。民視之，有大石自立，高丈五尺，大四十八圍，入地深八尺，三尺爲足。石立後，有白烏數千，下集其旁。是時昌邑有枯社木臥復生。又上林苑中大柳樹，斷枯臥地，亦自立。生有蟲食樹葉成文字，曰，公孫病已立。孟推春秋之意，以爲石柳皆陰類，下民之象。而泰山者，岱宗之嶽，王者易姓告代之處。今大石自立，僵柳復起，非人力所爲，此當有從匹夫爲天子者。枯社木復生，故廢之家公孫氏當復興者也。孟亦不知其所在，即說曰：『先師董仲舒有言，雖有繼體守文之君，不害聖人之受命。漢家堯後，有傳國之運。漢家宜誰差天下，求索賢人，禪以帝位，而退自封百里，如殷周二王後，以承順天命。』孟使友人內官長賜上此書。時昭帝幼，大將軍霍光秉政，惡之，下其書廷尉。奏賜孟妄設祅言惑衆，大逆不道，皆伏誅。後五年，孝宣帝興於民間，即位，徵孟子爲郎。

【出處】漢書眭弘傳

蔡誼爲少府

初，義以明經，給事大將軍幕府。家貧，常步行，資禮不逮，衆門下好事者相合，爲義買犢車，令乘之。數歲，遷補覆盎城門候。久之，詔求能爲韓詩者。而誼曾事韓嬰之弟子河內趙子。於是徵義待詔，久不得進。義上疏曰：『臣山東草萊之人，行能無所比，容貌不及衆，然而不棄人倫者，竊以聞道於先師，自託於經術也。願賜清閒之燕，得盡精思於前。』上召見義，說詩，甚悅之，擢爲光祿大夫給事中，進授昭帝。至是，拜爲少府。（遷御史大夫）

【出處】漢書蔡誼傳

五年乙巳（前七六）

韋賢爲大鴻臚　賢字長孺，魯國鄒人也。其先韋孟，家本彭城，爲楚元王傅。傅子夷王及孫王戊。戊荒淫不遵道，孟作詩諷諫，後遂去位，徙家於鄒。自孟至賢五世。賢爲人質朴少欲，篤志於學，兼通禮尚書論語，又事瑕丘江公及魯許生，以詩教授，號鄒魯大儒。徵爲博士給事中，進授昭帝詩。稍遷光祿大夫詹事。至是，遷大鴻臚。

【出處】漢書韋賢傳　漢書百官公卿表　儒林傳　藝文志

六年丙午（前七五）

太史令張壽王議太初歷　初，元鳳三年，太史令張壽王上書言：『厤者，天地之大紀，上帝所爲傳，黃帝調律歷，漢元以來用之。今陰陽不調，宜更歷之過也。」詔下主歷使者鮮于妄人詰問，壽王不服。妄人請與治歷大司農中丞麻光等二十餘人，雜候日月晦朔弦望八節二十四氣，鈞校諸歷用狀。奏可。詔與丞相御史大將軍右將軍史各一人，雜候上林清臺，課諸歷疏密。凡十一家。以元鳳三年十一月朔旦冬至，盡五年十二月，各有第，壽王課疏遠。案「漢元年，不用黃帝調歷。壽王非漢歷，逆天道，非所宜言，大不敬。」有詔勿劾，復候盡六年，太初歷第一。即墨徐萬且，長安徐禹，治太初歷亦第一。壽王及待詔李信，治黃帝調歷，課皆疏闊。又言黃帝至元鳳三年六千餘歲。丞相屬寶，長安單安國，安陵桮育，治終始，言黃帝以來三千六百二十九歲，不與壽王合。壽王又移帝王錄，舜禹年歲，不合人年；壽王言化益爲天子代禹；驪山女亦爲天子，在殷周間；皆不合經術。壽王歷，迺太史官殷歷也。壽王猥曰：安得五家歷；又妄言，太初歷虧四分日之三，去小餘七百五分，以故陰陽不調，謂之亂世。劾『壽王吏八百石，古之大夫，服儒衣，誦不祥之辭，作訞言，欲亂制度。不道。』奏可。壽王侯課比三年下，終不服，再劾死，更赦勿劾。遂不更言，誹謗益甚，竟以下吏。自漢歷初起，至是而是非堅定。至孝成世，劉向總六歷，列是非，作五紀論。向子歆，究其微眇，作三統歷及譜，以說春秋。推法密要。

【出處】漢書律歷志

元平元年丁未（前七四）

霍光立宣帝　帝崩，無嗣，大將軍霍光請皇后徵昌邑王立之。王即位二十餘日，行淫亂。光等遂奏太后（即昭帝皇后），廢之而立衛太子之孫病已，是爲宣帝。昌邑群臣坐在國時不舉王罪過，令漢朝不聞知，又不能輔道，陷王大惡，皆下獄誅。唯中尉王吉與郎中令龔遂以忠直數諫正，得減死，髡爲城旦。又有王式者，字翁思，東平新桃人。事免中徐公及許生，爲昌邑王師，亦繫獄當死。治事使者責問曰：『師何以無諫書？』式對曰：『臣以詩三百五篇，朝夕授王，至於忠臣孝子之篇，未嘗不爲王反復誦之也；至於危亡失道之君，未嘗不流涕爲王深陳之也。臣以三百五篇諫，是以亡諫書。』使者以聞，亦得減死論。

式歸家不敎授，山陽張長安幼君先事式。後東平唐長賓，沛褚少孫，亦來事式，問經數篇。式謝曰：『聞之於師具是矣，自潤色之。』不肯復授。唐生褚生應博士弟子選，詣博士，摳衣登堂，頌禮甚嚴。試頌說有法，疑者丘蓋不言。諸博士驚問何師，對曰：『事式』皆素聞其賢，共薦式。詔除下爲博士。式徵來，衣博士衣而不冠，曰：『刑餘之人，何宜復充禮官。』既至，止舍中。會諸大夫博士共持酒肉勞式，皆注意高仰之。博士江公世爲魯詩宗，至江公。著孝經說，心嫉式。謂歌吹諸生曰：『歌驪駒』式曰：『聞之於師，客歌驪駒，主人歌毋庸歸。今日諸君爲主人，日尙早，未可也。』江翁曰：『經何以言之？』式曰：『在曲禮』江翁曰：『何狗曲也！』式恥之，陽醉逿墜。式客罷，讓諸生曰：『我本不欲來，諸生彊勸我，竟爲豎子所辱。』遂謝病免歸，終於家。張生唐生褚生皆爲博士。張生論石渠，至淮陽中尉，唐生楚太傅，由是魯詩有張唐褚氏之學。沛郡相人薛廣德長卿，亦事王式，以博士論石渠。

【出處】漢書王吉傳　儒林傳

夏侯勝爲長信少府　勝字長公，東平人。少孤好學，從夏侯始昌受尙書及洪範五行傳，說災異。後事簡卿，又從歐陽氏問，爲學精孰，所問非一事也。善說禮服，徵爲博士光祿大夫。會昭帝崩，昌邑王嗣立，數出，勝當乘輿前諫曰：『天久陰而不雨，臣下有謀上者，陛下出欲何之？』王怒，謂勝爲祆言，縛以屬吏。吏白大將軍霍光，光不舉法。是時光與車騎將軍張安世謀，欲廢昌邑王，光讓安世，以爲泄語，安石實不言，乃召問勝。勝對『言在洪範傳曰：「皇之不極，厥罰常陰。」時則下人有代上者○「惡察察言」故云臣下有謀○光安世大驚，以此益重經術士○後十餘日，光卒與安世白太后，廢昌邑王，尊立宣帝○光以爲羣臣奏事東宮，太后省政，宜知經術○白令勝用尚書授太后，遷長信少府，賜爵關內侯，以與謀廢立，定策安宗廟，益千戶○

【出處】漢書夏侯勝傳

【附錄】今文尚書異文表　歐陽夏侯氏尚書，與今本僞古文尚書頗有不同，茲舉例對照之如下：

篇名	歐陽夏侯氏本	僞古文衛包本	出處
堯典	欽明文塞晏晏	欽明文思安安	後漢書馮衍傳引尚書考靈耀
	辨章百姓	平章百姓	詩采菽正義引書傳
	嵎鐵	嵎夷	尚書正義引
	柳谷	昧谷	尚書正義引

	靖言庸革象龔滔天	靜言庸違象恭滔天	漢書王尊傳
皋陶謨	祖考來格	祖考來假	後漢書明帝紀
盤庚	口其或迪自怨口口	不其或稽自怒曷瘳	漢石經
同前	興降丕永於戲今口口口口口	丕乃崇降弗祥嗚呼今予告汝不易	漢石經
同前	憂賢揚歷	心腹腎腸	三國魏志管寧傳注
高宗肜日	惟先假王正厥事	惟先格王正厥事	漢書成帝紀
牧誓	四方之逋逃多罪是宗是長	四方之多罪逋逃是崇是長	漢書谷永傳
大誥	弗遭哲	弗造哲	漢書
	民儀有十夫	民献有十夫	尙書大傳
洛誥	無若火始庸庸	無若火始燄燄	漢書梅福傳
	公毋困我	公無困哉	漢書元后傳

無逸	繼自今嗣王其毋淫于酒毋逸于遊田惟正之共	繼自嗣王則其無淫于觀于逸于遊于田以萬民惟正之供	漢書谷永傳
	懷保小人惠于鰥寡	懷保小民惠鮮鰥寡	漢書谷永傳
君奭	道出于丕詳	其終出于不祥	漢石經
多方	越維有胥賦小大多政	越維有胥伯小大多政	尚書下傳
顧命	(與康王之誥合爲一篇)		尚書正義
呂刑	臏宮劓割脰庶剠	刵劓椓黥	尚書正義引
	墨罰疑赦其罰百率	墨辟疑赦其罰百鍰	周禮職金正義引
文侯之命	即我御事罔克耆壽咎在厥躬	即我御事罔或耆壽俊在厥服	漢書成帝紀鴻嘉元年

蔡誼爲丞相　御史大夫蔡誼代楊敞爲丞相，封陽平侯。又以定策安宗廟，益封，加賜黃金二百斤。誼爲丞相時，年八十餘，短小無須眉，貌似老嫗。行步俛僂，常兩吏扶夾迺能行。時大將軍霍光秉政，議者或言光置宰相不選賢，苟用可顓制者。光聞

之，謂侍中左右及官屬曰：『以爲人主師，當爲宰相，何謂云云？此語不可使天下聞也。』（誼爲相四歲薨，無子，國除。）

【出處】 漢書蔡誼傳　百官公卿表

中宗孝宣皇帝名病已，後更名詢，武帝曾孫。在位二十五年。

本始元年戊申（前七三）

河內女子上古文舊籍　河內女子發老屋，得逸易禮尚書各一篇奏之。宣帝下示博士，博士集而讀之，然後易禮尚書各增一篇。（易增說卦一篇，（今分爲說卦雜卦序卦三篇）見隋志。尚書增泰誓，見尚書正義等書引。禮未詳。）

【出處】 經典釋文　文選李善注引七略　漢書劉歆傳

【考證】 尚書正義引後漢史房宏等說：『宣帝本始元年，河內女子有壞老子屋，得古文泰誓之篇。』故誌之於此。

又按泰誓之疑案，迄今尚未判定。謂漢初即有泰誓乎，則劉歆明言泰誓後得，且謂其出於武帝末。謂無泰誓乎，則董仲舒終軍司馬遷皆引有「白魚赤烏」之事。記載紛歧，各有其是。後之人求其說而不得，則又疑及河內女子之上書，以爲跡涉渺茫，而不知其事甚易明也。考史記武王九年觀兵，有白魚躍入王舟之事。還師之後，居二年之久，乃東伐紂，作泰誓。且引泰誓之文。則泰誓之作，與觀兵無關明矣。與觀兵無關，即與魚入王舟一事無涉也。乃後世之人，見董終引此文，稱爲書曰云云，遂疑泰誓出於漢初。不知仲舒之時，去古未遠，古書雖亡，然其一鱗一爪，先秦遺老，必猶有能言者。特以其殘缺不全，不敢輕於授人，是以所傳者僅二十餘篇耳。（如伏生僅傳尚書二十餘篇，然其尚書大傳中，則嘗引九共帝誥說命諸篇之文，即其一證）仲舒雖引書語，然未明言出於太誓，不知後人何從知之？即爲太誓，亦必斷錦零紈之僅存者，安得以爲泰誓先得之證也。竊疑河內女子所上之泰誓，出於漢儒僞造。彼固以故老相傳之語敷衍成篇，或與董氏出於一源，或即出於董氏。後之人倒因爲果，反謂董氏諸人之語出於彼矣。此即漢初有泰誓之說所由來也。而不知觀董氏之語，則所引者，殊難必其出於泰誓。觀司馬氏之語，則所引者必非泰誓也。

二年己酉（前七二）

后蒼爲少府　初，蒼爲博士，帝行射禮於曲臺，蒼爲之辭。說禮數萬言，號曰后氏曲臺記。至是爲少府。

蒼授詩於同郡下邳人翼奉少君，承人匡衡稚圭，蘭陵蕭望之長倩。衡授琅邪師丹，伏理斿君，潁川滿昌君都。君都爲詹事，理高密太傅，又以詩授成帝，家世傳業。由是齊詩有翼匡師伏之學。滿昌授九江張邯，琅邪皮容，皆至大官，徒衆尤盛。蒼又授禮於沛聞人通漢子方，梁戴德延君，戴聖次君，沛慶普孝公，孝公爲東平太傅。德號大戴，爲信都太傅，聖號小戴，由是禮有大戴小戴慶氏之學。普授魯夏侯敬，又傳族子咸，爲豫章太守。大戴授琅邪徐良斿卿，爲博士州牧郡守，家世傳業。小戴授梁人橋仁季卿，楊榮子孫。榮琅邪太守。由是大戴有徐氏，小戴有橋楊氏之學。

【出處】漢書儒林傳

【附錄一】禮經今古文異同表

篇名	今文	古文	備考	篇名	今文	古文	備考
士冠禮	某有子某	某某爲子諶			擯者立於國外以相拜	擯者立於壁外以相拜	
	以病吾子	以秉吾子		公食大夫禮	從者梧受	從者訝受皮	

士昏禮	主人稅服於房	主人說服於房		覲禮	天子錫舍	天子賜舍
士相見禮	左脛	左頭		士喪禮	對足	綴足
	妥而後傳言	綏而後傳言			扱用巾	振用巾
鄉飲酒禮	坐捝手	坐說手		既夕	緇淺	緇翦
	衆賓偏	衆賓辯			屬引	燭引
鄉射禮	揖衆賓	揖厭衆賓		士虞禮	尸飯播餘于篚	尸飯半餘于篚
	侯道五十肱	侯道五十弓			薦此常事	薦此祥事
燕禮	升騰觚於賓	升媵觚於賓		特牲饋食禮	乃宿尸	乃羞尸
	阼階下再拜稽首	阼階下北面再拜			主人更爵酌醋	主人受爵酌醋
大射儀	頌磬東面	庸磬東面		少牢饋食禮	主婦被裼衣	主婦被錫衣
	後首	後手		有司徹	乃燅尸俎	乃尋尸俎

聘禮	義之砥也	義之至也			右几匪甲席 左几蒹用席

【附錄二】禮經十七篇次序表

篇名	大戴	小戴	別錄	所行之人	
士冠	一	一	一	士	嘉
士昏	二	二	二	士	嘉
士相見	三	三	三	士	賓
鄉飲酒	一〇	四	四	諸侯卿大夫	嘉
鄉射	一一	五	五	諸侯州長或卿大夫	嘉
燕	一二	六	六	諸侯燕羣臣	嘉
大射	一三	七	七	諸侯與羣臣射	嘉

聘	一四	一五	八	諸侯使卿相問之禮	賓
公食大夫	一五	一六	九	主國君以禮食小聘大夫之禮	嘉
覲	一六	一七	一〇	諸侯秋覲天子之禮	賓
喪服	一七	九	一一	天子以下之禮	凶
士喪	四	八	一二	士	凶
既夕	五	一四	一三	即士喪之下篇	
士虞	六	一〇	一四	士	凶
特牲饋食	七	一三	一五	諸侯之士祭祖之禮	吉
少牢饋食	八	一一	一六	卿大夫	吉
有司徹	九	一二	一七	即少牢之下篇	

下夏侯勝於獄。帝欲褒先帝，詔丞相御史曰：『朕以眇身，蒙遺德，承聖業，奉宗廟

，夙夜惟念。孝武皇帝躬仁義，厲威武，北征匈奴，單于遠遁。南平氐，羌，昆明，甌駱兩越。東定薉貊朝鮮，廓地斥境，立郡縣，百蠻率服，款塞自至，珍貢陳於宗廟。協音律，造樂歌，薦上帝，封太山，立明堂，改正朔，易服色，明開聖緒，尊賢顯功，興滅繼絕，褒周之後。備天地之禮，廣道術之路，上天報況，符瑞並應。寶鼎出，白麟獲，海效鉅魚，神人並見，山稱萬歲，功德茂盛，不能盡宣，而廟樂未興，朕甚悼焉。其與列侯二千石博士議。』於是羣臣大議廷中，皆曰：『宜如詔書』勝獨曰：『武帝雖有攘四夷廣土斥境之功，然多殺士衆，竭民財力，奢泰無度。天下虛耗，百姓流離，物故者過半。蝗蟲大起，赤地數千里，或人民相食，畜積至今未復，亡德澤於民，不宜爲立廟樂。』公卿共難勝曰：『此詔書也』勝曰：『詔書不可用也，人臣之誼，宜直言正論，非苟阿意順指。議已出口，雖死不悔。』於是丞相蔡義，御史大夫田廣明，劾奏勝非議詔書，毀先帝，不道，及丞相長史黃霸，阿縱勝不舉劾，俱下獄。有司遂請尊孝武帝廟爲世宗廟，奏盛德文始五行之舞，天下世世獻納，以明盛德。武帝巡狩所幸郡國凡四十九，皆立廟如高祖太宗焉。勝霸既久繫，霸欲從勝受經，勝辭以罪死。霸曰：『朝聞道，夕死可矣。』勝賢其言，遂授之，繫再更冬，講論不怠。

【出處】漢書夏侯勝傳

四年辛亥（前七〇）

赦夏侯勝　夏四月，壬寅，郡國四十九地震，或山崩水出。上迺素服避正殿，遣使者弔問吏民，賜死者棺錢，下詔曰：『蓋災異者，天地之戒也。朕承洪業，託士民之上，未能和羣生，曩者地震北海琅邪，壞祖宗廟，朕甚懼焉。其與列侯中二千石，博問術士，有以應變，補朕之闕，毋有所諱。』因大赦。勝出爲諫大夫給事中，霸爲揚州刺史。

【出處】漢書夏侯勝傳

地節元年壬子（前六九）

三年甲寅（前六七）

蕭望之爲謁者 望之本東海蘭陵人，徙杜陵，家世以田爲業。至望之，好學，治齊詩，事同縣后蒼且十年。以令詣太常受業，復事同學博士白奇。又從夏侯勝問論語禮服，京師諸儒稱述焉。大將軍光薨，子禹復爲大司馬，兄子山領尚書，親屬皆宿衛內侍。其年夏，是師雨雹。望之因是上疏，願賜清閒之宴，陳災異之意。宣帝自在民間，聞望之名，曰：『此東海蕭生耶？』下少府宋畸問狀，無有所諱。望之對，以爲『春秋昭公三年大雨雹，是時季氏專權，卒逐昭公。向使魯君察於天變，宜無此害。今陛下以聖德居位，思政求賢，堯舜之用心也。然而善祥未臻，陰陽不和，是大臣任政，一姓擅勢之所致也。附枝大者賊本心，私家盛者公室危。唯明主躬萬機，選同姓，擧賢材，以爲腹心，與參政謀。令公卿大臣朝見奏事，明陳其職，以攷功能。如是則庶事理，公道立，奸邪塞，私權廢矣。』對奏，天子拜望之爲謁者。時上初即位，思進賢良，多上書言便宜，輒下望之，問狀。高者請丞相御史，次者中二千石試事，滿歲以狀聞。下者報聞，或罷歸田里，所白處奏，皆可。累遷諫大夫丞相司直。歲中三遷，官至二千石。

【出處】漢書蕭望之傳

丞相韋賢致仕 初，帝之即位，賢以與謀議安宗廟，賜爵關內侯食邑，徙爲長信少府。以先帝師，甚見尊重。本始三年，代蔡誼爲丞相，封扶陽侯，食邑七百戶，時賢七十餘。至是，以老病乞骸骨，賜黃金百斤，罷歸，加賜第一區。丞相致仕自賢始。年八十二卒，謚曰節侯。賢四子，少子玄成，復以明經，歷位至丞相。故鄒魯諺曰，「遺子黃金滿籯，不如一經。」

【出處】漢書韋賢傳

疏廣爲太子傅 初，廣徵爲博士大中大夫。是年四月，立皇太子，選丙吉爲太傅，疏廣爲少傅，數月，吉遷御史大夫，廣徙爲太傅。廣兄子受字公子，亦以賢良舉，爲太子家令。受好禮恭謹，敏而有辭。宣帝幸太子宮，受迎謁應對。及置酒宴，奉觴上壽，辭禮閑雅，上甚讙說。頃之，拜受爲少傅。太子每朝，因進見。太傅在前，少傅在後，父子並爲師傅，朝廷以爲榮。

【出處】 漢書疏廣傳

四年乙卯（前六六）

梁丘賀爲太中大夫 帝嘗聞京房爲易明，求其門人，得賀。賀時爲都司空令，坐事論免爲庶人。待詔黃門，數入說教侍中，以召賀。賀入說，上善之，以賀爲郎。會八月飲酎，行祠孝昭廟，先敺旄頭劍挺墮墜，首垂泥中，刃向乘輿車，馬驚。於是召賀筮之，有兵謀不吉。上還，使有司侍祠。是時霍氏外孫代郡太守任宣坐謀反誅，宣子章爲公車丞，亡在渭城界中。夜玄服入廟，居郎間，執戟立廟門，待上至，欲爲逆。發覺伏誅。故事，上常夜入廟，其後待明而入，自此始也。賀以筮有應，繇是近幸，爲太中大夫，給事中。神爵三年爲少府。

【出處】 漢書儒林梁丘賀傳 百官公卿表

元康元年丙辰（前六五）

褚少孫補史記　少孫潁川梁相褚大弟之孫也。嘗寓居沛，事大儒王式。以通經術，受業博士。治春秋，以高弟爲郎。初，司馬遷亡後，史記十二篇亡，少孫遂補其缺。

少孫嘗往來長安中，求龜策列傳不能得，故之太卜官問掌故，文學長老習事者，寫取龜策卜事。作龜策列傳。

【出處】史記正義

【考證】按褚少孫之補史記，必非一時之事。蓋以出入宮殿中十有餘年，習聞朝廷之事，隨得隨補。始於宣帝而止於元帝。攷史記建元以來侯者年表載董忠『今爲梟騎都尉侍，坐祠宗廟乘小車，奪百戶。』漢書景武昭宣元成功臣表載忠『再坐法，削戶千一百，定七十九戶。』又載：『封十九年薨』則當卒於初元元年。既以「今」立時，則非追記可知。既有兩次削戶而本表只載其一，知其記此段必在宣帝之時，證一也。本表又載王長君：『至今元康元年中，詔徵立以爲侯，封五千戶。』亦可知其記於宣帝之時，證二也。惟此與漢書所記少有出入，蓋漢書所記，乃得之史官之稿，少孫所記，僅得之傳聞，故不免少有差錯。且宣帝既滅霍氏之後，始大封功臣外戚，此種事勢，自足激動少孫補此傳之興趣。故誌之於此。餘見初元四年攷證。本段末有「宣帝舅父也」一語，與上文不屬，疑爲日後所加或旁人附註而誤入正文者。

二年丁巳（六四）

夏侯勝復爲長信少府 勝爲人質樸守正，簡易無威儀，見時謂上爲君，誤相字於前，上亦以是親信之。嘗見出道上語，上聞而讓勝。勝曰：『陛下所言善，臣故揚之，堯言布於天下，至今見誦，臣以爲可傳，故傳耳。』朝廷每有大議，上知勝素直，謂曰：『先生通正言，無懲前事。』至是復爲長信少府。

【出處】 漢書夏侯勝傳

【攷證】 漢書夏侯勝傳，勝由長信少府，遷太子太傅，考宣帝時爲太子太傅者，最後爲蕭望之。而望之傳謂其由御史大夫左遷乃爲太子太傅。百官表載『五鳳二年太子太傅黃霸爲御史大夫。』可知霸之爲太子太傅在望之之前，而勝必更在前矣。最初爲太子太傅者乃丙吉，丙吉之後乃疏廣。漢書廣傳，廣歸里時太子年十二，即元康三年。則繼廣者，當即夏侯勝，丙吉傳亦稱丙吉於封侯時太子太傅夏侯勝云云，吉於三年封侯，則勝之爲太子太傅，亦當在此年。其爲長信少府又在前，故誌於此。

蕭望之爲左馮翊　初，霍氏謀反誅，望之寖益任用。是時選博士諫大夫通政事者，補郡國守相。以望之爲平原太守。望之雅意在本朝，遠爲郡守，內不自得，乃上疏曰：『陛哀愍百姓，恐德化之不究，悉出諫官，以補郡吏，所謂憂其末而忘其本者也。朝無爭臣，則不知過。國無達士，則不聞善。願陛下選明經術，溫故知新，通於幾微，謀慮之士以爲內臣，與參政事。諸侯聞之，則知國家納諫憂政，亡有闕遺，若此不怠，成康之道，其庶幾乎，外郡不治，豈足憂哉？』書聞，徵入守少府。帝察望之經明持重，論議有餘，才任宰相，欲詳試其政事。復以爲左馮翊。望之從少府出爲左遷，恐有不合意，即移病。帝聞之，使侍中成都侯金安上諭意曰：『所用皆吏治民以考功。君前爲平原太守日淺，故復試之於三輔，非有所聞也。』望之即視事。

【出處】漢書蕭望之傳

三年戊午（前六三）

疏廣歸蘭陵　廣父子在位五歲，太子年十二，通論語孝經，廣謂受曰：『吾聞知足不辱，知止不殆，功遂身退，天之道也。今仕宦至二千石，宦成名立，如此不去，懼有後悔。豈如父子相隨出關，歸老故鄉，以壽命終，不亦善乎？』受叩頭曰：『從大人議』即日父子俱移病，滿三月賜告。廣遂稱篤，上書乞骸骨。上以其年篤老，皆許之。加賜黃金二十斤，皇太子贈以五十斤。故人邑子，設祖道，供張東都門外，送者車數百兩，辭決而去，及道路觀者，皆曰：『賢哉！二大夫』或歎息為之下泣。廣既歸鄉里，日令家供具設酒食，請族人故舊賓客，與相娛樂。數問其家，『金餘尚有幾所？趣賣以共具。』居歲餘，廣子孫竊謂其昆弟老人廣所愛信者，曰：『子孫幾及君時，頗立產業基阯，今日飲食廢且盡。宜從丈人所，勸說君買田宅。』老人即以閒暇時，為廣言此計。廣曰：『我豈老誖不念子孫哉？顧自有舊田廬，令子孫勤力其中，足以共衣食，與凡人齊。今復增益之，以爲贏餘，但教子孫怠墮耳。賢而多財，則損其志，愚而多財，則益其過。且夫富者，衆人之怨也。吾既亡以教化子孫，不欲益其過而生怨。又此金者，聖主所以惠養老臣也。故樂與鄉黨宗族，共饗其賜，以盡吾餘日，不亦可乎？』於是族人悅服。皆以壽終。

【出處】漢書疏廣傳

夏侯勝爲太子太傅　疏廣既去職，勝遷太子太傅，受詔撰尚書論語說，賜黃金百斤。

【出處】漢書夏侯勝傳

四年己未（前六二）

神爵元年庚申（前六一）

夏侯勝卒　勝年九十卒官，賜冢塋葬平陵。太后賜錢二百萬，爲勝素服五日，以報師傅之恩。儒者以爲榮。始勝每講授，常謂諸生曰：『士病不明經術，經術苟明，其取青紫，如俛拾地芥耳。學經不明，不如歸耕。』勝從父子建字長卿，自師事勝及歐陽高，左右采獲。又從五經諸儒，問與尚書相出入者，牽引以次章句，具文飾說。勝非之曰：『建所謂章句小儒，破碎大道。』建亦非勝爲學疏略，難以應敵。建卒自專門名經。爲議郎博士，至太子少傅。勝子兼，爲左曹太中大夫。孫𢿱，至長信少府，司農，鴻臚。曾孫蔣，郡守州牧，長樂少府。勝同產弟子賞，爲梁內史。梁內史子定國爲豫章太守。而建子千秋，亦爲少府。太子少傅。

【出處】漢書夏侯勝傳

【考證】按漢書黃霸傳，左馮翊宋畸，舉霸賢良，上擢霸爲揚州刺史，三歲而爲潁川太守，又八歲，徵爲太子太傅，考漢書百官表，宋畸以本始四年爲左馮翊，是即霸爲揚州刺史之歲也。又三年而至地節二年，百官表又載『潁川太守廣爲右扶風。』則代廣者，必爲黃霸。又八歲而至是歲，霸爲太子太傅。夏侯傳稱勝年九十卒官，則勝卒之年，當即霸爲太子太傅之年也。

張敞學古文　張敞字子高，本河東平陽人。祖父徙茂陵，敞又隨宣帝徙杜陵。常修左氏傳。至是，由膠東相徵守京兆尹。會帝召通倉頡讀者，敞從受焉。

初，上古結繩以治，後世聖人易之以書契，百官以治，萬民以察，古者八歲入小學，故周官保氏，掌養國子，敎之六書，謂象形象事象意象聲轉注假借，造字之本也。漢興，蕭何草律，亦著其法，曰：太史試學童，能諷書九千字以上，乃得爲史。又以六體試之，課最者，以爲尙書御史史書令史。吏民上書，字或不正，輒舉劾。六體者：古文，奇字，篆書，隸書，繆篆，蟲書，皆所以通知古今文字摹印章書幡信也。史籀篇者周時史官敎學童書也。與孔氏壁中古文異體。蒼頡七章者，秦丞相李斯所作也。爰歷六章者，車府令趙高所作也。博學七章者，太史令胡母敬所作也。文字多取史籀篇，而篆體復頗異。所謂秦篆者也。是時始造隸書矣。起於官獄多事，苟趨省易，施之於徒隸也。漢興閭里書師，合蒼頡爰歷博學三篇，斷六十字以爲一章，凡五十五章，幷爲倉頡篇。武帝時，因馬相如作凡將篇，無復字。元帝時，黃門令史游作急就篇，成帝時，將作大匠李長作元尙篇，皆倉頡中正字也。凡將則頗有出矣。張敞好古文字，是時美陽得鼎獻之。下有司議，多以爲宜薦見宗廟，如元鼎時故事。張敞按鼎銘勒而上議曰：『臣聞周祖始乎后稷，后稷封於斄，公劉發迹於豳，大王建國於郊梁，文王興於酆鎬。由此言之，則郊梁豐鎬之間，周舊居也，固宜有宗廟壇場祭祀之臧。今鼎出於郊東，中有刻書曰：「王命尸臣，官此栒邑，賜爾旂鸞，黼黻琱戈。尸臣拜手稽首對曰：敢對揚天子，丕顯休命。」臣愚不足以迹古文，竊以傳記言之，此鼎殆周之所以褒賜大臣，大臣子孫刻銘其先功臧之於宮廟也。昔寶鼎之出於汾脽也，河東太守以聞。詔曰：「朕巡祭后土，祈爲百姓蒙豐年。今穀嗛未報，鼎焉爲出哉？博問耆老意舊臧與。」誠欲考得事實也，有司驗脽上非舊藏處。鼎大八尺一寸，高三尺六寸，殊異於衆鼎。今此鼎細小，又有款識，不宜薦見於宗廟。』制曰：『京兆尹議是。』

【出處】漢書張敞傳　藝文志　郊祀志

【考證】按敞之學古文，當在居京城時。而考敞之居官，除京兆尹外，皆在郡國。且得鼎之時，已識古文，故其初學古文，當在初爲京兆尹時。若敞以是年代黃霸爲京兆尹，故誌其事於此年。

楊惲爲諸吏光祿勳　惲華陰人，丞相楊敞子。惲母司馬遷女也。惲始讀外祖太史公記，頗爲春秋，以材能稱。好交英俊諸儒，名顯朝廷，擢爲左曹。霍氏謀反，惲先聞知，因侍中金安上以聞，召見言狀。霍氏伏誅，惲等五人皆封。惲爲平通侯，遷中郎將。郎官故事，令郎出錢市財用，給文書，迺得出，名曰山郎，移病盡一日，輒償一沐，或至歲餘不得沐。其豪富郎，日出游戲，或行錢得善部。貨賂流行，傳相放效。惲爲中郎將，罷山郎，移長度大司農，以給財用。其疾病休謁洗沐，皆以法令從事。郎謁者有罪過，輒奏免，薦舉其高弟有行能者，至郡守九卿。郎官化之，莫不自厲，絕請謁貨賂之端，令行禁止，宮殿之內，翕然同聲，由是擢爲諸吏光祿勳，親近用事。

【出處】漢書楊惲傳

二年辛酉（前六〇）

詔趙定、龔德入見溫室　時天下殷富，數有嘉應。上頗作詩歌，欲興協律之事。丞相魏相奏言，知音善鼓琴者：渤海趙定，梁國龔德，皆召入見溫室，使鼓琴待詔。定爲人尙清靜，少言語，善琴瑟，時閒燕爲散操。著有雅琴趙氏七篇。德後拜爲侍郎，著有雅琴龍氏九十九篇。

【出處】漢書藝文志注　顏師古王應麟引劉向別錄

三年壬戌（前五九）

召劉更生等待詔金馬門　更生楚元王交之後，宗正劉德之子，以父任爲輦郎，至是既冠，以行修飭，擢爲諫大夫。時宣帝循武帝故事，講論六藝羣書，博進奇異之好。招選名儒俊材，置左右。徵能爲楚辭九江被公，召見誦讀。益召高材劉更生，張子僑華龍柳褒等，待詔金馬門，更生獻賦頌凡數十篇。

【出處】漢書楚元王傳　王褒傳

王褒爲諫大夫　褒字子淵，蜀人也。時上興協律之事，趙定龔德，既召見待詔，於是益州刺史王襄欲宣化於衆庶，聞王褒有俊材，請與相見，使褒作中和樂職宣布詩，選好事者，依依鹿鳴之聲，習而歌之，時汜鄉侯何武爲僮子，選在歌中，久之，武等學長安，歌太學下，轉而上聞。宣帝召見武等觀之，皆賜帛，謂曰：『此盛德之事，吾何足以當之！』褒既爲刺史作頌，又作其傳。益州刺史因奏褒有軼材。上乃徵褒，既至，詔褒爲聖主得賢臣頌其意。既對，遂令褒與張子僑等並待詔，數從褒等放獵，所幸宮館，輒爲歌頌，第其高下，以差賜帛。議者多以爲淫靡不急。上曰：『不有博奕者乎，爲之猶賢乎已。辭賦大者與古詩同義，小者辯麗可喜。辟如女工有綺縠，音樂有鄭衛，今世俗猶皆以此虞說耳目，辭賦比之，尚有仁義風諭鳥獸草木多聞之觀，賢於倡優博奕遠矣。』頃之，擢褒爲諫大夫。其後太子體不安，苦忽忽善忘不樂，詔使褒等皆之太子宮，虞侍太子，朝夕誦讀奇文及所自造作，疾平復，乃歸。太子喜褒所爲甘泉及洞簫頌，令後宮貴人左右皆誦讀之。後方士言益州有金馬碧雞之寶，可祭祀致也。宣帝使褒往祀焉。褒於道病死，上閔惜之。

【出處】 漢書王褒傳

【考證】 按漢書劉更生及王褒傳觀之，知更生之進身在王褒之前，且爲時不久。然傳稱向之進身，年已既冠，褒之進身，魏相爲相。故誌之於此。蓋是時向方二十歲，太前則與既冠之語不合，太後則不能見及魏相矣。

梁丘賀遣其子臨受學於施讎

讎字長卿，沛人也。沛與碭相近，讎爲童子，從田王孫受易。後讎徙長陵，田王孫爲博士，復從卒業。與孟喜梁丘賀並爲門人。謙讓，常稱學廢不教授。至是賀爲少府，事多，迺遣子臨，分將門人張禹等從讎向。讎自匿不肯見，賀固請，不得已，迺授臨等。於是賀薦讎，『結髮事師數十年，賀不能及。』詔拜讎為博士。（讎授張禹及琅邪魯伯，伯為會稽太守，禹至丞相。禹授彭宣戴崇，伯授太山毛莫如少路，琅邪邴丹曼容，著清名。莫如至長山太守，此其知名者也。繇是施家有張彭之學。）

【出處】漢書儒林施讎傳

四年癸亥（前五八）

薛廣德為博士　初，廣德事大儒王式，以魯詩教授，楚國龔勝龔舍師事焉。（勝字君賓，彭城人。舍字君倩，武原人。二人相友，並著名節，故世謂之楚兩龔。）至是，蕭望之為御史大夫，除廣德為屬，數與論議，器之。薦廣德經行，宜充本朝。於是以廣德為博士。

【出處】漢書薛廣德傳　兩龔傳　儒林傳

韋玄成為衛尉　玄成字少翁，韋賢之少子，以父任為郎，常侍騎。少好學，修父業，尤謙遜下士。出遇知識步行，輒下從者，與載送之，以為常；其接人貧賤者益加敬，繇是名譽日廣。以明經擢為諫大夫，遷大河都尉。玄成兄弘初為太常丞，職奉宗廟，與諸陵邑，煩劇多罪過，父賢以弘當爲嗣，故敕令自免，弘懷謙不去官。及賢病篤，弘竟坐宗廟事繫獄，罪未決。室家問賢當爲後者，賢恚恨不肯言。於是賢門下生博士義倩等與宗家計議，共矯賢令，使家丞上書言大行，以大河都尉玄成爲後。賢薨，玄成在官聞喪，又言當爲嗣，玄成深知其非賢雅意，即陽爲病狂臥便利，妄笑，語昏亂。徵至長安，既葬，當襲爵，以病狂不應召。大鴻臚奏狀，章下丞相御史案驗。玄成素有名聲，士大夫多疑其欲讓爵辟兄者。案事丞相史迺與玄成書曰：「古之辭讓，必有文義可觀，故能垂榮於後。今子獨壞容貌，蒙恥辱，爲狂癡，光曜晻而不宣，微哉子之所託名也。僕素愚陋，過爲宰相執事，願少聞風聲。不然，恐子傷高而僕爲小人也。」玄成友人侍郎章亦上疏，言聖王貴以禮讓爲國，宜優養玄成，勿枉其志，使得自安衡門之下。而丞相御史，遂以玄成實不病劾奏之。有詔勿劾引拜，玄成不得已受爵。宣帝高其節，以玄成爲河南太守，兄弘太山都尉。遷東海太守至是，玄成徵爲未央衛尉，三年，遷太常。

【出處】漢書韋玄成傳

五鳳元年甲子（前五七）

下劉更生吏　上興神僊方術之事，而淮南有枕中鴻寶苑秘書。書言神僊使鬼物爲金之術，及鄒衍重道延命方，世人莫見。而更生父德，武帝時治淮南獄，得其書。更生幼而讀誦，以爲奇，獻之，言黃金可成。上令典尚方鑄作事，費甚多，方不驗。上乃下更生吏，吏劾更生鑄僞黃金，繫當死。更生兄陽成侯安民，上書入國戶半贖更生罪，上亦奇其材，得踰冬減死論。會初立穀梁春秋，徵更生受穀梁，復拜爲郎中，給事黃門，遷散騎大夫給事中。

【出處】漢書楚元王傳

【考證】漢書楚元王傳曰：『向，坐鑄僞黃金，當伏法，德上書頌罪。會薨。』百官表元鳳三年云：『青州刺史劉德爲宗正，二十二年薨。』至是適二十二年，故誌之於此。

二年乙丑（前五六）

蕭望之爲太子太傅　初，望之爲左馮翊三年，京師稱之，遷大鴻臚。神爵三年，代丙吉爲御史大夫。至是，大司農中丞耿壽昌奏設常平倉，帝善之，而望之非壽昌。丞相丙吉年老，上重焉。望之又奏言：『百姓或乏困，盜賊未止，二千石多材下不任職，三公非其人，則三光爲之不明。今首歲日月少光，咎在臣等。』帝以望之意輕丞相，乃下侍中建章衛尉金安上光祿勳楊惲御史中丞王忠并詰問望之。望之免冠置對，天子由是不悅。後丞相司直緐延壽奏『侍中謁者良使丞制詔望之，望之再拜已，良與望之言，望之不起。因故下手，而謂御史曰：良禮不備c故事，丞相病，明日御史大夫輒問病。朝奏事會庭中，差居丞相後。丞相謝，大夫少進揖。今丞相數病，望之不問病。會庭中，與丞相鈞禮。時議事不合意，望之曰：侯年寧能父我耶？知御史有令不得擅使，望之多使守史，自給車馬，之杜陵，護視家事。少史冠法冠，爲妻先引。又使賣買，私所附益凡十萬三千。案望之大臣，通經術，居九卿之右，本朝所仰。至不奉法自修，踞慢不遜攘，受所監臧二百五十以上。請逮捕繫治。』上於是策望之曰：『有司奏君責使者禮，遇丞相亡禮，廉聲不聞，敖慢不遜，亡以扶政，帥先百僚。君不深思，陷于茲穢。朕不忍致君于理，使光祿勳惲策詔，左遷君爲太子太傅，授印。其上故印使者，便道之官。君其秉道明孝，正直是與，帥意亡侃言，靡有後言。』望之既左遷，而黃霸代爲御史大夫，數月間，丙吉薨，霸爲丞相，霸薨，于定國復代爲。望之遂見廢。不得相。以論語禮服授皇太子。

【出處】漢書蕭望之傳

●光祿勳楊惲免　初，惲受父財五百萬，及身封侯，皆以分宗族。後母無子，財亦數百萬，死皆與惲，惲盡復分後母昆弟。再受訾千餘萬，皆以分施。其輕財好義如此。惲居殿中，廉絜無私，郎官稱公平。然惲伐其行治，又性刻害，好發人陰伏，同位有忤己者，必欲害之，以其能高人，由是多怨於朝廷。與太僕戴長樂相失。長樂上書，告惲妄引亡國，誹謗當世，惲言秦時但任小臣，誅殺忠良，竟以滅亡，令親任大臣，即至今耳。古與今如一丘之貉。無人臣禮。又以主上爲戲，語尤悖逆。惲又言正月以來，天陰不雨，此夏侯君所言，行必不至河東矣。上不忍加誅，免爲庶人。

【出處】漢書楊惲傳

三年丙寅（前五五）

梁丘賀卒　賀爲人小心周密，上信重之。至是，以年老終于官。賀傳子臨。亦入說。爲黃門郎。甘露中。諸儒議經。臨奉使問諸儒於石渠。琅邪王吉通五經，聞臨說，善之，時帝選高材郎十人從臨講，吉乃使其子郎中駿上書，從臨受易，臨又授五鹿充宗。

【出處】漢書儒林傳

【考證】按賀之終於官，以漢書百官表有闕略不知在何年。但漢書匡衡傳載太子太傅蕭望之少府梁丘賀問衡對詩諸大義。則賀之卒，當在望之爲太子太傅之後也。至石渠議經，賀蓋已卒，故使其子問諸儒。知其卒時，必在五鳳甘露之間，姑誌之於此以俟考。

四年丁卯（前五四）

楊惲坐誹謗誅　惲既失爵位家居，治產業，起室宅，以財自娛。歲餘，其友人安定太守西河孫會宗，知略士也，與惲書諫戒之。爲言大臣廢退，當闔門惶懼，爲可憐之意，不當治產業，通賓客，有稱譽。惲宰相子，少顯朝廷，一朝以晻昧語言見廢，內懷不服。報會宗書曰：『惲材朽行穢，文質無所底，幸賴先人餘業，得備宿衛，遭遇時變，以獲爵位，終非其任，卒與禍會。足下哀其愚蒙，賜書敎，督以所不及，殷勤甚厚，然竊恨足下不深惟其終始而猥隨俗之毀譽也。言鄙陋之愚心，若逆指而文過。默而息乎，恐違孔氏各言爾志之義，故敢略陳其愚，惟君子察焉。惲家方隆盛時，乘朱輪者十人，位在列卿，爵爲通侯，總領從官，與聞政事。曾不能以此時有所建明，以宣德化；又不能與羣僚同心並力，陪輔朝廷之遺忘，已負竊位素餐之責久矣。懷祿貪執，不能自退，遭遇變故，橫被口語；身幽北闕，妻子滿獄。當此之時，自以夷滅不足以塞責，豈意得全首領復奉先人之丘墓乎？伏惟聖主之恩，不可勝量，君子游道，樂以忘憂，小人全軀，說以忘罪。竊自思念，過已大矣，行已虧矣，長爲農夫以沒世矣，是故身率妻子，戮力耕桑，灌園治產，以給公上，不意當復用此爲譏議也。夫人情所不能止者，聖人弗禁。故君父至尊親，送其終也，有時而旣。臣之得罪，已三年矣。田家作苦，歲時伏臘，亨羊炰羔，斗酒自勞。家本秦也，能爲秦聲。婦趙女也，雅善鼓瑟。奴婢歌者數人。酒後耳熱，仰天拊缶，而呼烏烏。其詩曰：「田比南山，蕪穢不治，種一頃豆，落而爲萁，人生行樂耳，須富貴何時？」是日也，拂衣而喜，奮褎低卬，頓足起舞，誠淫荒無度，不知其不可也。惲幸有餘祿，方糴賤販貴，逐什一之利。此賈豎之士，汙辱之處，惲親行之。下流之人，衆毀所歸，不寒而栗。雖雅知惲者，猶隨風而靡，尙何稱譽之有。董生不云乎？明明求仁義，常恐不能化民者，卿大夫意也。明明求財利，常恐困乏者，庶人之事也。故道不同不相爲謀，今子尙安得以卿大夫之制而責僕哉？夫西河魏土，文侯所興，有段干木田子方之遺風，漂然皆有節槩，知去就之分。頃者足下離舊土，臨安定。安定山谷之間，昆戎舊壤，子弟貪鄙，豈習俗之移人哉？於今迺睹子之志矣。方當盛漢之隆，願勉旃，毋多談。」又惲兄子安平侯譚爲典屬國，謂惲曰：『西河太守建平杜侯，前以罪過出，今徵爲御史大夫。侯罪薄，又有功，且復用。』惲曰：『有功何益！縣官不足爲盡力。』惲素與蓋寬饒韓延壽善，譚即曰：

『縣官實然』，蓋司隸韓馮翊皆盡力吏也，俱坐事誅。』會有日食變，騶馬猥佐成上書告惲，『驕奢不悔過，日食之咎，此人所致。』章下廷尉案驗，得所與會宗書，帝見而惡之。廷尉當惲大逆無道，要斬，妻子徙酒泉郡。譚坐不諫正惲，與相應，有怨望語，免爲庶人。召拜成爲郎。諸在位與惲厚善者，未央衛尉韋玄成，京兆尹張敞，及孫會宗等，皆免官。

【出處】漢書楊惲傳

甘露元年戊辰（前五三）

召五經諸儒議殿中平公羊穀梁異同　初，武帝因尊公羊家，詔衛太子受公羊春秋。太子既通，復私問穀梁而善之。其後穀梁浸微，唯魯榮廣王孫，皓星公二人詒江公受焉。廣能盡傳其詩，春秋，高材捷敏，與公羊大師眭孟等論，數困之。故好學者，頗復受穀梁。沛蔡千秋少君，梁周慶幼君，丁姓子孫，皆從廣受。千秋又事皓星公，爲學最篤。帝即位，聞衛太子好穀梁春秋，以問丞相韋賢，長信少府夏侯勝，及侍中樂陵侯史高，皆魯人也。言穀梁子本魯學，公羊氏迺齊學也，宜興穀梁。時千秋為郎，召見，與公羊家並說，上善穀梁說，擢千秋為諫大夫給事中。後有過左遷平陵令。復求能為穀梁者，莫及千秋。上愍其學且絕，迺以千秋為郎中戶將，選郎十人從受。汝南尹更始翁君本自事千秋，能說矣，會千秋病死，徵江公孫為博士。劉更生以故諫大夫，通達，待詔受穀梁，欲令助之。江博士復死，迺徵周慶丁姓待詔保宮，使卒授十人。自元康中始講，至是積十餘歲，皆明習。迺召五經名儒太子太傅蕭望之等大議殿中，平公羊穀梁異同，各以經處是非。時公羊博士嚴彭祖，侍郎申輓，伊推，宋顯；穀梁議郎尹更始，待詔劉更生，周慶，丁姓並論。公羊家多不見從，願請內侍郎許廣，使者亦並內穀梁家中郎王亥，各五人。議三十餘事，望之等十一人，各以經誼對，多從穀梁。由是穀梁之學大盛。周慶丁姓皆為博士。姓至中山太傅，授楚申章昌曼君，為博士，至長沙太傅，徒眾尤盛。尹更始為諫大夫長樂戶將，又受左氏傳，取其變理合者，以為章句。傳子咸，及汝南上蔡翟方進子威，琅邪不其房鳳子元。始江博士授清河胡常少子，常授梁蕭秉君房，王莽時為講學大夫。由是穀梁春秋有尹胡申章房氏之學。

【出處】漢書儒林傳　經典釋文敍錄

【考證】見甘露三年

二年己巳（前五二）

耿壽昌上月行度　大司農中丞耿壽昌以善爲算，能商功利，得幸於上。至是，奏以圖儀度日月行，考驗天運狀。日月行至牽牛東井，日過度，月行十五度至婁角。日行一度，月行十三度，赤道使然。壽昌著有月行帛圖二百三十二卷，月行度二卷。

【出處】後漢書律歷志

韋玄成爲淮陽中尉　初，玄成坐與楊惲善免官。又以列侯侍祀孝惠廟，當晨入廟天雨淖，不駕駟馬車而騎至廟下。有司劾奏等輩數人，皆削爵爲關內侯。玄成自傷貶黜父爵，歎曰：『吾何面目以奉祭祀！』作詩自劾責曰：『赫矣我祖！侯于豕韋，賜命建伯，有殷以綏。厥績既昭，車服有常，朝宗商邑，四牡翔翔。德之令顯，慶流于裔，宗周至漢，羣后歷世。肅肅楚傳，輔翼元夷，厥駟有庸，惟愼惟祇。嗣王孔佚，越遷于鄒；五世壙僚，至我節侯。惟我節侯，顯德遐聞，左右昭宣，五品以訓。既耇致位，惟懿惟奐，厥賜祁祁，百金洎館。國彼扶陽，在京之東，惟帝是留，政謀是從，繹繹六轡，是列是理，威儀濟濟，朝享天子。天子穆穆，是宗是師，四方遐爾，觀國之煇。茅土之繼，在我俊兄，惟我俊兄，是讓是形。於休厥德，於赫有聲，致我小子，越留于京。惟我小子，不肅會同，媠彼車服，黜此附庸。赫赫顯爵，自我隊之，微微附庸，自我招之。誰能忍媿？寄之我顏，誰將遐征？從之夷蠻。於赫三事，匪俊匪作，於蔑小子，終焉其度。誰謂華高？企其齊而，誰謂德難？厲其庶而。嗟我小子，于貳其尤，隊彼令聲，申此擇辭。四方羣后，我監我視，威儀車服，惟肅是履。』帝寵姬張婕妤，男淮陽憲王好政事，通法律。帝奇其材，欲以爲嗣，事不果行。(詳見黃龍元年)至是，帝欲感諷憲王，輔以禮讓之臣，迺召拜玄成爲淮陽中尉。是時王未就國，玄成因隨之留京師。

【出處】漢書韋玄成傳

三年庚（前五一）

詔諸儒講五經同異　是年三月，詔諸儒講五經同異於石渠閣，黃門侍郎梁丘臨奉使問諸儒，太子太傅蕭望之平奏其議，上親臨制決焉。是時與議者，易家有博士施讎。書家有博士歐陽地餘，初，兒寬授歐陽生子，世世相傳，至曾孫高子陽爲博士。地餘字長賓，高之孫也。以太子中庶子。太子授至是，以博士論石渠。博士林尊，字長賓，千乘人。事歐陽高。譯官令周堪，字少卿，齊人。與孔霸俱事大夏侯勝。博士張山拊，字長賓，平陵人。事小夏侯建。謁者假倉，字子驕，陳留人，事張山拊。後至膠東相。詩家有淮陽中尉韋玄成，博士張長安，長安後至淮陽中尉，其兄子游卿爲諫大夫，以詩授元帝，其門人琅邪王扶爲泗水中尉授陳留許晏爲博士。由是魯詩有張氏學，而張家有許氏學。博士薛廣德。禮家有博士戴聖，太子舍人聞人通漢。（後至中山中尉）迺立梁丘易，大小夏侯尚書，穀梁春秋，議奏之見於藝文者，書四十二篇，禮三十八篇，春秋三十九篇，論語十八篇，五經雜議十八篇，凡一百六十五篇。

【出處】　漢書宣帝紀　儒林傳

【考證】　按後人多以平公穀異同及石渠議經之事，混爲一談，殊誤。因彼乃元年之事，此乃三年之事，漢書記載甚明。蓋宣帝因平公穀之異同，始引起平諸經異同之興趣，遂有石渠大會之招集，雖有因果之關係，實非一時之時。故漢書儒林公羊家諸人之傳，皆無『論石渠』之文，以元年殿中議說，此時不復與會也。

四年辛未（前五〇）

林尊為少府 尊初為博士，論石渠，至是為少府，尊授平陵平當。梁陳翁生。當至丞相，翁生為信都太傅，家世傳業，由是歐陽有平陳之學，翁生授琅琊殷崇，楚國龔勝，崇為博士。當授九江朱普公文，上黨鮑宣，普至博士。宣司隸校尉。

【出處】漢書儒林傳

【考證】按尊之為少府，不知在何年，然以儒林傳觀之，當在論石渠之後。儒林傳又稱其為太子太傅，蓋即由少府遷徙也。考元帝時之為太子太傅者，初元二年以後有韋玄成，玄成以後有嚴彭祖，彭祖在永光四年議罷郡國廟時尚存，則其卒時當與元帝終始也。惟元帝元二年之為太子太傅者，史無明文，當即林尊，此年之為少府者，百官表亦不載，若亦為林尊，則年代正合，姑置之於此以俟考。

周堪為太子少傅 堪論於石渠，經為最高，遂為太子少傅，而孔霸以太中大夫授太子，湛授尚書於牟卿及長安許商長伯。牟卿爲博士，霸以帝師，賜爵號褒成君，傳子光，亦事牟卿，至丞相，由是大夏侯有孔許之學。

【出處】漢書儒林傳

黃龍元年壬申（前四九）

增博士員十二人

【出處】漢書百官公卿表

帝崩太子即位　帝寢疾，選大臣可屬者，引外屬侍中樂陵侯史高，太子太傅蕭望之，少傅周堪至禁中。拜高爲大司馬車騎將軍，望之爲前將軍光祿勳，堪爲光祿大夫，皆受遺詔輔政，領尚書事。帝崩。太子即位，是爲元帝，初，宣帝微時，太子生民間。年二歲，宣帝即位，八歲立爲太子。壯大，柔仁好儒。見宣帝所用多文法吏，以刑名繩下。大臣盍寬饒等，坐刺譏辭語爲罪而誅。嘗侍燕從容言：『陛下持刑太深，宜用儒生。』宣帝作色曰：『漢家自有制度，本以霸王道雜之，奈何純任德敎用周政乎？且俗儒不達事宜，好是古非今，使人眩於名實，不知所守，何足委任！』

迺歎曰：『亂我家者，太子也！』繇是疏太子而愛淮陽王，曰：『淮陽王明察好法，宜爲吾子。』而王母張倢伃尤幸。上有意欲用淮陽王代太子。然以少依許氏，俱從微起，故終不背焉。

【出氣】 漢書元帝紀 蕭望之傳

總評

這個時期，包有武帝昭帝宣帝三代，可算漢朝鼎盛時代。當時政府對於思想界的關係，有兩點很可以注意的，第一，武帝初年，罷黜百家，獨尊儒術。又立五經博士，置博士弟子員。昭帝增博士弟子員，宣帝平公羊穀梁異同，石渠閣議經。在表面上看來，儒家在當時是將學術界統一了。第二，武帝宣帝都用法嚴峻。武帝不用董仲舒的話，宣帝以王吉興禮樂的話爲迂腐，又常對太子說：『漢家自有制度，本以霸王道雜之，奈何純任德教用周政乎？且俗儒不達事宜，好是古非今，使人眩於名實，不知所守，何足委任！』可以知道，這個時期表面上是用儒家，骨子裏面却是用法家。他們提倡經學，不過是粉飾太平而已。所以漢代的經學，就等於明淸的八股，於思想界沒有什麼貢獻。當昭帝時的鹽鐵之爭，是儒法兩家思想的對壘，末尾似乎是儒家的言論戰勝了。不過看鹽鐵論末尾文學的幾句話，並不比以前所說的鋒利，斷不能使『大夫憮然內慚，四據而不言。』大概當時是各持一說，不相上下，政府方面，覺得有罷榷酤的必要，所以採用了儒家一部分的意見。桓寬作鹽鐵論到此也寫得手酸了，就隨便敷衍幾句話收住，不一定就是儒家將法家打的一敗塗地。

當時的經學家既不能指導當時人民的思想，而法家的理論，雖被政府採用，但法家是不講學的，所以在思想界也沒有很大的影響。這時候民間的迷信思想已經結合在一起繼續的向思想界侵入。董仲舒是集這些迷信思想之大成的，據他的書看來，知道他有未道先知呼風喚雨的手段。他用當時的迷信思想解釋古經，又解釋一切古書，所以作出天人感應的教科書。我們由此可以給當時的思想界下一個定義：

以儒教的經典，加以漢人的解釋，使與民間宗教迷信相差不遠：而以天人感應為中心。

董仲舒對武帝策中第一句就是：『天人相與之際，甚可畏也。』春秋繁露如天之為說：『天地之間，有陰陽之氣常漸人者，若水常漸魚也。所以異於水者，可見與不可見耳，其澹澹也。然則人之居天地之間，其猶魚之離水，一也。其無間若氣而淖於水。水之比於氣也，若泥[redacted]水也。是天地之間，若虛而實。人常漸是澹澹之中，而以治亂之氣與之流通相[redacted]人氣調和，而天地之化美，殽於惡而味敗，此易見之物也。推物之類以易見[redacted]情可得。治亂之氣，邪正之風，是殽天地之化者也。生於化而反殽化，與運連也[redacted]』因為人和天地的關係這樣密切，所以可以互相感應。春秋繁露同類相動說：『天有陰陽，人亦有陰陽。天地之陰氣起，而人之陰氣應之而起。人之陰氣起，而天地之陰氣亦宜應之而起，其道一也。』由此我們可以將天人感應的學說分為兩層：一，人感天，天既合人呼吸相通，所以人作事於下，天變動於上。漢書五行志載：『莊公二十八年冬大水。亡麥禾。董仲舒以為夫人哀姜淫亂。逆陰氣。故大水也。』因為他們承認天是有意志的，所以天可以賞善罰惡。人的行為善惡，都可以感動天地。有時天要降罰於一人，但他作了善事，或者有作善事的意思，也可以挽回天心。這是他們規勸當時人的不二法門。二，天垂象。有一種特殊的事情將要發現，天每每給人一種預兆。平常人最容易忽略，當時經生一看便知道，往往事後解釋得非常明白。如漢書五行志所引諸家解釋春秋災異都是。又如眭弘解釋泰山石立，(見本書前七八)夏后勝解釋天久陰不雨，都是拿春秋尚書來解釋天象，當時講經的方法，也可概見了。

之比於

穀也。故

難者，其

民国首版学术经典

汉晋学术编年【二】

刘汝霖　著

上海科学技术文献出版社
Shanghai Scientific and Technological Literature Press

劉汝霖編

漢晉學術編年

第三冊

商務印書館發行

漢晉學術編年卷之三

漢

孝元皇帝 名奭，宣帝子，在位一十六年。

初元元年癸酉（前四八）

徵翼奉待詔宦者署　初，奉治齊詩，與蕭望之匡衡同師。三人經術皆明。衡爲後進，望之施之政事，而奉惇學不仕，好律曆陰陽之占。帝初即位，諸侯薦之，徵待詔宦者署，數言事宴見，天子敬焉。時平昌侯王臨，以宣帝外屬侍中，稱詔欲從奉學其術。奉不肯與言，而上封事曰：『臣聞之於師，治道要務，在知下之邪正。人誠鄉正，雖愚爲用。若迺懷邪，知益爲害。知下之情，在於六情十二律而已。北方之情好也，好行貪狼，申子主之。東方之情怒也，怒行陰賊，亥卯主之。貪狼必待陰賊而後動。陰賊必待貪狼而後用。二陰並行，是以王者忌子卯也。禮經避之，春秋諱焉。南方之情惡也，惡行廉貞，寅午主之。西方之情喜也，喜行寬大，巳酉主之。二陽並行，是以王者吉午酉也。詩曰：「吉日庚午」上方之情樂也，樂行姦邪，辰未主之。下方之情哀也，哀行公正，戌丑主之。辰未屬陰，戌丑屬陽，萬物各以其類應。今陛下明聖，虛靜以待物至。萬事雖衆，何聞而不諭，豈況乎執十二律而御六情。於以知下參實，亦甚優矣。萬不失一，自然之道也。迺正月癸未，日加申，有暴風從西南來。未主姦邪，申主貪狼。風以大陰，下抵建前，是人主左右邪臣之氣也。平昌侯比三來見臣，皆以正辰加邪時。辰爲客，時爲主，人以律知人情，王者之祕道也。愚臣誠不敢以語邪人。』

【出處】漢書翼奉傳

翼奉爲中郎 上以奉爲中郎，召問奉『來者以善日邪時，孰與邪日善時？』奉對曰：『師法用辰不用日。辰爲客，時爲主人。見於明主，侍者爲主人。辰正時邪，見者正，侍者邪。辰邪時正，見者邪，侍者正。忠正之見，侍者雖邪，辰時俱正。大邪之見，侍者雖正，辰時俱邪。即以自知侍者之邪，而時邪辰正，見者反邪。即以自知侍者之正，而時正辰邪，見者反正。辰爲常事，時爲一行。辰疏而時精，其効同功，必參五觀之，然後可知。故曰察其所繇，省其進退，參之六合五行，則可以見人性，知人情。難用外察，從中甚明。故詩之爲學，情性而已。五性不相害，六情更興廢。觀性以厤，觀情以律，明主所宜獨用，難與二人共也。故曰：「顯諸仁，臧諸用。」露之則不神，獨行則自然矣。』此術唯奉能用，學者莫能行。

【出處】漢書翼奉傳

散騎諫大夫劉更生爲宗正　蕭望之周堪本以師傅見尊重。上即位，數宴見，言治亂，陳王事。望之又選白劉更生給事中，與侍中金敞，並拾遺左右。四人同心謀議，勸道上以古制，多所欲匡正，上甚鄉納之。初，宣帝不甚從儒術，任用法律，而中書宦官用事，中書令弘恭石顯，久典樞機，明習文法，亦與車騎將軍史高爲表裏，論議常獨持故事，不從望之等。恭顯又時傾側見黜。望之以爲中書政本，宜以賢明之選，自武帝游宴後庭，故用宦者，非國舊制，又違古不近刑人之義。白欲更置士人，由是大與高恭顯忤。上初即位，謙讓重改作，議久不定，出劉更生爲宗正。

【出處】漢書楚元王傳　蕭望之傳

匡衡爲郎中　衡父世農夫，至衡好學，家貧，庸作以供資用。嘗夜讀書無燭，鄰舍有燭而不逮，衡乃穿壁引其光，以書映光而讀之，邑人大姓，文不識，家富多書，衡乃與其傭作而不求償，主人怪問之，衡曰：願得主人書遍讀之，主人感嘆，資給以書，遂成大學。尤精力過絕人。諸儒爲之語曰：『無說詩，匡鼎來。匡說詩，解人頤。』衡射策甲科，以不應令。除爲太常掌故，調補平原文學。學者多上書薦衡經明當時少雙，令爲文學就官。京師後進，皆欲從衡平原，衡不宜在遠方。事下太子太傅蕭望之，少府梁丘賀，問衡對詩諸大義，其對深美。望之奏衡經學精習，說有師道，可觀覽，宣帝不甚用儒，遣衡歸官，而皇太子見衡對，私善之。會宣帝崩，帝初即位，樂陵侯史高，以外屬爲大司馬車騎將軍，領尚書事，前將軍蕭望之爲副。望之名儒，有師傅舊恩，天子任之，多所貢薦，高充位而已。與望之有隙。長安令楊興，因說高舉賢士以收人望。高然其言，乃辟衡爲議曹史，薦衡於上，上以爲郎中，遷博士給事中。

【出處】漢書匡衡傳

韋玄成爲少府，二年遷太子太傅，至御史大夫。

【出處】漢書韋玄成傳

徵王吉及貢禹吉道病卒　初，王吉坐昌邑王事髡爲城旦，起家復爲益州刺史，病去官，復徵爲博士諫大夫。上疏言：『欲治之主不世出，公卿幸得遭遇其時，未有建萬世之長策舉明主於三代之隆者也。其務在於簿書斷獄聽訟而已，此非太平之基也。今俗吏所以牧民者，非有禮義科指可世世通行者也。以意穿鑿，各取一切。是以詐僞萌生，刑罰無極，質樸日消，恩愛寖薄。孔子曰：「安上治民，莫善於禮。」非空言也。願與大臣延及儒生，述舊禮，明王制，驅一世之民，濟之仁壽之域。則俗何以不若成康，壽何以不若高宗？』宣帝以其言迂闊，不甚寵異也。吉遂謝病歸瑯琊。吉與同郡貢禹爲友，世稱王陽在位，貢公彈冠，言其取舍同也。禹字少翁，初事嬴公學春秋，而成於眭孟。以明經絜行著聞，徵爲博士，涼州刺史，病去官。復舉賢良，爲河南令。歲餘，以職事爲府官所責，免官謝。禹曰：『冠壹免，安復可冠也。』遂去官。至是，帝初即位，遣使者徵禹及吉。吉年老，道病卒。上悼之，復遣使者弔祀。而以禹爲諫大夫，數虛己問以政事。初，吉兼通五經，能爲騶氏春秋，以詩論語教授，好梁丘賀說易，令子駿受焉。

【出處】漢書禮樂志　王吉傳　儒林傳

二年甲戌（前四七）

翼奉上書言事　二月戊午地震，七月己酉地復震，上下詔罪己，舉直言極諫之士。奉上書曰：『臣聞之於師曰：天地設位，懸日月，布星辰，分陰陽，定四時，列五行，以視聖人，名之曰道。聖人見道，然後知王治之象。故畫州土，建君臣，立律厤，陳成敗，以視賢者，名之曰經。賢者見經，然後知人道之務，則詩，書，易，春秋，禮，樂是也。易有陰陽，詩有五際，春秋有災異，皆列終始，推得失，考天心，以言王道之安危。至秦迺不說，傷之以法，是以大道不通，至於滅亡。今陛下明聖，深懷要道，燭臨萬方，布德流惠，靡有闕遺，罷省不急之用，振救困貧，賦醫樂，賜棺錢，恩澤甚厚。又舉直言，求過失，盛德純備，天下幸甚。臣奉竊學齊詩，聞五際之要，十月之交篇，知日蝕地震之效，昭然可明。猶巢居知風，穴處知雨，亦不足多，適所習耳。臣聞人氣內逆，則感動天地。天變見於星氣日蝕，地變見於奇物震動。所以然者，陽用其精，陰用其形。猶人之有五臧六體，五臧象天，六體象地。故臧病則氣色發於面，體病則欠申動於貌。今年太陰建於甲戌，律以庚寅初用事，厤以甲午從春。厤中甲庚，律得參陽，性中仁義，情得公正貞廉。百年之精歲也。正以精歲，本首王位，日臨中時按律，而地大震。其後連月久陰，雖有大令，猶不能復，陰氣盛矣。古者朝廷，必有同姓，以明親親。必有異姓，以明賢賢。此聖王之所以大通天下也。同姓親而易進，異姓疏而難通。故同姓一，異姓五，迺爲平均。今左右亡同姓，獨以舅后之家爲親。異姓之臣又疏，二后之黨滿朝，非特處位勢，尤奢僭過度。呂霍上官，足以卜之。甚非愛人之道，又非後嗣之長策也。陰氣之盛，不亦宜乎？臣又聞未央建章甘泉宮，才人各以百數，皆不得天性。若杜陵園其已御見者，臣子不敢有言，雖然，太皇太后之事也。及諸侯王園與其後宮，宜爲設員出其過制者。此損陰氣，應天救邪之道也。今異至不應，災將隨之，其法大水。極陰生陽，反爲大旱，甚則有火災，春秋宋伯姬是矣。唯陛下財察。』

【出處】漢書翼奉傳

張禹爲光祿大夫　禹字子文，河內軹人也，至禹父徙家蓮勺。禹爲兒，數隨家至市，喜觀於卜相者前。久之，頗曉其別蓍布卦意，時從旁言。卜者愛之，又奇其面貌，謂禹父：『是兒多知，可令學經。』及禹壯，至長安學，從沛郡施讎受易，琅邪王陽膠東庸生問論語，既皆明習，有徒衆，舉爲郡文學。甘露中，諸儒薦禹，有詔太子太傅蕭望之問，禹對易及論語大義，望之善焉，奏禹經學精習，有師法，可試事。奏寢，罷歸故官，久之，試爲博士。至是，立皇太子，而博士鄭寬中（字少君平陵人）以尚書授太子，薦言禹善論語，詔令禹授太子論語。由是遷光祿大夫。

數歲，出爲東平內史。

【出處】漢書張禹傳

周堪劉更生爲中郎尋繫獄免蕭望之自殺 先是，蕭望之周堪劉更生及侍中周敞四人同心輔政，患苦外戚許史在位放縱，而弘恭石顯弄權，議欲罷退之。望之堪數薦明儒茂材，以備諫官。會稽鄭朋陰欲附望之，上疏言許史罪過，章視周堪，堪白令朋待詔金馬門。朋又奏記望之，望之見納，接待以意。朋因數稱述望之，短車騎將軍，言許史過失。後朋行傾邪，望之絕不與通。朋怨恨，更求入許史，推所言許史事曰；『皆周堪劉更生教我，我關東人，何以知此？』侍詔華龍者，宣帝時與張子蟜等待詔，以行汙濊不進，欲入堪等，堪等不納，故與朋相結。恭顯令二人告望之等謀欲罷車騎將軍疏退許史狀。事下弘恭問狀。恭顯奏：『望之堪更生朋黨相稱舉，數譖訴大臣，毀離親戚，欲以專擅權勢，爲臣不忠，誣上不道，請謁者召致廷尉。』時上初即位，不省謁者召致廷尉爲下獄也，可其奏。於是堪更生皆下獄。後上召堪更生，曰『繫獄』上大驚曰：『非但廷尉問耶？』以責恭顯，皆叩頭謝。上曰：『令出視事』恭顯因使高言：『上新即位，未以德化聞於天下，而先驗師傅。既下九卿大夫獄，宜因決免。』於是制詔丞相御史『前將軍望之，傅朕八年，亡它罪過。今事久遠，識忘難明，其赦望之罪』收前將軍光祿勳印綬，及堪更生皆免爲庶人，而朋爲黃門郎。後數月，制詔御史：『國之將興，尊師而重傅，故前將軍望之傅朕八年，道以經術，厥功茂焉。其賜望之爵關內侯，食邑六百戶，給事中，朝朔望，坐次將軍。』又徵堪更生，欲以爲諫大夫。恭顯白，皆爲中郎。上器重望之不已，欲倚以爲相。會地震，恭顯許史等皆側目於望之等。更生懼焉，乃使其外親上變事，言地震殆爲恭等。宜退恭顯，以彰蔽善之罰，進望之等，以通賢者之路。書奏，恭顯疑其更生所爲，白請考姦詐，辭果服。遂逮更生繫獄。免爲庶人。會望之子伋亦上書頌望之前事。事下，有司復奏：『望之前所坐明白，無譖訴者，而教子上書，稱引亡辜之詩。失大臣體，不敬。請逮捕。』弘恭石顯等知望之素高節，不詘辱，建白：『望之前爲將軍輔政，欲排退許史，專權擅朝，幸得不坐，復賜爵邑，與聞政事。不悔過服罪，深懷怨望，教子上書，歸非於上。自以託師傅，懷終不坐。非頗詘望之於牢獄，塞其怏怏心，則聖朝亡以施恩厚。』上曰：『蕭太傅素剛，安肯就吏？』顯等曰：『人命至重，望之所坐，語言薄罪，必亡所憂。』上乃可其奏，顯等封以付謁者，敕令召望之手付，因令太常急發執金吾車騎，馳圍其第。使者至，召望之。望之欲自殺，其夫人止之，以爲非天子意。望之以問門下生朱雲，字游，魯人，徙平陵。雲者好節士，勸望之自裁。於是望之仰天歎曰：『吾嘗備位將相，年踰六十矣。老入牢獄，苟求生活，不亦鄙乎！』字謂雲曰：『游！趣和藥來，無久留我死。』竟飲鴆自殺。天子聞之驚，拊手曰：『曩固疑其不就牢獄，果然殺吾賢傅！』是時太官方上晝食，上乃卻食，爲之涕泣，哀慟左右。於是召顯等，責問以議不詳，皆免冠謝，良久然後已。望之著有賦四篇 望之有罪死，有司請絕其爵邑，有詔加恩，長子伋嗣爲關內侯。乃擢周堪爲光祿勳，堪弟子張猛光祿大夫給事中，大見信任。恭顯憚之，數譖毀焉。天子追念望之不忘，無歲時，遣使者祠祭望之冢，終元帝世。望之八子，至大官者，育，咸，由。

【出處】漢書楚元王傳 蕭望之傳

三年乙亥（前四六）

翼奉上書請徙都 四月乙未，孝武園白鶴館災，奉自以爲前言已中，上疏曰：『臣前上五際地震之效，曰極陰生陽，恐有火災，不合明聽，未見省答。臣竊內不自信。今白鶴館以四月乙未，時加於卯，月宿亢災，與前地震同法，臣奉迺深知道之可信也。不勝拳拳，願復賜閒，卒其終始。』上復延問以得失。奉以爲祭天地於雲陽汾陰及諸寢廟，不以親疏迭毀，皆煩費，違古制。又宮室苑囿，奢泰難供，以故民困國虛，亡累年之畜，所繇來久。不改其本，難以末正。迺上疏曰：『臣聞昔者盤庚改邑，以興殷道，聖人美之。竊聞漢德隆盛，在於孝文皇帝，躬行節儉，外省繇役。其時未有甘泉建章及上林諸離宮館也。未央宮又無高門武臺麒麟鳳皇白虎玉堂金華之殿，獨有前殿曲臺漸臺宣室溫室承明耳。孝文欲作一臺，度用百金，重民之財，廢而不爲。其積土基，至今猶存。又下遺詔，不起山墳。故其時天下大和，百姓治足，德流後嗣。如令處於當今，因此制度，必不能成功名。天道有常，王道亡常，亡常者所以應有常也。必有非常之主，然後能立非常之功。臣願陛下徙都於成周，左據成皋，右阻黽池，前鄉崧高，後介大河，建滎陽，扶河東，南北千里以爲關，而入敖倉。地方百里者八九，足以自娛。東厭諸侯之權，西遠羌胡之難。陛下共已亡爲，按成周之居，兼盤庚之德，萬歲之後，長爲高宗。漢家郊兆寢廟祭祀之禮，多不應古，臣奉誠難亶居而改作，故願陛下遷都正本，衆制皆定，無復繕制宮館不急之費，歲可餘一年之畜。臣聞三代之祖，積德以王，然皆不過數百年而絕。周至成王，有上賢之材，因文武之業，以周召爲輔，有司各敬其事，在位莫非其人。天下甫二世耳，然周公猶作詩書，深戒成王，以恐失天下。書則曰：「王毋若殷王紂」其詩則曰：「殷之未喪師，克配上帝。宜鑒於殷，駿命不易。」今漢初取天下，起於豐沛，以兵征伐，德化未洽。後世奢侈，國家之費當數代之用。非直費財，又迺費士。孝武之世，暴骨四夷，不可勝數。有天下雖未久，至於陛下，八世九主矣。雖有成王之明，然亡周召之佐。今東方連年飢饉，加之以疾疫，百姓菜色，或至相食。地比震動，天氣溷濁，日光侵奪。繇此言之，執國政者，豈可以不懷怵惕而戒萬分之一乎？故臣願陛下因天變而徙都，所謂與天下更始者也。天道終而復始，窮則反本，故能延長而亡窮也。今漢道未終，陛下本而始之，於以永世延祚，不亦優乎？如因丙子之孟夏，順太陰以東行，到後七年之明歲，必有五年之餘蓄，然後大行考室之禮，雖周之隆盛，亡以加此。唯陛下留神詳察萬世之策。』書奏，天子異其意。答曰：『問奉：今園廟有七，云東徙，狀何如？』奉對曰，『昔成王徙洛，般庚遷殷，其所避就，皆陛下所明知也。非有聖明，不能一變天下之道。臣奉愚戇狂惑，唯陛下裁赦。』奉以中郎爲博士諫大夫，年老以壽終，嘗著有風角要候十一卷及風角雜占五音圖，子及孫皆以學在儒官。

【出處】　漢書翼奉傳　隋書經籍志

匡衡爲太子少傅　是時有日蝕地震之變，上問以政治得失。衡上疏曰：『……臣聞天人之際，精祲有以相盪，善惡有以相推。事作乎下者，象動乎上，陰陽之理，各應其感。陰變則靜者動，陽蔽則明者晻。水旱之災，隨類而至。今關東連年饑饉，百姓乏困，此皆生於賦斂多，民所共者大，而吏安集之不稱之效也。陛下祇畏天戒，哀閔元元，大自減損，省甘泉建章宮衛，罷珠崖，偃武行文，將欲度唐虞之隆，絕殷周之衰也。諸見罷珠崖詔書者，莫不欣欣，人自以將見太平也。宜遂減宮室之度，省靡麗之飾，考制度，修外內，近忠正，遠巧佞，放鄭衛，進雅頌，舉異材，開直言。任温良之人，退刻薄之吏，顯絜白之士，昭無欲之路，覽六藝之意，察上世之務，明自然之道，博和睦之化，以崇至仁，匡失俗，易民視，令海內昭然，咸見本朝之所貴。道德弘于京師，淑問揚乎疆外。然後大化可成，禮讓可興也。」上說其言，遷衡爲光祿大夫太子少傅。

【出處】漢書匡衡傳

【考證】按衡之疏乃爲日蝕地震而上，當在二年二月以後。惟言及罷珠厓之事，事在三年，故誌之於此。

張山拊爲少府　山拊初事小夏侯建，受尚書，爲博士，論石渠，至是爲少府。山拊授同縣李尋（見綏和元年）鄭寬中，山陽張無故子儒，信都秦恭延君，陳留假倉子驕。無故善修章句，爲廣陵太傅，守小夏侯說文，恭增師法至百萬言，爲城陽內史。倉以謁者論石渠，至膠東相。由是小夏侯有鄭張秦假李氏之學。寬中授東郡趙玄，無故授沛唐尊，恭授魯馮賓。賓爲博士，尊王莽太傅，玄哀帝御史大夫，至大官，知名者也。

【出處】漢書儒林傳

【考證】按山拊之爲少府，不知在何年。然百官表稱韋玄成於初元元年爲少府，二年遷。而初元四年方見表載少府延。則三年四年當即山拊爲少府時也。

四年丙子（前四五）

京房舉孝廉　房字君明，東郡頓丘人。治易，事梁人焦延壽。延壽字贛，贛貧賤，以好學得幸梁王，王共其資用，令極意學。既成，爲郡吏，察舉，補小黃令。以候司先知姦邪，盜賊不得發。愛養吏民，化行縣中，舉最當遷。三老官屬上書願留贛。有詔許增秩留，卒於小黃。嘗著易林十六卷，易林變占十六卷，贛常曰：『得我道以亡身者，必京生也。

』其說長於災變，分六十四卦，更直日用事，以風雨寒温爲候，各有占驗。房用之尤精。延壽云：嘗從孟喜向易。會喜死，房以爲延壽易即孟氏學，翟牧白生不肯，皆曰非也。至成帝時，劉向校書，考易說，以爲諸家易說皆祖田何楊叔丁將軍，大誼略同，唯京氏爲異，黨焦延壽獨得隱士之說，託之孟氏，不與相同。房又好鍾律，知音聲。至是，以孝廉爲郎。房授東海段嘉，河東姚平，河南乘弘，皆爲郎博士，嘉說易十二篇，繇是易有京氏之學。

【出處】漢書京房傳　儒林傳

五年丁丑（前四四）

下詔博士弟子無置員　初武帝爲博士官置弟子五十人，昭帝時，舉賢良文學，增博士弟子員滿百人。宣帝末，增倍之。至是帝好儒，能通一經者皆復，不限員數，以廣學者。後數年，以用度不足，更爲設員千人，郡國置五經百石卒吏。至成帝末，或言孔子布衣，養徒三千人，今天子太學弟子少。於是增弟子員三千人，歲餘復如故。至平帝時，王莽秉政，增元士之子得受業如弟子，勿以爲員。歲課甲科四十人，爲郎中。乙科，二十人，爲太子舍人。丙科，四十人，補文學掌故云。

【出處】漢書儒林傳

貢禹爲御史大夫　佞臣石顯譖殺蕭望之，望之當世名儒，顯恐天下學士姍已，病之。

是時明經著節士，遂深結納禹，薦之天子。禹遷光祿大夫，頃之，上書乞骸骨。帝不許，後月餘，爲長信少府，會御史大夫陳萬年卒，禹代爲御史大夫。列於三公。

【出處】漢書貢禹傳　石顯傳

華陰守丞嘉上書薦朱雲獲罪　雲少時，通輕俠，借客報仇，長八尺餘，容貌甚壯，以勇力聞，年四十，迺變節，從博士白子友受易。又事前將軍蕭望之，受論語，皆能傳其業。好倜儻大節，當世以是高之。貢禹既爲御史大夫，而華陰守丞嘉上封事，言『治道在於得賢，御史之官，宰相之副，九卿之右，不可不選。平陵朱雲，兼資文武，忠正有智略，可使以六百石秩。試守御史大夫，以盡其能。』上迺下其事問公卿。太子少傅匡衡對。『以爲大臣者，國家之股肱，萬姓所瞻仰，明王所愼擇也。傳曰：下輕其上爵，賤人圖柄臣，則國家搖動，而民不靜矣。今嘉從守丞而圖大臣之位，欲以匹夫徒走之人，而超九卿之右，非所以重國家而尊社稷也。自堯之用舜，文王於太公，猶試然後爵之，又況朱雲乎。雲素好勇，數犯法亡命，受易頗有師道，其行義未有以異。今御史大夫禹絜白廉正，經術通明，有伯夷史魚之風，海內莫不聞知。而嘉猥稱雲，欲令為御史大夫。妄相稱舉，疑有姦心，漸不可長，宜下有司案驗，以明好惡。』嘉竟坐之。貢禹在位，數言得失，書數十上，雖未盡從，然嘉其質直之意。十二月丁未卒，年八十一。長信少府薛廣德代為御史大夫。凡十月免

【出處】漢書朱雲傳　貢禹傳　百官公卿表

嚴彭祖為左馮翊　彭祖字公子，東海下邳人，酷吏嚴延年之次弟也。與顏安樂俱事眭孟。孟弟子百餘人，唯彭祖安樂為明。質問疑誼，各持所見。孟曰：『春秋之意，在二子矣。』孟死，彭祖安樂各顓門教授，由是公羊春秋有顏嚴之學。安樂字公孫，魯國薛人，眭孟姊子也，家貧，為學精力，官至齊郡太守丞，後為仇家所殺。安樂授淮陽泠豐次君，淄川任公，公為少府，豐淄川太守。由是顏家有泠任之學。而貢禹學成於眭孟，疏廣事孟卿。廣授琅琊筦路，路為御史中丞，禹授潁川堂谿惠，惠授泰山冥都，都為丞相史。都與路，又事安樂。故顏氏復有筦冥之學。路授鄭陵孫寶子嚴，豐授馬宮，琅琊左咸。嚴彭祖授琅琊王中，為元帝少府，家世傳業。中授同郡公孫文，東門雲。雲為荊州刺史，文東平太傅，徒衆尤盛。雲坐為江賊拜，辱命，下獄誅。彭祖為宣帝博士，至河南東郡太守。至是，以高第入為左馮翊。嘗著有春秋公羊傳十二卷，春秋左氏圖十卷。

【出處】漢書儒林傳　百官公卿表

褚少孫卒

【考證】史記建元以來侯者年表褚先生補表載：『廣陵王……坐祝詛滅國，自殺，國除。今帝復立子爲廣陵王。』考漢書諸侯王表，孝王霸以元帝初元二年紹封，立十三年卒。而史記補表稱今帝，則爲元帝無疑，但未及其死，則少孫至遲不得見及建昭四年。証一也。考漢書，扶陽侯韋玄成因有罪削一級爲關內侯。永光二年，復以丞相侯。而補表不言復侯之事。玄成爲一代名臣，經學大師，少孫與之同時，若見及其復侯，斷無不知，知之斷無遺漏之理。言旣止於爲關內侯，則知少孫死於永光二年之前，証二也。補表又載：王雅君『初元以來，游宦求官於京師者，多得其力，未聞其知略廣宣於國家也。』雅君卒於永光元年，玩味此文，少孫當未見及其死，而少孫之死，必在初元之中矣。證三也。有此三證，故誌之於此

京房言五聲六律　房知五聲之音，六律之數。上使太子太傅韋玄成諫議大夫章雜試問房於樂府。房對：『受學故小黃令焦延壽，六十律相生之法，以上生下，皆三生二

，以下生上，皆三生四。陽下生陰，陰上生陽，終於中呂，而十二律畢矣。中呂上生執始，執始下生去滅，上下相生，終於南事，六十律畢矣。夫十二律之變至於六十，猶八卦之變至於六十四也。宓羲作易，紀陽氣之初，以爲律法。建日冬至之聲，以黃鍾爲宮，太簇爲商，姑洗爲角，林鐘爲徵，南呂爲羽，應鍾爲變宮，蕤賓爲變徵，此聲氣之元五音之正也。故各終一日。其餘以次運行。當日者各自爲宮，而商徵以類從焉。禮運篇曰：「五聲六律十二管，還相爲宮。」此之謂也。以六十律分朞之日，黃鍾自冬至始，及冬至而復，陰陽寒燠風雨之占生焉。於以檢攝羣音，考其高下，苟非草木之聲，則無不有所合。虞書曰，律和聲，此之謂也，』

【出處】 續漢書律曆志

永光元年戊寅（前四三）

歐陽地餘爲少府 自帝即位，地餘侍中貴幸，至是爲少府。既爲少府，戒其子曰：『我死，官屬即送汝財物，慎毋受。汝九卿儒者子孫，以廉絜著，可以自成。』

【出處】　漢書儒林傳

劉更生上書言事　更生見周堪張猛在位，幾已復得進，懼其傾危，乃上封事，諫曰：『……臣聞舜命九官，濟濟相讓，和之至也。衆賢和於朝，則萬物和於野。故簫韶九成，而鳳皇來儀。擊石拊石，百獸率舞。四海之內，靡不和寧。及至周文，開基西郊，雜遝衆賢，罔不肅和，崇推讓之風，以銷分爭之訟。文王既沒，周公思慕，歌詠文王之德，其詩曰：「於穆清廟，肅雍顯相，濟濟多士，秉文之德。」當此之時，武王周公繼政，朝臣和於內，萬國驩於外，故盡得其驩心，以事其先祖。其詩曰：「有來雍雍，至止肅肅，相維辟公，天子穆穆，」言四方皆以和來也。諸侯和於下，天應報於上。故周頌曰：「降福穰穰」又曰：「飴我釐麰」釐麰麥也，始自天降，此皆以和致和，獲天助也。下至幽厲之際，朝廷不和，轉相非怨。詩人疾而憂之曰：「民之無良，相怨一方。」衆小在位而從邪議，歙歙相是而背君子，故其詩曰，「歙歙訿訿，亦孔之哀，謀之其藏，則具是違，謀之不藏，則具是依。」君子獨處守正，不橈衆枉，勉彊以從王事，則反見憎毒讒愬。故其詩曰：「密勿從事，不敢告勞，無罪無辜，讒口嗷嗷。」當是之時，日月薄蝕而無光。其詩曰：「朔日辛卯，日有蝕之，亦孔之醜。」又曰：「彼月而微，此日而微，今此下民，亦孔之哀。」又曰：「日月鞠凶，不用其行，四國無政，不用其良。」天變見於上，地變動於下，水泉沸騰，山谷易處。其詩曰：「百川沸騰，山冢卒崩，高岸爲谷，深谷爲陵，哀今之人，胡憯莫懲。」霜降失節，不以其時，其詩曰：「正月繁霜，我心憂傷，民之訛言，亦孔之將。」言民以是爲非甚衆大也。此皆不和賢不肖易位之所致也。自此之後，天下大亂，篡殺殃禍竝作，厲王奔彘，幽王見殺。至乎平王末年，魯隱之始即位也，周大夫祭伯，乖離不和，出奔於魯。而春秋爲諱；不言來奔，傷其禍殃自此始也。是後尹氏世卿而專恣，諸侯背畔而不朝，周室卑微，二百四十二年之間，日食三十六；地震五；山陵崩阤二；慧星三見；夜常星不見；夜中星隕如雨一；大災十四；長狄入三國；五石隕墜，六鷁退飛，多麋有蜮，蜚，鸜鵒來巢者皆一見；晝冥晦，雨大冰，李梅冬實。七月霜降，草木不死。八月殺菽，大雨雹，雨雪雷霆，失序相乘，水旱饑蝝螽螟，螽午竝起。當是時，禍亂輒應，弒君三十六，亡國五十二，諸侯奔走，不得保其社稷者，不可勝數也。周室多禍，晉敗其師於貿戎，伐其郊；鄭傷桓王；戎執其使；衛侯朔召不往；齊逆命而助朔；五大夫爭權；三君更立，莫能正理，遂至陵夷，不能復興。由此觀之，和氣致祥，乖氣致異，祥多者其國安，異衆者其國危，天地之常經，古今之通義也。今陛下開三代之業，招文學之士，優游寬容，使得竝進。今賢不肖渾殽，白黑不分，邪正雜糅，忠讒並進，章交公車，人滿北軍，朝臣舛午，膠戾乖剌，更相讒愬，轉相是非。傳授增加，文書紛糾，前後錯謬，毀譽渾亂。所以營惑耳目，感移心意，不可勝載。分曹爲黨，往往羣朋，將同心以陷正臣。正臣進者，治之表也。正臣陷者，亂之機也。乘治亂之機，未知孰任。而災異數見，此臣所以寒心者也。夫乘權藉勢之人，子弟鱗集於朝，羽翼陰附者衆，輻湊於前，毀譽將必用，以終乖離之咎。是以日月無光，雪霜夏隕，海水沸出，陵谷易處，列星失行，皆怨氣之所致也。夫遵衰周之軌迹，循詩人之所刺，而欲以成太平，致雅頌，猶卻行而求及前人也。初元以來六年矣，按春秋六年之中，災異未有稠如今者也。夫有春秋之異，無孔子之救，猶不能解紛，況甚於春秋乎。原其所以然者，讒邪並進也。……今佞邪與賢臣並在交戟之內，合黨共謀，違善依惡，歙歙訿訿，數設危險之言，欲以傾移主上。如忽然用之，此天地之所以先戒，災異之所以重至者也。自古明聖，未有無誅而治者也。故舜有四放之罰，而孔子有兩觀之誅，然後聖化可得而行也。今以陛下明知，誠深思天地之心，迹察兩觀之誅·覽否泰之卦，觀雨雪之詩，曆周唐之所進以爲法，原秦魯之所消以爲戒，考祥應之福，省災異之禍，以揆當世之變。放遠佞邪之黨，壞散險詖之聚，杜閉羣枉之門，廣開衆正之路，決斷狐疑，分別猶豫，使是非炳然可知，則百異消滅，而衆祥並至，太平之基，萬世之利也。臣幸得託肺附，誠見陰陽不調，不敢不通所聞。竊推春秋災異，以効今事一二，條其所以，不宜宣泄。臣謹重封昧死上。

』恭顯見其書，愈與許史比而怨更生等。

【出處】 漢書楚元王傳

詔舉質樸敦厚遜讓有行之士 先是宣帝黃龍中，下詔凡官秩六百石者不得舉廉吏。至是年二月，帝又詔丞相御史舉質朴敦厚遜讓有行者，光祿歲以此科第郎從官。

【出處】 漢書宣帝紀 元帝紀

二年己卯（前四二）

韋玄成爲丞相 玄成自貶黜十餘年，遂繼父相位，封侯故國，榮當時焉。玄成復作詩，自著復玷缺之艱難，因以戒示子孫曰：『於肅君子，既令厥德，儀服此恭，棣棣其則。咨予小子，既德靡逮。曾是車服，荒嫚以隊。明明天子，俊德烈烈，不遂我遺，恤我九列。我既茲恤，惟夙惟夜。畏忌是申，供事靡惰。天子我監，登我三事。顧我傷隊，爵復我舊。我既此登，望我舊階。先后茲度，漣漣孔懷，司直御事，我熙我盛。羣公百僚，我嘉我慶。于異卿士，非同我心，三事惟囏·莫我肯矜。赫赫三事，力雖此畢，非吾所度，退其罔日。昔我之隊，畏不此居，今我度茲，戚戚其懼。嗟我後人，命其靡常，靖享爾位，瞻仰靡荒，愼爾會同，戒爾車服，無婧爾儀，以保爾域。爾無我視，不愼不整，我之此復，惟祿之幸。於戲後人，惟肅惟栗，無忝顯祖，以蕃漢室。」

【出處】 漢書韋玄成傳

嚴彭祖爲太子太傅　彭祖遷太子太傅，廉直不事權貴，或說曰：『天時不勝人事：君以不修小禮曲意，亡貴人左右之助，經誼雖高，不至宰相。願少自勉强。』彭祖曰：『凡修經術，固當修行先王之道，何可委曲從俗苟求富貴乎。』

【出處】 漢書儒林傳　百官公卿表

三年庚辰（前四一）

京房爲魏郡太守　時西羌反，日蝕，又久靑亡光，陰霧不精。房數上疏，先言其將然。近數月，遠一歲，所言屢中。天子悅之，數召見問。房對曰：『古帝王以功舉賢，則萬化成瑞應著；末世以毀譽取人，故功業廢而致災異。宜令百官各試其功，災異可息。』詔使房作其事，房奏考功課吏法。上令公卿朝臣與房會議溫室，皆以房言煩碎，令上下相司，不可許。上意鄉之。時部刺史奏事京師，上召見諸刺史，令房曉以課事，刺史復以爲不可行。唯御史大夫鄭弘光祿大夫周堪初言不可，後善之。是時中書令石顯顓權，顯友人五鹿充宗字君孟代郡人爲尚書令，與房同經，論議相非，二人用事。房嘗晏見，問上曰：『幽厲之君何以危？所任者何人也？』上曰：『君不明而所任者巧佞』房曰：『知其巧佞而用之耶？將以爲賢也？』上曰：『賢之』房曰：『然則今何以知其不賢也？』上曰：『以其時亂而君危知之』房曰：『若是，任賢必治，任不肖必亂，必然之道也。幽厲何不覺悟而更求賢？曷爲卒任不肖以至於是？』上曰：『臨亂之君，各賢其臣。令皆覺悟，天下安得危亡之君？』房曰：『齊桓公秦二世亦嘗聞此君而非笑之，然則任豎刁趙高，政治日亂，盜賊滿山，何不以幽厲卜之而覺寤乎？』上曰：『唯有道者能以往知來耳』房因免冠頓首曰：『春秋紀二百四十二年災異，以視萬世之君。今陛下即位以來，日月失明，星辰逆行，山崩泉涌，地震石隕，夏霜冬雷，春凋秋榮，隕霜不殺，水旱螟蟲，民人飢疫，盜賊不禁，刑人滿市，春秋所記災異盡備，陛下視今爲治邪亂邪？今所任用者誰與？』上曰：『然，幸其瘉於彼，又以爲不在此人也。』房曰：『夫前世之君，亦皆然矣，臣恐後之視今，猶今之視前也。』上良久，迺曰：『今爲亂者誰哉？』房曰：『明主宜自知之』上曰：『不知也。如知之，何故用之？』房曰：『上所最信任，與圖事帷幄之中進退天下之士者是矣。』房指謂石顯。上亦知之，謂房曰：『已諭』房罷出。後上令房上弟子曉知考功課吏事者，欲試用之。房上『中郎任良姚平，願以爲刺史，試考功法。臣得通籍殿中，爲奏事；以防雍塞。石顯五鹿充宗皆疾房，欲遠之，建言宜試以房爲郡守。帝於是以房爲魏郡太守，秩八百石，居得以考功法治郡。房自請願無屬刺史，得除用它郡人，自第吏千石已下。歲竟乘傳奏事。天子許焉。

【出處】漢書京房傳

四年辛巳（前四〇）

劉更生著疾讒擿要救危及世頌等篇　初周堪用事，性公方，自見孤立，遂直道而不曲。時夏寒日青無光，弘恭石顯等皆言周堪及其弟子張猛用事之咎，上內重堪，又患衆口之寖潤，無所取信。而長安令楊興城門校尉諸葛豐亦言堪猛短。上遂在遷堪爲河東太守，猛爲槐里令，顯等專權日甚。至是，孝宣廟闕災，其晦日有蝕之。於是上召諸前言日變在堪猛者責問，皆稽首謝。乃下詔徵堪詣行在所，拜爲光祿大夫，秩中二千石，領尚書事，猛復爲太中大夫給事中。顯幹尚書，尚書五人，皆其黨也。堪希得見，常因顯白事，事決顯口。會堪疾，瘖不能言而卒。顯誣譖猛，令自殺於公車，更生傷之，乃著疾讒擿要救危及世頌凡八篇，依興古事，悼己及同類也。

【出處】漢書楚王元傳

議罷郡國廟　初，高祖時，令諸侯王都皆立太上皇廟，至惠帝尊高帝廟爲太祖廟，景帝尊孝文廟爲太宗廟，行所嘗幸郡國，各立太祖太宗廟。至宣帝本始二年，復尊孝武廟爲世宗廟，行所巡狩亦立焉。凡祖宗廟在郡國六十八，合百六十七所。而京師自高帝下至宣帝，與太上皇悼皇考，各自居陵旁立廟，並爲百七十六。又園中各有寢便殿，日祭於寢，月祭於廟，時祭於便殿。寢日四上食廟，歲二十五祠。便殿歲四祠，又月一游衣冠，而昭靈后武哀王昭哀后孝文太后孝昭太后衛思后戾太子戾后各有寢園，與諸帝合凡三十所。一歲祠上食二萬四千四百五十五，用衛士四萬五千一百二十九人，祝宰樂人萬二千一百四十七人，養犧牲卒不在數中。帝即位，貢禹奏言，古者天子七廟，今孝惠孝景廟，皆親盡宜毀，及郡國廟不應古禮，宜正定。天子是其議，未及施行而禹卒。至是，迺下詔先議罷郡國廟曰：『朕聞明王之御世也，遭時爲法，因事制宜，往者天下初定，遠方未賓，因嘗所親以立宗廟，蓋建威銷萌，一民之至權也。今賴天地之靈，宗廟之福，四方同軌，蠻貊供職，久遵而不定，令疏遠卑賤，共承尊祀，殆非皇天祖宗之意，朕甚懼焉。傳不云乎？吾不與祭，如不祭。其與將軍列侯中二千石，二千石，諸大夫，博士，議郎議。』丞相玄成，御史大夫鄭弘，太子太傅嚴彭祖，（彭祖後以太傅官終）少府歐陽地餘，諫大夫尹更始等七十人皆曰：『臣聞祭，非自外至者也，繇中出生於心也。故唯聖人爲能饗帝，孝子爲能饗親，立廟京師之居，躬親承事，四海之內，各以其職來助祭。尊親之大義，五帝三王所共，不易之道也。詩云：「有來雍雍，至止肅肅，相維辟公，天子穆穆。」春秋之義，父不祭於支庶之宅，君不祭於臣僕之家，王不祭於下士諸侯。臣等愚，以爲宗廟在郡國宜無修，臣請無復修。』奏可，因罷昭靈后武哀王昭哀后衛思后戾太子戾后園，皆不奉祀，裁置吏卒守焉。

【出處】漢書韋玄成傳

五年壬午（前三九）

議毀太上皇孝惠皇帝寢廟園。　初郡國廟既罷，後月餘，復下詔曰：『蓋聞明王制禮，立親廟四，祖宗之廟，萬世不毀，所以明尊祖敬宗著親親也。朕獲承祖宗之重，惟大禮未備，戰栗恐懼，不敢自顓，其與將軍中二千石二千石諸大夫博士議。』韋玄成等四十四人奏議曰：『禮，王者始受命諸侯始封之君，皆爲太祖。以下五廟而迭毀，毀廟之主，臧乎太祖，五年而再殷祭，言壹禘壹祫也。祫祭者，毀廟與未毀廟之主皆合食於太祖，父爲昭，子爲穆，孫復爲昭，古之正禮也。祭義曰：「王者禘其祖自出，以其祖配之而立四廟」。言始受命而王。「祭天以其祖配而不爲立廟」親盡也。立親廟四，親親也。親盡而迭毀，親疏之殺，示有終也。周之所以七廟者，以后稷始封，文王武王受命而王，是以三廟不毀，與親廟四而七。非有后稷始封文武受命之功者，皆當親盡而毀。成王成二聖之業，制禮作樂，功德茂盛，廟猶不世，以行爲謚而已。禮，廟在大門之內，不敢遠親也。臣愚以爲高帝受命定天下，宜爲帝者太祖之廟，世世不毀，承後屬盡者宜毀。今宗廟異處，昭穆不序，宜入就太祖廟而序昭穆如禮。太上皇，孝惠，孝文，孝景廟皆親盡，宜毀。皇考廟親未盡，如故。』大司馬車騎將軍許嘉等二十九人以爲：孝文皇帝除誹謗，去肉刑，躬節儉，不受獻，罪人不帑，不私其利，出美人，重絕人類，賞賜長老，收恤孤獨，德厚侔天地，利澤施四海，宜爲帝者太宗之廟。廷尉忠以爲孝武皇帝改正朔，易服色，攘四夷，宜爲世宗之廟。諫大夫尹更始等十八人以爲皇考廟上序於昭穆，非正禮，宜毀。於是上重其事，依違者一年。至是，迺下詔曰：『蓋聞王者祖有功而尊有德，尊尊之大義也。存親廟四，親親之至恩也。高皇帝爲天下誅暴除亂，受命而帝，功莫大焉。孝文皇帝國爲代王，諸呂作亂，海內搖動，然羣臣黎庶，靡不壹意北面而歸心，猶謙辭固讓而後即位。削亂秦之迹，興三代之風，是以百姓晏然，咸獲嘉福，德莫盛焉。高皇帝爲漢太祖，孝文皇帝爲太宗，世世承祀，傳之無窮，朕甚樂之。孝宣皇帝爲孝昭皇帝後，於義壹體。孝景皇帝廟及皇考廟皆親盡，其正禮儀。』玄成等奏曰：『祖宗之廟，世世不毀，繼祖以下，五廟而迭毀。今高皇帝爲太祖，孝文皇帝爲太宗，孝景皇帝爲昭，孝武皇帝爲穆，孝昭皇帝與孝宣皇帝俱爲昭，皇考廟親未盡，太上孝惠廟皆親盡，宜毀。太上廟主宜瘞園，孝惠皇帝爲穆主，遷於太祖廟，寢園皆無復修。』奏可。議者又以爲清廟之詩，言交神之禮，無不清靜。今衣冠出遊，有車騎之衆，風雨之氣，非所謂清淨也。祭不欲數，數則瀆，瀆則不敬。宜復古禮，四時祭於廟，諸寢園日月閒祀，皆可勿復修，上亦不改也。

明年，玄成復言：『古者制禮，別尊卑貴賤，國君之母，非適不得配食，則薦於寢，身沒而已。陛下躬至孝，承天心，建祖宗，定迭毀，序昭穆，大禮既定，孝文太后孝昭太后寢祠園，宜如禮勿弗修。』奏可。

【出處】漢書韋玄成傳

歐陽地餘卒　地餘凡爲少府五年卒。少府官屬共送數百萬，其子不受。天子聞而嘉之，賜錢百萬。

地餘少子政爲王莽講學大夫，由是尙書世有歐陽氏學。

【出處】漢書儒林傳

建昭元年癸未（前三八）

以太子少傅匡衡爲光祿勳　衡爲少傅數年，數上疏陳便宜，及朝廷有政議，傅經以對，言多法義，上以爲任公卿，由是爲光祿勳。

【出處】漢書匡衡傳

五鹿充宗爲少府　充宗受易於梁丘臨，爲尚書令，與石顯相比，至是遷爲少府。

【出處】　漢書儒林傳　京房傳　佞幸石顯傳

朱雲爲博士　五鹿充宗貴幸，爲梁丘易。（撰略說三篇）自宣帝時，善梁丘氏說。元帝好之，欲考其異同，令充宗與諸易家論。充宗乘貴辯口，諸儒莫能與抗，皆稱疾不敢會。有薦雲者，召入，攝齋登堂，抗首而請，音動左右。既論難，連拄五鹿君，故諸儒爲之語曰：『五鹿嶽嶽，朱雲折其角。』繇是爲博士。（長安有儒生曰惠莊，聞朱雲折五鹿充宗之角，乃歎息曰：『栗犢反能爾邪，吾終恥溺死溝中』。遂裹糧從雲。雲與言，莊不能對，逡巡而去。拊心謂人曰：『吾不能劇談，此中多有。』）

【出處】　漢書朱雲傳　西京雜記

二年甲申（前三七）

殺京房　房自知數以論議爲大臣所非，內與石顯五鹿充宗有隙，不欲遠離左右。及爲太守，憂懼。以是年二月朔拜上封事曰：『辛酉以來，蒙氣衰去，太陽精明，臣獨欣然，以爲陛下有所定也。然少陰倍力而乘消息，臣疑陛下雖行此道，猶不得如意。

臣竊悼懼。守陽平侯鳳，欲見未得。至已卯，臣拜爲太守，此言上雖明下猶勝之效也。臣出之後，恐必爲用事所蔽，身死而功不成，故願歲盡乘傳奏事。蒙哀見許。乃辛巳蒙氣復乘卦，太陽侵色，此上大夫覆陽而上意疑也。己卯庚辰之間，必有欲隔絕臣，令不得乘傳奏事者。』房未發，上令陽平侯鳳承制，詔房，止無乘傳奏事。房意愈恐，去至新豐，因郵上封事曰：『臣以六月中，言遯卦不効。法曰：道人始去，寒涌水爲災，至其七月涌水出。臣弟子姚平謂臣曰：「房可謂知道，未可謂信道也。房言災異，未嘗不中，今涌水已出，道人當逐死，尚復何言？」臣曰：「陛下至仁，於臣尤厚，雖言而死，臣猶言也。」平又曰：「房可謂小忠，未可謂大忠也。昔秦時趙高用事，有正先者，非刺高而死。高威自此成。故秦之亂正先趣之。」今臣得出守郡，自詭効功，恐未効而死。惟陛下毋使臣塞涌水之異，當正先之死，爲姚平所笑。』房至陝，復上封事曰：『乃丙戌小雨，丁亥蒙氣去。然少陰并力而乘消息，戊子益甚。到五十分，蒙氣復起。此陛下欲正消息，雜卦之黨，并力而爭，消息之氣不勝，强弱安危之機，不可不察。己丑夜，有還風，盡辛卯，太陽復侵色。至癸巳，日月相薄，此邪陰同力而太陽爲之疑也。臣前白九年不改，必有星亡之異。臣願出任良試考功，臣得居內，星亡之異可去。議者知如此，於身不利，臣不可蔽。故云使弟子，不若試師。臣爲刺史，又當奏事，故復云爲刺史，恐太守不與同心，不若以爲太守，此其所以隔絕臣也。陛下不違其言而遂聽之，此迺蒙氣所以不解太陽亡色者也。臣去朝稍遠，太陽侵色益甚。惟陛下毋難還臣，而易逆天意，邪說雖安於人，天氣必變。故人可欺，天不可欺也。願陛下察焉。』房去月餘，石顯告房非謗政治，歸惡天子，詿誤諸侯王，遂徵房下獄，坐棄市。房本姓李，推律自定爲京氏，死時年四十一。

【出處】漢書京房傳

【附錄】京房著述表

孟氏京房十一篇　見漢志。釋文云，『京房章句十二卷，七錄云，十卷，錄一卷目。』隋志作十卷。

災異孟氏京房六十六篇 見漢志

周易占事十二卷 隋志

周易錯卦七卷 隋志

周易占十二卷 隋志（梁有周易妖占十三卷）

周易混沌四卷 隋志

風角要占八卷 隋志引七録

風角五音占五卷 隋志引七録

風角雜占五音圖十三卷 隋志

逆刺一卷 隋志

方正百對一卷 隋志

晋災祥一卷 隋志

占夢書三卷 隋志

周易守林三卷　隋志

周易集林十二卷　隋志（七錄云：伏萬壽撰）

周易飛候九卷　隋志又有周易飛候六卷

周易四時候四卷　隋志

周易委化四卷　隋志

周易逆刺占災異十二卷　隋志

●朱雲以罪廢錮　初，雲遷杜陵令，坐故縱亡命。會赦，舉方正，爲槐里令，時中書令石顯用事，與五鹿充宗爲黨，百僚畏之。唯御史中丞陳咸年少抗節，不附顯等。咸字子康，沛郡相人也。初父御史大夫萬年以咸抗直，數言事，刺譏近臣，召敎戒於牀下。語至夜半，咸睡，頭觸屏風。萬年大怒，欲杖之，曰：『乃公敎汝，汝反睡，不聽吾言，何也。』咸叩頭謝曰：『具曉所言，大要敎咸諂也。』萬年迺不復言。萬年死後，帝擢咸爲御史中丞。而與雲相結。雲數上疏，言丞相韋玄成，容身保位，亡能往來。而咸數毀石顯。久之，有司考雲疑風吏殺人。羣臣朝見，上問丞相以雲治行。丞相玄成言雲暴虐無狀。時陳咸在前，聞之，以語雲。雲上書自訟，咸爲定奏草，求下御史中丞。事下丞相，丞相部吏考，立其殺人罪。雲亡入長安，復與咸計議。丞相具發其事，奏咸宿衛執法之臣，幸得進見，漏泄所聞。以私語雲，爲定奏草，欲令自下治。後知雲亡命罪人，而與交通，雲以故不得。上於是下咸雲獄，減死爲城旦，咸雲遂廢錮。（終元帝世。）

【出處】漢書韋玄成傳

【考證】按韋玄成以明年六月卒，則其治朱雲之事，必在其前。而是年四月大赦，則雲之爲杜陵令坐故縱亡命會赦，當在是時。而廢錮之事，當此其後。故誌之於此。

三年乙酉（前三六）

韋玄成卒　玄成爲相七年，守成持重不及父賢，而文采過之。至是年六月薨，謚曰共侯。（七錄有韋玄成集二卷）

【出處】漢書韋玄成傳　隋志

匡衡爲丞相　衡以二年爲御史大夫，至是爲丞相，封樂安侯，食邑六百四十七戶

【出處】漢書匡衡傳

議復諸毀廟　韋玄成既薨，匡衡爲丞相，上寢疾，夢祖宗譴罷郡國廟。上少弟楚孝王亦夢焉。上詔衡，議欲復之。衡深言不可。上疾久不平，衡惶恐，禱高祖孝文孝武廟曰：『嗣曾孫皇帝恭承洪業，夙夜不敢康寧，思育休烈，以章祖宗之盛功。故動作接神必依古聖之經。往者有司以爲前因所幸而立廟，將以繫海內之心，非爲尊祖嚴親也。今賴宗廟之靈，六合之內，莫不附親。廟宜一居京師，天子親奉，郡國廟可止毋修。皇帝祗肅舊禮，尊重神明，即告於祖宗而不敢失。今皇帝有疾不豫，迺夢祖宗見戒以廟，楚王夢亦有其序。皇帝悼懼，即詔臣衡復修立。謹案上世帝王，承祖禰之大義，皆不敢不自親。郡國吏卑賤，不可使獨承。又祭祀之義，以民爲本，間者歲數不登，百姓困乏，郡國廟無以修立。禮，凶年則歲事不舉，以祖禰之意爲不樂，是以不敢復。如誠非禮義之中，違祖宗之心，咎盡在臣衡，當受其殃，大

被其疾，隊在溝瀆之中。皇帝至孝肅愼，宜蒙祐福。唯高皇帝孝文皇帝孝武皇帝省

察，右饗皇帝之孝，開賜皇帝眉壽亡疆，令所疾日瘳，平復反常，永保宗廟，天下

幸甚。』又告謝毀廟曰：『往者大臣以爲：在昔帝王承祖宗之休典，取象於天地。

天序五行，人親五屬。天子奉天，故率其意而尊其制。是以禘嘗之序，靡有過五。

受命之君，躬接于天，萬世不墮。繼烈以下，五廟而遷。上陳太祖，間歲而祫，其

道應天，故福祿永終，太上皇非受命而屬盡，義則當遷。又以爲孝莫大於嚴父。故

父之所尊，子不敢不承。父之所異，子不敢同禮。公子不得爲母信；爲後，則於子

祭，於孫止；尊祖嚴父之義也。寢日四上食，園廟間祠，皆可亡修。皇帝思慕悼懼，未敢盡從。惟念高皇帝聖德茂盛，受命溥將，欽若稽古，承順天心。子孫本支，

陳錫亡疆。誠以爲遷廟合祭，久長之策，高皇帝之意，迺敢不聽？即以令日，遷太

上孝惠廟，孝文太后孝昭太后寢，將以昭祖宗之德，順天人之序，定無窮之業。今

皇帝未受茲福，迺有不能共職之疾。皇帝願復修立承祀。臣衡等咸以爲禮不得，如

不合高皇帝孝惠皇帝孝文皇帝孝武皇帝孝昭皇帝孝宣皇帝太上皇孝文太后孝昭太后之意，罪盡在臣衡等，當受其咎。今皇帝尙未平，詔中朝臣具復毀廟之文。臣衡中朝臣，咸復以爲天子之祀，義有所斷，禮有所承。違統背制，不可以奉先祖，皇天不祐，鬼神不饗。六藝所載，皆言不當。無所依緣，以作其文。事如失指，罪迺在臣衡，當深受其殃。皇帝即厚蒙祉福，嘉氣日興，疾病平復，永保宗廟，與天亡極。羣生百神，有所歸息。』諸廟皆同文。久之，上疾連年，遂盡復諸所罷寢園廟，皆修祀如故。初上定迭毀禮，獨遵孝文廟爲太宗，而孝武廟親未盡，故未毀，上於是迺復申明之曰：孝宣皇帝尊孝武廟曰世宗，損益之禮，不敢有預焉。他皆如舊制，唯郡國廟遂廢云。元帝崩，衡奏帝言『前以上體不平，故復諸所罷祠，卒不蒙福，案衞思后戾太子戾后園親未盡，孝惠孝景廟親盡，宜毀，及太上皇孝文孝昭太后昭靈后昭哀后武哀王祠，請悉罷勿奉。』奏可。

【出處】漢書韋玄成傳

四年丙戌（前三五）

使博士口賞鄭寬中等循行天下。寬中有儁材，以博士授太子。至是詔曰：『朕承先帝之休烈，夙夜栗栗，懼不克任，閒者陰陽不調，五行失序，百姓饑饉，惟烝庶之失業。臨遣諫大夫博士賞等二十一人循行天下，存問耆老鰥寡孤獨失職之人，舉茂材特立之士。相將九卿，其帥意毋怠，使朕獲觀教化之流焉。』於是寬中行風俗，至益州，舉刺史王尊治狀，還以爲東平相。成帝即位，賜寬中爵關內侯，食邑八百戶，遷光祿大夫，領尚書事，甚尊重，會疾卒。谷永上疏曰：『臣聞聖王尊師傅，襃賢儁，顯有功，生則致其爵祿，死則異其禮謚，昔周公薨，成王葬以變禮而當天心。公叔文子卒，衞侯加以美謚著爲後法。近事大司農朱邑，右扶風翁歸，德茂夭年，孝宣皇帝愍册厚賜，贊命之臣，靡不激揚。關內侯鄭寬中，有顏子之美質，包商偃之文學，嚴然總五經之眇論，立師傅之顯位。入則鄉唐虞之閎道，王法納乎聖聽。出則參冢宰之重職，功列施乎政事，退食自公，私門不開。散賜九族，田畝不益。德配周召，忠合羔羊。未得登司徒，有家臣，卒然早終，尤可悼痛。臣愚以爲宜加其葬禮，賜之令謚，以章尊師襃賢顯功之德。』上弔贈寬中甚厚。

【出處】 前漢書元帝紀　王尊傳　儒林傳

五年丁亥（前三四）

竟寧元年戊子（前三三）

少府五鹿充宗貶爲玄菟太守 初石顯與中書僕射牢梁及充宗結爲黨友，諸附倚者，皆得寵位。民歌之曰：『牢耶石耶，五鹿客耶，印何纍纍，綬若若耶。』言其兼官據勢也。至是，元帝崩，成帝初即位，顯失勢，諸所交結，以顯爲官，皆廢罷，充宗遂左遷玄菟太守。宪宗授易於平陵士孫張仲方，沛鄧彭祖子夏，齊衡咸長賓。張爲博士，至揚州牧，光祿大夫給事中，家世傳業。彭祖眞定太傅，咸王莽講學大夫。由是梁丘易有士孫鄧衡之學。又有馮商者，字子高，陽陵人。亦向五鹿宪宗受易，後事劉向。能屬文，博通強記。成帝時，以能屬書與孟柳俱待詔金馬門，受詔續太史公十餘篇，未卒，會病死。（漢志有馮商所續太史公七篇 又有馮商賦九篇。）

翟方進爲議郎

【出處】 漢書石顯傳　儒林傳　藝文志注引韋昭及七略　張湯傳贊注引班固目錄

方進家世微賤，至父翟公好學，爲郡文學。方進年十二三，失父，孤學，給事太守府，爲小史，號遲頓不及事，數爲掾史所詈辱。方進自傷，迺從汝南蔡父相，問已能所宜。蔡父大奇其形貌，謂曰：『小史有封侯骨，當以經術進，努力爲諸生學問。』方進既厭爲小史，聞蔡父言，心喜，因病歸家，辭其後母，欲西至京師受經。母憐其幼，隨之長安，織屨以給，方進讀經博士，受穀梁春秋。積十餘年，經學明習，徒衆日廣，諸儒稱之。以射策甲科爲郎，二三歲，舉明經，遷議郎。是時宿儒有胡常，與方進同經，常爲先進，名譽出方進下，心害其能，論議不右方進。方進知之，候伺常大都授時，遣門下諸生，至常所，向大義疑難，因記其說。如是者久之，常知方進之宗讓已，內不自得，其後居大夫之間，未常不稱述方進，遂相親友。

【出處】漢書翟方進傳

【考證】按方進初爲議郎之年本不可知，因其明年以議郎議郊祀之禮，故誌於其前。

孝成皇帝名驁，元帝子，在位二十六年

建始元年己丑（前三二）

以張禹領尙書事　帝即位，徵張禹，以師，賜爵關內侯食邑六百戶，拜爲諸吏光祿大夫，秩中二千石，給事中，領尙書事。是時帝舅陽平侯王鳳爲大將軍，輔政專權。而上富於春秋，謙讓，方鄉經學，敬重師傅。而禹與鳳並領尙書，內不自安。數病，上書乞骸骨，欲退避鳳。上報曰：『朕以幼年執政，萬機懼失其中，君以道德爲師，故委國政，君何疑而數乞骸骨？忽忘雅素，欲避流言，朕無聞焉。君其固心致思，總秉諸事，推以孳孳，無違朕意。』加賜黃金百斤，養牛上尊酒，太官致餐，侍醫視疾，使者臨問，禹惶恐，復起視事。

【出處】漢書張禹傳

許商爲博士 商善爲算，著算術二十六卷，又著五行傳記。以大夏侯尚書爲博士。至是，淸河都尉馮逡奏請穿渠以備河患。事下丞相御史，白博士許商治尚書，善爲算，能度功用，遣行視。商號其門人沛唐林子高爲德行，平陵吳章偉君爲言語，重泉王吉少音爲政事，齊炔欽幼卿爲文學。王莽時。林吉爲九卿，自表上師冢。大夫博士郎吏爲許氏學者，各從門人會，車數百兩。儒者榮之。欽章皆爲博士，徒衆尤盛，章爲王莽所誅(詳見後)

【出處】漢書溝洫志 儒林傳

匡衡張譚等議郊祀之制 帝初即位，丞相衡御史大夫譚奏言：『帝王之事，莫大乎承天之序，承天之序，莫重於郊祀。故聖王盡心極慮，以建其制。祭天於南郊，就陽之義也；瘞地於北郊，即陰之象也。天之於天子也，因其所都而各饗焉。往者孝武皇帝居甘泉宮，即於雲陽立泰畤，祭於宮南。今行常幸長安，郊見皇天，反北之泰陰，祠后土，反東之少陽，事與古制殊。又至雲陽，行谿谷中，阸陝且百里；汾陰則度大川，皆非聖主所宜數乘。郡縣治道共張，吏民困苦，百官煩費，勞所保之民，行危險之地，難以奉神靈而祈福祐，殆未合於承天子民之意。昔者周文武郊於豐鄗，成王郊於雒邑。由此觀之，天隨王者所居而饗之可見也。甘泉泰畤河東后土之祠，宜可徙置長安，合於古帝王。願與羣臣議定。』奏可。大司馬車騎將軍許嘉等八人，以爲所從來久遠，宜如故。右將軍王商博士師丹字仲公，瑯邪東武人。初舉孝廉爲郎，元帝末爲博士免，至是，州舉茂材，復補博士。議郎翟方進等五十人以爲『禮記曰：「燔柴於太壇，祭天也。瘞薶於大折，祭地也。兆於南郊，所以定天位也。祭地於大折，在北郊，就陰位也。」郊處各在帝王所都之南北。書曰：「越三日丁巳，用牲於郊，牛二。」周公加牲，告徙新邑，定郊禮於雒。明王聖主，事天明，事地察，天地明察，神明章矣。天地以王者爲主，故聖王制祭天地之禮，必於國郊。長安聖主之居，皇天所觀視也。甘泉河東之祠，非神靈所饗，宜徙就正陽大陰之處。違俗復古，循聖制，定天位，如禮便。』於是衡譚奏議曰：『陛下聖德，怱明上通，承天之大寶，覽羣下，使各悉心盡慮，議郊祀之處，天下幸甚。臣聞廣謀從衆，則合於天心。故洪範曰：「三人占，則從二人言。」言少從多之義也。論當往古，宜於萬民，則依而從之。違道寡與，則廢而不行。今議者五十八人，其五十人言當徙之義，皆著於經傳，同於上世，便於吏民；八人不案經藝，考古制，而以爲不宜；無法之議，難以定吉凶。太誓曰：「正稽古，立功立事，可以永年，丕天之大律。」詩曰：「毋曰高高在上，陟降厥士，日監在茲。」言天之日監王者之處也。又曰：「迺眷西顧，此維予宅。」言天以文王之都爲居也。宜於長安定南北郊，爲萬世基』。天子從之。既定，衡言：『甘泉泰畤，紫壇八觚，宣通象八方。五帝壇周環其下。又有羣神之壇，以尙書禋六宗，望山川，徧羣神之義。紫壇有文章采鏤黼黻之飾，及玉女樂，石壇僊人祠，瘞鸞路騂駒寓龍馬，不能得其象於古。臣聞郊紫壇饗帝之義，埽地而祭，上質也。歌大呂，舞雲門，以竢天神。歌太簇，舞咸池，以竢地祇，其牲用犢，其席槀稭，其器陶匏。皆因天地之性，貴誠上質，不敢脩其文也。以爲神祇，功德至大，雖修精微而備庶物，猶不足以報功。唯至誠爲可致，上質不飾，以章天德。紫壇僞飾，女樂鸞路騂駒龍馬石壇之屬，宜皆勿修。』衡又言：『王者各以其禮制事天地，非因異世所立而繼之。今雍鄜密上下畤，本秦侯各以其意所立，非禮之所載術也。漢興之初，儀制未及定，即因秦故祠，復立北畤。今既稽古，建定天地之大禮，郊見上帝。青赤白黃黑五方之帝，皆畢陳，各有位饌，祭祀備具。諸侯所妄造，王者不當長遵。及北畤未定時所立，不宜復修。』天子皆從焉。及陳寶祠，由是皆罷。

【出處】漢書郊祀志

劉更生爲光祿大夫　更生廢十餘年，至是帝即位，石顯等伏辜，更生乃復進用，更名向，字子政。向以故九卿，召拜爲中郎，使領護三輔都水。數奏封事，遷光祿大夫。

【出處】漢書楚元王傳

二年庚寅（前三一）

匡衡請罷諸淫祀　是年上始祀南郊；赦奉郊之縣，及中都官耐罪囚徒。匡衡張譚復條奏：『長安厨官縣官給祠，郡國侯神方士使者所祠，凡六百八十三所。其二百八所，應禮，及疑無明文，可奉祠如故。其餘四百七十五所，不應禮，或復重。請皆罷。』奏可。本雍舊祠二百三所，唯山川諸星十五所爲應禮云。若諸布諸嚴諸逐皆罷。杜主有五祠，置其一。又罷高祖所立梁、晉、秦、荊巫、九天、南山、萊中之屬；及孝文渭陽；孝武薄忌泰一，三一，黃帝，冥羊馬行，泰一，皐山，山君，武夷，夏后啓母石，萬里沙，八神延年之屬；及孝宣參山，蓬山，之罘，成山，萊山，四時，蚩尤，勞谷，五牀，僊人玉女，徑路黃帝，天神，原水之屬，皆罷。候神方士使者、副佐本草待詔七十餘人，皆歸家。

【出處】漢書郊祀志

三年辛卯（前三〇）

丞相匡衡免。　初，元帝時，中書令石顯用事，自前丞相韋玄成及衡皆畏顯，不敢失其意。至帝初即位，衡迺與御史大夫甄譚共奏顯，追條其舊惡，幷及黨羽。於是司隸校尉王尊劾奏，『衡譚居大臣位，知顯等專權勢，作威福，爲海內患害，不以時白奏行罰，而阿諛曲從，附下罔上，無大臣輔政之義，既奏顯等，不自陳不忠之罪，而反揚著先帝任用傾覆之徒，罪至不道。』有詔無劾。然羣下多是王尊者，衡嘿嘿不自安，每有水旱風雨不時，連乞骸骨讓位。上輒以詔書慰撫，不許。至是，衡子昌爲越騎校尉，醉殺人，繫詔獄。昌弟謀篡昌，事發覺。衡免冠徒跣待罪。天子使謁者詔衡冠履，而司隸校尉王駿少府張忠行廷尉事，劾奏衡專地盜土以自益，多取封邑四百頃。上可其奏，勿治。衡免爲庶人。終于家。

【出處】漢書匡衡傳

四年壬辰（前二九）

初置尚書員五人　初，武帝置尚書四員，爲四曹，常侍尚書，主丞相御史事；二千石尚書，主刺史二千石事；戶曹尚書，主庶人上書事；主客尚書，主外國事。是年春，帝罷中書宦官，加三公尚書，主斷獄事。

【出書】漢書成帝紀　漢舊儀

孫寶爲議郎　寶受學於筦路，以明經爲郡吏，至是御史大夫張忠，辟寶內屬。欲令授子經，更爲除舍，設儲侍。寶自劾去，忠固還之，心內不平。後署寶主簿，寶徙入舍，祭竈請比鄰，忠陰察怪之，使所親問寶：『前大夫爲君設除大舍，子自劾去者，欲爲高節也。今兩府高士，俗不爲主簿，子既爲之，徙舍甚悅，何前後不相副也？』寶曰：『高士不爲主簿，而大夫君以寶爲可，一府莫言非，士安得獨自高！前日君男欲學文，而移寶自近。禮有來學，義無往教。道不可詘，身詘何傷！且不遭者可無不爲，况主簿乎。』忠聞之甚慙，上書薦寶經明質直，宜備近臣。爲議郎，遷諫大夫。

【出處】漢書孫寶傳

河平元年癸巳（前二八）

東平王來朝求諸子及太史公書　東平王宇來朝，上疏求諸子及太史公書，上以問大將軍王鳳。對曰：『臣聞諸侯朝聘，考文章，正法度，非禮不言。今東平王幸得來朝，不思制節謹度以防危失，而求諸書，非朝聘之義也。諸子書或反經術，非聖人。或明鬼神，信物怪。太史公書，有戰國縱橫權譎之謀，漢興之初，謀臣奇策；天官災異；地形阨塞；皆不宜在諸侯王。不可予。不許之辭，宜曰：「五經聖人所制，萬事靡不畢載。王審樂道，傅相皆儒者，旦夕講誦，足以正心虞意。夫小辯破義，小道不通，致遠恐泥，足皆不以留意。諸益於經術者，不愛於王。」對奏，天子如鳳言。遂不與。

【出處】漢書宣元六王傳

平當爲博士　當字子思，祖父以訾百萬，自下邑徙平陵。當少爲大行治禮丞，功次補大鴻臚文學。察廉爲順陽長，栒邑令。至是，以明經爲博士，公卿薦當論議通明，給事中。每有災異，當輒傅經術言得失。文雅雖不能及蕭望之匡衡，然指意略同。自元帝時，韋玄成爲丞相，奏罷太上皇寢廟園。當上書言：「臣聞孔子曰：『如有王者，必世而後仁。』三十年之間，道德和洽，制禮興樂，災害不生，禍亂不作。今聖漢受命而王，繼體承業，二百餘年，孜孜不怠。政令淸矣，然風俗未和，陰陽未調，災害數見。意者大本有不立與，何德化休徵不應之久也。禍福不虛，必有因而至者焉。宜深迹其道，而務修其本。昔者帝堯南面而治，先克明俊德，以親九族而化及萬國。孝經曰：「天地之性人爲貴，人之行莫大於孝，孝莫大於嚴父，嚴父莫大於配天，則周公其人也。」夫孝子善述人之志，周公既成文武之業而制作禮樂，修嚴父配天之事。知文王不欲以子臨父，故推而序之，上極於后稷而以配天，此聖人之德亡以加於孝也。高皇帝聖德，受命有天下，尊太上皇，猶周文武之追王太王王季也。此漢之始祖，後嗣所宜尊奉，以廣盛德，孝之至也。書云：「正稽古，建功立事，可以永年。」傳於無窮。』上納其言，下詔復太上皇寢廟園。頃之，使行流民幽州，舉奏刺史二千石勞倈有意者，言勃海鹽池，可且勿禁，以救民急。所過見稱，奉使者十一人爲最，遷丞相司直，坐法，左遷朔方刺史，復徵入爲太中大夫給事中。

【出處】漢書平當傳　成帝紀

二年甲午（前二七）

劉歆爲黃門侍郎　歆字子駿，劉向少子也。年方少，以通詩書能屬文，召見成帝，待詔宦者署爲黃門郎。向書誡之曰：『今若年少，得黃門侍郎，顯處也。若未有異德，蒙恩甚厚，將何以報，董生有曰：弔者在門，賀者在閭。有憂則恐懼愼事，則必有善而遺福也。』後上欲以歆爲中常侍，召取衣冠，臨當拜，左右皆曰：『未曉大將軍』上曰：『此小事，何須關大將軍？』左右叩頭請之，上於是語鳳，鳳以爲不可，迺止。

【出處】漢書楚元王傳　御覽二百二十一引劉向集　漢書元后傳

【考證】按劉歆傳稱歆於河平中受詔與父向領校秘書，則歆之被引用，至遲不得過河平時。考王鳳傳，帝之欲用歆，在河平二年封五侯之後。故誌之於此。歆傳稱『歆少以通詩書能屬文，召見成帝。待詔宦者署，爲黃門郎。』而鳳傳則稱『上召見歆，誦讀詩賦，甚悅之，欲以爲中常侍。』皆似記劉歆初見成帝者，竊疑此本一事，因傳說不同而記載少異。蓋歆見帝之後，即拜爲黃門侍郎，不久即欲轉爲中常侍也。

三年乙未（前二六）

詔求遺書於天下　自秦燔文章以愚黔首，書籍殘缺。漢興，改秦之敗，大收篇籍，廣開獻書之路。迄孝武世，書缺簡脫，禮壞樂崩。帝喟然而稱曰：「朕甚閔焉」於是建藏書之策，置寫書之官，下及諸子傳說，皆充秘府，百年之間，書積如山。至是以書頗散失，使謁者陳農求遺書於天下。詔光祿大夫劉向校經傳諸子詩賦，步兵校尉任宏校兵書，太史令尹咸校數術，侍醫李柱國校方技。每一書已，向輒條其篇目，撮其指意，錄而奏之。

【出處】　漢書藝文志　文選注七十八引劉歆七略

四年丙申（前二五）

張霸上百兩篇尙書　百兩篇尙書，出東萊張霸，分析今二十九篇，以爲數十，又採左氏傳書敘，爲作首尾。凡百二篇。篇或數簡，文意淺陋。帝求爲古文者，霸以能爲百兩徵。帝出秘尙書以校考之，無一字相應者。下霸於吏，吏當器辜，大不敬。霸辭受父，父有弟子尉氏樊並。時太中大夫平當，侍御史周敞，勸上存之。成帝奇霸之才，赦其辜，亦不滅其經。後樊並謀反，迺黜其書。

【出處】漢書儒林傳　王充論衡佚文

【考證】成帝紀及平當傳當以河平元年議復太上皇寢廟園，後遷丞相司直。坐法，左遷朔方刺史，復徵入爲太中大夫，給事中。其在河平元年以後，爲時非短，考是時方詔求遺書於天下，則霸之進書，當在此時。故誌之於此。

以張禹爲丞相　四月壬寅，丞相王商免。六月丙午，諸吏散騎光祿大夫張禹爲丞相，封安昌侯。

【出處】漢書張禹傳　百官公卿表

陽朔元年丁酉（前二四）

命丞相御史等舉博士　詔曰：『古之立太學，將以傳先王之業流化於天下者也。儒林之官，四海淵原，宜皆明於古今，溫故知新，通達國體，故謂之博士。否則學者無述焉。爲下所輕，非所以尊道德也。工欲善其事，必先利其器。丞相御史其與中二千石二千石雜舉可充博士位者，使卓然可觀。』

【出處】漢書成帝紀

宋曄上書言河間樂義　初，漢郊廟詩歌未有祖宗之事，八音調均又不協鍾律，而內有掖庭材人，外有上林樂府，皆以鄭聲施於朝廷。至是，謁者常山王禹世受河間樂，能說其義，其弟子宋曄等上書言之。下大夫博士平當等考試，當以為：『漢承秦滅道之後，賴先帝聖德，博受兼聽，修廢官，立太學。河間獻王聘求幽隱，修興雅樂以助化。時大儒公孫弘董仲舒等皆以為音中正雅立之大樂，春秋鄉射作於學官，希闊不講，故自公卿大夫觀聽者，但聞鏗鎗，不曉其意。而欲以風諭衆庶，其道無由。是以行之百有餘年，德化至今未成。今曄等守習孤學，大歸當於興助教化。衰微之學，興廢在人，宜領屬雅樂，以繼絕表微。孔子曰：「人能弘道，非道弘人。」河間區區小國藩臣，以好學修古，能有所存，民到於今稱之。況於聖主廣被之資，修起舊文，放鄭近雅，述而不作，信而好古，於以風示海內，揚名後世，誠非小功小美也。』事下，公卿以為久遠難分明，當議復寢。

【出處】漢書禮樂志

二年戊戌（前一一三）

九江太守戴聖免 九江太守戴聖行治多不法。前刺史以其大儒，優容之。至是，蜀郡何武為揚州刺史，行部錄囚徒，有所舉以屬郡。聖曰：『後進生何知？乃欲亂人治。』皆無所決。武使從事廉得其罪，聖懼自免。後為博士，毀武於朝廷，武聞之，終不揚其惡。而聖子賓客為羣盜，得，繫廬江。聖自以子必死，武平心決之，卒得不死。自是後，聖慚服，武每奏事至京師，聖未嘗不造門謝恩。初，漢儒得七十子後學所記禮一百三十篇，明堂陰陽記三十三篇，孔子三朝記七篇，王史氏記二十一篇，樂記二十三篇，凡五種，合二百十四篇。戴德或言為聖之從父，或言為兄。刪其煩重，合而記之，為八十五篇，謂之大戴記。聖則刪為四十六篇，內有曲禮檀弓雜記俱分上下篇。謂之小戴記。大戴又撰夏小正一卷，小戴又有石渠禮論四卷，羣儒疑義十二卷。

【出處】漢書何武傳　藝文志　禮記疏引鄭玄六藝論　隋書經籍志

【附錄一】小戴記目錄表

篇名	次序	屬於別錄何類	鄭目錄釋題	備考
曲禮	一二	制度	名曰曲禮者，以其篇記五禮之事。	
檀弓	三四	通論	名曰檀弓者，以其記人善於禮，故著姓名以顯之。	
王制	五	制度	名曰王制者，以其記先王班爵授祿祭祀養老之法度。	盧植云：漢文帝令博士諸生作此篇。
月令	六	明堂陰陽記	名曰月令者，以其記十二月政之所行也。	陸云：『此是呂氏春秋十二紀之首，後人刪合爲此記。』
曾子問	七	喪服	名曰曾子問者，以其記所問多明於禮，故著姓名以顯之。	
文王世子	八	世子法	名曰文王世子者，以其記文王爲世子時之法。	
禮運	九	通論	名曰禮運者，以其記五帝三王相變易陰陽旋轉之道。	
禮器	十	制度	名爲禮器者，以其記禮使人成器之義也。	
郊特牲	一一	祭祀	名郊特牲者，以其祭郊天用騂犢之義。	

內則	一二	子法	名曰內則者，以其記男女居室事父母舅姑之法。以閨門之內，軌儀可則，故曰內則。	
玉藻	一三	通論	名曰玉藻者，以其記天子服冕之事也。	
明堂位	一四	明堂陰陽記	名曰明堂者，以其記諸侯朝周公於明堂之時所陳列之位也。	
喪服小記	一五	喪服	云喪服小記者，以其記喪服之小義也。	
大傳	一六	通錄	名曰大傳者，以其記祖宗人親之大義。	
少儀	一七	制度	名曰少儀者，以其記相見及薦羞之少威儀，少猶小也。	
學記	一八	通論	名曰學記者，以其記人學教之義。	
樂記	一九	樂記	名曰樂記者，以其記樂之義。	樂記二十三篇，錄樂本樂論樂施樂言樂禮樂情樂化樂象賓牟賈師乙魏文侯十一篇合爲一篇
雜記	二〇 二一	喪服	名曰雜記者，以其雜記諸侯以下至士之喪事。	

喪大記	二二	喪服	名曰喪大記者，以其記人君以下始死小斂大斂殯葬之事。	
祭法	二三	祭祀	名曰祭法者，以其記有虞氏至周天子以下所制祀羣神之數。	
祭義	二四	祭祀	名曰祭義者，以其記祭祀齋戒薦羞之義也。	
祭統	二五	祭祀	名曰祭統者，以其記祭祀之本也。統猶本也。	
經解	二六	通論	名曰經解者，以其記六藝政敎之得失也。	
哀公問	二七	通論	名曰哀公問者，善其問禮，著謚顯之也。	
仲尼燕居	二八	通論	名曰仲尼燕居者，善其不倦，燕居猶使三子侍之，言及於禮。	
孔子閒居	二九	通論	名曰孔子閒居者，善其倦而不褻，猶使一子侍，爲之說詩。	
坊記	三〇	通論	名曰坊記者，以其記六藝之義，所以坊人之失者也。	隋書音樂志引沈約，謂出子思子
中庸	三一	通論	名曰中庸者，以其記中和之爲用也。	仝前

表記	三二	通論	名曰表記者，以其記君子之德見於儀表。	仝前
緇衣	三三	通論	名曰緇衣者，善其好賢者厚也。	仝前
奔喪	三四	喪服	名曰奔喪者，以其居他國聞葬奔歸之禮。	實逸曲禮之正篇，漢興後得古文，而禮家又貪其說，因合於禮記。
問喪	三五	喪服	名曰問喪者以其記善問居喪之禮所由也	
服問	三六	喪服	名曰服問者，以其善問，以知有服而遭喪所變易之節。	
間傳	三七	喪服	名曰間傳者，以其記喪服之間輕重所宜。	
三年問	三八	喪服	名曰三年問者，善其問以知喪服每月所由。	全與荀子禮論同
深衣	三九	制度	名曰深衣者，以其記深衣之制也。深衣連衣裳而純之以采者。	
投壺	四〇	吉禮	名曰投壺者，以其記主人與客燕飲論才藝之禮。	仝奔喪
儒行	四一	通論	名曰儒行者，以其記有道德者所行也。	

大學	四二	通論	名曰大學者，以其記博學可以爲政也。
冠義	四三	吉事	名曰冠義者，以其記冠禮成人之義。
昏義	四四	吉事	名曰昏義者，以其記娶妻之義內教之所由成也。
鄉飲酒義	四五	吉事	名曰鄉飲酒義者以其記鄉大夫飲賓于庠序之禮尊賢養老之義。
射義	四六	吉事	名曰射義者，以其記燕射大射之禮，觀德行取於士之義。
燕義	四七	吉事	名曰燕義者，以其記君臣燕飲之禮，上下相尊之儀。
聘義	四八	吉事	名曰聘義者，以其記諸侯之國交相聘問之禮，重禮輕財之義也。
喪服四制	四九	喪服	名曰喪服四制者，以其記喪服之制取於仁義禮智也。

【附錄二】大戴記篇目表

篇名	次序	備考

主言	三九	
哀公問五義	四〇	即荀子哀公問
哀公問于孔子	四一	與小戴哀公問問
禮三本	四二	即荀子禮論
禮察	四六	與經解同
夏小正	四七	
保傅	四八	賈子新書中之一篇
曾子立事	四九	出曾子書
曾子本孝	五〇	仝前
曾子立孝	五一	仝前

曾子大孝	五二	仝前
曾子事父母	五三	仝前
曾子制言上	五四	仝前
曾子制言中	五五	仝前
曾子制言下	五六	仝前
曾子疾病	五七	仝前
曾子天圓	五八	仝前
武王踐阼	五九	出六韜
衛將軍文子	六〇	
五帝德	六二	

帝繫	六三	
勸學	六四	取荀子勸學
子張問入官	六五	
盛德	六六	取明堂陰陽
明堂	六七	
千乘	六八	本孔子三朝
四代	六九	仝前
虞戴德	七〇	仝前
誥志	七一	仝前
文王官人	七二	本周書

諸侯遷廟	七三	
諸侯釁廟		與雜記略同
小辨	七四	本孔子三朝
用兵	七五	仝前
少間	七六	仝前
朝事	七八	采周禮典命等文
投壺		與小戴略仝
公符	七九	
本命	八〇	
易本命	八一	

桓譚生　譚字君山，沛國相人也。

【出處】後漢書桓譚傳

【考證】按御覽二百十五引桓譚新論曰：『余年十七，爲奉車郎。』北堂書鈔一百二引桓譚仙賦曰：『余少時爲奉車郎，孝成帝出祠甘泉河東……』後漢書桓譚傳載譚以起明堂之年，出爲六安郡丞，道卒，年七十餘。續漢禮志，立明堂乃中元元年之事，是譚卒於中元元年也。考前漢書成帝紀，帝以綏和二年（成帝末年）祠甘泉河東。若其時君山年十七歲，爲奉車郎，則卒年已七十九歲，移前則年過八十，移後則與成帝不相及。故由其年推知生於此年。

三年己亥（前二二）

嚴遵隱居於蜀　嚴遵字君平，蜀人也。隱居不仕，常賣卜於成都市。以爲『卜筮賤業，而可以惠衆。人有邪惡非正之問，則依蓍龜爲言利害。與人子言依於孝，與人弟言依於順，與人臣言依於忠，各因勢導之以善。從吾言者，已過半矣。』裁日閱數人，得百錢足以自養，則閉肆下簾而授老子。博覽亡不通，依老子莊周之指，著書十餘萬言。

揚雄（字子雲蜀郡成都人）少時從遊學，以而仕京師顯名，數爲朝廷在位賢者，稱君平德，杜陵李彊素善雄，久之爲益州牧，喜謂雄曰：『吾眞得嚴君平矣』雄曰：『君備禮以待之，彼人可見而不可得詘也。』彊心以爲不然。及至蜀，致禮與相見，卒不敢言以爲從事。乃嘆曰：『揚子雲誠知人。』

王鳳清交不許。

時谷口有鄭子眞者，與君平皆修身自保，非其服弗服。非其食弗食、大將軍王鳳以禮聘子眞，子眞遂不詘而終。

蜀有富人羅冲者，問君平曰：『君何以不仕？』君平曰：『無以自發』冲爲君平具車馬衣糧。君平曰：『吾病耳，非不足也。我有餘而子不足，奈何以不足奉有餘？』冲曰：『吾有萬金，子無儋石，乃云有餘，不亦謬乎！』君平曰：『不然，吾前宿子家，人定而役未息，晝夜汲汲，未嘗有足。今我以卜爲業，不下牀而錢自至。猶餘數百，塵埃厚寸，不知所用。此非我有餘而子不足邪？』冲大慙。君平嘆曰：『益我貨者損我神，生我名者殺我身。故不仕也』。時人服之。年九十餘，遂以其業終。

時又有安丘（一作毋丘）望之者，字仲都京兆長陵人也。少治老子經，恬靜不求進宦，號曰安丘丈人。成帝聞欲見之，望之辭不肯見，上以其道德深重，常宗師焉。望之不以見敬爲高，愈日損退爲巫醫於民間，著老子章句，故老氏有安丘之學。扶風耿況王汲等皆師事之，從受老子。終身不仕，道家宗焉。

【出處】漢書傳弟四十二　高士傳　經典釋文敘錄

【考證】按嚴遵隱居，原非一年之事。但漢書傳弟四十二載揚雄至京師時常稱君平之德，則遵在永始三年以後猶存。高士傳稱王鳳請交君平，不許。考王鳳卒於是年。則請交之事，最晚亦當在此年。其他事蹟，無年代可考。故誌之於此。

四年庚子（前二一）

鴻嘉元年辛丑（前二〇）

丞相張禹免　禹以老病乞骸骨，上加優再三，迺聽許。賜安居駟馬，黃金百斤，罷就第，以列侯朝朔望，位特進，見禮如丞相。置從事史五人，益封四百戶，天子數加賞賜，前後數千萬。

禹爲人謹厚，內殖貨財，家以田爲業，及富貴，多買田，至四百頃，皆涇渭漑灌，極膏腴上賈，它財物稱是。禹性習知音聲，內奢淫。身居大第，後堂理絲竹筦弦。禹成就弟子，尤著者，淮陽彭宣至大司空。沛郡戴崇至少府九卿。宣爲人恭儉有法度，而崇愷弟多知。二人異行，禹心親愛崇，敬宣而疏之。崇每候禹，常責師宜置酒設樂與弟子相娛。禹將崇入後堂飲食，婦女相對，優人筦弦鏗鏘，極樂，昏夜乃罷。而宣之來也，禹見之於便坐，講論經義，日晏，賜食不過一肉，卮酒相對。宣未嘗得至後堂，及兩人皆聞知，各自得也。

【出處】漢書張禹傳

三年癸卯（前一八）

胡常爲青州刺史 常受穀梁春秋於江博士，受古文尙書於庸譚 初，孔安國以古文尙書授都尉朝，都尉朝授膠東庸譚，譚又以授常。 常以明穀梁春秋爲博士。至是爲青州刺史 常以古文尙書授虢徐敖，敖爲右扶風掾，常又傳左氏。初北平侯張蒼及梁太傅賈誼，京兆尹張敞，太中大夫劉公子皆修春秋左氏傳。誼爲左氏傳訓故，授趙人貫公，爲河間獻王博士，子長卿爲蕩陰令，授清河張禹長子。禹與蕭望之同時爲御史，數爲望之言左氏。望之善之，上書數以稱說。後望之爲太子太傅，薦禹於宣帝，徵禹待詔。未及問，會疾死。授尹更始，更始傳子咸。翟方進，及胡常。常又以授黎陽賈護季君，哀帝時，待詔爲郎。又傳毛詩，授琅琊王璜平中，平陵塗惲子眞 子眞授河南桑欽君長，王莽時，諸學皆立。劉歆爲國師，璜惲等皆貴顯。

【出處】漢書儒林傳 翟方進傳

翟方進爲京兆尹 初，方進於河平中轉爲博士，數年，遷朔方刺史，居官不煩苛，所察應條輒舉，甚有威名，再三奏事，遷爲丞相司直。旬歲間，劾舉兩司隸，皆罷免，朝廷由是憚之，丞相薛宣甚器重焉。常誡掾史，謹事司直，翟君必在相位，不久。是時起昌陵，營作陵邑！貴戚近臣子弟賓客，多辜榷爲姦利者，方進部掾史覆案，發大姦贓數千萬。上以爲任公卿，欲試以治民 徙方進爲京兆尹，博擊豪彊，京師畏之。時胡常爲青州刺史，聞之，與方進書曰：『竊聞政令甚明，爲京兆能，則恐有所不宜。』方進心知所謂，其後少弛威嚴。

【出處】 漢書翟方進傳　百官公卿表

四年甲辰（前一七）

朱雲上書請誅張禹　初雲遭廢錮，終元帝世。至是，故丞相安昌侯張禹，以帝師，位特進，甚尊重。雲上書求見，公卿在前。雲曰：『今朝廷大臣，上不能匡主，下亡以益民，皆尸位素餐。孔子所謂「鄙夫不可與事君，苟患失之，無所不至」者也。臣願賜尚方斬馬劍，斷佞臣一人，以厲其餘』。上問：『誰也？』對曰：『安昌侯張禹』上大怒曰：『小臣居下訕上，廷辱師傅，罪死不赦。』御史將雲下，雲攀殿檻，檻折。雲呼曰：『臣得下從龍逢比干遊於地下，足矣。未知聖朝何如耳。』御史遂將雲去。於是左將軍辛慶忌免冠解印綬，叩頭殿下，曰：『此臣素著狂直於世，使其言是，不可誅；其言非，固當容之。』慶忌叩頭流血，上意解，然後得已。及後當治檻，上曰：『勿易，因而輯之，以旌直臣。』雲自是之後，不復仕，常居鄠田，時出乘牛車，從諸生，所過皆敬事焉。薛宣為丞相，雲往見之。宣備賓主禮，因留雲宿，從容謂雲曰：『在田野無事，且留我東閤。可以觀四方奇士。』雲曰：『小生迺欲相吏耶』宣不敢復言。雲教授，擇諸生，然後為弟子。九江嚴望，及望兄子元，字仲能，傳雲學，皆為博士。望至泰山太守。雲年七十餘，終於家。病不呼醫飲藥，遺言以身服斂，棺周於身。土周於椁，為丈五墳，葬平陵東郭外。

【出處】漢書朱雲傳

【考證】按本傳觀之，雲之上書，在薛宣為丞相時或其前甚明。然考百官表，辛慶忌之為左將軍在永始三年，時宣已罷相一載。竊疑左將軍為右將軍之訛，慶忌之為右將軍在鴻嘉三年，而救朱雲稍在其後，為時尚合，姑誌之於此以俟考。

永始元年乙巳（前一六）

劉向上列女傳新序說苑等書　初向見尚書洪範箕子為武王陳五行陰陽休咎之應。向乃集合上古以來歷春秋六國至秦漢符瑞災異之記，推迹行事，連傳禍福，著其占驗，比類相從，各有條目，號曰洪範五行傳論，奏之。天子心知向忠精，故為王鳳兄弟起此論也，然終不能奪王氏權。至是，以營起昌陵，數年不成，復還歸延陵，制度泰奢。向上書諫之。上甚感向言，而不能從其計。向睹俗彌奢淫，而趙衞之屬，起微賤，踰禮制。向以爲王教由內及外，自近者始。故採取詩書所載賢妃貞婦興國顯家可法則，及孽嬖亂亡者，序次爲列女傳，凡八篇，以戒天子。及采傳記行事，著新序說苑，凡五十篇，奏之。數上疏言得失，陳法戒。書數十上以助觀覽，補遺缺，上雖不能盡用，然內嘉其言，常嗟歎之。時上無繼嗣，政由王氏出，災異浸甚，向雅奇陳湯智謀，與相親友，獨謂湯曰：『災異如此，而外家日甚，其漸必危劉氏，吾幸得同姓末屬，累世蒙漢厚恩，身爲宗室遺老，歷事三主，上以我先帝舊臣，每進見，常加優禮。吾而不言，孰當言者？』向遂上封事極諫。書奏，天子召見向，歎息悲傷其意，謂曰：『君且休矣，吾將思之。』以向爲中壘校尉。

【出處】漢書楚元王傳

二年丙午（前一五）

翟方進爲丞相

方進爲京兆尹三歲，以是年三月遷御史大夫。數月，會丞相薛宣，坐廣漢盜賊羣起及太后喪時三輔吏並徵發爲姦，免爲庶人。方進亦坐爲京兆尹時奉喪事煩擾百姓，左遷執金吾。二十餘日，丞相官缺，羣臣多舉方進，上亦器其能，遂擢方進爲丞相，封高陵侯，食邑千戶。身既富貴，而後母尚在，方進內行修飾，供養甚篤。及後母終，既葬三十六日，除服起視事，以爲身備漢相，不敢踰國家之制，爲相公絜，請託不行郡國，持法深刻，舉奏牧守九卿，峻文深詆，中傷者尤多。如陳咸朱博蕭育逢信孫閎之屬，皆京師世家，以材能少歷牧守列卿，知名當世，而方進特立後起，十餘年間至宰相，據法以彈咸等，皆罷退之。

【出處】漢書翟方進傳　百官公卿表

杜鄴爲侍御史

鄴字子夏，本魏郡繁陽人。祖父及父積功勞皆至郡守，武帝時，徙茂陵。鄴少孤，其母張敞女。鄴壯，從敞子吉學問，得其家書，以孝廉爲郎，與車騎將軍王音善，平阿侯王譚不受城門職，後薨。上閔悔之，迺復令譚弟成都侯商位特進，領城門兵，得舉吏如將軍府。鄴見音前與平阿有隙，即說音曰：『鄴聞人情恩深者其養謹，愛至者其求詳。夫戚而不見殊，孰能無怨，此棠棣角弓之詩所爲作也。昔秦伯有千乘之國，而不能容其母弟，春秋亦書而譏焉。周召則不然，忠以相輔，義以相匡，同己之親，等己之尊，不以聖德，獨兼國寵。又不爲長，專受榮任，分職於陝，並爲弼疑。故內無感恨之隙，外無侵侮之羞，俱享天祐兩荷高名者，蓋以此也。竊見成都侯以特進領城門兵，復有詔得舉吏如五府，此明詔所欲寵也。將軍宜承順聖意，加異往時。每事凡異，必與及之。指爲誠發，出於將軍，則孰敢不說諭。昔文侯寤大鴈之獻，而父子益親。陳平共壹飯之篡，而將相加驩。所接雖在楹階俎豆之間，其於爲國折衝厭難，豈不遠哉！竊慕倉唐陸子之義，所白奧內，唯深察焉。』音甚嘉其言，由是與成都侯商親密，二人皆重鄴，後以病去郎。至是，商爲大司馬，除鄴主簿，以爲腹心，舉侍御史。哀帝即位，遷爲涼州刺史，鄴居職寬舒，少威嚴，數年，以病免。

【出處】漢書杜鄴傳

三年丁未（前一四）

詔●楊●雄●待●詔●承●明●之●庭● 雄少而好學，不爲章句，訓詁通而已。博覽無所不見。爲人簡易佚蕩，口吃不能劇談，默而好深湛之思。清靜無爲，少耆欲。不汲汲於富貴，不戚戚於貧賤，不修廉隅以徼名當世，家產不過十金，乏無儋石之儲，晏如也。自有大度，非聖哲之書不好。非其意，雖富貴不事。顧嘗好辭賦。先是，蜀有司馬相如，作賦甚弘麗温雅，雄心壯之，每作賦，常擬之以爲式。又怪屈原文過相如，至不容，作離騷，自投江而死，悲其文，讀之未嘗不流涕也。以爲君子得時則大行，不得時則龍蛇。遇不遇命也。何必湛身哉？迺作書，往往摭離騷文而反之，自嶓山投諸江流，以弔屈原，名曰反離騷。又旁離騷作重一篇，名曰廣騷。又旁惜誦以下至懷沙一卷，名曰畔牢愁。至是客有薦雄文似相如者。上方郊祠甘泉泰畤汾陰后土，以求繼嗣，召雄待詔承明之庭。明年正月，從上甘泉還，奏甘泉賦以風。雄爲賦卒，暴倦，臥夢其五臟出地。及覺，大少氣，病一歲。桓譚素好文，見子雲工爲賦，欲從之學。子雲曰：『能讀千賦，則善爲之矣。』

【出處】漢書揚雄傳　藝文類聚五十六引桓譚新論

●●●●●●●谷永請禁祭祀方術事　上頗好鬼神，四方多上書言祭祀方術事。光祿大夫谷永字子雲，長安人。上說曰：『臣聞明於天地之性者，不可惑以怪神；知萬物之情者，不可罔以非類。諸非仁義之正道，不尊五經之法言，而稱奇鬼神，廣崇祭祀之方，求報應無福之祀

○及言世有仙人，服食不終之藥，黃白變化之術○皆姦人惑衆，挾邪道，懷詐僞，以欺罔世主○聽其辭，洋洋滿耳，若將可遇○求之，蕩蕩若繫風捕影，終不可得○是以明王距而不聽，聖人絕而不語○昔周萇弘欲以鬼神之道輔尊靈王，而周室逾微，萇弘死○楚懷王隆祭祀，事鬼神，欲以獲福，助却秦師○而兵破地削，身危國危○及秦始皇，甘心神仙之道，而天下怨叛○漢興，辛垣平齊人少翁欒大之屬，皆言神仙鬼神之事，貴寵尊盛，卒無絲髮之效，皆伏誅○往事之迹以揆今，惟陛下拒絕此類，無使姦人有所闚闞○』上善其言○

【出處】前漢紀卷二十六

四年戊申（前一三）

元延元年己酉（前一二）

以大鴻臚平當爲光祿勳　初，當由太中大夫三遷長信少府，又遷大鴻臚，至是，遷光祿勳○先是，太后姊子衛尉淳于長白言昌陵不可成，下有司議○當以爲，作治連年，可遂就。上既罷昌陵，以長首建忠策，復下公卿議封長。當又以爲，長雖有善言，不應封爵之科。坐前議不正，左遷鉅鹿太守。後上遂封長，當以經明禹貢，使行河，爲騎都尉，領河隄。

【出處】漢書百官表　平當傳

二年庚戌（前一一）

孫寶爲京兆尹　初，寶於鴻嘉中，選爲益州刺史，坐失死罪免。復拜冀州刺史，遷丞相司直，復拜廣漢太守，蠻夷安輯，吏民偁之。至是，徵爲京兆尹。凡爲京兆三歲，京師稱之。

【出處】漢書孫寶傳

三年辛亥（前一〇）

劉向復上奏言事　向爲人簡易無威儀，廉靖樂道，不交接世俗，專積思於經術，書誦書傳，夜觀星宿，或不寐達旦。是年星孛東井，蜀郡岷山崩雍江。向惡此異，懷不能已，復上奏，其辭曰：『臣聞帝舜戒伯禹，毋若丹朱敖。周公戒成王，毋若殷王紂。詩曰：「殷監不遠，在夏后之世。」亦言湯以桀爲戒也。聖帝明王，常以敗亂自戒，不諱廢興，故臣敢極陳其愚，唯陛下留神察焉。謹案春秋二百四十二年，日蝕三十六。襄公尤數，率三歲五旬有奇而壹食。漢興訖竟寧，孝景帝尤數，率三歲一月而一食。臣向前數言日當食，今連三年比食。自建始以來，二十歲閒而八食，率二歲六月而一發，古今罕有。異有小大希稠，占有舒疾緩急，而聖人所以斷疑也。易曰：「觀乎天文，以察時變。」昔孔子對魯哀公，並言夏桀殷紂，暴虐天下。故歷失則攝提失方，孟陬無紀，此皆易姓之變也。秦始皇之末，至二世時，日月薄食，山陵淪亡，辰星出於四孟，太白經天而行，無雲而雷，枉矢夜光，熒惑襲月，孽火燒宮，野禽戲廷，都門內崩，長人見臨洮，石隕於東郡，星孛大角，大角以亡。觀孔子之言，考暴秦之異，天命信可畏也。及項籍之敗，亦孛大角。漢之入秦，五星聚於東井，得天下之象也。孝惠時，有雨血，日食於衝，滅光星見之異。孝昭時，有泰山臥石自立，上林僵柳復起，大星如月西行，衆星隨之，此爲特異。孝宣興起之表。天狗夾漢而西，久陰不雨者二十餘日，昌邑不終之異也：皆著於漢紀。

觀秦漢之易世，覽惠昭之無後，察昌邑之不終，視孝宣之紹起，天之去就，豈不昭昭然哉！高宗成王，亦有雊雉拔木之變，能思其故。故高宗有百年之福，成王有復風之報。神明之應，應若景響，世所同聞也。臣幸得託末屬，誠見陛下有寬明之德，冀銷大異，而修高宗成王之聲，以崇劉氏。故狠貇數奸死亡之誅，今日食尤屢。星孛東井，攝提炎及紫宮。有識長老，莫不震動，此變之大者也，其事難一二記。故易曰：「書不盡言，言不盡意。」是以設卦指爻而復說義。書曰：「伻來以圖」天文難以相曉，臣雖圖上，猶須口說。願賜清熙之間，指圖陳狀。」上輒入之，然終不能用也。向每召見，數言：公族者，國之枝葉，枝葉落，則本根無所庇蔭。方今同姓疏遠，母黨專政，祿去公室，權在外家，非所以彊漢宗，卑私門，保守社稷安固後嗣也。向自見得信於上，故常顯訟宗室，譏刺王氏，及在位大臣。其言多痛切，發於至誠，上數欲用向為九卿，輒不為王氏居位者，及丞相御史所持，故終不遷。

【出處】漢書楚元王傳

桓榮至長安求學　榮字春卿，沛郡龍亢人也。先本齊人，遷於龍亢，至榮六葉。以是年求學長安，習歐陽尚書，事博士九江朱普。貧窶無資，常客傭以自給，精力不倦

○十五年不窺家園，至王莽篡位乃歸。

【出處】後漢書桓榮傳

【考證】按自是年至王莽纂位，凡十五年。桓榮之初至長安，當在此時。故誌之於此。

四年壬子（前九）

綏和元年癸丑（前八）

王根薦李尋　尋字子長，平陵人也。治尚書，與張無故鄭寬中同師。寬中等守師法教授，尋獨好洪範災異。又學天文月令陰陽，事丞相翟方進，方進亦善爲星歷，除尋爲吏，數爲翟侯言事。帝舅曲陽侯王根爲大司馬票騎將軍，厚遇尋。是時多災異，根輔政，數虛己問尋。尋見漢家有中衰阸會之象，其意以爲且有洪水爲災，迺說根曰：『書云：天聰明』，蓋言紫宮極樞，通位帝紀。太微四門，廣開大道。五經六緯，尊術顯士。翼張舒布，燭臨四海。少微處士，爲比爲輔。故次帝廷，女宮在後。

聖人承天，賢賢易色，取法於此。天官上相上將，皆顓面正朝，憂責甚重，要在得人。得人之效，成敗之機，不可不勉也。昔秦穆公說諓諓之言 任仡仡之勇。身受大辱，社稷幾亡，悔過自責，思惟黃髮，任用百里奚，卒伯西域，德列王道。二者禍福如此，可不愼哉！夫士者，國之大寶，功名之本也。將軍一門九侯，二十朱輪。漢興以來，臣子貴盛，未嘗至此。夫物盛必衰，自然之理。惟有賢友彊輔，庶幾可保身命，全子孫，安國家。書曰：「曆象日月星辰」此言仰視天文，俯察地理，觀日月消息，候星辰行伍，揆山川變動，參人民繇俗，以制法度，考禍福。舉錯誖逆，咎敗將至。徵兆爲之先見。明君恐懼修正，側身博問，轉禍爲福。不可救者，即蓄備以待之，故社稷亡憂。竊見往者赤黃四塞，地氣大發，動土竭民，天下擾亂之徵也。彗星爭明，庶雄爲桀，大寇之引也。此二者已頗效矣。城中訛言大水，奔走上城，朝廷驚駭，女孽入宮，此獨未效。閒者重以水泉涌溢，旁宮闕仍出。月太白入東井，犯積水，缺天淵，日數湛於極陽之氣。羽氣乘宮，起風積雲。又錯以山崩地動，河不用其道。盛冬靁雹，潛龍爲孽，繼以隕星流彗，維塡上見，日蝕有背鄉，此亦高下易居洪水之徵也。不憂不改，洪水乃欲盪滌，流彗迺欲埽除，改之則有年亡期，故屬者頗有變改。小貶邪猾，日月光精，時雨氣應，此皇天右漢亡已也。何況致大。改之宜急，博求幽隱，拔擢天士，任以大職。諸闒茸佞讇，抱虛求進，及用殘賊酷虐聞者，若此之徒，皆嫉善憎忠，壞天文，敗地理，涌趯邪陰，湛弱太陽，爲主結怨於民，宜以時廢退，不當得居位。誠必行之，凶災銷滅，子孫之福，不旋日而至。政治感陰陽，猶鐵炭之低卬，見效可信者也。及諸蓄水連泉，務通利之，脩舊隄防，省池澤稅，以助損邪陰之盛。案行事，考變易，訛言之效，未嘗不至。請徵韓放，掾周敞，王望，可與圖之。』根於是薦尋。

【出處】漢書李尋傳

【考證】按永綏二年，帝召尋待詔黃門。則根之薦尋，當前此不久。但根在是年七月已去位。故其薦尋，至晚亦必爲此年之事，故誌之於此。

●。●谷永卒　永於經書，汎爲疏達，與杜欽（亦字子夏，南陽杜衍人。）杜鄴略等，不能洽浹如劉向父子及楊雄也。其於天官京氏易最密，故善言災異，前後所上四十餘事，略相反覆，專攻上身與後宮而已。黨於王氏，帝亦知之，不甚親信也。永所居任職。元延四年，爲票騎將軍王根所薦，由北地太守徵入爲大司農。至是，病三月，有司奏請免。故事，公卿病，輒賜告，至永，獨即時免。數月，卒於家。本名並，以尉氏樊並反，更名永云。（隋志有谷永集二卷。）

【出處】前漢書谷永傳

●●●●●●封孔子後奉湯祀　初，武帝時，始封周後姬嘉爲周子南君。至元帝時，尊周子南君爲周承休侯，位次諸侯王。使諸大夫博士求殷後，分散爲十餘姓，郡國往往得其大家，推求子孫，絕不能紀。時匡衡議以爲：『王者存二王後，所以尊其先王而通三統也。其犯誅絕之罪者，絕而更封他親爲始封君，上承其王者之始祖。春秋之義，諸侯不能守其社稷者絕。今宋國已不守其統而失國矣，則宜更立殷後爲始封君而上承湯統，非當繼宋之絕侯也。宜明得殷後而已。今之故宋，推求其嫡，久遠不可得。雖得其嫡，嫡之先已絕，不當得立。禮記：「孔子曰：丘殷人也。」先師所共傳。宜以孔子世為湯後。』元帝以其語不經，遂見寢。帝即位，久亡繼嗣，梅福以為宜建三統，封孔子之世以為殷後。福字子真，九江壽春人也。少學長安，明尚書穀梁春秋，為郡文學，補南昌尉。後去官歸壽春，數因縣道上言變事，求假軺傳，詣行在所，條對急政，輒報罷。時成帝委政王氏，王氏浸盛，災異數見，羣下莫敢正言，福復上書，切譏王氏，帝竟不納。上書曰：『……臣聞存人所以自立也，壅人所以自塞也。善惡之報，各如其事。昔者秦滅二周，夷六國，隱士不顯，佚民不舉。絕三統，滅天道。是以身危子殺，厥孫不嗣，所謂壅人以自塞者也。武王克殷，未下車，存五帝之後，封殷於宋，紹夏於杞，明著三統，示不獨有也。是以姬姓半天下，遷廟之主流出於戶，所謂存人以自立者也。今成湯不祀，殷人亡後，陛下繼嗣久微，殆為此也。春秋經曰：「宋殺其大夫」穀梁傳曰：「其不稱名姓，以其在祖位，尊之也。」此言孔子故殷後也。雖不正統，封其子孫，以為殷後，禮亦宜之。何者？諸侯奪宗，聖庶奪適。傳曰：「賢者子孫宜有土」而況聖人又殷之後哉？昔成王以諸侯禮葬周公，而皇天動威，雷風著災。今仲尼之廟，不出闕里，孔氏子孫，不免編戶，以聖人而歆匹夫之祀，非皇天之意也。今陛下誠能據仲尼之素功，以封其子孫，則國家必獲其福。又陛下之名，與天亡極。何者？追聖人素功，封其子孫，未有法也。後聖必以爲則，不滅之名，可不勉哉。』福孤遠，又譏切王氏，故終不見納。至是，立二王後，推迹古文，以左氏穀梁世本禮記相明，遂下詔曰：『蓋聞王者必存二王之後，所以通三統也。昔成湯受命，列爲三代，而祭祀廢絕。考求其後，莫正孔吉。其封吉爲殷紹嘉侯。』三月，進爵爲公，及周承休侯，皆爲公，地各百里。是時福居家。嘗以讀書養性爲事，至元始中，王莽顓政，福一朝棄妻子去九江，其後人有見福於會稽者，變名姓爲吳市門卒云。

【出處】漢書梅福傳　成帝紀

翟方進上疏乞骸骨不許　方進智能有餘，兼通文法吏事，以儒雅緣飭法律，號爲通明相，天子甚器重之，奏事無不當意。內求人之微旨，以固其位。初，太后姊子定陵侯淳于長，以能謀議爲九卿，新用事，方進獨與長交，稱薦之。至是，長坐大逆誅，諸所厚善，皆坐長免。上以方進大臣，又素重之，爲隱諱。方進內慚，上疏謝罪，乞骸骨。上報曰：『定陵侯長已伏其辜，君雖交通，傳不云乎？朝過夕改，君子與之，君何疑焉？其專心壹志毋怠，近醫藥以自持。』方進迺起視事，條奏長所厚善京兆尹孫寶右扶風蕭育刺史二千石以上免二十餘人。其見任如此。方進雖受穀梁，然好左氏傳，天文星歷。其左氏則劉歆，星歷則長安令田終術也。厚李尋，以爲議郎。

【出處】 漢書翟方進傳

二年甲寅（前七）

●劉向卒　向居列大夫官，前後三十餘年，卒年七十二。初，犍爲郡於水濱得古磬十六枚，議者以爲善祥。向因是說上：『宜興辟雍，設庠序，陳禮樂，隆雅頌之聲，盛揖讓之容，以風化天下。如此而不治者，未之有也。或曰，不能具禮。禮以養人爲本，如有過差，是過而養人也。刑罰之過，或至死傷。今之刑，非皋陶之法也。而有司請定法，削則削，筆則筆，救時務也。至於禮樂，則曰不敢，是敢於殺人不敢於養人也。爲其俎豆筦弦之間，小不備，因是絕而不爲。是去小不備而就大不備，大不備或莫甚焉；夫教化之比於刑法，刑法輕，是舍所重而急所輕也。且教化，所恃以爲治也。刑法，所以助治也。今廢所恃而獨立其所助，非所以致太平也。自京師有誖逆不順之子孫，至於陷大辟受刑戮者不絕，繇不習五常之道也。夫承千歲之衰周，繼暴秦之餘敝，民漸漬惡俗　貪饕險詖，不閑義理，不示以大化，而獨歐以刑罰，終已不改。故曰：導之以禮樂而民和睦。初叔孫通將制定禮儀，見非於齊魯之士。然卒爲漢儒宗，業垂後嗣，斯成法也。』帝以其言下公卿議。會向病卒。丞相大司空奏請立辟雍，案行長安城南。營表未作，遭成帝崩，羣臣引以定謚。

【出處】　漢書楚元王傳　禮樂志

【考證】　考禮樂志之文劉向卒於成帝之前明甚。楚元王傳則云向卒後十三歲而王莽代漢。自此下推十三年爲初始元年，王莽始稱新皇帝，明年改元爲始建國。故推定向卒於是年。葉德輝推定向卒於建平元年，則在成帝之後，與禮樂志之文不合矣。蓋葉氏以王莽改元之年爲始代漢之年，遂至誤推。

【附錄】劉向著述表

五經通義　梁九卷，隋八卷，無撰人，唐志云：劉向撰。

五經雜義七卷　舊唐志

五經要義　舊唐志

周易繫辭二卷　舊唐志

九章重差一卷　新唐志

洪範五行傳十一篇　漢書本傳

說老子四篇　漢志

列仙傳　世說新語文學第四引，又見隋志。

烈士傳二卷　隋志

古列女傳（漢書本傳有八篇，隋志十五卷。）

新序三十卷錄一卷（漢書本傳，今存，）

說苑二十卷（漢書本傳，今存，）

世本二卷（隋志）

七略別錄二十卷（隋志二卷）

稽疑一篇

集六卷（見隋志，漢志有琴頌及賦三十三篇，疑皆在集中。）

翟方進自殺　方進凡爲相九歲，至是年春，熒惑守心，李尋奏記言：『應變之權，君侯所自明。往者數白，三光垂象，變動見端，山川水泉，反理視患，民人訛謠，斥事感名。三者既效，可爲寒心。今提揚眉，矢貫中，狼奮角，弓且張，金歷庫，土逆度，輔湛沒，火守舍。萬歲之期，近慎朝暮。上無惻怛濟世之功，下無推讓避賢之效，欲當大位爲具臣以全身難矣。大責日加，安得但保斥逐之戮？闔府三百餘人，唯君侯擇其中，與盡節轉凶。』方進憂之，不知所出。會郎賁麗善爲星，言大臣宜當之。上迺召見方進，還歸，未及引決。上遂賜册曰：『皇帝問丞相，君有孔子之慮，孟賁之勇，朕嘉與君同心一意，庶幾有成。惟君登位，於今十年，災害並臻，民被飢餓。加以疾疫溺死，關門牡開，失國守備，盜賊黨輩。吏民殘賊，毆殺良民，斷獄歲歲多前。上書言事，交錯道路，懷姦朋黨，相爲隱蔽，皆亡忠慮。羣下兇兇，更相嫉妒，其咎安在？觀君之治，無欲輔朕富民便安元元之念。間者郡國穀雖頗孰，百姓不足者尚衆，前去城郭，未能盡還，夙夜未嘗忘焉。朕惟往時之用，與今一也。百僚用度各有數，君不量多少，一聽羣下言用度不足，奏請一切增賦稅城郭堧及園田過更，算馬牛羊，增益鹽鐵，變更無常。朕既不明，隨奏許可。後議者以爲不便，制詔下君，君云賣酒醪後請止，未盡月，復奏議令賣酒醪，朕誠怪君，何持容容之計，無忠固意，將何以輔朕帥道羣下，而欲久蒙顯尊之位，豈不難哉！傳曰：高而不危，所以長守貴也。欲退君位，尚未忍。君其孰念詳計，塞絕姦原，憂國如家，務便百姓以輔朕。朕既已改，君其自思，强食愼職。使尙書令賜君上尊酒十石，養牛一，君審處焉。』方進即日自殺。上秘之，遣九卿册贈以丞相高陵侯印綬，賜乘輿秘器，少府供張，柱檻皆衣素。天子親臨弔者數至，禮賜異於它相故事，謚曰恭侯。

【出處】漢書翟方進傳

桓譚爲奉車郎　譚少好離騷，博觀他書，輒欲反學。父爲大樂令，遂以父任爲奉車郎，衛殿中小苑西門。成帝出祠甘泉河東，部先置華陰集靈宮，武帝所造門曰望仙，殿曰存仙，書壁爲之賦，以頌二仙之行。

【出處】北堂書鈔一百二　九十七　御覽二百十五　藝文類聚七十八

議毀武帝廟　初，高后時，患臣下妄非議先帝宗廟寢園官，故定著令，敢有擅議者棄市。至元帝改制，蠲除此令。成帝以無繼嗣，於河平元年復復太上皇寢廟園世世奉祠，靈昭后武哀王昭哀后並食於太上寢廟如故。又復擅議宗廟之命。至是，成帝崩，哀帝即位，丞相孔光大司空何武奏言：『永光五年制書，高皇帝為漢太祖，孝文皇帝為太宗。建昭五年制書，孝武皇帝為世宗，損益之禮，不敢有與。臣愚以為迭毀之次，當以時定，非令所為擅議宗廟之意也。臣請與羣臣雜議。』奏可。於是光祿勳彭宣詹事滿昌博士左咸等五十三人皆以為：繼祖宗以下，五廟而迭毀，雖後有賢君，猶不得與祖宗並列。子孫雖欲褒大顯揚而立之，鬼神不饗也。孝武皇帝雖有功烈，親盡宜毀。太僕王舜中壘校尉劉歆議曰：『臣聞周室既衰，四夷並侵，獫狁最彊，於今匈奴是也。至宣王而伐之，詩人美而頌之曰：「薄伐玁狁，至於太原。」又曰：「嘽嘽推推，如霆如雷，顯允方叔，征伐獫狁，荊蠻來威。」故稱中興。及至幽王，犬戎來伐，殺幽王，取宗器。自是之後，南夷與北夷交侵，中國不絕如綫。春秋紀齊桓南伐楚，北伐山戎。孔子曰：「微管仲，吾其被髮左衽矣。」是故弃桓之過而錄其功，以為伯首。及漢興，冒頓始彊，破東胡，禽月氏，並其土地，地廣兵彊，為中國害。南越尉佗，總百粵，自稱帝。故中國雖平，猶有四夷之患，且無寧歲，一方有急，三面救之，是天下皆動而被其害也。孝文皇帝厚以貨賂，與結和親，猶侵暴無已。甚者興師十餘萬衆，近屯京師及四邊，歲發屯備虜。其爲患久矣，非一世之漸也。諸侯郡守，連匈奴及百粵以爲逆者，非一人也。匈奴所殺郡守都尉，略取人民，不可勝數。孝武皇帝愍中國罷勞，無安寧之時，迺遣大將軍驃騎伏波樓船之屬，南滅百粵，起七郡。北攘匈奴，降昆邪十萬之衆，置五屬國，起朔方，以奪其肥饒之地。東伐朝鮮，起玄菟樂浪，以斷匈奴之左臂。西伐大宛，幷三十六國，結烏孫，起敦煌酒泉張掖，以鬲婼羌，裂匈奴之右肩。單于孤特，遠遁於幕北，四垂無事。斥地遠境，起十餘郡。功業既定，迺封丞相爲富民侯，以大安天下，富實百姓，其規橅可見。又招集天下賢俊，與協心同謀，興制度，改正朔，易服色，立天地之祠。建封禪，殊官號，存周後，定諸侯之制，永無逆爭之心，至今累世賴之。單于守藩，百蠻服從，萬世之基也。中興之功，未有高焉者也。高帝建大業爲太祖，孝文皇帝德至厚也，爲文太宗；孝武皇帝，功至著也，爲武世宗；

此孝宣帝所以發德音也。禮記王制及春秋穀梁傳；天子七廟，諸侯五，大夫三，士二。天子七日而殯，七月而葬；諸侯五日而殯，五月而葬；此喪事尊卑之序也，與廟數相應。其文曰：天子三昭三穆，與太祖之廟而七。諸侯二昭二穆，與太祖之廟而五。故德厚者流光，德薄者流卑。春秋左氏傳曰：名位不同，禮亦異數，自上以下，降殺以兩，禮也。七者其正法，數可常數者也。宗不在此數中，宗變也。苟有功德則宗之，不可預爲設數。故於殷太甲爲太宗，太戊曰中宗，武丁曰高宗。周公爲毋逸之戒，舉殷三宗，以勸成王。繇是言之，宗無數也，然則所以勸帝者之功德博矣。以七廟言之，孝武皇帝未宜毀。以所宗言之，則不可謂無功德。禮記祀典曰：「夫聖王之制祀也，功施於民則祀之，以勞定國則祀之，能救大災則祀之。」竊觀孝武皇帝，功德皆兼而有焉。凡在於異姓，猶將特祀之，況於先祖！或說天子五廟無見文；又說中宗高宗者，宗其道而毀其廟，名與實異，非尊德貴功之意也。詩云：「蔽芾甘棠，勿翦勿伐，邵伯所茇。」思其人猶愛其樹，況宗其道而毀其廟乎。迭毀之禮，自有常法。無殊功異德，固以親疎相推及。至祖宗之序，多少之數，經傳無明文，至尊至重，難以疑文虛說定也。孝宣皇帝舉公卿之議，用衆儒之謀，既以爲世宗之廟建之萬世，宣布天下。臣愚以爲孝武皇帝功烈如彼，孝宣皇帝崇之如此，不宜毀。』上覽其議而從之，制曰：『太僕舜中壘校尉歆議可。』歆以爲禮去事有殺，故春秋外傳曰：日祭，月祀，時享，歲貢，終王。祖禰則日祭，曾高則月祀，二祧則時享，壇墠則歲貢，大禘則終王。德盛而游廣，親親之殺也。彌遠則彌尊，故禘爲重矣。孫居王父之處，正昭穆，則孫常與祖相代，此遷廟之殺也。聖人於其祖，出於情矣。禮無所不順，故無毀廟。自貢禹建迭毀之議，惠景及太上寢園，廢而爲虛。失禮意矣。至平帝元始中，大司馬王莽奏：『本始元年，丞相義等議，謚孝宣皇帝親曰悼園，置邑三百家。至元康元年，丞相相等奏：父爲士，子爲天子，祭以天子，悼園宜稱尊號曰皇考，立廟，益故奉園民滿千六百家，以爲縣。臣愚以爲皇考廟本不當立，累世奉之非是。又孝文太后南陵，孝昭太后雲陵園，雖前以禮不復修，陵名未正。謹與大司徒晏等百四十七人議，皆曰：孝宣皇帝以兄孫繼統，爲孝昭皇帝後，以數。故孝元世，以孝景皇帝及皇考廟親未盡，不毀。此兩統貳父，違於禮制。案義奏親謚曰悼，裁置奉邑，皆應經義，相奏悼園稱皇考，立廟，益民爲縣，違離祖統，乖繆本義。父爲士子爲天子祭以天子者，迺謂若虞舜夏禹殷湯周文漢之高祖受命而王者也，非謂繼祖統爲後者也。臣請皇高祖考廟奉明園毀勿修，罷南陵雲陵爲縣。』奏可。

【出處】漢書韋玄成傳

【考證】按漢書百官表，是年三月孔光方爲丞相，而十月師丹代何武爲大司空。

則光與武之議毀廟事，當在其當中之七月中，故誌之於此。

李尋上書言事　哀帝初即位，召尋待詔黃門，使侍中衛尉傅喜問尋曰：『聞者水出地動，日月失度，星辰亂行，災異仍重，極言毋有所諱。』尋對曰：『……易曰：縣象著明，莫大乎日月。夫日者，衆陽之長，輝光所燭，萬里同暑，人君之表也。故日將旦，清風發，羣陰伏，君以臨朝，不牽於色。日初出，炎以陽，君登朝，佞不行，忠直進，不蔽障。日中輝光，君德盛明，大臣奉公。日將入，專以壹，君就房，有常節。君不脩道，則日失其度，晻昧亡光，各有云爲。其於東方作，日初出時，陰雲邪氣起者，法爲牽於女謁，有所畏難。日出後，爲近臣亂政。日中，爲大臣欺誣。日且入，爲妻妾役使所營。間者日尤不精，光明侵奪失色，邪氣珥蜺數作。本起於晨，相連至昏。其日出後至日中間差瘉。小臣不知內事，竊以日視陛下志操，衰於始多矣。其咎恐有以守正直言而得罪者，傷嗣害世，不可不愼也。唯陛下執乾剛之德，彊志守度，毋聽女謁邪臣之態，諸保阿乳母甘言悲辭之託，斷而無聽。

勉强大誼，絕小不忍，良有不得已，可賜以貨財，不可私以官位，誠皇天之禁也。日失其光，則星辰放流。陽不能制陰，陰桀得作。間者太白正晝經天，宜隆德克躬，以執不軌。臣聞月者，衆陰之長，銷息見伏。百里爲品，千里立表，萬里連紀，妃后大臣諸侯之象也。朔晦正終始，弦爲繩墨，望成君德。春夏南，秋冬北，間者月數以春夏與日同道。過軒轅上后受氣，入太微帝廷，揚光輝，犯上將，近臣。列星皆失色，厭厭如滅，此爲母后與政亂朝。陰陽俱傷，兩不相便，外臣不知朝事。竊信天文即如此，近臣已不足杖矣。屋大柱小，可爲寒心。唯陛下親求賢士，無彊所惡，以崇社稷，尊彊本朝。臣聞五星者，五行之精，五帝司命，應王者號令，爲之節度。歲星主歲事，爲統首，號令所紀，今失度而盛，此君指意欲有所爲未得其節也。又塡星不避歲星者，后帝共政，相留於奎婁，當以義斷之。熒惑往來亡常，周歷兩宮，作態低昂。入天門，上明堂，貫尾亂宮。太白發越犯庫，兵寇之應也。貫黃龍，入帝廷，當門而出，隨熒惑入天門，至房而分，欲與熒惑爲患，不敢當明堂之精，此陛下神靈，故禍亂不成也。熒惑厥弛。佞巧依勢，微言毀譽，進類蔽，太白出端門。臣有不臣者，火入室，金上堂，不以時解其憂凶，塡歲相守，又主內亂。宜察蕭墻之內，毋忽親疏之微，誅放佞人，防絕萌牙，以盪滌濁濊，消散積惡，毋使得成禍亂，辰星主正四時，當效於四仲。四時失序，則辰星作異。今出於歲首之孟，天所以譴告陛下也。政急則出早，政緩則出晚，政絕不行，則伏不見而爲慧茀。四孟皆出，爲易王命。四季皆出，星家所諱。今幸獨出寅孟之月，蓋皇天所以篤右陛下也。宜深自改。治國故不可以戚戚，欲速則不達。經曰：「三載考績，三考黜陟。」加以號令不順四時，既往不咎，來事之師也。閒者春三月治大獄，時賊陰立逆，恐歲小收，季夏舉兵法，時寒氣應，恐後有霜雹之災。秋月行封爵，其月土溼奧，恐後有雷雹之變。夫以喜怒賞罰，而不顧時禁，雖有堯舜之心，猶不能致和。善言天者，必有效於人。設上農夫而欲冬田，肉袒深耕汗出種之，然猶不生者，非人心不至，天時不得也。易曰：「時止則止，時行則行，動靜不失其時，其道光明。」書曰：「敬授民時」故古之王者，尊天地，重陰陽，敬四時，嚴月令，順之以善政，則和氣可立致，猶枹鼓之相應也。今朝廷忽於時月之令，諸侍中尚書近臣，宜皆令通知月令之意。設羣下請事，若陛下出令，有謬於時者，當知爭之，以順時氣。臣聞五行以水爲本，其星玄武婺女，天地所紀，終始所生。水爲準平，王道公正修明，則百川理落脈通。偏黨失綱，則踊溢爲敗。書云：「水曰潤下」陰動而卑，不失其道。天下有道，則河出圖，洛出書。故河洛決溢，所爲最大。今汝潁畎澮，皆川水漂踊，與雨水並爲民害。此詩所謂「燁燁震電，不寧不令，百川沸騰。」者也。其咎在於皇甫卿士之屬。唯陛下留意詩人之言，少抑外親大臣。臣聞地道柔靜，陰之常義也。地有上中下，其上位震，應妃后不順，中位應大臣作亂，下位應庶民離畔。震或於其國，國君之咎也。四方中央，連國歷州俱動者，其異最大。間者關東地數震，五星作異，亦未大逆。宜務崇陽抑陰，以救其咎。固志建威，閉絕私路，拔進英雋，退不任職：以彊本朝。夫本彊則精神折衝，本弱則招殃致凶。爲邪謀所陵。聞往者淮南王作謀之時，其所難者，獨有汲黯，公孫弘等不足言也。弘漢之名相，於今亡比，而尙見輕，何況亡弘之屬乎。故曰：朝廷亡人，則爲賊亂所輕，其道自然也。……宜少抑外親，選練左右，舉有德行道術通明之士，充備天官。然後可以輔聖德，保帝位，承大宗，下至郎吏從官。行能亡以異，又不通一藝，及博士無文雅者，宜皆使就南畝，以視天下，明朝廷皆賢材君子，於以重朝尊君，滅凶致安，此其本也。臣自知所言害身，不辟死亡之誅，唯財留神，反覆覆愚臣之言。』是時哀帝初立，成帝外家王氏未甚抑黜。而帝外家丁傅新貴，祖母傅太后尤驕恣，欲稱尊號。丞相孔光大司空師丹執政諫爭。久之，上不得已，遂免光丹而尊傅太后。上雖不從尋言，然采其語，每有非常，輒問尋。尋對屢中，遷黃門侍郎，以尋言且有水災，故拜尋爲騎都尉，使護河隄。

【出處】漢書李尋傳

【考證】案公卿表，傅喜以是年爲衛尉，二月遷右將軍，十一月罷，則奉詔問尋，當在此年，故誌之於此。

下詔罷樂府　時鄭聲盛行。黃門名倡丙彊景武之屬，富顯於世；貴戚五侯定陵富平外戚之家，淫侈過度，至與人主爭女樂。哀帝自爲定陶王時，疾之，又性不好音。至是即位，下詔曰：『惟世俗奢泰文巧，而鄭衞之聲興。夫奢泰，則下不孫而國貧。文巧，則趨末背本者衆。鄭衞之聲興，則淫辟之化流。而欲黎庶敦朴家給，猶濁其源而求其淸流，豈不難哉！孔子不云乎？放鄭聲，鄭聲淫。其罷樂府官郊祭樂，及古兵法武樂，在經非鄭衞之樂者，條奏，別屬他官。』丞相孔光大司空何武奏：『郊祭樂人員六十二人，給祠南北郊。大樂鼓員六人，嘉至鼓員十人，邯鄲鼓員二人，騎吹鼓員三人，江南鼓員二人，淮南鼓員四人，巴俞鼓員三十六人，歌鼓員二十四人，楚嚴鼓員一人，梁皇鼓員四人，臨淮鼓員三十五人，茲邡鼓員三人，凡鼓十二，員百二十八人。（當作百三十人）朝賀置酒陳殿下，應古兵法，外郊祭員十三人，諸族樂人，兼雲招給祠南郊，用六十七人，兼給事雅樂用四人，夜誦員五人，剛別柎員二人，給盛德。主調篪員二人，聽工以律知日，冬夏至一人，鐘工磬工簫工員各一人，僕射二人，主領諸樂人，皆不可罷。竽工員三人，一人可罷，琴工員五人，三人可罷。柱工員二人，一人可罷。繩弦工員六人，四人可罷。鄭四會員六十二人，一人給事雅樂，六十一人可罷。張瑟員八人，七人可罷。安世樂鼓員二十人，十九人可罷。沛吹鼓員十二人，族歌鼓員二十七人，陳吹鼓員十三人，商樂鼓員十四人，東海鼓員十六人，長樂鼓員十三人，縵樂鼓員十三人，凡鼓八，員百二十八人，朝賀置酒陳前殿房中，不應經法。治竽員五人，楚鼓員六人，常從倡三十人，常從象人四人，詔隨常從倡十六人，秦倡員二十九人，秦倡象人員三人，詔隨秦倡一人，雅大人員九，朝賀置酒爲樂。楚四會員十七人，巴四會員十二人，銚四會員十二人，齊四會員十九人，蔡謳員三人，齊謳員六人，竽瑟鐘磬員五人，皆鄭聲，可罷。師學百四十二人，其七十二人，給大官挏馬酒，其七十人可罷。大凡八百二十九人，其三百八十八人不可罷，可領屬大樂。其四百四十一人，不應經法，或鄭衛之聲，皆可罷之』奏可。

【出處】漢書哀帝紀 禮樂志

劉歆領校秘書　初，歆於河平中，受詔與父向領校秘書，向死後，歆復爲中壘校尉，至是哀帝初即位，大司馬王莽舉歆宗室有材行，爲侍中太中大夫遷騎都尉奉車光祿大夫，貴幸。復領五經，父卒前業。歆乃集六藝羣書種別爲七略。有輯略，（諸書之總要）有六藝略，（六藝之文，易書詩禮樂春秋論語孝經小學凡九種。）諸子略，（曰儒，曰道，曰陰陽，曰法，曰名，曰墨，曰縱橫，曰雜，曰農，凡九家，外又有小說家。）詩賦略，（賦三種雜賦歌詩爲五種）兵書略，（權謀，形勢，陰陽，技巧，爲四種。）術數略，（天文，歷譜，五行，著龜，雜占，形法，爲六種。）方技略，（醫經，經方，房中，神仙，爲四種。）

【出處】漢書楚元王傳　藝文志

孝哀皇帝　（名欣，元帝庶孫定陶恭王子，在位六年）

建平元年乙卯（前六）

劉歆上山海經　歆見河圖赤伏符有云：『劉秀發兵捕不道，四夷雲集龍門野，四七之際火爲主。』遂改名秀，字穎叔，幾以當之。又校定山海經上之，奏曰：『侍中奉車都尉光祿大夫臣秀，領校秘書言，校秘書太常屬臣望，所校山海經凡三十二篇，今定爲一十八篇，已定。山海經者，出於唐虞之際。昔洪水洋溢，漫衍中國，民人失據，崎嶇於丘陵，巢於樹木。鯀既無功，而帝堯使禹繼之。禹乘四載，隨山刊木，定高山大川。益與伯夷主驅禽獸，命山川，類草木，別水土。四嶽佐之以周四方，逮人跡之所希至，及舟輿之所罕到。內別五方之山，外別八方之海。紀其珍寶奇物、異方之所生，水土草木禽獸昆蟲麟鳳之所止，禎祥之所隱，及四海之外，絕域之國，殊類之人。禹別九州，任土作貢，而益等類物善惡，著山海經。皆聖賢之遺事，古文之著明者也。其事質明有信。孝武皇帝時，嘗有獻異鳥者，食之百物，所不肯食。東方朔見之，言其鳥名，又言其所當，食如朔言。問朔何以知之，即山海經所出也。孝宣皇帝時，擊磻石於上郡，陷得石室，其中有反縛盜械人。時臣秀父向爲諫議大夫，言此貳負之臣也。詔問何以知之，亦以山海經對。其文曰：「貳負殺窫窳，帝乃梏之疏屬之山，桎其右足。反縛兩手。」上大驚。朝士由是多奇山海經者。文學大儒皆讀學以爲奇。可以考禎祥變怪之物，見遠國異人之謠俗。故易曰

：「言天下之至賾而不可亂也」博物之君子，其可不惑焉。」

【出處】漢書楚元王傳　山海經

劉歆請建立左氏春秋毛詩逸禮古文尚書

歆及父向始皆治易，宣帝時，詔向受穀梁春秋，十餘年，大明習。及歆校秘書，見古文春秋左氏傳，大好之。時丞相史尹咸以能治左氏，與歆共校經傳。歆略從咸及丞相翟方進受，質問大義。初左氏傳多古字古言，學者傳訓故而已。及歆治左氏，引傳文以解經，轉相發明。由是章句義理備焉。歆亦湛靖有謀，父子俱好古，博見彊志，過絕於人。歆以為左丘明好惡與聖人同，親見夫子。而公羊穀梁，在七十子後，傳聞之與親見之，其詳略不同，歆數以難向，向不能非間也。然猶自持其穀梁義。及歆親近，欲建立左氏春秋及毛詩儀禮古文尚書皆列於學官。帝令歆與五經博士講論其義，諸博士或不肯置對。歆於是數見丞相孔光，為言左氏以求助，光卒不肯。惟房鳳王龔許歆，鳳以對策乙科為太史掌故，太常舉方正，為縣令都尉，失官。大司馬票騎將軍王根奏除補長史，薦鳳明經通達，擢為光祿大夫，遷五官中郎將，時光祿勳王龔以外屬內卿，與劉歆共校書，三人皆侍中。遂共移書太常博士，責讓之曰：『昔唐虞既衰，而三代迭興，聖帝明王，累起相襲，其道甚著。周室既微，而禮樂不正，道之難全也如此。是故孔子憂道之不行，歷國應聘，自衛反魯，然後樂正，雅頌乃得其所。修易序書，制作春秋，以紀帝王之道。及夫子沒而微言絕，七十子終而大義乖，重遭戰國，棄籩豆之禮，理軍旅之陳，孔氏之道抑而孫吳之術興。陵夷至於暴秦，燔經書，殺儒士，設挾書之法，行是古之罪。道術由是遂滅。漢興，去聖帝明王遐遠，仲尼之道又絕，法度無所因襲，時獨有一叔孫通，略定禮儀。天下唯有易卜，未有它書。至孝惠之世，乃除挾書之律。然公卿大臣絳灌之屬，咸介冑武夫，莫以爲意。至孝文皇帝，始使掌故朝錯，從伏生受尚書，尚書初出於屋壁，朽折散絕，今其書現在，時師傳讀而已。詩始萌芽，天下衆書，往往頗出，皆諸子傳說，猶廣立於學官，爲置博士。在漢朝之儒，唯賈生而已。至孝武皇帝，然後鄒魯梁趙，頗有詩禮春秋先師，皆起於建元之間。當此之時，一人不能獨盡其經，或爲雅，或爲頌，相合而成。泰誓後得，博士集而讀之。故詔書稱曰：「禮壞樂崩，書缺簡脫，朕甚閔焉。」時漢興已七八十年，離於全經，固已遠矣。及魯共王壞孔子宅，欲以爲宮，而得古文於壞壁之中，逸禮三十有九，書十六篇。天漢之後，孔安國獻之，遭巫蠱倉卒之難，未及施行。及春秋左氏，丘明所修，皆古文舊書，多者二十餘通。臧於秘府，伏而未發。孝成皇帝，閔學殘文缺，稍離其眞。乃陳發秘藏，校理舊文，得此三事。以考學官所傳，經或脫簡，傳或間編。傳問民間，則有魯國桓公，趙國貫公，膠東庸生之遺學，與此同，抑而未施。此乃有識者之所惜閔，士君子之所嗟痛也。往者綴學之士，不思廢絕之闕，苟因陋就寡，分文析字，煩言碎辭，學者罷老，且不能究其一藝，信口說而背傳記，是末師而非往古。至於國家將有大事，若立辟雍封禪巡狩之儀，則幽冥而莫知其原。猶欲保殘守缺，挾恐見破之私意，而無從善服義之公心。或懷妬嫉，不考情實，雷同相從，隨聲是非，抑此三學。以尚書爲備，謂左氏爲不傳春秋，豈不哀哉！今聖上德通神明，繼統揚業，亦閔文學錯亂，學士若茲，雖昭其情，猶依違謙讓，樂與士君子同之，故下明詔，試左氏可立不。遣近臣奉指銜命，將以輔弱扶微，與二三君子，比意同力，冀得廢遺。今則不然，深閉固距，而不肯試，猥以不誦絕之。欲以杜塞餘道，絕滅微學，夫可與樂成，難與慮始，此乃衆庶之所爲耳，非所望士君子也。且此數家之事，皆先帝所親論，今上所考視，其古文舊書，皆有徵驗，外內相應，豈苟而已哉。夫禮失求之於野，古文不猶愈於野乎？往者博士，書有歐陽，春秋公羊，易則施孟。然孝宣皇帝猶復廣立穀梁春秋，梁丘易，大小夏侯尚書。義雖相反，猶並置之。何則？與其過而廢之也，寧過而立之。傳曰：「文武之道，未墜於地，在人。賢者志其大者，不賢者志其小者。」今此數家之言，所以兼包大小之義，豈可偏絕哉？若必欲專己守殘，黨同門，妬道眞。違明詔，失聖意，以陷於文吏之議，甚爲二三子不取也。』其言甚切，諸儒皆怨恨。是時師丹爲大司空，大怒。奏歆改亂舊章，非毀先帝所立。上曰：『歆意欲廣道術，亦何以爲非毀哉？』歆由是忤執政大臣，爲衆儒所訕，懼誅，求出補吏。歆河內太守，龔弘農，鳳九江太守。歆以宗室不宜典三河，徙守五原，後復轉在涿縣。歷三郡守，數年，以病免官

，起家復爲安定屬國都尉鳳後官。爲青州牧，

【出處】 漢書楚元王傳　儒林傳

【考證】 按漢書百官公卿表，師丹以綏和二年十月爲大司空，建平元年十月免。後漢書賈逵傳，『建平中，侍中劉歆欲立左氏。』則此事在建平元年無疑，故誌之於此。

大司空師丹免　郎中令冷褒黃門郎段猶等奏言，定陶共皇太后共皇后皆不宜復引定陶蕃國之名，以冠大號，車馬衣服，宜皆稱皇之意。置吏二千石以下，各供厥職。又宜爲共皇立廟京師。上下其議，有司皆以爲宜如褒猶言。丹議獨曰：『聖王制禮，取法於天地，故尊卑之禮明，則人倫之序正。人倫之序正，則乾坤得其位，而陰陽順其節，人主與萬民俱蒙祐福。尊卑者，所以正天地之位，不可亂也。今定陶共皇太后共皇后以定陶共爲號者，母從子妻從夫之義也。欲立官置吏，車服與太皇太后並，非所以明尊卑亡二上之義也。定陶共皇號謚已前定，義不得復改。禮，父爲士

子爲天子，祭以天子，其尸服以士服。子亡爵父之義，尊父母也。爲人後者爲之子，故爲所後服斬衰三年，而降其父母期，明尊本祖而重正統也。孝成皇帝聖恩深遠，故爲共王立後，奉承祭祀，令共皇長爲一國太祖，萬世不毀，恩義已備。陛下既繼體先帝，持重大宗，承宗廟天地社稷之祀，義不得復奉定陶共皇祭，入其廟。今欲立廟於京師，而使臣下祭之，是無主也。又親盡當毁，空去一國太祖不墮之祀，而就無主當毁不正之禮，非所以尊厚共皇也。』丹由是浸不合上意。會丹使吏書奏，吏私寫其草。丁傅子弟聞之，使人上書告丹，上封事行道人偏持其書。上以問將軍中朝臣，皆對曰：『忠臣不顯諫。大臣奏事，不宜漏泄，令吏民傳寫，流聞四方。臣不密，則失身。宜下廷尉治。』事下廷尉，廷尉劾丹大不敬。事未決，給事中博士申咸東海人炔欽上書，言『丹經行無比，自近世大臣，能若丹者少。發憤懣，奏封事，不及深思遠慮，使主簿書，漏泄之過不在丹。以此貶黜，恐不厭衆心。』尚書劾咸欽『幸得以儒官選擢，備腹心，上所折中定疑。知丹稷社重臣，議罪處罰，國之所愼。咸欽初傳經義，以爲當治。事以暴列，迺復上書，妄稱譽丹。前後相違，不敬。』上貶咸欽秩各二等，遂策免丹。尚書令唐林上疏曰：『竊見免大司空丹策書，泰深痛切。君子作文，爲賢者諱。丹經爲世儒宗，德爲國黃耇。親傳聖躬，位在三公。所坐者微，海內未見其大過。事既已往，免爵大重。京師識者，咸以爲宜復丹邑爵，使奉朝請，四方所瞻卬也。惟陛下財覽衆心，有以尉復師傅之臣。』上從林言，下詔賜丹爵關內侯，食邑三百戶。（丹既免數月，承相朱博復與御史大夫趙玄奏丹抑貶尊號，虧損孝道。不宜有爵邑，遂免丹爲庶人。及平帝即位，復賜爵關內侯，食故邑，數月，封義陽侯，食邑二千一百戶。月餘丹薨，溢曰節侯。（隋志有師丹集一卷梁三卷，錄一卷，）

【出處】漢書師丹傳

二年丙辰（前五）

夏賀良以太平教義勸帝改元下獄誅死　初，成帝時，齊人甘忠可詐造天官厤，包元太平經十二卷。以言漢家逢天地之大終，當更受命於天，天帝使眞人赤精子下敎我此道。忠可以敎重平夏賀良，容丘丁廣世，東郡郭昌等。中壘校尉劉向奏忠可假鬼神，罔上惑衆，下獄治服，未斷，病死。賀良等坐挾學忠可書，以不敬論。後賀良等復私以相教。哀帝初立，司隸校尉解光，亦以明經通災異得幸，白賀良等所挾忠可書。事下奉車都尉劉歆。歆以爲不合五經，不可施行。而騎都尉李尋亦好之。光曰：『前歆父向奏忠可下獄，歆安肯通此道！』時郭昌爲長安令，勸李尋宜助賀良等。尋遂白賀良等皆待詔黃門。數召見，陳說漢歷中衰，當更受命，成帝不應天命，故絕嗣。今陛下久疾，變異屢數，天所以譴告人也。宜急改元易號，迺得延年益壽，皇子生，災異息矣。得道不得行，咎殃且亡。不有洪水將出，災火且起，滌盪人民。帝久寢疾，幾其有益，遂從賀良等議。於是詔制丞相御史：『蓋聞尚書五曰考終命，言大運壹終，更紀天元人元，考文正理，推歷定紀，數如甲子也。朕以眇身，入繼太祖，承皇天，總百僚，子元元。未有應天心之效。即位出入三年，災變數降，日月失度，星辰錯謬，高下貿易。大異連仍，盜賊並起，朕甚懼焉。戰戰兢兢，唯恐陵夷。唯漢興至今二百載，歷紀開元，皇天降非材之右，漢國再獲受命之符。朕之不德，曷敢不通？夫受天之元命，必與天下自新。其大赦天下，以建平二年，爲太初元將元年，號曰陳聖劉太平皇帝，漏刻以百二十爲度，布告天下，使明知之。』後月餘，上疾自若。賀良等復欲妄變政事，大臣爭以爲不可許。賀良等奏言，大臣皆不知天命，宜退丞相御史，以解光李尋輔政。上以其言亡驗，遂下賀良等吏。光祿勳平當，光祿大夫毛莫如，與御史中丞廷尉雜治。當賀良等執左道，亂朝政，傾覆國家，誣罔主上，不道。賀良等皆伏誅，尋及解光，減死一等，徙敦煌郡。（七錄有李尋集二卷）

【出處】漢書李尋傳

●張禹卒　禹雖家居，以特進爲天子師，國家每有大政，必與定議。永始元延之間，日蝕地震尤數。吏民多上書言災異之應，譏切王氏專政所致。成帝懼災異數見，意頗然之，未有以明見。迺車駕至禹弟，辟左右，親問禹以天變，因用吏民所言王氏事示禹。禹自見年老，子孫弱，又與曲陽侯不平，恐爲所怨。禹則謂上曰：『春秋二百四十二年間，日蝕三十餘，地震五。或爲諸侯相殺，或夷狄侵中國。災變之異，深遠難見，故聖人罕言命，不語怪神。性與天道，自子贛之屬不得聞，何況淺見鄙儒之所言。陛下宜修政事，以善應之，與下同其福善，此經意也，新學小生，亂道惑人，宜無信用，以經術斷之。』上雅信愛禹，由此不疑王氏。後曲陽侯王根及諸王子弟聞知禹言，皆喜悅，遂親就禹。禹見時有變異，若上體不安，擇日絜齋露著，正衣冠立筮，得吉卦，則献其占。如有不吉，禹爲慼動，有憂色。成帝崩，禹及事哀帝，至是薨，謚曰節侯。初禹爲師，以上難數對已問經，爲論語章句献之。漢志論語家有魯安昌侯說二十一篇始魯扶卿及夏侯勝，王陽，蕭望之，韋玄成皆說論語，篇弟或異。禹先事王陽，後從庸生，采獲所安，合而考之，刪其煩惑，除去齊論問王知道二篇，以魯論二十篇爲定，號張侯論。最後出而尊貴。諸儒爲之語曰：『欲爲論，念張文。』由是學者多從張氏，餘家寖微。漢志孝經家文有安昌侯說一篇。

【出處】漢書張禹傳　隋書經籍志

【附錄】魯論古論異文表

篇名	魯論	古論	備考	篇名	魯論	古論	備考
學而	專不習乎	傳不習乎		先進	仁舊貫	仍舊貫	
公冶長	可使治其傅也	可使治其賦也			詠而歸	詠而饋	
	高子弑其君	崔子弑其君	王充論衡：仕宦爲吏不得高官將相長吏猶吾大夫高子也	顏淵	片言可以制獄者	片言可以折獄者	
述而	吾未嘗無悔焉	吾未嘗無誨焉		衛靈公	好行小惠	好行小慧	
	五十以學亦	五十以學易			父在觀其志	（古無此章）	
	誠唯弟子不能學也	正唯弟子不能學也		季氏	謂之徵	謂之躁	
	君子坦湯湯	君子坦蕩蕩		陽貨	歸孔子豚	饋孔子豚	
子罕	絻衣裳者	弁衣裳者	今本依包咸本作冕		古之矜也貶	古之矜也廉	
鄉黨	趨如授	下如授			夫何言哉	天何言哉	

	必祭	瓜祭			惡果敢而者蹤	惡果敢而窒者	
	鄉人獻	鄉人儺		微子	斯斯已矣今之從政者殆	已而已而今之從政者殆而	
	君賜牲	君賜生		堯曰	（魯無此章）	孔子曰：不知命……	
	車中內顧	車中不內顧	文選東宮賦車中內顧				

楊雄爲黃門侍郎　四月御史大夫朱博爲丞相，少府趙玄爲御史大夫，臨延登受策，有大聲如鐘鳴，上以問雄，雄以爲：『鼓妖聽失之象也。朱博爲人，彊毅多權謀，宜將不宜相，恐有凶惡亟疾之怒』

【出處】漢書五行志中之下

孫寶免爲庶人　初，帝即位，徵寶爲諫大夫，遷司隸。而傅太后與中山孝王母馮太后俱先事元帝，有郤。傅太后使有司考馮太后令自殺，衆庶冤之，寶奏請覆治。傅太后大怒曰：『帝置司隸，主使察我。馮氏反事明白，故欲擿觖，以揚我惡，我當坐之。』上迺順旨下寶獄。尙書僕射唐林爭之。上以林朋黨比周，左遷敦煌魚澤障候。大司馬傅喜，光祿大夫龔勝固爭。上爲言太后，出寶復官。頃之，尙書僕射鄭崇下獄，寶上書曰：『臣聞疏不圖親，外不慮內。臣幸得銜命奉使，職在刺舉，不敢避貴幸之勢，以塞視聽之明。按尙書令昌奏僕射崇，下獄覆治，榜掠將死，卒無一辭，道路稱冤。疑昌與崇內有纖介，浸潤相陷，自禁門內，樞機近臣，蒙受冤譖，虧損國家，爲謗不小。臣請治昌，以解衆心。』書奏，天子不說，以寶名臣，不忍誅，迺制詔丞相大司空：『司隸寶奏故尙書僕射崇冤，請獄治尙書令昌。案崇近臣，罪惡暴著。而寶懷邪，附下罔上，以春月作詆欺，遂其姦心，蓋國之賊也。傳不云乎？惡利口之覆國家，其免寶爲庶人。』

【出處】 漢書孫寶傳

三年丁巳（前四）

平當卒　帝即位，徵當爲光祿大夫諸吏散騎，復爲光祿勳，御史大夫，至丞相。以冬月賜爵關內侯。是年春，上使使者召欲封當，當病篤，不應召。室家或謂當：『不可强起受侯印爲子孫邪？』當曰：『吾居大位，已負素餐之責矣。起受侯印，還臥而死，死有餘罪，今不起者，所以爲子孫也。』遂上書乞骸骨。上報曰：『朕選於衆，以君爲相，視事日寡，輔政未久，陰陽不調，冬無大雪，旱氣爲災，朕之不德，何必君罪？君何疑而上書乞骸骨歸關內侯爵邑？使尚書令譚賜君養牛一，上尊酒十石。君其勉致醫藥以自持。』後月餘卒。子晏，以明經歷位大司徒，封防鄉侯。

【出處】漢書百官表　平當傳

四年戊午（前三二）

楊雄上書諫勿許單于朝　單于上書願朝，帝以問公卿，公卿以虛費府帑，可且無許，單于使辭去，未發。雄上書諫。書奏，天子召還匈奴使者，復報單于書而許之，賜雄黃金十斤

【出處】 御覽八一一引楊雄集

元壽元年己未（前二）

楊雄爲太玄經　時董賢用事，諸附離之者，或起家至二千石，時雄方草太玄，有以自守泊如也。太玄者，大潭思渾天，參摹而四分之，極於八十一。旁則三摹九据，極之七百二十九贊；亦自然之道也。故觀易者，見其卦而名之，觀玄者，數其畫而定之。玄首四重者，非卦也，數也。其用自天元推一晝一夜，陰陽數度，律歷之紀，九九大運，與天終始。故玄三方九州，二十七部，八十一家，二百四十三表，七百二十九贊，分爲三卷，曰一二三。與泰初歷相應，亦有顓頊之歷焉。擬之以三策，關之以休咎，絣之以象，類播之以人事，文之以五行，擬之以道德仁義禮知。無主無名，要合五經。苟非其事，文不虛生，爲其泰曼漶而不可知，故有首衝錯測攡瑩數文挩圖告十一篇，皆以解剝玄體，離散其文，章句尚不存焉。客有難玄太深，衆人之不好也，雄解之，號曰解難。其辭曰：『客難揚子曰：凡著書者，爲衆人之所好也。美味期乎合口，工聲調於比耳。今吾子迺抗辭幽說，閎意眇指，獨馳騁於有亡之際，而陶冶大鑪，旁薄羣生，歷覽者茲年矣。而殊不寤，亶費精神於此，而煩學者於彼，譬畫者畫於無形，弦者放於無聲，殆不可乎！揚子曰：俞！若夫閎言崇議，幽微之塗，蓋難與覽者同也。昔人有觀象於天，視度於地，察法於人者。天麗且彌，地普而深，昔人之辭，迺玉迺金，彼豈好為艱難哉？勢不得已也。獨不見夫翠虯絳螭之將登乎天？必聳身於倉梧之淵，不階浮雲，翼疾風，虛舉而上升，則不能撽膠，葛騰九閎。日月之經不千里，則不能燭六合，燿八紘。泰山之高，不嶕嶢，則不能浡滃雲而散歊烝。是以宓犧氏之作易也，緜絡天地，經以八卦，文王附六爻，孔子錯其象而彖其辭，然後發天地之臧，定萬物之基。典謨之篇，雅頌之聲，不溫純深潤，則不足以揚，烈而章緝熙。蓋胥靡為宰，寂寞為尸，大味必淡，大音必希，大語叫叫，大道低回鴻。是以聲之眇者，不可同於衆人之耳；形之美者，不可棍於世俗之目；辭之衍者，不可齊於庸人之聽。今夫弦者高張急徽，追趨逐者，則坐者不期而附矣。試爲之施咸池，揄六莖，發蕭韶，詠九成，則莫有和也。是故鍾期死，伯牙絕弦破琴，而不肯與衆鼓；獿人亡，則匠石輟斤而不敢妄斲。師曠之調鍾，竢知音者之在後也；孔子作春秋，幾君子之前覩也。老聃有遺言，貴知我者希，此非其操與？』雄見諸子各以其知舛馳，大氐詆訾聖人，卽爲怪迂析辯詭辭，以撓世事。雖小辯，終破大道而或衆，使溺於所聞，而不自知其非也。及太史公記六國，歷楚漢，訖麟止，不與聖人同，是非頗謬於經。故人時有問雄者，常用法應之，撰以爲十三卷，象論語，號曰法言。

【出處】漢書揚雄傳

●●●杜鄴卒　帝祖母定陶傅太后稱皇太太后，帝母丁姬稱帝太后，而皇后卽傅太后從弟子也。傅氏侯者三人，丁氏侯者二人，又封傅太后同母弟子鄭業爲陽信侯，傅太后尤與政專權。是年正月朔，上以皇后父孔鄉侯傅晏爲大司馬衛將軍，而帝舅陽安侯丁明爲大司馬驃騎將將，臨拜日食。詔舉方正直言，扶陽侯韋育舉鄴方正。鄴對曰：『臣聞禽息憂國，碎首不恨；卞和献寶，刖足願之。臣幸得奉直言之詔，無二者之危，敢不極陳？臣聞陽尊陰卑，卑者隨尊，尊者兼卑，天之道也。是以男雖賤，各爲其家陽，女雖貴，猶爲其國陰。故禮明三從之義，雖有文母之德，必繫於子；春秋不書紀侯之母，陰義殺也。昔鄭伯隨姜氏之欲，終有叔段篡國之禍。漢興，呂太后權私親屬，又以外孫爲孝惠后，是時繼嗣不明，凡事多晻，晝昏冬雷之變，不可勝載。竊見陛下行不偏之政，每事儉約，非禮不動，誠欲正身與天下更始也。然嘉瑞未應，而日食地震，民訛言行籌，傳相驚恐。案春秋災異，以指象爲言語，故在於得一類而達之也。日食，明陽爲陰所臨，坤卦乘離，明夷之象也。坤以法地，爲土爲母，以安靜爲德，震，不陰之效也。占象甚明，臣敢不直言其事！昔曾子問從令之事，孔子曰：「是何言歟！」善閔子騫守禮，不苟從親，所行無非理者，故無可間也。昔大司馬新都侯莽退伏弟家，以詔策決復遣就國。高昌侯宏去蕃自絕，猶受封土。制書侍中駙馬都尉遷，不忠巧佞，免歸故郡，閒未旬月，則有詔還。大臣奏正其罰，卒不得遣，而反兼官奉使，顯寵過故。及陽信侯業，皆緣私君國，非功義所止。諸外家昆弟，無賢不肖，並侍帷幄，布在列位，或典兵衛，或將軍屯，寵意幷於一家，積貴之勢，世所希見所希聞也。至迺幷置大司馬將軍之官，皇甫雖盛，三桓雖隆，魯爲作三軍，無以甚此。當拜之日，晻然日食，不在前後，臨事而發者，明陛下謙遜無專，承指非一，所言輒聽，所欲輒隨，有罪惡者，不坐辜罰，無功能者，畢受官爵。流漸積猥，正尤在是。欲令昭昭，以覺聖朝。昔詩人所刺，春秋所譏，指象如此，殆不在它。由後視前，忿邑非之，逮身所行，不自鏡見，則以爲可計之過者。疏賤獨偏見，疑內亦有此類。天變不空，保右世主，如此之至，奈何不應。臣聞野鷄著怪，高宗深動；大風暴過，成王怛然。願陛下加致精誠，思承始初，事稽諸古，以厭下心。則黎庶羣生，無不悅喜，上帝百神，收還威怒，禎祥福祿，何嫌不報！』鄴未拜，病卒。有集二卷，見七錄。初，鄴從張吉學，吉子竦又幼孤，從鄴學問，亦著於世，尤長小學。鄴子林，字伯山，清靜好古，亦有雅材，家既多書，又從竦受學，博洽多聞，時稱通儒，其正文字，過於鄴竦，故世言小學者由杜公。

【出處】漢書杜鄴傳　後漢書杜林傳

二年庚申（前一）

劉歆為左曹大中大夫　歆起家復為安定屬國都尉。會帝崩，王莽持政。王莽少與歆俱為黃門郎，重之，白太后，太后遂留歆為右曹太中大夫。莽之持政，專以拔擢附順誅滅忤恨為務，王舜王邑為腹心，甄豐甄邯主擊斷，平晏領機事，劉歆典文章，孫建為爪牙，豐子尋，歆子棻，涿郡崔發，南陽陳崇，皆以才能幸於莽。

【出處】漢書劉歆傳　王莽傳

平帝

名衎，元帝庶孫，中山孝王子，在位五年。

元始元年辛酉（紀元一）

劉歆為太中大夫行太常事

【出處】漢書外戚孝平王皇后傳

二年壬戌（二）

橋仁為大鴻臚　仁受學於同郡戴聖，著禮記章句四十九篇，號曰橋君學。家世傳業。至是為大鴻臚。三年免。

【出處】漢書儒林傳　後漢書橋玄傳　百官公卿表

大司農孫寶免　初，哀帝崩，王莽白王太后徵寶，以爲光祿大夫，與王舜等俱迎中山王。帝立，寶爲大司農。會越嶲郡上黃龍遊江中，太師孔光大司徒馬宮等咸稱莽功德比周公，宜告祠宗廟。寶曰：『周公上聖，召公大賢，尚猶有不相說，著於經典，兩不相損。今風雨未時，百姓不足，每有一事，羣臣同聲，得無非其美者！』時大臣皆失色，侍中奉車都尉甄邯即時承制罷議者。會寶遣吏迎母，母道病留弟家，獨遣妻子。司直陳崇以奏寶，事下三公即訊。寶對曰：『年七十誖眊，恩衰共養，營妻子，如章。』寶坐免，終於家。建武中，錄舊臣德，以寶孫伉爲諸長。

【出處】漢書孫寶傳

劉歆爲光祿大夫

【考證】按歆旣於明年春以光祿大夫迎皇后，則初爲光祿大夫，必在其前，故誌之於此。

三年癸亥（二）

定婚禮　王莽以女配帝，太后遂詔光祿大夫劉歆奉乘輿法駕迎皇后於安漢公第。又詔歆等雜定婚禮，四輔公卿大夫博士郎吏家屬，皆以禮娶親迎，立軺併馬。

【出處】漢書平帝紀　漢書外戚孝平王皇后傳

王莽請定車服田宅學校之制　王莽奏車服制度，吏民養生送終嫁娶奴婢器械之品，立官稷及學官，郡國曰學，縣道邑侯國曰校，校學置經師一人。鄉曰庠，聚曰序，序庠置孝經師一人。

【出處】漢書平帝紀

王莽殺吳章　初，章治尚書經爲博士，時平帝以中山王即帝位，年幼，莽秉政，自號安漢公，以平帝爲成帝後，不得顧私親。帝母及外家衛氏，皆留中山，不得至京師。莽長子宇非莽鬲絕衛氏，恐帝長大後見怨。宇與吳章謀，夜以血塗莽門，若鬼神之戒，冀以懼莽，章欲因對其咎。事發覺，莽殺宇，誅滅衛氏，謀所聯及，死者百餘人。章坐要斬，磔尸東市門。初，章爲當世名儒，教授尤盛，弟子千餘人。莽以爲惡人黨，皆當禁固，不得仕宦。門人盡更名他師。云敞者，字幼孺，亦平陵人，時爲大司徒掾，自劾吳章弟子，收抱章尸歸，棺斂葬之，京師稱焉。車騎將軍王舜高其志節，比之欒布，表奏以爲掾，薦爲中郎諫大夫。王莽篡位，王舜爲太師，復薦敞可輔職，以病免。唐林言敞可典郡，擢爲魯郡大尹。更始時，安車徵敞爲御史大夫，復病免去，卒於家。

【出處】漢書云敞傳

四年甲子（四）

王莽請立辟雍　王莽爲宰衡，欲燿衆庶，遂奏起明堂辟雍靈臺，爲學者築舍萬區，作市常滿倉，制度甚盛。立樂經，益博士員，經各五人。

【出處】漢書平帝紀　王莽傳

五年乙丑（五）

封劉歆王惲等爲列侯　詔曰：『羲和劉歆等四人，使治明堂辟廱，令漢與文王靈臺周公作洛同符，太僕王惲等八人，使行風俗，宣明德化，萬國齊同，皆封爲列侯。』

【出處】 漢書平帝紀

徵天下異能之士 王莽徵天下通一藝，教授十一人以上，及有逸禮，古書，毛詩，周官，爾雅，天文，圖讖，方術，本草，鍾律，月令，兵法，史篇，通知其意者，在所爲駕一封軺傳，遣詣京師。網羅天下異能之士，至者前後千數。皆令記說廷中，將令正乖繆壹異說云。初，小毛公授毛詩於同國貫長卿，長卿授齊人解延年，延年授徐敖，敖授九江陳俠。至是，俠應公車徵說詩。（俠授同郡謝曼卿，曼卿爲毛詩訓。）

【出處】 漢書平帝紀 王莽傳 經典釋文敘錄

立毛詩逸禮古文尚書左氏春秋於學官 初，元帝世，立京氏易。至是，王莽專政，遂立毛詩逸禮古文尚書左氏春秋於學官。時言左氏者本之賈護劉歆。護授陳欽（字子佚，蒼梧人。）而歆授賈徽（字元伯，扶風平陵人，八世祖誼。祖光爲常山太守，宣帝時，以吏二千石自洛陽徙。徽既從歆受左氏春秋，兼習國語周官，又受古文尚書於塗惲，學毛詩於謝曼卿，作左氏條例二十一篇，官至潁陰令。）

【出處】 漢書儒林傳 經典釋文敘錄

孺子嬰居攝元年丙寅（六）

桓譚爲諫大夫　譚善鼓琴，博學多通，徧習五經，皆詁訓大義，不爲章句。能文章，尤好古學，數從劉歆揚雄辯析疑異。性嗜倡樂，簡易不修威儀，而熹非毀俗儒，由是多見排抵。哀平間，位不過郎。至是，爲諫大夫。時當王莽居攝纂弑之際，天下之士莫不競褒稱德美作符命以求容媚。譚獨自守，默然無言。

【出處】　後漢書桓譚傳

【考證】　按漢書王莽傳稱莽以居攝二年『放大誥作策，遣諫大夫桓譚等班於天下。』其初爲諫大夫必在其前。然本傳稱『哀平間位不過郎』則是遷中大夫必在其後也。故誌之於此。

二年丁卯（七）

王莽作大誥　東郡太守翟義字文仲，翟方進之少子。見莽居攝，心惡之。都試勒車騎，因發勒命，立嚴鄉侯劉信爲天子。移檄郡國，言莽毒殺平帝，攝天子位，欲絕漢室，今共行天罰誅莽，郡國皆震，衆十餘萬。莽聞之大懼，乃遣王邑孫建等擊義，分屯諸關，守阨塞，義和紅休侯劉歆爲揚武將軍，屯宛。莽日抱孺子告禱郊廟，謂羣臣而稱曰：『昔成王幼，周公攝政，而管蔡挾祿父以畔，今翟義亦挾劉信而作亂。自古大聖猶懼此，況臣莽之斗筲。』羣臣皆曰：『不遭此變，不章聖德。』莽於是依周書作大誥曰：『惟居攝二年十月甲子，攝皇帝若曰：大誥道諸侯王三公列侯于汝卿大夫元士御事，不弔，天降喪于趙傅丁董，洪惟我幼沖孺子，當承繼嗣無疆大歷服事。予未遭其明悊能道民於安，況其能往知天命。熙我念孺子，若涉淵水。予惟往求朕所濟度，奔走，以傅近奉承高皇帝所受命，予豈敢自比於前人乎？天降威明，用寧帝室，遺我居攝寶龜。太皇太后以丹石之符，迺紹天明意。詔予即命，居攝踐祚，如周公故事。反虜故東郡太守翟義，擅興師動衆，曰有大難於西土，西土人亦不靖。於是動嚴鄉侯信，誕敢犯祖亂宗之序。天降威遺我寶龜，固知我國有呰災，使民不安，是天反復右我漢國也。粵其聞曰，宗室之儁有四百人，民獻儀九萬夫。予敬以終於此，謀繼嗣圖功。

我有大事休，予卜并吉。故我出大將，告郡太守諸侯相令長曰，予得吉卜，予惟以汝于代東郡嚴鄉逋播臣。爾國君或者無不反曰，難大，民亦不靜，亦惟在帝宮諸侯宗室，於小子族父，敬不可征。帝不違卜，故予爲沖人長思厥難曰，烏虖！義信所犯，誠動鰥寡，哀哉！予遭天役，遺大解難於予身，以爲孺子，不身自卹。予義彼國君泉陵侯上書曰，成王幼弱，周公踐天子位，以治天下。六年，朝諸侯於明堂，制禮樂，班度量，而天下大服。太皇太后承順天心，成居攝之義。皇太子爲孝平皇帝子，年在繦褓，宜且爲子，知爲人子道。令皇太后得加慈母恩，畜養成就，加元服，然後復子明辟。熙爲我孺子之故。予惟趙傅丁董之亂，遏絕繼嗣，變剝適庶，危亂漢朝，以成三阨，隊極厥命。烏虖！害其可不旅力同心戒之哉！予不敢僭上帝命，天休於安帝室，興我漢國，惟卜用克綏受茲命。今天其相民，況亦惟卜用。太皇太后肇有元城沙鹿之右，陰精女主聖明之祥，配元生成，以興我天下之符，遂獲西王母之應，神靈之徵。以祐我帝室，以安我大宗，以紹我後嗣，以繼我漢功。厥害適統，不宗元緒者，辟不違親，辜不避戚。夫豈不愛？亦惟帝室。是以廣立王侯，並建曾玄，俾屏我京師，綏撫宇內。博徵儒生，講道於廷，論序乖謬，制禮作樂，同律度量，混壹風俗。正天地之位，昭郊宗之禮，定五時廟祧，咸秩亡文。建靈臺，立明堂，設辟雍，張太學，尊中宗高宗（即元帝）之號。昔我高宗，崇德建武，克綏西域，以受白虎威勝之瑞。天地判合，乾坤序德。太后太后，臨政有龜龍麟鳳之應，五德嘉符，相因而備。河圖雒書，遠自昆侖，出於重壄。古讖著言，肆今享實。迺此皇天上帝所以安我帝室俾我成就洪烈也。烏乎！天用威輔漢始而大，大矣。爾有惟舊人泉陵侯之言，爾不克遠省，爾豈知太皇太后若此勤哉？天毖勞我成功所，予不敢不極卒安皇帝之所圖事。肆予告我諸侯王公列侯卿大夫元士御事，天輔誠辭。天其累我以民，予害敢不於祖宗安人圖功所終。天亦惟勞我民，若有疾，予害敢不於祖宗所受休輔。予聞孝子善繼人之意，忠臣善成人之事。予思若考作室，厥子堂而構之。厥父菑，厥子播而穫之，予害敢不於身撫祖宗之所受大命？若祖宗迺有效湯武伐厥子，民長其勸弗救，烏虖肆哉！諸侯王公列侯卿大夫元士御事，其勉助國道明。亦惟宗室之俊，民之表儀，迪知上帝命。況今天降定於漢國，惟大囏人，翟義劉信大逆欲相伐於厥室，豈亦知命之不易乎？予永念曰，天惟喪翟義劉信，若嗇夫，予害敢不終予晦。天亦惟休於祖宗，予害其極卜，害敢不卜從。率寧人有旨疆士，況今卜并吉。故予大以爾東征，命不僭差，卜陳惟若此。』迺遣諫大夫桓譚等班於天下，諭以攝位當反政孺子之意。還封譚爲明告里附城。（王莽即位，譚爲掌樂大夫，更始立，召拜大中大夫。）諸將至陳留，與翟義戰，義敗死，信亡走。自此莽自謂獲天人助，遂謀即眞之事矣。

王莽殺高康

【出處】漢書翟方進傳　王莽傳

初，沛人高相治易，其學亡章句，專說陰陽災異。自言出于丁將軍，傳至相。相授子康，及蘭陵母將永。康以明易爲郎，永至豫章都尉。至是，翟義謀舉兵誅莽，事未發，康候知東郡有兵，私語門人，門人上書言之。後數月，義兵起，莽召問，對受師高康。莽惡之，以爲惑衆，斬康，繇是易有高氏學。又有費直，字長翁，東萊人也。與相同時。治易爲郎，至單父令。長於卦筮，亡章句，徒以彖象系辭十篇文言解說上下經，琅邪王璜平中能傳之。費氏經與古文同 璜又傳古文尚書。璜嘗爲大司空掾，上書言治河。 高費皆未嘗立於學官。 隋志有費直易林二卷（梁五卷）易內神筮二卷。梁又有周易筮占林二卷。

【出處】 漢書儒林傳 藝文志 溝洫志

初始元年戊辰（八）

劉歆等議爲王莽母服 莽母功顯君死，意不在哀，令太后詔議其服。少阿羲和劉歆與博士諸儒七十八人皆曰：『居攝之義，所以統立天功興崇帝道，成就法度，安輯海內也。昔殷成湯既沒，而太子蚤夭，其子太甲，幼少不明，伊尹放諸桐而居攝，以興殷道。周武王既沒，周道未成，成王幼少，周公屏成王而居攝，以成周道。是以殷有翼翼之化，周有刑錯之功。今太皇太后，比遭家之不造，委任安漢公，宰尹羣僚，衡平天下。遭孺子幼少，未能共上下，皇天降瑞，出丹石之符。是以太皇太后則天明命，詔安漢公居攝踐祚，將以成聖漢之業，與唐虞三代比隆也。攝皇帝遂開祕府，會諸儒制禮作樂！卒定庶官，茂成天功。聖心周悉，卓爾獨見，發得周禮，以明因監，則天稽古，而損益焉。猶仲尼之聞韶，日月之不可階，非聖哲之至，孰能若茲！綱紀咸張，成在一匱。此其所以保佑聖漢安靖元元之效也。今功顯君薨，禮，庶子爲後，爲其母緦。傳曰：與尊者爲體，不敢服其私親也。攝皇帝以聖德承皇天之命，受太后之詔，居攝踐祚，奉漢大宗之後。上有天地社稷之重，下有元元萬機之憂，不得顧其私親。故太皇太后建厥元孫，俾侯新都，爲哀侯後。明攝皇帝與尊者爲體，承宗廟之祭，奉共養太皇太后，不得服其私親也。周禮曰：王爲諸侯緦，繐弁而加環絰。同姓則麻，異姓則葛。攝皇帝當爲功顯君緦，繐弁而加麻環絰，如天子弔諸侯服，以應聖制。』莽遂行焉。凡壹弔再會，而令新都侯宗爲主，服喪三年云。

【出處】漢書王莽傳

新莽 姓王氏，名莽，篡漢爲天子，凡十五年而滅。

始建國元年己巳（九）

劉歆爲國師嘉新公。 莽既篡位，以少阿羲和京兆尹紅休侯劉歆爲國師嘉新公。又以歆子櫐爲伊休侯，奉堯後。

二年，但欽上言請漢氏諸廟在京師者皆罷，諸劉爲諸侯者，以戶多少，就五等之差。其爲吏者皆罷，待除於家，莽曰：可，嘉新公國師，以符命爲予四輔，明德侯劉龔率禮侯劉嘉等凡三十二人皆知天命，或獻天符，或貢昌言，或捕告反虜，厥功茂焉，諸劉與三十二人同宗共祖者勿罷，賜姓王，唯國師以女配莽子，故不賜姓。

【出處】漢書王莽傳

揚雄爲中散大夫 初，雄之給事黃門，與王莽劉歆並。哀帝之初，又與董賢同官。當成哀平間，莽賢皆爲三公，權傾人主，所薦無不拔擢，而雄三世不徙官。至是，莽篡位，談說之士，用符命稱功德，獲封爵者甚衆。雄復不侯，以耆老久次，轉爲中散大夫，常校書天祿閣。

【出處】漢書楊雄傳　書鈔一百引揚雄集。

行井田制 莽曰：『古者設廬井八家，一夫一婦田百畝，什一而稅，則國給民富而頌聲作。此唐虞之道，三代所遵行也。秦爲無道，厚賦稅以自供奉，罷民力以極欲。壞聖制，廢井田。是以兼并起，貪鄙生。强者規田以千數，弱者曾無立錐之居。又置奴婢之市，與牛馬同蘭，制於民臣，顓斷其民。姦虐之人，因緣爲利，至略賣人妻子，逆天心，詩人倫，繆於天地之性人爲貴之義。書曰：「予則奴戮汝」唯不用命者，然後被此辜矣。漢氏減輕田租，三十而稅一，常有更賦，罷癃咸出。而豪民侵陵，分田刼假，厥名三十稅一，實什稅五也。父子夫婦，終年耕芸，所得不足以自存。故富者犬馬餘菽粟，驕而爲邪。貧者不厭糟糠，窮而爲姦。俱陷於辜，刑用不錯。予前在大麓，始令天下公田口井，時則有嘉禾之祥，遭反虜逆賊且止。今更名天下田曰王田，奴婢曰私屬，皆不得賣賣，其男口不盈八而田過一井者，分餘田予九族鄰里鄉黨。故無田。今當受田者如制度，敢有非井田聖制無法惑衆者，投諸四裔，以禦魑魅，如皇始祖考虞帝故事。』

【出處】漢書王莽傳

二年庚午（一〇）

甄尋劉棻以言符命被殺

是時爭爲符命封侯，其不爲者相戲曰：『獨無天帝除書乎？』司命陳崇白莽曰：『此開姦臣作福之路，而亂天命，宜絕其原。』莽亦厭之，遂使尚書大夫趙並驗治，非五威將率所班，皆下獄。初，甄豐劉歆王舜爲莽腹心，倡導在位，褒揚功德。安漢宰衡之號，及封莽母兩子兄子，皆豐等所共謀。而豐舜歆亦受其賜，並富貴矣，非復欲令莽居攝也。居攝之萌，出於泉陵侯劉慶，前煇光謝囂，長安令田終術。莽羽翼已成，意欲稱攝，豐等承順其意。莽復封舜歆兩子及豐孫。豐等爵位已盛，心意既滿，又實畏漢宗室天下豪傑，而疏遠欲進者，並作符命，莽遂據以即眞，舜歆內懼而已。豐素剛强，莽覺其不說，故徙大阿右拂大司空豐託符命文爲更始將軍，與賣餠兒王盛同列。豐父子默默。時子尋爲侍中，京兆大尹茂德侯即作符命，言新室當分陝立二伯，以豐爲右伯，太傅平晏爲左伯，如周召故事。莽即從之，拜豐爲右伯。當述職西出，未行，尋復作符命，言故漢氏平帝后黃皇室主爲尋之妻。莽以詐立，心疑大臣怨謗，欲震威以懼下，因是發怒曰：『黃皇室主天下母，此何謂也！』收捕尋，尋亡，豐自殺。尋隨方士入華山，歲餘捕得。辭連國師公歆子侍中東通靈將五司大夫隆威侯棻，棻弟右曹長水校尉伐虜侯泳，大司空邑弟左關將軍掌威侯奇，及歆門人侍中騎都尉丁隆等，牽引公卿黨親列侯以下，死者數百人。尋手理有天子字，莽解其臂入視之曰：此「一大子」也，或曰：「一六子」也。六者戮也，明尋父子當戮死也。迺流棻于幽州，放尋於三危，殛隆於羽山，皆驛車載其屍傳致。而辭所連及，便收不請。時揚雄校書天祿閣上，治獄使者來欲收雄。雄恐不能自免，迺從閣上自投下，幾死。莽聞之曰：『雄素不與事，何故在此？』間請問其故，迺劉棻嘗從雄學作奇字，雄不知情，有詔勿問。然京師爲之語曰：『惟寂寞，自投閣，爰清靜，作符命。』雄以病免，復召爲大夫。

【出處】漢書王莽傳　楊雄傳

三年辛未（一一）

爲太子置師友祭酒　爲太子置師友各四人，秩以大夫。以故大司徒馬宮爲師疑，故少府宗伯鳳爲傅丞，博士袁聖爲阿輔，京兆尹王嘉爲保拂，是爲四師。故尙書令唐林爲胥附，（隋志有唐林集一卷）博士李充爲犇走，諫大夫趙襄爲先後，中郎將廉丹爲禦侮，是爲四友。又置師友祭酒，及侍中諫議六經祭酒各一人。凡九祭酒，秩上卿。琅邪左咸爲講春秋，潁川滿昌爲講詩，長安國由爲講易，平陽唐昌爲講書，沛郡陳咸爲講禮，崔發爲講樂祭酒。遣謁者持安車印綬，即拜楚國龔勝爲太子師友祭酒。勝不應徵，不食而死。

【出處】漢書王莽傳

四年壬申（一二）

廢井田制　二月橫挍五日，莽至明堂，授諸侯茅土。下書曰：予以不德，襲於聖祖，爲萬國主，思安黎元，在於建侯，分州，正域，以美風俗。追監前代，爰綱爰紀，惟在堯典。十有二州，衞有五服。詩國十五，抪徧九州，殷頌有奄有九有之言。禹貢之九州無幷幽，周禮司馬則無徐梁。帝王相改，各有云爲，或昭其事，或大其本，厥義著明，其務一矣。昔周二后受命，故有東都西都之居，予之受命，蓋亦如之。其以洛陽爲新室東都，常安爲新室西都，邦畿連體，各有采任。州從禹貢爲九，爵從周氏有五。諸侯之員，千有八百，附城之數亦如之，以俟有功，諸公一同，有衆萬戶，土方百里。侯伯一國，衆戶五千，土方七十里。子男一則，衆戶二千有五百，土方五十里。附城大者，食邑九成，衆戶九百，土方三十里。自九以下，降殺以兩，至於一成。五差備具，合當一則。今已受茅土者，公十四人，侯九十三人，伯二十一人，子百七十一人，男四百九十七人，凡七百九十六人，附城千五百一十一人。九族之女爲任者八十三人，及漢氏女孫中山承禮君，遵德君，修義君，更以爲任，十有一公，九卿十二大夫，二十四元士。定諸國邑采之處，使侍中講禮大夫孔秉等與州部衆郡曉知地理圖籍者，共校治于壽成朱鳥堂，予數與羣公祭酒上卿親聽視，咸已通矣。夫褒德賞功，所以顯仁賢也。九族和睦，所以褒親親也。予永惟匪解，思稽前人，將章黜陟，以明好惡安元元焉。以圖簿未定，未授國邑，且令受奉都內，月錢數千。諸侯皆困乏，至有庸作者。中郎區博諫莽曰：『井田雖聖王法，其廢久矣。周道既衰，而民不從。秦知順民之心可以獲大利也，故滅廬井而置阡陌，遂王諸夏。訖今海內未厭其敝，今欲違民心，追復千載絕迹。雖堯舜復起，而無百年之漸，弗能行也。天下初定，萬民新附，誠未可施行。』莽知民怨，迺下書曰：『諸名食王田，皆得賣之，勿拘以法。犯私買賣庶人者，且一切勿治。』

【出處】漢書王莽傳

陳欽為厭難將軍　欽習左氏春秋，事黎陽賈護，與劉歆同時，而自名陳氏春秋。遂以授王莽，為厭難將軍。（欽言，捕虜生口，虜犯邊者，皆孝單于咸子角所為，莽怒，斬咸質子登於長安，以視諸蠻夷。）

【出處】漢書儒林傳　王莽傳　後漢書陳元傳

五年癸酉（一三）

天鳳元年甲戌（一四）

陳欽免　是年莽與匈奴和親，徵還諸將在邊者，免陳欽等十八人。

【出處】漢書王莽傳

二年乙亥（一五）

楊雄致書劉歆　劉歆與楊雄書，從取方言。雄答書曰：『雄叩頭，賜命謹至，又告以田儀事，事窮竟白，案顯出，甚厚厚厚。田儀與雄同鄉里，幼稚爲隣，長艾相愛，視覬動精彩，似不爲非者，故舉至之，雄之任也。不意淫迹暴於官廟。令舉者懷報而低眉，任者含聲而宛舌。知人之德，堯猶病諸，雄何慙焉。叩頭叩頭。又勑以殊言十五卷，君何由知之？謹歸誠底裏，不敢違信。雄少不師章句，亦於五經之訓所不解。常聞先代輶軒之使，奏籍之書，皆藏於周秦之室。及其破也，遺棄無見之者。獨蜀人有嚴君平臨邛林閭翁孺者，深好訓詁，猶見輶軒之使所奏言。翁孺與雄外家牽連之親，又君平過誤有以私遇少而與雄也。君平財有千言耳，翁孺梗槩之法略有。翁孺往數歲死，婦蜀郡掌氏子，無子而去。而雄始能草文。先作縣邸銘王佴頌階闔銘及成都城四隅銘。蜀人有楊莊者爲郎，誦之於成帝，成帝好之，以爲似相如，雄遂以此得外見。此數者皆都水君常見，故不復奏。雄爲郎之歲，自奏少不得學，而心好沈博絕麗之文，願不受三歲之奉，且休脫直事之繇，得肆心廣意以自克就。有詔可不奪奉，令尚書賜筆墨錢六萬，得觀書於石室。如是後一歲，作繡補靈節龍骨之銘詩三章。成帝好之，遂得盡意，故天下上計孝廉及內郡衛卒會者，雄常把三寸弱翰，齎油素四尺，以問其異語，歸即以鉛摘次之於槧，二十七歲於今矣。而語言或交錯相反方覆論思詳悉集之，燕其疑。張伯松不好雄賦誦之文，然亦有以奇之，常爲雄道，言其父及其先君喜典訓。屬雄以此篇目頻示其成者，伯松曰：「是縣諸日月不刊之書也」又言恐雄爲太玄雄，由鼠坻之與牛場也。如其用則實五稼飽邦民，否則爲坻糞棄之於道矣。而雄般之。伯松與雄獨何德慧，而君與雄獨何譖隙，而當匿乎哉？其不勞戎馬高車令人君坐幃幙之中知絕遐異俗之語。典流於昆嗣，言列於漢籍，誠雄心所絕極，至精之所想遘也。扶聖朝遠照之明，使君求此，誠雄散之之會也。死之日則今之榮也。不敢有貳，不敢有愛，少而不以行立於鄉里，鄉長而不以功顯於縣官，著訓於帝籍，著但言辭博，覽翰墨爲事，誠欲崇而就之，不可以遺，不可以怠。即君必欲脅之以威，陵之以武，欲令入之於此，此又未定，未可以見，今君又終之，則縊死以從命也。且寬假延期，必不敢有愛。雄之所爲，得使君輔貢於明朝，則雄無憾，何敢有匿，唯執事圖之。長監所規，繡之就，死以爲小，雄敢行之。謹因還使，雄叩頭叩頭。』

【出處】古文苑卷一

【考證】楊雄以元延元年奏羽獵賦除爲郎，而此書言雄爲郎之歲始爲方言，於今二十七年，當爲此年之事，故誌之於此。

殺陳欽　單于咸既和親，求其子登屍，莽欲遣使送致，恐咸怨恨害使者，乃收前言當誅侍子者陳欽，以他辜繫獄。欽曰：『是欲以我爲說於匈奴也』遂自殺。莽選儒生能顓對者，濟南王咸爲大使，五威將軍伏黯等爲帥（黯字稚文，琅琊東武人，以明齊詩，改定章句，作解說九篇。）使送登屍。咸到單于庭，陳莽威德，責單于背畔之辠，應敵從橫，單于不能詘，遂致命而還。入塞，咸病死，封其子爲伯，伏黯等皆爲子。（後黯仕漢，位至光祿勳。）莽意以爲制定則天下自平，故銳思於地里，制禮作樂，講合六經之說。公卿旦入暮出，論議連年不決。

【出處】漢書王莽傳　後漢書伏恭傳

四年丁丑（一七）

桓榮講經於九江　初朱普卒，榮奔喪九江，負土成墳，因留教授，徒衆數百人。有何湯者，字仲弓，豫章南昌人也。爲榮高弟，以才明知名。榮年四十無子，湯乃去榮妻爲更娶，生三子。榮甚重之。（後漢本傳，章懷注引謝承書。）

【出處】後漢書桓榮傳及注引謝承書

五年戊寅（一八）

楊雄卒　雄家素貧，耆酒，人希至其門。時有好事者，載酒肴從游學。而鉅鹿侯芭，常從雄居，愛其太玄法言焉。劉歆亦嘗觀之，謂雄曰：『空自苦！今學者有利祿，然尚不能明易，又如玄何？吾恐後人用覆醬瓿也。』雄笑而不應。雄好古樂道，其意欲求文章成名於後世，以爲經莫大於易，故作太玄。傳莫大於論語，作法言。史篇莫善於蒼頡，作訓纂，箴莫善於虞箴，作州箴。賦莫善於離騷，反而廣之。辭莫麗於相如，作四賦，皆斟酌其本，相與放依而馳騁云。用心於內，不求於外，於時人皆忽之；唯劉歆及范逡敬焉。至是卒，年七十一。侯芭爲起墳，喪之三年，時大司空王邑納言嚴尤，聞雄死，謂桓譚曰：「子嘗稱楊雄書，豈能傳於後世乎？」譚曰：「必傳，顧君與譚不及見也。凡人賤近而貴遠，親見楊子雲祿位容貌不能動人，故輕其書。昔老聃著虛無之言兩篇，薄仁義，非禮學，然後世好之者，尚以爲過於五經，自漢文景之君及司馬遷皆有是言，今楊子之書，文義至深，而論不詭於聖人，若使遭遇時君，更閱賢知，爲所稱善，則必度越諸子矣。

【出處】漢書楊雄傳

【附錄】楊雄著述表

太玄經十九篇

法言十三篇

方言十三篇

蒼頡訓纂一篇

訓纂一篇

蜀王本紀一卷

賦十二篇

樂四篇

箴二篇

六年己卯（一九）

募有技奇術可以攻匈奴者。博募有奇技術可以攻匈奴者，將待以不次之位。言便宜者以萬數。或言能度水不用舟楫，連馬接騎，濟百萬師，或言不持斗糧，服食藥物，三軍不飢。或言能飛，一日千里，可窺匈奴。莽輒試之，取大鳥翮爲兩翼，頭與身皆著毛，通引環紐，飛數百步墮，莽知其不可用，苟欲獲其名，皆拜爲理軍，賜以車馬，待發。初，翟義黨王孫慶捕得，莽使太醫尙方與巧屠共刳剝之，量度五藏，以竹筵導其脉，知所終始，云可以治病。其喜奇技術，皆此類也。

【出處】漢書王莽傳

地皇元年庚辰（二〇）

二年辛巳（二一）

立周官於學官　初，河間獻王開獻書之路，時有李氏上周官五篇，失其冬官一篇，乃購以千金，不得。取考工記補之。鄭目錄云：「司空之篇亡　漢興，購求千金不得。此前世識其事，記錄以備大數。既出於山巖屋壁，復入於秘府。五家之儒，莫得見焉。成帝時，劉向父子校理秘書，始得列序，著於錄略。時衆儒並出，共排以爲非是。唯歆獨識，其年尙幼，務在廣覽博規，又多銳精於春秋。至是，乃知其周公致太平之迹，迹具在斯。遂奏莽立於學官。

【出處】賈公彥周禮廢興　漢書藝文志

【考證】班固謂周禮於王莽時，劉歆置博士。周禮廢興引馬融語謂歆『末年乃知其周公致太平之迹，迹具在斯。奈遭天下倉卒，兵戈並起。』故其立周禮必在末年。又必在兵戈之起之前。故誌之於此。

三年壬午（二二）

包咸講授於東海　咸字子良，會稽曲阿人也。少爲諸生，受業長安，師事博士右師細君，習魯詩論語。王莽末，去歸鄉里，於東海界爲赤眉賊所得，遂見拘執，十餘日咸晨夜誦經自若，賊異而遣之。因往東海，立精舍講授。

【出處】後漢書儒林包咸傳

劉玄更始元年癸未（二三）

劉歆自殺　是歲平林新市下江兵將王常朱鮪等兵立劉玄爲帝，改年爲更始元年，拜置百官。莽兵討之，大敗於昆陽，關中聞之震恐，盜賊並起。莽衞將軍王涉素養道士西門君惠，君惠好天文讖記，爲涉言星孛掃宮室，劉氏當復興，國師公姓名是也。涉信其言，以語大司馬董忠，數俱至國師殿中廬，道語星宿。國師不應。後涉特往，對歆涕泣，言：『誠欲與公共安宗族，奈何不信涉也？』歆因爲言天文人事，東方必成。涉曰：『董公主中軍精兵，涉領宮衞，伊休侯主殿中。如同心合謀，共劫持帝，東降南陽天子，可以全宗族。不者，俱夷滅矣。伊休侯者，歆長子也，爲侍中五官中郎將，莽素愛之。歆怨莽殺其三子，又畏大禍至，遂與涉忠謀欲發。歆曰：『當待太白星出，迺可。』會事洩，忠被誅，涉歆皆自殺。歆典校中秘二十餘年，倡古文最力。以合於王莽遂據高位，古文因以俱立於字官。而後世謂古文爲非是者，俱以歆爲攻擊之彀的云。

【出處】漢書王莽傳

【附錄一】劉歆著述表

列女傳頌一卷　隋志

七略七卷　隋志

三統曆法三卷　隋志。舊唐志作一卷，新志同，惟外又有四分曆一卷，推漢書律曆志一卷。

春秋左氏傳條例二十卷　舊唐志。隋志及新志均未著錄。

西京雜記

集五卷　漢志

【附錄二】 三統曆法

上元庚戌至是年 一十四萬三千二百五十三 章歲十九 章閏七 日法八十一

統法一千五百三十九 朔望會一百三十五 元法四千六百一十七 冬至牛初

歲星一百四十四年超一次 歲數一百四十四 周數一百四十五

歐陽歙爲河南都尉 歙字王思，樂安千乘人也。自歐陽生傳伏生尚書，至歙八世，皆爲博士。歙既傳業，而恭謙好禮讓。王莽時，爲長社宰。更始立，爲原武令。光武平河北，到原武，見歙在縣修政，遷河南都尉。後行太守事。及光武即帝位，始爲河南尹，封被陽侯。

【出處】 後漢書儒林歐陽歙傳

二年甲申（二四）

桓榮逃匿山谷 王莽敗，天下亂，榮抱其經書，與其弟子逃匿山谷。雖常飢困，而講論不輟。後復客授江淮間。又有王隆字文山，馮翊雲陽人。王莽時，以父任爲郎。至是，避難河西，爲竇融左護軍，至建武中，爲新汲令，能文章，所著詩賦銘書凡二十六篇。又作小學漢官篇略道公卿內外之職旁及四夷，博物條暢，多所發明，足以知舊制儀品。又有夏恭字敬公，梁國蒙人，習韓詩孟氏易，講授，門徒常千餘人。至是，盜賊從橫，攻沒郡縣，恭以恩信爲衆所附，擁兵固守獨安全，光武即位，嘉其忠果，召拜郎中，再遷太山都尉，和集百姓，甚得其歡心，恭善爲文，著賦頌詩勵學凡二十四篇。四十九卒官，諸儒共謚曰宣明君，子牙少習家業，著賦頌讃誄凡四十篇，舉孝廉，早卒。鄉人號曰文德先生。又有沛國史岑子孝亦以文章顯，王莽以爲謁者，著頌誄復神說疾凡四篇。

【出處】後漢書桓榮傳　王隆傳　百官志　夏恭傳

總論

這個時代，儒家可算是完全統一了。元帝本來就喜歡儒生，所以一切行政，都按照經典行事，又極力擴充博士弟子員。但這時的儒家，較前一期所帶的迷信色彩，更爲濃厚。五經之中，染鬼氣最深的，要算易詩春秋三經。翼奉說：『易有陰陽，詩有五際，春秋有災異，皆列終始，推得失，考天心，以言王道之危安。』易本來是一部占卜的書，自然容易講的神秘了。詩和春秋，似乎沒有神秘化的可能。我們且研究他們的講法：

（一）詩　漢代詩家，最神秘的莫過於齊詩。他們把五行五德天干地支等都分配在各詩之中，所以有六情」「五性」「五際」等等名詞，俱列表如下：

(A)

方向	情	行	主	附註
北	好	貪狼	申子	貪狼必待陰賊而後動，陰賊必待貪狼而後用，二陰並行，是以王者忌子卯也。禮經避之，春秋諱焉。
東	怒	陰賊	亥卯	

五 (B)

臟	性	行	主	神
肝	靜	仁	甲己	木
心	躁	禮	丙辛	火

六情

南	惡	廉貞	寅午	二陽並行，是以王者吉午酉也。詩曰：「吉日庚午」
西	喜	寬大	己酉	
上	樂	姦邪	辰未	辰未屬陰戌丑屬陽
下	哀	公正	戌丑	

性

脾	力	信	戊癸	水
肺	堅	義	乙庚	金
腎	敬	智	丁壬	土

(C) 五際

亥	大明	亥爲天門出入候聽午亥之際爲革命午爲陽謝陰興	水始
午	采芑		
卯	天保	卯爲陰陽交際卯酉之爲改正(革政)酉爲陰盛陽微	
酉	祈父		
寅	四牡		木始
巳	嘉魚		火始
申	鴻雁		金始

因爲這樣一附會，把一部好好的文學書變爲推背圖之流了。初元二年，地震，翼奉上書道：『臣奉竊學齊詩，聞五際之要，十日之交篇，知日蝕地震之效，昭然可明。猶巢居知風，穴處知雨，亦不足多，適所習耳。』可以見出他們以此自負的神氣。

（二）春秋　按春秋的形式看來，好像是一部史書目錄。即便有什麼褒貶的意思在內，也不過如現在報紙的標題罷了，不會有什麼神秘的意味在內。但着漢儒一講起來，就好像讀天書一般了。董仲舒等人所倡的「三科」「九旨」「五始」「七等」「六輔」「二類」「七闕」等等條目，已經使人頭痛。後人又用陰陽五行的學說以解釋未來的事情，更顯得烏煙瘴氣了。我們且舉他們講「西狩獲麟」一事作例，以見一班。

本來古代地廣人稀，奇獸怪鳥自然很多。偶然得到一個形狀奇特的走獸，並不算一件可以注意的事情。漢儒以爲孔子在春秋之末寫這一句，必含有重大的意義。麟的出世，也絕不能無因。所以公羊家說：『麟是漢將受命之瑞，周亡天下之異。夫子知其將有六國爭彊，秦項交戰，然後劉氏乃立。夫子深閔民之離苦，故爲之隕涕。』

講左氏春秋的反對這種說法，他們以爲麟是孔子作春秋感應來的，其中又可分爲兩種不同的說法。

(A)當方來應說　這是採取同類相感的道理，他們以爲麟和春秋是同類，所以孔子修春秋，便感得麟來了。列表於下以明同類之義：

東	震	木	仁	龍
南	離	火	禮	鳳
西	兌	金	義	麟
北	坎	水	信	龜

左傳疏引陳欽的話道：『麟西方毛蟲金精也，孔子作春秋，有立言，西方兌爲口，故麟來。到後漢時代鄭玄也主持這種說法，他說修當方之事則當方之物來應。

(B)修母致子說　這是採取五行相生道理的。修生者，那被生者也就隨之而至。

春秋屬火，麟屬土，火能生土，所以修春秋麟便來了。列表表明如下：

母		子
五事	五常	五靈
貌恭東木	性仁	而鳳凰來儀南火
視明南火	禮修（春秋本禮經）	而麟至中土
言從西金	義成	而神龜現北水
聽聰北水	智至	而名川出龍東木
思睿中土	信立	而白虎擾西金

由這種迷信的潮流所驅，生出兩種書籍。一種是太平經，一種是圖讖之書。太平經是是成帝時齊人甘忠可所造，他說：『漢家逢天地之大終，當更受命於天，天使眞人赤精子下教我此道。』後來漢朝把他下獄治罪。他的弟子夏賀良又上書哀帝道『漢歷中

哀，當更受命，成帝不應天命，故絕嗣。今陛下久疾，變異屢數，天所以譴告人也。宜急改元易號，迺得延年益壽，皇子生，災異息矣。得道不得行，咎殃且亡，不有洪水將出，災火且起，滌盪人民。』這種鬼話，居然將哀帝說信了，於是乎大赦天下，改建平二年爲太初元將元年，號曰陳聖劉太平皇帝。結果哀帝的病沒有減輕，又把夏賀良等治罪，一場把戲，暫告一段落。讖緯之書，起于哀平之間，共八十一篇，內有河洛四十五，六藝三十六。從前的解經者，不過是就經文附以迷信思想，此刻竟是離經而獨立了。一面用迷信的思想和經義互相呼應，一面又預言未來。因爲裏面有『劉秀發兵捕不道，四夷雲龍鬬野，四七之際火爲王。』等等的話，驚動了一位經學大師劉歆，把自己的名字改爲秀，以求應這預言。更要起兵促這事情實現，不想事情沒有辨妥而被人發覺，終于自殺了。

在這個時期，學術界發現了一線的光明，就是古文學的興起。提倡古文者，如王莽劉歆陳欽等人。雖然迷信色彩不減于今文家，但古文書籍的本身，實具有戰勝今文籍書的力量。我們試拿今古的書籍來比較，就會覺得今文文詞簡單，篇幅短小，偏重義理。古文文詞繁雜，篇幅很長，偏重史事。偏重義理，可以隨便附會，所以迷信的色彩，一天天的加厚。偏重史事方面，雖然也可以附會，但不能將事實完全抹殺，還可保存一部分眞像。人智日趨於開明，自然迷信要歸淘汰了。

今古文書籍性質不同，也是有原因的。秦代滅學之後，書籍散亡，漢初的經典，大半是由博士口授下來的。博士口授，自然是檢他記得最淸處的傳下。這可以發生兩種現象：第一，篇幅長的不如短的容易記憶。第二，記載事實的不如記載義理的容易記憶。因爲這樣，博士所傳的，即便是全本，也不免有殘缺不全的地方。尙書伏生祇傳得二十九篇，因爲他所存的本子，祇餘得二十九篇了。他傳的尙書大傳，又引逸篇九共。可見他並不是不知道二十九篇之外還有旁的篇，不過他記不甚淸，或記不完全，不便傳授。至於零星引用，那記不完全的當中，也不妨引用一兩句。後人把眼光縮小，以爲二十九篇便是完本了。至於周禮左傳，都是篇軼浩繁，首尾連接，不像尙書之各篇可以獨立存在。所以既然沒法了記得住，即便記了一兩篇也沒有用處。當然非有原本不可了。漢代二百年搜集古書的結果，古書發現了很不少。就是博士所傳的經當中，當然也增加不少的材料。但博士所講的書籍，已立學官，許多人飯碗所關，當然不肯承認自己所講的是殘缺不全，所以新發現的材料，很難得加入。以致儀禮尙書等逸篇，都漸漸散失。周禮毛詩左傳是獨立的三種東西，不必等博士們承認，所以還能保存。周禮的制度，自然比王制詳明的多。毛詩附會史事，也比今文家專靠猜想解釋的話容易受人歡迎。左傳是一部歷史書，自然比公羊穀梁專取日月名字穿鑿附會的强勝百倍。今文學所以存在，全靠政治的力量，傳之既久，自然敵不住這使人發生興趣的新學派了。

漢晉學術編年卷之四

東漢

世祖光武皇帝

名秀，字文叔。南陽蔡陽人。高祖九世孫，景帝子長沙定王發後，討王莽滅羣雄爲天子，在位三十三年。

建武元年乙酉（二五）

崔篆作易林　篆涿郡平安人也，王莽時爲郡文學，以明經徵詣公車，太保甄豐舉爲步兵校尉，篆辭曰：『吾聞伐國不問仁人，戰陳不訪儒士，此舉奚爲至哉？』遂投劾歸。莽嫌諸不附己者，多以法中傷之。時篆兄發以佞巧幸於莽，位至大司空，母師氏能通經學百家之言。莽寵以殊禮，賜號義成夫人，金印紫綬文軒丹轂，顯於新世。後以篆爲新建大尹，篆不得已，乃嘆曰：『吾生無妄之世，值澆羿之君，上有老母，下有兄弟，安得獨潔己而危所生哉。』乃遂單車到官，稱疾不視事，三年不行縣，門下掾倪敞諫，篆乃強起班春。所至之縣，獄犴填滿，篆垂涕曰：『嗟乎！刑罰不中，乃陷人於穽，此皆何罪而至於是？』遂平理，所出二千餘人，掾吏叩頭諫曰：『朝廷初政，州牧峻刻，宥過申枉，誠仁者之心。然，獨爲君子，將有悔乎？』篆曰：『邾文公不以一人易其身，君子謂之知命，如殺一大尹贖二千人，蓋所願也。』遂稱疾去。至是，朝廷多薦言之者，幽州刺史又擧篆賢良。篆自以宗門受莽僞寵，慚愧漢朝，遂辭歸不仕。客居滎陽，閉門潛思，著周易林六十四篇，用決吉凶，多所占驗。臨終作賦以自悼，名慰志。（七錄有崔篆集一卷）生子毅，以疾隱身不仕。毅生駰，字亭伯。

【出處】後漢書崔駰傳

班彪作王命論　彪字叔皮，扶風安陵人。祖況，爲左曹越騎校尉，有女爲成帝倢伃，又生三子；伯，斿，穉。伯少受詩於師丹，後受尚書論語於鄭寬中張禹，既通大義，又講同異於許商。官至侍中，早卒。斿博學有俊材，左將軍師丹擧賢良方正，以對策爲議郎，遷諫大夫右曹中郎將，與劉向校秘書。每奏事，斿以選受詔進讀羣書，上器其能，賜以秘書之副。時書不布，故東平思王以叔父求太史公諸子書而不許。亦早卒，生子曰嗣。穉官至廣平相，生彪。彪幼與嗣共遊學。家有賜書，內足於財，好古之士，自遠方至。父黨揚子雲以下，莫不造門。嗣雖修儒學，然貴老莊之術。桓譚欲借其書，嗣報曰：『若夫莊子者，絕聖棄智，修生保眞，淸虛澹泊，歸之自然。獨師友造化，而不爲世俗所役者也。漁釣於一壑，則萬物不奸其志。棲遲於一丘，則天下不易其樂。不絓聖人之罔，不齅驕君之餌，蕩然肆志，談者不得而名焉，故可貴也。今吾子已貫仁誼之羈絆，繫名聲之韁鎖，伏周孔之軌躅，馳顏閔之極摯，既繫攣於世教矣，何用大道爲自眩曜？昔有學步於邯鄲者，曾未得其髣髴，又復失其故步，遂匍匐而歸耳。恐似此類，故不進。』嗣之行已持論如此。彪則惟學儒道，年二十，遭王莽敗。及帝即位於冀州，隗囂據壟擁衆，招輯英俊。而公孫述稱帝於蜀漢，天下雲擾。大者連州郡，小者據縣邑。囂問彪曰：『往者周亡，戰國並爭，天下分裂，數世然後迺定，其抑者從橫之事復起於今乎？將承運迭興在於一人也？願先生論之。』對曰

：『周之廢興與漢異。昔周立爵五等，諸侯從政，本根既微，枝葉强大。故其末流，有從橫之事，其勢然也。漢家承秦之制，並立郡縣，主有專己之威，臣無百年之柄。至於成帝，假借外家，哀平短祚，國嗣三絕，危自上起，傷不及下。故王氏之貴，傾擅朝廷，能竊號位，而不根於民。是以即眞之後，天下莫不引領而嘆。十餘年間，外內騷擾，遠近俱發，假號雲合，咸稱劉氏，不謀而同辭。方今雄桀帶州城者，皆無七國世業之資。詩云：「皇矣上帝，臨下有赫，鑒觀四方，求民之莫。」今民皆謳吟思漢，鄉仰劉氏，已可知矣。』囂曰：『先生言周漢之勢可也，至於但見愚民習識劉氏姓號之故，而謂漢家復興，疏矣。昔秦失其鹿，劉季逐而掎之，時民復知漢虖？』彪既感囂言，又傷時方艱，迺著王命論。其辭曰：『昔在帝堯之禪曰：「咨爾舜，天之歷數在爾躬，」舜亦以命禹。暨於稷契，咸佐唐虞，光濟四海，奕世載德，至於湯武而有天下。雖其遭遇異時，禪代不同，至於應天順民，其揆一也。是故劉氏承堯之祚，氏族之世，著乎春秋，唐據火德而漢紹之，起自沛澤，則神母夜號，以章赤帝之符。由是言之，帝王之祚，必有明聖顯懿之德，豐功厚利積累之業。然後精誠通於神明，流澤加於生民，故能爲鬼神所福饗，天下所歸往。未見運世無本，功德不紀，而得屈起在此位者也。世俗見高祖興於布衣，不達其故，以爲適遭暴亂，得奮其劍。游說之士，至比天下於逐鹿，幸捷而得之。不知神器有命，不可以智力求也。悲夫！此世所以多亂臣賊子者也。若然者，豈徒闇於天道哉？又不覩之於人事矣。夫餓饉流隸，飢寒道路，思有短褐之褻，儋石之畜。所願不過一金，然終於轉死溝壑，何則？貧窮亦有命也。況虖天子之貴，四海之富，神明之祚，可得而妄處哉？故雖遭罹阨會，竊其權柄，勇如信布，彊如梁籍，成如王莽，然卒潤鑊伏質，亨醢分裂，又況幺麼尚不及數子而欲闇奸天位者乎？是故駑蹇之乘，不騁千里之塗；燕雀之疇，不奮六翮之用；楶棁之材，不荷棟梁之任；斗筲之子，不秉帝王之重。易曰：「鼎折足，覆公餗。」不勝其任也。當秦之末，豪傑共推陳嬰而王之。嬰母止之曰：「自吾爲子家婦，而世貧賤，卒富貴不祥。不如以兵屬人，事成少受其利，不成禍有所歸。」嬰從其言，而陳氏以寧。王陵之母，亦見項氏之必亡而劉氏之將興也。是時陵爲漢將，而母獲於楚。有漢使來，陵母見之，謂曰：「願告吾子，漢王長者，必得天下。子謹事之，無有二心。」遂對漢使伏劍而死，以固勉陵。其後果定於漢，陵爲宰相封侯。夫以匹婦之明，猶能推事理之致，探禍福之機，而全宗祀於無窮，垂策書於春秋，而況大丈夫之事乎。是故窮達有命，吉凶由人。嬰母知廢，陵母知興，審此二者，帝王之分決矣。蓋在高祖，其興也有五：一曰帝堯之苗裔，二曰體貌多奇異，三曰神武有徵應，四曰寬明而仁恕，五曰知人善任使。加之以信誠好謀，達於聽受，見善如不及，用人如由己，從諫如順流，趣時如響赴。當食吐哺，納子房之策；拔足揮洗，揖酈生之說；寤戍卒之言，斷懷土之情；高四皓之名，割肌膚之愛；擧韓信於行陳，收陳平於亡命；英雄陳力，羣策畢擧，此高祖之大略所以成帝業也。若迺靈瑞符應，又可略聞矣。初，劉媼任高祖而夢與神遇，震電晦冥，有龍蛇之怪。及其長而多靈，有異於衆。是以王武感物而折券，呂公覩形而進女，秦皇東遊以厭其氣，呂后望雲而知所處。始受命則白蛇分，西入關則五星聚。故淮陰留侯，謂之天授，非人力也。歷古今之得失，驗行事之成敗，稽帝王之世運，考五者之所謂。取舍不厭斯位，符瑞不同斯度，而苟昧於權利，越次妄根，外不量力，內不知命，則必喪保家之主，失天年之壽，遇折足之凶，伏鈇鉞之誅。英雄誠知覺悟，畏若禍戒，超然遠覽，淵然深識，收陵嬰之明分，絕信布之覬覦，距逐鹿之瞽說，審神器之有授，毋貪不可幾，爲二母之所笑。則福祚流於子孫，天祿其永終矣。』知隗囂終不悟，迺避地於河西，河西大將軍竇融以爲從事，深敬待之，接以師友之道。彪乃爲融畫策事漢，總河西以拒隗囂。

【出處】漢書叙傳　後漢書班彪傳

二年丙戌（二六）

始正火德色尚赤徵通內讖者　自西漢之初，庶事草創，惟一叔孫通略定朝廷之儀，若正朔服色郊望之事，數世猶未章焉。至於孝文，始以夏郊。而張蒼據水德，公孫臣賈誼更以爲土德，卒不能明。孝武之世，文章爲盛，太初改制，而兒寬司馬遷等猶從賈誼之言，服色數度，遂順黃德。彼以五德之傳，從所不勝。秦在水德，故謂漢據土而克之。劉向父子以爲帝出於震，故包羲氏始受木德。其後以母傳子，終而復始。自神農黃帝下歷唐虞三代，而漢得火焉。故高帝始起，神母夜號，著赤帝之符，旗章遂赤，自得天統矣。昔共工氏以水德間於木火，與秦同運，非其次序，故皆不永。向歆雖有此議，時未施行。哀帝時，有河圖赤伏符云：『劉秀發兵捕不道，四夷雲集龍鬭野，四七之際火爲主。』劉歆遂改名爲秀以應之。至是，帝以己之即位，與讖相應，篤信其說，遂案圖讖推五運，漢爲火德。周蒼漢赤，木生火，赤代蒼，故制郊祀於城南，行夏之時，犧牲尙黑，明火德之運，徽幟尙赤，四時隨色，郊祀帝堯以配天，宗配高祖以配上帝。下詔求通內讖二卷者，不得。而博士薛漢則僅奉詔校定而已。薛漢者，字公子，淮陽人也。世習韓詩，父子以章句著名。漢少傳父業，尤善說災異讖緯，敎授常數百人。至是，爲博士，受詔校定圖讖。當世言詩者，推漢爲長，永平中，爲千乘太守，政有異迹。後坐楚事，辭相連，下獄死。弟子犍爲杜撫叔和，會稽澹臺敬伯，鉅鹿韓伯高，最知名。

【出處】 漢書郊祀志傳贊　後漢書光武紀　儒林薛漢傳　華陽國志薛漢傳

尹敏上疏陳洪範消災之術 敏字幼季，南陽堵陽人也。少爲諸生，初習歐陽尙書，後受古文，兼善毛詩穀梁左氏春秋。至是，上疏陳洪範消災之術，略謂『六診作見，若是供御帝用不差，神則大喜，五福乃降，用章於下。若不供御，六罰既侵，六極其下。明供御則天報之福，不供御則災禍至。欲尊六事之體，則貌言視聽思心之用，合六事之揆，以致乎太平而消除轗軻孽害也。』時帝方草創天下，未遑其事，命敏待詔公車，拜郎中，辟大司空府。帝以敏博通經記，令校圖讖，使蠲去崔發所爲王莽著錄次比。敏對曰：『讖書非聖人所作，其中多近鄙別字，頗類世俗之辭，恐疑誤教生。』帝不納。敏因其闕文增之曰：『君無口，爲漢輔。』帝見而怪之，召敏問其故。敏對曰：『臣見前人增損圖書，敢不自量，竊幸萬一。』帝深非之，雖竟不罪，而亦以此沈滯。後三遷長陵令。

【出處】後漢書儒林尹敏傳　五行志注引續漢書

●●●●●包咸舉孝廉　光武即位，咸歸鄉里。太守黃讜署戶曹史，欲召咸入授其子。咸曰：『禮有來學，而無往教。』讜遂遣子師之。府君行春，咸留守，郎君緣樓探雀卵，咸責數之，以春日不破卵乘危，非子道也，遂杖二十　舉孝廉，除郎中。

【出處】後漢書包咸傳　北堂書鈔一十七引吳錄

●●●●●牟長為博士　長字君高，樂安臨濟人也。其先封牟，春秋之末，國滅，因氏焉。少習歐陽尚書，不仕王莽。至是，大司空宋弘特辟，拜博士。稍遷河內太守，坐墾田不實免。長自為博士及在河內，諸生講學者常有千餘人，著錄前後萬人。著尚書章句，皆本之歐陽氏，俗號為牟氏章句，十四年復徵為中散大夫，賜告一歲，卒於家。子紆，又以隱居教授，門生千人，肅宗聞而徵之，欲以為博士，道物故。

【出處】後漢書儒林牟長傳

●●●●●范升拜議郎　范升字辯卿，代郡人。少孤，依外家居。九歲通論語孝經，及長，習梁丘易老子，教授後生。王莽大司空王邑辟升為議曹史。後令乘傳使上黨，遂與漢兵會，因留不還。至是，光武徵詣懷宮，拜議郎，遷博士。上疏讓曰：『臣與博士梁恭，山陽太守呂羌，俱修梁丘易。二臣年並耆艾，經學深明。而臣不以時退，與恭並立。深知羌學又不能達。慚負二老，無顏於世，誦而不行，知而不言，不可開口以爲人師。願推博士以辟恭羌。』帝不許，然由是重之，數詔引見，每有大議，輒見訪問，

【出處】後漢書范升傳

桓譚爲議郎 初，譚於王莽時爲掌樂大夫，更始立，召拜太中大夫。帝即位，徵譚待詔，上書言事，失旨不用。至是，帝問大司空宋弘通博之士，弘乃薦譚才學洽聞，幾能及揚雄劉向父子。於是召譚拜議郎，給事中。帝每讌，輒令鼓琴，好其繁聲。弘聞之，不悅，悔於薦舉。伺譚內出，正朝服，坐府上，遣吏召之。譚至，不與席而讓之曰：『吾所以薦子者，欲令輔國家以道德也。而今數進鄭聲，以亂雅頌，非忠正者也。能自改邪，將令相舉以法乎？』譚頓首辭謝良久，乃遣之。後大會羣臣，帝使譚鼓琴，譚見弘，失其常度。帝怪而問之。弘乃離席免冠謝曰：『臣所以薦

桓譚者，望能以忠正導主，而令朝廷耽悅鄭聲，臣之罪也。』帝改容謝，使反服，其後遂不復令譚給事中。

【出處】後漢書桓譚傳　宋弘傳

三年丁亥（二七）

寇恂爲汝南太守　恂素好學，既治郡清靜無事，乃修鄉校，教生徒，聘能爲左氏春秋者親受業焉。

【出處】後漢書寇恂傳

張玄舉明經　玄字君夏，河內河陽人也。少習顏氏春秋，兼通數家法。至是，舉明經，補弘農文學。遷陳倉縣丞，清淨無欲，專心經書，方其講問，乃不食終日。及有難者，輒爲張數家之說，令擇從所安，諸儒皆伏其多通，著錄千餘人。玄初爲縣丞，嘗以職事對府，不知官曹處，吏白門下責之。時右扶鳳琅邪徐業亦大儒也，聞玄諸生，試引見之與語，大驚曰：『今日相遭，眞解矇矣。』遂請上堂，難問極日。後玄去官，舉孝廉，除爲郎。會顏氏博士缺，玄試策第一，拜爲博士，居數月，諸生上言玄兼說嚴氏冥氏，不宜專爲顏氏博士，帝武且令還署，未及遷而卒。

【出處】後漢書儒林張玄傳

四年戊子（二八）

議立費氏易左氏春秋博士　初尚書令韓歆上疏，欲爲費氏易左氏春秋立博士。詔下其議。至是年正月，朝公卿大夫博士，見於雲臺。帝謂范升曰：『范博士可前平說』升起對曰：『左氏不祖孔子而於出丘明，師徒相傳，又無其人。且非先帝所存，無因得立。』遂與韓歆及太中大夫許淑等互相辯難，日中乃罷。升退而奏曰：『臣聞，主不稽古，無以承天。臣不述舊，無以奉君。陛下愍學微缺，勞心經藝，情存博聞，故異端競進。近有司請置京氏易博士，羣下執事，莫能據正。京氏既立，費氏怨望。左氏春秋，復以比類，亦希置立。京費已行，次復高氏。春秋之家，又有騶夾。如令左氏費氏得置博士，高氏騶夾，五經奇異，並復求立。各有所執，乖戾分爭。從之則失道，不復則失人，將恐陛下必有厭倦之聽。孔子曰：博學約之，弗叛矣夫。夫學而不約，必叛道也。顏淵曰：博我以文，約我以禮。孔子可謂知教。顏淵可謂善學矣。老子曰：學道日損，損猶約也。又曰絕學無憂。絕末學也。今費左二學，無有本師，而多反異，先帝前世有疑於此，故京氏雖立，輒復見廢。疑道不可由，疑事不可行。詩書之作，其來已久，孔子尚周流遊觀，至於知命，自衛反魯，乃正雅頌。今陛下草創天下，紀綱未定。雖設學官，無有弟子。詩書不講，禮樂不修，奏立左費，非政急務。孔子曰：攻乎異端，斯害也已。傳曰：聞疑傳疑，聞信傳信，而堯舜之道存。願陛下疑先帝之所疑，信先帝之所信，以示反本，明不專已。天下之事，所以異者，以不一本也。易曰：天下之動，貞夫一也。又曰：正其本，萬事理。五經之本，自孔子始。謹奏左氏之失凡十四事。』時難者以太史公多引左氏。升又上太史公違戾五經，謬孔子言，及左氏春秋不可錄，三十一事。詔以下博士。○廣信陳元（字長孫，陳欽之子。少傳父業，爲之訓詁，銳，至不精覃思與鄉里通，以父任爲郎，與桓譚杜林鄭興俱爲學者所宗，）詣闕上書曰：『陛下撥亂反正，文武並用。深愍經藝謬雜，眞僞錯亂。每臨朝日，輒延羣臣講論聖道，知丘明至賢，親受孔子，而公羊穀梁傳聞於後世，故詔立左氏，博詢可否，示不專已，盡之羣下也。今論者沉溺所習，翫守舊聞，固執虛言傳受之辭以非親見實事之道。左氏孤學少與，遂爲異家之所覆冒。夫至音不合衆聽，故伯牙絕弦、至寶不同衆好，故卞和泣血。仲尼聖德，而不容於世，況於竹帛餘文，其爲雷同者所排，固其宜也。非陛下至明，孰能察之！臣元竊見博士范升等所議奏左氏春秋不可立及太史公違戾，凡四十五事。案升等所言前後相違，皆斷截小文，媟黷微辭，以年數小差，掇爲巨謬。遺脫纖微，指爲大尤。抉瑕擿釁，掩其弘美。所謂小辯破言小言破道者也。升等又曰：先帝不以左氏爲經，故不置博士，後主所宜因襲。臣愚以爲若先帝所行而後主必行者，則盤庚不當遷於殷，周公不當營洛邑，陛下不當都山東也。往者孝武皇帝好公羊，衛太子好穀梁，有詔詔太子受公羊，不得受穀梁。孝宣皇帝在民間時，聞衛太子好穀梁，於是獨學之。及即位，爲石渠論，而穀梁氏興，至今與公羊並存。此先帝後帝，各有所立，不必其相因也。孔子曰：純儉，吾從衆。至於拜下，則違之。夫明者獨見，不惑於朱紫，聽者獨聞，不謬於淸濁。故離朱不爲巧眩移目，師曠不得新聲移耳。方今干戈少弭，戎事略戢，留思聖藝，眷顧儒雅。採孔子下拜之義，卒淵聖獨見之旨，分明黑白，建立左氏，解釋先帝之積結，洮汰學者之累惑。使基業垂於萬世，後進無復狐疑，則天下幸甚。臣元愚鄙，常傳師言。如得以褐召見，俯伏庭下，誦孔氏之正道，理丘明之宿冤，若辭不合經，事不稽古，退就重誅，雖死之日，生之年也。』書奏下其議。范升復與元相辯難，凡十餘上。帝卒立左氏學，太常選博士四人，元爲第一。帝以元新忿爭，乃用其次司隸從事李封。於是諸儒以左氏之立，論議讙譁。自公卿以下，數廷爭之。會封病卒，左氏復廢。

【出處】漢書范升傳　陳元傳

伏恭爲劇令　恭字叔齊，琅邪東武人，司徒伏湛之兄子也。湛之弟黯無子，以恭爲後，恭性孝，事所繼母甚謹，少傳黯學，以任爲郎。至是除劇令。

【出處】後漢書儒林伏恭傳

五年己丑（二九）

蘇竟爲侍中 竟字伯況，扶風平陵人也。平帝世，竟以明易爲博士講書祭酒。善圖緯，能通百家之言。王莽時，劉歆等共典校書，拜代郡中尉。時匈奴擾亂，北邊多罹其禍，竟終完輯一郡。帝即位，就拜代郡太守，使固塞以拒匈奴。至是年冬，盧芳略得北邊諸郡，帝使偏將軍隨弟屯代郡。竟病篤，以兵屬弟，詣京師謝罪。拜侍中，數月以病免。初，延岑護軍鄧仲況擁兵據南陽陰縣爲寇，而劉歆兄子龔爲其謀主。竟時在南陽，與龔書曉之曰：『君執事無恙。走昔以摩研編削之才，與國師公從事出入，校定秘書。竊自依依，末由自遠。蓋聞君子愍同類而傷不遇。人無愚智，莫不先避害然後求利；先定志然後求名。昔智果見智伯窮兵必亡，故變名遠逝；陳平知項王爲天所棄，故歸心高祖；皆智之至也。聞君前權時屈節，北面延牙，迺後覺悟，棲遲養德。先世數子，又何以加！君處陰中，土多賢士。若以須臾之間，研考異同，揆之圖書，測之人事，則得失利害可陳於目，何自負畔亂之困不移守惡之名乎？與君子之道，何其反也！世之俗儒末學，醒醉不分，而稽論當世，疑誤視聽

○或謂天下迭興，未知誰是；稱兵據土，可圖非冀。或曰聖王未啟，宜觀時變，倚彊附大，顧望自守。二者之論，豈其然乎！夫孔丘祕經，爲漢赤制，玄包幽室，文隱事明。且火德承堯，雖昧必亮，承積世之祚，握無窮之符。王氏雖乘間偸簒，而終嬰大戮，支分體解，宗氏屠滅，非其効歟？皇天所以眷顧踟躕憂漢子孫者也。論者若不本之於天，參之於聖，猥以師曠雜事輕眩惑，說士作書，亂夫大道，焉可信哉！諸儒或曰：今五星失晷，天時謬錯，辰星久而不効，太白出入過度，熒惑進退見態，鎭星繞帶天街，歲星不舍氐房。以爲諸如此占歸之國家，蓋災不徒設，皆應之分野，各有所主。夫房心即宋之分，東海是也。尾爲燕分，漁陽是也。東海董憲迷惑未降，漁陽彭寵逆亂擁兵，王赫斯怒，命將並征，故熒惑應此，憲寵受殃。太白辰星，自亡新之末，失行算度，以至於今。或守東井，或沒羽林，或裴回藩屏，或躑躅帝宮，或經天反明，或潛藏久沈，或衰微闇昧，或煌煌北南，或盈縮成鉤，或偃蹇不禁。皆大運蕩除之祥，聖帝應符之兆也。賊臣亂子，往往錯互，指麾妄說，傳相註誤。由此論之，天文安得遵度哉？迺者五月甲申，天有白虹自子加午，廣可十丈，長可萬丈。正臨倚彌，倚彌即黎丘，秦豐之都也。是時月入于畢，畢爲天網，主網羅無道之君。故武王將伐紂，上祭於畢，求助天也。夫仲夏甲申爲八魁。八魁，上帝開塞之將也，主退惡攘逆，流星狀似蚩尤旗，或曰營頭，或曰天槍，出奎而西北行，至延牙營上，散爲數百而滅。奎爲毒螫，主庫兵。此二變，郡中及延牙士衆所共見也。是故延牙遂之武當，託言發兵，實避其殃。今年比卦部歲。坤主立冬，坎主冬至。水性滅火，南方之兵受歲禍也。德在中宮，刑在木，木勝土，刑制德，今年兵事畢已，中國安寧之效也。五七之家三十五姓，彭秦延氏不得豫焉。如何怪惑依而恃之，葛纍之詩，求福不回，其若是乎？圖讖之占，衆變之驗，皆君所明。善惡之分，去就之決，不可不察，無忽鄙言。夫周公之善康叔，以不从管蔡之亂也。景帝之悦濟北，以不从吳濞之畔也。自更始以來，孤恩背逆，歸義向善，臧否粲然，可不察歟。良醫不能救無命，彊梁不能與天爭。故天之所壞，人不得支。宜密與太守劉君共謀降議。仲尼棲棲，墨子遑遑，憂人之甚也。屠羊救楚，非要爵祿，茅焦干秦，豈求報利。盡忠博愛之誠，憤滿不能已耳。』於是仲況與龔遂降。龔字孟公，長安人，善論議，扶風馬援班彪並器重之。竟終不伐其功，潛樂道術，作記誨篇及文章傳於世。年七十，卒於家。

【出處】後漢書蘇竟傳

●●●起太學　初，王莽更始之際，天下散亂，禮樂分崩，典文殘落。及帝中興，愛好經術，未及下車而先訪儒雅，採求闕文，補綴漏逸。於是四方學士之懷挾圖書遁逃林藪者，莫不抱負墳策，雲會京師。遂立五經博士，各以家法教授。易有施孟梁丘京氏，尚書歐陽大小夏侯，詩魯齊韓，禮大小戴，春秋嚴顏，凡十四博士，太常差次總領焉。至是，修起太學。太學在洛陽城開陽門外，去宮八里，講堂是十丈，廣八丈。稽式古典，籩豆干戚之容，備之於列。服方領習矩步者，委它乎其中。

【出處】後漢書光武紀　百官志二　儒林傳

【附錄】 十四博士表

五經博士

- 易
  - 施
  - 孟
  - 梁丘
  - 京
- 書
  - 歐陽
  - 大夏侯
  - 小夏侯
- 詩
  - 魯
  - 齊
  - 韓
- 禮
  - 大戴
  - 小戴

春秋　公羊嚴氏
　　　公羊顏氏

六年庚寅（三〇）

徵拜杜林爲侍御史　初，林爲郡吏，王莽敗，盜賊起，乃與弟成及同郡范逡孟冀等將細弱俱客河西。隗囂素聞林志節，深相敬待，以爲治書，後因疾告去，辭還祿食，囂復欲令彊起，遂稱篤。囂意雖相望，且欲優容之，乃出令曰：『杜伯山天子所不能臣，諸侯所不能友，蓋伯夷叔齊恥食周粟。今且從師友之位，須道開通，使順所志。』林雖拘於囂而終不屈節。至是，弟成物故，囂乃聽林持喪東歸。既遣而悔，追令刺客楊賢於隴坻遮殺之。賢見林身推鹿車，載致弟喪，乃歎曰：『當今之世，誰能行義。我雖小人，何忍殺義士！』因亡去。帝聞林已還三輔，乃徵拜侍御史，引見，問以經書故舊及西州事，甚悅之，賜車馬衣被。羣僚知林以名德用，甚尊憚之。京師士大夫，咸推其博洽。

【出處】後漢書杜林傳

鄭興爲太中大夫　興字少贛，河南開封人，少學公羊春秋，後從博士金子嚴爲左氏春秋，遂積精深思，通達其旨。同學者皆師之。天鳳中，將門人從劉歆講正大義，歆美興才，使撰條例章句訓詁及校三統歷。更始時，爲諫議大夫，又拜涼州刺史。經赤眉之亂，乃西歸隗囂。至是，以葬父母東歸。杜林先與興同寓隴右，乃薦之曰：『竊見河南鄭興，執義堅固，敦悅詩書，好古博物，見疑不惑，有公孫僑觀射父之德。宜侍帷幄，典職機密。昔張仲在周，燕翼宣王，而詩人悅喜。惟陛下留聽少察，以助萬分。』乃徵爲太中大夫。興數上便宜，多見用，朝廷每有大議，輒訪焉。其論說依經守正，衆莫能屈也。

【出處】後漢書鄭興傳　北堂書鈔五十六引續漢書

衛宏從杜林受古文　衛宏字敬仲，東海人，少與鄭興俱好古學。初九江謝曼卿善毛詩，乃爲其訓。宏從曼卿受學，因作毛詩序，善得風雅之旨，傳於世。鄭興遇杜林，林欣然曰：『林得興等固諧矣，使宏得林，且有以益之。』及宏見林，闇然而服。濟南徐巡，始師事宏，後從林受學，亦以儒顯。林前於西州得漆書古文尚書一卷，常寶愛之，雖遭艱困，握持不離身。出以示宏等曰：『林流離兵亂，常恐斯經將絕。何意東海衛子，濟南徐生，復能傳之，是道竟不墜於地也。古文雖不合時務，然願諸生無悔所學。』宏巡益重之，於是古文遂行。

【出處】後漢書儒林衛宏傳

【附錄】衛宏著述表

古文尚書訓旨本傳

毛詩序本傳

周禮解詁鄭康成周禮序

孝經孔氏古文說一篇說文序許冲上表

詔定古文官書一卷隋志　唐志

漢舊儀四卷隋志

漢中興儀一卷七錄

賦頌誄七首

●丹陽太守李忠興學　忠以丹陽越俗，不好學，嫁娶禮儀，衰於中國。乃爲起學校，習禮容，春秋鄉飲，選用明經，郡中向慕之。

【出處】　後漢書李忠傳

歐陽歙爲汝南太守　初，歙於五年坐事免官。至是，拜楊州牧，還汝南太守。推用賢俊，政稱異迹。九年，更封夜侯。歙在郡教授數百人。

【出處】　後漢書儒林歐陽歙傳

七年辛卯（三一）

●太僕朱浮請廣博士之選　朱浮字叔元，沛國蕭人，以國學既興，宜廣博士之選，乃上書曰：『夫太學者，禮義之宮，教化所由興也。陛下尊敬先聖，垂意古典，宮室未飾，干戈未休，而先建太學，造立橫舍。比日車駕親臨觀饗，將以弘時雍之化，顯勉進之功也。尋博士之官，爲天下宗師，使孔聖之言，傳而不絕。舊事，策試博士，必廣求詳選，爰自畿夏，延及四方。是以博舉明經，唯賢是登。學者精勵，遠近同慕。伏聞詔書，更試五人，唯取見在洛陽城者。臣恐自今以往，將有所失。求之密邇，容或未盡，而四方之學，無所勸樂。凡策試之本，貴得其眞，非有期會不及遠方也。又諸所徵試，皆私自發遣，非有傷費煩擾於事也。語曰：中國失禮，求之於野，臣浮幸得與講圖讖，故敢越職。』帝然之。

〔出處〕後漢書朱浮傳

杜林等議郊祀制　是年五月，詔三公曰：『漢當郊堯，其與卿大夫博士議。』時侍御史杜林議曰：『當今政卑易行，禮簡易从。人無智愚，思仰漢德。基業特起，不因緣堯。堯遠於漢，人不曉信。言提其耳，終不說諭。后稷近周，人所知之。世據以興，基由其祚，本與漢異。郊祀高帝，誠从民望，得萬國之歡心，天下福應莫大於此

○詩曰：「不愆不忘，率由舊章。」宜如舊制，以解天下之惑。」帝從之。

【出處】續漢書祭祀志注引東觀書

十一年乙未（三五）

洼丹爲大鴻臚 丹字子玉，南陽育陽人也。世傳孟氏易。王莽時，常避世教授，專志不仕，徒衆數百人。建武初爲博士，稍遷，至是，爲大鴻臚。

【出處】後漢書儒林洼丹傳

高詡爲大司農 詡字季回，平原般人也。曾祖父嘉以魯詩授元帝，仕至上谷太守。父容，少傳嘉學，哀平間爲光祿大夫。詡以父任爲郎中，世傳魯詩，以信行清操知名。王莽篡位，父子稱盲逃，不仕莽世。帝即位，大司空宋弘薦詡，徵爲郎，除符離長。去官後，徵爲博士。至是，拜大司農，在朝以方正稱。（十三年，卒官。賜錢及家田。）

【出處】後漢書儒林高詡傳

丁恭爲少府 恭字子然，山陽東緡人也。習公羊嚴氏春秋。恭學義精明，教授常數百人。州郡請召，不應。建武初，爲諫議大夫，博士，封關內侯。至是，遷少府。諸生自遠方至者，著錄數千人，當世稱爲大儒。

【出處】 後漢書儒林丁恭傳

杜林爲光祿勳 初，林代王良爲大司徒司直，薦同郡范逡趙秉申屠剛及隴西牛邯等，皆被擢用，士多歸之。至是，司直官罷，以林代郭憲爲光祿勳，內奉宿衛，外總三署，周密敬慎，選舉稱平。郎有好學者，輒見誘進，朝夕滿堂。士以是高而慕附之。

【出處】 後漢書杜林傳 北堂書鈔五十三引續漢書

十二年丙申 （三六）

舉班彪爲司隸茂才 竇融徵還京師，光武問曰：『所上章奏，誰與參之？』融對曰：『皆從事班彪所爲』帝雅聞彪才，因召入見，舉司隸茂才，（拜徐令，以病免。後數應三公之命，輒去。）彪既才高而好述作，遂專心史籍之間。武帝時，司馬遷著史記，自太初以後，闕而不錄。後好事者，馮商衛衡揚雄史岑梁審肆仁馮晉段肅金丹馮衍韋融蕭奮劉恂之倫頗或綴集時事，然多鄙俗，不足以踵繼其書。彪乃繼採前史遺事，傍貫異聞，作後傳數十篇。因斟酌前史而譏正得失，其略論曰：『唐虞三代詩書所及，世有史官以司典籍。暨於諸侯，國自有史。故孟子曰：「楚之檮杌，晉之乘，魯之春秋，其事一也。」定哀之間，魯君子左丘明，論集其文，作左氏傳三十篇。又撰異同，號曰國語二十篇，由是乘檮杌之事遂闇，而左氏國語獨章。又有記錄黃帝以來至春秋時帝王公侯卿大夫，號曰世本一十五篇。春秋之後，七國並爭，秦并諸侯，則有戰國策三十三篇。漢興，定天下，太中大夫陸賈記錄時功，作楚漢春秋九篇。孝武之世，太史令司馬遷採左氏刪世本戰國策，據楚漢列國時事，上自黃帝，下訖獲麟，作本紀世家列傳書表，凡百三十篇，而十篇缺焉，遷之所記，從漢元至武以絕，則其功也。至於採經摭傳，分散百家之事，甚多疏略，不如其本，務欲以多聞廣載為功，論議淺而不篤。其論術學，則崇黃老而薄五經，序貨殖則輕仁義而羞貧窮，道游俠則賤守節而貴俗功，此其大敝傷道，所以遇極刑之咎也。然善述序事理，辯而不華，質而不野，文質相稱，蓋良史之才也。誠令遷依五經之法言，同聖人之是非，意亦庶幾矣。夫百家之書，猶可法也。若左氏國語世本戰國策楚漢春秋太史公書。今之所以知古，後之所由觀前，聖人之耳目也。司馬遷序帝王則曰本紀，公侯傳國則曰世家，卿士特起則曰列傳。又進項羽陳涉而黜淮南衡山，細意委曲，條例不精。若遷之著作，採獲古今，貫穿經傳，至廣博也。一人之精，文重思煩，故其書刋落不盡，尚有盈辭，多不齊一。若序司馬相如舉郡縣著其字，至蕭曹及董仲舒並時之人，不記其字，或縣而不郡者，蓋不暇也。今此後篇，愼覈其事，整齊其文，不爲世家，唯紀傳而已。傳曰：殺史見極，平易正直，春秋之義也。』彪與尹敏相善，每相遇，輒日旰忘食，夜分不寢，自以爲鍾期伯牙莊周惠施之相得也。

【出處】後漢書班彪傳　儒林尹敏傳

鄭興爲蓮勺令　初，帝嘗問興郊祀事，曰：『吾欲以讖斷之，何如？』興對曰：『臣不爲讖』帝怒曰：『卿之不爲讖，非之邪？』興惶恐曰：『臣於書有所未學，而無所非也。』帝意乃解。興數言政事，依經守義，文章溫雅。然以不善讖，故不能任。九年，使監征南積弩營於津鄉。會征南將軍岑彭爲刺客所殺。興領其營，遂與大司馬吳漢俱擊公孫述。述死，詔興留屯成都。頃之，侍御史舉奏興奉使私買奴婢，坐左轉蓮勺令。是時喪亂之餘，郡縣殘荒，興方欲築城郭修禮教以化之，會以事免，興好古學，尤明左氏周官，長於歷數，自杜林桓譚衞宏之屬，莫不斟酌焉。世言左氏者祖興。興去蓮勺後，遂不復仕，客授閿鄉。三公連辟，不肯應，卒于家。

【出處】後漢書鄭興傳

十四年戊戌（三八）

●●●●●

杜林議省刑罰　羣臣上言：『古者肉刑嚴重，則人畏法令。今憲律輕薄，故姦軌不勝，宜增科禁，以防其源。』詔下公卿。林奏曰：『夫人情挫辱，則義節之風損，法防繁多，則苟免之行興。孔子曰：「導之以政，齊之以刑，民免而無恥。導之以德，齊之以禮，有恥且格。」古之明王，深識遠慮，動居其厚，不務多辟。周之五刑，不過三千。大漢初興，詳覽失得，故破矩爲圓，斲雕爲樸，蠲除苛政，更立疏網

○海內歡欣，人懷寬德○及至其後，漸以滋章，吹毛索疵，詆欺無限○果桃菜茹之饋，集以成臧，小事無妨於義，以爲大戮○故國無廉士，家無完行○至於法不能禁，令不能止，上下相遁，爲敝彌深○臣愚以爲宜如舊制，不合翻移○』帝從之○

【出處】後漢書杜林傳

十五年己亥（三九）

歐陽歙下獄死　歙凡在郡視事九歲，徵爲大司徒，坐在汝南臧罪千餘萬發覺下獄○諸生守闕爲歙求哀者千餘人，至有自髡剔者○平原禮震年十七，聞獄當斷，馳之京師，行到河內獲嘉縣，自繫，上書求代歙死曰：『伏見臣師大司徒歐陽歙，學爲儒宗，八世博士，而以臧咎當伏重辜○歙門單子幼，未能傳學○身死之後，永爲廢絕○上令陛下獲殺賢之譏，下使學者喪師資之益○乞殺身以代歙命』○書奏而歙已獄死中○歙掾陳元上書追訟之，言甚切至○帝乃賜棺木，贈印綬，賻縑三千匹○初，元以才高著名，辟司空李通府○通罷，以是年復辟歙府，數陳當世便事郊廟之禮○帝不能用○以病去，年老，卒於家○有文集一卷，見七錄○

【出處】後漢書儒林歐陽歙傳　陳元傳

十六年庚子（四〇）

周澤署議曹祭酒　澤字穉都，北海安丘人也。少習公羊嚴氏春秋，隱居敎授，門徒常數百人。至是以耿介辟大司馬府，署議曹祭酒。，數月，徵試博士。

【出處】後漢書儒林周澤傳

【考證】周澤之辟北堂書鈔六十九引東觀漢記載在此年。而范書本傳則謂在建武之末。未知孰是。姑誌之於此以俟考。

伏恭爲博士　恭爲劇令，視事十三年，以惠政淸廉聞。靑州舉爲尤異，太常試經第一，拜博士。遷常山太守。敦修學校。教授不輟，由是北州多爲伏氏學。

【出處】後漢書儒林伏恭傳

十七年辛丑（四一）

洼丹卒　丹學義研深，易家宗之，稱爲大儒，作易通論七篇，世號洼君通。至是，卒於官，年七十。（時中山觟陽鴻，字孟孫，亦以孟氏易教授有名稱，永平中，爲少府。）

【出處】後漢書注丹傳

戴憑爲侍中　憑字次仲，汝南平輿人也。習京氏易，年十六，舉明經，徵試博士，拜郎中。時召公卿大會，羣臣皆就席，憑獨立。帝問其意，憑對曰：『博士說經皆不如臣，而坐居臣上，是以不得就席。帝即召上殿，令與諸儒難說，憑多所解釋。帝善之，拜爲侍中，數進諫，問得失。帝謂憑曰：『侍中當匡補國政，勿有隱情。』憑對曰：『陛下嚴。』帝曰：『朕何用嚴？』憑曰：『伏見前太尉西曹掾蔣遵，清亮忠孝，學通古今。陛下納膚受之訴，遂致禁錮，世以是爲嚴。』帝怒曰：『汝南子欲復黨乎？』憑出自繫廷尉，有詔勑出，後復引見。憑謝曰：『臣無謇諤之節，而有狂瞽之言，不能以尸伏諫，偷生苟活，誠慚聖朝。』帝即勑尚書解遵禁錮，拜憑虎賁中郎將，以侍中兼領之。正旦朝賀，百僚畢會。帝令羣臣能說經者更相難詰，義有不通，輒奪其席以益通者。憑遂重坐五十餘席，故京師爲之語曰：『解經不窮戴侍中。在職十八年，卒於官。詔賜東園梓器，錢二十萬。時南陽魏滿字叔牙，亦習京氏易，教授，永平中。至弘農大守。

【出處】後漢書儒林戴憑傳

【考證】按戴憑之初爲侍中，不知在何年。然既爲侍中十八年，又與光武同時，必有一時期適值光武中間之年。姑誌之於此以俟考。

十九年癸卯（四三）

杜林爲東海王傅　皇太子彊求乞自退，封東海王，故重選官屬，以林爲王傅，從駕南巡狩。時諸王傳數被引命，或多交遊，不得應詔。惟林守慎，有召必至，餘人雖不見譴，而林特受賞賜。又辭不敢受，帝益重之。

【出處】後漢書杜林傳

周防拜汝南郡守丞謁去　防字偉公，汝南汝陽人也。父揚，常修逆旅以供過客，而不受其報。防年十六，仕郡小吏。帝南巡汝南，召掾史試經。防尤能誦讀，拜爲守丞

○防以未冠，謁去。師事徐州刺史蓋豫，受古文尚書。

【出處】後漢書儒林周防傳

桓榮為博士　榮年六十餘，始辟大司徒府。時皇太子莊始立，選求明經。乃擢榮弟子豫章何湯為虎賁中郎將，以尚書授太子。帝從容問湯，『本師為誰？』湯對曰：『事沛國桓榮。』帝即召榮，令說尚書，甚善之。拜為議郎，賜錢十萬，使入授太子。每朝會，輒令榮於公卿前，敷奏經書。帝稱善曰：『得生幾晚』會歐陽博士缺，帝欲用榮，榮叩頭讓曰：『臣經術淺薄，不如同門生郎中彭閎，揚州從事皐弘。』帝曰：『俞，往，汝諧。』因拜榮為博士，引閎弘為議郎，車駕幸太學，會諸博士論難於前。榮被服儒衣，溫恭有蘊藉，辯明經義，每以禮讓相厭，不以辭長勝人，儒者莫之及，特加賞賜。又詔諸生雅吹擊磬，盡日乃罷。後榮入會庭中，詔賜奇果，受者皆懷之，榮獨舉手捧之以拜。帝笑指之曰：『此眞儒生也』以是愈見敬厚，嘗令止宿太子宮。積五年，榮薦門下生九江胡憲侍講，乃聽得出，旦一入而已。榮嘗寢病，太子朝夕遣中傅問病，賜以珍羞帷帳奴婢，謂曰：『如有不諱，無憂家室也。』後病愈，復入侍講。

【出處】後漢書桓榮傳

包咸入授皇太子論語　咸旣授皇太子論語，又爲其章句，拜諫議大夫，侍中，右中郎將。

【出處】後漢書儒林包咸傳

【考證】後漢書本傳，謂咸入授皇太子，又謂顯宗以咸有師傅恩，知咸所授之太子非東海王彊，乃明帝也。故誌之於此。

張純等議宗廟之禮　純字伯仁，京兆杜陵人也。高祖父安世，宣帝時爲大司馬衛將軍，封富平侯，父放爲成帝侍中。純少襲爵士，哀平間爲侍中，王莽時至列卿。遭値篡僞，多亡爵士，純以敦謹守約，保全前封。建武初，先來詣闕，故得復國。五年，拜太中大夫，遷五官中郎將。有司奏列侯非宗室不宜復國。帝曰：『張純宿衛十有餘年，其勿廢。』更封武始侯，食富平之半。純在朝歷世，明習故事。建武初，舊章多闕，每有疑議，輒以訪純。自郊廟婚冠喪紀禮儀，多所正定，帝甚重之，以純兼虎賁中郎將，數被引見，一日或至數四。純以宗廟未定，昭穆失序，至是乃與太僕朱浮共奏言：『陛下興於匹庶，蕩滌天下，誅鉏暴亂，興繼祖宗。竊以經義所紀，人事衆心，雖實同創革，而名爲中興，宜奉先帝恭承祭祀者也。元帝以來，宗廟奉祀，高皇帝爲受命祖，孝文皇帝爲太宗，孝武皇帝爲世宗，皆如舊制。又立親廟四世，推南頓君以上盡於舂陵節侯。禮，爲人後者則爲之子，既事大宗，則降其私親。今禘祫，高廟陳序昭穆，而舂陵四世君臣並列，以卑廁尊，不合禮意。設不遭王莽而國嗣無寄，推求宗室以陛下繼統者，安得復顧私親違禮制乎？昔高帝以自受命，不由太上；宣帝以孫後祖，不敢私親；故爲父立廟，獨羣臣侍祠。臣愚謂宜除今親廟以則二帝舊典，願下有司，博采其議。』詔下公卿。大司徒戴涉大司空竇融議：『宜以宣元成哀平五帝四世，代今親廟，宣元皇帝尊爲祖父，可親奉祠，成帝以下，有司行事。別爲南頓君立皇考廟，其祭上自舂陵節侯，羣臣奉祠。以明尊尊之敬，親親之恩。』帝從之，是時宗廟未備，自元帝以上祭於洛陽高廟，成帝以下祠於長安高廟，其南頓四世，隨所在而祭焉。明年，純代朱浮爲太僕，二十三年，代杜林爲大司空，在位慕曹參之迹，務於無爲，選辟掾史，皆知名大儒。

【出處】後漢書張純傳

二十年甲辰（四四）

王充至京師求學

充字仲任，會稽上虞人。其先自魏郡元城徙焉。充以建武三年生。少孤，鄉里稱孝，至是到京師，受業太學，觀天子臨辟雍，作六儒論。師事班彪，好博覽而不守章句。彪少子固，字孟堅，九歲能作賦頌，因數入讀書禁中，每行巡狩，輒獻上賦頌。年方十三。充見之，拊其背謂彪曰：『此兒必記漢事』充家貧無書，常游洛陽市肆，閱所賣書，一見輒能誦憶，遂博通衆流百家之言。

【出處】後漢書王充傳　班固傳注　王充論衡自紀

【考證】後漢書班固傳引謝承書有王充見班固之事。考班固死於永元四年，年六十一。其十三歲，正當此年，故知王充亦必於是年居京師也。

杜篤作論都賦　篤字季雅，京兆杜陵人也。高祖延年，宣帝時爲御史大夫。篤少博學，不修小節，不爲鄉人所禮。居美陽，與美陽令遊，數從請託，不諧，頗相恨。令怨，收篤送京師。會大司馬吳漢薨，帝詔諸儒誄之。篤於獄中爲誄，辭最高。帝美之，賜帛免刑。篤以關中表裏山河，先帝舊京，不宜改營洛邑。遂作論都賦一篇上之。

【出處】　後漢書文苑杜篤傳

【考證】　後漢書吳漢傳，漢以是年薨，故知其作誄作賦，俱爲此年之事。

封鍾興爲爲關內侯辭不受　興字次文，汝南汝陽人也。少從丁恭受嚴氏春秋，恭薦興學行高明。帝召見，問以經義，應對甚明。帝善之，拜郎中，稍遷左中郎將，詔定春秋章句，去其復重，以授皇太子。又使宗室諸侯從興受章句，封關內侯。興自以無功，不敢受爵。帝曰：『生教訓太子及諸王侯，非大功耶？』興曰：『臣師丁恭』於是復封恭。（拜恭爲侍中祭酒騎都尉，與侍中劉昆俱在帝左右，每事諮訪。卒於官。）而興遂固辭不受爵，卒於官。

【出處】後漢書儒林鍾興傳

【考證】按丁恭於二十年拜侍中祭酒騎都尉，則興之讓爵，當在此時，故誌之於此。

二十二年丙午（四六）

劉昆爲光祿勳　昆字桓公，陳留東昏人，梁孝王之胤也。少習容禮。平帝時，受施氏易於沛人戴賓，能彈雅琴，知淸角之操。王莽世，教授弟子恆五百餘人。每春秋饗射，常備列典儀，以素木瓠葉爲俎豆，桑弧蒿矢以射菟首。每有行禮，縣宰輒率吏屬而觀之。王莽以昆多聚徒衆，私行大禮，有僭上心，乃繫昆及家屬於外黃獄，尋莽敗，得免。既而天下大亂，昆避難河南負犢山中。建武五年，舉孝廉，不行，遂逃，教授於江陵。帝聞之，即除爲江陵令。至是，徵代杜林爲光祿勳。令入授皇太子及諸王小侯五十餘人。二十七年，拜騎都尉，三十年，以老乞骸骨，詔賜洛陽第舍，以千石祿終其身。中元二年卒，子軼字君文，傳昆業，門徒亦盛，永平中，爲太子中庶子。建初中，稍遷宗正，卒官，遂世掌宗正焉。

【出處】　後漢書儒林劉昆傳

二十三年丁未（四七）

班彪辟司徒王況府。　彪復辟司徒王況府。時東宮初建，諸王國並開，而官屬未備，師保多闕。彪上言曰：『孔子稱性相近也，習相遠也。賈誼以爲習與善人居，不能無善，猶生長於齊不能無齊言也。習與惡人居，不能無惡，猶生長於楚不能無楚言也。是以聖人審所與居，而戒慎所習。昔成王之爲孺子，出則周公，召公，太公，史佚；入則太顛，閎夭，南宮括，散宜生，左右前後，禮無違者。故成王一日即位，天下曠然太平。是以春秋愛子敎以義方，不納於邪，驕奢淫佚，所自邪也。詩云：詒厥孫謀，以宴翼子，言武王之謀遺子孫也。漢興，太宗使鼂錯導太子以法術，賈誼敎梁王以詩書。及至中宗，亦令劉向王褒蕭望之周堪之徒，以文章儒學保訓東宮以下，莫不崇簡其人，就成德器。今皇太子諸王雖結髮學問，脩習禮樂，而傅相未植賢才，官屬多缺舊典。宜博選名儒有威重明通攻事者，以爲太子太傅，東宮及諸王國，備置官屬。又舊制，太子食湯沐十縣，設周衛交戟，五日一朝，因坐東廂，省視膳食。其非朝日，使僕中允旦旦請問而已。明不媟黷，廣其敬也。』書奏，帝納之。後察司徒廉，爲望都長，吏民愛之。建武三十年，年五十二，卒官。所著賦論書記奏事，合九篇。（七錄有班彪集五卷，隋有二卷）

【出處】後漢書班彪傳

杜林卒 初，林於二十年代爲少府，二十二年復爲光祿勳。頃之，代朱浮爲大司空。林自爲九卿至三公，輒每上封事及與朝廷之議，常依經附古，不苟隨于衆，爲任職相。上亦雅重之。至是卒，帝親自臨喪送葬。林著有蒼頡訓纂一篇，蒼頡故一篇。

【出處】後漢書杜林傳 袁宏後漢紀

二十六年庚戌（五〇）

詔張純言禘祫之制 詔純曰：『禘祫之祭，不行已久矣。三年不爲禮，禮必壞。三年不爲樂，樂必崩。宜據經典，詳爲其制。』純奏曰：『禮三年一祫，五年一禘。春秋傳曰：「大祫者何？合祭也。毀廟及未毀廟之主，皆登合食乎太祖，五年而再殷。」漢舊制，三年一祫，毀廟主合食高廟，存廟主，未嘗合祭。元始五年，諸王公列侯廟會，始爲禘祭。又前十八年，親幸長安，亦行此禮。禮說三年一閏，天氣小備，五年再閏，天氣大備。故三年一祫，五年一禘，禘之爲言諦，諦定昭穆，尊卑之義也。禘祭以夏四月，夏者陽氣在上，陰氣在下，故正尊卑之義也。祫祭以冬十月，冬者五穀成熟，物備禮成，故合聚飲食也。斯典之廢，於茲八年，謂可如禮施行，以時定議。』帝從之。自是禘祫遂定。

【出處】後漢書張純傳

二十七年辛亥（五一）

樊鯈爲壽張侯　鯈字長魚，南陽湖陽人，壽張侯宏之子也。性謹約，事後母至孝，及母卒，哀思過禮，毀病不能自支，帝常遣中黃門朝暮送饘粥。服闋，就侍中丁恭受公羊嚴氏春秋。建武中，禁網尚闊，諸王既長，各招引賓客，以鯈外戚，爭遣致之。而鯈淸淨自保，無所交結，後沛王輔坐客殺人繫獄。貴戚子弟多見收捕。鯈以不豫得免。至是宏卒，鯈嗣爲壽張侯。帝崩，鯈爲復土校尉。

【出處】後漢書樊鯈傳

二十八年壬子（五二）

桓榮爲太子少傅 帝大會百官，詔問誰可傅太子者。羣臣承望上意，皆言太子舅執金吾原鹿侯陰識可。博士張佚正色曰：『今陛下立太子，爲陰氏乎？爲天子乎？即爲陰氏，則陰侯可。爲天下，則固宜用天下之賢才。』帝稱善曰：『欲置傅者，以輔太子也。今博士不難正朕，况太子乎。』即拜佚爲太子太傅，而以榮爲少傅，賜以輜車乘馬。榮大會諸生，陳其車馬印綬曰：『今日所蒙稽古之力也，可不勉哉！』榮以太子經學成畢，上疏謝曰：『臣幸得侍帷幄，執經連年，而智學淺短，無以補益萬分。今皇太子以聰叡之姿，通明經義，觀覽古今。儲君副主，莫能專精博學若此者也。斯誠國家福祐，天下幸甚。臣師道已盡，皆在太子。謹使掾臣汜再拜歸道。』太子報書曰：『莊以童蒙，學道九載，而典訓不明，無所曉識。夫五經廣大，聖言幽遠，非天下之至精，豈能與於此。況以不才，敢承誨命。昔之先師謝弟子者有矣。上則通達經旨，分明章句。下則去家慕鄉，求謝師門。今蒙下列，不敢有辭。願君慎疾加餐，重愛玉體。』

【出處】　後漢書桓榮傳

趙孝王聘樓望爲師不受　望字次子，陳留雍丘人也。少習嚴氏春秋於少府丁恭，節操清白，有稱鄉閭。至是，趙節王栩聞其高名，遣大夫賫玉帛，聘以爲師，不受。後仕郡功曹，永平初，爲侍中越騎校尉，入講省內。十六年，遷大司農。十八年，代周澤爲太常。

【出處】　後漢書儒林樓望傳　御覽四百四引江微陳留志

三十年甲寅（五四）

拜桓榮爲太常　榮初遭倉卒，與族人桓元卿同飢戹，而榮講誦不息，元卿嗤榮曰：『但自苦氣力，何時復施用乎？』榮笑不應。及爲太常，元卿嘆曰：『我農家子，豈意學之爲利，乃若是哉！』

【出處】後漢書桓榮傳

張純奏請封禪　初，南單于及烏桓來降，邊境無事，百姓新去兵革，歲仍有年，家給人足。純以聖王之建辟雍，所以崇尊禮義旣富而敎者也。乃案七經讖明堂圖河間古辟雍記孝武太山明堂制度及平帝時議，欲具奏之，未及上。會博士桓榮上言宜立辟雍明堂，章下三公太常，而純議同榮，帝乃許之。至是，純奏上宜封禪曰，『自古受命而帝，治世之隆，必有封禪以告成功焉。樂動聲儀曰：以雅治人，風成於頌。有周之盛，成康之間，郊配封禪皆可見也。書曰：歲二月，東巡狩，至於岱宗柴，則封禪之義也。臣伏見陛下受中興之命，平海內之亂，脩復祖宗，撫存萬姓，天下曠然，咸蒙更生。恩德雲行，惠澤雨施，黎元安寧，夷狄慕義。詩云：受天之祜，四方來賀，今攝提之歲，蒼龍甲寅，德在東宮。宜及嘉時，遵唐帝之典，繼孝武之業。以二月東巡狩，封于岱宗。明中興，勒功勳，復祖統，報天神，禪梁父，祀地祇，傳祚子孫，萬世之基也。』中元元年，帝乃東巡岱宗，以純視御史大夫從，幷上元封舊儀及刻石文，三月薨，謚曰節侯，子奮嗣。

【出處】後漢書張純傳

三十一年乙卯（五五）

中元元年丙辰（五六）

初起明堂靈臺辟雍宣布圖讖於天下

初桓譚以帝信讖，多以決定嫌疑。上疏曰：『凡人情忽於見事而貴於異聞。觀先王之所記述，咸以仁義正道爲本，非有奇怪虛誕之事。蓋天道性命，聖人所難言也。自子貢以下，不得而聞。況後世淺儒，能通之乎？今諸巧慧小才伎數之人，增益圖書，矯稱讖記。以欺惑貪邪，詿誤人主，焉可不抑遠之哉。臣譚伏聞陛下窮折方士黃白之術，甚爲明矣。而乃欲聽納讖記，又何誤也，其事雖有時合，譬猶卜數隻偶之類。陛下宜垂明聽，發聖意，屏羣小之曲說，述五經之正義。略靁同之俗語，詳通人之雅謀。』帝省奏不悅。至是有詔會議靈臺所處。帝謂譚曰：『吾欲讖決之何如？』譚默然良久曰：『臣不讀讖』帝問其故，譚復極言讖之非經。帝大怒曰：『桓譚非聖無法』將下斬之。譚叩頭流血，良久乃得

解，出爲六安郡丞，意忽忽不樂。道病卒，時年七十餘。由是宣布圖讖於天下

初，譚著書言當世行事二十九篇，號曰新論。上書獻之，世祖善焉。琴道一篇未成，肅宗使班固續成之。所著賦誄書奏凡二十六篇。

【出處】後漢書桓譚傳　光武紀

【附錄】桓譚著述表

樂元起二卷 新唐志

琴操二卷 新唐志

新論二十九篇

集二十六篇 見後漢書本傳，七錄有桓譚集五卷。

二年丁巳（五七）

杜撫爲驃騎將軍西曹掾　撫字叔和，犍爲資中人也。少有高才，受業於薛漢，治五經，定韓詩章句，後歸鄉里教授，沈靜樂道，舉動必以禮。弟子千餘人。太守王卿召爲功曹，司徒辟，不應，聞公免，必往承問。至是，驃騎將軍東平王蒼辟爲西曹掾

。
蒼太子之母弟也，建武十五年封東平公，十七年進爵爲王，少好經書，雅有智思，爲人美須頿，要帶十圍，太子愛重之。及卽位，拜爲驃騎將軍，置長史掾史員四十人，位在三公上。及蒼就國，掾史悉補王官屬，未滿歲，皆自劾歸，時撫爲大夫，不忍去。蒼聞，賜車馬財物遣之，辟太尉府。

【出處】後漢書杜撫傳　華陽國志　後漢書東平王蒼傳

楊政爲京兆功曹　政字子行，京兆人也。少好學，從范升受梁丘易，與京兆祁聖元同好，俱名善說經書。京師爲之語曰：『說經鏗鏗楊子行，論難僠僠祁聖元。』教授數百人。范升爲太常丞，爲出婦所告，坐繫獄。政迺肉袒以箭貫耳，抱升子，潛伏道傍，候車駕而持章叩頭大言曰：『范升三娶，唯有一子，今適三歲，孤之可哀。』武騎虎賁懼驚乘輿，舉弓射之，猶不肯去。旄頭又以戟叉政傷胸，政猶不退。哀泣辭請，有感帝心，詔曰：『乞楊生師』卽尺一出升，（升得出，還鄉里，永平中，爲聊城令，坐事免，卒於家。）政由是顯名。爲人嗜酒，不拘小節，果敢自矜，然篤於義。時帝壻梁松皇后弟陰就皆慕其聲名，而請與交友。政每共言論，常切磋懇至，不爲屈撓。嘗詣揚虛侯馬武，武難見政，稱疾不爲起。政入戶，徑升牀，排武把臂責之曰：『卿蒙國恩，備位藩輔，不思求賢以報殊寵，而驕天下英俊，此非養身之道也。今日動者，刀入脅。』武諸子及左右皆大驚，以爲見劫，操兵滿側。政顏色自若。會陰就至，責數武，令爲交友。政爲京兆功曹，光武崩，京兆尹出西域賈胡，共起帷帳，設祭。尹車過帳，賈牽車令拜，尹疑止車。正在前導曰：『禮，天子不食支庶，況夷乎？』敕壞祭乃去。其剛果任情，皆如此也。建初中，官至左中郎將。

【出處】後漢書儒林楊政傳

顯宗孝明皇帝

名莊，光武子，在位十八年。

永平元年戊午（五八）

杜子春講周官於南山　初，劉歆既立周官於學官，值天下倉卒，兵革並起。疾疫喪荒，弟子死喪。河南緱氏有杜子春者，受業於歆，至是年且九十，家於南山，能通其讀，頗識其說。鄭衆字仲師，鄭興之子。賈逵字景伯，賈徽之子。受焉。

【出處】賈公彥周禮廢興

樊儵爲長水校尉　儵爲長水校尉，與公卿雜定郊祠禮儀，以讖記正五經異說。北海周澤琅琊承宮並海內大儒，儵皆以爲師友而致之於朝。上言郡國擧國擧孝廉率取年少能報恩者，耆宿大賢多見廢棄。宜勅郡國簡用良俊。又議刑辟宜須秋月，以順時氣。帝並從之。

【出處】後漢書樊儵傳

使東平王蒼等定禮儀制度　時中興三十餘年，四方無虞，蒼以天下化平，宜修禮樂，乃與公卿共議定南北郊冠冕車服制度及光武廟登歌八佾舞數。蒼又總定公卿之議曰：『宗廟宜各奏樂，不應相襲，所以明功德也。』承文始五行武德爲大武之舞，又制舞哥一章薦之。

【出處】後漢書東平王蒼傳　宋書樂志

二年己未（五九）

桓榮爲五更　帝即位，尊榮以師禮，甚見親重，拜二子爲郎，其一名郁，字仲恩。榮年踰八十，自以衰老，數上書乞身，輒加賞賜。乘輿嘗幸太師府，今榮坐東面，設几杖，會百官驃騎將軍東平王蒼以下及榮門生數百人，天子親自執業，每言輒曰：『太師在是』既罷，悉以大官供具賜太常家，其恩禮若此。先是，中元元年，初建三雍，至是三雍成，帝親養老禮，拜榮爲五更，詔曰：『光武皇帝建三朝之禮，而未及臨饗。眇眇小子，屬當聖業，間暮春吉辰，初行大射，今月元日，復踐辟雍，尊事三老，兄事五更。安車輭輪，供綏執授，侯王設醬，公卿饌珍。朕親袒割，執爵而酳，祝哽在前，祝噎在後，升歌鹿鳴，下管新宮，八佾具修，萬舞於庭。朕固薄德，何以克當！易陳負乘；詩刺彼己。永念慚疚，無忘厥心。三老李躬，常山人年耆學明。五更桓榮，授朕尚書。詩曰：「無德不報，無言不讐。」其賜榮爵關內侯，食邑五千戶。三老五更，皆以二千石祿養終厥身。其賜天下三老酒人一石，肉四十斤，有司其存耆耋，恤幼孤，惠鰥寡，稱朕意焉。』饗射禮畢，帝正坐自講，諸儒執經問難於前。冠帶縉紳之人，圜橋門而觀聽者，蓋億萬計。自是，每大射養老禮畢，帝輒引榮及弟子升堂執經，自爲下說。榮每疾病，帝輒遣使者存問。大官太醫，相望於道。及篤，上疏謝恩，讓還爵土。帝幸其家，問起居，入街下車，擁經而前，撫榮垂涕，賜以牀茵帷帳刀劍衣被，良久乃去。自是諸侯將軍大夫問疾者，不敢復乘車到門，皆拜牀下。榮卒，帝親自變服臨喪送葬，賜冢塋于首陽之山。除兄子二人補四百石，都講生八人補二百石。其餘門徒，多至公卿。

【出處】後漢書明帝紀　桓榮傳

董鈞爲博士　鈞字文伯，犍爲資中人也。習慶氏禮，事大鴻臚王臨。元始中，舉明經，遷廩犧令，病去官。建武中，舉孝廉，辟司徒府。鈞博通古今。數言政事。至是爲博士。時草創五郊祭祀及宗廟禮樂威儀章服，輒令鈞參議，多見從用，當世稱爲通儒。累遷五官中郎將，常教授，門生百餘人，復坐事左轉騎都尉，年七十餘，卒於家。

【出處】後漢書儒林董鈞傳

【考證】後漢書明帝紀二年載：『是歲始迎氣於五郊』則董鈞爲博士，參議其事，當在此時，故誌之於此。

三年庚申（六〇）

改太樂爲太予樂　初，薛人曹充：治慶氏禮，建武中爲博士，從巡狩岱宗，定封禪禮

○還受詔議立七廟三雍大射養老禮儀○至是，充上言：漢再受命，仍有封禪之事，而禮樂崩闕，不可爲後嗣法○五帝不相沿樂，三王不相襲禮，大漢自當制禮以示百世○帝問制禮樂云何○充對曰：『河圖括地象曰：有漢世禮樂，文雅出○尙書璇璣鈐曰：有帝漢出，德洽作樂，名予○』帝善之，下詔曰：『今且改太樂官曰太予樂，歌詩曲操，以俟君子○』拜充侍中，作章句辯難○於是遂有慶氏學○漢樂有四：一曰郊廟神靈，二曰天子享宴，三曰大射辟雍，四曰短簫鐃歌○短簫鐃歌之樂，其曲有朱鷺，思悲翁，艾如張，上之回，雍離，戰城南，巫山高，將進酒，君馬黃，上陵，有所思，雉子班，聖人出，芳樹，上邪，臨高臺，遠如期，石留，務成，玄雲，黃爵行，釣竿等曲，列於鼓吹，多序戰陣之事○

【出處】後漢書明帝紀　曹褒傳　宋書樂志　晉書樂志

四年辛酉（六一）

伏恭爲司空　初，恭於永平二年，代梁松爲太僕，至是，帝臨辟雍，於行禮中，拜恭爲司空，儒者以爲榮○初，伏黯章句繁多，恭乃省簡浮辭，定爲二十萬言，在位九年，以病乞骸骨罷，詔賜千石奉以終其身，十五年，行幸琅琊，引遇如三公禮○

【出處】後漢書儒林伏恭傳

五年壬戌（六二）

召班固詣校書部除蘭台令史　初，固既長，博貫載籍，九流百家之言，無不窮究，所學無常師，不爲章句，舉大義而已。性寬和容衆，不以才能高人，諸儒以此慕之。父彪卒，乃歸鄉里。以及彪所續前史未詳，乃潛精研思，欲就其業。既而有人上書於帝，告固私改作國史者。有詔下郡，收固繫京兆獄，盡取其家書。先是扶風人蘇朗僞言圖讖事，下獄死。固弟超恐固爲郡所覈考，不能自明。乃馳詣闕上書，得召見，具陳固不敢妄作，但續父所記述漢事，而郡亦上其書。帝甚奇之，召詣校書部，除蘭臺令史，與前睢陽令陳宗，長陵令尹敏，司隸從事孟異，共成世祖本紀，遷爲郎，典校秘書。固又撰功臣平林新市公孫述事，作列傳載記二十八篇奏之。帝乃復使終成前所著書。

【出處】後漢書班固傳

包咸爲大鴻臚　咸遷大鴻臚，每進見，錫以几杖，入屏不趨，贊事不名，經傳有疑，輒遣小黃門就舍即問。帝以咸有師傅恩而素淸苦：常特賞賜珍玩束帛，奉祿增於諸卿，咸皆散與諸生之貧者。病篤，帝親輦駕臨視。八年，年七十一，卒於官，子福拜郎中，亦以論語入授和帝。

【出處】　後漢書儒林包咸傳

詔楊岑署弦望月食官　自太初元年，始用三統曆，施行百有餘年。曆稍後天，朔先於曆，朔或在晦月見。考其行，日有退無進，月有進無退。建武八年，太僕朱浮太中大夫許淑等數上書，言曆不正，宜當改更。時分度覺差尚微，上以天下初定，未遑考正。至是，官曆署七月十六日食。待詔楊岑見時月食多先曆，即縮用算上爲日。上言月當十五日食，官曆不中。詔書令岑普候與官曆課，起七月盡十一月，弦望凡五，官曆皆失，岑皆中。庚寅，詔令岑署弦望月食官。

【出處】　續漢書律歷志

鄭衆爲郎中　初，衆年十二，從父受左氏春秋，精力於學，明三統曆，作春秋難記條例。公羊疏云：衆作長義十九條十七事，專論公羊之短，左氏之長。兼通易詩，知名於世。建武中，皇太子及山陽王荊因虎賁中郎將梁松以縑帛聘請衆，欲爲通義，引籍出入殿中。衆謂松曰：『太子儲君，無外交之義。漢有舊防，蕃王不宜私通賓客。』遂辭不受。松復風衆以長者意不可逆。衆曰：『犯禁觸罪，不如守正而死。』太子及荊聞而奇之，亦不強也。及梁氏事敗，賓客多坐之，唯衆不染於辭。帝初即位，辟司空府，以明經給事中，會盧江獻鼎，詔召衆問『齊桓公之鼎在柏寢臺，見何書？春秋左傳有鼎事幾？』衆對狀，除爲郎中。遷越騎司馬，復留給事中。

【出處】後漢書鄭衆傳　東觀記

七年甲子（六四）

傅毅作北海王誄　毅字武仲，扶風茂陵人，少博學。於平陵習章句，因作迪志詩曰：『咨爾庶士，迨時斯勗，日月逾邁，豈云旋復。哀我經營，旅力靡及，在茲弱冠，靡所庶立。於赫我祖，顯於殷國，二迹阿衡，克光其則。武丁興商，伊宗皇士，爰作股肱，萬邦是紀。奕世載德，迄我顯考，保膺淑懿，纘修其道。漢之中葉，俊乂式序，秩彼殷宗，光此勳緒。伊予小子，穢陋靡逮，懼我世烈，自茲以墜。誰能革濁，清我濯溉。誰能昭闇，啟我童昧？先人有訓，我訊我詰，訓我嘉務，誨我博學。爰率朋友，尋此舊則，契闊夙夜，庶不懈忒。秩秩大猷，紀綱庶式，匪勤匪昭，匪壹匪測。農夫不怠，越有黍稷，誰能云作？考之居息。二事敗業，多疾我力，如彼遵衢，則罔所極。二志靡成，聿勞我心，如彼兼聽，則溷於音。於戲君子，無恆自逸，徂年如流，鮮茲暇日。行邁屢稅，胡能有迄，密勿朝夕，聿同始卒。』是年北海靖王薨，毅為作誄。毅又以帝求士不篤，士多隱處，故作七激以為諷。

【出處】後漢書傳文苑毅傳

八年乙丑（六五）

楚王英進縑帛贖愆 英帝之弟也。少時好游俠，交通賓客，晚節更喜黃老學，為浮屠齋戒祭祀。至是，詔令天下死罪皆入縑贖，英遣郎中令奉黃縑白紈三十匹詣國相曰：『託在蕃輔，過惡累積，歡喜天恩，奉送縑帛，以贖愆辠』。國相以聞詔報曰：

『楚王誦黃老之微言，尚浮屠之仁祠，潔齋三月，與神爲誓，何嫌何疑，當有悔吝，其還贖以助伊蒲塞桑門之盛饌。』浮屠者，佛也。西域天竺有佛道焉，佛者漢言覺，將悟羣生也。其敎以修善慈心爲主，不殺生，專務淸淨。其精者號爲沙門，沙門者漢言息心，蓋息意去欲而歸於無爲也。又以爲人死精神不滅，隨復受形，生時所行善惡，皆有報應。故所貴行善修道以鍊精神而不已，以至無爲而得爲佛也。佛身長一丈六尺，黃金項中佩日月光，變化無方，無所不入，故能化通萬物而大濟羣生。初，漢前典籍，未載佛敎之事，或云久以流布，遭秦之世，所以湮滅。其復張騫使西域，蓋聞有浮屠之敎。哀帝元壽元年，博士弟子景盧受大月氏王使伊存口授浮屠經，曰復立者其人也。浮屠所載臨蒲塞桑門伯聞疏問白疏聞比丘晨門，皆弟子號也。中土聞之，未之信也。帝夜夢金人長大，項有日月光，以問羣臣。或曰：『西方有神，其名曰佛，其形長大。陛下所夢，得無是乎？』於是郎中蔡愔使天竺，求之。得佛經四十二章及釋迦立像幷與沙門攝摩騰竺德蘭東還。愔之來也，以白馬負經，因立白馬寺於雍門西以處之。其經緘於蘭臺石室，而又畫像於清源臺及顯節陵上，自是西域沙門齋佛經而至者益衆矣。

【出處】後漢書楚王英傳　後漢紀卷第十　三國魏志卷三十注引魏略

【考証】按西域求法之事，載於佛書者，大半荒誕不經，其尤甚者，則爲張騫奉明帝之命求法及僧道角力之事，(見漢法本內傳)此蓋道教徒僞造故事以誣佛者，而佛教徒不辨其僞，反增删其故事轉以誣道。道雖被誣，然其歷史則反借此提前二百餘年矣。又按各書所載，有使秦景與蔡愔求法之事。竊疑此人身世，頗屬渺茫，或謂秦景憲，或謂景憲，或謂景盧，或謂秦景，既見於哀帝世，又見於明帝世。頗屬難稽，故不採。

●鄭衆使匈奴　北匈奴遣使求和親，帝遣衆持節使匈奴。衆至北庭，虜欲令拜，衆不爲屈。單于大怒，圍守閉之，不與水火，欲脅服衆。衆拔刀自誓，單于恐而止。迺更發使隨衆還京師。朝議欲復遣使報之。衆上疏諫止，帝不聽，復遣衆。衆既在路，連上疏固爭。詔切責衆，追還繫廷尉。會赦歸家。後復召爲軍司馬，使與虎賁中郎將馬廖擊車師。至敦煌，拜爲中郎將，復遷武威太守，還拜左馮翊。政有名迹。

【出處】後漢書鄭衆傳

九年丙寅（六六）

爲四姓小侯開立學校置五經師　帝崇尚儒學，自皇太子諸王侯及功臣子弟，莫不受經。又爲外戚樊氏郭氏陰氏馬氏諸子弟立學於南宮，號四姓小侯，置五經師。張酺以尚書教授。酺字孟侯，汝南細陽人。少從祖父充受尚書，能傳其業，又事太常桓榮，勤力不怠，聚徒以百數。

【出處】袁宏後漢紀　後漢書明帝紀

十年丁卯（六七）

拜周澤爲太常　初，澤以中元元年遷黽池令，奉公克己，矜恤孤羸，吏人歸愛之。永平五年，遷右中郎將。至是拜太常。澤果敢直言，數有據爭。後北地太守廖信坐貪穢下獄，沒入財產。帝以信臧物班諸廉吏，唯澤及光祿勳孫堪大司農常沖特蒙賜焉。

【出處】後漢書儒林周澤傳

樊儵卒　初，帝於二年以壽張國益東平王，徙封儵燕侯。至是儵卒，贈賵甚厚，謚曰哀侯。儵删定公羊嚴氏春秋章句，世號樊侯學。敎授門徒，前後三千餘人。弟子潁水李脩九江夏勤皆爲三公。

【出處】後漢書樊儵傳

丁鴻爲侍中　鴻字孝公，潁川定陵人也。年十三，從桓榮受歐陽尚書，三年而明章句。善論難，爲都講，遂篤志精銳，布衣荷擔，不遠千里。初，父綝從光武征伐，鴻獨與弟盛居，憐盛幼小而共寒苦。及綝以功封陵陽侯卒，鴻當襲封，上書讓國於盛，不報。既葬，乃挂縗絰於冢廬而逃去，留書與盛曰：『鴻貪經書，不顧恩義，弱而隨師。生不供養，死不飯唅。皇天先祖，並不祐助，身被大病，不任茅土。前上疾狀，願辭爵仲公，章寢不報。迫且當襲封，謹自放棄，逐求良醫。如遂不瘳，永歸溝壑。』鴻初與九江人鮑駿同事桓榮，甚相友善。及鴻亡封，與駿遇於東海，陽狂不識駿。駿乃止而讓之曰：『昔伯夷吳札亂世權行，故得申其志耳。春秋之義，不以家事廢王事。今子以兄弟私恩而絕父不滅之基，可謂智乎？』鴻感悟，垂涕嘆息，乃還就國，開門教授。鮑駿亦上書言鴻經學至行，帝甚賢之。至是詔徵，鴻至即召見，說文侯之命篇。賜御衣及綬，稟食公車，與博士同禮，頃之拜侍中。十三年，兼射聲校尉，建初四年，徙封魯陽鄉侯。

【出處】後漢書丁鴻傳

十一年戊辰（六八）

尹敏除郎中　初，永平五年，詔書捕男子周慮，慮素有名稱而善於敏，敏坐繫免官。及出嘆曰：『瘖聾之徒，眞世之有道者也，何謂察察而遇斯患乎？』至是除郎中。遷諫議大夫，卒於家。

【出處】後漢書儒林尹敏傳

【考證】書鈔七十八引續漢書：『尹敏爲鄢陵令，以縣倉漏三所自免。』姚輯本汪輯本續漢書及陳兪本鄧俱作長，且班固傳亦稱尹敏於永平五年以長陵令與固共成世祖本紀。長陵在京城附近，故敏得與班固合作。則鄢陵令當即長陵令之誤。本傳又稱坐繫免官，與續漢書所稱以縣倉漏自免者不同，未知孰是，姑從本傳誌之以俟考。

十二年己巳（六九）

楊終拜校書郎　終字子山，蜀郡成都人也。年十三，爲郡小吏，時蜀郡有雷震決曹，終上白記，以爲斷獄煩苛所致。太守乃令終賦雷霆之意，奇其才，遣詣京師，受業習春秋。至是，爲郡上計吏，見三府爲哀牢傳不成，歸郡作上。帝奇之，徵詣蘭臺，拜校書郎。

【出處】後漢書楊終傳及注引袁松山書　王充論衡

【考證】後漢書哀牢以是年內屬，三府爲之作傳，亦當始於此年，故誌子山被徵事於此。

命張盛景防署弦望月食　先是帝令待詔張盛景防鮑鄴等以四分法與楊岑課。歲餘，盛等所中多岑六事。是年十一月丙子，遂詔令盛防代岑署弦望月食加時，四分之術，始頗施行。是時盛防等未能分明曆元，綜校分度，故但用其弦望而已。

【出處】續漢書律歷志

周澤行司徒事　帝以澤行司徒事如眞。澤性簡忽威儀，頗失宰相之望。數月，復爲太常。清絜循行，盡敬宗廟。常臥病齋宮，其妻哀澤老病，闚問所苦。澤大怒，以妻干犯齋禁，遂收送詔獄謝罪，當世疑其詭激。時人爲之語曰：『生世不諧作太常妻，一歲三百六十日，三百九十五日齋，一日不齋醉如泥。』十八年，拜侍中騎都尉，後數爲三老五更。建初中，致仕，卒於家。

【出處】後漢書儒林周澤傳

十三年庚午（七〇）

拜魏應爲大鴻臚　應字君伯，任城人也。少好學，建武初，詣博士受業，習魯詩。閉門誦習，不交僚黨，京師稱之。後歸爲郡吏，舉明經，除濟陰王文學。以疾免官。教授山澤中，徒衆常數百人。永平初，爲博士，再遷侍中。至是，遷大鴻臚。

【出處】後漢書儒林魏應傳

十四年辛未（七一）

桓郁爲侍中　郁少以父任爲郎，敦厚篤學，傳父業，以尚書教授，門徒常數百人。榮卒，郁當襲爵，上書讓於兄子汎，帝不許。不得已，受封，悉以租入與之。帝以郁先師子，有禮讓，甚見親厚。常居中論經書，問以政事。至是爲議郎，遷侍中。帝自製五家要說章句，令郁校定於宣明殿。謂郁曰：『卿經及先師致復文雅』是冬，帝親於辟雍自講所製五行章句已，復令郁說一篇。帝謂郁曰：『我爲孔子，卿爲子夏，起予者商也。』又問郁曰：『子幾人能傳學？』郁曰：『臣子皆未能傳學，孤兄子一人，學方起。』帝曰：『努力教之，有起者即白之。』旋以侍中監虎賁中郎將。（明年，入授皇太子經，遷越騎校尉，詔勅太子諸王各奉賀致禮。郁數進忠言，多見納錄。章帝即位，郁以母憂乞身，詔聽以侍中行服。建初二年，遷屯騎校尉。）

【出處】後漢書桓郁傳　北堂書鈔引華嶠書

十五年壬申（七二）

帝行幸東平東平王蒼上光武受命中興頌　春，帝行幸東平，以所作光武本紀示蒼，蒼因上光武受命中興頌。帝甚善之，以其文典雅，特令校書郎賈逵爲之訓詁。

【出處】後漢書東平憲王傳

使馬嚴等雜定建武注記　嚴字威卿，扶風茂陵人，伏波將軍馬援兄子也。少孤，好擊劍習騎射。後乃白援，從平原楊太伯講學，專心墳典，能通春秋左氏，因覽百家羣言，遂交結英賢，京師大人咸器異之。仕郡督郵，援常與計議，委以家事。弟敦字孺卿，亦知名。援卒後，嚴乃與敦俱歸安陵，居鉅下。三輔稱其義行，號曰鉅下二卿。及明德皇后立，援小女也。嚴乃閉門自守，猶復慮致譏嫌，遂更徙北地，斷絕賓客。至是，皇后勅使居洛陽。帝召見，嚴進對閑雅，意甚異之。有詔留仁壽闥與校書郎杜撫班固等雜定建武注記，常與宗室近親臨邑侯劉復復北海靖王興之子，好學能文章，永平中每有講學，輒令復典掌，與班固賈逵共述漢史，傅毅等皆宗事之。等論議攷事，甚見寵幸。後歷官將軍長史，侍御史中丞，五官中郎將，陳留太守。

【出處】後漢書馬援傳

十六年癸酉（七三）

班固上漢書

固以爲漢紹堯運，以建帝業，至於六世，史臣乃追述功德，私作本紀。編於百王之末，厠於秦項之列。太初以後，闕而不錄。故採撰前記，綴記所聞，以爲漢書。起元高祖，終于孝平王莽之誅，十有二世，二百三十年。綜其行事，傍貫五經，上下洽通，爲春秋考紀表志傳凡百篇。其體例一本之史記而稍有改變與補充。故改本紀爲帝紀，增古今八表，合禮書樂書爲禮樂志，合律書歷書爲律歷志，改天官封禪河渠平準等書爲天文郊祀溝洫食貨等志。又增刑法五行地理藝文四志。至是書成，遂上之。當世重其書，學者莫不諷誦焉。

【出處】後漢書班固傳

【考證】南史劉之遴傳云：『鄱陽王範得班固所撰漢書眞本，獻東宮，皇太子令之遴與張纘到溉陸襄等參校同異，之遴錄其異狀數十事，大略云：古本稱永平十六年五月二十一日己酉郎班固上』，而今本無上書年月日。』則漢書成於此年明甚，而范史稱永平中受詔，建初中上之。蓋蔚宗未見漢書眞本。故不免臆斷耳。

十七年甲戌（七四）

賈逵上左氏傳國語解詁

逵悉傳父業，弱冠能誦左氏傳及五經本文，以大夏侯尚書教授。雖爲古學，兼通五家穀梁之說。自爲兒童，常在太學，不通人間事。身長八尺二寸，諸儒爲之語曰：『問事不休賈長頭』性愷悌，多智思，俶儻有大節。尤明左氏傳國語，爲之解詁五十一篇。至是，上疏獻之。帝重其書，寫藏秘館。世言左氏者多祖鄭興，而賈逵自傳其父業，故有鄭賈之學。時有神雀集宮殿官府，冠羽有五采色。帝異之，以問臨邑侯劉復。復不能對：薦逵博物多識。帝乃召見逵問之，對曰：『昔武王終父之業，鸑鷟在岐。宣帝威懷戎狄，神雀仍集，此胡降之徵也。』帝勑蘭臺給筆札，使作神雀頌。時百官上頌，文比瓦石，惟班固賈逵傅毅楊終侯諷五頌，文比金玉。拜逵爲郎，與班固並校秘書，應對左右。

【出處】後漢書賈逵傳　王充論衡

【攷證】考後漢書明帝紀，神雀之降，在永平十七年，故誌之於此。

詔班固等對史記　班固與賈逵傅毅杜矩展隆郗萌等召詣雲龍門，小黃門趙宣持秦始皇本紀問曰：『太史遷下贊語中，寧有非耶？』班固對：『賈誼過秦篇云：「向使子嬰有庸主之才，僅得中佐，秦之社稷，未宜絕也。」此言非是。』即召固入問，固具以素所聞知對詔，因曰：『司馬遷著書，成一家之言，揚名後世，至以身陷刑之故，反微文刺譏，貶損當世，非誼士也。司馬相如洿行無節，但有浮華之辭，不周於用，至於疾病而遺終，主上求取其書，竟得頌述功德，言封禪事，忠臣效也。至是賢遷遠矣。』

【出處】藝文類聚七十四　御覽七百五十三

十八年乙亥（七五）

肅宗孝章皇帝 名炟，明帝子，在位十三年。

建初元年丙子（七六）

賈逵奏左氏春秋大義●●●●●●● 帝立，降意儒術，特好古文尚書左氏傳，詔逵入講北宮白虎觀，南宮雲臺。帝善逵說，使出左氏傳大義長於二傳者。逵於是具條奏之曰：『臣謹擿出左氏三十事，尤著明者，斯皆君臣之正義，父子之紀綱，其餘同公羊者，什有七八。或文簡小異，無害大體。至於祭仲紀季伍子胥叔術之屬，左氏義深於君父，公羊多任於權變。其相殊絕，固已甚遠。而寃抑積久，莫肯分明。臣以永平中上言左氏與圖讖合者，先帝不遺芻蕘，省納臣言，寫其傳詁，藏之秘書。建平中，侍中劉歆欲立左氏，不先暴論大義，而輕移太常。恃其義長，詆挫諸儒，諸儒內懷不服，相與排之。孝哀皇帝重逆衆心，故出歆爲河內太守。從是攻擊左氏，遂爲重讎。至光武皇帝，奮獨見之明，興立左氏穀梁。會二二家先師，不曉圖讖，故令中道而廢。凡所以存先王之道者，要在安上理民也。今左氏崇君父，卑臣子，彊幹弱枝，勸善戒惡，至明至切，至直至順。且三代異物，損益隨時。故先帝博觀異家，各有所採。易有施孟，復立梁丘。尚書歐陽，復有大小夏侯。今三傳之異，亦猶是也。又五經家皆無以證圖讖明劉氏爲堯後者，而左氏獨有明文。五經家皆言顓頊代黃帝，而堯不得爲火德。左氏以爲少昊代黃帝，即圖讖所謂帝宣也。如令堯不得爲火，則漢不得爲赤。其所發明，補益實多。陛下通天然之明，建大聖之本，改元正曆，垂萬世則。是以麟鳳百數，嘉瑞雜遝，猶朝夕恪勤，游情六藝，研機綜微，靡不審覈。若復留意廢學以廣聖見，庶幾無所遺失矣。』書奏，帝嘉之，賜布五百疋，衣一襲，令逵自選公羊嚴顏諸生高才者二十八，敎以左氏，與簡紙經傳各一通。

【出處】　後漢書賈逵傳

●●●杜撫卒　撫爲奉車令，數月卒官，其所作詩，題約義通，學者傳之曰杜君注云。初有趙曄者，字長君，會稽山陰人也。少嘗爲縣吏，奉檄迎督郵，曄恥於廝役，遂棄車馬，去到犍爲資中，詣撫受韓詩，究竟其術。積二十年，絕聞不還，家爲發喪制服。撫卒，乃歸，州召補從事，不就，舉有道，卒於家。曄著吳越春秋詩細歷神淵，蔡邕至會稽，讀詩細而嘆息以爲長於論衡，邕還京師傳之，學者咸誦習焉。時山陽張匡字文通，亦習韓詩，作章句，後舉有道博士徵，不就，卒於家。

【出處】後漢書儒林杜撫傳　趙曄傳

【考證】後漢書杜撫傳，撫教授在被辟之前。故知趙曄之從學在光武時也。趙曄傳又謂曄二十年不還。撫卒乃歸。自中元二年至是，適二十年，故誌之於此。

【附錄】趙曄著述表

詩道微十一篇

韓詩譜二卷

歷神淵一卷

吳越春秋十二卷

王充歸鄉里　充歸鄉里，屏居教授，仕郡爲功曹。時中州頗歉，潁川汝南，民流四散。帝深憂懷，詔書數至。充奏記郡守，宜禁奢侈，以備困乏。言不納用，退題記草，名曰備乏。又以酒糜五穀，生起盜賊。沈湎飲酒，盜賊不絕。奏記郡守，禁民酒。退題記草，名曰禁酒。以數諫爭，不合，去。

【出處】後漢書王充傳　論衡對作篇

【考證】後漢書章帝紀，永平之末京師及三州大旱，建初元年正月下詔。鮑昱傳：『建初元年大旱，穀貴。』朱暉傳：『建初中，南陽大飢，米石千餘。』故知充之奏記爲此年之事。然，中州大旱，本與會稽無涉，充何得於本郡奏記他郡之事。豈充欲郡守轉奏於帝邪，詔書徧下各郡邪，抑充所仕者非在會稽而在中州之郡邪，俱不可考矣。

李育爲議郎。育字元春，扶風漆人也。少習公羊春秋，沈思專精，博覽書傳，知名太學，深爲同郡班固所重。固奏記薦育於驃騎將軍東平王蒼，由是京師貴戚爭往交之。州郡請召，育到，輒辭病去。常避地教授，門徒數百。頗涉獵古學。嘗讀左氏傳，雖樂文采，然謂不得聖人深意。以爲前世陳元范升之徒，更相非折，而多引圖識，不據理體，於是作難左氏義四十一事。至是，衛尉馬廖舉育方正，為議郎。後拜博士。

【出處】後漢書儒林李育傳

楊仁為什邡令

楊仁字文義，巴郡閬中人也。建武中，詣師學習韓詩，數年歸，靜居教授。仕郡為功曹，舉孝廉，除郎。太常上仁經中博士，仁自以年未五十，不應舊科，上府讓選。明帝特詔補北宮衛士令，引見問當世政迹。仁對以寬和任賢抑黜驕戚為先。又上便宜十二事，皆當世急務。明帝嘉之。及明帝崩時，諸馬貴盛各爭欲入宮，仁被甲持戟，嚴勒門衛，莫敢輕進者。帝即位，諸馬共譖仁刻峻，帝知其忠，愈善之，拜什邡令。寬惠為政，勸課掾史弟子，悉令就學。其有通明經術者，顯之右署，或貢之朝，由是義學大興。墾田千餘頃。行兄喪去官，後辟司徒桓虞府，掾有宋章者，貪奢不法，仁終不與交言同席，時人畏其節。後為閬中令，卒於官。

【出處】後漢書儒林楊仁傳

魯丕為議郎　丕字叔陵，扶風平陵人。性沈深好學，年十五，與兄恭（字仲康）俱居太學，習魯詩，閉戶誦講。孳孳不倦，遂杜絕交遊，不答侯問之禮，士友常以此短之。而丕欣然自得，遂兼通五經，以魯詩尚書教授，為當世名儒。後歸郡，為督郵功曹，所事之將，無不師友待之。至是，詔舉賢良方正，大司農劉寬舉丕。丕對策曰：『政莫先於從民之所欲，除民之所惡，先教後刑，先近後遠。君為陽，臣為陰；君子為陽，小人為陰；京師為陽，諸夏為陰；男為陽，女為陰；樂和為陽，憂苦為陰；各得其所，則和調精誠之所發，無不感浹。吏多不良，在於賤德而貴功欲速，莫能修長久之道。古者貢士，得其人者有慶；不得其人者有讓。是以舉者務力行，選舉不實，咎在刺史二千石。書曰：「天功人其代之」觀人之道，幼則觀其孝順而好學，長則觀其慈愛而能教。設難以觀其謀，煩事以觀其治，窮則觀其所守，達則觀其所施，此所以核之也。民多貧困者急，急則致寒，寒則萬物多不成。去本就末，奢所致也。制度明則民用足，刑罰不中則於名不正。正名之道。所以明上下之稱，班爵號之制，定卿大夫之位也。獄訟不息，在爭奪之心不絕。法者民之儀表也，法正則民愨。吏民凋弊，所從久矣。不求其本，浸以益甚。吏政多欲速。又州官秩卑而任重，競爲小功，以求進取，生凋弊之俗。救弊莫若忠。故孔子曰：「孝慈則忠」。治姦詭之道，必明慎刑罰。孔子曰：「導之以禮樂而民和睦，以犯難民忘其死」死且忘之，况使爲禮義乎？』時對策百餘人，唯丕高第，除爲議郎。遷新野令，視事期年，州課第一，擢拜青州刺史。務在表賢，明慎刑罰。七年，坐事下獄，司寇論。

【出處】後漢書魯丕傳　袁宏後漢紀十六

二年丁丑（七七）

●許慎舉孝廉　慎字叔重，汝南召陵人也。性淳篤，少博學經籍，馬融常推敬之。時人爲之語曰：『五經無雙許叔重』爲郡功曹，奉上以篤義，率下以恭寬。遂舉孝廉。

【出處】後漢書儒林許慎傳

【考證】按此事本無詳細年代可考，姑依陶方琦許君年表考證誌之於此。

伏恭爲三老　是年冬，帝行饗禮，以恭爲三老。年九十，元和元年卒，賜葬顯節陵下，子壽官至東郡太守。

【出處】後漢書儒林伏恭傳

三年戊寅（七八）

曹褒爲圉令　褒字叔通，曹充之子也。少篤志有大度，結髮傳充業。博雅疏通，尤好禮士。嘗感朝廷制度未備，慕叔孫通漢禮儀。晝夜研精，沈吟專思。寢則懷抱筆札，行則誦習文書，當其念至，忘所之適。初舉孝廉，再遷圉令。以禮理人，以德化俗，時他郡盜徒五人，來入圉界，吏捕得之。陳留太守馬嚴聞而疾惡，風縣殺之。褒敕吏曰：『夫絕人命者，天亦絕之。皋陶不爲盜制死刑，管仲遇盜而升諸公。今承旨而殺之，是逆天心順府意也。其罰重矣。如得全此人命而身坐之，吾所願也。』遂不爲殺，嚴奏褒耎弱，免官。歸郡爲功曹。徵拜博士。

【出處】後漢書曹褒傳

杜篤卒　初，篤仕郡文學掾，以目疾，二十餘年不闚京師。篤之外高祖破羌將軍辛武賢以武略稱，篤常嘆曰：『杜氏文明善政，而篤不任爲吏；辛氏秉義經武，而篤又怯於事。外內五世，至篤衰矣。』女弟適扶風馬氏。至是，車騎將軍馬防擊西羌，請篤爲從事中郎，戰沒於射姑山。所著賦誄弔書讚七言女誡及雜文，凡十八篇。（隋志有杜篤集一卷）又著明世論十五篇。

【出處】後漢書杜篤傳

●●●●●程曾舉孝廉　曾字秀升，豫章南昌人也。受業長安，習嚴氏春秋。積十餘年，還家講授。會稽顧奉等數百人，（奉字季鴻。）常居門下。著書百餘篇，皆五經通難。又作孟子章句。至是，舉孝廉。（遷海西令，卒於官。）

【出處】後漢書儒林程曾傳

四年己卯（七九）

●●●●●●詔諸儒會白虎觀議五經同異　校書郎楊終上言：『宣帝博徵羣儒論定五經於石渠閣，方今天下少事，學者得成其業。而章句之徒，破壞大體，宜如石渠故事，永爲後世則。』冬十一月壬戌遂下詔曰：『蓋三代道入，教學爲本。漢承暴秦，褒顯儒術，建立五經，爲置博士。其後學者精進，雖曰成師，亦別名家。孝宣皇帝以爲去聖久遠，學不厭博，故遂立大小夏侯尚書，後又立京氏易。至建武中，復置顏氏嚴氏春秋大小戴禮博士。此皆所以扶進微學尊廣道藝也。中元元年詔書五經章句煩多，議欲減省。至永平元年，長水校尉儵奏言，先帝大業，當以時施行，欲使諸儒共正經義，頗令學者得以自助。孔子曰：「學之不講，是吾憂也。」又曰：「博學而篤志，切問而近思，仁在其中矣。」於戲！其勉之哉。』於是下太常將大夫博士議郎郎官及諸生諸儒論定五經同異於白虎觀。會終坐事繫獄，博士趙博，校書郎班固賈逵等以終深曉春秋，學多異聞，表請之。終又上書自訟，即日貰出，乃得與於白虎觀焉。使中郎將魏應主承制問難，侍中淳于恭奏上，帝親稱制臨決，如孝宣甘露石渠故事。廣平王羨，羨明帝之子，博涉經書，有威嚴。魯陽鄉侯丁鴻，鴻以才高，論難最精，諸儒稱之。帝數嗟美。時人嘆曰：『殿中無雙丁孝公』賜錢二十萬。少府成封，屯騎校尉桓郁，太常樓望，衛士令賈逵，博士李育，育以公羊義難賈逵，往返皆有理證，最爲通儒。及平陵魯恭，皆與於是議。作白虎議奏，命班固撰集其文。

【出處】 後漢書章帝紀　楊終傳　儒林魏應傳　李育傳　陳敬王羨傳

五年庚辰（八〇）

楊終受詔刪史記　終受詔刪太史公書爲十餘萬言。時順陽侯馬廖謹篤自守，不訓諸子，終與廖交善，以書戒之曰：『終聞堯舜之民可比屋而封，桀紂之民可比屋而誅。何者？堯舜爲之隄防，桀紂示之驕奢故也。詩曰：「皎皎練絲，在所染之。」上智下愚，謂之不移。中庸之流，要在教化。春秋殺太子母弟直稱君，甚惡之者，坐失教也。禮制，人民之子，年八歲爲置少傅，教之書計以開其明。十五置太傅，教之經典以道其志。漢興，諸侯不力教誨，多觸禁忌，故有亡國之禍而乏嘉善之稱。今君位地尊重，海內所望，豈可不臨深履薄以爲至戒。黃門郎年幼，血氣方盛，既無長君退讓之風，而要結輕狡無行之客，縱而莫誨，視成任性，鑒念前往，可爲寒心。君侯誠宜以臨深履薄爲戒。』廖不納，子豫後坐縣書誹謗，廖以就國。

【出處】 後漢書楊終傳

樓望轉太中大夫　望坐事左轉大中大夫。後爲左中郎將，教授不倦，世稱儒宗，諸生著錄九千餘人。年八十，永元十三年，卒於官。門生會葬者數千人，儒家以爲榮。

【出處】 後漢書儒林樓望傳

六年辛巳（八一）

賈逵遷衛士令　逵數爲帝言古文尚書與經傳爾雅詁訓相應。詔令撰歐陽大小夏侯尚書古文同異，逵集爲三卷。帝善之，復令撰齊魯韓詩與毛氏異同，幷作周官解故，遷逵爲衛士令。

【出處】後漢書賈逵傳

【考證】按賈逵傳，有帝使穎陽侯馬防賜錢二十萬之事，考防以建初四年爲穎陽侯，七年乞骸骨，則其賜逵當在七年與四年之間也。賜逵後乃有撰書之事，當非短時可成，故誌之於此。

鄭衆爲大司農 衆代鄭彪爲大司農。是時帝議復鹽鐵官，衆諫以爲不可。詔數切責，至被奏劾，衆執之不移，帝不從。

【出處】後漢書鄭衆傳

八年癸未（八三）

東平王蒼卒 初，蒼於七年正月來朝，至三月，大鴻臚奏遣諸王歸國，帝特留蒼，賜以秘書列仙圖道術祕方。至八月，飲酎畢，有司復奏遣蒼，乃許之。手詔賜蒼曰：

『骨肉天性，誠不以遠近爲親疏。然數見顏色，情重昔時。念王久勞，思得還休，欲署大鴻臚奏，不忍下筆，顧授小黃門，中心戀戀，惻然不能言。』於是車駕祖送流涕而訣，復賜乘輿服御珍寶輿馬錢布以億萬計。蒼還國疾病，帝馳遣名醫小黃門侍疾。使者冠蓋，不絕於道，又置驛馬，千里傳聞起居。是年正月薨，詔告中傅封上蒼自建武以來章奏及所作書記賦頌七言別字，歌詩並集覽焉。七錄有東平王蒼集五卷。

【出處】後漢書光武十王傳

●鄭衆卒　衆在位以清正稱，後又受詔作春秋刪十九篇，至是卒官。子安世亦傳家業。爲長安未央廄令。

【出處】後漢書鄭衆傳

【附錄】鄭衆著述表

毛詩傳

婚禮

周官解詁

春秋左氏傳難記條例九卷

春秋刪十九篇

春秋外傳訓詁

孝經註二卷

牒例章句九卷新唐書

尙書令李育免　初，育以博士再遷尙書令。至是，馬廖子豫爲步兵校尉坐投書怨謗免，廖歸國。馬氏廢。育坐爲所舉，免歸。歲餘，復徵再遷侍中，卒於官。

【出處】後漢書李育傳　馬援傳

詔諸儒各選高材生受左氏穀梁春秋古文尙書毛詩　冬十二月戊申詔曰：『五經剖判，去聖彌遠。章句遺辭，乖疑難正。恐先師微言，將遂廢絕，非所以重稽古求道眞也。其令羣儒選高才生受學左氏穀梁春秋古文尙書毛詩以扶微學廣異義焉。』由是四經遂行於世。皆拜賈逵所選弟子及門生爲千乘王國郎，朝夕受業黃門署，學者皆欣欣羡慕焉。

【出處】後漢書章帝紀　賈逵傳

詔四科取士務實校試以職　冬十二月己未下詔曰：『辟士四科，其一曰德行高妙，志節清白。二曰經明行修，能任博士。三曰明曉法律，足以決疑，能案章覆問，才任御史。四曰剛毅多略，遭事不惑，明足照姦，勇足決斷，才任三輔令，皆存孝悌清公之行，自今以後，審四科辟召，及刺史二千石，察舉茂才尤異孝廉吏，務實校試以職，有非其人不習曹事正舉者，故不以實法。』

【出處】後漢書和帝紀注引漢舊儀

元和元年甲申（八四）

王充作論衡　充好論說，始若詭異，終有理實。閉門潛思，絕慶弔之禮。戶牖牆壁，各著刀筆。著論衡八十五篇。其意在辨虛妄。故曰：『論衡之作也，起衆書並失實虛妄之言勝眞美也。故虛妄之語不黜，則華文不見息。華文放流，則實事不見用。

故論衡者，所以銓輕重之言，立眞僞之平，非苟調文飾辭爲奇偉之觀也。其本皆起人間有非，故盡思極心以譏世俗。世俗之性，好奇怪之語，說虛妄之文。何則？實事不能快意，而華虛驚耳動心也。是故才能之士，好談論者，增益實事，爲盛溢之語。用筆墨者，造生空文，爲虛妄之傳。聽者以爲眞然，說而不舍。覽者以爲實事，傳而不絕。不絕則文載竹帛之上，不舍則誤入賢者之耳。至或南面稱師，賦姦僞之說。典城佩紫，讀虛妄之書。明辨然否，疾心傷之，安能不論！』其辨虛妄之法有三：一曰實地檢驗，如雷虛篇曰：『雷者火也。以人中雷而死，即詢其身，中頭則鬚髮燒焦，中身則皮膚灼燌，臨其尸上聞火氣，一驗也。道術之家，以爲雷燒石色赤，投於井中，石焦井寒，激聲大鳴，若雷之狀，二驗也。人傷於寒，寒氣入腹，腹中素温，温寒分爭，激氣雷鳴，三驗也。當雷之時，電光時見，若火之耀，四驗也。當雷之擊時，或燔人室屋，及地草木，五驗也。夫論雷之爲火有五驗，言雷爲天怒無一效，然則雷爲天怒，虛妄之言。』二曰方比物類，如說日篇曰：『儒者曰：「日朝見，出陰中；暮不見，入陰中。陰氣晦冥，故沒不見。」如實論之，不出入陰中。何以效之？夫夜陰也，氣亦晦冥，或夜舉火者，光不滅焉。……火夜舉光不滅，日暮入獨不見，非氣驗也。……且星小猶見，日大反滅，世俗之論，竟虛妄也。』三曰衡之以心，如薄葬篇曰：『夫論不留精澄意，苟以外效立事是非，信聞見於外，不論定於內，是用耳目論不以心意議也。夫以耳目論，則以虛象爲言。虛象效，則以實事爲非是。故是非不徒耳目，必開心意。』

【出處】後漢書王充傳　論衡雷虛篇　說日篇　薄葬篇　對作篇

【考證】論衡之作成，本非一時之事。然各篇中稱及章帝之事，輒曰今上云：則是大部分成於章帝時也。恢國篇言及建初六年之事，宣漢篇又言『方今匈奴鄯善哀牢貢献牛馬』考後漢書南匈傳：『建初八年，北匈奴三木樓訾大人稽留斯等三萬八千人，馬二萬匹，牛羊十餘萬，款五原塞降。』仲任以建初元年歸居，元和三年，爲州從事，此當中十年，當爲功作最力之時。宜其多見及建初時事也。故誌之於此。

【附錄】論衡書分析表

- 論衡
  - 懷疑
    - 僞造的虛妄：書虛
    - 言過其實的虛妄：儒增
    - 感應的虛妄：異虛　寒溫　譴告　變動
    - 祥瑞的虛妄：講瑞　指瑞　是應
    - 世俗的迷信：難歲　詰術　紀妖(前半)　訂鬼　四諱　譏日
    - 學術界的專制：問孔　刺孟　道虛　非韓

      以上乃論衡主旨之所在
  - 附會：宣漢　恢國　驗符　須頌　亂龍　紀妖(後半)

    以上諸篇，專爲歌頌本朝之功德而作，故附會朝廷虛妄或祥瑞之事蹟。或附會本朝名人荒誕之事蹟。與作書原意相反。

【解釋：逢遇累害

以上各篇，乃王充個人之主張，專以立異爲高，實亦無甚精意。

魯丕拜趙相　丕被徵，再遷，拜趙相。門生就學者常百餘人。關東號之曰：『五經復興魯叔陵』趙王商嘗欲避疾，便時移住學宮。丕止不聽，王乃上疏自言。詔書下丕，丕奏曰：『臣聞禮，諸侯薨於路寢，大夫卒於嫡室。死生有命，未有逃避之典也。學官傳五帝之道，修先王禮樂敎化之處。王欲廢塞以廣游讌，事不可聽。』詔從丕言，王以此憚之。其後帝巡狩之趙，特被引見，難問經傳，厚加賞賜。在職六年，嘉瑞屢降，吏人重之。

【出處】後漢書魯丕傳

二年乙酉（八五）

行四分歷　先是永平九年，太史待詔董萌上言曆不正，事下三公太常知曆者雜議，訖十年四月，無能分明據者，至是，太初失天益遠，日月審度，相覺浸多，而候者皆知冬至之日日在斗二十一度，未至牽牛五度，而以爲牽牛中星從天四分日之三，晦朔弦望差天一日，宿差五度。帝知其謬錯，以問史官，雖知不合，而不能易，故召治曆編訢李梵等綜校其狀。二月甲寅下詔曰：『朕聞古先聖王，先天而天不違，後天而奉天時。河圖曰：「赤九會昌，十世以光，十一以興。」又曰：「九名之世，帝行德封刻政。」朕以不德，奉承大業，夙夜祗畏，不敢荒寧。予末小子，託在于數終，曷以續興崇弘祖宗拯濟元元。尚書璇璣鈐曰：「述堯理世，平制禮樂，放唐之文。」帝命驗曰：「順堯考德，題期立象，」且三五步驟，優劣殊軌，況予頑陋，無以克堪，雖欲從之，末由也已。每見圖書，中心恧焉。間者以來，政治不得，陰陽不和，災異不息，癘疫之氣，流傷於牛，農本不播。夫庶徵休咎，五事之應，咸在朕躬，信有闕矣，將何以補之？書曰：「惟先假王正厥事」又曰：「歲二月東巡狩，至岱宗，柴望秩於山川，遂覲東后，叶時月正日，祖堯岱宗，同律度量，考在璣衡，以正厤象，庶乎有益。」春秋保乾圖曰：「三百年斗厤改憲」史官用太初鄧平術，有餘分一，在三百年之域，行度轉差，浸以謬錯，璇璣不正，文象不稽。冬至之日，日在斗二十二度，而厤以爲牽牛中星，先立春一日，則四分數之立春日也。而以折獄斷大刑，于氣已迕。用望平和隨時之義，蓋亦遠矣。今改行四分，以遵於堯，以順孔聖奉天之文，冀百君子越有民同心敬授，儻獲咸熙，以明予祖之遺功。』於是四分法施行，黃帝以來諸曆以爲冬至在牽牛初者皆黜焉。

【出處】續漢書律歷志　宋書曆志

【附錄】四分歷法

上元庚辰至今九千三百六十六　元法四千五百六十　紀法一千五百二十　紀月一萬八千八百　蔀法七十六　蔀月九百四十　章法十九　章月二百三十五　周天千四百六十一　日法四　蔀日二萬七千七百五十九　沒數二十一爲章閏　通法四百八十七　沒法七因爲章閏　日餘百六十八　中法四十二　大周三十四萬三千三百三十五　月周千一十六

曹褒上書請定文制著漢禮　褒見二月甲寅詔書，知帝旨，欲有所興作。迺上疏曰：『

昔者聖人受命而王，莫不制禮作樂，以著功德。功成作樂，化定制禮，所以救世俗，致禎祥，爲萬姓獲福於皇天者也。今皇天降祉，嘉瑞並臻，制作之符，甚於言語。宜定文制，著成漢禮，丕顯祖宗盛德之美。』章下太常，太常巢堪，以爲一世大典，非褒所定，不可許。事暫寢。

【出處】　後漢書曹褒傳

【考證】　按律曆志所載詔書與曹褒傳相同，惟志載其全體，傳僅載其一部。蓋褒見詔書，深知帝欲興作之事，不僅律曆一項，故有上疏請制禮之事也。

楊終還故郡　初，終爲郡吏，太守廉范爲州所考，遣鳳侯終，終爲范遊說，坐徙北地。至是，帝東巡狩，鳳凰黃龍並集，終贊頌嘉瑞，上述祖宗鴻業，凡十五章奏上，詔貰還故郡。

【出處】　後漢書楊終傳

孔僖爲臨晉令　僖字仲和，魯國魯人也。自安國以下，世傳古文尙書及詩。曾祖父子建，少遊長安，與崔篆友善。及篆仕王莽，爲新建大尹，嘗勸子建仕。對曰：『吾有布衣之心，子有袞冕之志，各從所好，不亦善乎。道既乖矣，請從此辭。』遂歸，終於家。僖與崔篆孫駰復相友善，同遊太學，習春秋。因讀吳王夫差時事，僖廢書歎曰：『若是所謂畫龍不成反爲狗者。』駰曰：『然，昔孝武皇帝始爲天子，年方十八，崇信聖道，師則先王，五六年間，號勝文景。及後恣已，忘其前之爲善。』僖曰：『書傳若此多矣！』鄰房生梁郁儳和之曰：『如此武帝亦是狗耶？』僖駰默然不對。郁怒恨之，陰上書告駰僖誹謗先帝，刺譏當世。事下有司，駰詣吏受訊。僖以吏捕方至，恐誅，乃上書肅宗自訟曰：『臣之愚意，以爲凡言誹謗者，謂實無此事而虛加誣之也。至如孝武皇帝政之美惡，顯在漢史，坦如日月，是爲直說書傳實事，非虛謗也。夫帝者爲善，則天下之善咸歸焉。其不善，則天下之惡亦萃焉。斯皆有以致之，故不可以誅於人也。且陛下即位以來，政教未過而德澤有加，天下所具也，臣等獨何譏刺哉？假使所非實是，則固應悛改。儻其不當，亦宜含容，又何罪焉？陛下不推原大數，深自為計，徒肆私忿以快其意。臣等受戮，死即死耳。顧天下之人，必回視易慮，以此關陛下心。自今以後，苟見不可之事，終莫復言者矣。臣之所以不愛其死猶敢極言者，誠為陛下深惜此大業。陛下若不自惜，則臣何賴焉。齊桓公親揚其先君之惡以唱管仲，然後羣臣得盡其心。今陛下乃欲以十世之武帝遠諱實事，豈不與桓公異哉。臣恐有司卒然見構，銜恨蒙枉，不得自敘，使後世論者，擅以陛下有所比方，寧可復使子孫追掩之乎？謹詣闕，伏待重誅。」帝始亦無罪僖等意，及書奏，立詔勿問，拜僖蘭臺令史。是年春，帝東巡狩，還過魯，幸闕里，以太牢祠孔子及七十二弟子，作六代之樂。大會孔氏男子二十以上者六十三人，命儒者講論。僖因自陳謝。帝曰：『今日之會，寧於卿宗有光榮乎？』對曰：『臣聞明王聖主莫不尊師貴道，今陛下親屈萬乘，辱臨敝里，此乃崇禮先師，增輝聖德。至於光榮，非所敢承。』帝大笑曰：『非聖者子孫焉有斯言乎？』遂拜僖郎中，賜褒成侯損及孔氏男女錢帛。詔僖從還京師，使校書東觀。上言圖讖非聖人書。冬，拜臨晉令。崔駰以家林筮之，謂爲不吉，止僖曰：『子盍辭乎？』僖曰：『學不爲人，仕不擇官。吉凶由己，而由卜乎？』在縣三年，卒官，遺令即葬。二子長彥季彥幷十餘歲，蒲坂令許君然勸令反喪，對曰：『今載柩而歸，則違父令；舍墓而去，心所不忍。』遂留華陰。長彥好章句學，季彥守其家業，門徒數百人。延光元年，河西大雨雹，大者如斗，安帝詔有道術之士，極陳變告，迺召季彥，見於德陽殿，帝親問其故，對曰：『此皆陰乘陽之徵也，今貴臣擅權，母后黨盛，陛下宜修聖德，慮此二者。』帝默然，左右皆惡之，舉孝廉，不就，三年，年四十七，終於家。

【出處】　後漢書孔僖傳　袁宏後漢紀

三年丙戌（八六）

●王充爲從事●　揚州刺史董勤辟王充爲從事，部丹陽九江廬江。後入爲治中。職在刺割，筆札之思，歷年寢廢。

【出處】　後漢書王充傳　王充論衡自紀

●曹褒復上書陳禮樂●　初褒上書請定文制，著漢禮，太常以爲不可許。帝知羣寮拘攣，難與圖治。朝廷禮憲，宜時刊立。至是復下詔曰：『朕以不德，膺祖宗弘烈，迺者鸞鳳仍集，麟龍並臻，甘露霄降，嘉穀滋生，赤草之類，紀於史官。朕夙夜祗畏，上無以彰於先功，下無以克稱靈物。漢遭秦餘，禮壞樂崩，且因循故事，未可觀省

○有知其說者，各盡所能○』褒省詔，迺歎息謂諸生曰：『昔奚斯頌魯，考甫詠殷，夫人臣依義顯君，竭忠彰主，行之美也○當仁不讓，吾何辭焉○』遂復上疏，具陳禮樂之本，制改之意○拜褒侍中○從駕南巡，既還，以事下三公○未及奏○詔召玄武司馬班固問改定禮制之宜○固曰：『京師諸儒，多能說禮，宜廣招集，共議得失○』帝曰：『諺言作室道旁，三年不成○會禮之家，名曰聚訟○互生疑義，筆不得下○昔堯作大章，一夔足矣○』

【出處】後漢書曹褒傳

丁鴻封馬亭鄉侯 初，鴻數受賞賜，擢徙校書○疑當作尚書○遂代成封爲少府○門下由是益盛，遠方至者數千人○彭城劉愷，北海巴茂，九江朱倀，皆至公卿○是年車駕東巡狩，鴻以少府從○上奏曰：『臣聞古之帝王統治天下，五載巡狩，至于岱宗，柴祭于天，望秩山川，協時月正日，同斗斛權衡，使人不爭○陛下尊履蒸蒸，奉承弘業，祀五帝於明堂，配以光武○二祖四宗，咸有告祀○瞻望太山，嘉澤降澍○柴祭之日，白氣上升，與燎煙合，黃鵠羣翔，所謂神人以和答嚮之休符也。』上善焉。以是年徙封馬亭鄉侯。

【出處】後漢書丁鴻傳　東觀記

章和元年丁亥（八七）

曹褒上漢禮　是年正月，召褒詣嘉德門，令小黃門持班固所上叔孫通漢儀十二篇，敕褒曰：『此制散略，多不合經。今宜依禮條正，使可施行。於南宮東觀，盡心集作。』褒既受命，迺此次序禮事，依準舊典，雜以五經讖記之文，撰次天子至於庶人冠婚吉凶終始制度，以爲百五十篇，寫以二尺四寸簡。以十二月奏上。帝以衆論難一，故但納之，不復令有司平奏。明年正月帝崩，和帝即位，褒迺爲作章句。帝遂以新禮二篇冠，擢褒監羽林左騎。

【出處】後漢書曹褒傳

崔駰上四巡頌　初，駰年十三，能通詩易春秋，博學有偉才，盡通古今訓詁百家之言。善屬文。少遊太學，與班固傅毅同時齊名。常以典籍爲業，未遑仕進之事。時人或譏其太玄靜，將後名失實。駰擬楊雄解嘲作達旨以答。至是，帝修古禮，巡狩方岳。駰上四巡頌以稱漢德，辭甚典美。帝雅好文章，自見駰頌後，常嗟歎之，謂侍中竇憲曰：『卿寧知崔駰乎？』對曰：『班固數為臣說之，然未見也。』帝曰：『公愛班固而忽崔駰，此葉公之好龍也，試請見之。』駰由此候憲，憲屣履迎門，笑謂駰曰：『亭伯，吾受詔交公，公何得薄哉？』遂揖入為上客。

居無幾何，帝幸憲第，時駰適在憲所，帝聞而欲召見之，憲諫，以為不宜與白衣會』，帝悟曰：『吾能令駰朝夕在旁，何必於此！』適欲官之，會帝崩。

【出處】後漢書崔駰傳

二年戊子（八八）

王充罷州家居 充自免還家，友人同郡謝夷吾上書薦充曰：『充之天才，非學所加，雖前世孟軻孫卿，近漢揚雄劉向司馬遷不能過也。』帝特詔公車徵，病不行。

充年漸七十，志力衰耗，乃造養性書十六篇，裁節嗜欲，頤神自守，永元中，病卒於家。

【出處】後漢書王充傳

總評

光武明帝章三代，是東漢的全盛時代。這時的君主，既勤於政治，又勤於獎勵學術。但可惜他們的眼光狹小，所提倡的，只有經學而已。

光武帝本是南陽白水村一位安分守己的劉老三，因爲讖記上有他的名子，所以怦然心動，加入亂黨。他的運氣，比劉歆要盛强百倍。居然討滅了王莽，打平了羣雄，而作東漢的世祖。從此他對於讖記，深信不疑，就想用讖解釋五經的疑問。雖然當時的學者如桓譚鄭興尹敏之輩繼續反對，但他們仍靠專制的威力，一意孤行。這種提倡的方法，就合今日的舊軍閥提倡禮敎一般，只足引起笑談，是於思想界沒有多大影響的。但當時的學者，因爲屈於威力之下，不得不牽就其說，所以至今我們還可以見那種荒誕學說殘留的痕跡。

古文學經過王莽劉歆的提倡，人才也漸漸多起來，就想要和今文學抗衡了。專制君主對於今古文本沒有什麼成見，不過隨他施政的便利與否，而有所去取。但今文立博士，是西漢遺留下的制度，不便更動。所以光武雖決心立左氏春秋，但因今文家的反對，不久就收回成命。我們知道，今文不但文字簡單，並且還須守定家法，不能有所增損，可以引起人研究興趣的，非常之少。古文還是開闢未久的園地，等待人開發的寶藏，非常豐富。所以今文家多半兼研究古文，換句話說，古文家多半是由今文分化出來的。如古文家的鄭興本是習公羊春秋的，賈逵本是教授大夏侯尙書的。由今文家分化出的古文家愈多，那古文學的反對者愈少。古文家既沒有一定的家法，所以可以附會讖緯，以應君主的嗜好。當時的君主，雖然因爲歷史的關係，不肯一時把古文立在學官，但也假借奬勵學術的名，重用古文家的人才。

這個時期，天下無事，專制君主要粉飾太平，所以提倡講經，並且親自出席講解。皇帝講經，自然和現在的張宗昌在曲阜講論語一般，沒有什麽可以注意的價值的。但講學的風氣既開，學術界不免增加幾分活氣。不但朝廷裏面有奪席之風，即在全國各地，教授門徒至千數百人的所在多有。當時的學者，不能一味的保守家法便可以有立足之地了，必須旁證博引，方可以應附對方。所以東漢經學家的著作，總合起來，遠過於西漢。由議經的風氣引起批評的風氣，王充來到北方將批評的方法帶回南方，用於批評各種學問上面，所以造出論衡一部奇書，但這部著作，在東漢末年方由蔡邕傳到北方，在當時並沒有多大的影響。

民国首版学术经典

汉晋学术编年【三】

刘汝霖　著

上海科学技术文献出版社
Shanghai Scientific and Technological Literature Press

劉汝霖編

漢晉學術編年

第三冊

商務印書館發行

劉汝霖編

漢晉學術編年

第三册

商務印書館發行

漢晉學術編年卷之五

東漢

孝和皇帝

名肇，章帝子
在位十七年。

永元元年己丑(八九)

桓郁爲長樂少府 帝即位，富於春秋，侍中竇憲自以外戚之重，欲令少主頗涉經學，上疏皇太后曰：『禮記云：天下之命，縣於天子。天子之善，成乎所習。習與智長，則切而不勤。化與心成，則中道若性。昔成王幼小，越在襁褓。周公在前，史佚在後。太公在左，召公在右。中立聽朝，四聖維之。是以慮無遺計，舉無過事。孝昭皇帝八歲即位，大臣輔政，亦選名儒韋賢蔡義夏侯勝等入授於前，平成聖德。近建初元年，張酺魏應召訓亦講禁中。臣伏維皇帝陛下躬天然之姿，宜漸教學，而獨對左右小臣，未聞典義。昔五更桓榮親爲帝師，子郁結髮敦尙，繼傳父業。故再以校尉入授先帝，父子給事禁省，更歷四世。今白首好禮，經行篤備，又宗正劉方宗室之表，善爲詩經，先帝所褒。宜令郁方並入教授，以崇本朝，光示大化。」由是遷郁長樂少府，復入侍講。頃之，轉爲侍中奉車都尉

【出處】後漢書桓郁傳

馬嚴退居於家　初，嚴於建初四年，徵拜太中大夫，還將作大匠，七年坐事免，至是，帝即位，嚴爲竇氏所忌，乃退居自守，訓教子孫。永元十年，卒於家，時年八十二。生七子，固，伉，歆，鱄，融，留，續，惟續融知名。

【出處】後漢書馬援傳

二年庚寅（九〇）

魯丕爲東郡太守　丕前後在二郡，爲人修通溉灌，百姓殷富，數薦達幽隱名士。明年，拜陳留太守，視事三期，後坐稟貧人不實，徵司寇論。

【出處】後漢書魯丕傳

四年壬辰（九二）

丁鴻爲司徒 初，帝即位，鴻遷太常。至是，代袁安爲司徒。時竇太后臨政，竇憲兄弟各擅威權。鴻因日食上封事曰：「臣聞日者陽精，守實不虧，君之象也。月者陰精，盈毀有常，臣之表也。故日食者，臣乘君陰陵陽月滿不虧下驕盈也。昔周室衰季，皇甫之屬，專權於外，黨類彊盛，侵奪主勢，則日月薄食。故詩曰：「十月之交，朔日辛卯，日有食之，亦孔之醜。」春秋日食三十六，弒君三十二。變不空生，各以類應。夫威柄不以放下，利器不以假人。覽觀往古，近察漢興，傾危之禍，靡不由之。是以三桓專魯，田氏擅齊，六卿分晉，諸呂握權，統嗣幾移。哀平之末，廟不血食。故雖有周公之親而無其德，不得行其勢也。今大將軍雖欲勑身自約，不敢僭差，然而天下遠近，皆惶怖承旨。刺史二千石初除謁辭，求通待報，雖奉符璽，受臺敕，不敢便去，久者至數十日。背王室，向私門，此迺上威損下權盛也。人道悖於下，效驗見於天，雖有隱謀，神照其情。垂象見戒，以告人君。間者月滿先節，過望不虧，此臣驕溢背君專功獨行也。陛下未深覺悟，故天重見戒，誠宜畏懼，以防其禍。詩云：「敬天之怒，不敢戲豫。」若敕政責躬，杜漸防萌，則凶妖消滅，害除福湊矣。夫壞崖破巖之水，源自涓涓，干雲蔽日之木，起於葱青。禁微則易，救末者難。人莫不忽於微細以致其大，恩不忍誨，義不忍割，去事之後未然之明鏡也。臣愚以爲左官外附之臣，依託權門傾覆諂諛以求容媚者，宜行一切之誅。間者大將軍再出，威振州郡，莫不賦斂，吏人遣使貢獻，大將軍雖不受，而物不還主。部署之吏，無所畏憚，縱行非法，不伏罪辜。故海內貪猾，競爲姦吏，小民吁嗟，怨氣滿腹。臣聞天不可以不剛，不剛則三光不明。王不可以不彊，不彊則宰牧縱橫。宜因大變，改政匡失，以塞天意。』書奏十餘日，帝以鴻行太尉，兼衛尉，屯南北宮。於是收竇憲大將軍印綬，憲及諸弟皆自殺。

【出處】後漢書丁鴻傳

●●●崔駰卒　初，章帝崩，竇太后臨朝。憲以重戚，出納詔命。駰獻書於憲，以謙德爲法，盈滿爲戒。及憲爲車騎將軍，辟駰爲掾。憲府貴重掾屬三十人，皆故刺史二千石。惟駰以處士年少，擢在其間。憲擅權驕恣，駰數諫之。及出擊匈奴，道路愈多不法。駰爲主簿，前後奏記數十，指切長短，憲不能容，稍疏之。因察駰高第，出爲長岑長。駰自以遠去不得意，遂不之官而歸。至是，卒於家，所著詩賦銘頌書記表七依婚禮結言達旨酒警，合二十一篇。隋志有駰集十卷。

【出處】後漢書崔駰傳

班固死獄中。 初，固以母喪去官，及永元初，大將軍竇憲出征匈奴，以固爲中護軍，與參議。北單于聞漢軍出，遣使欵居延塞，欲修呼韓邪故事，朝見天子，請大使。憲上遣固行中郎將事，將數百騎與虜使俱出居延塞迎之。會南匈奴掩破北庭，固至私渠海，聞虜中亂，引還。及竇憲敗，固先坐免官。固不敎學諸子，諸子多不遵法度，吏人苦之。洛陽令种兢嘗行，固奴干其車騎，吏椎呼之，奴醉罵。兢大怒，畏憲不敢發，心銜之。及竇氏賓客皆逮考，兢因此捕繫固，遂死獄中。時年六十一。

詔以譴責兢抵主者吏罪。

【出處】後書漢班固傳

【附錄】班固著述表

白虎通義六卷 隋志唐志

漢書百篇 今存

續倉頡篇十三章 漢書藝文志

奕旨一篇 古文苑

離騷經章句一卷 王逸楚辭叙

集四十一篇 後漢書本傳。通志作十七卷。

五年癸巳（九三）

詔議郡國舉孝廉之人數　時大郡口五六十萬，舉孝廉二人。小郡口二十萬並有蠻夷者，亦舉二人。帝以爲不均，下公卿會議。司徒丁鴻與司空劉方上言：凡口率之科，宜有階品，蠻夷錯雜，不得為數。自今郡國，率二十萬口，歲舉孝廉一人。四十萬，二人。六十萬，三人。八十萬，四人。百萬，五人。百二十萬，六人。不滿二十萬，二歲一人。不滿十萬，三歲一人。帝從之。明年，鴻卒，賜贈有加常禮。

【出處】後漢書丁鴻傳

【考證】按此與漢武帝元光元年選舉之法相同，或因大亂之後，舊制已廢，至是始議恢復也。

曹褒遷城門校尉　初，褒於四年遷射聲校尉，太尉張酺尚書張敏等奏褒擅制漢禮，破亂聖術，宜加刑誅。帝雖寢其奏，而漢禮遂不行。褒在射聲，營舍有停棺不葬者百餘所。褒親自履行，問其意。故吏對曰：『此等多是建武以來，絕無後者，不得埋掩。』褒乃愴然，為買空地，悉葬其無主者，設祭以祀之。遷城門校尉將作大匠。時有疾疫，褒巡行病徒，為致醫藥，經理饘粥，多蒙濟活。

【出處】後漢書曹褒傳

桓郁卒　郁以六年代丁鴻爲太常，至是病卒。郁經授二帝，恩寵甚篤。賞賜前後數百千萬，顯於當世。門人楊震（字伯起，弘農華陰人。）朱寵皆至三公。初榮受朱普章句四十萬言，浮辭繁長，多過其實。及榮入授明帝，減爲二十三萬言。郁復刪省定成十二言萬。由是尙書有桓君大小太常章句。

【出處】後漢書桓郁傳

七年乙未（九五）

曹褒出爲河內太守　時春夏大旱，糧穀湧貴，褒到，乃省吏並職，退去姦殘，澍雨數降，其秋大熟，百姓給足，流民皆還。（後坐上災害不實免，有頃徵，再遷，復爲侍中。）

【出處】後漢書曹褒傳

崔瑗至洛陽　瑗字子玉，崔駰之中子也。早孤，銳志好學。盡能傳其父業。至是，年十八，至京師，從侍中賈逵質正大義，逵善待之。瑗因留游學，遂明天官歷數，京房易傳，六日七分。諸儒宗之。與馬融張衡篤相友好。（融字季長，扶風茂陵人，即馬嚴之子。衡字平子，南陽西鄂人，世爲著姓，祖父堪蜀郡太守。衡少善屬文，游於三輔，因入京師，觀大學。遂通五經，貫六藝。雖才高於世而無驕尙之情，常從容淡靜，不好交接俗人。永元中，舉孝廉，不行。連辟公府，不就。時天下承平日久，自王侯以下，莫不踰侈。衡乃擬班固兩都作二京賦，因以諷諫。精思傅會，十年乃成。大將軍鄧隲奇其才，累召不應。衡善機巧，尤致思於天文陰陽歷算，常耽好玄經，謂崔瑗曰：『吾觀太玄，方知子雲妙極道數，乃與五經相擬，非徒傳記之屬使人難論陰陽之事，漢家得天下二百歲之書也。復二百歲，殆將終乎。所以作者之數，必顯一世，常然之符也。漢四百歲，玄其興矣。』安帝雅聞衡善術學，公車特徵拜郎中。

【出處】後漢書崔瑗傳　張衡傳　馬融傳

八年丙申（九六）

班昭續漢書　昭字惠姬　班彪之女也。博學才高。適同郡曹壽，（字世叔）壽早卒。昭有節行法度，兄固著漢書，其八表及天文志未及竟而遇禍。帝詔昭就東觀藏書閣，踵而成之。帝又數詔昭入宮，令皇后諸貴人師事焉，號曰大家。每有貢獻異物，輒詔大家作賦頌。

【出處】後漢書列女曹世叔妻傳

【考證】按後漢書鄧皇后紀稱『后自入宮掖，從曹大家受經書。』又稱『永元八年冬入掖庭爲貴人』則昭之入宮亦當在此時，故誌之於此。

九年丁酉（九七）

張奮請定禮樂　奮字穉通，張純之子也。少好學，節儉行義，常分損租奉，贍卹宗親，雖至傾匱而施與不怠。以五年代桓郁爲太常，六年代劉芳爲司空。至是，以病罷，在家上疏曰：『聖人所美，政道至要，本在禮樂。五經同歸，而禮樂之用尤急。孔子曰：「安上治民，莫善於禮，移風易俗，莫善於樂。」又曰：「揖讓而化天下者，禮樂之謂也。」先王之道禮樂，可謂盛矣。孔子謂子夏曰：「禮以脩外，樂以制內，丘已矣夫。」又曰：「禮樂不興，則刑罰不中，刑法不中，則民無所厝其手足。」臣以爲漢當制作禮樂，是以先帝聖德，數下詔書，愍傷崩缺。而衆儒不達，議多駮異。臣累世台輔，而大典未定，私竊惟憂，不忘寢食。臣犬馬齒盡，誠冀先死見禮樂之定。』

【出處】後漢書張奮傳

十年戊戌（九八）

徐防為少府 防字謁卿，沛國銍人也。祖父宣為講學大夫，以易教授王莽。父憲亦傳宣業。防少習父祖學。永平中，舉孝廉，除為郎。防體貌矜嚴，占對可觀，明帝異之。特補尚書郎，職典樞機，周密畏慎，奉事二帝，未常有過。及帝即位，稍遷司隸校尉，出為魏郡太守。至是遷少府，（又遷大司農。勤曉政事，所在有迹。）

【出處】後漢書徐防傳

十一年己亥(九九)

李尤為蘭臺令史 尤字伯仁，廣漢雒人也。少以文章顯。至是，侍中賈逵（逵於三年為左中郎將，八年復為侍中，領騎都尉。）薦尤有相如楊雄之風。召詣東觀，受詔作賦，拜蘭臺令史。（稍遷，安帝時為諫議大夫。）

【出處】後漢書李尤傳

【攷証】李尤之為蘭台令史，史不明載年代。然稱其為侍中賈逵所薦。攷逵之為侍中，在永元八年至十三年之間。則李尤之為蘭台令史，必在此數年之中，姑誌之於此以俟考。

魯丕爲中散大夫　丕復徵，再遷中散大夫。時侍中賈逵薦丕道藝深明，宜見任用。帝因朝會，召見諸儒，丕與侍中賈逵尚書令黃香等相難數事。帝善丕說，罷朝，特賜冠幘履韈衣一襲。丕因上疏曰：『臣以愚頑，顯被大位。犬馬氣衰，猥得進見。論難於前，無所甄明。衣服之賜，誠爲優過。臣聞說經者，傳先師之言，非從己出，不得相讓。相讓則道不明，若規矩權衡之不可枉也。難者必明其據，說者務立其義。浮華無用之言，不陳於前，故精思不勞而道術愈章。法異者各令自說師法，博觀其義。覽詩人之旨意，察雅頌之終始，明舜禹皐陶之相戒，顯周公箕子之所陳，觀乎人文，化成天下。陛下既廣納謇謇，以開四聰，無令芻蕘以言得罪。既顯巖穴，以求仁賢，無使幽遠，獨有遺失。』十三年，遷爲侍中，免。永初二年，詔公卿舉儒術篤學者，大將軍鄧隲舉丕，再遷，復爲侍中，左中郎將。再爲三老。五年，年七十五，卒于官。

【出處】後漢書魯丕傳

十二年庚子（一〇〇）

許慎作說文解字

慎再遷除洨長，復爲太尉南閤祭酒，校書東觀。常從賈逵受古學，遂作說文解字，敍篆文，合以古籀。博問通人，考之於逵。六藝羣書之詁，皆訓其意。而天地鬼神山川草木鳥獸䖵蟲雜物奇怪王制禮儀，世間人事，莫不畢載。始於一而終於亥。凡十四篇，（除敍而言）五百四十部，九千三百五十三文，重一千一百六十三，解說凡十三萬三千四百四十一字。自敍曰：『古者庖犧氏之王天下也，仰則觀象於天，俯則觀法於地；視鳥獸之文與地之宜，近取諸身，遠取諸物；於是始作易八卦以垂憲象。及神農氏結繩爲治而統其事，庶業其繁，飾僞萌生。黃帝之史倉頡，見鳥獸蹏迒之迹，知分理之可相別異也，初造書契。百工以乂，萬品以察，蓋取諸夬。夬揚于王庭，言文者宣敎明化於王者朝廷，君子所以施祿及下居德則忌也。倉頡之初作書，蓋依類象形，故謂之文。其後形聲相益，即謂之字。文者物象之本，字者言孳乳而浸多也。著於竹帛謂之書，書者如也。以迄五帝三王之世，改易殊體。封於泰山者七十有二代，靡有同焉。周禮八歲入小學，保氏敎國子，先以六書。一曰指事：指事者，視而可識，察而見意，上下是也。二曰象形：象形者：畫成其物，隨體詰詘，日月是也。三曰形聲：形聲者，以事爲名，取譬相成，江河是也。四曰會意：會意者，比類合誼，以見指撝，武信是也。五曰轉注：轉注者，建類一首，同意相受，考老是也。六曰假借：假借者，本無其字，依聲託事，令長是也。及宣王太史籀著大篆十五篇，與古文或異。至孔子書六經，左丘明述春秋傳，皆以古文，厥意可得而說。其後諸侯力政，不統於王，惡禮樂之害己，而皆去其典籍。分爲七國，田疇異畮，車涂異軌，律令異法，衣冠異制，言語異聲，文字異形。秦始皇初兼天下，丞相李斯乃奏同之，罷其不與秦文合者。斯作倉頡篇，中車府令趙高作爰歷篇，大史令胡母敬作博學篇，皆取史籀大篆，或頗省改，所謂小篆者也。是時秦燒滅經書，滌除舊典，大發吏卒，興戍役官，獄職務繁，初有隸書以趣約易，而古文由此絕矣。自爾秦書有八體：一曰大篆，二曰小篆，三曰刻符，四曰蟲書，五曰摹印，六曰署書，七曰殳書，八曰隸書。漢興有艸書。尉律，學僮十七以上，始試，諷籀書九千字，乃得爲史。又以八體試之。郡移太史并課，最者以爲尚書史。書或不正，輒舉劾之。今雖有尉律，不課。小學不修，莫達其說久矣。孝宣皇帝時，召通倉頡讀者，張敞從受之，涼州刺史杜業，沛人爰禮，講學大夫秦近，亦能言之。孝平皇帝時，徵禮等百餘人，令說文字未央廷中，以禮爲小學元士，黃門侍郎楊雄，采以作訓纂篇。凡倉頡已下十四篇，凡五千三百四十字，羣書所載，略存之矣。及亡新居攝，使大司空甄豐等校文書之部，自以爲應制作，頗改定古文。時有六書：一曰古文，孔子壁中書也。二曰奇字，即古文而異者也。三曰篆書——即小篆——秦始皇使下杜人程邈所作也。四曰左書，即秦隸書。五曰繆篆，所以摹印也。六曰鳥蟲書，所以書幡信也。壁中書者，魯恭王壞孔子宅而得禮記尚書春秋論語孝經。又北平侯張蒼獻春秋左氏傳。郡國亦往往於山川得鼎彝，其銘即前代之古文，皆自相似。雖叵復見遠流，其詳可得略說也。而世人大共非訾，以爲好奇者也。故詭更正文，鄉壁虛造不可知之書。變亂常行，以燿於世。諸生競逐說字解經義。稱秦之隸書爲倉頡時書。云「父子相傳，何得改易？」乃猥曰「長頭人爲長。人持十爲斗，虫者屈中也。」廷尉說律，至以字斷法，苛人受錢，苛之字止句也。若此者甚衆，皆不合孔氏古文，謬於史籀。俗儒啚夫，翫其所習，蔽所希聞，不見通學，未嘗覩字例之條，怪舊埶而善野言。以其所知爲秘妙，究洞聖人之微恉。又見倉頡篇中「幼子承詔」，因曰：「古帝之所作也，其辭有神僊之術焉。」其迷誤不諭，豈不悖哉！書曰：「予欲觀古人之象」言必遵修舊文而不穿鑿。孔子曰：「吾猶及史之闕文，今亡矣夫。」蓋非其不知而不問人用己私。是非無正，巧說衺辭，使天下學者疑。蓋文字者，經藝之本，王政之始，前人所以垂後，後人所以識古。故曰：「本立而道生」「知天下之至嘖而不可亂也」。今敘篆文，合以古籀，博采通人，至於小大，信而有證。稽譔其說，將以理羣類，解謬誤，曉學者，達神恉，分別部居，不相雜厠也。萬物咸覩，靡不兼載。厥誼不昭，爰明以諭。其偁易孟氏書孔氏詩毛氏禮周官春秋左氏論語孝經，皆古文也。其於所不知，蓋闕如也』

【出處】後漢書許愼傳　說文解字叙

【考證】叙後又有『粤在永元困頓之年』之語，困頓者，子年也。故可考知爲永元十二年庚子之事。

楊終爲郎中　終在故郡，著春秋外傳十二篇，改定章句十五萬言。作生民詩制封禪書，皆傳於世。至是，侍中賈逵薦終博達忠直，徵拜郎中，以病卒，賜錢二十萬。

【出處】後漢書楊終傳　及注引袁山松書　華陽國志

十三年辛丑（一〇一）

帝幸東觀　春正月丁丑，帝幸東觀，覽書林，閱篇籍，博選術藝之士，以充其官。

【出處】後漢書和帝紀

賈逵卒　初，逵既領騎都尉，內備帷幄，兼領秘書近署，甚見信用。至是卒，年七十二。朝廷愍惜，除兩子爲太子舍人。逵所著經傳義詁及論難百餘萬言。又作詩頌誄書連珠酒令，凡九篇。學者宗之，後世稱爲通儒。然不修小節，當世以此頗譏焉，故不至大官。

【出處】後漢書賈逵傳

【附錄】賈逵著述表

古文尚書訓 後漢書儒林傳

歐陽大小夏侯尚書古文同異三卷 後漢書本傳

齊魯韓毛四家詩異同 後漢書本傳

毛詩傳 應劭風俗通祀典篇引

毛詩雜議難十卷 七錄

春秋左氏長經二十卷 隋志

春秋左氏解詁三十卷 隋志

春秋左氏經傳朱墨列一卷 隋志

春秋外傳國語註二十卷 隋志

春秋釋訓一卷 隋志

春秋三家經本訓詁十二卷 隋志

周官解詁 經典釋文敍錄

集二卷 七錄

張奮復爲太常 張奮更召拜太常，復上疏曰：『漢當改作禮樂，圖書著明。王者化定制禮，功成作樂。謹條禮樂異議三事，願下有司，以時考定。昔者孝武皇帝光武皇帝封禪告成，而禮樂不定，事不相副。先帝已詔曹褒。今陛下但奉而承之，猶周公斟酌文武之道，非自爲制，誠無所疑。久執謙謙，令大漢之業不以時成。非所以章顯祖宗功德，建太平之基，爲後世法。』帝雖善之，猶未施行。其冬復以病罷，明年，卒於家。

【出處】後漢書張奮傳

十四年壬寅（一〇二）

徐防請以五經章句試博士弟子 防拜司空。以五經久遠，聖意難明，宜爲章句以悟後學。上疏曰：『臣聞詩書禮樂，定自孔子，發明章句，始於子夏。其後諸家分析，各有異說。漢承亂秦，經典廢絕。本文略存，或無章句。收拾缺遺，建立明經。博徵儒術，開置太學。孔聖既遠，微旨將絕。故立博士十有四家，設甲乙之科，以勉勸學者，所以示人好惡改敝就善者也。伏見太學試博士弟子，皆以意說，不修家法。私相容隱，開生姦路，每有策試，輒興諍訟，論議紛錯，互相是非。孔子稱述而不作，又曰吾猶及史之闕文，疾史有所不知，而不肯闕也。今不依章句，妄生穿鑿，以遵師爲非義，意說爲得理。輕侮道術，寢以成俗。誠非詔書實選本意。改薄從忠，三代常道。專精務本，儒學所先。臣以爲博士及甲乙策試，宜從其家章句，開五十難以試之。解釋多者爲上第，引文明者爲高說，若不依先師，義有相伐，皆正以爲非。五經各取上第六人。論語不宜射策，雖所失或久，差可矯革。』詔書下公卿，皆從防言。

【出處】　後漢書徐防傳

曹褒卒　褒博物識古，爲儒者宗。教授諸生千餘人，慶氏學遂行於世，至是卒官。

【出處】　後漢書曹褒傳

【附錄】　曹褒著述表

禮記傳四十九篇　後漢書本傳

演經雜論百二十篇　後漢書本傳

通義十二篇　後漢書本傳

漢新定禮百五十篇　後漢書本傳

十五年癸卯（一〇三）

張霸爲侍中　霸字伯饒，蜀郡成都人也。年數歲而知孝讓，雖出入飲食，自然合禮，鄉人號爲張曾子。七歲通春秋，復欲進餘經，父母曰：『汝小未能也』霸曰：『我饒爲之』故字曰饒焉。後就長水校尉樊儵受嚴氏公羊春秋，遂博覽五經。諸生孫林劉固段著等慕之，各市宅其傍以就學焉。舉孝廉光祿主事，稍遷。永元中，爲會稽太守，表用郡人處士顧奉公孫松等，奉後爲潁川太守，松爲司隸校尉。並有名稱。其餘有業行者，皆見擢用。郡中爭厲志節，習經者以千數，道路但聞誦聲。初，霸以樊鯈删嚴氏春秋猶多繁辭，乃減定爲二十萬言，更名張氏學。霸始到越，賊未解，郡界不寧，乃移書開購，明用信賞，賊遂束手歸附，不煩士卒之力。童謠曰：『棄我戟，捐我矛，盜賊盡，吏皆休。』視事三年，謂掾史曰：『太守起自孤生，致位郡守，蓋日中則移，月滿則虧。老子有言：知足不辱。』遂上病。後徵，至是，凡四遷，爲侍中。時皇后兄虎賁中郎將鄧隲當朝貴盛，聞霸名行，欲與爲交。霸逡巡不答，衆人笑其不識時務。後當爲五更，會疾卒，年七十。遺勅諸子曰：『昔延州使齊，子死嬴博，因坎路側，遂以葬焉。今蜀道阻遠，不宜歸塋，可止此葬，足藏髮齒而已。務遵速朽，副我本心。人生一世，但當畏敬於人。若不善加己，直爲受之。』諸子承命，葬於河南梁縣，因遂家焉。將作大將翟酺等與諸門人追錄本行，謚曰憲文。

【出處】後漢書張霸傳

【出處】本傳既稱鄧隲爲皇后兄，則必在和帝時。考鄧后之立，在元初十四年冬，則其欲交霸，必在其後，故誌之於此。

樊準爲尙書郎　準字幼陵，樊鯈之族孫也。父端，好黃老言，淸靜少欲。準少勵志行，修儒術，以先父產業數百萬讓孤兄子。至是，帝幸南陽，準爲郡功曹，召見。帝器之，拜郎中，從車駕還宮，特補尙書郎。

【出處】後漢書樊鯈傳

元興元年乙巳（一〇五）

周防卒　初防受經於蓋豫，經明，舉孝廉，拜郎中。撰尙書雜記三十二篇，四十萬言。太尉張禹薦補博士，稍遷陳留太守，坐法免。至是，年七十八，卒於家。子舉亦知名。

【出處】後漢書儒林周防傳

蘇順爲郎中　順字孝山，京兆霸陵人也。以才學見稱，好養生術，隱處求道，晚乃仕，拜郎中。至是和帝崩，順爲和帝誄。順卒於官，所著賦論誄哀辭雜文凡十六篇。時三輔多士，扶風曹衆伯師亦有才學，與鄉里蘇孺文竇伯向（名章）馬季長並遊宦，唯衆不遇，以壽終於家。文有曹朔，不知何許人，作漢頌四篇。

【出處】後漢書文苑蘇順傳

【考證】藝文類聚十二引有蘇順和帝誄，時在元興元年，則順之爲郎中，至晚亦當在此年，故誌之於此。

是年蔡倫獻紙　自古書契，多編以竹簡。其用縑帛者，謂之爲紙。縑貴而簡重，並不便於人。宦者蔡倫乃造意用樹膚麻頭及敝布魚網以爲紙。至是奏上之，帝善其能，自是莫不從用焉，故天下咸稱蔡侯紙。

【出處】後漢書宦者蔡倫傳

孝殤皇帝

名隆，和帝子，誕育百餘日即帝位，一歲而崩。

延平元年丙午(一〇六)

徐防爲太尉　初，防於永元十六年爲司徒，至是年正月遷太尉。與太傅張禹參錄尚書事，數受賞賜，甚見優寵。安帝即位，以定策封龍鄉侯，食邑千一百戶，其年以災異寇賊策免就國，凡三公以災異策免，始自防也。

【出處】後漢書徐防傳

舉隱逸大儒　尚敏上疏陳興廣學校曰：『臣聞五經所以治學爲人，五經不修，世道陵遲，學校不弘，則人名行不廣。故秦以坑儒而滅，漢以崇學而興，所以罔羅天下，統理陰陽，彌綸治道，而示民軌則也。光武中興，修膳太學，博士得具五人，五經各敘其義 故能化澤沾洽，天下和平。自頃以來，五經頗廢，後進之士，趣於文俗，宿儒舊學，無與傳業。由是俗吏繁熾，儒生寡少。其在京師，不務經學，競於人事，爭於貨賄。太學之中，不聞談論之聲；從橫之下，不覩講說之士。臣恐五經六藝，浸以陵遲，儒林學肆，於是廢失。所以制御四夷者，以有道德仁義也。傳曰：「王者之臣，其實師也。」言其道德可師也。今百官伐閱，皆以通經爲名，無一人能稱。孔子曰：「無而爲有，虛而爲盈，難乎有恆矣。」自今官人，宜令取經學者，公府孝廉皆應詔，則人心專一風化可淳也。』樊準亦上疏曰：『臣聞賈誼有言，人君不可以不學。故雖大聖舜德，孳孳爲善。成王賢主，崇明師傅。及光武皇帝受命中興，羣雄崩擾，旌旗亂野，東西誅戰，不遑啟處。然猶投戈講藝，息馬論道。至孝明皇帝，兼天地之姿，用日月之明，庶政萬機，無不簡心。而垂情古典，游意經藝。

每饗射禮畢，正坐自講，諸儒並聽，四方欣欣。雖闕里之化，矍相之事，誠不足言。又多徵名儒，以充禮官。如沛國趙孝瑯琊承宮等，或安車結駟，告歸鄉里，或豐衣博帶，從見宗廟。其餘以經術見優者，布在廊廟，故朝多皤皤之良，華首之老。每讌會則論難衎衎，共求政化，詳覽羣言，響如振玉。朝者進而思政，罷者退而備問，小大隨化，雍雍可嘉。期門羽林介冑之士，悉通孝經。博士議郎一人開門，徒衆百數。化自聖躬，流及蠻荒。匈奴遣伊秩訾王大車且渠來入就學。八方肅清，上下無事。是以議者每稱盛時，咸言永平。今學者益少，遠方尤甚，博士倚席不講，儒者競論浮麗，忘謇謇之忠，習諓諓之辭。文吏則去法律而學詆欺，銳錐刀之鋒，斷刑辟之重。德陋俗薄，以致苛刻。昔孝文竇后性好黃老，而淸靜之化流景武之間。臣愚以爲宜下明詔，博求幽隱，發揚巖穴，寵進儒雅，有如孝宮者，徵詣公車，以俟聖上講習之期。公卿各擧明經及舊儒子孫，進其爵位，使纘其業。復召郡國書佐，使讀律令。如此則延頸者日有所見，傾耳者月有所聞。伏願陛下推述先帝進業之道。』太后深納其言，詔曰：『易稱，天垂象，聖人則之。又云，聖人之情見於辭。然則文章之作，將以幽讚神明，變暢萬物。秦燔詩書，禮壞樂崩，大漢之興，拾而弘之。至乎元康五鳳之間，英豪四集，文章煥炳。六經之學，於斯爲盛。自頃以來，學者怠惰，遂以陵遲。宜令中二千石各舉隱逸大儒，碩德高操，以勸後進。』

初，陳留李充三徵不至，由是徵充爲博士，俄遷侍中。車騎將軍鄧隲屈己禮之。嘗設酒饌，請充及朝大夫。酒酣，隲曰：『幸得託椒房，位上將，幕府初開，欲延天下英俊，君其未聞？』充曰：『將軍誠能招延俊乂，以光本朝，不爲難矣，但患不爲耳。』因說海內隱士，頗不合。隲舉臠啖充曰：『君宜及溫食之』充受臠擲地曰：『說士之樂，甘於啖臠。』遂拂衣而出。張孟諫曰：『聞足下面折鄧將軍以讜言，責之過矣，非所以光祚子孫，誠不爲足下取。』充曰：『大丈夫居世，貴行其志耳。我躬不閱，遑恤我後，何能爲子孫計！』由是不爲權貴所容，遷左中郎將，年八十三，後爲三老五更，天子賜机杖，訪以國政。

【出處】袁宏後漢紀　後漢書樊準傳

恭宗孝安皇帝　名祜，章帝孫，清河孝王子，在位十九年。

永初元年丁未（一〇七）

●班昭作女誡●　鄧太后臨朝，昭與聞政事，以出入之勤，特封子成（字穀）中散大夫，爵關內侯。時漢書始出，多未能通者，同郡馬融伏於閣下，從昭受讀。昭又作女誡七篇，有助內訓。其辭曰：『鄙人愚暗，受性不敏，蒙先君之餘寵，賴母師之典訓。年十有四，執箕箒於曹氏，于今四十餘載矣。戰戰兢兢，常懼黜辱，以增父母之羞，以益中外之累。夙夜劬心，勤不告勞，而今而後，乃知免耳。吾性疏頑，教導無素，恆恐子穀，負辱清朝。聖恩橫加，猥賜金紫，實非鄙人庶幾所望也。男能自謀矣，吾不復以爲憂也。但傷諸女，方當適人，而不漸訓誨，不聞婦禮，懼失容它門，取恥宗族。吾今疾在沈滯，性命無常。念汝曹如此，每用惆悵。間作女誡七章，願諸女各寫一通，庶有補益，裨助汝身，去矣其勗勉之！卑弱第一：古者生女三日，臥之牀下，弄之瓦塼而齋告焉。臥之牀下，明其卑弱，主下人也。弄之瓦塼，明其習勞，主執勤也。齋告先君，明當主繼祭祀也。三者蓋女人之常道，禮法之典教矣。謙讓恭敬，先人後己，有善莫名，有惡莫辭，忍辱含垢，常若畏懼，是謂卑弱下人也。晚寢早作，勿憚夙夜，執務私事，不辭劇易，所作必成，手跡整理，是謂執勤也。正色端操，以事夫主，清靜自守，無好戲笑，潔齊酒食，以供祖宗，是謂繼祭祀也。三者苟備，而患名稱之不聞，黜辱之在身，未之見也。三者苟失之，何名稱之可聞黜辱之可遠哉？夫婦第二：夫婦之道，參配陰陽，通達神明，信天地之弘義，人倫之大節也。是以禮貴男女之際，詩著關雎之義，由斯言之，不可不重也。夫不賢則無以御婦，婦不賢則無以事夫。夫不御婦則威儀廢缺，婦不事夫則義禮墮闕，方斯二者，其用一也。察今之君子，徒知妻婦之不可不御，威儀之不可不整，故訓其男，檢以書傳，殊不知夫主之不可不事，義禮之不可不存也。但教男而不教女，不亦蔽於彼此之數乎？禮八歲始教之書，十五而至於學矣，獨不可依此以爲則哉？敬愼第三：陰陽殊性，男女異行，陽以剛爲德，陰以柔爲用，男以彊爲貴，女以弱爲美。故鄙諺有云：生男如狼，猶恐其尫；生女如鼠，猶恐其虎。然則修身莫若敬，避彊莫若順。故曰：敬順之道，婦之大禮也。夫敬非它，持久之謂也。夫順非它，寬裕之謂也。持久者，知止足也；寬裕者，尙恭下也。夫婦之好，終身不離，房室周旋，遂生媟黷。媟黷既生，語言過矣。語言既過，縱恣必作。縱恣既作，則侮夫之心生矣。此由於不知止足者也。夫事有曲直，言有是非，直者不能不爭，曲者不能不訟，訟爭既施，則有忿怒之事矣。此由於不尙恭下者也。侮夫不節，譴呵從之；忿怒不止，楚撻從之。夫爲夫婦者，義以和親，恩以好合。楚撻既行，何義之存？譴呵既宣，何恩之有？恩義俱廢，夫婦離矣。婦行第四：女有四行，一曰婦德，二曰婦言，三曰婦容，四曰婦功。夫云婦德，不必才明絕異也。婦言，不必辯口利辭也。婦容：不必顏色美麗也。婦功，不必工巧過人也。淸閑貞靜，守節整齊，行已有恥，動靜有法，是謂婦德。擇辭而說，不道惡語，時然後言，不厭於人，是謂婦言。盥浣塵穢，服飾鮮潔，沐浴以時，身不垢辱，是謂婦容。專心紡績，不好戲笑，潔齊酒食，以奉賓客，是謂婦功。此四者，女人之大德，而不可乏之者也。然爲之甚易，惟在存心耳。古人有言，「仁遠乎哉？我欲仁，而仁斯至矣。」此之謂也。專心第五：禮，夫有再娶之義，婦無二適之文。故曰夫者天也，天固不可逃，夫固不可離也。行違神祇，天則罰之，禮義有愆，夫則薄之。故女憲曰：得意一人，是謂永畢；失意一人，是謂永訖。由斯言之，夫不可不求其心。然所求者，亦非謂佞媚茍親也。固莫若專心正色，禮義居絜，耳無淫聽，目無邪視，出無冶容，入無廢飾，無聚會羣輩，無看視門戶，此則謂專心正色矣。若夫動靜輕脫，視聽陜輸，入則亂髮壞形，出則窈窕作態，說所不當道，觀所不當視，此謂不能專心正色矣。曲從第六：夫得意一人，是謂永畢，失意一人，是謂永訖，欲人定志專心之言也。舅姑之心，豈當可失哉？物有以恩自離者，亦有以義自破者也。夫雖云愛，舅姑云非，此所謂以義自破者也。然則舅姑之心奈何？固莫尚於曲從矣。姑云不爾而是，固宜從令；姑云爾而非，猶宜順命。勿得違戾是非，爭分曲直，此則所謂曲從矣。故女憲曰：「婦如影響焉不可賞」和叔妹第七：婦人之得意於夫主，由舅姑之愛己也。舅姑之愛己，由叔妹之譽己也。由此言之，我臧否譽毀，一由叔妹，叔妹之心，復不可失也。皆莫知叔妹之不可失，而不能和之以求親，其蔽也哉！自非聖人，鮮能無過，故顏子貴於能改，仲尼嘉其不貳。而況婦人者也。雖以賢女之行，聰哲之性，其能備乎？是故室人和則謗掩，外內離則惡揚，此必然之勢也。易曰：「二人同心，其利斷金。同心之言，其臭如蘭。」此之謂也。夫嫂妹者，體敵而尊，恩疏而義親。若淑媛謙順之人，則能依義以篤好，崇恩以結援，使徽美顯章，而瑕過隱塞，舅姑矜善而夫主嘉美，聲譽曜於邑鄰，休光延於父母。若夫惷愚之人，於嫂則托名以自高，於妹則因寵以驕盈。驕盈既施，何和之有？恩義既乖，何譽之臻？是以美隱而過宣，姑忿而夫慍，毁訾布於中外，恥辱集於厥身，進增父母之羞，退益君子之累，斯乃榮辱之本而顯否之基也，可不愼哉！然則求叔妹之心，固莫尚於謙順矣。謙則德之柄，順則婦之行，凡斯二者，足以和矣。詩云：「在彼無惡，在此無射。」其斯之謂也。』馬融善之，令妻女習焉。昭女妹曹豐生亦有才惠，爲書以難之，辭有可觀。

【出處】後漢書列女曹世叔妻傳

【考證】按女誡既稱『年十有四，執箕帚於曹氏，於今四十餘載。』則作女誡之時，必在昭五十四至六十二歲之間。而女誡中又云：『恆恐子穀負辱清朝，聖恩橫加，猥賜金紫。』則必作於其子爲官之後，本傳又稱『鄧太后臨朝，與聞政事，特封子成關內侯。』其子爲官在鄧太后臨朝之後，則女誡之作當更在後矣。沈欽韓謂『適曹氏三十餘年，尙有未嫁之女，世叔不爲早卒。』余按本傳云：『昭年七十餘卒，皇太后素服擧哀。』皇太后卒於建光元年，昭卒當在其前。而昭之東征賦則作於永初七年，知其卒當在元初永寧之間矣。假定女誡作於永初元年，昭年五十八歲，則適曹氏已四十五年，其三十五歲以後所生諸女，至此俱在二十四歲以內，方在可適人而未適人之年，與女誡語正合。若世叔與昭年歲相差不遠，則當卒於四十歲以內，不可謂不早。如此則昭卒於永寧元年，年七十一。若昭適曹氏之年延長，則諸女之年亦當隨之延長。若將作女誡之年移後，則昭之卒年將不及七十。故訂此年爲作女誡之年，於情理爲最近。

二年戊申（一〇八）

馬融應鄧騭召爲舍人　融爲人美辭貌，有俊才。初京兆摯恂以儒術教授，隱於南山，不應徵聘，名重關西。融從其遊學，博通經籍。恂奇融才，以女妻之。至是，大將軍鄧騭聞融名，召爲舍人，非其好也，遂不應命，客於涼州武都漢陽界中。會羌虜飆起，邊方擾亂，米穀踴貴，自關以西，道殣相望。融既飢困，乃悔而嘆息，謂其友人曰：『古人有言，左手據天下之圖，右手刎其喉，愚夫不爲。所以然者，生貴於天下也。今以曲俗咫尺之羞，滅無貲之軀，殆非老莊所謂也。』故往應騭召。

【出處】　後漢書馬融傳

【考證】　按北堂書鈔六十六引謝承書云：『融年十三，明經爲太子舍人，校書東觀。』十三當爲三十之誤倒，以此年融始三十也。

詔求有道術之士　七月戊辰詔曰：『昔在帝王，承天理民，莫不據璇璣玉衡，以齊七政。朕以不德，遵奉大業，而陰陽差越，變異並見，萬民饑流，羌貊叛戾。夙夜克己，憂心京京。間令公卿郡國舉賢良方正，遠求博選，開不諱之路，冀得至謀，以鑑不逮。而所對皆循尙浮言，無卓爾異聞。其百僚及郡國吏人有道術明習災異陰陽之度琁璣之數者，各使指變以聞。二千石長吏明以詔書博衍幽隱，朕將親覽，待以不次，冀獲嘉謀，以承天誡。』至九月庚子，又詔：『王主官屬墨綬下至郞謁者，其經明，任博士。居鄉里有廉清孝順之稱才任理人者，國相歲移名與計偕，上尙書公府通調，令得外補。』

【出處】 後漢書安帝紀

四年庚戌（一一〇）

●使馬融等校書東觀 太后自入宮掖，從曹大家受經書，兼天文算術。晝省王政，夜則誦讀。而患其謬誤，懼乖典章。乃拜馬融爲校書郞中，使與謁者僕射劉珍（珍字秋孫，一名寶。南陽蔡陽人也。）校書郞劉騊駼（臨邑侯劉復之子）及五經博士議郞，四府掾史五十餘人，校定東觀五經諸子傳記百家藝術，整齊脫誤，是正文字，凡諸子百八十九家。（事畢奏御，賜葛布各有差。）

【出處】 後漢書安帝紀 和熹鄧皇后紀

七年癸丑（一一三）

班昭作東征賦　昭子穀爲陳留長，昭隨至官，發洛至陳留，述所經歷，作東征賦。穀後官至齊相。昭年七十餘卒，皇太后素服舉哀，使者監護喪事。所著賦頌銘誄問注哀辭書論上疏遺令凡十六篇，（七錄有班昭集七卷）子婦丁氏爲撰集之，又作大家讚焉。

【出處】文選東征賦注　後漢書曹世叔妻傳

【考證】按皇太后既參與班昭喪事，則當卒於昭之後。考鄧太后卒於建光元年，則昭至晚當卒於永寧元年。若卒於其年，則年七十一，詳見前考證。

元初元年甲寅（一一四）

劉毅爲議郎　毅北海敬王子也，少有文辯稱。初封平望侯，永元中，坐事奪爵。至是，上漢德論並憲論十二篇。劉珍鄧耽尹兌馬融共上書稱其美。帝嘉之，賜錢三萬，拜爲議郎。

【出處】後漢書文苑劉毅傳

二年乙卯（一一五）

馬融上廣成頌 是時鄧太后臨朝，鄧騭兄弟輔政，而俗儒世士，以爲文德可興，武功宜廢，遂寢蒐狩之禮，息戰陳之法。故猾賊從橫，乘此無備。融乃感激，以爲文武之道，聖賢不墜，五才之用，無或可廢。遂上廣成頌以諷諫。頌奏，忤鄧氏。而鄧騭子侍中鳳嘗與尚書郎張龕書屬馬融宜在臺閣，值中郎將任尚坐斷盜軍糧檻車徵詣廷尉，尚先嘗遺鳳馬。至是，鳳懼事洩，先自首於騭。騭畏太后，遂髡妻及鳳以謝天下。自此融遂滯於東觀，十年不得調。

【出處】後漢書馬融傳　鄧騭傳

四年丁巳（一一七）

胡廣舉孝廉 廣字伯始，南郡華容人也。少孤貧，親執家苦，長大隨輩入郡爲散吏。至是，太守法雄之子眞從家來省其父。眞頗知人。會歲終應舉，雄敕眞助其求才，雄因大會諸吏，眞自於牖間密占察之，乃指廣以白。雄遂舉孝廉，既到京師，試以章奏，帝以廣爲天下第一。旬月拜尚書郎 五遷尚書僕射。

【出處】漢書胡廣傳

五年戊午（一一八）

王逸爲校書郎　逸字叔師，南郡宜城人也。舉上計吏，爲校書郎。順帝時，爲侍中，著楚辭章句。自敍云：『孝武帝恢廓道訓，使淮南王安作離騷經章句，逮至劉向典校經書，分以爲十六卷。孝章即位，深宏道藝，而班固賈逵復以所見改易前疑，各作離騷經章句。其餘十五卷，闕而不說。又以壯爲狀，義多乖異，事不要撮。今臣復以所識所知，稽之舊章，合之經傳，作十六卷章句，雖未能究其微妙，然大指之趣，略可見矣。』其賦誄書論及雜文，凡二十一篇。又作漢詩百二十三篇。又有正部論八卷。

【出處】後漢書文苑王逸傳

【考證】後漢書王逸傳僅言元初中，舉上計吏，爲校書郎。不載何年，然逸至順帝時始爲侍中，則元初之末，必爲校書郎無疑，誌之於此以俟詳考。

六年己未（一一九）

馬融自劾歸　融既不得調，因兄子喪，自劾歸。有司奏，當免官。制曰：『融典校秘書，不推忠盡節，而羞薄詔除，希欲仕州郡，免官，勿罪，禁錮。』

【出處】後漢書馬融傳及注引馬融集

【考證】按後漢書本傳注引融集，『免官，無罪，禁錮，』之下有『六年矣』之文。以後日情形觀之，決非敘禁錮至六年之久，或即指元初六年而言，故誌之於此。所謂『十年不得調』蓋自初校書至此計之，非謂自上廣成頌之後始滯十年也。

永寧元年庚申（一二〇）

使劉珍等撰漢記　太后使謁者僕射劉珍，校書郎劉騊駼，諫議大夫李尤雜作紀表名臣節士儒林外戚諸傳，起自建武，訖乎永初，名曰漢紀，因定漢家禮儀。樊長孫與珍書曰：『漢家禮儀，叔孫通等所草創，皆隨律令，在理官，藏於几閣，無紀錄者。久令二代之業，闇而不彰。誠宜撰次，依擬周禮，定位分職，各有條序。令人無愚智，入朝不惑。君以公族元老，正丁其任，焉可以已。』珍甚然其言，與郎中張衡參議其事。參議未定，而珍遷爲宗正，衡爲尚書郎，太史令，各務其職，未暇恤也。至順帝時，衡爲侍中，典校書，方作周官解說，乃欲以漢次述漢事，會後遷河間相，莫能立也。騊駼又自造賦頌書論凡四篇，梁有劉騊駼集一卷，錄一卷。隋有一卷。

【出處】後漢書文苑劉珍傳　李尤傳　續漢書百官志注引胡廣　史通卷十二正史

建光元年辛酉（一二一）

許慎卒　慎前作說文解字，以詔書校書東觀，敎小黃門孟生李喜等，以文字未定，未奏上。至是將死，使其子沖上之。上表曰：『臣伏見陛下神明盛德，承遵聖業，上考度於天，下流化於民。先天而天不違，後天而奉天時。萬國咸寧，神人以和。猶復深惟五經之妙，皆爲漢制。博采幽遠，窮理盡性，以至於命。先帝詔侍中騎都尉賈逵修理舊文，殊藝異術，王敎一耑。苟有可以加於國者，靡不悉集。易曰：「窮神知化，德之盛也。」書曰：「人之有能有爲使羞其行，而國其昌。」臣父故太尉南閣祭酒慎，本從逵受古學。蓋聖人不妄作，皆有依據。今五經之道，昭炳光明。而文字者，其本所由生。自周禮漢律皆當學六書，貫通其意。恐巧說衺辭使學者疑。慎博問通人，考之於逵，作說文解字。六藝羣書之詁，皆訓其意。而天地鬼神山川草木鳥獸蚰蟲雜物奇怪王制禮儀世間人事，莫不畢載。凡十五卷，十三萬三千四百四十一字。慎前以詔書校書東觀，敎小黃門孟生李喜等。以文字未定，未奏上。

今愼已病，遣臣齎詣闕。愼又學孝經孔氏古文說。古文孝經者，孝昭帝時魯國三老所献，建武時，給事中議郎衞宏所校。皆口傳，官無其說，謹撰具一篇並上』詔賜沖布四十匹

【出處】後漢書儒林許愼傳　說文解字附許沖上書

【附錄】許愼著述表

孝經孔氏古文說一篇

五經異義十卷 隋志

說文十五卷

史記注

淮南鴻烈閒詁二十一卷 隋志

召馬融還郎署

鄧太后崩，帝親政，召馬融還郎署，復在講部。出爲河間王廐長史。

【出處】後漢書馬融傳

延光元年壬戌（一二二）

竇章爲校書郎　章字伯向，竇融玄孫也。少好學，有文章，與馬融崔瑗同好，更相推薦。永初中，三輔遭羌寇，章避難東國，家於外黃。居貧，蓬戶蔬食，躬勤孝養，然講讀不輟。侍中鄧康聞其名，時請欲與交，章不肯往，康以此益重焉。是時學者稱東觀爲老氏臧室，道家蓬萊山，康遂薦章入東觀爲校書郎。順帝初，章女年十二，能屬文，以才貌選入掖庭，有寵，與梁皇后並爲貴人，擢章爲羽林郎將，遷屯騎都尉。章謙虛下士，收進時輩，甚得名譽。是時梁竇並貴，各有賓客，多交搆其間。章推心待之，故得免於患。貴人早卒，帝追思之無已，詔史官樹碑頌德，章自爲之辭。貴人歿後，帝禮待之無衰。永和五年，遷少府。漢安二年，轉大鴻臚。建康元年，梁后稱制，章自免，卒於家。有文集二卷，見七錄。

【出處】後漢書竇章傳

【考證】按後漢書本傳稱太僕鄧康欲交章。章不肯往，又薦之爲校書郎。考章本傳，以順帝初由校書郎擢爲羽林郎將，而康傳亦稱於順帝時爲太僕。則其薦章，必在順帝之前，而所謂太僕者，當係追加之詞。考康之被徵爲侍中，在鄧氏誅後，其薦章當在此時，故誌之於此。

二年癸亥（一二三）

選能通古文者 正月，招選三署郎及吏人能通古文尚書毛詩穀梁春秋各一人。

【出處】 後漢書安帝紀

張衡等論曆 中謁者亶誦言當用甲寅元，河南梁豐言當復用太初。尚書郎張衡周興皆能曆，數難誦豐，或不對，或言失誤。衡興參案儀注，考往校今，以爲九道法最密。詔書下公卿詳議。太尉劉愷等上侍中施延等議：『太初過天日一度，弦望失正，月以晦見西方，食不與天相應。元和改從四分，四分雖密於太初，復不正，皆不可用。甲寅元與天相應，合圖讖，可施行。』博士黃廣大行令任僉議如九道。河南尹祉太子舍人李弘等四十人議：『即用甲寅元，當除元命苞天地開闢獲麟中百一十有四歲，推閏月六值其日，或朔晦弦望二十四氣宿度不相應者非一，用九道爲朔月，有比三大二小，皆疏遠。元和變曆，以應保乾圖三百歲斗曆改憲之文，四分曆本起圖讖，最得其正，不宜易。』愷等八十四人議宜從太初。尚書令陳忠上奏：『諸從太初者，皆無他效驗，徒以世宗攘夷廓境享國久長爲辭。或云孝章改四分，災異卒甚，未有善應。臣伏維聖王興起，各異正朔以通三統。漢祖受命，因秦之紀，十月爲年首，閏常在歲後，不稽先代，違於帝典。太宗遵修，三階以平，黃龍以至，刑犴以錯，五者以備。哀平之際，同承太初，而妖孽累仍，痾禍非一。議者不以成數相參，考眞求實，而汎采妄說，歸福太初，致咎四分。太初曆衆賢所立，是非已定，永平不審，復革其弦望。四分有謬，不可施行。元和鳳鳥，不當應曆而翔集，遠嘉前造，則表其休。近譏後改，則隱其福。漏見曲論，未可爲是。臣輒復重難衡興，以爲五紀論推步行度當時比諸術爲近，然猶未稽於古。及向子歆欲以合春秋，橫斷年數，損夏益周。考之表紀，差謬數百。兩曆相課，六千一百五十六歲而太初多一日。冬至日直斗而云在牽牛，迂闊不可復用，照然如此。史官所共見，非獨衡興。前以爲九道密，近今議者以爲有闕，及甲寅元，復多違失，皆未可取正。昔仲尼順假馬之名，以崇君之義。況天之曆數，不可任疑從虛，以非易是。』上納其言，遂寢改曆事。

【出處】續漢書律歷志

三年甲子（一二四）

張衡爲太史令　衡遷太史令，遂乃研覈陰陽，妙盡璇機之正，作渾天儀。初言天體者有三家；一曰周髀，二曰宣夜，三曰渾天。宣夜之學，絕無師法。周髀術數具存，考驗天狀，多所違失，故史官不用。惟渾天近得其情，衡用之，其法曰：『赤道橫帶渾天之腹，去極九十一度十分之五。黃道斜帶其腹，出赤道表裏各二十四度。故夏至去極六十七度而强，冬至去極百一十五度亦强也。然則黃道斜截赤道者，則春分秋分之去極也。今此春分去極九十少秋分去極九十一少者，就夏至晷去極之法以爲率也。上頭橫行第一行者，黃道進退之數也。本當以銅儀日月度之則可知也，以儀一歲乃竟，而中間又有陰雨，難卒成也。是以作小渾盡赤道黃道，乃各調賦三百六十五度四分之一，從冬至所在始起，令之相當值也。取北極及衡各誠椓之爲軸，取簿竹篾穿其兩端，令兩穿中間與渾半等以貫之，令察之，與渾相切摩也。乃從減半起，以爲八十二度八分之五，盡衡減之半焉。又中分其篾，拗去其半，令其半之際正直，與兩端減半相直，令篾半之際從冬至起，一度一移之，視篾之半際多黃赤道幾也。其所多少，則進退之數也。從北極數之，則元極之度也。各分赤道黃道爲二十四氣，一氣相去十五度十六分之七。每一氣者，黃道進退一度焉。所以然者，黃道直時去南北極近，其處地小而橫行，與赤道且等，故以篾度之於赤道多也。設一氣令十六日，皆常率四日差少半也，令一氣十五日不能半耳，故使中道三日之中若少半也。三氣一節，故四十六日而差今三度也。至於差三之時，而五日同率者一，其實節之間，不能四十六日也。今殘日居其策，故五日同率也。其率雖同，先之皆强，後之皆弱，不可勝計。取至於三而復有進退者，黃道稍斜，於橫行不得度故也。春分秋分所以退者，黃道始起更斜矣，於橫行不得度故也。亦每一氣一度焉，三氣一節亦差三度也。至三氣之後，稍遠而直，故橫行得度而稍進也。立春立秋橫行稍退矣，而度猶云進者，以其所退減其所進猶有盈餘未盡故也。立夏立冬橫行稍進矣，而度猶云退者，以其所進增其所退猶有不足未畢故也。以此論之，日行非有進退，而以赤道重廣黃道使之然也。本二十八宿相去度數以赤道爲强耳，故於黃道亦進退也。冬至在斗二十一度少半最遠時也，而此曆斗二十度俱百一十五强矣。冬至宜與之同率焉。夏至在井二十一度半强最近時也，而此曆井二十三度俱六十七度强矣。夏至宜與之同率焉。』又作靈憲，論曰：『昔在先王，將步天路，用定靈軌，尋緒本元，先準之於渾體，是爲正儀立度，而皇極有逌建也。樞運有逌稽也。乃建乃稽，斯經天常，聖人無心，因茲以生心。故靈憲作興曰：太素之前，幽清元靜，寂漠冥默，不可爲象，厥中惟靈，厥外惟無，如是者永久焉。斯謂溟涬，蓋乃道之根也。道根既建，自無生有，太素始萌，萌而未兆，並氣同色，渾沌不分。故道志之言云：有物渾成，先天地生。其氣體固未可得而形，其遲速固未可得而紀也。如是者又永久焉。斯謂龐鴻，蓋乃道之幹也。道幹既育，有物成體，於是元氣剖判，剛柔始分，淸濁異位，天成於外，地定於內。天體於陽，故圓以動。地體於陰，故平以靜。動以行施，靜以合化，堙鬱搆精，時育庶類，斯謂天元，蓋乃道之實也。在天成象，在地成形，天有九位，地有九域，天有三辰，地有三形，有象可效，有形可度，情性萬殊，旁通感薄，自然相生，莫之能紀。於是人之精者作聖，實始紀綱而經緯之。八極之維，徑二億三萬二千三百里，南北則短減千里，東西則廣增千里。自地至天，一億一萬六千一百五十里，半於八極，則地之深亦如之。通而度之，則是渾己。將覆其數，用重差鈎股，懸天之景，薄地之儀，皆移千里而差一寸得之，過此而往者，未之或知也。未之或知者，宇宙之謂也。宇之表無極，宙之端無窮，天有兩儀，以儛道中。其可覩，樞星是也，謂之北極。在南者不著，故聖人弗之名焉。其世之遂，九分而減二。陽道左迴，故天運左行，有驗於物，則人氣左羸，形左繚也。天以陽迴，地以陰淳，是故天致其動，稟氣舒光，地致其靜，承施候明。天以順動，不失其中，則四時順至，寒暑不忒，致生有節，故品物用生。地以靈靜，作合承天，清化致養，四時而後育，故品物用成。凡至大莫如天，至厚莫如地，地至質者曰地而已。（句有誤）至多莫如水，水精爲漢，漢周於天而無列焉，思次質也。地有山嶽，以宣其氣，精種爲星，星也者，體生於地，精成於天，列居錯跱，各有逌屬。紫宮爲皇極之居，太微爲五帝之廷。明堂之房，大角有席，天市有坐，蒼龍連蜷於左，白虎猛據於右，朱雀奮翼於前，靈龜圈首於後，黃神軒轅于中。六擾既畜，而猥蚖魚鼈，罔有不具。在野象物，在朝象官，在人象事，於是備矣。懸象著明，莫大乎日月，其徑當天周七百三十六分之一，地廣二百四十二分之一。日者陽精之宗，積而成烏，象烏而有三趾，陽之類其數奇。月者陰精之宗，積而成獸，象兎，陰之類其數偶。其後有馮焉者，羿請無死之藥於西王母，姮娥竊之以奔月。將往，枚筮之於有黃，有黃占之曰：「吉，翩翩歸妹，獨將西行，逢天晦芒，毋驚毋恐，後且大昌。」姮娥遂託身於月，是爲蟾蠩。夫日譬猶火，月譬猶水，火則外光，水則含景。故月光生於日之所照，魄生於日之所蔽，當日則光盈，就日則光盡也。衆星被燿，因水轉光，當日之衝，光常不合者，蔽於地也，是謂闇虛。在星星微，月過則食，日之薄地，暗其明也。繇暗視明，明無所屈，是以望之若大。方於中天，天地同明，繇明瞻明，明還自奪，故望之若小。火當夜而揚光，在晝則不明也。月之於夜，與日同而差微，星則不然，强弱之差也。衆星列布，其以神著，有五列焉。是爲三十五名，一居中央，謂之北斗，動變挺占，實司主命。四布於方，爲二十八宿，日月運行，歷示吉凶，五緯經次，用告禍福，則天心於是見矣。中外之官，常明者百有二十四，可名者三百二十，爲星二千五百，而海人之占未存焉。微星之數，蓋萬一千五百二十，庶物蠢蠢，咸得繫命。不然，何以總而理諸？夫三光同形，有似珠玉，神守精存，麗其質而宣其明。及其衰，神歇精斁，於是乎有隕星。然則奔星之所墜，至地則石，文曜麗乎天。其動者七，日月五星是也。周旋右回，天道者貴順也。近天則遲，遠天則速。行則屈，屈則留回，留回則逆，逆則遲，迫於天也。行遲者覿於東，覿於東屬陽；行速者覿於西，覿於西屬陰；日與月共配合也。攝提熒惑地候見晨，附於日也。太白辰星見昏，附於月也。二陰三陽，參天兩地，故男女取則焉。方星巡鎭，必因常度，苟或盈縮，不逾於次，故有列司作使，曰老子，四星周伯王逢芮各一，錯乎五緯之間。其見無期，其行無度，實妖經星之所。然後吉凶宣周，其詳可盡。』衡又作算罔論，蓋網絡天地而算之，因名焉。

【出處】後漢書張衡傳　續漢書律曆志下注　續漢書天文志注

【考證】按衡於去歲爲郎，則其爲太史令當在後。然明年帝卒，順帝立，衡傳則稱『順帝初，再轉，復爲太史令。』可知其初爲太史令必在安帝時。故誌其事於此。

召馬融拜郎中　是年二月，車駕東巡岱宗，馬融上東巡頌。帝奇其文，召拜郎中。

【出處】後漢書馬融傳

張衡作東巡誥

【出處】藝文類聚三十九　初學記十三　御覽五百三十七

四年乙丑（一二五）

劉珍爲宗正　初，珍遷侍中越騎校尉，至是拜宗正。明年，轉衞尉，卒官，著誄頌連珠凡七篇，又撰釋名三十篇，以辯萬物之稱號云。

【出處】後漢書文苑劉珍傳

楊倫爲博士　倫字仲理，陳留東昏人也。少爲諸生，師事司徒丁鴻，習古文尚書，爲郡文學掾，更歷數將，志乖於時。以不能人間事，遂去職，不復應州郡命。講授於大澤中，弟子至千餘人。元初中，郡禮請，三府並辟，公車徵，皆辭疾不就。至是，特徵博士，爲淸河王傅。會安帝崩，倫輒棄官奔喪，號泣闕下不絕聲。閻太后以其專任去職，坐抵罪。

【出處】後漢書儒林楊倫傳

馬融爲許令　安帝崩，章帝孫濟北惠王壽子北鄉侯懿立。融移病去，爲郡功曹，旋爲許令。是年三月戊午朔，有日蝕之變。融遂上書陳消災之術，在於務三，一曰擇人，二曰安民，三曰從事。

【出處】後漢書馬融傳　五行志六注引馬融集

孝順皇帝 名保，安帝子，初爲太子，被廢黜，及北鄉侯即位，數月而崩。乃爲宦官所迎立，在位十九年。

永建元年丙寅（一二六）

李尤爲樂安相 初安帝廢太子爲濟陰王，尤上書諫爭。至是，濟陰王立爲帝，尤遷樂安相。

年八十三卒，所著詩賦銘誄頌七嘆哀典凡二十八篇，尤同郡李勝亦有文才，爲東觀郎，著詩誄頌論數十篇。

【出處】後漢書文苑李尤傳

張衡上封事 自去年冬，京師大疫，至是，張衡上封事曰：『臣竊見京都爲害兼所，及民多病死，死有滅戶。人人恐懼，朝廷燋心，以爲至憂。臣官在於考變禳災，思任防救，未知所由，夙夜征營。臣聞國之大事在祀，祀莫大於郊天奉祖。方今道路流言，僉曰孝安皇帝南巡，路崩，從駕左右行慝之臣，欲徵諸國王子，故不發喪，衣車還宮，僞遣大臣並禱請命。臣處外官，不知其審，然尊靈見罔，豈能無怨？且凡夫私小有不蠲，猶爲譴謫，況以大穢用禮郊廟。孔子曰：「曾謂泰山，不如林放乎？」天地明察，降禍見災，乃其理也。又聞者有司正以冬至之後，奏開恭陵神道。陛下至孝，不忍距逆，或發冢移尸。月令仲冬土事無作，愼無發蓋及起大衆，以固而閉。地氣上泄，是謂發天地之房。諸蟄則死，民必疾疫。又隨以喪，厲氣未息，恐其殆此二年，欲使知過改悔。五行傳曰：「六沴作見若時，共禦帝用不差，神則不怒，萬福乃降，用章於下。」臣愚以爲可使公卿處議，所以陳術改過，取媚神祇，自求多福也。』

【出處】續漢書五行志五注引

二年丁卯（一二七）

楊倫爲侍中　帝即位，詔免倫刑，遂留行喪於恭陵。服闋，徵拜侍中。是時邵陵令任嘉在職貪穢，因遷武威太守，後有人奏嘉臧罪千萬，徵考廷尉，其所牽染將相大臣百有餘人。倫迺上書曰：『臣聞春秋，誅惡及本，本誅則惡消；振裘持領，領正則毛理。今任嘉所坐狼籍，未受辜戮，猥以垢臭，改典大郡。自非案作擧者，無以以禁絕姦萌。往者湖陸令張疊，蕭令駟賢，徐州刺史劉福等釁穢既章，咸伏其誅。而豺狼之吏至今不絕者，豈非本舉之主不加之罪乎？昔齊威之霸，殺姦臣五人幷及舉者，以弭謗讟。當斷不斷，黃石所戒。夫聖王所以聽僮夫匹婦之言者，猶塵加嵩岱，霧集淮海，雖未有益，不爲損也。惟陛下留神省察。』奏御，有司以倫言切直，辭不遜順，下之。尚書奏倫，探知密事，徼以求直，坐不敬，結鬼薪。詔書以倫數進忠言，特原之，免歸田里。

【出處】後漢書儒林楊倫傳

●鄭●玄●生●

鄭玄字康成，北海高密人也。八世祖崇，哀帝時尚書僕射。玄以是年七月戊寅生。

【出處】後漢書鄭玄傳

三年戊辰（一二八）

●張●衡●作●鴻●賦●

【出處】　御覽九百十九

【考證】　按御覽引鴻賦序有：『五十之年，忽焉已至』之語，故誌之於此。

四年己巳（一二九）

馬續爲張掖太守　續字季則，馬融之兄也。七歲能通論語，十三明尚書，十六治詩，博觀羣籍，善九章算術。初，班昭繼班固爲漢書八表及天文志，後續又奉詔繼昭成之。至是，爲張掖太守。（明年爲護羌校尉，永和元年，遷度遼將軍，所在有威恩。）

【出處】　後漢書馬援傳　列女曹世叔妻傳　西羌傳

六年辛未（一三一）

繕起太學　初將作大匠翟酺上書言：『孝文皇帝始置一經博士，武帝大合天下之書，而孝宣論六經於石渠。學者滋盛，弟子萬數。光武初興，愍其荒廢，起太學博士舍，內外講堂，諸生橫卷爲海內所集。明帝時，辟雍始成，欲毀太學。太尉趙熹以爲太學辟雍皆宜兼存，故並傳至今。而頃者頹廢，至爲園採芻牧之處，宜更繕修，誘進後學。』至是帝感其言，乃更修黌舍，凡所造構二百四十房，千八百五十室。學者爲酺立碑銘於學云。

【出處】後漢書翟酺傳　儒林傳

陽嘉元年壬申（一三二）

張衡造候風地動儀　衡妙算機衡之正，作渾天儀。復於是年七月，造候風地動儀。儀以精銅鑄成，員徑八尺，合蓋隆起，形似酒尊，飾以篆文山龜鳥獸之形。中有都柱，傍行八道，施關發機。外有八龍，首銜銅丸，下有蟾蜍，張口承之。其牙機巧制，皆隱在尊中，覆蓋周密無際。如有地動，尊則振，龍機發吐丸，而蟾蜍銜之，振聲激揚。伺者因此覺知。雖一龍發機，而七首不動。尋其方向，乃知震之所在。驗之以事，合契若神。自書典所記，未之有也。常一龍機發而地不覺動。京師學者，咸怪其無徵。後數日驛至，果地震隴西。於是皆服其妙。自此以後，乃令史官記地動所從方起。

【出處】後漢書順帝紀　張衡傳　御覽五十五引

太學成擧明經　七月丙辰，以太學新成，試明經，下第者補弟子。增甲乙之科員各十人。除京師及郡國耆儒年六十以上爲郎舍人，諸王國郎者百三十八人。尙書令左雄又上言：『郡國孝廉，古之貢士，出則宰民，宣協風敎，若其面牆，則無所施用。孔子曰：四十而不惑，禮稱强仕。請自今孝廉，年不滿四十不得察擧。皆先詣公府諸生試家法，文吏課牋奏，副之端門，練其虛實，以觀異能，以美風俗。有不承科令者，正其罪法。若有茂才異行，自可不拘年齒。』帝從之。於是胡廣郭虔史敞上書曰：『臣聞君以兼覽博照爲德，臣以獻可替否爲忠。書載稽疑，謀及卿士。詩美先人，詢於芻蕘。國有大政，必議之於前訓，諮之於故老。是以慮無失策，擧無過事。竊見尙書令左雄議，郡擧孝廉皆限年四十以上，諸生試章句，文吏試牋奏。明詔既許，復令臣等得與相參。竊惟王命之重，載在篇典。當令縣於日月，固於金石。遺則百王，施之萬世。詩云：「天難諶斯，不易惟王。」可不愼與。蓋選擧因才，無拘定制。六奇之策，不出經學。鄭阿之政，必非章奏。甘奇顯用，年乖彊仕。

終賈揚聲，亦在弱冠。漢承周秦，兼覽殷夏，祖德師經，參雜霸軌。聖主賢臣，世以致理。貢舉之制，莫或回革。今以一臣之言，剗戾舊章，便利未明，衆心不猒。矯枉變常，政之所重，而不訪台司，不謀卿士，若事下之後，議者剝異。異之則朝失其便，同之則王言已行。臣愚以爲可宣下百官，參其同異。然後覽擇勝否，詳採厥衷。敢以瞽言冒干天禁，惟陛下納焉。』帝不從，遂以雄議班下郡國。

【出處】後漢書左雄傳　胡廣傳

二年癸酉（一三三）

郎顗上書言事　顗字雅光，北海安丘人也。父宗，字仲綏，學京氏易，善風角星算六日七分，能望氣占候吉凶，常賣卜自奉。安帝徵之對策，爲諸儒表，後拜吳令。時卒有暴風，宗占知京師當有大火，記識時日，遣人參候，果如其言。諸公聞而表上，以博士徵之，宗恥以占驗見知，聞徵書到，夜縣印綬於縣廷而遁去，遂終身不仕。顗少傳父業，兼明經典，隱居海畔，延致學徒常數百人。晝研精義，夜占象度，勤心銳思，朝夕無倦。州郡辟召，舉有道方正，不就。帝即位，災異屢見。是年正月，公車徵顗，顗乃詣闕拜章，條便宜七事：『一事：陵園至重，聖神攸馮，而災火炎赫，迫近寢殿，魂而有靈，猶將驚動。尋宮殿官府，近始永平，歲時未積，便更修造。又西苑之設，禽畜是處。離房別觀，本不常居。而皆務精土木，營建無已。消功單賄，巨億爲計。易內傳曰：「人君奢侈，多飾宮室，其時旱，其災火。」是故魯僖遭旱，脩政自勑，下鍾鼓之縣，休繕治之官。雖則不寧而時雨自降，由此言之，天之應人，敏於影響。今月十七日，戊午徵日也。日加申，風從寅來，丑時而止，。丑寅申皆徵也，不有火災，必當爲旱。願陛下校計繕修之費，永念百姓之勞，罷將作之官，減彫文之飾。損庖厨之饌，退宴私之樂。易中孚傳曰：陽感天不旋日，如是則景雲降集，眚沴息矣。二事：去年以來，兌卦用事，類多不効。易傳曰：有貌無實，佞人也。有實無貌，道人也。寒溫爲實，清濁爲貌。今三公皆令色足恭，外厲內荏，以虛事上，無佐國之實，故清濁効而寒溫不効也。是以陰寒侵犯消息

○占曰：日乘則有妖風，日蒙則有地裂，如是三年，則致日食，陰侵其陽，漸積所致。立春前後，温氣應節者，詔令寬也。其後復寒者，無寬之實也。夫十室之邑，必有忠信。率土之人，豈無貞賢。未聞朝廷有所賞拔，非所以求善贊務，弘濟元元，宜採納良臣，以助聖化。三事：臣聞天道不遠，三五復反。今年少陽之歲，法當乘起，恐後年已往，將遂驚動。涉歷天門，災成戊己。今春當旱，夏必有水。臣以六日七分候之可知。夫災眚之來，緣類而應。行有玷缺，則氣逆於天。精感變出，以戒人君。王者之義，時有不登，則損滋徹膳。數年以來，穀收稍減，家貧戶饉，歲不如昔。百姓不足，君誰與足？水旱之災，雖尚未至。然君子遠覽，防微慮萌。老子曰：人之飢也，以其上食稅之多也。故孝文皇帝綈袍革舄，木器無文，約身薄賦，時致升平。今陛下聖德中興，宜遵前典，惟節惟約，天下幸甚。易曰：天道無親，常與善人。是故高宗以享福，宋景以延年。四事：臣竊見皇子未立，儲宮無主，仰觀天文，太子不明。熒惑以去年春分後十六日在婁五度。推步三統，熒惑今當在翼九度，今反在柳三度，則不及五十餘度。去年八月二十四日戊辰，熒惑歷輿鬼東入軒轅，出后星北，東去四度，北旋復還。軒轅者，後宮也。熒惑者，至陽之精也，天之使也，而出入軒轅，繞還往來。易曰；「天垂象見吉凶」其意昭然可見矣。禮，天子一娶九女，嫡媵畢具。今宮人侍御，動以千計，或生而幽隔，人道不通。鬱積之氣，上感皇天，故遣熒惑入軒轅，理人倫，垂象見異，以悟主上。昔武王下車，出傾宮之女，表商容之閭，以理人倫，以表賢德，故天授以聖子，成王是也。今陛下多積宮人以違天意，故皇胤多夭，嗣體莫寄。詩云；敬天之怒，不敢戲豫。方今之福，莫若廣嗣。廣嗣之術，可不深思！宜簡出宮女，恣其姻嫁，則天自降福，子孫千億。……五事；臣竊見去年閏十月十七日己丑夜，有白氣從西方天苑趨左足入玉井，數日乃滅。春秋曰：「有星孛於大辰」大辰者何？大火也。大火爲大辰，罰又爲大辰，北極亦爲大辰，所以孛一宿而連三宿者，言北辰王者之宮也。凡中宮無節，政教亂逆，威武衰微，則此三星以應之也。罰者白虎，其宿主兵，其國趙魏，變見西方，亦應三輔。凡金氣爲變，發在秋節。臣恐立秋以後，趙魏關西將有羌寇畔戾之患。宜豫宣告諸郡，使敬授人時，輕徭役，薄賦斂，勿妄繕起。堅倉獄，備守衛，回選賢能以鎮撫之。金精之變，責歸上司。宜以五月丙午，遣太尉，服干戚，建井旟。書玉板之策，引白氣之異。於西郊責躬求愆，謝咎皇天，消滅妖氣，蓋以火勝金轉禍爲福也。六事：臣竊見今月十四日乙卯巳時白虹貫日，凡日旁氣色白而純者名爲虹，貫日中者侵太陽也。見於春者，政變常也。方今中宮外司，各各考事，其所考者，或非急務。又恭陵火災，主名未立，多所收捕，備經考毒。尋火爲天戒以悟人君，可順而不可違，可敬而不可慢。陛下宜恭己內省以備後災。凡諸考案，幷須立秋。又易傳曰：公能其事，序賢進士，後必有喜，反之則白虹貫日。以甲乙見者，則譴在中台，自司徒居位，陰陽多謬。久無虛已進賢之策，天下興議，異人同咨。且立春以來，金氣再見。金能勝木，必有兵氣。宜黜司徒，以應天意。陛下不早禳之，將負臣言，遺患百姓。七事：臣伏惟漢興以來，三百三十九歲，於詩三基。高祖起亥仲二年，今在戌仲十年。詩汜歷樞曰：卯酉爲革政，午亥爲革命，神在天門，出入候聽。言神在戌亥，司候帝王興衰得失，厥善則昌，厥惡則亡。於易雌雄秘歷，今值困乏。凡九二困者，衆小人欲共困害君子也。經曰：困而不失其所，其唯君子乎。唯獨賢聖之君，遭困遇險，能致命遂志，不去其道。陛下迺者潛龍養德，幽隱屈尼。即位之元，紫宮驚動。歷運之會，時氣已應，然猶恐妖祥未盡，君子思患而豫防之。臣以爲戌仲已竟，來年入季。文帝改法除肉刑之罪，至今適三百載。宜因斯際，大蠲法令，官名稱號，輿服器械，事有所更。變大爲小，去奢就儉，機衡之政，除煩爲簡。改元更始，招求幽隱，舉方正，徵有道，博採異謀，開不諱之路。臣陳引際會，恐犯忌諱，書不盡言，未敢究暢。』臺詰顗曰：『對云：白虹貫日，政變常也。朝廷率由舊章，何所變易？而言變常。又言當大蠲法令，革易官號，或云變常以致災，或改舊以除異，何也？又陽嘉初建，復欲改元，據何經典？其以實對。』顗對曰：『方春東作，布德之元，陽氣開發，養導萬物。王者因天視聽，奉順時氣，宜務崇溫柔，遵其行令。而今立春之後，考事不息，秋冬之政，行乎春夏，故白虹春見，掩蔽日曜，凡邪氣乘陽，則虹蜺在日。斯皆臣下執事刻急所致，殆非朝廷優寬之本，此其變常之咎也。又今選舉皆歸三司，非有周召之才，而當則哲之重。每有選用，輒參之掾屬。公府門巷，賓客塡集，送去迎來，財貨無已。其當遷者，競相薦謁，各遣子弟，充塞道路，開長姦門，興致浮僞，非所謂率由舊章也。尙書職在機衡，宮禁嚴密。私曲之意，差不得通，偏黨之恩，或無所用。選擧之任，不如還在機密。臣誠愚戇，不知折中，斯固遠近之論，當今之宜。又孔子曰：漢三百載，計歷改憲。三百四歲爲一德，五德千五百二十歲，五行更用。王者隨天，譬猶自春徂夏，改靑服絳者也。自文帝省刑，適三百年，而輕微之禁，漸以殷積。王者之法，譬猶江河，當使易避而難犯也。故易曰：易則易知，簡則易從，易簡而天下之理得矣。今去奢即儉，以先天下，改易名號，隨事稱謂。易曰：君子之道，或出或處，同歸殊塗，一致百慮。是知變常而善，可以除災。變常而惡，必致於異。今年仲竟，來年入季，仲終季始，歷運變改，故可改元，所以順天道也。』顗又陳消災之術，條便宜四事曰：『一事：孔子作春秋，書正月者，敬歲之始也。王者則天之象，因時之序，宜開發德號，爵賢命士，流寬大之澤，垂仁厚之德。順助元氣，含養庶類。如此則天文昭爛，星辰顯列，五緯循軌，四時和睦。不則太陽不光，天地溷濁，時氣錯逆，霾霧蔽日。自立春以來，累經旬朔，未見仁德有所施布，但聞罪罰考掠之聲。夫天之應人，疾於影響，而自從入歲，常有蒙氣。月不舒光，日不宣曜。日者太陽，以象人君。政變於下，日應於天，清濁之占，隨政抑揚。天之見異，事無虛作。豈獨陛下倦於萬機帷幄之政有所闕歟？何天戒之數見也！臣願陛下發揚乾剛，援引賢能，勤求機衡之寄，以獲斷金之利。臣之所陳，輒以太陽爲先者，明其不可久闇，急當改正。其異雖微，其事甚重。臣言雖約，其旨甚廣。惟陛下乃眷臣章，深留明思。二事：孔子曰：靁之始發大壯，始君弱臣彊，從解起。今月九日至十四日，大壯用事，消息之卦也。於此六日之中，靁當發聲，發聲則歲氣和王道興也。易曰：靁出地奮，豫，先王以作樂崇德，殷薦之上帝。靁者所以開發萌芽，辟陰除害。萬物須靁而解，資雨而潤。故經曰：靁以動之，雨以潤之。王者從寬大，順春令，則靁應節。不則發動於冬，當震反潛。故易傳曰：當靁不靁，太陽弱也。今蒙氣不除，日月變色，則其效也。天網恢恢，疏而不失。隨時進退，應政得失。大人者，與天地合其德，與日月合其明，璇璣動作，與天相應。靁者號令，其德生養，號令殆廢，當生而殺，則靁反作，其時無歲。陛下若欲除災昭祉，順天致和，宜察臣下尤酷害者，亟加斥黜，以安黎元。則太皓悅和，靁聲乃發。三事：去年十月二十日癸亥，太白與歲星合於房心。太白在北，歲星在南，相離數寸，光芒交接。房心者，天帝明堂布政之宮。孝經鉤命决曰：歲星守心，年穀豐。尚書洪範記曰：月行中道，移節應期，德厚受福，重華留之。重華者，謂歲星在心也。今太白從之，交合明堂，金木相賊而反同合，此以陰陵陽臣下專權之異也。房心東方，其國主宋。石氏經曰：歲星出左有年，出右無年。今金木俱東，歲星在南，是爲出右，恐年穀不成宋人飢也。陛下宜審詳明堂布政之務，然後妖異可消，五緯順序矣。四事：易傳曰：陽無德則旱，陰僭陽亦旱。陽無德者，人君恩澤不施於人也。陰僭陽者，祿去公室臣下專權也。自冬涉春，訖無嘉澤，數有西風，反逆時節。朝廷勞心，廣爲禱祈，薦祭山川，暴龍移市。臣聞皇天感物，不爲僞動。災變應人，要在責己。若令雨可請降，水可禳止，則歲無隔并，太平可待，然而災害不息者，患不在此也。立春以來，未見朝廷賞錄有功，表顯有德，存問孤寡，賑恤貧弱。而但見洛陽都官奔車東西，收繫纖介，牢獄充盈。臣聞恭陵火處，比有光曜。明此天災，非人之咎。丁丑，大風掩蔽天地。風者號令，天之威怒，皆所以感悟人君忠厚之戒。又連月無雨，將害粟麥，若一穀不登，則飢者十三四矣。陛下誠宜廣被恩澤，貸贍元元。昔堯遭九年之水，人有十載之蓄者，簡稅防災爲其方也。願陛下早宣德澤，以應天功。若臣言不用朝政不改者，立夏之後，乃有澍雨。於今之際，未可望也。若政變於朝而天不雨，則臣爲誣上，愚不知量，分當鼎鑊。」書奏，特詔拜郎中，辭病不就，即去歸家。至四月，京師地震，遂陷。其夏大旱，秋鮮卑入馬邑城，破代郡兵。明年，西羌寇隴右，皆略如顗言。後復公車徵，不行。同郡孫禮者，積惡凶暴，好遊俠，與其同里人常慕顗名德，欲與親善，顗不顧。以此結怨。遂爲禮所殺。

【出處】後漢書郎顗傳

馬融爲議郎 詔舉敦樸，城門校尉岑起舉融，徵詣公車對策，拜議郎。大將軍梁商表爲從事中郎。

【出處】後漢書馬融傳

以楊倫爲常山王傅不之官 倫以是年徵拜太中大夫，大將軍梁商以爲長史，諫諍不合，出補常山王傅，病不之官。詔書勑司隸催促發遣，倫廼留河內朝歌，以疾自上曰：『有留死一尺，無北行一寸，刎頸不易，九裂不恨，匹夫所執，彊於三軍，固敢有辭。』帝廼下詔曰：『倫出幽升高，寵以藩傅，稽留王命，擅止道路，託疾自從，苟肆狷志。』遂徵詣廷尉。有詔原罪。倫前後三徵，皆以直諫不合。既歸，閉門講授，自絕人事。公車復徵，遜遁不行，卒於家。

【出處】後漢書儒林楊倫傳

三年甲戌（一三四）

張衡請禁圖讖之術　初，光武善讖，及顯宗肅宗，因祖述焉。自中興之後，儒者爭學圖緯，兼復附以妖言。衡以圖緯虛妄，非聖人之法，乃上疏曰：『臣聞聖人明審律歷以定吉凶，重之以卜筮，雜之以九宮。經天驗道，本盡於此。或觀星辰逆順，寒燠所由。或察龜策之占，巫覡之言。其所因者，非一術也。立言於前，有徵於後，故智者貴焉，謂之讖書。讖書始出，蓋知之者寡。自漢取秦，用兵力戰，功成業遂，可謂大事。當此之時，莫或稱讖。若夏侯勝眭孟之徒，以道術立名，其所述著，無讖一言。劉向父子，領校秘書，閱定九流，亦無讖錄。成哀之後，乃始聞之。尚書，堯使鯀理洪水，九載績用不成，鯀則殛死，禹乃嗣興。而春秋讖云：「共工理水」凡讖皆云黃帝伐蚩尤，而詩讖獨以爲蚩尤敗然後堯受命。春秋元命包中有公輸班與墨翟，事見戰國，非春秋時也。又言別有益州。益州之置，在於漢世，其名三輔諸陵世數可知。至於圖中，訖於成帝，一卷之書，互異數事。聖人之言，勢無若是。殆必虛僞之徒，以要世取資。往者侍中賈逵，摘讖互異三十餘事，諸言讖者，皆不能說。至於王莽篡位，漢世大禍，八十篇何爲不戒？則知圖讖成於哀平之際也。且河洛六藝，篇錄已定，後人皮傅，無所容篡。永元中，淸河宋景遂以歷紀推言水災，而僞稱洞視玉版。或者至於棄家業，入山林，後皆無效，而復采前世成事以爲證驗。至於永建復統，則不能知。此皆欺世罔俗以昧勢位，情僞較然，莫之糾禁。且律歷卦候九宮風角，數有徵效，世莫肯學，而競稱不占之書。譬猶畫工惡圖犬馬而好作鬼魅，誠以實事難形而虛僞不窮也。宜收藏圖讖，一禁絕之，則朱紫無所眩，典籍無瑕玷矣。』

【出處】後漢書張衡傳

邊韶作河激頌

韶字孝先，陳留浚儀人也。以文學知名，教授數百人。韶口辯，曾晝日假臥，弟子私謿之曰：『邊孝先，腹便便，懶讀書，但欲眠。』韶潛聞之，應時對曰：『邊爲姓，孝爲字。腹便便，五經笥，但欲眠，思經事。寐與周公通夢，靜與孔子同意。師而可謿，出何典記？』謿者大慚。韶之才捷，皆此類也。是年作河激頌。

【出處】後漢書文苑邊韶傳　水經七濟水注引河激頌

四年乙亥（一三五）

張衡出爲河間相　初，衡拜侍中，恆居帷幄，從容諷議，拾遺左右。核和書作周官解說。帝嘗問衡天下所疾惡者，宦官懼其毀己，皆共目之，衡乃詭對而出。閹豎恐終爲其患，遂共讒之。衡常思圖身之事，以爲吉凶倚伏，幽微難明，乃作思玄賦以宣寄情志。至是，出爲河間相。時國王驕奢，不遵典憲，又多豪右，共爲不軌。衡下車，治威嚴，整法度，陰知姦黨名姓，一時收禽，上下肅然，稱爲政理。

【出處】後漢書張衡傳　北堂書鈔五十八引文士傳

【考證】按後漢書本傳稱『永和初，出爲河間相。』而張平子四愁詩序則稱『陽嘉中，出爲河間相。』蓋平子之出，在二年之間，故記載稍有出入也。

永和元年丙子（一三六）

詔伏無忌等校定中書撰漢記 無忌伏湛之曾孫也。傳家學，博物多識。爲侍中屯騎校尉。至是，奉詔與議郎黃景校定中書五經諸子百家藝術。初，劉珍李尤受詔撰漢記，事垂成而相繼以卒，帝遂復命無忌與景作諸王王子功臣恩澤侯表，南單于西羌傳地理志。

【出處】 後漢書伏湛傳 史通卷十二正史

崔琦舉孝廉爲郎 琦字子瑋，涿郡安平人，崔瑗之宗也。少遊學京師，以文章博通稱。初舉孝廉，爲郎。河南尹梁冀聞其才，請與交。冀行多不軌，琦數引古今成敗以戒之，冀不能受，乃作外戚箴，其辭曰：「赫赫外戚，華寵煌煌，昔在帝舜，德隆英皇。周興三母，有莘崇湯。宣王晏起，姜后脫簪。齊桓好樂，衛姬不音。皆輔主以禮，扶君以仁，達才進善，以義濟身。爰曁末葉，漸已頹虧，貫魚不敘，九御差池。晉國之難，禍起於麗。惟家之索，牝鷄之晨。專權擅愛，顯己蔽人。陵長間舊，圯剝至親。並后匹嫡，淫女斃陳。匪賢是上，番爲司徒，荷爵負乘，采食名都。

詩人是刺，德用不憮。暴辛惑婦，拒諫自孤，蝠蛇其心，縱毒不辜。諸父是殺，孕子是刳，天怒地忿，人謀鬼圖。甲子昧爽，身首分離，初爲天子，後爲人螭。非但耽色，母后尤然，不相率以禮，而競奬以權。先笑後號，卒以辱殘，家國泯絕，宗廟燒燔。末嬉喪夏，褒姒斃周，妲己亡殷，趙靈沙丘。戚姬人豕，呂宗以敗，陳后作巫，卒死於外。霍欲鴆子，身乃罹廢。故曰無謂我貴，天將爾摧，無恃常好，色有歇微，無怙常幸，愛有陵遲。無曰我能，天人爾違。患生不德，福有愼機。日不常中，月盈有虧，履道者固，仗勢者危，微臣司戚，敢告在斯。』琦以言不從，失意，復作白鵠賦以爲風。梁冀見之，呼琦問曰：『百官外內，各有司存。天下云云，豈獨吾人之尤？君何激刺之過乎！』琦對曰：『昔管仲相齊，樂聞譏諫之言；蕭何佐漢，乃設書過之吏。今將軍累世台輔，任齊伊公，而德政未聞，黎元塗炭，不能結納貞良以救禍敗，反欲鉗塞士口，杜蔽主聽，將使玄黃改色馬鹿異形乎？』冀無以應，因遣琦歸，後除爲臨濟長，不敢之職，解印綬去。冀遂令刺客陰求殺之。客見琦耕於陌上，懷書一卷，息輒偃而詠之。客哀其志，以實告琦曰：『將軍令吾要子，今見君賢者，情懷忍忍，可亟自逃，吾亦於此亡矣。』琦得脫走，冀後竟捕殺之。所著賦頌銘誄箴弔論九咨七言，凡十五篇。

【出處】後漢書文苑崔琦傳

二年丁丑（一三七）

鄭玄爲鄉嗇夫　玄年十二，爲鄉嗇夫，得休不歸家，嘗詣學官讀經。家貧無資，而縣中嘉之。玄不樂爲吏，父數怒之，不能禁。嘗隨母還家，正臘會同列十數人。皆美服盛飾，語言閑通，玄獨漠然如不及。母私督責之，乃曰：『此非我志，不在所願也。』

【出處】北堂書鈔七十七引續漢書　後漢書本傳及注引鄭玄別傳

三年戊寅（一三八）

馬融爲武都守　融轉武都守，郡小少事，乃述生平之志，著易尚書詩禮傳。融嘗疑河內女子所上泰誓爲僞，故爲書序曰：『泰誓後得，按其文似若淺露。……八百諸侯不召自來，不期同時，不謀同辭。及「火復于上，至於王屋。流爲鵰，至五，以穀俱來。」舉火神怪，得無在子所不語中乎？又春秋引泰誓曰：「民之所欲，天必從之。」國語引泰誓曰：「朕夢協朕卜，襲于休祥，戎商必克。」孟子引泰誓曰：「我武維揚，侵于之疆。取彼凶殘，我伐用張，于湯有光。」孫卿引泰誓曰：「獨夫受」禮記引泰誓曰：「予克受，非予武，惟朕文考無罪。受克予，非朕文考有罪，惟予小子無良。」今文泰誓，皆無此語。吾見書傳多矣，所引泰誓而不在泰誓者甚多，弗復悉記。略舉五事以明之，亦可知矣。』

【出處】賈公彥周禮廢興　尚書正義引　後漢書馬融傳

【附錄】馬本尚書異文表

篇名	僞古文衛苞本	馬融本
堯典	平秩南訛	苹秩南訛
	嚚訟可乎	嚚庸可乎
	帝曰我其試哉	我其試哉
	如西禮	如初
	僉曰益哉	禹曰益哉
大誥	王若曰猷大誥爾多邦	王若曰大誥繇爾邦多
	天降割於我家	天降害於我家
	不少延	弗少延
酒誥	王若曰	成王若曰
梓材	皇天既付中國民	皇天既附中國民
多士	非我小國敢弋殷命	非我小國敢翼殷命

臯陶謨	天敍有典	天敍五典
	自我五禮有庸哉	自我五禮五庸哉
	天明畏	天明威
	暨稷播奏庶艱食鮮食	暨稷播奏庶根食鮮食
	作會	作繪
禹貢	作十有三載乃同	作十有三年乃同
	瑤琨篠簜	瑤瓚篠簜
	沿于江海	均于江海
	滎波既豬	滎播既豬
	導岍及岐	導開及岐
甘誓	天用勦絕其命	天用巢絕其命

	大淫泆有辭	大淫屑有辭
無逸	嚴恭寅畏	儼恭寅畏
	文王卑服	文王俾服
君奭	迪見冒	迪見勖
多方	不克終日勸于帝之迪	不克終日勸于帝之攸
	爾罔不克臬	爾罔不克劓
顧命	王不懌	王不釋
	在後之侗	在後之詷
	王崩	成王崩
	四人綦弁	四人騏弁
	三咤	三託

盤庚中	誕告用亶	誕告用單
微子	用乂讐斂	用乂稠斂
	自靖	自清
牧誓	弗迓克奔	弗禦克奔
洪範	無虐煢獨	亡侮煢獨
金縢	噫公命	懿公命

康王之誥	（自王出在應門以下爲康王之誥）	（自王若曰以下爲康王之誥）
呂刑	俾我一日	矜我一日
	王曰吁	王曰于
	惟來	惟求
秦誓	惟截截善諞言	惟截截善偏言

四年己卯（一三九）

馬融上疏言西羌事　融爲武都太守，西羌反叛，征西將軍馬賢與護羌校尉胡疇征之，稽久不進。融知其將敗，上書乞自効，朝廷不用其言。後卒如融言。

【出處】後漢書馬融傳

張衡卒　初，衡爲河間相三年，上書乞骸骨，徵拜尚書。至是卒，年六十二。著周官訓詁，崔瑗以爲不能有異於諸儒也。又欲繼孔子易說彖象殘缺者，竟不能就。所著詩賦銘七言靈憲應間七辯巡誥懸圖，凡三十二篇。永初中，謁者僕射劉珍校書郎劉騊駼等著作東觀，撰集漢記，因定漢家禮儀。上言請衡參論其事，會並卒。而衡常歎息，欲終成之。及爲侍中，上疏請得專事東觀，收檢遺文，畢力補綴。又條上司馬遷班固所叙與典籍不合者十餘事，如易稱宓戲氏王天下，宓戲氏沒，神農氏作，神農氏沒，黃帝堯舜氏作，史遷獨載五帝，不記三皇，今宜并錄。又一事曰：帝系黃帝產青陽昌意。周書曰：『乃命少皞清』清即青陽也。今宜實定之。又以爲王莽本傳但應載篡事而已，至於編年月，紀災祥，宜爲元后本紀。又更始居位，人無異望，光武初爲其將，然後即眞，宜以更始之號建於光武之初。書數上，竟不聽。及後之著述，多不詳典，時人追恨之。

【出處】後漢書張衡傳

【附錄】張衡著述表

周官訓故 書鈔五十八引文士傳

地形圖一卷 歷代名畫記

太元經注　華陽國志蜀郡士女讚引

靈憲一卷　隋志

渾天儀注一卷　唐志

懸圖一卷　隋志

算罔論　後漢書本傳

黃帝飛鳥歷一卷　隋志

集十二卷　七錄，又一本十四卷。隋志十一卷。

六年辛巳（一四一）

張陵客蜀　陵，字輔漢，沛國豐人也。本太學書生，博通五經，以為無益年命，遂客蜀，學道鶴鳴山中，造作符書，作道書二十四卷，論章醮之法，道士章醮起此。以惑百姓。自謂感老君夢中告，得黃帝大丹經於嵩山石室中。家貧無貨可鍊，乃如蜀，隱鶴鳴山，依法鍊丹，三年乃成。謂弟子曰：『當為國家興利除害，以濟民庶，然後服丹輕舉，臣事三境，庶無愧焉。』乃攝伏魔鬼，奪二十四治，化為福庭。老君復命陵參駕朝玉晨大道君，授以天師印綬，雌雄二劍，正一威秘錄，三清衆經符圖。陵又造靈寶經，吳赤烏時始出。從受道者，出五斗米。入有疾患官災，隨事輸米。以贖罪疏過悔謝。故世號米賊。

【出處】 歷代三寶紀卷第二　佛祖統紀卷第三十五引天師傳　廣弘明集卷第九　後漢書劉焉傳

漢安元年壬午（一四二）

張陵出道經四部　陵自言太上老君親授四經於己。一曰太清，太一爲宗，乃金液天文地理之經，此經所明，多是金丹之要，又著緯候之儀。（凡四十六卷）二曰太平，三一爲宗，太平者，六合共行正道之號。乃古聖賢所以候得失之文也。（凡一百七十卷）三曰太玄，重玄爲宗，此經所明，大略以玄爲致。（凡二百七十卷）四曰正一，眞一爲宗，此經亦教人學仙，皆用上古之法。又陵分別黃書云：『男女有和合之法，三五七九交接之道，其道眞央在於丹田，丹田玉門也。惟以禁秘爲急，不許泄於道路，道路溺孔也，呼爲師友父母昊根之名。』又云：女兒未嫁者，十四己上有決明之道。故注五千文云：『道可道者謂朝食美也。非常道者謂暮成屎也。兩者同出而異名謂人根出溺溺出精也。玄之又玄者，謂鼻與口也。』

【出處】 雲笈七籤卷六　廣弘明集卷第十三

鄭玄作嘉禾頌　玄年十三，誦五經，號曰神童。至是，年十六，民有獻嘉禾者，異本

同實○縣欲表府，文辭鄙略○玄爲改作，又著頌一篇，侯相高其才，爲修冠禮○

【出處】　御覽五八八　八三九　九八七引鄭玄別傳

以四科取孝廉　初，張衡於陽嘉二年對策有云：『自初舉孝廉到今二百年，必先孝行○行有餘力，乃草文法耳○今詔書一以能誦章句結奏案爲限，雖爲至孝，不當其科，所謂損本而求末者也○自改試以來，累有妖星震裂之災，是天意不安於此法故也○』至是，黃瓊爲尚書令，以左雄前所上孝廉之選，專用儒學文吏，於取士之義，猶有所遺○乃奏增孝悌及能從政者爲四科○

【出處】　後漢書黃瓊傳　袁宏後漢紀

徵張楷不至　楷字公超，侍中張霸之中子也○通嚴氏春秋古文尚書，門徒常數百人○賓客慕之，自父黨夙儒，偕造門焉○車馬塡街，徒從無所止○黃門及貴戚之家，皆起舍巷次，以侯過客往來之利○楷疾其如此，輒徙避之○家貧無以爲業，常乘驢車至縣賣藥，足給食者，輒還鄉里○司隸舉茂材，除長陵令，不至官○隱居弘農山中，學者隨之，所居成市。後華陰山南，遂有公超市。五府連辟，舉賢良方正，不就。至是，帝特下詔告河南尹曰：『故長陵令張楷，行慕原憲，操擬夷齊，輕貴樂賤，竄跡幽藪，高志確然，獨拔羣俗。前此徵命，盤桓未至，將主者翫習於常，優賢不足，使其難進歟？』郡時以禮發遣。楷復告疾不到。性好道術，能作五里霧。時關西人裴優亦能爲三里霧，自以不如楷，從學之。楷避不肯見。桓帝即位，優遂行霧作賊。事覺被考，引楷，言從學術。楷坐繫廷尉詔獄，積二年，恆諷誦經籍，作尚書注。後以事無驗見，原還家。建和三年，詔安車備禮聘之，辭以篤疾，不行，年七十，終於家。

【出處】後漢書張楷傳

二年癸未（一四三）

崔瑗卒　初，瑗舉茂才，遷汲令。大司農胡廣少府竇章共薦瑗宿德大儒，從政有迹，不宜久在下位。由此遷濟北相。時李固爲太山太守，美瑗文雅，奉書禮致殷勤。歲餘，光祿大夫杜喬等八使，徇行郡國，以臧罪奏瑗，徵詣廷尉，瑗上書自訟得理出，會病卒，年六十六。臨終顧命子實字子眞，一名台，字元始。少沈靜，好典籍，父卒，隱居墓側，服竟，三公並辟，皆不就。曰：『夫人秉天地之氣以生，及其終也，歸精於天，還骨於地，何地不可藏形骸？勿歸鄉里。其賵贈之物，羊豕之奠，一不得受。』實奉遺令，遂留葬洛陽。瑗高於文辭，尤善爲書記箴銘。所著賦，碑，銘，箴，頌，七蘇，南陽文學官志歎辭移社文悔祈草書勢七言，凡五十七篇。其南陽文學官志稱於後世。諸能爲文者，皆自以弗及。瑗愛士，好賓客，盛修肴膳，單極滋味，不問餘產，居常蔬食菜羹而已，家無擔石儲，當世清之。

【出處】後漢書崔瑗傳

【考證】按後漢書順帝紀及杜喬傳皆稱漢安元年杜喬周舉等八人分行天下。然崔瑗傳則稱瑗於漢安初爲濟北相，與李固相交歲餘始得罪，則是喬等巡行天下，至漢安二年始到濟北。瑗之得罪及卒必在是年，故誌之於此。

邊詔等議曆

尚書侍郎邊詔上言：『世微於數虧，道勝於得常，數虧則物衰，得常則國昌。孝武皇帝攄發聖思，因元封七年十一月甲子朔旦冬至，乃詔太史令司馬遷治曆鄧平等更建太初，改元易朔，行夏之正。乾鑿度八十一分之四十三爲日法，設清臺之候，驗六異課效觕密，太初爲最。其後劉歆研幾極深，驗之春秋，參以易道，以河圖帝覽嬉雒書甄曜度，推廣九道，百七十一歲，進退六十三分，百四十四歲一超次。與天相應，少有闕謬。從太初至永平十一年，百七十歲，進退餘分六十三，治曆者不知處之，推得十二度弦望不效，挾廢術者得竄其說。至永和二年，小終之數寢過，餘分少增，月不用晦朔而先見。孝章皇帝以保乾圖三百年斗曆改憲，就用四分。以太白復樞甲子爲癸亥，引天從算耦之目前，更以庚申爲元。既無明文，託之於獲麟之歲，又不與感精符單閼之歲同。史官相代，因成習疑，少能鉤深致遠，案弦望足以知之。』詔書下三公百官雜議。太史令虞恭治曆宗訢等議：『建曆之本，必先立元，元正然後定日法，法定然後度周天，以定分至。三者有程，則曆可成也。四分曆仲紀之元，起於孝文皇帝後元三年，歲在庚辰，上四十五歲，歲在乙未，則漢興元年也。又上二百七十五歲，歲在庚申，則孔子獲麟。二百七十六萬歲尋之上行，復得庚申。歲歲相承，從下尋上，其執不誤，此四分曆元明文圖讖所著也。太初元年歲在丁丑，上極其元，當在庚戌，而曰丙子。言百四十四歲超一辰，凡九百九十三超，歲有空行，八十二週有奇，乃得丙子。案歲所超於天元十一月甲子朔旦冬至，日月俱超。日行一度，積三百六十五度四分度一而週天一帀，名曰歲。歲從一辰，日不得空周天，則歲無由超辰。案百七十一歲二部一章，小餘六十三，自然之數也。夫數出於杪曶，以成毫氂，毫氂積累，以成分寸。兩儀既定，日月始離，初行生分，積分成度，日行一度，一歲而周。故爲術者，各生度法，或以九百四十，或以八十一，法有細觕，以生兩科，其歸一也。日法者，日之所行分也。日垂令明，行有常節，日法所該，通遠無已，損益毫氂，差以千里。自此言之，數無緣得有虧棄之意也。今欲飾平之失，斷法垂分，恐傷大道。以步日月行度，終數不同四章，更不得朔餘一。雖言九道，去課進退，恐不足以補其缺。且課曆之法，晦朔變弦，以月食天驗，昭著莫大焉，今以去六十三分之法爲曆驗。章和元年以來，日變二十事，月食二十八事，與四分曆更失，定課相除，四分尚得多而又使近。孝章皇帝曆度審正，圖儀晷漏，與天相應，不可復尙。文曜鉤曰：「高辛受命，重黎說文，唐堯即位，羲和立禪，夏后制德，昆吾列神；成周改號，萇弘分官。」運斗樞曰：「常占有經，世史所明。」洪範五紀論曰：「民間亦有黃帝諸曆，不明史官記之明也。」自古及今，聖帝明王，莫不取言於羲和常占之官，定精微於晷儀，正衆疑秘藏中書，改行四分之原。及光武皇帝，數下詔書，草創其端，孝明皇帝課校其實，孝章皇帝宣行其法。君更三聖，年曆數十，信而徵之，舉而行之，其元則上統開闢，其數則復古四分。宜如甲寅詔書故事，』奏可。

【出處】續漢書律曆志

建康元年甲申（一四四）

●●●●馬融注周官　融既著易尙書詩禮傳皆訖，未畢前業者惟周官。至是年六十六，目瞑意倦，力補周官。（是年遷，凡三遷至桓帝時爲南郡太守。）

【出處】賈公彥周禮廢興引馬融周官敘　太平廣記二〇二引商芸小說

孝沖皇帝 名炳，順帝子，二歲即位，數月而崩，

永嘉元年乙酉（一四五）

孝質皇帝 名纘，章帝子千乘王伉之曾孫，八歲即位，一載有餘而爲梁冀所弒。

本初元年丙戌（一四六）

●●●●●●令郡國舉明經　夏四月庚辰，梁太后下詔令郡國舉明經曰：『年五十以上，七十以下，詣太學。自大將軍至六百石皆遣子受業，歲滿課試，以高第五人補郎中，次五人太子舍人。又千六百石，四府掾屬，三署郎，四姓小侯先能通經者，各令隨家法。其高第者上名牒，當以次賞進。』每歲輒於鄉射月一饗會之，以此爲常。自此遊學增盛，至三萬餘生。然章句漸疏而多以浮華相尙，儒者之風蓋衰矣。

【出處】後漢書質帝紀　儒林傳

●●●●●●朱穆奏記梁冀　穆字公叔，一云字文元 南陽宛人也，年五歲，便有孝稱，父母有病，輒不飲食，差乃復常。及壯耽學，銳意講誦，或時思至，不自知亡失衣冠，顚隊阬岸。其父常以爲專愚，幾不知數馬足。穆益更精篤，學明五經。性矜嚴疾惡，不交非類

。年二十，爲郡督郵，迎新太守，見穆曰：『君年少爲督郵，因族勢爲有令德？』穆答曰：『郡中瞻望明府如仲尼，謂非顏回不敢以迎孔子。』更問風俗人物，太守甚奇之曰：『僕非仲尼，督郵可謂顏回也。』遂歷職股肱，舉孝廉。順帝末，江淮盜賊羣起，州郡不能禁，或說大將軍梁冀曰：『朱公叔兼資文武，海內奇士，若以爲謀主，賊不足平也。』冀亦素聞穆名，乃辟之，使典兵事，甚見親任。至是，桓帝初即位，梁太后臨朝，穆以冀埶地親重，望有以扶持王室，因推災異奏記以勸戒冀曰：『穆伏念明年丁亥之歲，刑德合於乾位。易經龍戰之會，其文曰：「龍戰於野，其道窮也。」謂陽道將勝而陰道負也。今年九月，天氣鬱冒，五位四侯，連失正氣，此互相明也。夫善道屬陽，惡道屬陰。若修正守陽，摧折惡類，則福從之矣。穆每事不逮，所好唯學，傳受於師，時有可試。願將軍少察愚言，申納諸儒，而親其忠正，絕其姑息。專心公朝，割除私欲，廣求賢能，斥遠佞惡。夫人君不可不學，當以天地順道，漸漬其心，宜爲皇帝選置師傅及侍講者，得小心忠篤敦禮之士，將軍與之俱入，參勸講授，師賢法古，此猶倚南山坐平原也，誰能傾之？今年夏，月暈房星，明年當有小厄，宜急誅姦臣爲天下所怨毒者，以塞災咎。議郎大夫之位，本以式序儒術高行之士，今多非其人，九卿之中，亦有乖其任者，惟將軍察焉。」又薦种暠欒巴等，而明年嚴鮪謀立清河王蒜，又黃龍二見沛國。冀無術學，遂以穆龍戰之言爲應，於是請暠爲從事中郎，薦巴爲議郎，擧穆高第爲侍御史。

【出處】後漢書朱穆傳　本傳注引謝承書

孝桓皇帝

名志，章帝子河間孝王之孫，在位二十一年。

建和元年丁亥（一四七）

●●●●●●

詔課試諸學生　詔諸學生年十六以上，比郡國明經，試次第上名。高第十五人，上第十六人，爲中郎。中第十七人，爲太子舍人。下第十七人，爲王家郎。永壽二年甲午，詔復課試諸生補郎舍人。其後復制：學生滿二歲試通二經者，補文學掌故。其不通二經者，須後試，復隨輩。試通二經者，亦得爲文學掌故。其已爲文學掌故者，滿二歲能通三經者，擢其高第爲太子舍人。其不得第者，後試復隨輩，試第復高者，亦得爲太子舍人。已爲太子舍人滿二歲試能通四經者，擢其高第爲郎中。其不得第者，後試復隨輩，試第復高者，亦得爲郎中。已爲郎中滿二歲，試能通五經者，擢其高第補吏，隨才而用。其不得第者，後試復隨輩，試第復高，亦得補吏。

【出處】通典卷十三

詔舉賢良方正及至孝篤行之士　梁太后臨朝，有日食地震之變，詔大將軍公卿校尉舉賢良方正能直言極諫者各一人。又命列侯將大夫御史謁者千石六百石博士議郎郎官各上封事，指陳得失。又詔大將軍公卿郡國舉至孝篤行之士各一人。於是光祿勳杜喬少府房植舉荀淑對策，淑字季和，潁川潁陰人，荀卿十一世孫也。少有高行。博學而不好章句，多為俗儒所非，而州里稱其知人。安帝時，徵拜郎中，後再遷當塗長，去職還鄉里。當時名賢李固李膺皆師宗之。淑譏刺貴倖，為大將軍梁冀所忌，出補朗陵侯相，蒞事明理，稱為神君，頃之，棄官歸，閑居養志，產業每增，輒以贍宗族知友。而崔實亦以郡舉，徵詣公車。病不對策，除為郎，明於政體，吏才有餘，論當世便事數十條，名曰政論。指切時要，言辯而确，當世稱之。仲長統曰：凡為人主，宜寫一通，置之坐側。其辭曰：『自堯舜之帝，湯武之王，皆賴明哲之佐，博物之臣。故皋陶陳謨而唐虞以興，伊箕作訓而殷周用隆。及繼體之君欲立中興之功者，曷嘗不賴賢哲之謀乎？凡天下所不理者，常由人主承平日久，俗漸敝而不悟，政寖衰而不改，習亂安危，怢不自覩，或荒耽嗜欲，不恤萬機，或耳蔽箴誨，厭僞忽眞，或猶豫歧路，莫適所從，或見信之佐，括囊守祿，或疎遠之臣，言以賤廢。是以王綱縱弛於上，智士鬱伊於下。悲夫！自漢興以來，三百五十餘歲矣，政令垢翫，上下怠懈，風俗彫敝，人庶巧僞，百姓囂然，咸復思中興之救矣。且濟時拯世之術，豈必體堯蹈舜然後乃理哉？期于補綻決壞，枝柱邪傾，隨形裁割，要措斯世於安寧之域而已。故聖人執權，遭時定制，步驟之差，各有云設，不彊人以不能，背急切而慕所聞也。蓋孔子對葉公以來遠，哀公以臨人，景公以節禮，非其不同，所急異務也。是以受命之君，每輒創制，中興之主，亦匡時失。昔盤庚愍殷，遷都易民。周穆有闕，甫侯正刑。俗人拘文牽古，不達權制，奇偉所聞，簡忽所見，烏可與論國家之大事哉。故言事者，雖合聖德，輒見掎奪。何者？其頑士闇于時權，安習所見，不知樂成，況可慮始！苟云率由舊章而已。其達者或矜名妬能，恥策非已，舞筆奮辭以破其義。寡不勝衆，遂見擯棄，雖稷契復存，猶將困焉。斯賈生之所以排于絳灌，屈子之所以攄其幽憤者也。夫以文帝之明，賈生之賢，絳灌之忠，而有此患，況其餘哉！

故宜量力度德，春秋之義。今既不能純法八世，故宜參以霸政，則宜重賞深罰以御之，明著法術以檢之。自非上德，嚴之則理，寬之則亂。何以明其然也？近孝宣皇帝明於君人之道，審於爲政之理，故嚴刑峻法，破姦軌之膽，海內清肅，天下密如，薦勳祖廟，享號中宗，算計見效，優於孝文。元帝即位，多行寬政，卒以墮損，威權始奪，遂爲漢室基禍之主。政道得失，於斯可監。昔孔子作春秋褒齊桓，懿晋文，歎管仲之功。夫豈不美文武之道哉？誠達權救敝之理也。故聖人能與事推移，而俗士苦不知變，以爲結繩之約可復理亂秦之緒，干戚之舞足以解平城之圍。夫熊經鳥伸雖延歷之術，非傷寒之理；呼吸吐納雖度紀之道，非續骨之膏。蓋爲國之法，有似理身，平則養，疾則攻焉。夫刑罰者治亂之藥石也，德教者興平之粱肉也。夫以德教除殘，是以粱肉理疾也；以刑罰理平，是以藥石供養也。方今承百王之敝，值厄運之會。自數世以來，政多恩貸，馭委其轡，馬駘其銜，四牡橫奔，皇路險傾，方將柑勒鞬輈以救之，豈暇鳴和鑾清節奏哉。昔高祖令蕭何作九章之律，有夷三族之令，黥，劓，斬趾，斷舌，梟首，故謂之具五刑。文帝雖除肉刑，當劓者笞三百，當斬左趾者笞五百，當斬右趾者棄市。右趾者旣殞其命，笞撻者往往至死，雖有輕刑之名，其實殺也。當此之時，民皆思復肉刑。至景帝元年，乃下詔曰：「加笞與重罪無異，幸而不死，不可爲民。」乃定律減笞輕捶。自是之後，笞者得全。以此言之，文帝乃重刑，非輕之也；以嚴致平，非以寬致平也。必欲行若言當，大定其本，使人主師五帝而式三王，盪亡秦之俗，遵先聖之風，棄苟全之政，蹈稽古之蹤，復五等之爵，立井田之制。然後選稷契爲佐，伊呂爲輔，樂作而鳳凰儀，擊石而百獸舞，若不然，則多爲累而已。』

【出處】後漢書桓帝紀　荀淑傳　崔實傳

鄭玄至京師求學　玄少好天文占候風角隱術。至年十七，見大風起，詣縣曰：『某時當有火災』至時果然，智者異之。至是，年二十一，博極羣書，精歷數圖緯之言。兼通算術。値陽城杜密爲太山太守，行春到高密縣，見玄爲鄉佐，知其異器，即召署郡職，遂遣就學。玄造太學，師事故兗州刺史第五元，先通京氏易公羊春秋三統曆九章算術，又從東郡張恭祖受周官禮記左氏春秋韓詩古文尚書。

【出處】後漢書鄭玄傳　杜密傳　世說文學篇注引鄭玄別傳

月支國沙門支婁迦讖至洛陽　支婁伽讖亦直云支讖，操行純深，性度開敏，禀持法戒，以精懃著稱。諷誦羣經，志在宣法。以是年至洛陽，少時習語，大通華言，遂譯阿閦佛國經二卷。第一出，亦云阿閦佛刹諸菩薩學成品經，亦云阿閦佛經，或一卷。

【出處】高僧傳初集卷一　歷代三寶紀卷第四引朱士行漢錄

魏伯陽授參同契於淳于義　伯陽會稽上虞人。本高門之子，而性好道術，修眞潛默，養志虛無，博贍文詞，通諸緯候，乃約周易撰參同契三篇，復作補塞遺脫一篇，所述多以寓言借事，隱顯異文。至是傳授淯于義，遂行于世。參雜也，同通也，契合也，謂與周易理同而義合也。義一作翼，字叔通，官洛陽市長。干寶搜神記曰：『桓帝即位，有大蛇見德陽殿上，雒陽市令淯于義曰：『蛇有鱗甲，兵之象也。見於省中，將有椒房大臣受甲兵之誅也。』乃棄官遁去。到延熹二年，誅大將軍梁冀，捕治宗屬，揚兵京師也。

【出處】神仙傳　周易五相類後蜀彭曉序　開元占經一百二十引會稽典錄　干寶搜神記

【附錄】魏伯陽著述表

周易參同契二卷 舊唐志又見葛洪神仙傳

周易五相類一卷 舊唐志又見葛洪神仙傳

大丹記一卷 通志藝文略

七返靈硃訣一卷 通志藝文略

內經一卷 抱朴子遐覽

大丹九轉歌訣一卷 通志藝文略宋志

火鑒周天圖一卷 通志

龍虎丹訣一卷 通志

感應訣一卷 通志

蓬萊山東西竈還丹歌一卷 通志

百章集一卷 書錄解題

太上金碧經注一卷

馬融爲梁冀草奏誣李固 自梁太后聽政，委任宰輔。太尉李固多所匡正。梁冀每相忌疾，思誣奏固，委馬融爲章草。融懲於鄧氏，不敢復違忤勢家。遂草奏曰：『臣聞，君不稽古，無以承天；臣不述舊，無以奉君。昔堯殂之後，舜仰慕三年，坐則見堯於墻，食則覩堯於羹。斯所謂聿追來孝不失臣子之節者。太尉李固，因公假私，依正行邪，離間近戚，自隆支黨。至於表擧薦達，例皆門徒；及所辟召，靡非先舊。或富室財賂，或子婿婚屬，其列在官牒者，凡四十九人。又廣選賈竪，以補令史，募求好馬，臨窗呈試。出入踰侈，輜軿曜日。大行在殯，路人淹涕，固獨胡粉飾貌，搔頭弄姿：槃旋偃仰，從容冶步，曾無慘怛傷悴之心。山陵未成，違矯舊政。善則稱已，過則歸君，斥逐近臣，不得侍送。作威作福，莫固之甚！臣聞台輔之位，實和陰陽，璇璣不平，寇賊姦軌，則責在太尉。固受任之後，東南跋扈，兩州數郡，千里蕭條，兆人傷損，大化陵遲。而詆疵先主，苟肆狂狷。存無廷爭之忠，沒有誹謗之說。夫子罪莫大於累父，臣惡莫深於毀君。固之過釁，事合辟誅。』陳留吳祐，見冀力爭，不聽。因謂融曰：『李公之罪，成於卿手，李公即誅，卿何面目見天下之人乎？』固卒誅死，而融以此頗爲正直所羞。

【出處】後漢書吳祐傳　馬融傳　李固傳　馬季長集

二年戊子（一四八）

安息國沙門安清至洛陽　安清字世高，本安息王太子。幼以孝行見稱，加又志業聰敏，剋意好學。雖在居家，而奉戒精峻。王薨，便嗣父位。乃深惟苦空，厭離形器。行服既滿，遂讓國與叔，出家修道。博曉經藏，尤精阿毗曇學，諷持禪經，備盡其妙。既而遊方弘化，徧歷諸國。至是振錫來儀，至乎洛邑。

【出處】高僧傳卷一　歷代三寶紀卷第四

馬融爲南郡太守 融歷二郡兩縣，皆政務無爲，事從其約。凡在武都七年，南郡四年，未嘗案論刑殺一人。

【出處】御覽六四一引三輔決錄

三年己丑（一四九）

荀淑卒 淑卒，年六十七。李膺自表師喪，二縣皆爲立祠。淑有子八人：儉，緄，靖，燾，汪，爽，字慈明，一名諝，幼而好學，年十二能通春秋論語，太尉杜喬見而稱之曰：『可爲人師』。爽遂耽思經書，慶弔不行，徵命不應。潁川爲之語曰：『荀氏八龍，慈明無雙。』肅，專，並有名稱，時人謂八龍。初荀氏舊里名西豪，潁陰令渤海苑康以爲昔高陽氏有才子八人，今荀氏亦有八子，故改其里曰高陽里。

【出處】後漢書荀淑傳

【附錄】荀氏家世表

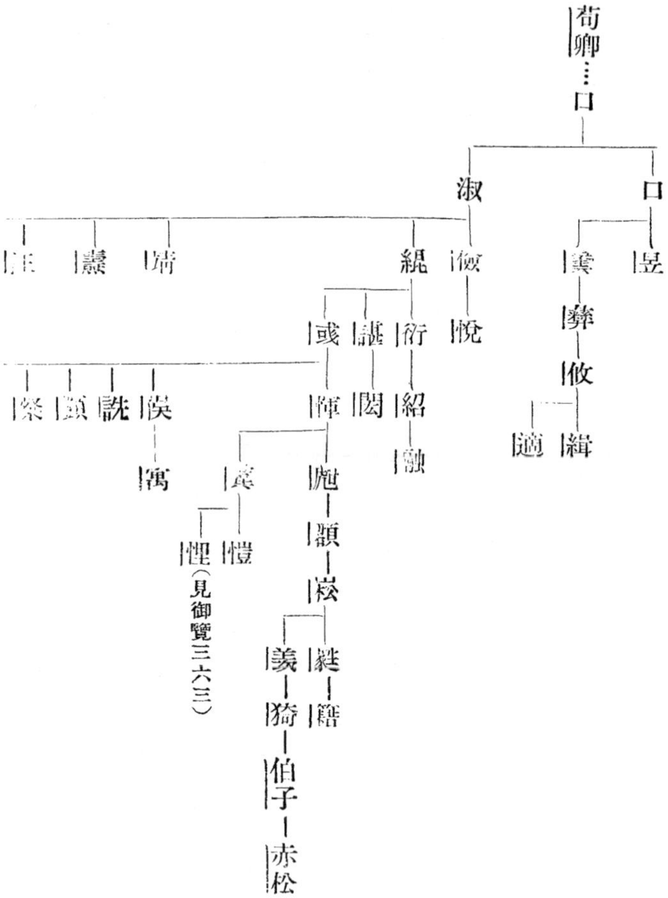
荀卿……口
口
淑
昱
龔
彝
攸
緝
適
儉
悅
緄
衍
紹
融
諶
閎
彧
惲
俁
寓
詵
顗
粲
甝
頵
崧
蕤
籍
羨
猗
伯子
赤松
霬
愷
悝（見御覽三六三）
靖
燾
汪

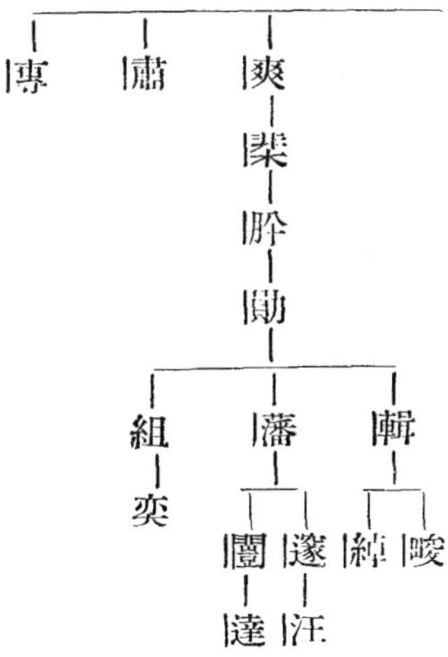

崔寔為大將軍梁冀司馬　初，寔辟太尉袁湯及大將軍梁冀府，並不應。大司農羊傅少府何豹上書薦寔才美能高，宜在朝廷。召拜議郎，遷大將軍冀司馬，著作東觀。

【出處】後漢書崔寔傳

朱穆作崇厚論　穆同郡趙康叔盛者，隱於武當山，清靜不仕，以經傳教授。穆時年五十，乃奉書稱弟子。及康歿，喪之如師。其尊德重道，為當時所服。常感時澆薄，慕尚敦篤，乃作崇厚論。其辭曰：『夫俗之薄也，有自來矣。故仲尼歎曰：「大道之行也，而丘不與焉」。蓋傷之也。夫道者以天下爲一，在彼猶在己也。故行違於道，則愧生於心，非畏義也。事違於理，則負結於意，非憚禮也。故率性而行謂之道，得其天性謂之德，德性失然後貴仁義。是以仁義起而道德遷，禮法興而淳樸散，故道德以仁義爲薄，淳樸以禮法爲賊也。夫中世之所敦，已爲上世之所薄，況又薄於此乎。故夫天不崇大，則覆幬不廣；地不深厚，則載物不博；人不敦厖，則道數不遠。昔在仲尼，不失舊於原壤；楚嚴不忍章於絕纓。由此觀之，聖賢之德敦矣。老氏之經曰：「大丈夫處其厚不處其薄，居其實不居其華，故去彼取此。」夫時有薄而厚施，行有失而惠用。故覆人之過者，敦之道也；救人之失者，厚之行也。往者馬援深昭此道，可以爲德，誡其兄子曰：「吾欲汝曹聞人之過如聞父母之名，耳可得聞，口不可得言。」斯言要矣！遠則聖賢履之上世，近則邴吉張子孺行之漢廷。故能振英聲於百世，播不滅之遺風，不亦美哉！然而時俗或異，風化不敦，而尚相誹謗，謂之臧否。記短則兼折其長，貶惡則並伐其善，悠悠者皆是，其可稱乎？凡此之類，豈徒乖爲君子之道哉，將有危身累家之禍焉。悲夫！行之者不知憂其然，故害興而莫之及也。斯既然矣，又有異焉，人皆見之而不能自遷。何則？務進者趨前而不顧後，榮貴者矜已而不待人。智不接愚，富不賑貧，貞士孤而不恤，賢者戹而不存。故田蚡以尊顯致安國之金，淳于以貴勢引方進之言。夫以韓翟之操，爲漢之名宰，然猶不能振一貧賢，薦一孤士，又況其下者乎。此禽息史魚所以專名於前而莫繼於後者也。故時敦俗美，則小人守正，利不能誘也。時否俗薄，雖君子爲邪，義不能止也。何則？先進者既往而不反，後來者復習俗而追之，是以虛華盛而忠信微，刻薄稠而純篤稀，斯蓋谷風有棄予之歎，伐木有鳥鳴之悲矣。嗟乎！世士誠躬師孔聖之崇則，嘉楚嚴之美行，希李老之雅誨，思馬援之所尚，鄙二宰之失度，美韓稜之抗正，貴丙張之弘裕，賤時俗之誹謗，則道豐績盛，名顯身榮，載不刊之德，播不滅之聲。然後知薄者之不足，厚者之有餘也。彼與草木俱朽，此與金石相傾，豈得同年而語並日而談哉？』又著絕交論，亦矯時之作。時梁冀驕暴不悛，朝野嗟毒，穆以故吏，懼其釁積招禍，數奏記極諫，冀終不悟，然亦不甚罪也。

【出處】後漢書朱穆傳

和平元年庚寅（一五〇）

邊韶爲太中大夫　韶初爲臨潁侯相，至是，徵拜太中大夫，與崔寔朱穆等著作東觀。

【出處】後漢書文苑邊韶傳

【考證】按後漢書黃瓊傳稱韶於元嘉元年以太中大夫議褒崇梁冀。其初任職，必在其前，故誌之於此。

元嘉元年辛卯（一五一）

馬融免官徙朔方　初，大將軍梁冀弟河南尹不疑，好經書，善待士，冀陰疾之。因中常侍白帝，轉爲光祿勳，又諷衆人共薦其子胤爲河南尹。不疑自恥兄弟有隙，遂讓位歸第，與弟蒙閉門自守，冀不欲令與賓客交通，陰使人變服至門記往來者。馬融初除南郡太守，過謁不疑。冀諷州郡以他事陷之。有司奏融在郡貪濁，受主記掾岐肅錢四十萬，融子强又受吏白向錢六十萬，布三百疋，以肅爲孝廉，向爲主簿，於是免融官，髡笞徙朔方。融自刺不死。得赦還，復拜議郎，重在東觀著述。

【出處】後漢書梁冀傳　馬融傳　三輔決錄

邊韶崔實與伏無忌撰漢記　帝命太中大夫邊韶大軍營司馬崔實議郎朱穆曹壽與伏無忌及黃景雜作獻穆孝崇二皇后及順烈皇后傳，又增外戚傳入安思等后，儒林傳入崔篆諸人。無忌又自采集古今，刪著事要，號曰伏侯注。其書上自黃帝，下盡漢質帝，爲八卷，行於世。無忌卒，子質嗣官，至大司農。初自伏生已後，世傳經學，清靜無競，故東州號爲伏不鬭云。

【出處】史通卷十二正史　後漢書伏湛傳

安清譯五十校計經及七處三觀經　安清才悟機敏，一聞能通。至止未久，即通習華言。於是宣譯衆經，改梵爲漢。以是年出五十校計經二卷，或云明度校計七處三觀經二卷。道安云：出雜阿含

【出處】高僧傳卷一　歷代三寶紀卷第四引朱士行漢錄

二年壬辰（一五二）

延篤爲議郎　篤字叔堅，南陽犨人也。少從潁川唐溪典（字季度）受左氏傳，旬日能諷誦之。（後漢書章懷注引先賢行狀曰：『篤欲寫左氏傳，無紙。典以廢牋記與之，篤以牋記紙不可寫傳，乃借本諷之。糧盡辭歸。典曰：『卿欲寫傳，何故辭歸？』篤曰：『已諷之矣』典聞之歎曰：『嗟乎延生！雖復端木聞一知二，未足爲喻，若使仲尼更起於洙泗，君當編名七十與游夏爭匹也。』）典深敬焉。又從馬融受業，（經典序錄云：『篤受左氏於賈逵之子伯升，因而注之。』）博通經傳及百家之言。能著文章，有名京師。舉孝廉，爲平陽侯相。到官，表龔遂之墓，立銘祭祠，擢用其後於畎畝之間。以師喪，棄官奔赴，五府並辟，不就。至是，以博士徵，拜議郎，著作東觀。與崔實曹壽等作漢記。雜作百官表，順帝功臣孫程郭願及鄭衆蔡倫等傳，凡百十有四篇。

【出處】後漢書延篤傳　史通卷十二正史

安清出普法義經等　世高以是年出普法義經一卷，（亦名具法行經，出長阿含。）內藏經一卷。（十月出，第一譯，亦名內藏百品。）

【出處】歷代三寶紀卷第四引朱士行漢錄

永興元年癸巳（一五三）

馬融以病去官 是年帝獵廣成，馬融以議郎從，是時北州遭水潦蝗虫，融撰上林頌以諷。以病去官。融才高博洽，爲世通儒，教養諸生，常有千數。善鼓琴，好吹笛，達生任性，不拘儒者之節，居宇器服，多存侈飾。常坐高堂，施絳紗帳，前授生徒，後列女樂，弟子以次相傳，鮮有入其室者。

【出處】 藝文類聚一百引魏文帝典論 後漢書馬融傳

【考證】 明年鄭玄即至扶風馬融家中求學，而今年融尙以議郎從獵，則其去職，當在此二年之間，故誌之於此。

應奉爲武陵太守 奉字世叔，汝南南頓人也。少聰明，自爲兒童及長，凡所經歷，莫不暗記。讀書五行並下，爲郡決曹史，行部四十二縣，錄囚徒數百千人。及還，太守備問之。奉口說罪繫姓名，坐狀輕重，無所遺脫，時人奇之。刪史記漢書及漢記三百六十餘年，自漢興至此時，凡十七卷，名曰漢事（册府元龜作七十卷隋志云：後序十二卷。）大將軍梁冀舉茂才。先是武陵蠻詹山等四千餘人，反叛執縣令，屯結連年，詔下公卿議，四府舉奉才堪將帥。至是，拜武陵太守，到官，慰納山等，皆悉降散。於是興學校，舉側陋，政稱變俗。坐公事免。後車騎將軍馮緄引爲從事中郎，薦爲司隸校尉。及黨事起，奉乃慨然以疾自退，追慤屈原，因以自傷。著感騷三十篇，數萬言，諸公多薦舉，會疾卒。

【出處】後漢書應奉傳

二年甲午（一五四）

鄭玄至扶風求學　玄以山東無足問者，乃西入關，因盧植字子幹，涿郡涿人。身長八尺二寸，音聲如鐘，少事馬融，能通古今學，好研精而不守章句。融外戚豪家，多列女倡歌舞於前，植侍講積年，未常轉眄，融以是敬之。事扶風馬融。融門徒四百餘人，升堂進者五十餘生。融素驕貴，嫚于待士，玄不得見住左右，自起精廬，在門下三年不得見。融使高業弟子傳授於玄，玄日夜尋誦，未嘗怠倦。會融集諸生考論圖緯，聞玄善算，乃召見於樓上。玄因從質諸疑義，問畢辭歸。融喟然謂門人曰：『鄭生今去，吾道東矣。』玄自遊學十餘年，乃歸鄉里。

【出處】後漢書鄭玄傳　世說文學第四引鄭玄別傳

【考證】按本傳有鄭玄戒子書，稱『年過四十，乃歸供養。』其可疑有二。世說新語注引鄭玄別傳稱玄年二十一去鄉里至京師求學，後漢書本傳又謂玄遊學十餘年乃歸鄉里。若年過四十，豈不二十餘年乎？一也。按各書所載情形觀之，知鄭玄東歸時馬融尚在，若年過四十，則至早須在建寧元年，時馬融已卒二年，二也。竊疑四十當爲三十之訛。初求學又在三年之前，故誌之於此。

趙岐辟司空掾。　岐字邠卿，京兆長陵人也。初名嘉，生於御史臺，因字台卿。後避難，故自改名字，示不忘本土也。岐少明經，有才藝，取扶風馬融兄女。（三輔決錄以爲融叔馬敦女），融外戚豪家，岐常鄙之，不與融相見。仕州郡，以廉直疾惡見憚。年三十餘，（御覽五〇一引後漢書以爲四十）有重疾，臥蓐七年，自慮奄忽。乃爲遺令勑兄子曰：『大丈夫生世，遯無箕山之操，仕無伊呂之勳。天不我與，復何言哉！可立一員石於吾墓前，刻之曰，漢有逸人，姓趙名嘉，有志無時，命也奈何！』其後疾瘳。至是辟司空掾，議二千石得去官爲親行服。朝廷從之。

【出處】後漢書趙岐傳　御覽五〇一引後漢書

【考證】後漢書趙岐傳言『岐年三十餘，有重疾。』御覽引後漢書(不知何家)則作『年四十』余按御覽所引是也。考趙岐孟子題辭載『知命之際，嬰戚於天，遘屯離蹇，詭姓遁身。』岐之遁身在延熹元年，(一五八)其時年若五十，則當生於永初三年，(一〇九)其年四十，正當建和二年，(一四八)至永興二年被徵，恰爲七年。本傳又稱；『年九十餘，建安六年卒。』若由此推之，則其卒時當爲九十三歲也。

永壽元年乙未(一五五)

張奐爲安定屬國都尉　奐字然明，敦煌酒泉人也，父惇爲漢陽太守。奐少遊三輔，師事太尉朱寵，學歐陽尚書。初牟氏章句浮辭繁多，有四十五萬餘言，奐減爲九萬言。後辟大將軍梁冀府，乃上書桓帝，奏其章句。詔下東觀。以疾去官，復舉賢良，對策第一，擢拜議郎。至是，遷安定屬國都尉。至靈帝時，遭黨禍禁錮，歸田里。閉門不出，養徒千人，著尚書記難三十餘萬言。文有銘頌書教誡述志對策章表二十四篇。（隋志云：梁有張奐集二卷，錄一卷。）光和四年卒，年七十八。長子芝，字伯英，少持高操，以名臣子勤學，文爲儒宗，武爲將表，太尉辟公車有道徵，皆不至。號張有道。尤好草書，學杜（名度，章帝時爲齊相，號善作篇。）崔（即崔瑗，崔寔）之法，家之衣帛，必書而後練，臨池學書，水爲之黑。下筆則爲楷，則號怱怱不暇草書，爲世所寶，寸紙不遺，韋仲將謂之草聖。其弟昶字文叔，亦善草書。芝以獻帝初平年卒，昶以獻帝十一年卒。

【出處】後漢書張奐傳及注引王愔文字志，書斷

【考證】按本傳章懷注曰：『牟卿受書於張堪，爲博士。故有牟氏章句。』洪亮吉曰：『注牟卿受書於張堪，案張字應作周字。』考牟卿乃西漢時人，漢書不言其曾爲章句。且牟卿乃大夏侯氏學，尤與此不合。後漢書儒林牟長傳，明載長爲牟氏章句之事，不知章懷何以目不見泰山也。

二年丙申（一五六）

●安清譯人本欲生經一卷●●●●●●●●出長阿含

【出處】歷代三寶紀卷第四引朱士行漢錄

三年丁酉(一五七)

延熹元年戊戌(一五八)

京兆尹延篤免 初，篤遷侍中，帝數問政事，篤詭辭密對，動依典義。遷左馮翊，又徙京兆尹。其政用寬仁，憂恤民黎，擢用長者與參政事。郡中歡愛，三輔咨嗟焉。先是陳留邊鳳爲京兆尹，亦有能名。郡人爲之語曰：『前有趙張三王，後有邊延二君。』時皇子有疾，下郡縣出珍藥，而大將軍梁冀遣客齎書詣京兆，幷貨牛黃。篤發書收客曰：『大將軍椒房外家，而皇子有疾，必應陳進醫方，豈當使客千里求利乎？遂殺之，』冀慙而不得言。有司承旨，欲求其事。篤以病免歸。

【出處】 後漢書延篤傳

【考證】 按延篤以元嘉二年爲議郎（見前）至此不過八年，而有三遷之事，則每次爲官，平均不及三年，且書鈔七十六引謝承書云：『篤勸民農桑，遂增戶口，穀食豐饒，鄰郡老少歸之。』亦非短時間之事。趙岐傳載唐玹以是年爲京兆尹，則篤必於是年始去京兆尹也。

趙歧作孟子章句 初，歧爲大將軍梁冀所辟，爲陳損益求賢之策，冀不納，舉理劇爲皮氏長。抑彊討姦，大興學校。會河東太守劉祐去郡，而中常侍左悺兄勝代之。歧恥疾宦官，即日西歸。京兆尹延篤復以爲功曹。先是中常侍唐衡兄玹爲京兆虎牙都尉，郡人以玹進不由德，皆輕侮之。歧及從兄襲又數爲貶議，玹深毒恨。至是，玹爲京兆尹，歧懼禍及，乃與從子戩逃避之。玹果收歧家屬宗親，陷以重法，盡殺之。歧遂逃難四方，江淮海岱靡所不歷，自匿姓名，賣餅北海市中。時安丘孫嵩年二十餘，遊市見歧，察非常人，停車呼與共載。歧懼失色，嵩乃下帷，令騎屛行人，密問歧曰：『視子非賣餅者，又相問而色動，不有重怨，即亡命乎？我北海孫賓石，闔門百口，勢能相濟。』歧素聞嵩名，即以實告之，遂以俱歸。嵩先入白母曰：『出行乃得死友』迎入上堂，饗之極歡，藏歧複壁中。歧作戹屯歌二十三章。又著孟子章句，作題辭解曰：『孟子題辭者，所以題號孟子之書本末指義文辭之表也。

孟姓也，子者，男子之通稱也。此書孟子之所作也，故揔謂之孟子。其篇目則各自有名。孟子鄒人也，名軻，字則未聞也。鄒本春秋邾子之國，至孟子時改曰鄒矣。國近魯，後爲魯所幷。又言邾爲楚所幷，非魯也。今鄒縣是也。或曰：孟子魯公族孟孫之後，故孟子仕於齊喪母而歸葬於魯也。三桓子孫既以衰微，分適他國。孟子生有淑質，夙喪其父，幼被慈母三遷之教，長師孔子之孫子思，治儒述之道，通五經，尤長於詩書。周衰之末，戰國縱橫，用兵爭强，以相侵奪。當世取士，務先權謀，以爲上賢。先王大道，陵遲隳廢，異端並起，若楊朱墨翟放蕩之言以干時惑衆者非一。孟子閔悼堯舜湯文周孔之業將遂湮微，正塗壅底，仁義荒怠，佞僞馳騁，紅紫亂朱。於是則慕仲尼周流憂世，遂以儒道遊於諸侯，思濟斯民。然由不肯枉尺直尋，時君咸謂之迂闊於事，終莫能聽納其說。孟子亦自知遭蒼姬之訖錄，值炎劉之未奮，進不得佐興唐虞雍熙之和，退不能信三代之餘風，恥沒世而無聞焉，是故垂憲言以詒後人。仲尼有云：「我欲託之空言，不如載之行事之深切著明也。」於是退而論集所與高第弟子公孫丑萬章之徒難疑答問，又自撰其法度之言，著書七篇，二百六十一章，三萬四千六百八十五字。包羅天地，揆敘萬類，仁義道德性命禍福粲然靡所不載。帝王公侯遵之，則可以致隆平，頌清廟。卿大夫士蹈之，則可以尊君父，立忠信。守志厲操者儀之，則可以崇高節，抗浮雲。有風人之託物，二雅之正言，可謂直而不倨曲而不屈命世亞聖之大才者也。孔子自衞反魯，然後樂正，雅頌各得其所，乃刪詩定書繫周易作春秋。孟子退自齊梁，述堯舜之道而著作焉，此大賢擬聖而作者也。七十子之疇，會集夫子所言，以爲論語。論語者，五經之錧鎋，六藝之喉衿也。孟子之書，則而象之：衞靈公問陳於孔子，孔子答以俎豆；梁惠王問利國，孟子對以仁義；宋桓魋欲害孔子，孔子稱天生德於予；魯臧倉毀鬲孟子，孟子曰：「臧氏之子，焉能使予不遇哉？」旨意合同若此者衆。又有外書四篇：性善，辯文，說孝經，爲正。其文不能弘深，不與內篇相似，似非孟子本眞，後世依放而託之者也。孟子既沒之後，大道遂絀。逮至亡秦，焚滅經術，坑戮儒生，孟子徒黨盡矣。其書號爲諸子，故篇籍得不泯絕。漢興，除秦虐禁，開延道德。孝文皇帝欲廣遊學之路，論語孝經孟子爾雅皆置博士。後罷傳記博士，獨立五經而已。訖今諸經通義，得引孟子以明事，謂之博文。孟子長於譬喻，辭不迫切，而意以獨至。其言曰：「說詩者，不以文害辭，不以辭害志，以意逆志，爲得之矣。」斯言殆欲使後人深求其意以解其文，不但施於說詩也。今詩解者，往往摭取而說之。其說又多乖異不同。孟子以來，五百餘載，傳之者亦已衆多。余生西京，世尋丕祚，有自來矣。少蒙義方，訓涉典文，知命之際，嬰戚于天。遘屯離蹇，詭姓遁身，經營八紘之內，十有餘年，心勤形瘵，何勤如焉！嘗息肩弛擔於濟岱之間，或有溫故知新雅德君子，矜我劬瘁，睠我皓首，訪論稽古，慰以大道。余困吝之中，精神遐漂，靡所濟集，聊欲係志於翰墨，得以亂思遺老也。惟六籍之學，先覺之士釋而辯之者既已詳矣。儒家惟有孟子，閎遠微妙，縕奧難見，宜在條理之科。於是乃述已所聞，證以經傳，爲之章句。具載本文，章別其旨，分爲上下凡十四卷。究而言之，不敢以當達者，施於新學，可以寤疑辯惑，愚亦未能審於是非。後之明者，見其違闕，儻改而正諸，不亦宜乎。』又爲孟子篇叙曰：『孟子篇叙者，言孟子七篇所以相次叙之意也。孟子以爲聖王之盛惟有堯舜，堯舜之道，仁義爲上，故以梁惠王問利國對以仁義爲首篇也。仁義根心，然後可以大行其政，故次之以公孫丑問管晏之政答以曾西之所羞也。政莫美於反古之道，滕文心樂反古，故次以文公爲世子，始有從善思禮之心也。奉禮之謂明，明莫甚於離婁，故次以離婁之明也。明者當明其行，行莫大於孝，故次以萬章問舜往于田號泣也。孝道之本，在于情性，故次以告子論情性也。情性在內而主於心，故次以盡心也。盡巳之心與天道通，道之極者也，是以終於盡心也。篇所以七者，天以七紀璿璣運度，七政分離，聖以布曜，故法之也。章所以二百六十有九者，三時之日數也。不敢比易當期之數，故取其三時。三時者，成歲之要時，故法之也。三萬四千六百八十五字者，可以行五常之道，施七政之紀，故法五七之數而不敢盈也。文章多少擬其大數，不必適等，猶詩三百五篇而論曰詩三百也。章有大小，分章賦篇，篇趣五千，以卒其文，無所取法。猶論四百八十六章，章次大小，各當其事，亦無所取法也。蓋所以佐明六藝之文義，崇宣先聖之指務，王制拂邪之隱括，立德立言之程式也。洋洋浩浩，具存乎斯文矣。」

【出處】後漢書趙岐傳　孟子題辭　孟子篇叙 曲阜孔氏刊本

二年己亥（一五九）

●徵蔡邕不至　邕字伯喈，陳留圉人也。性篤孝，母常滯病三年，邕自非寒暑節變，未常解襟帶，不寢寐者十旬。母卒，廬於冢側，動靜以禮，有兎馴擾其室旁，又木生連理。遠近奇之，多往觀焉。與叔父從弟同居，三世不分財，鄉黨高其義。弱冠之時，與李則遊學，師事太傅胡廣，讀左氏傳，性通敏兼人，舉一反三，又好辭章數術天文，妙操音律。至是，中常侍徐璜左琯等五侯擅恣，聞邕善鼓琴，遂白天子，勅陳留太守督促發遣，邕不得已，行到偃師，稱疾而歸，閑居頑古，不交當時。作述行賦。

【出處】後漢書蔡邕傳　蔡邕別傳

置秘書監　是年八月，置秘書監一人，秩六百石。掌圖書古今文字，考合同異。

【出處】後漢書桓帝紀　書鈔五十七引東觀漢記

崔寔免　初，寔出爲五原太守，五原土宜麻枲而俗不知織績，民冬月無衣，積細草而臥其中，見吏則衣草而出。寔至官，斥賣儲峙，爲作紡績織紝練縕之具以教之，民得以免寒苦。是時胡虜連入雲中朔方，殺略吏民，一歲至九奔命，寔整厲士馬，嚴烽候，虜不敢犯，常爲邊最。以病徵拜議郎，復與諸儒博士共雜定五經。會梁冀誅，寔以故吏免官。

【出處】後漢書崔寔傳

三年庚子（一六〇）

朱穆論輸左校　初，永興元年河溢，漂害人庶數十萬戶，百姓荒饉，流移道路，冀州盜賊尤多，故擢穆爲冀州刺史。州人有宦者三人爲中常侍，竝以檄謁穆。穆疾之，辭不相見。冀部令長聞穆濟河，解印綬去者四十餘人。及到，奏劾諸部，至有自殺者。以威略權宜，盡誅賊渠帥，舉劾權貴，或乃死獄中。有宦者趙忠喪父，歸葬安平，僭爲璵璠玉匣偶人。穆聞之，下郡案驗。吏畏其嚴明，遂發墓剖棺，陳尸出之，而收其家屬。帝聞大怒，徵穆詣廷尉，輸作左校。太學生劉陶等（陶字子奇，一名偉，潁川潁陰人，濟北貞王勃之後。）數千人詣闕上書訟穆曰：『伏見施刑徒朱穆，處公憂國，拜州之日：志淸姦惡。誠以常侍貴寵，父兄子弟布在州郡，競爲虎狼，噬食小人。故穆張理天綱，補綴漏目，羅取殘禍，以塞天意。由是內官咸共恚疾，謗讟煩興，讒隙仍作，極其刑讁，輸作左校。天下有識，皆以穆同勤禹稷，而被共鯀之戾。若死者有知，則唐帝、怒於崇山，重華忿於蒼墓矣。當今中官近習，竊持國柄，手握王爵，口含天憲。運賞則使餓隸富於季孫，呼噏則令伊顏化爲桀蹠。而穆獨亢然不顧身害，非惡榮而好辱惡生而好死也，徒感王綱之不攝，懼天網之久失，故竭身懷憂，爲上深計。臣願黥首繫趾，代穆校作。』帝覽其奏，乃赦之。（後陶舉孝廉，除順陽長，以病免。）

【出處】後漢書朱穆傳　劉陶傳

五年壬寅（一六二）

●王符隱居安定　符字節信，安定臨涇人也。少好學，有志操，與馬融竇章張衡崔瑗等友善。安定俗鄙庶孽，而符無外家，爲鄉人所賤。自和安之後，世務游宦，當塗者更相薦引，而符獨耿介，不同於俗，以此遂不得升進。志意蘊憤，乃隱居著書三十餘篇，以譏當時失得。不欲章顯其名。故號曰潛夫論。其指訐時短，討讁物情，足以觀見當時風政。後度遼將軍皇甫規解官歸安定，鄉人有以貨得雁門太守者，亦去職還家，書刺謁規。規臥不迎，既入而問：『卿在郡食雁美乎？』有頃，又白王符在門。規素聞符名，乃驚遽而起，衣不及帶，屣履出迎，援符手而還，與同坐極歡。時人爲之語曰：『徒見二千石，不如一縫掖。』言書生道義之爲貴也。（符竟不仕，終於家。）

【出處】後漢書王符傳

【考證】按符之隱居，本非一年之事。而是年皇甫規解職歸家，則其見王符，當在此年，故誌之於此。

孔融至洛陽　融字文舉，魯國人，孔子二十世孫也。幼有異才，至是，年十歲，隨父詣京師。時河南尹李膺以簡重自居，不妄接士賓客。勑外，自非當世名人及與通家，皆不得白。融欲觀其人，故造膺門，語門者曰：『我是李君通家子弟』門者言之。膺請融問曰：『高明祖父常與僕有恩舊乎？』融曰：『然，先君孔子與君先人李老君，同德比義而相師友，則融與君累世通家。』衆坐莫不歎息。太中大夫陳煒後至，坐中以告煒。煒曰：『夫人小而聰了，大未必奇。』融應聲曰：『觀君所言，將不早慧乎？』膺大笑曰：『長大高明，必爲偉器。』

【出處】後漢書孔融傳

六年癸卯（一六三）

王延壽作桐栢淮源廟碑　延壽字文考，一字子山　王逸子也，少有儁才。南陽太守立廟桐栢，以祀淮神，延壽遂爲作頌。魯作靈光殿初成，逸語延壽：『汝寫狀歸，吾欲爲賦。』延壽遂以韻寫簡。其父曰：『此即爲賦，吾固不及矣。』後蔡嘗亦造此賦，未成，及見延壽所爲，甚奇之，遂輟翰而已。曾有異夢，意惡之，迺作夢賦以自厲，後溺水死，年二十餘。著有集三卷。（隋時已亡）

【出處】後漢書文苑王逸傳　古文苑卷十八　博物志

【考證】按南陽與延壽故居相距不遠，竊疑其早年所作，蓋當時尚未北上也。其作靈光殿賦當在其後。

●朱穆卒　初，穆居家數年，在朝諸公，多有相推薦者，於是徵拜尚書。穆既深疾宦官，及在臺閣，旦夕共事，志欲除之，乃上疏言其事，帝不納。自此中官數因事稱詔詆毀之。穆素剛，不得意。居無幾，憤懣發疽，至是年四月丁巳，卒於京師，時年六十四，祿仕數十年，蔬食布衣，家無餘財。公卿共表穆立節忠清，虔恭機密，守死善道，宜蒙旌寵。策詔褒述，追贈益州太守。所著論策奏教書詩記嘲，凡二十篇。（梁有朱穆集二卷。）著論甚美，蔡邕嘗至其家自寫之。邕復與門人共述穆體行，謚爲文忠先生。

【出處】後漢書朱穆傳　朱公叔碑

八年乙巳（一六五）

祠老子　是年正月，帝使中常侍左悺之苦縣祠老子，冬十一月，復使中常侍管霸往祠。

【出處】　後漢書桓帝紀

邊韶爲陳相　初，韶再遷北地太守，入拜尚書令。至是，爲陳相，作老子銘　卒於官。著詩，頌，碑，銘，書，策，凡十五篇。（七錄有邊韶集一卷，錄一卷。）

【出處】　後漢書文苑邊韶傳

【考證】　按隸釋三載老子銘爲是年八月甲子所作。考陳國相傳爲老子之故鄉，又當朝廷祭老，故孝先爲之作銘，則其爲陳相，必在此時無疑。

九年丙午（一六六）

帝親祠老子於濯龍宮　帝好神僊事，故親祠老子。祠用三牲，太官設珍饌，文罽爲壇，飾淳金釦器，設華蓋之作，用郊天樂也。

【出處】　續漢書祭祀志　後漢書桓帝紀

馬融卒 融嘗欲訓左氏春秋。及見賈逵鄭衆注，乃曰：『賈君精而不博，鄭君博而不精，既精既博。吾何加焉。』但著三傳異同說注論語孝經詩易三禮尚書等書。融懲於鄧氏，不敢復違忤勢家，遂爲梁冀草奏李固，又作大將軍西第頌，以此頗爲正直所羞。至是卒於家，年八十八，遺令薄葬。（族孫日磾獻帝時位至太傅。）

【出處】後漢書馬融傳

【附錄】馬融著述表

易傳十卷（釋文叙錄）

尚書注十一卷（隋志）

毛詩注十卷（無下秩見叙錄）

周官傳十二卷（叙錄）

儀禮注（後漢書本傳）

喪服經傳注一卷（隋志。蓋儀禮中之別行者。）

三傳異同說

孝經注二卷　七錄

論語注　何晏論語集解引

禮記注　釋文敘錄引

列女傳注　後漢書本傳

老子注　後漢書本傳　南齊書王僧虔傳

淮南子注　後漢書本傳

離騷注　後漢書本傳

律章句　晉書刑法志引

集九卷　見隋志後漢書本傳云：『所著賦頌碑誄書記表奏七言琴歌對策遺令，凡二十一篇。』

襄楷上書言事

楷字公矩，平原隰陰人也。好學博古，善天文陰陽之術。自帝即位以來，宦官專朝，政刑暴濫，又比失皇子，災異尤數。至是，楷自家詣闕上疏曰：『

臣聞皇天不言，以文象設教。堯舜雖聖，必歷象日月星辰，察五緯所在，故能享百年之壽，爲萬世之法。臣竊見去歲五月，熒惑入太微，犯帝坐，出端門，不軌常道。其閏月庚辰，太白入房犯心小星，震動中耀。中耀天王也，傍小星者，天王子也。夫太微天庭五常之坐，而金火罰星揚光其中，於占天子凶。又俱入房心，法無繼嗣。今年歲星久守，太微逆行，西至掖門，還切執法。歲爲木精，好生惡殺；而淹留不去者，咎在仁德不修，誅罰太酷。前七年十二月，熒惑與歲星俱入軒轅，逆行四十餘日而鄧皇后誅。其冬大寒，殺鳥獸，害魚鼈，城傍竹柏之葉，有傷枯者。臣聞於師曰：「柏傷竹枯，不出三年，天子當之。」今洛陽城中，人夜無故叫呼，云有火光，人聲正諠。於占亦與竹柏枯同。自春夏以來，連有霜雹及大雨靁，而臣作威作福，刑罰急刻之所感也。太原太守劉瓆，南陽太守成瑨，志除姦邪，其所誅翦，皆合人望。而陛下受閹豎之譖，乃遠加考逮。王公上書乞哀瓆等，不見採察，而嚴被譴讓，憂國之臣將遂杜口矣。臣聞殺無罪誅賢者，禍及三世。自陛下即位以來，頻行誅伐，梁寇孫鄧，並見族滅。其從坐者，又非其數。李雲上書，明主所不當諱，杜衆乞死，諒以感悟聖朝，曾無赦宥，而並被殘戮。天下之人，咸知其寃。漢興以來，未有拒諫誅賢用刑太深如今者也。永平舊典，諸當重論，皆須冬獄，先請後刑，所以重人命也。頃數十歲以來，州郡翫習，又欲避請讞之煩，輒託疾病，多死牢獄，長吏殺生，自己死者，多非其罪。魂神寃結，無所歸訴，淫厲疾疫，自此而起。昔文王一妻，誕致十子。今宮女數千，未聞慶育。宜修德省刑，以廣螽斯之祚。又七年六月十三日，河內野王山上有龍死，長可數十丈。扶風有星隕，爲石，聲聞三郡。夫龍形狀不一，小大無常，故周易況之大人，帝王以爲符瑞。或聞河內龍死，諱以爲蛇。夫龍能變化，蛇亦有神，皆不當死。昔秦之將衰，華山神操璧以授鄭客曰：「今年祖龍死」始皇逃之，死於沙丘。王莽天鳳二年，訛言黃山宮有死龍之異，後漢誅莽，光武復興，虛言猶然，况於實邪。夫星辰麗天，猶萬國之附王者也。下將畔上，故星亦畔天。石者安類，墜者失勢。春秋五石隕宋，其後襄公爲楚所執。秦之亡也，石隕東郡。今隕扶風，與先帝園陵相近，不有大喪，必有畔逆。案春秋以來及古帝王，未有河清及學門自壞者也。臣以爲河者，諸侯位也。清者屬陽，濁者屬陰，河當濁而反清者，陰欲爲陽諸侯欲爲帝也。太學天子敎化之宮，其門無故自壞者，言文德將喪敎化廢也。京房易傳曰：「河水清，天下平。」今天垂異，地吐妖，人厲疫。三者並時而有河清，猶春秋麟不當見而見，而孔子書之以爲異也。臣前上琅琊宮崇受于吉神書，不合明聽。臣聞布穀鳴於孟夏，蟋蟀吟於始秋。物有微而志信，人有賤而言忠。臣雖至賤，誠願賜清閒，極盡所言。』書奏不省。十餘日復上書曰：『臣伏見太白北入數日，復出東方。其占當有大兵，中國弱，四夷彊。臣又推步熒惑，今當出而潛，必有陰謀。皆由獄多寃結，忠臣被戮，德星所以久守執法，亦爲此也。陛下宜承天意，理察寃獄，爲劉瓆成瑨虧除罪辟，追錄李雲杜衆等子孫。夫天子事天不孝，則日食星鬬。比年日食於正朔，三光不明，五緯錯戾。前者宮崇所獻神書，專以奉天地順五行爲本，亦有興國廣嗣之術。其文易曉，參同經典。而順帝不行，故國胤不興。孝沖孝質，頻世短祚。臣又聞之，得主所好，自非正道，神爲生虐。故周衰諸侯以力征相尚，於是夏育申休宋萬彭生任鄙之徒，生於其時。殷紂好色，妲己是出。葉公好龍，眞龍游廷。今黃門常侍天刑之人，陛下愛待，兼倍常寵。繼嗣未兆，豈不爲此？天官，宦者星不在紫宮而在天市。明當給使主市里也。今乃反處常伯之位，實非天意。又聞宮中立黃老浮屠之祠，此道淸虛，貴尙無爲。好生惡殺，省慾去奢。今陛下嗜慾不去，殺罰過理，旣乖其道，豈獲其祚哉！或言老子入夷狄爲浮屠，浮屠不三宿桑下，不欲久生恩愛，精之至也。天神遺以好女，浮屠曰：「此但革囊成血，」遂不盼之。其守一如此，乃能成道。今陛下婬女艷婦，極天下之麗；甘肥飮美，單天下之味；奈何欲如黃老乎？』書上，即召詣尙書問狀。楷曰：『臣聞古者本無宦官。武帝末，春秋高，數遊後宮，始置之耳。後稍見任，至于順帝，遂益繁熾。今陛下爵之，十倍於前，至今無繼嗣者，豈獨好之而使之然乎？』尙書上其對，詔下有司處正。尙書承旨奏曰：『宦者之官，非近世所置。漢初，張澤爲大謁者。佐絳侯誅諸呂。孝文使趙談參乘，而子孫昌盛。楷不正辭理指陳要務，而析言破律，違背經藝，假借星宿，僞託神靈，造合私意，誣上罔事，請下司隸正楷罪法，收送洛陽獄。』帝以楷言雖激切，然皆天文恆象之數，故不誅，猶司寇論刑。初，順帝時，瑯琊宮崇詣朝，上其師于吉於曲陽泉水上所得神書百七十卷，皆縹白素朱介，青首朱目，號太平淸領書。其言以陰陽五行爲家，而多巫覡雜語。有司奏崇所上妖妄不經，乃收藏之，後張角頗有其書焉。及靈帝卽位，以楷書爲然，太傅陳蕃舉方正，不就。鄉里宗之，每太守至，輒致禮請。中平中，與荀爽鄭玄俱以博士徵，不至，卒於家。

【出處】後漢書襄楷傳

黨禍起 初，帝爲蠡吾侯，受學於甘陵周福。及卽帝位，擢福爲尚書，時同郡河南尹房植有名當朝。鄉人爲之謠曰：『天下規矩房伯武，因師獲印周仲進。』二家賓客，互相譏揣，遂各樹朋徒，漸成尤隙，由是甘陵有南北部，黨人之議，自此始矣。後汝南太守宗資任功曹范滂，南陽太守成瑨亦委功曹岑晊。二郡又爲謠曰：『汝南太守范孟博，南陽宗資主畫諾。南陽太守岑公孝，弘農成瑨但坐嘯。』因此流言轉入太學，諸生三萬餘人，郭林宗（泰）賈偉節（彪）爲其冠，並與李膺陳蕃王暢更相褒重○學中語曰：『天下模楷李元禮（膺），不畏强禦陳仲舉（蕃），天下俊秀王叔茂（暢）○』于是中外承風，競以臧否相尚○自公卿以下，莫不畏其貶議，屣履到門○時宦官張讓弟朔爲野王令，貪殘無道○至乃殺孕婦○李膺爲司隸校尉，朔聞其厲威嚴，懼罪，逃還京師○因匿兄讓第舍，藏於合柱中，膺知其狀，率將吏卒，破柱取朔，付洛陽獄○受辭畢，即殺之○自此諸黃門常侍皆鞠躬屏氣，休沐不敢復出宮省○帝怪問其故，並叩頭泣曰：『畏李校尉』是時朝廷日亂，綱領穨阤○膺獨持風裁以聲名自高○士有被其容接者，名爲登龍門○至是，河內張成以善說風角，推占當赦，遂教子殺人○李膺督促收捕，既而逢宥獲免○膺愈懷憤疾，竟案殺之○初成以方伎交通宦官，帝亦頗誶其占○成弟子牢修因上書誣告膺等養太學遊士，交結諸郡生徒，更相驅馳，共爲部黨，誹訕朝廷，疑亂風俗○于是天子震怒，班下郡國，逮捕黨人○布告天下，使同忿疾○案經三府，陳蕃卻之曰：『今所案者，皆海內人譽，憂國忠公之臣，此等猶將十世宥也○豈有罪名不章而致收掠者乎？』不肯平署。帝愈怒，遂下膺等於黃門北寺獄。辭連太僕杜密及陳寔范滂之徒二百餘人。或遁逃不獲，皆懸金購募。陳蕃復上書極諫，帝諱其言切，託以辟召非人，策免之。時黨獄所染，皆天下名賢。皇甫規自以西州豪傑，恥不得與。乃自言：『臣前薦故大司農張奐，是附黨也。臣昔論輸左校，張鳳等訟臣，是爲黨人所附也。臣宜坐之。』朝廷不問。

【出處】後漢書黨錮列傳

趙岐爲禦寇論　初，諸唐死滅，岐因赦乃出，三府聞之，同時並辟。至是乃應司徒胡廣之命。會南匈奴烏桓鮮卑反叛，公卿舉岐，擢拜并州刺史。岐欲奏守邊之策，未及上，坐黨事免，因譔次以爲禦寇論。

【出處】後漢書趙岐傳

荀爽拜郎中　太常趙典舉爽至孝，拜郎中，對策陳便宜曰：『臣聞之於師曰：「漢爲火德，火生於木，木盛於火，故其德爲孝。其象在周易之離。」夫在地爲火，在天爲日。在天者用其精，在地者用其形。夏則火王，其精在天，溫煖之氣，養生百木，是其孝也。冬時則廢，其形在地，酷烈之氣，焚燒山林，是其不孝也。故漢制使天下誦孝經，選吏舉孝廉。夫喪親自盡，孝之終也。今之公卿及二千石，三年之喪不得即去，殆非所以增崇孝道而克稱火德者也。往者孝文勞謙，行過乎儉，故有遺詔，以日易月。此當時之宜，不可貫之萬世。古今之制，雖有損益，而諒闇之禮未嘗改移，以示天下莫遺其親。今公卿羣僚皆政教所瞻，而父母之喪不得奔赴。夫仁義之行，自上而始；敦厚之俗，以應乎下。傳曰：「喪祭之禮闕，則人臣之恩薄，背死忘生者衆矣。」曾子曰：「人未有自致者。必也親喪乎。」春秋傳曰：「上之所爲，民之歸也。夫上所不爲而民或爲之，故加刑罰。若上之所爲民亦爲之，又何誅焉？」昔丞相翟方進以自備宰相而不敢踰制，至遭母憂三十六日而除。夫失禮之源，自上而始。古者大喪三年不呼其門，所以崇國厚俗篤化之道也。事失宜正，過無憚改，天下通喪，可如舊禮。臣聞：有夫婦然後有父子，有父子然後有君臣，有君臣然後有上下，有上下然後有禮義，禮義備則人知所厝矣。夫婦人倫之始，王化之端。故文王作易，上經首乾坤，下經首咸恒。孔子曰：天尊地卑，乾坤定矣，夫婦之道，所謂順也。堯典曰：釐降二女于嬀汭，嬪于虞，降者下也，嬪者婦也。言雖帝堯之女下嫁于虞，猶屈體降下，勤修婦道。易曰：帝乙歸妹，以祉元吉。婦人謂嫁曰歸，言湯以娶禮歸其妹於諸侯也。春秋之義，王姬嫁齊，使魯主之，不以天子之尊加於諸侯也。今漢承秦法，設尚主之儀，以妻制夫，以卑臨尊。違乾坤之道，失陽唱之義。孔子曰：「昔聖人之作易也。仰則觀象于天，俯則察法于地，觀鳥獸之文，與天地之宜，近取諸身，遠取諸物，以通神明之德，以類萬物之情。」今觀法于天，則北極至尊，四星妃后。察法於地，則崐山象夫，卑澤象妻。覩鳥獸之文，鳥則雄者鳴雊，雌能順服；獸則牡爲唱導，牝乃相從。近取諸身，則乾爲人手，坤爲人腹。遠取諸物，則木實屬天，根荄屬地。陽尊陰卑，蓋乃天性。且詩初篇實首關雎，禮始冠婚，先正夫婦。天地六經，其旨一揆，宜改尚主之制，以稱乾坤之性，遵法堯湯，式是周孔。合之天地而不謬，質之鬼神而不疑。人事如此，則嘉瑞降天，吉符出地，五韙咸備，各以其敘矣。昔者聖人建天地之中而謂之禮，禮者所以興福祥之本而止禍亂之源也。人能枉欲從禮者則福歸之，順情廢禮者則禍歸之。推禍福之所應，知興廢之所由來也。衆禮之中，婚禮爲首，故天子娶十二，天之數也。諸侯以下各有等差，事之降也，陽性純而能施，陰體順而能化。以禮濟樂，節宣其氣。故能豐子孫之祥，致老壽之福。及三代之季，淫而無節，瑤臺傾宮，陳妾數百。陽竭於上，陰隔於下。故周公之戒曰：「不知稼穡之艱難，不聞小人之勞，惟耽樂之從，時亦罔或克壽。」是其明戒。後世之人，好福不務其本，惡禍不易其軌。傳曰；截趾適屨，孰云其愚，何與斯人，追欲喪軀，誠可痛也。臣竊聞後宮采女五六千人，從官侍使復在其外，冬夏衣服，朝夕稟糧，耗費縑帛，空竭府藏。徵調增倍，十而稅一，空賦不辜之民，以供無用之女。百姓窮困於外，陰陽隔塞於內，故感動和氣，災異屢臻。臣愚以爲，諸非禮聘未曾幸御者，一皆遣出，使成妃合，一曰通怨曠，和陰陽，二曰省財用，實府藏。三曰修禮制，綏眉壽。四曰配陽施，祈螽斯。五曰寬役服，安黎民。此誠國家之弘利天人之大福也。夫寒熱晦明所以爲歲，尊卑奢儉所以爲禮，故以晦明寒暑之氣尊卑侈約之禮爲其節也。易曰：天地節而四時成。春秋傳曰：唯器與名，不可以假人。孝經曰：安上治民，莫善於禮。禮者，尊卑之差上下之制也。昔季氏八佾舞於庭，非有傷害困於人物，而孔子猶曰「是可忍也，孰不可忍！」洪範曰：「惟辟作威，惟辟作福，惟辟玉食。」凡此三者，君所獨行而臣不得同也。今臣僭君服，下食上珍，所謂害於而家凶於而國者也。宜略依古禮尊卑之差及董仲舒制度之別，嚴篤有司，必行其命，此則禁亂善俗足用之要。』奏聞，即棄官去。後遭黨錮，隱於海上，又南遁漢濱積十餘年，以著述爲事，遂稱爲碩儒。

【出處】後漢書荀爽傳

永康元年丁未（一六七）

赦黨人歸鄉里禁錮終身 陳蕃既免，朝臣震栗，莫敢復爲黨人言者，賈彪曰：『吾不西行，大禍不解。』乃入洛陽，說竇武霍諝等使訟之。武上疏曰：『近者奸臣牢修，造設黨議，遂收前司隸校尉李膺等，連及數百人。曠年拘錄，事無效驗。膺等建忠抗節，志經王室，此陛下稷卨伊呂之佐，而虛爲姦臣賊子所誣枉。惟陛下留神澄省，時見理出，以厭人鬼喁喁之心。』書奏，因以病，上還印綬，諝亦表請，帝意稍解。使中常侍王甫就獄訊黨人范滂等，皆三木囊頭，暴於階下。甫曰：『君爲人臣，不推忠國，而共造部黨，自相褒舉，評論朝廷，虛構無端，諸所謀結，並欲何爲？皆以情對，不得隱飾。』滂對曰：『臣聞仲尼之言：見善如不及，見惡如探湯。欲使善善同其清，惡惡同其汙，謂王政之所願聞，不悟更以爲黨。』甫曰：『卿更相拔舉，迭爲脣齒，有不合者，見則排斥，其意如何？』滂乃慷慨仰天曰：『古之循善，自求多福。今之循善，身陷大戮。身死之日，願埋滂於首陽山側。上不負皇天，下不愧夷齊。』甫愍然爲之改容，乃得並解桎梏。膺等又多引宦官子弟。宦官懼，請帝以天時宜赦。六月，赦天下，改元。黨人二百餘人，皆歸田里。書名三府，禁錮終身。

【出處】後漢書黨錮列傳

安清譯修行道地經　初，外國三藏衆護撰述經要，爲二十七章。世高乃剖析護所集七章，譯爲漢文，即道地經也。後有支敏度制序，或云順道行經。

【出處】歷代三寶紀卷第四引寶唱錄及別錄　高僧傳初集卷一安清傳

延篤卒　初，篤以病免歸，教授家巷。時人或疑仁孝前後之證。篤乃論之曰：『觀夫仁孝之辯，紛然異端，互引典文，代取世據，可謂篤論矣。夫人二致同源，總率百行，非復銖兩輕重必定前後之數也。而如欲分其大較，體而名之，則孝在事親，仁施品物。施物則功濟於時，事親則德歸於己。於己則事寡，濟時則功多。推此以言，仁則遠矣。然物有出微而著，事有由隱而章。近取諸身，則耳有聽受之用，目有察見之明，足有致遠之勞，手有飾衛之功。功雖顯外，本之者心也。遠取諸物，則草木之生始於萌芽，終於彌蔓，枝葉扶疏，榮華紛縟。末雖繁蔚，致之者根也。夫仁人之有孝，猶四體之有心腹，枝葉之有根本也。聖人知之，故曰：「夫孝，天之經也，地之義也，人之行也。」「君子務本，本立而道生。孝悌也者，其爲仁之本歟。」然體大難備，物性好偏，故所施不同，事少兩兼者也。如必對其優劣，則仁以枝葉扶疏爲大，孝以心體本根爲先，可無訟也。或謂先孝後仁非仲尼序回參之意，蓋以爲仁孝同質而生，純體之者，則互以爲稱，虞舜顏回是也。若偏而體之，則各有其目，公劉曾參是也。夫曾閔以孝悌爲至德，管仲以九合爲仁功。未有論德不先回參，考功不大夷吾，以此而言，各從其稱者也。」前越嶲太守李文德素善於篤：時在京師，謂公卿曰：『延叔堅有王佐之才，奈何屈千里之足乎！』欲令引進之。篤聞乃爲書止文德曰：『夫道之將廢，所謂命也。流聞乃欲相爲求還東觀。來命雖篤，所未敢當。吾嘗昧爽櫛梳，坐於客堂。朝則誦羲文之易，虞夏之書，歷公旦之典禮，覽仲尼之春秋；夕則消搖內階，詠詩南軒，百家衆氏，投閒而作。洋洋乎其盈耳也，渙爛兮其溢目也，紛紛欣欣兮其獨樂也。當此之時，不知天之爲蓋，地之爲輿；不知世之有人己之有軀也。雖漸離擊筑，傍若無人；高鳳讀書，不知暴雨；方之於吾，未足況也。且吾自束修以來，爲人臣不陷於不忠，爲人子不陷於不孝，上交不諂，下交不黷，從此而歿，下見先君遠祖，可不慚赧。如此而不以善止者，恐如教羿射者也。愼勿迷其本棄其生也。』以遭黨事禁錮。至是卒於家。鄉里圖其形於屈原之廟。篤論解經傳，多所駁正，後儒服虔（字子愼，初名重，又名祇，後改爲虔，河南滎陽人。）等以爲折中。所著詩論銘書應訊表教令，凡二十篇云。（新唐志有延篤集二卷）

【出處】後漢書延篤傳

侯瑾作皇德傳 瑾字子瑜，敦煌人也。少孤貧，依宗人居。性篤學，恆傭作爲資，暮還，輒然柴以讀書。常以禮自牧，獨處一室，如對嚴賓焉。州郡累召，公車有道徵，竝稱疾不到。作矯世論以譏刺當時，而徙入山中，覃思著述。以莫知於世，故作應賓難以自寄。又按漢記撰中興以後行事，爲皇德傳三十篇行於世。餘所作雜文數十篇，多亡失。（梁有侯瑾集，二卷，隋亡。）西河人敬其才而不敢名之，皆稱爲侯君云。

【出處】後漢書文苑侯瑾傳

【考證】按皇德傳既依漢記而作，則必在元嘉以後。又按隋志，是書起光武至沖帝，可知其作書之時，必未見及桓帝之末。水經注四十及藝文類聚六十二引王隱晉書俱有『漢末博士燉煌侯瑾善內學……』之語，可知其爲漢末時人，姑誌其事於此以俟考。

孝靈皇帝

名弘，章帝玄孫。河間孝王開之後。在位二十二年。

建寧元年戊申(一六八)

竇武陳蕃謀誅宦官不克死之　初，竇太后之立也，陳蕃有力焉。采女田聖有寵，桓帝將立以爲后，時竇武有女，亦爲貴人。陳蕃及司隸應奉，皆以田氏卑微，竇氏良家，爭之甚固。帝不得已，立竇氏。及臨朝，政無大小，皆委於蕃。蕃與竇武，同心戮力，以獎王室。徵天下名賢李膺杜密尹勳劉瑜等列於朝廷，共參政事。於是天下延頸想望太平。而帝乳母趙嬈及諸女尚書旦夕在太后側。中常侍曹節王甫等，共相朋結，諂事太后。太后信之，數出詔命，有所封拜。蕃武疾之。會有日食之變。蕃謂武曰：『昔蕭望之困一石顯，況今石顯數十輩乎。可因此斥罷宦官，以塞天變。』武乃白太后曰：『故事黃門常侍，但當給事省內門戶。今乃使與政事，任重權，子弟布列，專爲貪暴，天下匈匈。宜悉誅滅，以清朝廷。』太后不納。武又奏免黃門令魏彪，以所親小黃門山冰代之。收鄧颯送北寺獄。蕃曰：『此曹子便當收殺，何復考爲？』武令冰與勳雜考，辭連曹節王甫。勳冰即奏收節等，使劉瑜內奏。九月，武出宿歸府。典中書者，先以告朱瑀，瑀盜發武奏，罵曰：『放縱者自可誅耳，我曹何罪而當盡見族滅？』因大呼曰：『陳蕃竇武奏白太后廢帝，爲大逆。』乃夜召所親共普等十七人，插血共盟。節請帝御前殿，拔劍踴躍。趙嬈等擁衛左右，閉諸禁門，召尚書官屬，脅以白刃，使作詔版，拜王甫爲黃門令，持節至北寺獄，收勳冰殺之。出颯，使使持節收武等。武馳入步兵營，召會北軍五校士數千人，屯都亭下。令軍士曰：『黃門常侍反，盡力者封侯重賞。』蕃聞難，將官署諸生八十餘人，並拔刃突入尚書門，攘臂呼曰：『大將軍忠以衛國，黃門反逆，何云竇氏不道邪？』甫使劍士收蕃，送北寺獄，殺之。時護匈奴中郎將張奐徵還，節等以奐新至，不知本謀。矯制使率五營士討武，甫將千人出與奐合，使其士大呼武軍曰：『竇武反，汝皆禁兵，當宿衛宮省，何故隨反者乎？』營府素畏服中官，于是武軍稍稍歸甫。自旦至食時，兵降略盡。武自殺，梟首都亭，收捕宗親賓客悉誅之。徙家屬於日南。門生故吏，皆免官禁錮。明年大捕黨人李膺張儉范滂等百餘人，皆死獄中。於是凶竪得志，士大夫皆喪其氣矣。

【出處】後漢書陳蕃傳　竇武傳　宦者傳　黨錮傳

何休著春秋公羊解詁等書　休字邵公，任城樊人也。父豹，少府。休爲人質扑訥口而雅有心思，精研六經，世儒無及者。旁及三墳五典陰陽算術河洛讖緯及遠年古諺歷代圖籍，莫不成誦。門徒有問者，則爲註記而口不能說。初以列卿子詔拜郎中，非其好也，辭病而去。不仕州郡，進退必以禮。太傅陳蕃辟之爲議郎，與參政事。河東太守史弼以得罪歸鄉里，閉門不出。休訟弼，有幹國之器，宜登台相。乃徵弼拜議郎。至是蕃敗，休坐廢錮，迺作春秋公羊解詁。爲文謚例以釋公羊春秋「五始」「三科」「九旨」「七等」「六輔」「二類」之義。故曰

：『三科九旨者，親周故宋，以春秋當新王，此一科三旨也。所見異辭，所聞異辭，所傳聞異辭，二科六旨也。內其國而外諸夏，內諸夏而外夷狄，是三科九旨也。』又曰：『五始者，元年春王正月公即位，是也。七等者：州，國，氏，名，字，子是也。六輔者：公輔天子，卿輔公，大夫輔卿，士輔大夫，京師輔君，諸夏輔京師是也。二類者：人事與災異是也。』又謂所傳聞世，見治起於衰亂之中，內其國而外諸夏。所聞世見治昇平，內諸夏而外夷狄。所見世，見治太平，天下內外遠近若一，當此時止有譏二名一事。定公六年經：『季孫斯仲孫忌帥師圍運。』傳：『此仲孫何忌也，曷爲謂之仲孫忌？譏二名。二名，非禮也。』休注曰：『春秋定哀之間，文致太平。欲見王者治定無所復爲譏，唯有二名，故譏之。此春秋之制也。』休又注訓孝經論語風角七分，皆經緯典謨，不與守文同說。又以春秋駁漢事六百餘條，妙得公羊本意。休又善歷算，與其師博士羊弼追李育意以難二傳。作公羊墨守，左氏膏肓，穀梁廢疾。

【出處】後漢書何休傳　史弼傳　王嘉拾遺記　春秋公羊注疏

殺張升　升字彥眞，陳留尉氏人。少好學，多關覽，而任情不羈。其意相合者，則傾身交結，不問窮賤。如乖其志好者，雖王公大人，終不屈從。常歎曰：『死生有命，富貴在天。其有知我，雖胡越可親；苟不相識，從物何益？』仕郡爲綱紀，以能出守外黃令。吏有受賕者，即論殺之。或譏升：『守領一時，何足趨明威戮乎？』對曰：『昔仲尼暫相，誅齊之侏儒，首足異門而出。故能威震强國，反其侵地。君子仕不爲己，職思其憂，豈以久近而異其度哉？』遇黨錮去官。至是竟見誅，年四十九，著賦誄頌碑書凡六十篇。梁有張升集三卷，錄一卷。

【出處】後漢書文苑張升傳

三年庚戌（一七〇）

安淸譯經訖　世高譯經非止一處，在所即出。自燉煌來，至京邑。及靈帝末，關中擾攘，乃至江南，隨逐因緣，從大部出經，僧祐錄三十五部，四十一卷。慧皎高僧傳三十九部，房錄一百七十五部，一百九十七卷。而四諦口解十四意九十八結，道安云：似世高出也。義理明析，文字允正，辯而不華，質而不野。凡在讀者，皆亹亹然而不倦焉。道安云：『世高出經，貴本不飾，天竺古文，文通尙質，倉卒尋之，時有不達。』慧皎云：『天竺音訓詭蹇，與漢殊異，先後傳譯，多致謬濫，唯高所出，爲羣譯之首，安公以爲若及面稟，不異見聖。』

【出處】高僧傳初集卷一　歷代三寶紀第三第四　出三藏集記卷第二

蔡邕辟司徒掾　邕閒居翫古，不交當世。感東方朔客難及楊雄班固崔駰之徒設疑以自通，乃斟酌羣言，韙其是而矯其非，作釋誨以戒厲。至是，辟司徒橋玄府，玄甚敬待之。

【出處】後漢書蔡邕傳

崔寔卒　初，寔禁錮數年，時鮮卑數犯邊，詔三公舉威武謀略之士。司空黃瓊薦寔，拜遼東太守，行道，母劉氏病卒。上疏求歸葬行喪。母有母儀淑德，博覽書傳，初寔在五原，常訓以臨民之政。寔之善績，母有其助焉。服竟，召拜尙書。寔以世方阻亂，稱疾不視事，數月免歸。初寔父卒，剽賣田宅，起冢塋，立碑頌。葬訖，資產竭盡，因窮困，以酤釀販鬻爲業，時人多以此譏之。寔終不改，亦取足而已，不致盈餘。及仕宦，歷位邊郡，而愈貧薄。至是病卒，家徒四壁立，無以殯斂。光祿勳楊賜太僕袁逢少府段熲爲備棺槨葬具，大鴻臚袁隗樹碑頌德，所著碑論箴銘答七言詞文表記書凡十五篇。（隋志云：梁有崔實集三卷，錄一卷。）

【出處】後漢書崔實傳

【考證】按段熲以是年爲少府，袁隗以是年爲大鴻臚，其助崔實葬事，必在此年。故知實之卒亦必在此年也。

四年辛亥（一七一）

鄭玄隱居著書　玄自歸鄉里，家貧，客耕東萊，學徒相隨已數百千人。至是黨事起，玄與同郡孫嵩等四十餘人俱被禁錮，遂隱修經業，杜門不出。時何休著公羊墨守，左氏膏肓，穀梁廢疾，玄迺發墨守，鍼膏肓，起廢疾。休見而歎曰：『康成入吾室，操吾矛以伐我乎。』初，中興之後，范升陳元李育賈逵之徒，爭論古今學。後馬融答北地太守劉瓌及玄答何休，義據通深，由是古學遂明。（京師謂康成爲經神，何休爲學海。）

【出處】後漢書鄭玄傳　王嘉拾遺記

熹平元年壬子（一七二）

蔡邕出補河平長　邕出補河平長，召拜郎中，校書東觀，遷議郎。

【出處】後漢書蔡邕傳

【考證】續漢書禮儀志引謝承書曰：『建寧五年正月，車駕上原陵，蔡邕爲司徒掾從公行。』則是年五月，邕仍爲司徒掾也。至熹平四年已爲議郎書五經，其間又有爲河平長郎中之事，當非一年之中所發生，故置其初爲河平長之年於此。

胡廣卒　初，廣於漢安元年遷司徒，自是之後，在公台三十餘年，歷事六帝，禮任甚優。每遜位辭病及免退田里，未嘗滿歲，輒復升進。凡一履司空，再作司徒，三登太尉，又爲太傅。年已八十。而心力克壯，繼母在堂，朝夕瞻省，傍無几杖，言不稱老。及母卒，居喪盡哀，率禮無愆。性溫柔謹素，常遜言恭色。達練事體，明解朝章，雖無謇直之風，屢有補闕之益。故京師諺曰：『萬事不理問伯始，天下中庸有胡公。」及共李固定策，大議不全，又與中常侍丁肅婚姻，以此譏毀於時。然所辟命，皆天下名士，與故吏陳蕃李咸並爲三司。蕃等每朝會，輒稱疾避廣，時人榮之。至是卒，年八十二。使五官中郎將持節奉策贈太傅安樂鄉侯印綬，給東園梓器，謁者護喪，賜冢塋于原陵，謚文恭侯，拜家一人爲郎中。故吏自公卿大夫博士議郎以下數百人。皆縗絰殯位。自終及葬，漢興以來，人臣之盛，未嘗有也。

【出處】後漢書胡廣傳

【附錄】胡廣著述表

漢書解詁 漢書史記注引

漢官解詁三卷 隋志

百官箴四十八篇 後漢書胡廣傳

漢制度 續漢書禮儀志注引

集二十二卷 後漢書本傳。七錄二卷，錄一卷。唐志二卷。

天竺沙門竺佛朔譯道行經　朔齎經來洛陽，遂譯道行經一卷。道安云：『是般若抄，外國高明者所撰。』安爲之注並序。以譯人時滯，雖有失旨，然其音句，棄文存質，深得經意。

【出處】歷代三寶紀卷第二第四　出三藏記集卷第二　高僧傳初集卷一支婁迦讖傳

三年甲寅（一七四）

劉洪上七曜術　洪字元卓，泰山蒙陰人，魯王之宗室也。延熹中，以校尉應太史徵，拜郎中，遷常山長史。洪篤位好學，觀乎六藝羣書，意以爲天文數術，探賾索隱，鉤深致遠，遂專心銳思，作七曜術上之。

【出處】續漢書律曆志引袁山松書及博物記

四年乙卯（一七五）

蔡邕等議曆　五官郎中馮光沛相上計掾陳晃言：『曆元不正，故妖民叛寇，益州盜賊，相續爲害。曆用甲寅爲元而用庚申，圖緯無以庚申爲元者。近秦所用，代周之元。太史治曆郎中郭香劉固，意造妄說，乞本庚申元，經緯明文……受虛欺重誅。』乙卯，詔書下三府，與儒林明道術者詳議，務得道眞。以羣臣會司徒府議。議郎蔡邕議以爲：『曆數精微，去聖久遠，得失更迭，術無常是。漢興承秦，曆用顓頊，元用乙卯，百有二歲。孝武皇帝，始改正朔，曆用太初：元用丁丑，行之百八十九歲。孝章皇帝，改從四分，元用庚申。今光晃各以庚申爲非，甲寅爲是。案曆法黃帝顓頊夏殷周魯凡六家，各自有元。光晃所據則殷曆元也。……昔始用太初丁丑之後，六家紛錯，爭訟是非。太史令張壽王挾甲寅元以非漢曆，雜候淸臺，課在下第。太初效驗，無所漏失，是則雖非圖讖之元，而有效於前者也。及用四分以來，考之行度，密於太初，是又新元有效於今者也。故延光天年，亶誦亦非四分，言當用甲寅元。公卿參議，竟不施行。且三光之行，遲速進退，不必若一，故有古今之術。今術之不能上通於古，亦猶古術之不能下通於今也。而光晃曆以考靈耀爲本，二十八宿度數至冬至日所在，錯異不可參校。元和二年用至今九十二歲，而光晃言陰陽不和，姦臣賊盜，皆天之咎，元和詔書，文備義著，非羣臣議者所能變易。』三公從爲義，以光晃不敬，正鬼薪法，詔書勿治辠。

【出處】續漢書律曆志　宋書律曆志

詔諸儒正五經文字刻石於太學門外　諸博士試甲乙科，爭第高下，更相告言，至有行賂定蘭臺漆書經字以合其私文者。而蔡邕等又以經籍去聖久遠，文字多謬，俗儒穿鑿，疑誤後學。於是乃與五官中郎將堂谿典光祿大夫楊賜諫議大夫馬日磾議郎張馴字子儁，濟陰定陶人。傳大夏侯尚書。韓說太史令單颺等奏求正定五經文字。帝許之，邕乃自書冊於碑，使工鐫刻，立於太學門外。於是後儒晚學，咸取正焉。

【出處】後漢書蔡邕傳　宦者傳　儒林傳

【考證】按碑成於光和六年，而邕以光和元年得罪離京，其不能始終參與其事甚明。故隸釋載公羊論語殘碑之後，有堂谿典馬日磾諸人而無邕名。後人統謂石經乃邕所書，誤矣。

蔡邕上書言選舉之制　時綱紀隳紊，選舉制壞，凡所選用，莫非情故。有議以州郡相阿，人情比周，乃制婚姻之家及兩州之人不得對相監臨，遂復有三互法。三互爲婚姻之家及兩州人不得交互爲吏，如史弼遷山陽太守，其妻鉅野薛氏女，以三互自上轉拜平原相是也。禁網益密，選用彌艱。幽冀二州久闕，而公府限以三互，經時不補。議郎蔡邕上言曰：『伏見幽冀舊壤，鎧馬所出。比年兵饑，漸至空耗。今者百姓虛縣，萬里蕭條。闕職經時，吏人延屬，而三府選舉，逾月不定。臣經怪其事，而論者云避三互。十一州有禁，當取二州而已。又二州之士，或復限以歲月，狐疑遲淹，以失事會。愚以爲三互之禁，禁之薄者，今但申以威靈，明其憲令，在任之人，豈不戒懼？而當坐設三互，自生留閡耶？昔韓安國起自徒中，朱買臣出於幽賤，並以才宜，還守本邦，又張敞亡命，擢受劇州，豈復顧循三互繼以末制乎？三公明知二州之要，所宜速定，當越禁取能，以救時敝，而不顧爭臣之義，苟避輕微之科，選用稽滯，以失其人。臣願陛下上則先帝，蠲除近禁，其諸州刺史器用可換者，無拘日月三互，以差厥中。』書奏，帝不省。

【出處】後漢書蔡邕傳

五年丙辰（一七六）

盧植上書請立古文　初，植事馬融，學終，辭歸，闔門敎授。性剛毅，有大節，常懷濟世志。不好辭賦。能飲酒一石。州郡數命，植皆不就。建寧中，徵爲博士，乃始起焉。熹平四年，九江蠻反，四府選植才兼文武，拜九江太守。蠻寇賓服，以疾去官。作尚書章句，三禮解詁。至是，始立太學石經以正五經文字。植乃上書曰：『臣少從通儒故南郡太守馬融受古學，頗知今之禮記，特多回冗。臣前以周禮諸經，發起粃謬，敢率愚淺，爲之解詁，而家乏無力供繕寫上。願得將能書生二人，共詣東觀，就官財糧，專心研精，合尚書章句，考禮記失得，庶裁定聖典，刊正碑文，古文科斗，近於爲實，而厭抑流俗，降在小學。中興以來，通儒達士班固賈逵鄭興父子並敦悅之。今毛詩左氏周禮，各有傳記，其與春秋共相表裏。宜置博士，爲立學官，以助後來，以廣聖意。』會南夷反叛，以植嘗在九江有恩信，拜爲廬江太守。植深達政宜，務存清靜，弘大體至已。

【出處】後漢書盧植傳

【考證】按植於熹平四年爲九江太守，以疾去官後始上書，則必在四年之後可知，故誌之於此。

六年丁巳（一七七）

張陵死於蜀　初，陵聞古老相傳云：『昔漢高祖應二十四氣，祭二十四山，遂王有天下。』因殺牛祭祀二十四所，置以土壇，戴以草屋，稱二十四治，（玄壇觀舍之興始乎此）二十三所在於蜀地，尹喜一所在於咸陽。於是誑誘愚民，招合兇黨，斂租求米，謀爲亂階，時被蛇吞，逆釁弗作。（子衡奔出，尋屍無所，畏負清議之譏，乃假設權方以表靈化之迹，生縻鶴足置石崖頂。到光和元年，遣使告曰：『正月七日天師昇玄都。』）

【出處】廣弘明集卷十二　又卷八引李膺蜀記　古今佛道論衡卷乙引李膺蜀記

【考證】按蜀記稱嘉平末陵爲蟒所吞。嘉平當即熹平之訛。以光和之前正爲熹平也。且嘉熹二字字形相近，最易致誤。歷代三寶紀卷二卷四引熹平俱作嘉平，即其證。

徵盧植爲議郎　植爲盧江太守歲餘，復徵拜議郎，與諫議大夫馬日磾議郎蔡邕楊彪韓說等並在東觀校中書五經記傳，補續漢記。帝以非急務，轉爲侍中，遷尚書。

【出處】後漢書盧植傳

蔡邕上書言事　初，帝好學，自造皇羲篇五十章，因引諸生能爲文賦者。本頗以經學相招。後衆爲尺牘及工書鳥篆者，皆加引召，遂至數十人，侍中祭酒樂松賈護多引無行趣勢之徒，並待制鴻都門下，憙陳方俗閭里小事。帝甚悅之，待以不次之位。又市賈小民爲宣陵孝子者，復數十人，悉除爲郎中太子舍人。時頻有雷霆疾風，傷樹拔木，地震隕雹蝗蟲之害。又鮮卑犯境，役賦及民。是年七月，制書引咎，誥羣臣各陳政要所當施行。邕上封事曰：『臣伏讀聖旨，雖周成遇風，訊諸執事；宣王遭旱，密勿祇畏；無以或加。臣聞天降災異，緣象而至。辟歷數發，殆刑誅繁多之所生也。風者天之號令，所以教人也。夫昭事上帝，則自懷多福。宗廟致敬，則鬼神以著。國之大事，實先祀典。天子聖躬，所當恭事。臣自在宰府，及備朱衣，迎氣五郊，而車駕稀出。四時至敬，屢委有司。雖有解除，猶爲疏廢。故皇天不悅，顯此諸異。鴻範傳曰：「政悖德隱，厥風發屋折木。」坤爲地道，易稱安貞，陰氣憤盛，則當靜反動，法爲下叛。夫權不在上則雹傷物，政有苛暴則虎狼食人，貪利傷民則蝗蟲損稼。去六月二十八日，太白與月相迫，兵事惡之。鮮卑犯塞，所從來遠。今之出師　未見其利。上違天文，下逆人事。誠當博覽衆議，從其安者。臣不勝憤懣，謹條宜所施行七事，表左，

一事：明堂月令。天子以四立及季夏之節迎五帝於郊。所以導致神氣，祈福豐年，清廟祭祀，追往孝敬，養老辟雍，示人禮化，皆帝者之大業，祖宗所祗奉也。而有司數以蕃國疎喪，宮內產生，及吏卒小汚，屢生忌故。竊見南郊齋戒，未嘗有廢。至於它祀，輒興異議。豈南郊卑而它祀尊哉？孝元皇帝策書曰：「禮之至敬，莫重於祭，所以竭心親奉以致肅祗者也。」又元和故事，復申先典，前後制書，推心懇惻。而近者以來，更任太史。忘禮敬之大，任禁忌之書，拘信小故，以虧大典。禮

妻妾產者，齋則不入側室之門，無廢祭之文也。所謂宮中有卒三月不祭者，謂士庶人數堵之室共處其中耳，豈謂皇居之曠臣妾之衆哉？自今齋制，宜如故典，庶答風霆災妖之異。

二事：臣聞國之將興，至言數聞。內知已政，外見民情。是故先帝雖有聖明之姿，而又廣求得失。又因災異，援引幽隱，重賢良方正敦朴有道之選。危言極諫，不絕於朝。陛下親政已來，頻年災異，而未聞特舉博選之旨。誠當思省，述修舊事，使抱忠之臣，展其狂直，以解易傳政悖德隱之言。

三事：夫求賢之道，未必一途，或以德顯，或以言揚。頃者立朝之士，曾不以忠信見賞，恆被謗訕之誅。遂使羣下結口，莫圖正辭。郎中張文前獨盡狂言，聖聽納受，以責三司，臣子曠然，衆庶解悅。臣愚以爲宜擢文右職，以勸忠謇。宣聲海內，博開政路。

四事：夫司隸校尉諸州刺史所以督察姦枉分別白黑者也。伏見幽州刺史楊熹益州刺史麗芝涼州刺史劉虔各有奉公疾姦之心，虔等所糾，其效尤多，餘皆枉橈，不能稱職。或有抱罪懷瑕，與下同疾，綱網弛縱，莫相舉察，公府臺閣，亦復默然。五年制書，議遣八使，又令三公，謠言奏事。是時奉公者欣然得志，邪枉者憂悸失色。未詳斯議所因寢息。昔劉向奏曰：「夫執狐疑之計者，開羣枉之門。養不斷之慮者，來讒邪之口。」今始聞善政，旋復變易，足令海內測度朝廷。宜追定八使，糾舉非法，更選忠清，平章賞罰。三公歲盡差其殿最。使吏知奉公之福，營私之禍。則衆災之原，庶可塞矣。

五事：臣聞古者取士，必使諸侯歲貢。孝武之世，郡舉孝廉，又有賢良文學之選。於是名臣輩出，文武並興。漢之得人，數路而已。夫書畫辭賦　才之小者，匡國理政，未有其能。陛下即位之初，先涉經術，聽政餘日，觀省篇章。聊以游意，當代博奕，非以教化取士之本。而諸生競利，作者鼎沸，其高者頗引經訓風喻之言，下則連偶俗語，有類俳優。或竊成文，虛冒名氏。臣每受詔於盛化門，差次錄第。其未及者，亦復隨輩皆見拜擢。旣加之恩，難復收改。但守奉祿，於義已弘，不可復使理人及仕州郡。昔孝宣會諸儒於石渠，章帝集學士於白虎，通經釋義，其事優大，文武之道，所宜從之。若乃小能小善，雖有可觀，孔子以爲致遠則泥，君子故當志其大者。

六事：墨綬長吏，職典理人，皆當以惠利爲績，日月爲勞，褒責之科，所宜分明。而今在任，無復能省。及其還者，多召拜議郎郎中。若器用優美，不宜處之冗散；如有釁故，自當極其刑誅。豈有伏罪懼考，反求遷轉，更相放效，臧否無章。先帝舊典，未嘗有此。可皆斷絕，以覈眞僞。

七事：伏見前一切以宣陵孝子者爲太子舍人。臣聞孝文皇帝制喪服三十六日，雖繼體之君，父子至親，公卿列臣受恩之重，皆屈情從制，不敢踰越。今虛僞小人，本非骨肉，旣無幸私之恩，又無祿仕之實，惻隱思慕，情何緣生？而羣聚山陵，假名稱孝，行不隱心，義無所依。至有姦軌之人，通容其中。桓思皇后祖載之時，東郡有盜人妻者，亡在孝中。本縣追捕，乃伏其辜。虛僞雜穢，難得勝言。又前至得拜，後輩被遣，或經年陵次，以暫歸見漏。或以人自代，亦蒙寵榮。爭訟怨恨，凶凶道路。太子官屬，宜搜選令德，豈有但取丘墓凶醜之人，其爲不祥，莫與大焉。宜遣歸田里，以明詐僞。』書奏，帝乃親迎氣北郊及行辟雍之禮，又詔宣陵孝子爲舍人者，悉改爲丞尉焉。

【出處】後漢書蔡邕傳

酈炎卒 炎字文勝，范陽人。有文才，解音律，言論給捷，多服其能理。十七而作鄴篇，二十四而作州書，州郡辟命皆不就。有志氣，作詩二篇曰：『大道夷且長，窘路狹且促，修翼無卑棲，遠趾不步局。舒吾陵霄羽，奮此千里足。超邁絕塵驅，倏忽誰能逐。賢愚豈常類，稟性在清濁。富貴有人籍，貧賤無天錄。通塞苟由己，志士不相卜。陳平敖里社，韓信釣河曲，終居天下宰，食此萬鍾祿。德音流千載，功名重山岳。靈芝生河洲，動搖因洪波。蘭榮一何晚，嚴霜瘁其柯。哀哉二芳草，不植太山阿。文質道所貴，遭時用有嘉，絳灌臨衡宰，謂誼崇浮華，賢才抑不用，遠投荆南沙。抱玉乘龍驥，不逢樂與和。安得孔仲尼，爲世陳四科。」年二十七，又作七平。後風病慌忽。性至孝，遭母憂，病甚發動，妻始產而驚死。妻家訟之，收繫獄，炎病不能理對。至是，遂死獄中，時年二十八。尚書盧植爲之誄讚，以昭其懿德。七錄有酈炎集二卷，錄二卷。

【出處】後漢書文苑酈炎傳　古文苑引酈炎令書

光和元年戊午（一七八）

始置鴻都門學生　鴻都門名也。於內置學畫孔子及七十二弟子像，其中諸生，皆勅州郡三公舉召能爲尺牘辭賦及工書鳥篆者，相課試至三千人焉。或出爲刺史太守，入爲尚書侍中，乃有封侯賜爵者，士君子皆恥與爲列焉。

【出處】後漢書靈帝紀　蔡邕傳

張角爲太平道　角鉅鹿人，得于吉清領書，遂創太平道。奉事黃老，畜養弟子。自稱大賢良師。師持九節杖爲符祝，教病人叩頭思過，因以符水飲之。得病或日淺而愈者，則云此人信道。其或不愈，則爲不信道。角因遣弟子八人使於四方，以善道教化天下，轉相誑惑，徒衆日盛。

【出處】三國魏志張魯傳注引典略　後漢書皇甫嵩傳

張衡爲五斗米道保師　張陵既死，衡繼之行法。其法略與張角同。加施靜室，使病者處其中思過。又使人爲姦令祭酒。祭酒主以老子五千文使都習。號姦令爲鬼吏，主爲病者請禱。請禱之法，書病人姓名，說服罪之意；作三通。其一上之天，著山上；其一埋之地：其一沉之水；謂之三官手書。使病者家出米五斗。故號曰五斗米師。

【出處】三國魏志張魯傳注及後漢書劉焉傳注引典略。

趙壹至京師　壹字元叔，漢陽西縣人也。體貌魁梧，身長九尺，美須豪眉，望之甚偉。而恃才倨傲，爲鄉黨所擯。後屢抵罪，幾至死，友人救得免。壹作刺世疾邪賦以舒其怨憤曰：『伊五帝之不同禮，三王亦又不同樂。數極自然變化，非是故相反駮。德政不能救世溷亂，賞罰豈足懲時清濁。春秋時禍敗之始，戰國益復增其荼毒。秦漢無以相踰越，迺更加其怨酷，寧計生民之命！惟利己而自足。于茲迄今，情僞萬方。佞諂日熾，剛克消亡。舐痔結駟，正色徒行。嫗嫣名勢，撫拍豪强。偃蹇反俗，立致咎殃。捷懾逐物，日富月昌，渾然同惑，孰温孰涼！邪夫顯進，直士幽藏。原斯瘼之攸興，實執政之匪賢。女謁掩其視聽兮，近習秉其威權。所好則鑽皮出其毛羽，所惡則洗垢求其瘢痕，雖欲竭誠而盡忠，路絕嶮而靡緣。九重既不可啟，又羣吠之狺狺，安危亡於旦夕，肆嗜慾於目前。奚異涉海之失，拖積薪而待燃。榮納由於閃榆，孰知辨其蚩妍。故法禁屈撓於勢族，恩澤不逮於單門。寧飢寒於堯舜之荒歲兮，不飽暖於當今之豐年。乘理雖死而非亡，違義雖生而匪存。有秦客者，迺爲詩曰：「河清不可俟，人命不可延。順風激靡草，富貴者稱賢。文籍雖滿腹，不如一囊錢。伊優北堂上，抗髒倚門邊。」魯生聞此辭，繫而作歌曰：「勢家多所宜，咳唾自成珠。被褐懷金玉，蘭蕙化爲芻。賢者雖獨悟，所困在羣愚，且各守爾分，勿復空馳驅。哀哉復哀哉！此是命矣夫！』又作非草書曰：『余郡有梁孔達姜孟穎者，皆當世之彥哲也，然慕張生之草書過於希顏焉。孔達寫書，以示孟穎，皆口誦其文，楷其篇，無怠倦焉。於是後生之徒，競慕二賢，守令作篇，人撰一卷，以爲秘玩。余懼其背彼趨此，非所以弘道興世也。又想羅趙之所見蚩沮，故爲說草書本末以慰羅趙息梁姜焉。竊覽有道張君所與朱使君書，稱正氣可以消邪，人無其釁，妖不自作，誠可謂信道抱眞知命樂天者。若夫褒杜崔沮羅趙忻忻有自臧之意者，無乃近於矜伎賤彼貴我哉！夫草書之興也，其於近古乎。上非天象所垂，下非河洛所吐，中非聖人所造。蓋秦之末，刑峻網密，官書煩冗，戰攻並作，軍書交馳，羽檄分飛，故爲隸草趣急速耳。示簡易之旨，非聖人之業也。但貴刪難省繁，損複爲單，務取易爲易知，非常儀也。故其讚曰：臨事從宜。而今之學草者，不思其簡易之旨，以爲杜崔之法龜蛇所見也，其攣扶桔屈不可失也。齔齒以上，苟任涉學，皆廢倉頡史籀，競以杜崔爲楷。私書相與，猶謂就書適迫遽，故不及草。草本易而速，今反以難而遲，失指多矣。凡人各殊氣血，異筋骨，心有疎密，手有巧拙。書之好醜，在心與手，可强爲哉？若人顏有美惡，豈可學有相若耶？昔西施病心，捧胷而顰，衆愚效之，祇增其醜。趙女善舞，行步媚蠱，學者弗獲，失節匍匐。夫杜崔張子，皆有超俗絕世之才，博學餘暇，遊手於斯。後世慕焉，專用爲務。鑽堅仰高，忘其罷勞。夕惕不息，仄不暇食。十日一筆，月數丸墨。領袖如皂，脣齒常黑。雖處衆坐，不遑談戲，展指畫地，以草劌壁。臂穿皮刮，指爪摧折，見鰓出血，猶不休輟。然其爲字，無異於工拙，亦如効顰者之增醜學步者之失節也。且草書之人，蓋伎藝之細耳。鄉邑不以此較能，朝廷不以此科吏，博士不以此講試，四科不以此求備，徵聘不問此意，考績不課此字。徒善字既不達於政，而拙草亦無損於治，推斯之所言，豈不細哉！夫務內者必闕外，志小者必忽大。俯而捫蝨，不暇見天地，天地至大而不見者，方銳精於蟣蝨，乃不暇焉。第以此篇，研思銳精，豈若用之彼聖經，稽歷協律，推步斯程，探賾鉤深，幽贊神明，覽天地之心，推聖人之情，折議論之中，理俗儒之諍，依正道於雅說，濟雅樂於鄭聲，興至德之和睦，宏大倫之元清，窮可以守身遺名，達可以遵主致平，以茲名世，永監後生，不亦淵乎。』是年舉郡上計到京師。適司徒袁滂受計，計吏數百人，皆拜伏庭中，莫敢仰視，壹獨長揖而已。滂望而異之，令左右往讓之曰：『下郡計吏而揖三公，何也？』對曰：『昔酈食其長揖漢王，今揖三公，何遽怪哉？』滂則斂衽下堂，執其手，延置上坐。因問西方事，大悅，顧謂坐中曰：『此人漢陽趙元叔也，朝臣莫有過之者，吾請爲諸君分坐。』坐者皆屬觀。既出，往造河南尹羊陟，不得見。壹以公卿中非陟無足以託名者，迺日往到門。陟自强許通，尚臥未起。壹逕入上堂，遂前臨之曰：『竊伏西州承高風舊矣，迺今方遇，而忽然，奈何命也！』因舉聲哭。門下皆驚，奔入，滿側。陟知其非常人，迺起，延與語，大奇之，謂曰：『子出矣』陟明旦大從車騎奉謁造壹。時諸計吏多盛飾車馬帷幙，而壹獨柴車草屏，露宿其旁，延陟前，坐於車下。左右莫不嘆愕。陟遂與言，談至熏夕，極歡而去。執其手曰：『良璞不剖，必有泣血以相明者矣。』陟迺與袁滂共稱薦之，名動京師，士大夫想望其風采。

後西還，州郡爭致禮命，十辟公府，並不就，終於家。著有賦頌箴誄書論及雜文十六篇。（隋志云：梁有趙壹集二卷，錄一卷。）

【出處】後漢書趙壹傳　御覽六百五　七百四十九　墨池編

【考證】按本傳稱壹西還之時，又有見皇甫規之事，考規傳，規卒於熹平三年，在趙壹上計之前，知其爲傳聞之誤，故不採。

高彪爲外黃令　彪字義方，吳郡無錫人也。家本單寒，至彪爲諸生，遊太學，有雅才而訥於言。嘗從馬融欲訪大義，融疾不獲見。迺覆刺遺融書曰：『承服風問，從來有年，故不待介者而謁大君子之門。冀一見龍光，以叙腹心之願。不圖遭疾，幽閉莫啟。昔周公旦父文兄武，九命作伯，以尹華夏；猶揮沐吐餐，垂接白屋。故周道以隆，天下歸德。公今養痾傲士，故其宜也！』融省書慚，追謝還之，彪逝而不顧。後郡舉孝廉，試經第一　除郎中，校書東觀，數奏賦頌奇文，因事諷諫：靈帝異之。時京兆第五永爲督軍御史，使督幽州。百官大會，祖餞於長樂觀。議郎蔡邕等皆賦詩，彪乃獨作箴曰：『文武將墜，迺俾俊臣，整我皇綱，董此不虔。古之君子，即戎忘身，明其果毅，尙其桓桓。呂尙七十，氣冠三軍，詩人作歌，如鷹如鸇。天有太一，五將三門；地有九變，丘陵山川；人有計策，六奇五閒。總茲三事，謀則咨詢。無曰已能，務在求賢。淮陰之勇，廣野是尊。周公大聖，石碏純臣，以威克愛，以義滅親，勿謂時險，不正其身。勿謂無人，莫識己眞。忘富遺貴，福祿迺存，枉道依合，復無所觀，先公高節，越可永遵。佩藏斯戒，以厲終身。』邕等甚美其文，以爲莫尙也。後遷外黃令，帝敕同僚臨送，祖於上東門。詔東觀畫彪象，以勸學者。彪到官，有德政，上書薦縣人申屠蟠等，至七年，疾卒於官。文章多亡。隋志云：梁有高彪集二卷，錄一卷。子岱亦知名。

【出處】後漢書文苑高彪傳　隸釋外黃令高彪碑

蔡邕得罪徙朔方　時妖異數見，人相驚擾，是年七月，召邕與光祿大夫楊賜諫議大夫馬日磾議郎張華太史令單颺詣金商門，引入崇德殿，使中常侍曹節王甫就問災異及消改變故所宜施行。又以邕經學深奥，故密特稽問。邕對曰：『臣伏思諸異，皆亡國之怪也。天于大漢，殷勤不已，故屢出祅變；以當譴責。欲令人君感悟，改危即安。蜺墮鷄化，皆婦人干政之所致也。前者乳母趙嬈，讒諛驕溢。門史霍玉，城社爲姦。今道路紛紜，復云有程大人者，將爲國患。宜明設禁令，深惟趙霍，以爲至戒。聖朝既自約厲，左右亦宜從化，人自抑損，以塞咎戒，則天道虧滿，鬼神福謙矣。』帝覽而嘆息。因起更衣，曹節于後竊視之，悉宣語左右。中常侍程璜使人飛章言邕私事，下雒陽獄。劾以仇怨奉公，議害大臣，大不敬，棄市。事奏，中常侍呂强愍邕無罪，請之。帝亦更思其章，有詔減死一等，與家屬髠鉗徙朔方。璜女夫陽球又與邕叔父有隙，遣客刺邕，客感其義，皆莫爲用。球又賂其部主，使加毒害，所賂者反以其情戒邕，故得免焉。居五原安陽縣。邕前在東觀，與盧植韓說等撰補後漢記，會遭事流離，不及得成，因上書自陳，奏其所著十意。『朔方髠鉗徙臣邕，稽首再拜上書皇帝陛下。臣邕被受陛下尤異大恩，初由宰府，備數典城，以叔父故衛尉質時爲尙書，召拜郎中，受詔詣東觀著作。遂與羣儒並拜議郎，沐浴恩澤，承答聖問，前後六年。質奉機密，趨走陛下，遂由端右，出相外藩，還尹輦轂，旬日之中，登躡上列。父子一門，兼受恩寵，不能輸寫心力，以效絲髮之功，一旦被章，陷沒辜戮。陛下天地之德，不忍刀鋸截臣首領，得就平罪。父子家屬，徙充邊方，完全軀命，喘息相隨。非臣無狀，所敢復望；非臣罪惡，所當復蒙；非臣辭筆，所能復陳。臣初決罪，洛陽詔獄，生出牢戶。顧念元初中，故尙書郎張俊坐漏泄事，當伏重刑，已出轂門，復聽讀鞫，詔書馳救。一等輸作左校。俊上書謝恩。遂以轉徙。邕爲郡縣促遣，徧於吏手，不得頃息。含辭抱悲，無由上達。既到徙所，乘塞守烽，職在候望，憂怖焦灼，無心復能操筆成草，致章闕庭。誠知聖朝不責臣謝，但愚心有所不竟。臣自在布衣，常以爲漢書十志，下盡王莽，而世祖以來，唯有紀傳，無續志者。臣所師事故太傅胡廣，知臣頗識其門戶，略以所有舊事與臣，雖未備悉，粗見首尾，積累思惟，二十餘年，不在其位，非外吏庶人所得擅述。天誘其衷，得備著作郎，建言十志皆當撰錄，遂與議郎張華等分受之，其難者，皆以付臣。先治律曆，以籌算爲本，天文爲驗。請太師舊注，考校連年，往往頗有差舛，當有增損，乃可施行爲無窮法。道至深微，不敢獨議。郎中劉洪，密於用算，故臣表上洪，與共參思圖牒，尋繹度數，適有頭角，會臣被罪，遂放邊野。臣竊自痛：一爲不善，使史籍所闕，胡廣所校，二十年之思，中道廢絕，不得究竟。慺慺之情，猶以結心，不能自達。臣初欲須刑竟乃因縣道具以狀聞。今年七月九日，匈奴始攻郡鹽池縣，其時鮮卑連犯雲中五原，一月之中，烽火不絕。不意四夷相與合謀，所圖廣遠，恐遂爲變，不知所濟。郡縣咸懼不守朝旦。臣所在孤危，懸命鋒鏑，湮滅土灰，呼吸無期。誠恐所懷隨軀朽腐，抱恨黃泉。遂不設施，謹先顚踣科條諸志。臣欲制刪定者一，所當接續者四，前志所無臣欲著者五。及經典羣書所宜捃摭；本奏詔書所當依據，分別首目，並書章左。臣初被考，妻子迸竄。亡失文書，無所案請。加以惶怖愁恐，思念荒散，十分不得識一。所識者又恐謬誤，觸冒死罪，披散愚情，顧下東觀，推求諸奏，參以璽書，以補綴遺闕，昭明國體。章聞之後，雖肝腦流離，白骨剖破，無所復恨，惟陛下省察。謹因臨戎長霍圉封上。』其十意有律歷意第一，禮意第二，樂意第三，郊祀意第四，天文意第五，車服意第六。帝嘉其才高。

【出處】後漢書蔡邕傳　律曆志注

二年己未（一七九）

蔡邕隱跡吳會　是年大赦，邕獲宥還本郡，自徙及歸，凡九月焉。將就還路，五原太守王智餞之。酒酣，智起舞，屬邕，邕不爲報。智者中常侍王甫弟也，素貴驕，慚於賓客，詬邕曰：『徒敢輕我！』邕拂衣而去。智銜之，密告邕怨於囚放，謗訕朝廷。內寵惡之。邕慮卒不免，乃亡命江海，遠跡吳會，往來依太山羊氏。積十二年。在吳，吳人有燒桐以爨者，邕聞火烈之聲，知其良木，因請而裁爲琴。果有美音，而其尾猶焦，故時人名曰焦尾琴焉。初邕在陳留也，其鄰人有以酒食召邕者，比往而酒以酣焉。客有彈琴於屏，邕至門試潛聽之曰：『憘！以樂召我而有殺心，何也？』遂反。將命者告主人曰：『蔡君向來，至門而去。』邕素爲邦鄉所宗，主人遽自追而問其故。邕具以告，莫不憮然。彈琴者曰：『我向鼓琴，見螳螂方向鳴蟬，蟬將去而未飛，螳螂爲之一前一卻。吾心聳然，惟恐螳螂之失之也，此豈爲殺心而形於聲者乎？』邕莞然而笑曰：『此足以當之矣。』

【出處】 後漢書蔡邕傳

支婁迦讖譯般若道行品經十卷 十月八日初出，亦名摩訶般若波羅密經，或八卷。

【出處】 歷代三寶紀卷第四引支敏度錄　出三藏記集卷第二

三年庚申（一八〇）

詔公卿舉能通尚書毛詩左氏穀梁春秋各一人，悉除議郎。

【出處】 後漢書靈帝紀

孔融辟司徒楊賜府 初，融年十三喪父，哀悴過毀，扶而後起，州里歸其孝。性好學，博涉多該覽。山陽張儉爲中常侍侯覽所怨，覽爲刊章下州郡，以名捕儉。儉與融兄褒有舊，亡抵於褒，不遇。時融年十六，儉少之而不告。融見其有窘色，謂曰：『兄雖在外，吾獨不能爲君主耶？』因留舍之。後事洩，國相以下密就掩捕。儉得脫走，遂並收褒融送獄。二人未知所作。融曰：『保納舍藏者融也，當坐之。』褒曰：『彼來求我，非弟之過，請甘其罪。』吏問其母，母曰：『家事任長，妾當其辜。』一門爭死，郡縣疑不能決，乃上讞之，詔書竟坐褒焉。融由是顯名，與平原陶邱洪陳留邊讓並以俊秀爲後進冠。蓋融持論經理不及讓等，而逸才宏博過之。州郡禮命皆不就。辟司徒楊賜府，時隱覈官僚之貪濁者，將加貶黜，融多舉中官親族。尚書畏迫內寵，召掾屬詰責之。融陳對罪惡，言無阿撓。河南尹何進當遷爲大將軍，楊賜遣融奉謁賀，進不時通，融即奪謁還府，投劾而去。河南官屬恥之，私遣劍客欲追殺融，客有言於進曰：『孔文舉有重名，將軍若造怨此人，則四方之士引領而去矣，不如因而禮之，可以示廣於天下。』進然之，既拜而辟融舉高第，爲侍御史，與中丞趙舍不同，託病歸家，後辟司空掾，拜中軍侯，在職三日，遷虎賁中郎將。

【出處】後漢書孔融傳　三國魏志崔琰傳注

支婁迦讖譯般舟三昧經二卷（十月八日於洛陽譯，初出。）又譯寶積經一卷（初出，道安云：摩尼寶經，或二卷。）

【出處】歷代三寶紀卷第四引蔣道眞錄及朱士行錄等

四年辛酉（一八一）

安玄於洛陽譯經 優婆塞安玄安息國人，志性貞白，深沉有理致，博誦羣經，多所通習。游賈雒陽，以功號騎都尉。性虛靖溫恭，常以法事爲己任。漸解漢言，志宣經典。常與沙門講論道藝，世所謂都尉者也。以是年與清信士嚴佛調（臨淮人，綺年穎悟，敏而好學。）共出法鏡經二卷，（或一卷，佛調筆受，康僧會注。）阿含口解經一卷，（或云斷十二因緣經，亦云阿含口解十二因緣經，亦直云阿含口解經，亦云安侯口解經。）玄口譯梵文，佛調筆受。理得音正，盡經微旨，郢匠之美，見述後代焉。

【出處】 歷代三寶紀卷第四 高僧傳初集卷一支婁迦讖傳

劉梁卒 梁字曼山，一名岑，東平寧陽人也。梁宗室子孫，而少孤貧，賣書於市以自資。常疾世多利交，以邪曲相黨，迺著破羣論，時之覽者，以爲仲尼作春秋亂臣知懼。今此論之作，俗士豈不愧心？其文不存。又著辯合同之論，其辭曰：『夫事有違而得道，有順而失義，有愛而爲害，有惡而爲美，其故何乎？蓋明智之所得闇僞之所失也。是以君子之於事也，無適無莫，必考之以義焉。得由和興，失由同起。故以可濟否謂之和，好惡不殊謂之同。春秋傳曰：「和如羹焉，酸苦以劑其味，君子食之，以平其心。同如水焉，若以水濟水，誰能食之？琴瑟之專一，誰能聽之？」是以君子之行，周而不比，和而不同，以救過爲正，以匡惡爲忠。經曰：「將順其美，匡救其惡。」則上下和睦能相親也。昔楚恭王有疾，召其大夫曰：『不穀不德，少主社稷。失先君之緒，覆楚國之師，不穀之罪也，若以宗廟之靈，得保首領以歿，請爲靈若厲。」大夫許諸。及其卒也，子囊曰：「不然，夫事君者，從其善不從其過。赫赫楚國，而君臨之，撫正南海，訓及諸夏，其寵大矣！有是寵也，而知其過，可不謂恭乎？」大夫從之。此違而得道者也。及靈王驕淫，暴虐無度，芋尹申亥從王之欲，以殯於乾谿，殉之二女，此順而失義者也。鄢陵之役，晉楚對戰，陽穀獻酒。子反以斃，此愛而害之者也。臧武仲曰：「孟孫之惡我，藥石也；季孫之愛我，美疢也。疢毒滋厚，石猶生我。」此惡而爲美者也。孔子曰：「智之難也！有臧武仲之智而不容於魯國，抑有由也，作而不順施而不恕矣。」蓋善其知義譏其違道也。夫知而違之僞也，不知而失之闇也，闇與僞焉，其患一也。患之所在，非徒在智之不及，又在及而違之者矣。故曰，「知及之，仁不能守之，雖得之，必失之。」也　夏書曰：「念茲在念，庶事恕施。」忠智之謂矣。故君子之行，動則思義，不為利回，不為義疚，進退周旋，唯道是務。苟失其道，則兄弟不阿；苟得其義，雖仇讐不廢。故解狐蒙祁奚之薦，二叔被周公之害，勃鞮以逆文為成，傅瑕以順厲為敗，管蘇以憎忤取進，申侯以愛從見退，考之以義也。故曰：不在逆順，以義為斷；不在憎惡，以道為貴。禮記曰：「愛而知其惡，憎而知其善。」考義之謂也。』桓帝時，舉孝廉，除北新城長。告縣人曰：『昔文翁在蜀，道著巴漢。庚桑瑣隸，風移碨磥，吾雖小宰，猶有社稷。苟赴期會，理文墨，豈本志乎？』迺更大作講舍，延聚生徒數百人，朝夕自往勸誡，身執經卷，試策殿最，儒化大行。特召入，拜尚書郎，累遷，後為野王令，未行。至是病卒。梁有劉梁集二卷，錄一卷，隋有三卷，孫楨，字公幹，亦以文才知名。

【出處】後漢書文苑劉梁傳

●劉洪為穀城門候　初洪以父憂去官，後為上計掾，拜郎中，檢東觀著作，與蔡邕共述律曆記，考驗天官。洪考史官自古迄今歷注，原其進退之行，察其出入之驗，規其往來，度其終始，始悟四分於天疎闊，皆斗分太多故也。更以五百八十九爲紀法，百四十五爲斗分，作乾象法。冬至日日在斗二十二度，以術追日月五星之行，推而上則合於古，引而下則應於今。其爲之也，依易立數，遁行相號，潛處相求，名爲乾象歷。又創制日行遲速，兼考月行，陰陽交錯於黃道表裏。日行黃道，於赤道宿度，復進有退，方於前法，轉爲精密矣。（後鄭玄受其法，以爲窮幽極微，又加注釋焉。）以是年遷謁者，穀城門候。（又遷會稽東部都尉，徵還，未至，領山陽太守，卒官。）

【出處】續漢書律曆志引袁山松書　晉書律曆志

【附錄】劉洪著述表

乾象曆五卷　七錄

七曜術　續漢書律曆志

八元術　續漢書律曆志

遲疾曆

陰陽曆

九京算經

【附錄】乾象曆法（法見開元占經卷一百上）

自上元己丑至光和四年七千三百五十二　乾法一千一百七十八歲　會通七千一百七十一　紀法五百八十九　周天一十一萬五千一百三十　通法四萬三千二十六　通數三十一　日法一千四百五十七　歲中十二　餘數三千九十四　章歲十九　沒法一百三　章閏七　會數四千七　會歲八百九十三　章月二百三十五　會率一千八百八十三　朔望合數九百四十一　會月一萬一千四十五　紀月七千二百八十五　元月一萬四千五百七十　月周七千八百七十四　小周二百五十四

五年壬戌（一八二）

何休卒　黨禁既解，休又辟司徒。羣公表休道術深明，宜侍帷幄，倖臣不悅之，乃拜議郎，屢陳忠言，再遷諫議大夫。至是卒，年五十四。

【出處】後漢書儒林何休傳

【附錄】何休著述表

春秋公羊傳解詁十一卷 隋志

春秋左氏膏肓十卷 隋志

春秋穀梁廢疾三卷 隋志鄭玄釋，張靖箋。

春秋漢議十三卷 隋志

春秋公羊墨守十四卷 隋志

春秋公羊文諡例一卷 隋志

春秋公羊傳條例一卷 七錄

春秋議十卷 隋志

孝經注 後漢書本傳

論語注後漢書本傳

風角注後漢書本傳

七分注後漢書本傳

冠禮約制通典五十七引

六年癸亥（一八三）

劉陶次弟春秋條例　初陶明尚書春秋，爲之訓詁。推三家尚書及古文，是正文字三百餘事，名曰中文尚書，旋拜侍御史，帝宿聞其名，數引納之，至是詔陶次弟春秋條例。

【出處】後漢書劉陶傳

竺佛朔譯般舟三昧經　朔譯般舟三昧經二卷，舊錄云，大般舟三昧經，或一卷，弟二出。支讖爲傳語，河南洛陽孟福字元士張蓮字少安筆受。文少勝於道行經建安十三年，於許昌佛寺中校定悉具足。

【出處】歷代三寶紀卷第二第四　出三藏記集卷第七　高僧傳初集卷一支婁迦讖

傳

【考證】按竺佛朔譯般舟三昧經之事，高僧傳載於光和二年。然歷代三寶紀謂支讖三年亦譯是經，且稱讖譯爲初出，朔譯爲二出，則朔譯當在光和三年之後明甚。三寶紀卷第三載熹平（即熹平之訛）元年光和六年朔皆有譯道行經之事，可知光和六年之道行經，必爲般舟三昧經之訛，故誌之於此。

石經刻成　石經既刻成，立於太學堂前。碑高一丈，廣四尺，表裏俱刻。每面四十行，行七十三字。凡四十六枚。西行尙書周易春秋公羊傳魯詩凡三十八枚，南行禮記十五枚，（今之禮記凡九萬八千九百九十九字，非十五碑所能容，惟儀禮五萬七千一百一十一字，則需十一碑，其餘當爲校記題名，故知所記之禮記，實指儀禮。）東行論語三枚。碑始立，其觀視及摹寫者，車乘日千餘兩，塡塞街陌。

【出處】後漢書蔡邕傳及注引洛陽記　水經注

【考證】按最近洛陽出土漢熹平石經周易殘字，前面自家人迄歸妹共二十行，僅有卦辭而無彖象辭。試取相鄰兩行平列之字，依經文推其距離，知相隔七十三字，即每行七十三字也。（又論語堯曰殘石僅七字，而「司」字與「亦」字同列，相隔亦七十三字，知各經每行字數相同。）觀此石不過碑之一角，其原石當兼有自歸妹以後各卦及繫辭等，始得與後面文言說卦相接。故知全石每面必不止二十行。又數周易自家人以前至乾卦爻辭之字數爲二七一三，以每行七十三字除之，得三十八行。（末行不足七十三，亦以一行計算。）其第一行書名，字體若稍大，則可佔兩行之地位，故知原石每面爲四十行也。洛陽記云：『西行尚書周易公羊傳十六碑存，十二碑毀。南行禮記十五碑，悉崩壞。東行論語三碑，二碑毀。』考論語字數爲一五七一〇，以五八四〇除之，得三碑，爲數亦合。惟所載西行之碑，則可作二種解釋：尚書周易公羊傳共二十八碑，十六存而十二毀，一也。西行本有二十八碑，其現存之十六碑刻有尚書周易公羊傳，而刻他經之十二碑皆毀，二也。余意以後說爲宜，蓋古經雖因傳授不同，字數少有增減，終不致相差過遠，若以今本尚書（除去僞古文）周易春秋及公羊傳合而計之，得十五碑，即古本字數稍多，亦何至多至十餘碑哉？且石經之刻，本爲正定五經，而觀洛陽記所載，僅有書易，豈合情理？故知西行二十八碑，雖未明言易書之外尚有何經，余知其必有詩春秋無疑也。（春秋當在十六碑中，或當時字跡漫漶，故洛陽記僅言公羊耳。）

總評

東漢自從章帝以後，大半是幼小皇帝在位，外戚宦官，更迭秉政，政治非常紊亂，外患也漸漸增多。東北的鮮卑，西北的羌人，都足以使漢朝窮於應付。到了黃巾之亂一起，政府的力量完全崩潰，又入了混亂的狀態。在這時期，北方的地力，漸漸用盡，而長江珠江兩流域，漸次開闢，又有水利灌溉，所以人民漸次南遷。試看兩漢書的地理志幷州（現在的綏遠及山西陝西大部）凉州（現在的甘肅）的人口，自西漢末葉（西漢人口是根據元始五年調查）到東漢中葉以後（東漢人口是根據永和五年調查），銳減的程度，令人可驚。幽州（現在的河北省北部遼寧朝鮮及察哈爾一部）的山海關東地方人口銳減的程度，和幷凉差不多。甚至東漢建都的河南郡，人口也減少三分之一强。再看荊州（現在湖北湖南及河南南部）的人口，西漢便遠不如東漢了。揚州的豫章郡（現在的江西西部），和交州（現在粵桂兩省和安南）的五郡，（交州有七郡，因鬱林交阯兩郡後漢志不載戶口數，故不列入。）都是是東漢人口多於西漢。

可以證明中國人民到了東漢，是沿着湘贛兩江，漸次南下。荆州的北部，有江漢兩水的灌溉之利，又是自長安和洛陽分途南下集合的地方，所以人口最多。人口旣多，人才自然也隨之加多。我們讀後漢書，每感覺到東漢人才多出於河南南部，到此便給我們解釋明白了。

因爲經學盛行的結果，養成謙遜退讓的風氣。又因爲人民遷到土地肥沃的地方，謀生容易，所以重廉恥，輕私利。政府舉孝廉，極力獎勵這種人物，也很合當時的潮流。不過這種行爲，走到極端，就有些不近人情的地方。他們和旁人有爭論的事情，自然是想法子使自己吃虧。即便沒有爭論的事情，也要設法子找吃虧的機會，找得之後，斷不肯輕輕放過，必要達到目的而後已，以爲如此便得到了最高快樂的境地。試舉後漢書陳重傳爲例：

重有同署郎負息錢數十萬，責主日至，詭求無已。重乃密以錢代還。郎後覺知而厚辭謝之。重曰：『非我之爲，將有同姓名者。』終不言惠。又同舍郎有告歸寧者，誤持鄰舍郎絝以去。主疑重所取。重不自申說而市絝以償之。後寧喪者歸，以絝還主，其事乃顯。

他的朋友雷義的行爲 也和他差不多。後漢書載：

義嘗濟人死罪，罪者後以金二斤謝之，義不受金。主俟義不在，默投金於承塵上。後葺理屋宇，乃得金，金主已死，無所復還，義乃以付縣曹。後舉孝廉，拜尚書侍郎。有同時郎坐事當居刑作，義默自表取其罪，以此論司寇。同臺郎覺之，委位自上，乞贖義罪。順帝詔皆除刑。義歸，舉茂才，讓於陳重，刺史不聽，義遂佯狂被髮走，不應命。

這時候的學者，既然以達到吃虧的目的便算滿足，所以名譽可以不要，利害可以不計，生命可以不管。這種反常的行爲，雖然一時成爲風氣，但人的私慾，終就遏抑不住，所以漸漸流爲沽名釣譽的事情。如陳蕃傳載：

民有趙宣，葬親而不閉埏隧，因居其中，行服二十餘年。鄉邑稱孝，州郡數禮請之。郡內以薦蕃，蕃與相見，問及妻子，而宣五子皆服中所生。蕃大怒曰：『聖人制禮，賢者俯就，不肖企及。且祭不欲數，以其易黷故也。況乃寢宿冢藏而孕育其中，誑時惑衆，誣汙鬼神乎？』遂致其罪。

因爲當時重虛聲，不顧實際，所以行爲愈出愈奇，愈奇愈引起人的注意。由此漸漸養成魏晉間放縱的風氣。

這個時期的學術界，因爲批評的風氣既開，對於師說，需要解釋和批評，不再一味的遵守了。他們對於從前的說法，有所去取；研究的範圍，比前人廣大；所以著述也比前人豐富。如賈逵馬融何休鄭玄諸人，都有多量的著述，是前人所不及的。在前一時期，還是批評經義，不出五經的範圍。到此範圍擴大，把五經看作經中的五種。並且又批評到書籍的本身。在從前迷信的讖緯之書，皇帝視爲神聖不可侵犯。桓譚鄭興孔僖因爲反對這種東西，疏遠的疏遠，得罪的得罪。到此馬融張衡朱穆崔寔荀爽之徒繼續反對，（見袁宏後漢紀卷十八，本文又有賈逵，考賈逵曾以讖記附會左傳，必非反對讖緯者，故不載。）終於將這種書籍禁止了。（見本書建安二十三年引證）從前認為是周公致太平之迹的周官，因為何休臨孝存諸人的懷疑而發生問題。講授已久的泰誓，也因馬融的懷疑而漸漸動搖。又因批評學問轉到批評政治，所以崔寔王符仲長統諸人，對於政治，都有精密的觀察，深刻的批評。又由批評政治而批評人物，所以有人倫之風。好的評語，容易流於互相標榜。壞的評語，容易引起人的惡感。得罪了學者，還不要緊。得罪了政治界的要人，就要生出是非。所以終就釀成黨禍，幾乎將當時的善人一網打盡。國家的元氣大傷，東漢的政治，也從此沒有法子收拾了。

漢晉學術編年卷之六

中平元年甲子（一八四）

太平道作亂　初張角衆徒至數十萬，連接郡國。自青徐幽冀荆揚兗豫八州之人，莫不畢應。遂置三十六方，方猶將軍號也。大方萬餘人，小方六七千，各立渠帥，訛言蒼天已死，黄天當立。歲在甲子，天下大吉。以白土書京城寺門及州郡官府，皆作甲子字。至是，大方馬元義等先收荆揚數萬人，期會發於鄴。元義數往來京師，以中常侍封諝徐奉等爲內應，約以三月五日內外俱起。未及作亂而張角弟子濟南唐周上書告之。於是車裂元義於洛陽。帝以周章下三公司隸，使鈎盾令周斌將三府掾屬案驗宮省直衛及百姓有事角道者，誅殺千餘人。推考冀州，逐捕角等。角等知事已露，晨夜馳勑諸方，一時俱起，皆著黄巾爲標幟。時人謂之黄巾，亦名爲蛾賊。殺人以祠天。角稱天公將軍，角弟寶稱地公將軍，寶弟梁稱人公將軍。所在燔燒官府，刼略聚邑，州郡失據，長吏多逃亡。旬日之間，天下嚮應，京師震動。詔勅州郡修理攻守，簡練器械。自函谷，大谷，廣成，伊闕，轘轅，旋門，孟津，小平津諸關，並置都尉。召羣臣會議。皇甫嵩以爲宜解黨禁，益出中藏錢西園廄馬以班軍士，帝從之。於是發天下精兵，博選將帥，以嵩爲左中郎將，持節與右中郎將朱儁共發五校三河騎士及募精勇合四萬餘人。嵩儁各統一軍，共討黃巾。（河間鄭人張超，時爲儁別部司馬，與是役。超字子竝，留候張良之後。著賦頌碑文薦檄牋書謁文嘲，凡十九篇（七錄有張超集五卷）。超又善於草書，妙絕時人，世共傳之。）會角以病死，嵩擊斬張寶張梁，黃巾遂平。

【出處】後漢書皇甫嵩傳　文苑張超傳

鄭玄注古文尚書毛詩論語　黨錮事解，玄注古文尚書毛詩論語。又撰毛詩譜論語釋義仲尼弟子目。

【出處】唐會要七十引鄭君自序

二年乙丑（一八五）

崔烈爲司徒，烈字威考，崔駰之孫也。有重名於北州。歷位郡守九卿。靈帝開鴻都門，榜賣官爵，公卿，州郡下至黃綬各有差。其富者則先入錢，貧者到官而後倍輸。或因常侍阿保別自通達。是時段熲樊陵張溫等，雖有功勤名譽，然皆先輸財貨而後登公位。烈時因傅母入錢五百萬，得爲司徒。

及拜日，天子臨軒，百寮畢會，帝顧謂親倖者曰：『悔不小靳，可至千萬。』程夫人於傍應曰：『崔公冀州名士，豈肯買官。賴我得是，反不知姝耶？』烈於是聲譽衰減，久之不自安，從容問其子鈞曰：『吾居三公，於議者何如？』鈞曰：『大人少有英稱，歷位卿守，論者不謂不當三公。而今登其位，天下失望。』烈曰：『何爲然也？』鈞曰：『論者嫌其銅臭。』烈怒，舉杖擊之。鈞時爲虎賁中郎將，服武弁，戴鶡尾，狼狽而走。烈罵曰：『死卒，父撾而走，孝乎？』鈞曰：『舜之事父，小杖則受，大杖則走，非不孝也。』烈慚而止。烈後拜太尉。而鈞與袁紹俱起兵山東討董卓，卓於是收烈下獄。及卓誅，拜烈城門校尉，李傕入長安，爲亂兵所殺。烈有文才，所著詩書教頌等，凡四篇。

【出處】後漢書崔駰傳　孔彪碑

殺劉陶　時天下日危，寇賊方熾，陶憂致崩亂，乃上疏言事，大較謂天下大亂，皆由宦官，宦官事急，共讒陶，於是收陶。下黃門北寺獄。掠按日急，陶自知必死，對使者曰：『朝廷前封臣云何？今反受邪譖，恨不與伊呂同疇而以三仁爲輩。』遂閉氣而死。天下莫不痛之。

【出處】後漢書劉陶傳

【附錄】劉陶著述表

尚書訓故 後漢書本傳

中文尚書 後漢書本傳

春秋訓詁 後漢書本傳

復孟子 後漢書本傳

匡老子 後漢書本傳

反韓非 後漢書本傳

七曜論 後漢書本傳

西域沙門支曜於洛陽譯經　曜前後譯經十一部，僧祐則僅錄成具光明經一卷合十二卷，其七部則以是年於洛陽出之。

【出處】歷代三寶紀卷第二第四

蔡邕上書何進薦邊讓　讓字文禮，陳留浚儀人也。少辯博，能屬文，作章華賦，雖多淫麗之辭，而終之以正，亦如司馬相如之諷也。大將軍何進聞讓才名，欲辟命之，恐不至，詭以軍事徵召，既到，署令史。進以禮見之，讓善占射，能辭對。時賓客滿堂莫不羨其風，府掾孔融王朗（字景興，東海郡人。）幷修刺候焉。蔡邕深敬之，以爲讓宜處高任，迺薦於何進曰：『伏惟幕府初開，博選清英，華髮舊德，幷爲元龜。雖振鷺之集西雍，濟濟之在周庭，無以或加。竊見令史陳留邊讓，天授逸才，聰明賢智，髫齔夙孤，不盡家訓，及就學廬，便受大典。初涉諸經，見本知義。授者不能對其問，章句不能逮其意。心通性達，口辯辭長，非禮不動，非法不言。若處狐疑之論，定嫌審之分，經典交至，檢括參合，衆夫寂焉，莫之能奪也。使讓生在唐虞，則元凱之次；運值仲尼，則顏冉之亞，豈徒俗之凡偶近器而已者哉。階級名位，亦宜超然。若復隨輩而進，非所以章瓌偉之高價，昭知人之絕明也。傳曰：「函牛之鼎以烹鷄，多汁則淡而不可食，少汁則熬而不可熟。」此言大器之於小用，固有所不宜也。邕竊悁邑，怪此寶鼎未受犧牛大羹之和，久在煎熬臠割之間。願明將軍，回謀垂慮，裁加少納，貢之機密，展之力用。若以年齒爲嫌，則顏回不得貫德行之首，子奇終無阿宰之功。苟堪其事，古今一也。」（讓後以高才擢進，屢遷出爲九江太守，不以爲能也。初平中，王室大亂，讓去官歸家，恃才氣，不屈曹操，多輕侮之言。建安中，其鄉人有搆讓於操，操告郡就殺之。文多遺失。）

【出處】後漢書文苑邊讓傳

三年丙寅（一八六）

何進辟鄭玄玄逃去　大將軍何進聞鄭玄之名，遂辟之。州郡以進權戚，不敢違意，遂迫脅玄，不得已而詣之。進爲設几杖，禮待甚優，玄不受朝服，而以幅巾見，一宿逃去。時年六十。弟子河內趙商等自遠方至者數千。（商字子聲，河內溫人，博學有秀才，能講難，而吃不能劇談。）

【出處】後漢書鄭玄傳

沙門支婁迦讖譯首楞嚴經二卷（二月八日初出，吳錄又云三卷。）　讖譯經前後二十一部。（僧祐著錄十四部，又云，其古品以下至內藏百品凡九經，安公云，似支讖出也。費長房著錄二十一部。六十三卷。）　傳稱其譯文審得本旨，了不加飾。後不知所終。（支讖譯典與安清不同者，則安清所譯，多屬小乘，出四阿含中者居多；所言皆偏重習禪方法，罕涉理論。讖公所譯，半屬大乘，華嚴．（如兜沙經）般若，寶積，大集，皆有抽譯，隱然開此後譯家兩大派焉。

【出處】　歷代三寶紀卷第二第四　高僧傳卷第一　出三藏記集卷第二

四年丁卯（一八七）

外國沙門康巨於洛陽譯問地獄事經　凡經一卷，並言直理詣，不加潤飾。

【出處】　歷代三寶紀卷第二第四

士燮爲交趾太守　燮字威彥，蒼梧廣信人也。其先本魯國汶陽人，至王莽之亂，避地交州，六世至燮。父賜，桓帝時爲日南太守。燮少游學京師，事潁川劉子奇，治左氏春秋。察孝廉，補尚書郎，公事免官。父賜喪闋，後舉茂材，除巫令，遷交趾太守。燮體氣寬厚，謙虛下士，中國士人，多往依避難。許靖　字文休，汝南平輿人，少與從弟劭俱知名，並有人倫臧否之稱，後仕蜀爲司徒。袁徽　陳國人。劉熙　字成國，北海人。博覽多識，名重一時，薦辟不就，辟地交州，人謂之徵士。往來蒼梧南海，客授生徒，中州人士避難交州者，多從游焉。生徒多至數百人，建安末卒。作釋名八卷，以同聲相諧推論稱名辨物之意，中間頗傷於穿鑿，然可因以考見古音。又去古未遠，亦可因以推求古人制度之遺。許慈　字仁篤，南陽人，師事劉熙，善鄭氏學治易尚書三禮毛詩論語，建安中，與許靖等俱自交州入蜀。薛綜　字敬文，沛郡竹邑人，少依族人，避地交州，從劉熙學。程秉　字德樞，汝南南頓人，逮事鄭玄，避亂交州，與劉熙考論大義，遂博通五經。士燮命爲長史。之徒先後至者凡百數。燮又耽玩春秋，爲之注解。袁徽與尚書令荀彧書曰：『交阯士府君，既學問優博，又達於從政，處大亂之中，保全一郡。二十餘年，疆場無事，民不失業。羈旅之徒，皆蒙其慶。雖竇融保河西，曷以加之？官事小閑，輒玩習書傳。春秋左氏傳尤簡練精微。吾數以咨問傳中諸疑，皆有師說，意思甚密。又尚書兼通古今，大義詳備，聞京師古今之學，是非忿爭，今欲條左氏尚書長義上之。』其見稱如此。

【出處】三國吳志士燮傳　薛綜傳　程秉傳　蜀志許靖傳　許慈傳　劉熙釋名

【附錄】劉熙著述表

諡法注三卷　七錄

釋名八卷　隋志　今存

孝經注

孟子注七篇　隋志

列女傳八卷　唐志

五年戊辰（一八八）

服虔爲九江太守　虔少以淸苦建志，入太學受業，有雅才，善著論文。尤明春秋左氏傳，將爲注，欲參考同異。聞崔烈集門生講傳，遂匿姓名，爲烈門人賃作食。每當至講時，輒竊聽戶壁間。既知不能踰己，稍共諸生敘其短長。烈聞，不測何人。然素聞虔名，意疑之。明蚤往，及未寤，便呼「子愼！子愼！」虔不覺驚應，遂相與友善。鄭玄欲注春秋傳，尙未成，時行與虔遇宿客舍，先未相識，服在外車上與人說已注傳意。玄聽之良久，多與已同，玄就車與語曰：『吾久欲注尙未了，聽君向言，多與吾同，今當盡以所注與君。』遂爲服氏注。如服氏解僖十五年及文十二年，皆以互體說卦，與鄭氏合。又以左傳駁何休之所駁漢事六十條。舉孝廉，爲尙書侍郎，高平令。至是，還九江太守。既免之後，遭亂行客，病卒。

【出處】後漢書服虔傳　顏師古漢書敘例　世說新語文學第二

【考證】按後漢書朱儁傳，儁討李傕時，陶謙奏記於儁有『前九江太守服虔』之語。是虔之免，當在初平三年或三年之前也。

【附錄】服虔著述表

春秋左氏傳解誼三十卷 經典釋文敘錄

春秋左氏膏肓釋痾十卷 隋志

春秋漢議駮二卷 七錄

春秋成長說九卷 隋志

春秋塞難三卷 隋志

春秋音隱一卷 經典釋文敘錄，唐志

漢書音訓一卷 隋志

通俗文一卷 隋志

集 賦碑誄書記連珠九憤凡十餘篇

徵荀爽鄭玄等爲博士不至　九月己未詔曰：『頃選舉失所，多非其人，儒法雜揉，學道寖微，處士荀爽陳紀鄭玄韓融李楷耽道樂古，志行高潔，清貧隱約，爲衆所歸，其以爽等各補博士。』皆不至。紀字元方，潁州許人，太邱長陳寔之子。以至德稱。後遭黨錮，發憤著書三十餘萬言，號曰陳子。言不務華，事不虛設，其所交釋合贊，規壟哲而後建旨明歸焉。建安中，仕至大鴻臚，年七十一，卒於官。融字元長，潁川人，博學，不爲章句，皆究通其義，屢徵聘皆不起。晚乃拜河南尹，爲鴻臚太僕卿，年七十餘，弟兄同居，閨庭怡怡，至於沒齒也。楷字公超，河南人，以至孝稱，棲遲山澤，學無不貫，徵聘皆不就。除平陵令，視事三日，復棄官隱居，學者隨之，所在成市。華陰南土，遂有公超市。頻煩策命，就拜光錄大夫，固疾不起。乃命河南弘農致玄纁束帛，必欲致之，楷終不屈。

【出處】後漢紀卷二十五　後漢書陳寔傳　後漢鴻臚陳君碑

【考證】按後漢書鄭玄傳稱：『後將軍袁隗表玄爲侍中，以父喪不行。』當即指此年之事，故誌之於此。又按李楷之事與張楷相同。或本一事，因傳而誤。襄楷傳有與鄭玄荀爽同以博士徵之事，或即襄楷之訛。

嚴佛調在洛陽譯經　初安玄譯經，佛調筆受。至是復自譯古維摩詰等六部經，合十卷。世稱安侯（即安清）都尉佛調三人傳譯，號爲難繼。（調又撰十慧經一卷，亦傳於世。安公稱佛調出經，省而不煩，全本巧妙。）

【出處】高僧傳卷第一　歷代三寶紀卷第四

六年己巳（一八九）

蔡邕爲侍中　靈帝崩，董卓爲司空，聞邕名高，辟之，稱疾不就，卓大怒曰：『我力能族人，蔡邕遂偃蹇者，不旋踵矣。」又切敕州郡舉邕詣府。邕不得已，到署，祭酒甚見敬重，舉高第，補侍御史，又轉侍書御史，遷尚書。三日之間，周歷三臺。遷巴郡太守，復留爲侍中。明年，拜左中郎將，從獻帝遷都長安，封高陽鄉侯。

【出處】後漢書蔡邕傳

應劭爲太山太守　劭字仲遠，應奉之子也。少篤學，博覽多聞。舉孝廉，辟車騎將軍何苗掾。中平三年，舉高第，再遷。至是，拜太山太守。初平二年，黃巾三十萬衆入郡界。劭糾率文武，連與賊戰，賊皆退却，郡內以安。興平元年，前太尉曹嵩及子德從瑯琊入太山，劭遣兵迎之，未到，而徐州牧陶謙素怨嵩子操數擊之，乃使輕騎追嵩德，並殺之於郡界，劭畏操誅，棄郡奔冀州牧袁紹。

【出處】後漢書應劭傳

孝獻皇帝　名協，靈帝子，在位三十一年，爲魏所篡。

初平元年庚午（一九〇）

孔融爲北海相　董卓廢立，虎賁中郎將孔融每因對答，輒有匡正之言，以忤卓旨，轉爲議郎。時黃巾寇數州，而北海最爲賊衝。卓乃諷三府同舉融爲北海相。融到郡，收合士民，起兵講武，馳檄飛翰，引謀州郡。賊張饒等羣輩二十萬衆，從冀州還，融逆擊，為饒所敗。乃收散兵，保朱虛縣，稍復鳩集吏民為黃巾所誤者男女四萬餘人。更置城邑，立學校，表顯儒術，薦舉賢良。以彭璆為方正，邴原為有道，原字根矩，北海朱虛人。十一而喪父，家貧早孤，鄰有書舍，原過其旁而泣。師問曰：『童子何悲？』原曰：『孤者易傷，貧者易感。夫書者必皆具有父兄者，一則羨其不孤，二則羨其得學，心中惻然而為涕零也。』師亦哀原之言，而為之泣曰：『欲書可耳』答曰，『無錢資師』曰：『童子苟有志，我徒相教，不求資也。』於是遂就書，一冬之間，誦孝經論語。自在童亂之中，嶷然有異。及長，金玉其行。欲遠遊學，詣安丘孫崧，崧辭曰：『君鄉里鄭君，君知之乎？』原答曰：『然』崧曰：『鄭君學覽古今，博文彊識，鉤深致遠，誠學者之師模也。君乃舍之，躡屣千里，所謂以鄭為東家丘者也。君似不知，而曰然者何？』原曰：『先生之說，誠可謂苦藥良鍼矣。然猶未達僕之微趣也。人各有志，所規不同。故乃有登山而採玉者，有入海而採珠者，豈可謂登山者不知海之深，入海者不知山之高哉？君謂僕以鄭為東家丘，君以僕為西家愚夫耶？』崧辭謝焉。又曰：『兗豫之士，吾多所識，未有君若者，當以書相分。』原重其意，難辭之。持書而別，原心以為求師啓學，志高者通，非若交游待分而成也。書何為哉。乃藏書於家而行。八九年間，單步負笈，苦身持力。至陳留則師韓子助，潁川則宗陳仲弓（寔），汝南則交范孟博（滂），涿郡則親盧子幹。歸以書還孫崧，解不致書之意。後為郡所召，署功曹主簿。王修為孝廉。又深敬鄭玄，屣履造門，告高密縣，為玄特立一鄉曰：『昔齊置士鄉，越有君子軍，皆異賢之意也。鄭君好學，實懷明德。昔太史公廷尉吳公謁者僕射鄧公，皆漢之名臣；又南山四皓，有園公夏黃公，潛光隱耀世如其高，皆悉稱公。然則公者仁德之正號，不必三事大夫也。今鄭君鄉宜曰鄭公鄉。昔東海于公僅有一節，猶或戒鄉人侈其門閭，矧乃鄭公之德，而無駟牡之路，可廣開門衢，令容高車，號爲通德門。』郡人甄子然，臨孝存孝存名碩，以爲武帝知周官末世瀆亂不驗之書，故作十論七難以排棄之。何休亦以爲周官乃六國陰謀之書，唯有鄭玄徧覽羣經，知周禮者乃周公致太平之迹，故能答林碩之論難，使周禮義得條通。早卒，融恨不及之，乃命配食縣社。其餘雖一介之善，莫不加禮焉。郡人無後及四方遊士有死亡者皆爲棺具而斂葬之。融雖重玄，而講學則與玄有異者，嘗與諸卿書云：『鄭康成多臆說，人見其名，學爲有所出也。証案大較，要在五經四部書，如非此文，近爲妄矣，若子所執。以爲郊天之鼓，必當麒麟之皮也。寫孝經，本當孔子家策乎？。』

【出處】後漢書孔融傳　鄭玄傳　御覽卷六百八　三國魏志邴原傳注

公卿舉鄭玄爲趙相不至　董卓遷都長安，公卿舉玄爲趙相，道斷不至。玄以博學洽聞，注解典籍，故儒雅之士集焉。邴原亦以高遠清白，頤志澹泊，口無擇言，身無擇行，故英傑之士向焉。是時海內清議，青州有鄭邴之學。

【出處】後漢書鄭玄傳　三國魏志邴原傳注

荀爽卒　初，公車徵爽爲大將軍何進從事中郎，進恐其不至，迎薦爲侍中，及進敗而詔命中絕。至是帝即位，董卓輔政，復徵之，爽欲遁命，吏持之急，不得去，因復就拜平原相。行至宛陵，復追爲光祿勳，視事三日，進拜司空。爽自被徵命及登台司九十五日，因從遷都長安。爽見董卓忍暴滋甚，必危社稷，其所辟舉，皆才略之士，將共圖之。亦與司徒王允及卓長史何顒等爲內謀，會病薨，年六十三。

【出處】後漢書荀爽傳

【附錄】荀爽著述表

周易注十一卷 隋志 新舊唐志十卷

尙書正經 後漢書本傳

詩傳 漢紀

禮傳 通典七十九引

公羊問五卷 後漢書本傳 七錄

春秋條例 後漢書本傳

辯讖　後漢書本傳

漢語　後漢書本傳

新書　後漢書本傳

女誡　藝文類聚二十三引

集三卷錄一卷　七錄

張魯據漢中自號師君　魯字公祺，五斗米道師保張衡之子也。衡死，魯復傳其法，以鬼道見信於益州牧劉焉。魯母有姿色，兼挾鬼道，往來焉家。焉遂任魯以爲督義司馬。與別部司馬張修將兵掩殺漢中太守蘇固，斷絕斜谷殺使者。魯既得漢中，遂復殺張修而幷其衆。至焉子璋爲州牧時。魯益驕恣，璋怒，建安五年，殺魯母弟，數遣將討魯，不克。行寬惠以鬼道教民，自號師君。陵衡魯號爲三師，陵爲天師，衡爲係師，魯爲嗣師。其來學道者，初皆名鬼卒，受本道已信，號祭酒，各領部衆。多者爲治頭大祭酒，皆敎以誠信不欺詐。有病自首其過。大都與黃巾相似。諸祭酒各起義舍於路，同之亭傳。又置義米義肉，縣於義舍。行路者量腹取足，不得過多，云鬼能病之。其市肆賈平亦然。犯法者三原然後乃行刑。不置長吏，皆以祭酒爲治，民夷便樂之。朝廷不能討，遂就拜魯鎮夷中郎將，領漢寧太守，通貢獻而已。由是雄據巴漢，垂三十年。

【出處】三國魏志張魯傳　後漢書劉焉傳　華陽國志漢中志及二牧志　古今佛道論衡卷乙

【考證】按漢中志稱『初平中，以魯爲督義司馬，往漢中斷谷道。』二牧志又載張魯斷北道事於二年之前，故知爲元年之事。

潁容避亂荊州　容字子嚴，陳國長平人也。博學多通，善春秋左氏。師事太尉楊賜。郡舉孝廉。州辟，公車徵皆不就。至是，辟亂荊州，聚徒千餘人。劉表以爲武陵太守，不肯起。著春秋條例五萬餘言，中有云：『漢興，博物洽聞著述之士，前有司馬遷楊雄劉歆，後有鄭衆賈逵班固，近即馬融鄭玄。其所著作，違義正者，遷尤多闕略，舉一兩事以言之，史記不識畢公文王之子，而言與周同姓。楊雄著法言，不識六十四卦，云所從來尚矣。』容建安中卒。隋志有春秋釋例十卷。

【出處】後漢書儒林穎容傳　太平御覽

鄭玄避難不其山　初，崔琰（字季珪，清河東武城人）公孫方等就鄭玄受學，學未朞，而徐州黃巾賊攻破北海。玄與門人到不其山避難。時穀糴縣乏，玄乃罷遣琰及王經等，（經字彥偉，清河人，後仕魏，會司馬昭弒其君高貴鄉公，以經不忠於已，經遂爲昭所殺。）揮涕而散。

【出處】三國魏志崔琰傳　世說賢媛第十九

二年辛未（一九一）

鄭玄居徐州　黃巾寇青州，玄乃避地徐州。徐州牧陶謙接以師友之禮，玄居於南城之山，棲遲巖石之下，念昔先人，餘暇，述夫子之志而注孝經。

【出處】後漢書鄭玄傳　樂史引孝經序

牟子作理惑論　蒼梧儒生牟子，因世亂，無仕宦意，銳志佛道，而世多非之。乃製理惑論以爲勸。其辭有云：『佛者，覺也，猶三皇神五帝聖也。』

【出處】佛祖統紀卷第三十五

蔡邕欲避地山東不果　是年六月地震，董卓以問邕，邕對曰：『地動者，陰盛侵陽臣下踰制之所致也。前春郊天，公奉引車駕，乘金華青蓋，爪畫兩轓，遠近以爲非宜。』卓於是改乘皁蓋車。卓重邕才學厚相遇待，每集讌，輒令邕鼓琴贊事。邕亦每存匡益，然卓多自佷用。邕恨其言少從，謂從弟谷曰：『董公性剛而遂非，終難濟也。吾欲東奔兗州，若道遠難達，且遯逃山東以待之，何如？』谷曰：『君狀異恆人，每行觀者盈集，以此自匿，不亦難乎？』邕乃止。

【出處】後漢書蔡邕傳

三年壬申（一九二）

王允殺蔡邕　初，允數與邕會議，允詞常屈，由是銜邕。是年四月，允使呂布殺董卓。邕在允坐，殊不意言之而歎，有動於色。允勃然叱之曰：『董卓國之大賊，幾傾漢室。君爲王臣，所宜同忿，而懷其私遇以忘大節。今天誅有罪而反相傷痛，豈不共爲逆哉？』即收付廷尉治罪。邕陳辭謝，乞黥首刖足，繼成漢史。士大夫多矜救之不得。太尉馬日磾馳往謂允曰：『伯喈曠世逸才，多識漢事，當續成後史，爲一代大典。且忠孝素著而所坐無名，誅之無乃失人望乎？』允曰：『昔武帝不殺司馬遷，使作謗書流於後世。方今國祚中衰，神器不固，不可令佞臣執筆在幼主左右。既無益聖德，復使吾黨蒙其訕議。』日磾退而告人曰：『王公其不長世乎！善人，國之紀也，制作，國之典也；滅紀廢典，其能久乎？』邕遂死獄中。允悔欲止而不及，時年六十。搢紳諸儒，莫不流涕。北海鄭玄聞而歎曰：『漢世之事，誰與正之！』兗州陳留閒皆畫像而頌焉。其撰集漢事，未見錄以繼後史。適作靈紀及十意，又補諸列傳四十二篇，因李傕之亂，湮沒多不存。所著詩賦碑誄銘讚連珠箴弔論議獨斷（二卷）勸學（一卷）釋誨敘樂女訓（一篇）篆勢（又有隸勢）祝文章表書記凡百四篇傳於世。隋志有集十二卷 又有月令章句 隋志有十二卷 本草 七錄有七卷 班固典引注 隋志有一卷 琴操 隋志有二卷 等書。

【出處】後漢書蔡邕傳

盧植卒　初，冀州牧袁紹請植爲軍師，至是植卒。臨困，敕其子儉葬於土穴，不用棺槨，附體單帛而已。所著碑誄表記凡六篇。建安中，曹操北討柳城，過涿郡，告守令曰：『故北中郎將盧植名著海內，學爲儒宗，士之楷模，國之楨幹也。昔武王入殷，封商容之閭，鄭喪子產，仲尼隕涕。孤到此州，嘉其餘風。春秋之義，賢者之後，宜有殊禮，急遣丞掾除其墳墓，存其子孫，並致薄醊。以彰厥德。』子毓知名。

【出處】後漢書盧植傳

【附錄】盧植著述表

尙書章句　三國魏志盧毓傳注

儀禮解詁　後漢書本傳

周官禮注　仝上

禮記解詁二十卷　經典釋文敘錄

碑誄表記六篇　本傳七錄有二卷

冀州風土記　寰宇記河北道十二引

趙岐爲太僕　初，岐於靈帝初，復遭黨錮，十餘歲，中平元年，徵拜議郎。又爲車騎將軍張溫長史。大將軍何進舉爲敦煌太守，未至郡，爲賊所執，詭辭得免，展轉還長安。獻帝西都，復拜議郎，稍遷太僕，至是李傕專政，使太傅馬日磾撫慰天下，以岐爲副。日磾行至洛陽，表別遣岐宣揚國命。

【出處】 後漢書趙岐傳

笮融起浮屠寺　融丹陽人，與徐州刺史陶謙爲同郡，聚衆數百，依於謙。謙使督廣陵下邳彭城運糧，遂斷三郡委輸，大起浮屠寺。上累金盤，下爲重樓，又堂閣周迴，可容三千許人，作黃金塗像，衣以錦綵。每浴佛，輒多設飲飯，布席於路，其有就食及觀者，且萬餘人。獻帝春秋曰：『融敷席方四五里，費以巨萬。』

【出處】 後漢書陶謙傳

四年癸酉（一九三）

司徒辟召王粲除黃門侍郎不應　粲字仲宣，山陽高平人也。曾祖父龔，祖父暢，皆爲三公。父謙，爲大將軍何進長史。進以謙名公之胄，欲與爲婚，見其二子使擇焉。

謙弗許。以疾免，卒於家。獻帝西遷，粲徙長安，左中郎將蔡邕見而奇之。時邕才學顯著，貴重朝廷。常車騎塡巷，賓客盈坐。聞粲在門，倒屣迎之。粲至，年甚幼弱，容貌短小，一坐盡驚。邕曰：『此王公孫也，有異才，吾不如也。吾家書籍文章，盡當與之。』至是年十七，司徒辟，詔除黃門侍郎，以西京擾亂，不就，乃之荆州依劉表，表以粲貌寢而體弱通侻，不甚重也。表卒，粲勸表子琮令歸曹操，操辟粲爲丞相掾，賜爵關內侯，後遷軍謀祭酒。

【出處】三國魏志王粲傳

徐州刺史陶謙辟張昭不應　昭字子布，彭城人，少好學，善隸書，從白侯子安受左氏春秋，博覽衆書，與王朗及東海趙昱俱發名友善，弱冠察孝廉，不就，時應劭議宜爲舊君諱，論者皆互有異同。昭著論曰：『客有見大國之議，士君子之論云，起元建武已來，舊君名諱五十六人，以爲後生不得協也。取乎經論，譬諸行事，義高辭麗，甚可嘉羨。愚意褊淺，竊有疑焉。蓋乾坤剖分，萬物定形，肇有父子君臣之經。故聖人順天之性，制禮尚敬。在三之義，君實食之。在喪之哀，君親臨之。厚莫重焉，恩莫大焉。誠臣子所尊仰，萬夫所天恃，焉得而同之哉？然親親有衰，尊尊有殺。故禮服上不盡高祖，下不盡玄孫。又傳記四世而緦麻，服之窮也。五世袒免，降殺同姓也。六世而親屬竭矣。又曲禮有不逮事之義則不諱，不諱者蓋名之謂。屬絕之義，不拘於協，況乃古君五十六哉！邾子會盟，季友來歸，不稱其名咸書字者，是時魯人嘉之也，何解臣子爲君父諱乎？周穆王諱滿，至定王時有王孫滿者，其爲大夫，是臣協君也。又厲王諱胡，及莊王之子名胡，其比衆多。夫類事建議，經有明據，傳有徵案，然後進攻退守，萬無奔北，垂示百世，永無咎失。今應劭雖上尊舊君之名，而下無所斷，齊猶歸之，疑云曲禮之篇。疑事無質，觀省上下，闕義自證，文辭可爲倡而不法，將來何觀？言聲一放，猶拾瀋也，過辭在前，悔其何追？』徐州刺史陶謙舉茂才，不應。謙以爲輕己，遂見拘執。昱傾身營救，方得以免。

漢末大亂，徐方士民，多避難揚土，昭皆南渡江。孫策創業，命昭爲長史撫軍中郎將，升堂拜母，如比肩之舊，文武之事，一以委昭。

【出處】三國吳志張昭傳

興平元年甲戌（一九四）

沙門康孟詳於洛陽譯經　外國沙門康孟詳以是年譯四諦經一卷（第二出）。前後所譯者，又有：太子本起瑞應經二卷（初出，亦名瑞應本起經）興起行經二卷。（亦名十緣經）梵網經二卷（初出）舍利弗目連遊四衢經一卷。報福經一卷。（或云福報經。）

【出處】歷代三寶紀卷第四

趙岐至荆州　初，岐宣揚國命，南到陳留，得篤疾，經涉二年。至是，詔書徵岐。會帝當還洛陽，先遣衛將軍董承修理宮室。岐謂承曰：『今海內分崩，唯有荆州境廣地勝，西通巴蜀，南當交阯，年穀獨登，兵人差全。岐雖迫大命，猶志報國家。欲自乘牛車，南說劉表，可使其身自將兵，來衛朝廷，與將軍並心同力，共奬王室，此安上救人之策也。』承即遣岐使荆州督租糧。岐至，劉表即遣兵詣洛陽，助修宮室，軍資委輸，前後不絕，時孫嵩亦寓於表，表不爲禮。岐乃稱嵩素行篤烈，因共上爲青州刺史。岐以老病，遂留荆州。

【出處】後漢書趙岐傳

二年乙亥（一九五）

帝東歸書籍散亡　初，李傕郭汜相攻，長安大亂，張濟自陝來和解二人，仍欲遷帝權幸弘農，車駕既發，傕汜悔，復來追。張濟亦與之合，遂與王師戰於東澗，王師敗績。百官士卒死者，不可勝數。皆棄其婦女輜重御物符冊典籍，略無所遺。援師至，破傕等，乃得至安邑。初，光武遷還洛陽，其經牒祕書，載之二千餘兩。自此以後，三倍於前。及董卓移都之際，吏民擾亂，自辟雍東觀蘭台石室宣明鴻都諸藏典策文章，競共剖散。其縑帛圖書，大則連爲帷蓋，小乃制爲縢囊。及王允所收而西者，裁七十餘乘。道路艱遠，復棄其半矣。自經此亂，一時焚蕩，莫不泯盡焉。

【出處】後漢書儒林傳

孔融請鄭玄反北海　孔融欲玄反郡，敦請懇惻，使人繼踵，又敎曰：『鄭公久游東夏，今艱難稍平，儻有歸來之思，無寓人於室，毀傷其藩垣林木，必繕治墻宇，以俟還。』

【出處】太平廣記一九四引殷芸小説

建安元年丙子（一九六）

應劭上漢儀　劭刪定律令爲漢儀奏之曰：『夫國之大事，莫尙載籍也。載藉也者，決嫌疑，明是非，賞刑之宜，允獲厥中，俾後之人，永爲監焉。故膠東相董仲舒老病致仕，朝廷每有政議，數遣廷尉張湯，親至陋巷，問其所失。於是作春秋決獄二百三十二事，動以經對，言之詳矣。逆臣董卓，蕩覆王室，典憲焚燎，靡有孑遺。開辟以來，莫或茲酷。今大駕東邁，巡省許都，拔出險難，其命維新。臣累世受恩，榮祚豐衍，竊不自揆，貪少云補。輒撰具律本章句，尙書舊事，廷尉板令，決事比例，司徒都目，五曹詔書，及春秋斷獄，凡二百五十篇。蠲去復重，爲之節文。又集駮議三十篇，以類相從，凡八十二事。其見漢書二十五，漢記四。皆刪敍潤色，以全本體。其二十六博採古今瓌瑋之事，文章煥炳，德義可觀。其二十七，臣所創造，豈繄自謂必合道衷。心焉憤邑，聊以藉手。昔鄭人爲乾鼠爲璞，鬻之於周，宋愚夫亦寶燕石，緹緗十重。夫覩之者，掩口盧壺而笑，斯文之俗，無乃類旃。左氏實云；雖有姬姜絲麻，不棄憔悴菅蒯，蓋所以代匱也。是用敢露頑才，厠于明哲之末。雖未足剛紀國體，宣洽時雍，庶幾觀察，增闡聖聽。唯因萬機之餘暇，遊意省覽焉。』獻帝善之。

初安帝時，河間人尹次，潁川人史玉，皆坐殺人當死。次兄初及玉母軍，並詣官曹，求代其命，因縊而物故。尚書陳忠以罪疑從輕，議活次玉。劭後追駮之，據正典刑，有可存者。其議曰：『尚書稱「天秩有禮，五服五章哉。天討有罪，五刑五用哉。」而孫卿亦云：「凡制刑之本，將以禁暴惡，且懲其末也。凡爵列官秩，賞慶刑威，皆以類相從，使當其實也。若德不副位，能不稱官，賞不酬功，刑不應罪，不祥莫大焉。殺人者死，傷人者刑，此百王之定制，有法之成科。高祖入關，雖尚約法，然，殺人者死，亦無寬降。夫時化則刑重，時亂則刑輕。書曰：「刑罰時輕時重」此之謂也。今次玉公以清時釋其私憾，阻兵安忍，僵尸道路，朝恩在寬，幸至冬獄。而初軍愚狷，妄自投斃。昔召忽親死子糾之難，而孔子曰經於溝瀆，人莫之知。鼂氏之父，非錯刻峻，遂能自隕其命。班固亦云不如趙母指括，以全其宗。傳曰：「僕妾感慨而致死者，非能義勇，顧無慮耳。」夫刑罰威獄，以類天之震燿殺戮也。溫慈和惠，以放天之生殖長育也。是故春一草枯則爲災，秋一木華亦爲異。今殺無罪之初軍，而活當死之次玉，其爲枯華，不亦然乎。陳忠不詳制刑之本而信一時之仁，遂廣引八議求生之端。夫親故賢能，功貴勤賓，豈有次玉當罪之科哉。若乃小大以情，原心定罪，此爲求生，非謂代死可以生也。敗法亂政，悔其可追！』劭凡爲駮義三十篇，皆此類也。

【出處】後漢書應劭傳

鄭玄自徐州還高密

玄還高密，道遇黃巾賊數萬人，見玄皆拜，相約不敢入縣境。玄嘗疾篤自慮，以書戒子益恩曰：『吾家舊貧，不爲父母昆弟所容，去厮役之吏，遊學周秦之都，往來幽幷兗豫之域，獲覲乎在位通人，處逸大儒，得意者咸從捧手有所授焉。遂博稽六藝，粗覽傳記，時覩祕書緯術之奧，年過四十，迺歸供養。假田播殖，以娛朝夕。遇閹尹擅勢，坐黨禁錮十有四年，而蒙赦令，舉賢良方正有道，辟大將軍三司府，公車再召，比牒併名，早爲宰相。惟彼數公，懿德大雅，克堪王臣，故宜式序。吾自忖度，無任於此。但念述先聖之元意，思整百家之不齊，亦庶幾以竭吾才，故聞命罔從。而黃巾爲害，萍浮南北，復歸邦鄉。入此歲來，已七十矣。宿素衰落，仍有失誤。案之禮典，便合傳家。今我告爾以老，歸爾以事，將閑居以安性，覃思以終業。自非拜國君之命，問族親之憂，展敬墳墓，觀省野物，胡嘗扶杖出門乎？家事大小，汝一承之。咨爾煢煢一夫，曾無同生相依，其勗求君子之道，研鑽勿替。敬愼威儀，以近有德。顯譽成於僚友，德行立於已志。若致聲稱，亦有榮於所生，可不深念邪？可不深念邪？吾雖無紱冕之緒，頗有讓爵之高，自樂以論贊之功，庶不遺後人之羞。末所憤憤者，徒以亡親墳壟未成，所好羣書，率皆腐敝，不得於禮堂寫定，傳於其人。日西方暮，其可圖乎。家今差多於昔，勤力務時，無恤飢寒，菲飲食，薄衣服，節夫二者，尚令吾寡恨，若忽忘不識，亦已焉哉。』

【出處】後漢書鄭玄傳

孔融還許都　初，黃巾復侵暴北海，融出屯都昌，爲賊管亥所圍，融逼急，乃遣東萊太史慈，求救於平原相劉備。備驚曰：『孔北海乃復知天下有劉備耶？』即遣兵三千救之，賊乃散走。時袁紹曹操（字孟德，沛國譙人。）方盛，而融無所協附。左丞黃祖者，稱有意謀，勸融有所結納。融知紹操終圖漢室，不欲與同，故怒而殺之。融負其高氣，志在靖難。而才疏志廣，迄無成功。在郡六年，劉備表領青州刺史。至是年，爲袁譚所攻，自春至夏，戰士所餘裁數百人，流矢雨集，戈矛內接，融隱几讀書，談笑自若。城夜陷，乃奔東山，妻子爲譚所虜。帝都許，徵融爲將作大匠，遷少府。

每朝會訪對，融輒引正定議，公卿大夫皆隸名而已。

【出處】後漢書孔融傳

謝該爲公車司馬令　該字文儀，南陽章陵人也。善明春秋左氏，爲世名儒，門徒數百千人。至是，仕爲公車司馬令。河東人有樂詳文載者，少好學，聞該善左氏傳，乃從南陽步涉詣許，條左氏疑滯數十事以問該，該皆爲通解之，名爲謝氏釋，行於世。

後世之左氏樂氏問七十二事，即詳所撰也。該以父母老，託疾去官，欲歸鄉里，會荊州道斷，不得去。少府孔融上書薦之曰：『臣聞高祖創業，韓彭之將征討暴亂，陸賈叔孫通進說詩書。光武中興，吳耿佐命，范升衞宏修述舊業，故能文武並用，成長久之計。陛下聖德欽明，同符二祖，勞謙戹運，三年乃讙。今尚父鷹揚，方叔翰飛。王師電鷙，羣凶破殄，始有櫜弓臥鼓之次。宜得名儒典綜禮紀。竊見故公車司馬令謝該，體曾史之淑性，兼商偃之文學。博通羣藝，周覽古今，物來有應，事至不惑，清白異行，敦悅道訓，求之遠近，少有疇匹。若乃巨骨出吳，隼集陳庭，黃能入寢，亥有二首。非夫洽聞者，莫識其端也。雋不疑定北闕之前，夏侯勝辯常陰之驗，然後朝士益重儒術。今該實卓然比跡前列，間以父母老疾，棄官欲歸。道路險塞，無由自致。猥使良才抱璞而逃，踰越山河，沈淪荊楚，所謂往而不返者也。後日當更饋樂以釣由余，尅像以求傅說，豈不煩哉！臣愚以爲可推錄所在，召該令還。楚人止孫卿之去國，漢追匡衡於平原，尊儒貴學，惜失賢也。』書奏，詔即徵還，拜議郎。以壽終。

【出處】後漢書儒林謝該傳　三國志魏志杜畿傳

二年丁丑（一九七）

鄭玄至鄴見袁紹　袁紹總兵冀州，遣使要玄，大會賓客。玄最後至，乃延升上坐。紹一見玄歎曰：『吾本謂鄭君東州名儒，今乃是天下長者。夫以布衣雄世，斯豈徒然哉！』玄身長八尺，飲酒一斛，秀眉明目，容儀溫偉。紹客多豪俊，並有才說。見玄儒者，未以通人許之。競設異端百家互起，玄依方辯對，咸出問表。皆得所未聞，莫不嗟服。時汝南應劭亦歸於紹，因自贊曰：『故太山太守應仲遠北面稱弟子，何如？』玄笑曰：『仲尼之門，考以四科，回賜之徒，不稱官閥。』劭有慚色。紹乃舉玄茂才，表爲左中郎將，皆不就。及去，紹餞之城東，必欲玄醉，會者三百餘人，皆使離席奉觴，自旦及暮，計玄可飲三百餘杯，而溫克之容，終日無怠。

【出處】太平廣記一九四引殷芸小說　北堂書鈔一四八引鄭玄別傳

應劭爲袁紹軍謀校尉　時始遷都於許，舊章堙沒，書籍罕存，劭慨然歎息，乃綴集所聞，著漢官禮儀故事，凡朝廷制度，百官典式，多劭所立。後卒於鄴，弟子瑒(字德璉)，璩(字休璉)，並以文才稱。

【出處】後漢書應劭傳

【附錄】應劭著述表

漢書集解百十五卷　隋志

漢紀注三十卷　唐志

中漢輯序　後漢書本傳　乃論當時行事。

漢官注五卷　隋志

漢官儀十卷　隋志

漢朝駮議三十篇　後漢書本傳

律本章句等二百五十篇　後漢書本傳

狀人紀　初劭父奉爲司隸時，並下諸官府郡國，各上前人像贊，劭乃連綴其名，錄爲狀人紀。見本傳。

十三州記　水經泗水注引

地理風俗記　水經注河水二引

風俗通義三十卷　以辯物類名號，釋時俗嫌疑。文雖不典，後世服其洽聞。今存十卷。

感騷三十篇

律略論五卷

集四卷 七錄

沙門竺大力於雒陽譯經　初外國沙門曇果與康孟詳於迦維羅衛國齎梵本來。是年三月沙門竺大力於雒陽譯修行本起經二卷，孟詳度爲漢文。釋道安云：『孟詳所翻，奕奕流便，足騰玄趣也。』

【出處】歷代三寶紀卷第四　高僧傳卷第一支婁迦讖傳

三年戊寅（一九八）

徵鄭玄爲大司農不至　獻帝在許都，徵玄爲大司農，給安車一乘，所過長吏迎送，玄乃以病自乞還家。

【出處】後漢紀卷第二十九　後漢書本傳

徵王朗至許都　初，朗爲會稽太守，值孫策渡江略地。朗功曹虞翻字仲翔，會稽餘姚人，少好學，有高氣，年十二，客有候其兄者，不過翻，翻追與書曰：『僕聞虎魄不取腐芥，磁石不受曲鍼。過而不存，不亦宜乎。』客得書奇之，由是見稱。朗以爲功曹。以爲力不能拒，不如避之。朗自以身爲漢吏，宜保城邑。遂舉兵與策戰，敗績，浮海至東冶。策又追擊，大破之。朗乃詣策，策以儒雅，詰讓而不害。雖流移窮困，朝不保夕，而收卹親舊，分多割少，行義甚著。曹操表徵之，孔融與書曰：『世路隔塞，情問斷絕，感懷增思。前見章表，知尋湯武罪己之迹，自投東裔。同鯀之罰。覽省未周，涕隕潸然。主上寬仁，貴德宥過。曹公輔政，思賢並立。策書屢下，殷勤欵至。知櫂舟浮海，息駕廣陵，不意黃能突出羽淵也。談笑有期，勉行自愛。』朗自曲阿展轉江海，積年乃至。拜諫議大夫，參司空軍事。曹操稱魏公，朗以軍祭酒領魏郡太守，遷少府奉常大理。

【出處】三國魏志王朗傳　吳志虞翻傳

四年己卯（一九九）

荊州牧劉表立學宮　表盡平州界羣寇，開土遂廣，南接五嶺，北據漢川，地方數千里，帶甲十餘萬。初荊州人情好擾，加四方駭震，寇賊相扇，處處麋沸。表招誘有方，威懷兼洽，其姦猾宿賊，更爲効用，萬里肅清，大小咸悅而服之。關西兗豫學士歸者蓋有千數。表安慰賑贍，皆得資全。遂起立學校，博求儒術綦毋闓宋志（字仲子，南陽章陵人，為荊州五等從事）等，撰立五經章句，謂之後定。

【出處】後漢書劉表傳　經典釋文敘錄

【附錄】劉表著述表

周易章句九卷　七錄

喪服後定一卷　隋志　通典

荊州占二卷　隋志

集一卷　隋志

禰衡被殺於江夏　衡字正平，平原般人也。少有才辯，而氣尚剛傲，好矯時慢物。興平中，避難荊州。建安初，來遊許下，始達潁川，迺陰懷一刺，既而無所之適，至於刺字漫滅。是時許都新建，賢士大夫四方來集，或問衡曰：『盍從陳長文（名羣，潁川許昌人。）、司馬伯達（名朗，河內溫人。）乎？』對曰：『吾焉能從屠沽兒耶？』又問：『荀文若（名彧，荀爽之姪。趙稚長云何？』衡曰：『文若可借面弔喪，稚長可使監廚請客。』唯善孔融及弘農楊修（字德祖。），常稱曰：『大兒孔文舉，小兒楊德祖，餘子碌碌，莫足數也。』融亦深愛其才。衡始弱冠，而融年四十，遂與交友，上疏薦之曰：『臣聞，洪水橫流，帝思俾乂，旁求四方，以招賢俊，昔孝武繼統，將弘祖業，疇咨熙載，羣士響臻。陛下叡聖，纂承基緒，遭遇厄運，勞謙日昃。惟岳降神，異人並出。竊見處士平原禰衡，年二十四，字正平，淑質貞亮，英才卓礫。初涉藝文，升堂覩奧，目所一見，輒誦於口，耳所瞥聞，不忘於心。性與道合，思若有神。弘羊潛計，安世默識，以衡準之，誠不足怪。忠果正直，志懷霜雪，見善若驚，疾惡如讐，任座抗行，史魚厲節，殆無以過也。鷙鳥累百，不如一鶚。使衡立朝，必有可觀。飛辯騁辭，溢氣坌涌，解疑釋結，臨敵有餘。昔賈誼求試屬國，詭係單于，終軍欲以長纓牽致勁越。弱冠慷慨，前世美之。近日路粹嚴象，亦用異才擢拜臺郎，衡宜與為比。如得龍躍天衢，振翼雲漢，揚聲紫微，垂光虹蜺，足以昭近署之多士，增四門之穆穆。鈞天廣樂，必有奇麗之觀；帝室皇居，必蓄非常之寶。若衡等輩，不可多得。激楚揚阿，至妙之容，臺牧者之所貪；飛兎騕褭，絕足奔放，良樂之所急。臣等區區，敢不以聞！』融既愛衡才，數稱述於曹操。操欲見之，而衡素相輕疾，自稱狂病，不肯往，而數有恣言。操懷忿，而以其才名，不欲殺之。聞衡善擊鼓，迺召爲鼓史。因大會賓客，閱試音節，諸史過者，皆令脫其故衣，更著岑牟單絞之服。次至衡，衡方爲漁陽參撾，蹀躞而前，容態有異，聲節悲壯，聽者莫不慷慨。衡進至操前而止，吏訶之曰：『鼓史何不改裝。而敢輕進乎！』衡曰：『諾』於是先解袒衣，次釋餘服，裸身而立，徐取岑牟單絞而著之畢，復參撾而去，顏色不怍。操笑曰：『本欲辱衡，衡反辱孤。』孔融退而數之曰：『正平！大雅固當爾邪？』因宣操區區之意。衡許往，融復見操，說衡狂疾，今求得自謝。操喜，敕門者，有客便通，待之極晏。衡迺著布單衣疎巾，手持三尺梲杖，坐大營門，以杖捶地大罵。吏白：『外有狂生，坐於營門，言語悖逆，請收案罪。』操怒，謂融曰：『禰衡豎子，孤殺之猶雀鼠耳！顧此人素有虛名，遠近將謂孤不能容之。今送與劉表，視當如何。』於是遣人騎送之，臨發，衆人爲之祖道，先供設於城南，迺更相戒曰：『禰衡勃虐無禮，今因其後到，咸當以不起折之也。』及衡至，衆人莫肯興。衡坐而大號，衆問其故，衡曰：『坐者爲冢，臥者爲屍，屍冢之間，能不悲乎？』劉表及荆州士大夫先服其才名，甚賓禮之，文章言議，非衡不定。表嘗與諸文人共草章奏，幷極其才思。時衡出，還見之，開省未周，因毀以抵地。表憮然爲駭。衡迺從求筆札，須臾立成，辭義可觀。表大悅，益重之。後復侮慢於表，表恥不能容，以江夏太守黃祖性急，故送衡與之，祖亦善待焉。衡爲作書記，輕重疎密各得體宜。祖持其手曰：『處士，此正得祖意，如祖腹中之所欲言也。』祖長子射爲章陵太守，尤善於衡。嘗與衡俱遊，共讀蔡邕所作碑文，射愛其辭，還恨不繕寫。衡曰：『吾雖一覽，猶能識之，唯其中石缺二字，爲不明耳。』因書出之，射馳使寫碑還校，如衡所書，莫不歎服。射時大會賓客，人有獻鸚鵡者，射舉卮於衡曰：『願先生賦之，以娛嘉賓。』衡攬筆而作，文無加點，辭采甚麗。十月朝，祖在艨衝舟，賓客皆會，作黍臛既至，先在衡前，衡得便飲食，初不顧左右。既畢，復博弄以戲。時江夏有張伯雲，亦在坐，調之曰：『禮教云何？而食此。』衡不答，弄黍如故。祖曰：『處士不當搏之也。』衡謂祖曰：『君子寧聞車前馬糟！』祖呵之，衡熟視罵曰：『死鍛錫公！』祖大怒，令五百將出，欲杖之，而罵不止，遂令絞殺。黃射來救，無所復及，愴悽流涕曰：『此有異才，曹操及劉荊州不殺，大人奈何殺之？』祖曰：『人罵汝父作鍛錫公，奈何不殺！』衡時年二十六，文章多亡云。（隋志云：『梁禰衡集二卷，錄一卷。』）

【出處】後漢書文苑禰衡傳　魏志荀彧傳注

【考證】按衡本傳稱『建安初，來遊許下。』而荀彧傳注引文士傳則稱孔融薦衡之後，操用爲鼓吏，至八月朝，大宴賓客，閱試音節。考後漢書獻帝紀，以建安元年庚申遷都許，庚申八月二十七日也，其非是年八月之事甚明，若融於二年薦衡，則融年四十四，衡年二十四，其死於是年，則二十六歲矣。

五年庚辰（二〇〇）

鄭玄卒　是年春，玄夢孔子告之曰：『起！起！今年歲在辰，來年歲在巳。』既寤，以讖合之，知命當終。有頃寢疾。時袁紹與曹操相拒於官度，令其子譚遣使逼玄隨軍。不得已，載病到元城縣，疾篤不進。乃居元城注周易。至六月，玄卒，年七十四，遺令薄葬，自郡守以下嘗受業者，縗絰赴會千餘人。

【出處】後漢書本傳　孝經序注正義　唐會要七七　文苑英華七六六

【附錄】鄭玄著述表

周易注十卷，錄一卷　七錄云：十二卷。釋文敘錄十卷，錄一卷，宋崇文總目一卷，隋志作九卷，舊唐志同，新唐志十卷，中興亡。

尚書注九卷　隋志

尚書音五卷　隋志，孔安國鄭玄李軌徐邈等撰

尚書大傳注三卷　隋志

毛詩故訓傳箋二十卷　叙録　隋志　今存

詩譜二卷　叙録　今存正義中

詩音　叙録

周官禮注十二卷　叙録　隋志

周禮音二卷　七録　叙録一卷

答臨孝存周禮難　後漢書本傳

儀禮注十七卷　釋文叙録　今存

禮議二十卷　唐志

儀禮音二卷　隋志『儀禮十七卷』下注云：『梁有鄭玄音二卷亡。』叙録作一卷

禮記注二十卷　叙録

禮記音二卷　七録　叙録二卷

喪服經傳注一卷　隋志

喪服紀一卷 唐志

喪服變除一卷 新唐志一卷亡。隋志無喪服變除而有喪服譜一卷。疑本一書而標目有異也。

三禮目錄一卷 隋志 今存三禮疏中。

三禮圖 隋志載：『三禮圖九卷，鄭玄及後漢侍中阮諶等撰。』

五宗圖一卷 七錄

駁何氏漢議二卷 隋志 唐志作十卷

發公羊墨守一卷 唐志

箴左氏膏肓十卷 唐志

起穀梁廢疾三卷 隋志 唐志

春秋十二公名一卷 七錄

春秋左氏分野一卷 七錄

孝經注一卷 隋志

論語注十卷　隋志云：『梁有古文論語十卷，鄭玄注。』又云：『論語九卷，鄭玄注，晉散騎常侍虞喜讚。』

論語釋義十卷　舊唐志

孔子弟子目錄一卷　隋志

六藝論一卷　隋志

答甄子然

駁許慎五經異義　後漢書本傳

魯禮禘祫義　詩商頌元鳥正義引

孟子注七卷　隋志

易緯注九卷　七錄九卷　隋八卷　宋七卷

乾鑿度注　李淑書目二卷　宋藝文志三卷

通卦驗注　李淑書目二卷　宋藝文志二卷

尚書緯注六卷　七錄六卷　隋志三卷

尚書中候注八卷 七錄八卷 隋志五卷

詩緯注三卷 唐志

禮緯注二卷 七錄

禮記默房注三卷 七錄

春秋緯注 文選褚淵碑文注

孝經緯注 文選東京賦注

洛書靈準聽注 初學記卷九引

九宮經注三卷 隋志

九宮行棊經注三卷 隋志

九旗飛變一卷 唐志

樂緯動聲儀 御覽一引

乾象歷注 晉書律歷志

天文七政論　宋書歷志

漢律章句　晉書刑法志引

漢宮香法注　宋張邦基墨莊漫錄引

日月交會圖注一卷　七錄

集二卷錄一卷　七錄

鄭志八篇　門生相與撰玄答諸弟子問五經，依論語作鄭志八篇。

【附錄二】　鄭玄弟子考

郗慮　字鴻豫，山陽高平人，少受業於玄，建安初，爲侍中，與孔融不相能。後與曹操搆成融罪而殺融，官至御史大夫。（見後漢書獻帝紀建安十三年注）

崔琰

王基

國淵　字子尼，樂安蓋人，始未知名，玄稱之曰：『國子尼美才也，吾觀其人必爲國器。』常與邴原管寧等避難遼東，後官至太僕。

任嘏　字昭光，亦樂安人，鄭玄稱其有道德。爲人淯粹愷悌，虛已若不足，恭敬如有畏，其修身履義，皆沈默潛行，不顯其美，故時人少得稱之。著書三十八篇，凡四萬餘言。

王經　見初平元年

程秉　見二二五年

宋均　濟南人，三齊記有王經孝經正義引宋均詩譜序，我先師北海鄭司農，可知均爲玄弟子。

趙商　見中平三年

張逸　北海高密人。御覽禮儀部引鄭玄別傳：尙書左丞同縣張逸年十三，爲縣小吏，君謂之曰：『爾有贊道之質。玉雖美須雕琢而成器，能爲書生以成爾志不？』對曰：『願之』乃遂拔於其輩，妻以弟女。

劉炎　見鄭志

焦喬　見鄭志

陳鑠　一作鏗，見通典九十二。

冷剛　見鄭志

田瓊　建安黃初間爲博士。見通典六十九，八十三，九十二，九十六等卷。

王瓚　禮記月令正義引

崇精　見鄭志

崇翙　見鄭志

王權　見鄭志

鮑遺　見鄭志

任厥　禮記王制正義引

炅模　詩邶燕燕正義引

氾閣　見通典九十二，一百三

劉德　見通典八十三，九十二，九十六等卷。

桓翙　見通典一百三

公孫方　見三國魏志崔琰傳

徐整　字文操，豫章人，吳太常卿。（釋文敍錄注及劉子玄說。）著有毛詩譜三卷，孝經默注一卷，三五歷記二卷，通歷二卷，雜歷五卷，豫章列士傳三卷，豫章舊志八卷。

孫顥　詩七月流火正義引

趙岐卒　初，建安四年，曹操爲司空，擧岐自代。光祿勳桓典少府孔融復上書薦之，於是就拜岐爲太常，至是岐卒，年九十餘。未卒時，先自爲壽藏，圖季札子產晏嬰叔向四像居賓位，又自畫其像居主位，皆爲讚頌，勑其子曰：『我死之日，墓中聚沙爲牀，布簟白衣，散髮其上，覆以單被，即日便下，下訖便掩。』岐多所述作，著孟子章句三輔決錄傳於世。

【出處】後漢書趙岐傳

虞翻上易傳　初，翻歸孫策，策復以爲功曹，待以交友之禮，出爲富春長。後州擧茂才，漢召爲侍御史，曹操爲司空辟皆不就。奏上易注曰：『臣聞六經之始，莫大陰陽。是以伏羲仰天縣象而建八卦，觀變動六爻爲六十四，以通神明，以類萬物。臣高祖父故零陵太守光少治孟氏易，曾祖父故平輿令成纘述其業，至臣祖父鳳爲之最密。臣先考故日南太守歆受本於鳳，最有舊書，世傳其業，至臣五世。前人通講，多玩章句，雖有祕說，於經疏闊。臣生遇世亂，長於軍旅，習經於枹鼓之間，講論於戎馬之上。蒙先師之說，依經立注。又臣郡吏陳桃夢臣與道士相遇，放髮被鹿裘，布易六爻，撓其三以飲臣。臣乞盡呑之，道士言易道在天，三爻足矣。豈臣受命應當知經？所覽諸家解，不離流俗，義有不當實，輒悉改定以就其正。孔子曰：乾元用九而天下治。聖人南面，蓋取諸離。斯誠天子所宜協陰陽致麟鳳之道矣。謹正書副上，惟不罪戾。』翻又奏曰：『經之大者，莫過於易。自漢初以來，海內英才，其讀易者，解之率少。至孝靈之際，潁川荀諝號爲知易。臣得其注，有愈俗儒。至所說西南得朋東北喪朋，顚倒反逆，了不可知。孔子歎易曰：「知變化之道者，其知神之所爲乎。」以美大衍四象之作，而上爲章首，尤可怪笑。又南郡太守馬融名有俊才，其所解釋，復不及諝。孔子曰：「可與共學，未可與適道，豈不其然！」若乃北海鄭玄南陽宋衷雖各立注，衷小差玄而皆未得其門，難以示世。』又奏鄭玄解尚書違失事因曰：『臣聞周公制禮以辨上下，孔子曰：有君臣然後有上下，有上下然後禮義有所錯。是故尊君卑臣，禮之大司也。伏見故徵士北海鄭玄所注尚書，以顧命康王執瑁，古月似同，從誤作同。既不覺定，復訓爲杯，謂之酒杯。成王疾困，憑几洮頮，爲濯以爲澣衣成事，洮字虛，更作濯以從其非。又古大篆，丣字當讀爲柳，古柳丣同字，而以爲昧。分北三苗，北古別字，又訓北，言北猶別也。若此之類，誠可怪也。玉人職曰：「天子執瑁以朝諸侯，謂之酒杯；天子頮面，謂之澣衣。」古篆丣字反以爲昧，甚違不知蓋闕之義。於此數事，誤莫大焉。宜命學官定此三事。又馬融訓注，亦以爲同者大同天下，今經益金就作銅字。詁訓言天子副璽，雖皆不得，猶愈於玄。然此不定，臣沒之後，而奮乎百世，雖世有知者，懷謙莫或奏正。又玄所注五經，違義尤甚者百六十七事，不可不正。行乎學校，傳乎將來，臣竊恥之。』又與少府孔融書並示以所著易注，融答書曰：『聞延陵之理樂，覩吾子之治易，乃知東南之美者，非徒會稽之竹箭也。又觀象雲物，察應寒溫，原其禍福，與神合契，可謂探賾窮通者也。』會稽東部都尉張紘又與融書曰：『虞仲翔前頗爲論者所侵，美寶爲質，彫摩益光，不足以損。』

【出義】　三國吳志虞翻傳

七年壬子（二〇二）

任安卒　安字定祖，廣漢綿竹人也。少遊太學，受孟氏易，兼通數經。又從同郡楊厚學圖讖，究極其術。時人稱曰：『欲知仲桓問任安』又曰：『居今行古任定祖』學終還家，教授諸生，自遠而至。初仕州郡，後太尉再辟，除博士，公車徵，皆稱疾不就。州牧劉焉表薦之，時王塗隔塞，詔命竟不至。年七十九，卒於家。弟子杜微何宗杜瓊皆名士，至卿佐。

【出處】　後漢書儒林任安傳　華陽國志

八年癸未（二〇三）

曹操下令興學　七月令曰：『喪亂以來，十有五年，後生者不見仁義禮讓之風，吾甚傷之。其令郡國各修文學。縣滿五百戶，置校官，選其鄉之俊造而教學之，庶幾先王之道不廢而有以益於天下。』侍中鮑衡奏『按王制立大學小學，自王太子以下皆敎以詩書而升之司馬，謂之賢者，任之以官，故能致刑措之盛立太平之化也。今學博士，并設表，章而無所教授。兵戎未戢，人並在公，而學者少。可聽公卿二千石六百石子弟在家及將校子弟見爲郎舍人，皆可聽詣博士受業，其高才秀達，學通一藝，太常爲作品式。』從之。

【出處】 三國魏志武帝紀 通典卷五十二禮十三

蔡琰歸自胡中　琰字文姬，蔡邕之女也，博學有才辯，又妙於音律。適河東衛仲道，夫亡無子，歸寧於家。初平中，天下喪亂，文姬爲胡騎所獲，沒於南匈奴左賢王，在左賢王部中，春月登胡殿，感笳之音，懷凱風之思，作詩言志，後世所傳胡笳十八拍是也。在胡中十二年，生二子。曹操素與邕善，痛其無嗣，乃遣使者以金璧贖之，而重嫁於同郡董祀。祀爲屯田都尉，犯法當死，文姬詣曹操請之。時公卿名士及遠方使驛坐者滿堂，操謂賓客曰：『蔡伯喈女在外，今爲諸君見之。』及文姬進，蓬首徒跣行，叩頭請罪。音辭清辯，旨甚酸哀，衆皆爲改容。操曰：『誠實相矜，然文狀已去，奈何？』文姬曰：『明公廐馬萬匹，虎士成林，何惜疾足一騎而不濟垂死之命乎？』操感其言，乃追原祀罪。時且寒，賜以頭巾履韈。操因問曰：『聞夫人家先多墳籍，猶能憶識之不？』文姬曰：『昔亡父賜書四千許卷，流離塗炭，罔有存者。今所誦憶，裁四百餘篇耳。』操曰：『今當使十吏就夫人寫之。』文姬曰：『妾聞男女之別，禮不親授。乞給紙筆，眞草唯命。』

於是繕書送之，文無遺誤。後感傷亂離，追懷悲憤，作詩二章。其辭曰：『漢季失權柄，董卓亂天常。志欲圖篡弒，先害諸賢良。逼迫遷舊邦，擁主以自彊。海內興義師。欲共討不祥。卓衆來東下，金甲耀日光。平土人脆弱，來兵皆胡羌。獵野圍城邑，所向悉破亡，斬截無孑遺。尸骨相牚拒。馬邊懸男頭，馬後載婦女。長驅西入關，迥路險且阻。還顧邈冥冥，肝脾爲爛腐。所略有萬計，不得令屯聚。或有骨肉俱，欲言不敢語。失意機微間，輒言斃降虜。要當以亭刃，我曹不活汝。豈復惜性命？不堪其詈罵。或便加棰杖，毒痛參幷下。旦則號泣行，夜則悲吟坐。欲死不能得，欲生無一可。彼蒼者何辜？乃遭此戹禍。邊荒與華異，人俗少義理。處所多霜雪，胡風春夏起。翩翩吹我衣，肅肅入我耳。感時念父母，哀歎無窮已。有客從外來，聞之常歡喜。迎問其消息，輒復非鄉里。邂逅徼時願，骨肉來迎己。己得自解免，當復棄兒子。天屬綴人心，念別無會期。存亡永乖隔，不忍與之辭。兒前抱我頸，問我欲何之。人言母當去，豈復有還時。阿母常仁惻，今何更不慈？我尚未成人，奈何不顧思？見此崩五內，恍忽生狂癡。號泣手撫摩，當發復回疑。兼有同時輩，相送告離別。慕我獨得歸，哀叫聲摧裂。馬爲立踟躕，車爲不轉轍。觀者皆歔欷，行路亦嗚咽。去去割情戀，遄征日遐邁。悠悠三千里，何時復交會。念我出腹子，匈臆爲摧敗。既至家人盡，又復無中外。城郭爲山林，庭宇生荊艾。白骨不知誰，從橫莫覆蓋。出門無人聲，豺狼號且吠。煢煢對孤景，怛咤糜肝肺。登高遠眺望，魂神忽飛逝。奄若壽命盡，旁人相寬大。爲復彊視息，雖生何聊賴。託命於新人，竭心自勗厲。流離成鄙賤，常恐復捐廢。人生幾何時，懷憂終年歲。』其二章曰：『嗟薄祜兮遭時患，宗族殄兮門戶單，身執略兮入西關，歷險阻兮之羌蠻。山谷眇兮路曼曼，眷東顧兮但悲歎，冥當寢兮不能安，飢當食兮不能餐。常流涕兮眥不乾，薄志節兮念死難。雖苟活兮無形顏。惟彼方兮遠陽精，陰氣凝兮雪夏零，沙漠壅兮塵冥冥，有草木兮春不榮，人似禽兮食臭腥，言兜離兮狀窈停？歲聿暮兮時邁征，夜悠長兮禁門扃，不能寐兮起屏營，登胡殿兮臨廣庭。玄雲合兮翳月星，北風厲兮肅泠泠，胡笳動兮邊馬鳴，孤雁歸兮聲嚶嚶。樂人興兮彈琴箏，音相和兮悲且清，心吐思兮匈憤盈，欲舒氣兮恐彼驚，含哀咽兮涕沾頸。家既迎兮當歸寧，臨長路兮捐所生，兒呼母兮號失聲，我掩耳兮不忍聽。追持我兮走煢煢，頓復起兮毀顏形。還顧之兮破人情，心怛絕兮死復生。』

【出處】後漢書列女董祀妻傳

【考證】按詩中既有『感時念父母，……有客從外來，迎問其消息，』之語，則琰遭亂時蓋未見及蔡邕之死。又有海內興義師之語，則當在諸將討董卓之後。若琰以初平三年沒於胡，至是適得十二年，故誌之於此。

九年甲申（二〇四）

仲長統至幷州　統字公理，山陽高平人也。少好學，博涉書記，贍於文辭。年二十餘，游學靑徐幷冀之間，與交友者多異之。幷州刺史高幹，素貴有名，招致四方遊士，士多歸焉。統過幹，幹善待遇之。訪以世事。統謂幹曰：『君有雄志而無雄才，好士而不能擇人，所以爲君深戒也。』幹雅自多，不納統言，統遂去之。無幾而幹敗。并冀之士，以是識統。

【出處】 後漢書仲長統傳　三國魏志劉劭傳

十年乙酉（二〇五）

高誘爲濮陽令　誘涿郡人也。少從同郡盧君受學。至是，辟司空掾，除東郡濮陽令。以嘗從盧君受淮南子句讀，誦舉大義。會遭兵災，天下棋峙，亡失書傳，廢不尋修，二十餘載。覩時人少爲淮南者，懼遂凌遲，於是以朝餔事畢之間，乃深思師訓，參以經傳道家之言，比方其事，爲之注解，悉載本文，並舉音讀。

【出處】 淮南子序

荀悅作申鑒及漢紀　悅字仲豫，荀爽兄儉之子也。儉早卒。悅年十二，能說春秋。家貧無書，每之人間，所見篇牘，一覽多能誦記。性沈靜，美姿容，尤好著述。靈帝時，閹官用權，士多退身窮處。悅乃託疾隱居，時人莫之識，唯從弟彧特稱敬焉。

初辟鎮東將軍曹操府，遷黃門侍郎。帝頗好文學，悅與彧及少府孔融侍講禁中，旦夕談論。累遷祕書監，侍中。時政移曹氏，天子恭己而已。悅志在獻替，而謀無所用。乃作申鑒五篇，其所論辨，通見政體。既成而奏之，其大略曰：「夫道之本，仁義而已矣。五典以經之，羣籍以緯之。詠之，歌之，弦之，舞之，前監既明，後復申之。故古之聖王其於仁義也，申重而已。致政之術，先屏四患，乃崇五政。一曰僞，二曰私，三曰放，四曰奢。僞亂俗，私壞法，放越軌，奢敗制：四者不除，則政末由行矣。夫俗亂則道荒，雖天地不得保其性矣。法壞則世傾，雖人主不得守其度矣。軌越則禮亡，雖聖人不得全其道矣。制敗則欲肆，雖四表不得充其求矣。是謂四患。興農桑以養其性，審好惡以正其俗，宣文教以彰其化，立武備以秉其威，明賞罰以統其法；是謂五政。人不畏死，不可懼以罪；人不樂生，不可勸以善；雖使契布五教，皋陶作士，政不行焉。故在上者，先豐人財以定其志。帝耕籍田，后桑蠶宮，國無遊人，野無荒業，財不賈用，力不妄加，以周人事，是謂養生。君子之所以動天地應神明正萬物而成王化者，必乎眞定而已。故在上者審定好醜焉。善惡要乎功罪，毀譽效於準驗，聽言責事，擧名察實，無惑詐僞，以蕩衆心。故事無不覈，物無不切，善無不顯，惡無不章，俗無姦怪，民無淫風。百姓上下覩利害之存乎已也，故肅恭其心，愼修其行，內不回惑，外無異望，則民志平矣。是謂正俗。君子以情用，小人以刑用。榮辱者，賞罰之精華也。故禮教榮辱以加君子，化其情也。桎梏鞭撲以加小人，化其刑也。君子不犯辱，況於刑乎。小人不忌刑，況於辱乎。若教化之廢，推中人而墜於小人之域；教化之行，引中人而納於君子之塗；是謂章化。小人之情，緩則驕，驕則恣，恣則怨，怨則叛，危則謀亂，安則思欲，非威强以無懲之。故在上者必有武備，以戒不虞；以遏寇虐，安居則寄之內政，有事則用之軍旅，是謂秉威賞罰政之柄也。明賞必罰，審信愼令，賞以勸善，罰以懲惡。人主不妄賞，非徒愛其財也，賞妄行則善不勸矣。不妄罰，非矜其人也，罰妄行則惡不懲矣。賞不勸謂之止善，罰不懲謂之縱惡。在上者能不止下爲善，不縱下爲惡，則國法立矣。是謂統法。四患旣蠲，五政又立，行之以誠，守之以固，簡而不怠，疏而不失，無爲爲之，使自施之，無事事之，使自交之，不肅而成，不嚴而化，垂拱揖讓而海內平矣。是謂爲政之方。』又言：『尙主之制非古，釐降二女，陶唐之典。歸妹元吉，帝乙之訓。王姬歸齊，宗周之禮。以陰乘陽違天，以婦陵夫違人。違天不祥，違人不義。』又：『古者天子諸侯有事，必告於廟。廟有二史，左史記言，右史記事。事爲春秋，言爲尙書。君舉必記，善惡成敗無不存焉。下及士庶，苟有茂異，咸在載籍，或欲顯而不得，或欲隱而名章。得失一朝，而榮辱千載，善人勸焉，淫人懼焉。宜於今者，備置史官，掌其典文，紀其行事，每於歲盡，舉之尙書，以助賞罰，以弘法敎。』帝覽而善之。帝好典籍，常以班固漢書文繁難省，乃令悅依左氏傳體，以爲漢紀三十篇，詔尙書給筆札。辭約事詳，論辯多美。其序之曰：『昔在上聖，惟建皇極，經緯天地，觀象立法，乃作書契，以通宇宙，揚于王庭，厥用大焉。先王光演大業，肆于時夏，亦惟厥後，永世作典。夫立典有五志焉：一曰達道義，二曰章法式，三曰通古今，四曰著功勳，五曰表賢能。於是天人之際，事物之宜，粲然顯著，罔不備矣。世濟其軌，不隕其業。損益盈虛，與時消息，臧否不同，其揆一也。漢四百有六載，撥亂反正，統武興文，永惟祖宗之洪業，思光啓乎萬嗣。聖上穆然，惟文之恤，瞻前顧後，是紹是繼。闡崇大猷，命立國典，於是綴敍舊書，以述漢紀。中興以前，明主賢臣得失之軌，亦足以觀矣。」

又著崇德正論及諸論數十篇，年六十二，建安十四年卒。

【出處】後漢書荀悅傳

十一年丙戌（二〇六）

樂詳爲河東文學祭酒　詳前詣許從謝該問左氏疑難。所問既了，而歸鄉里。至是，杜畿爲河東太守，亦甚好學。署詳文學祭酒，使敎後進。於是河東學業大興。

【出處】三國魏志杜畿傳注引魏略

十二年丁亥（二〇七）

沙門曇果於洛陽譯經　初曇果於迦維羅衛國得中本起經梵本來至洛陽，至是始翻，康孟詳度語。（亦云太子中本起經，見始興錄。）凡二卷。

【出處】　歷代三寶紀卷第四

十三年戊子（二〇八）

曹操殺孔融　融常狎侮曹操，操外雖寬容而內不能平。御史大夫郗慮承望風旨，以微法奏免融官。歲餘，復拜太中大夫。雖居家失勢，而賓客日滿其門。愛才樂酒，常歎曰：『坐上客常滿，樽中酒不空，吾無憂矣。』與蔡邕素善，邕卒後，有虎賁士貌類於邕。融每酒酣，引與同坐曰：『雖無老成人，且有典刑。』融聞人之善，若出諸己。言有可採，必演而成之，面告其短，而退稱所長。薦達賢士，多所獎進。知而未言，以爲己過。故海內英俊，皆信服之。曹操既積嫌忌，而郗慮復搆成其罪。遂令丞相軍謀祭酒路粹（字文蔚，陳留人，少學於蔡邕。）枉狀奏融曰：『少府孔融昔在北海，見王室不靜，而招合徒衆，欲規不軌云：「我大聖之後，而見滅於宋。有天下者，何必卯金刀？」

及與孫權使語，謗訕朝廷。又融爲九列，不遵朝儀，禿巾微行，唐突宮掖。又前與白衣禰衡，跌蕩放言云：「父之於子，當有何親？論其本意，實爲情欲發耳。子之於母，亦復奚爲？譬如寄物瓶中，出則離矣。」既而與衡更相贊揚。衡謂融曰：「仲尼不死」融答曰：「顏回復生」大逆不道，宜極重誅。』書奏，下獄棄市，時年五十六。妻子皆被誅。至魏文帝深好融文辭，歎曰：『楊班儔也』募天下有上融文章者，輒賞以金帛。所著詩頌碑文論議六言策文表檄教令書記，凡二十五篇。（七錄有孔融集十卷，錄一卷。又有春秋雜議難五卷）

【出處】三國魏志卷十二注引續漢書　後漢書孔融傳

郗慮辟劉劭　劭字孔才，廣平邯鄲人。初爲計吏，詣許。太史上言，正旦當日蝕。劭時在尚書令荀彧所，坐者數十人，或云當廢朝，或云宜却會。劭曰：『梓慎裨竈，古之良史，猶占水火錯失天時。禮記曰：諸侯旅見天子，及門不得終禮者四，日蝕在一。然則聖人垂制，不爲變豫廢朝禮者，或災消異伏，或推術謬誤也。』彧善其言，勑朝會如舊，日亦不蝕。至是，御史大夫郗慮辟劭。會慮免，劭拜太子舍人，遷秘書郎。至黄初中，爲尚書郎，散騎侍郎。

十五年庚寅(二一〇)

【出處】三國魏志劉劭傳

曹操下令求才士 是年春操下令曰：『自古受命及中興之君，曷嘗不得賢人君子與之共治天下者乎。及其得賢也，曾不出閭巷。豈幸相遇哉？上之人不求之耳。今天下尚未定，此特求賢之急時也。孟公綽爲趙魏老則優，不可以爲滕薛大夫。若必廉士而後可用，則齊桓其何以霸世？今天下得無有被褐懷玉而釣於渭濱者乎？又得無盜嫂受金而未遇無知者乎？二三子其佐我明揚仄陋，唯才是舉，吾得而用之。』

【出處】三國魏志武帝紀

十六年辛卯(二一一)

曹操以子丕爲五官中郎將 丕字子桓，年八歲能屬文，有逸才，遂博貫古今經傳諸子百家之書，善騎射，好擊劍。至是操以丕爲五官中郎將，置官屬，爲丞相副。丕好文學，王粲與徐幹，字偉長，北海人。清玄體道，六行修備，聰識洽聞，操翰成章，輕官忽祿，不耽世榮。為司空軍謀祭酒掾屬，五官將文學，操特加旌命，以疾休息，後除上艾長，又以疾不行。陳琳，字孔璋，廣陵人。阮瑀，字元瑜，陳留人。少受學於蔡邕，建安中，都護曹洪欲使掌書記，瑀終不為屈。曹操並以琳瑀為司空軍謀祭酒管記室。軍國書檄，多琳瑀所作也。琳作諸書及檄草成，呈操。操先苦頭風，是日疾發，臥讀琳所作，翕然而起曰：『此愈我病』數加厚賜。操嘗使瑀作書與韓遂。時操適近出，瑀隨從，因於馬上具草書成呈之，操擥筆欲有所定，而竟不能增損。琳徙門下督，瑀為倉曹掾屬。應瑒，字德璉，汝南人，應劭弟珣季瑜之子也。操辟為丞相掾屬，轉為平原侯庶子，後為五官將文學。劉楨，字公幹，東平寧陽人。曹操辟為丞相掾屬。曹丕為五官中郎將，妙選文學，使楨隨侍。酒酣坐歡，乃使夫人甄氏出拜，坐上客多伏，而楨獨平視。他日操聞，乃收楨，減使輸作部。楨性辯捷，所問應聲而答。操至尚方觀作者，見楨匡坐正色磨石。操問曰：『石何如？』楨因得喻己自理，跪而對曰：『石出荊山懸巖之顛，外有五色之章，內含卞氏之珍，磨之不加瑩，雕之不增文，稟氣堅貞，受之自然。顧其理枉屈紆繞而不得申。』操顧左右大笑，即日赦之。並見友善。

【出處】三國魏志文帝紀注引魏書　王粲傳及裴注　世說言語第二

十七年壬辰（二一二）

曹植等作銅爵臺賦　植字子建，曹操之子而丕之母弟也。年十歲餘，誦讀詩論及辭賦數十萬言。善屬文，操嘗視其文謂曰：『汝倩人耶？』植跪曰：『言出為論，下筆成章，顧當面試，奈何倩人？』十六年為平原侯，是年春鄴銅爵臺新成，操悉將諸子登臺，使各爲賦，植援筆立成，詞曰：『從明后而嬉遊兮，登層臺以娛情。見太府之廣開兮，觀聖德之所營。建高門之嵯峨兮，浮雙闕乎太淸。立中天之華觀兮，連飛閣乎西城。臨漳水之長流兮，望果園之滋榮。仰春風之和穆兮，聽百鳥之悲鳴。天雲垣其既立兮，家願得而獲逞。揚仁化於宇內兮，盡肅恭於上京。惟桓文之爲盛兮，豈足方乎聖明。休矣美矣，惠澤遠揚。翼佐我皇家兮，寧彼四方。同天地之規量兮　齊日月之暉光。永貴尊而無極兮，等年壽於東王。』操深異之。丕亦爲詞曰：『登高臺以騁望，好靈雀之麗嫺。飛閣崛其特起，層樓儼以承天。步逍遙以容與，聊遊目于西山。溪谷紆以交錯，草木鬱其相連。風飄飄而吹衣，鳥飛鳴而過前。申躊躇以周覽，臨城隅之通川。』

【來處】　三國魏志陳思王傳及注引陰澹魏紀　藝文類聚六十二

曹丕等作寡婦賦　阮瑀卒，著有文集五卷　丕閔其妻子孤弱，乃作寡婦賦。序曰：『陳留阮元瑜與余有舊，薄命早亡，每感存其遺孤，未嘗不愴然傷神。故作斯賦，以敍其妻子悲苦之情。』又令王粲等並作之。

【出處】 隋書經籍志　藝文類聚三十四　文選潘岳寡婦賦注

王肅從宋衷讀太玄　肅字子雍，王朗之子也，生於會稽。至是，年十八，從宋衷讀太玄而更爲之解。

【出處】 三國魏志王肅傳

【考證】 按宋衷此時當已至魏

高誘遷河東監　初，誘注淮南，典農中郎將弁揖借八卷刺之。會揖身喪，遂亡不得。至是遷監河東，復更補足。

【出處】 淮南子序

【附錄】 高誘著述表

禮記注

孝經解 呂氏春秋序

戰國策注三十三卷 隋志二十一卷，新舊唐志同，宋志三十三卷，今分八卷。

孟子章句 呂氏春秋序

呂氏春秋注二十六卷 隋志 今存

淮南子注二十一卷 隋志 今存

淮南鴻烈音二卷

十八年癸巳（二一三）

高堂隆爲丞相軍議掾 隆字升平，泰山平陽人，魯高堂生後也。少爲諸生 泰山太守薛悌命爲督郵。郡督軍與悌爭論，名悌而呵之。隆按劍叱督軍曰：『昔魯定見侮，仲尼歷階。趙彈秦箏，相如進缶。臨臣名君，義之所討也。』督軍失色，悌驚起止之。後去吏，避地濟南。至是，曹操召爲丞相軍議掾。後爲歷城侯徽文學，轉爲相。徽遭曹操喪不哀，反游獵馳騁，隆以義正諫，甚得輔導之節。

【出處】三國魏志高堂隆傳

袁渙請大收篇籍　渙字曜卿　陳郡扶樂人也。父滂為漢司徒。當時諸公子多越法度，而渙清靜，舉動必以禮。至是，魏國初建，渙為郎中令，行御史大夫事。渙言於曹操曰：『今天下大難已除，文武並用，長久之道也。以為可大收篇籍，明先聖之教，以易民視聽。使海內斐然向風，則遠人不服可以文德來之。』操善其言。渙居官數年卒，操為之流涕。著有集五卷，生四子：侃，寓，奥，準。準字孝尼，頗知名。

【出處】三國魏志袁渙傳

十九年甲午（二一四）

曹植作東征賦　植徙封臨菑侯。曹操征孫權　使留守鄴，戒之曰：『吾昔為頓丘令，年二十三，此時所行，無悔於今。今汝年亦二十三矣，可不勉歟！』植作東征賦以頌之。

【出處】三國魏志陳思王植傳　藝文類聚五十九　御覽三百三十六

劉備使許慈孟光等典掌制度　劉備定蜀，承喪亂歷紀，學業衰廢，乃鳩合典籍，沙汰衆學，以許慈胡潛爲博士，與孟光來敏等典掌舊文。潛字公興，魏郡人，不知其所以在益土。潛雖學不沾洽，然卓犖彊識，祖宗制度之儀，喪紀五服之數，皆指掌畫地，舉手可采。既典掌舊文，以庶事草創，動多疑議，慈潛更相克伐，謗讟忿爭，形於聲色。書籍有無，不相通借。時尋楚撻，以相震攇。其矜己妬彼，乃至於此。備愍其若斯，羣僚大會，使倡家假爲二子之容，傚其訟鬩之狀。酒酣樂作，以爲嬉戲，初以辭義相難，終以刀杖相屈，用感切之。潛先沒，慈後主世稍遷至大長秋卒。光字孝裕，河南洛陽人，漢太尉孟郁之族。靈帝末爲講部吏，獻帝遷都長安，遂逃入蜀。劉焉父子待以客禮。博物識古，無書不覽，尤銳意三史，長於漢家舊典，好公羊春秋而譏呵左氏。每與來敏爭此二義，光常譊譊讙咋。備定益州，拜爲議郎，與許慈等並掌制度。後主即位，爲符節令，屯騎校尉，長樂少府，遷大司農。後坐事免官，年九十餘卒。來敏字敬達，義陽新野人。父豔爲漢司空。漢末大亂，敏隨姊夫奔荊州。姊夫黃琬，是劉璋祖母之姪，故璋遣迎琬妻。敏遂俱與姊入蜀，常爲璋賓客。涉獵書籍，善左氏春秋，尤精於倉雅訓詁，好是正文字。劉備定益州，署敏典學校尉。及立太子，以爲家令。後主踐阼，爲虎賁中郎將，丞相諸葛亮住漢中，請爲軍祭酒，輔軍將軍，坐事去職。後屢起屢廢，皆以言語不節，舉動違常。年九十七，景耀中卒。

【出處】三國蜀志許慈孟光來敏等傳

二十年乙未（二一五）

曹操擊張魯降之

初，漢中民有地中得玉印者，羣下欲尊魯爲漢寧王，魯功曹巴西閻圃諫魯曰：『漢川之民，戶出十萬，財富土沃，四面險固。上匡天子，則爲桓文；次及竇融，不失富貴。今承制署置，勢足斬斷，不煩於王。願且不稱，勿爲禍先。』魯從之。韓遂馬超之亂，關西民從子午谷奔之者數萬家。至是，曹操自散關出武都征之，至陽平關。魯欲擧漢中降，其弟衛不肯，率衆數萬人拒關堅守。操攻破之，遂入蜀。魯聞陽平已陷，將稽顙。圃又曰：『今以迫往，功必輕。不如依杜濩赴朴胡相拒，然後委質，功必多。』於是乃奔南山，入巴中，左右欲悉燒寶貨倉庫。魯曰：『本欲歸命國家而意未達，今之走避銳鋒，非有惡意。寶貨倉庫，國之所有。』遂封藏而去。操入南鄭，甚嘉之。又以魯本有意善，遣人慰喻，魯盡將家出。操逆拜魯鎮南將軍，待以客禮，封閬中侯，邑萬戶，封魯五子及閻圃等皆爲列侯。魯三子盛，字元宗。魯且卒，以經籙劍印授之曰：『龍虎山祖師玄壇在焉，其地天星照應，地氣冲凝，神人所都，丹竈秘文，藏諸岩洞。汝宜往宣吾化，修煉累功。』魏帝封盛奉車都尉散騎侍郎，加都亭侯，不受。携劍印經籙自漢中還鄱陽，入龍虎山，得祖天師玄壇及丹竈故址。即其地爲居，以三元日自登壇傳籙，以授四方，學道之士，動千餘人，自是闡爲科範，率以爲常。

【出處】三國魏志張魯傳　漢天師世家

二十一年丙申（二一六）

衛覬爲侍中　覬字伯儒，河東安邑人也。少夙成，以才學稱，曹操辟爲司空掾屬，除茂陵令，尚書郎，遷尚書。初，朝廷遷移，臺閣舊事散亂。自都許之後，漸有綱紀。覬以古義，多所正定。至是，魏國建，拜爲侍中，與王粲並典制度。曹丕即王位，徙爲尚書。頃之，還漢朝，爲侍郎。勸贊禪代之義，爲文誥之詔。丕即帝位，覬復爲尚書，封陽吉亭侯。

【出處】三國魏志衛覬傳及注引魏書

二十二年丁酉（二一七）

曹操作泮宮於鄴城南

【出處】宋書禮志

王粲卒　初，魏國既建，粲拜侍中。博物多識，問無不對。時舊儀廢弛，興造制度，粲恆典之。常與人共行讀道邊碑。人問曰：『卿能闇誦乎？』曰：『能』因使背而誦之，不失一字。觀人圍棊，局壞，粲爲覆之。棊者不信，以帊蓋局，使更以他局爲之，用相比較，不誤一道。其彊記默識如此，性善算，作算術，略盡其理。善屬文，舉筆便成，無所改定。時人常以爲宿構。然正復精意覃思，亦不能加也。著詩賦論議垂六十篇。二十一年從征吳。至是年春，道病卒。年四十一。後魏諷謀反，粲二子與焉，爲曹丕所誅。後絕。曹操時征漢中，聞粲子死，歎曰：『孤若在，不使仲宣無後。』乃以粲族兄凱子業嗣粲。

【出處】 三國魏志王粲傳

【附錄】 王粲著述表

尚書問四卷 七錄

漢末英雄記十卷 七錄

新撰雜陰陽書三十卷 舊唐志

去伐論集三卷 唐志

算術

荊州文學官志

魏國登歌 宋書樂志

魏國安世歌 同上

魏國兪兒舞歌四篇 同上

魏朝儀

集六十篇 本傳 隋志十一卷 唐志十卷 宋志八卷

徐幹陳琳應瑒劉楨卒，是歲大疫，四人俱卒。幹著中論二十篇，頗有奇思，謂知識貴於德行，智行篇曰：『或問曰：士或明哲窮理，或志行純篤，二者不可兼，聖人將何取？對曰：其明哲乎。夫明哲之爲用也，乃能殷民阜利，使萬物無不盡其極者也。聖人之可及，非徒空行也，智也。』又曰：『人之行莫大於孝，莫顯於淸。曾參之孝，有虞不能易。原憲之淸，伯夷不能閒。然不得與游夏列在四行之科，以其才不如也。』又有法象論，言威儀容貌，爲君子所不可缺。曰：『夫法象立，所以爲君子。法象者，莫先乎正容貌，愼威儀。是故先王之制禮也，爲冕服采章以旌之，爲佩玉鳴璜以聲之。欲其尊也 欲其莊也，焉可懈慢也。』 隋志有徐幹集五卷，（梁有錄一卷）陳琳集三卷，（梁有十卷，錄一卷）應瑒集一卷，（梁有五卷，錄一卷）劉楨集四卷，錄一卷。

【出處】三國魏志王粲傳　隋書經籍志

曹丕作典論　疫癘大起，時人彫傷。丕深感歎，與素所敬者大理王朗書曰：『生有七尺之形，死惟一棺之土，唯立德揚名，可以不朽，其次莫如著篇籍。疫癘數起，士人彫落，余獨何人，能全其壽。』故論撰所著典論詩賦，蓋百餘篇，集諸儒於肅城門內講論大義，侃侃無倦。

【出處】三國魏志文帝紀

【考證】馬總意林引典論曰：『余蒙隆寵，忝當上嗣，憂惶踧踖，上書自陳，欲繁辭博引，則父子之間不文也。』亦可證典論之作在丕爲太子時。

二十三年戊戌（二一八）

曹植作辯道論　論曰：『夫神仙之書，道家之言，乃云傅說上爲辰尾宿，歲星降下爲東方朔。淮南王安誅於淮南，而謂之獲道輕舉；鉤弋死於雲陽，而謂之尸逝柩空；其爲虛妄甚矣哉！中興篤論之士，有桓君山者，其所著述多善。劉子駿嘗問言：「人誠能抑嗜欲，闔耳目，可不衰竭乎？」時庭下有一老榆，君山指而謂曰：「此樹無情欲可忍，無耳目可闔，然猶枯槁腐朽，而子駿乃言可不衰竭，非談也。」君山援榆喻之，未是也。何者？……（此處有脫文）「余前爲王莽典樂大夫，樂記云：文帝得魏文侯樂人竇公，年百八十，兩目盲。帝奇而問之：何所施行？對曰：臣年十三而失明，父母哀其不及事，敎臣鼓琴，臣不能導引，不知壽得何力？君山論之曰：頗得少盲，專一內視，精不外鑒之助也。」先難子駿以內視無益，退論竇公，便以不外鑒證之，吾未見其定論也。君山又曰：方士有董仲君，有罪繫獄，佯死數日，目陷蟲出，死而復生，然後竟死。生之必死，君子所達，夫何喻乎？夫至神不過天地，不能使蟄蟲夏逝，震雷冬發，時變則物動，氣移而事應。彼仲君乃能藏其氣，尸其體，爛其膚，出其蟲，無乃大怪乎：世有方士，吾王悉所招致，甘陵有甘始，廬江有左慈，陽城有郗儉。始能行氣導引，慈曉房中之術，儉善辟穀，悉號三百歲。本所以集之於魏國者，誠恐斯人之徒，挾姦宄以欺衆，行妖隱以惑民，故聚而禁之也。

豈復欲觀神仙於瀛洲，求安期於海島，釋金輅而顧雲輿，棄六驥而羨飛龍哉。自家王與太子及余兄弟，咸以爲調笑，不信之矣。然始等知上遇之有恆，奉不過於員吏，賞不加於無功，海島難得而遊，六紱難得而佩，終不敢進虛誕之言，出非常之語。余嘗試郗儉絕穀百日，躬與之寢處，行步起居自若也。夫人不食七日則死，而儉乃如是，然不必益壽，可以療疾而不憚饑饉焉。左慈善修房內之術，差可終命，然自非有志至精莫能行也。甘始者，老而有少容，自諸術士，咸共歸之。然始辭繁寡實，頗有怪言。余嘗辟左右，獨與之談，問其所行，溫顏以誘之，美辭以導之。始語余：吾本師姓韓字世雄，嘗與師於南海作金，前後數四，投數萬斤金於海。又言諸梁時，西域胡來獻香罽腰帶割玉刀，時悔不取也。又言車師之西國，兒生擘背出脾，欲其食少而怒行也。又言取鯉魚五寸一雙，含其一以藥，俱投沸膏中。有藥者奮尾鼓鰓，游行沈浮，有若處淵，其一者已熟而可噉。余時問言，率可試不。言是藥去此逾萬里，當出塞，始不自行，不能得也。言不盡於此，頗難悉載，故粗舉其巨怪者。始若遭秦始皇漢武帝，則復爲徐市欒大之徒也。桀紂殊世而齊惡，姦人異代而等僞，乃如此耶！又世虛然有仙人之說，仙人者，黨猱玃之屬與？世人得道化爲仙人乎？夫雉入海爲蛤，鷰入海爲蜃，當其徘徊其翼，差池其羽，猶自識也。忽然自投，神化體變，乃更與黿鼉爲羣，豈復自識翔林薄巢垣屋之娛乎。牛哀病而爲虎，逢其兄而噬之，若此者何貴於變化耶？夫帝者，位殊萬國，富有天下，威尊彰明，齊光日月，宮殿闕庭，焜燿紫微，何顧乎王母之宮崑崙之域哉？夫三鳥被致，不如百官之美也。素女常娥，不若椒房之麗也。雲衣雨裳，不若黼黻之飾也。駕螭載霓，不若乘輿之盛也。瓊蕊玉華，不若玉圭之潔也。而顧爲匹夫所罔，納虛妄之辭，信眩惑之說，隆禮以招弗臣，傾產以供虛求，散王爵以榮之，淸閑館以居之。經年累稔，終無一驗，或殁於沙丘，或崩於五柞。臨時雖復誅其身，滅其族，紛然足爲天下一笑矣。若夫元黃所以娛目，鏗鏘所以聳耳，媛妃所以紹先，芻豢所以悅口也。何以甘無味之味，聽無聲之樂，觀無采之色也？然壽命長短，骨體强劣，各有人焉。善養者終之，勞擾者半之，虛用者夭之，其斯之謂矣。』

【出處】辯正論　三國魏志華佗傳注

【考證】按本文稱東漢爲「中興」，知爲魏末代漢時所作。又有「吾王」「家王」「太子」諸說，必爲曹丕立爲太子後所作，故誌之於此。

吉茂坐法被收　茂字叔暢，馮翊池陽人也，世爲著姓。好書，不恥惡衣惡食，而恥一物之不知。建安初，關中始平，茂與扶風蘇則共入武功南山隱處，精思數歲，州舉茂才　除臨汾令。居官清靜，吏民不忍欺。轉爲武德侯庶子。至是，坐其宗人吉本等起事，被收。先是，科禁內學及兵書內學即讖緯之學，見後漢書方術傳。蓋後漢末曾禁止，故禮記檀弓下疏引鄭志：『張逸問禮注曰：「書說，書說何書也？」答曰：「尚書緯也，當爲注時，時在文網中，嫌引秘書。故諸所牽圖讖，皆謂之說云。」』而茂皆有，匿不送官。及其被收，不知當坐本等，顧謂其左右曰：『我坐書也』會鍾相國證茂本服第已絕，故得不坐。後以茂爲武陵太守，不之官，轉酇相，以國省，拜議郎。景初中病亡。自茂修行，從少至長，冬則被裘，夏則短褐，行則步涉，食則茨藿，臣役妻子，室如懸磬，其或饋遺，一不肯受。雖不以此高人，亦心疾不義而貴且富者。

【出處】三國魏志常林傳注引魏略

二十四年己亥（二一九）

曹丕治魏諷之獄　諷沛人也。有惑衆才，傾動鄴都，鍾繇由是辟焉。時曹操方征漢中，諷潛結徒黨，謀襲鄴。事覺，太子誅諷，坐死者數十人，王粲宋衷之子皆與焉。太子答王朗書曰：『昔石厚與州吁遊，父碏知其與亂。韓子昵田蘇，穆子知其好仁。故君子游必有方，居必就士，誠有以也。嗟乎宋衷，無石子先識之明，老罹此禍，今雖欲願行滅親之誅，立純臣之節，尚可得耶？』衷後卒於魏。

【出處】三國蜀志尹默傳注引魏略　三國魏志武帝紀注引世語

【附錄】宋衷著述表

周易注十卷　隋志

世本注十卷　隋志

太玄經注九卷　隋志

法言注十三卷　隋志

易緯注　文選謝靈運會吟行詩注

樂緯注　水經注三十四

春秋緯注　文選羽獵賦注

孝經緯注　文選吳都賦注

陸績卒於鬱林　績字公紀，吳人也。父康，漢末爲廬江太守。績年六歲，於九江見袁術。術出橘，績懷三枚，去拜辭，墮地。術謂曰：『陸郎作賓客而懷橘乎？』績跪答曰：『欲歸遺母。』術大奇之。孫策在吳，張昭張紘秦松爲上賓，共論四海未泰，須當用武治而平之。績年少，末坐，遙大聲言曰：『昔管夷吾相齊桓公，九合諸侯，一匡天下，不用兵車。孔子曰：「遠人不服，則修文德以來之。」今論者不務道德懷取之術，而惟尚武。績雖童蒙，竊所未安也。』昭等異焉。績容貌雄壯，博學多識，星歷算術，無不該覽。虞翻舊齒名盛，龐統荊州令士，年亦差長，皆與績友善。孫權統事，辟爲奏曹掾。以直道見憚，出爲鬱林太守，加偏將軍，給兵二千人。

績既有躄疾，又意在儒雅，非其志也。雖有軍事，著述不廢。作渾天圖注易釋玄，皆傳於世。豫自知亡日，乃爲辭曰：『有漢志士吳郡陸績，幼敦詩書，長玩禮易。受命南征，遘疾遇厄。遭命不幸，嗚呼悲隔。』又曰：『從今已去，六十年之外，車同軌，書同文，恨不及見也。』年三十二卒。

【出處】三國吳志陸績傳

【考證】按後漢書袁術傳，術以初平四年奔九江。若其時術年六歲見績，則其三十二歲，當在此年。且預知六十年外統一事，自爲後人神之之辭。在績未必眞有是語。自是年至晉咸寧五年，恰爲六十年，明年晉即統一。爲數恰合，故誌之於此。

【附錄】陸績著述表

周易述十三卷錄一卷 經典釋文敍錄

周易日月變例六卷 七錄

太玄經注十卷 隋志

渾天圖一卷 後漢紀

京房易傳注三卷

積眞雜占條例一卷

三國

魏

文帝

名丕，姓曹氏，簒漢自立，據有中原，在位七年。

黃初元年庚子（二二〇）　三月以前爲漢建安二十五年，十月以前爲漢建康元年，十月以後爲黃初元年。

仲長統卒　統性俶儻，不矜小節，默語無常，時人或謂之狂生。每州郡命召，輒稱疾不就。常以爲：凡遊帝王者，欲以立身揚名耳。而名不常存，人生易滅，優游偃仰，可以自娛。欲卜居淸曠以樂其志。論之曰：「使居有良田廣宅，背山臨流。溝池環帀，竹木周布，場圃築前，果園樹後。舟車足以代步涉之難，使令足以息四體之役。養親有兼珍之膳，妻孥無苦身之勞。良朋萃止，則陳酒肴以娛之。嘉時吉日，則烹羔豚以奉之。躑躅畦苑，遊戲平林，濯清水，追涼風，釣遊鯉，弋高鴻。諷於舞雩之下，詠歸高堂之上。安神閨房，思老氏之玄虛。呼吸精和，求至人之仿佛。與達者數子，論道講書，俯仰二儀，錯綜人物。彈南風之雅操，發清商之妙曲。消搖一世之上，睥睨天地之間，不受當時之責，永保性命之期。如是則可以陵霄漢出宇宙之外矣，豈羨夫入帝王之門哉！』又作詩二篇以見其志，辭曰：『飛鳥遺跡，蟬蛻亡殼，騰蛇棄鱗，神龍喪角。至人能變，達士拔俗，乘雲無轡，騁風無足。垂露成幃，張霄成幄，沆瀣當餐，九陽代燭。恒星豔珠，朝霞潤玉，六合之內，恣心所欲。人事可遺，何爲局促？』『大道雖夷，見幾者寡，任意無非，適物無可，古來繞繞，委曲如瑣。百慮何爲，至要在我。寄愁天上，埋憂地下，叛散五經，滅棄風雅。百家雜碎，請用從火，抗志山西，遊心海左。元氣爲舟，微風爲柂，敖翔太清，縱意容治。』尚書令荀彧聞統名，奇之，舉爲尚書郎。後參丞相曹操軍事，復還爲郎。統每論說古今及時俗行事，恆發憤歎息。因著論名曰昌言，凡三十四篇，十餘萬言。今存三篇，其理亂篇乃懲當時之弊而歸責於君，切切焉以奔私嗜騁邪欲宣淫同惡爲戒。故曰：『繼體之時，民心定矣，普天之下，賴我而得生育，由我而得富貴，安居樂業，長養子孫，天下晏然皆歸心於我矣。豪傑之心旣絕，士民之志已定，貴有常家，尊在一人。當此之時，雖下愚之才居之，猶能使恩同天地，威侔鬼神，暴風疾霆不足以方其怒，陽春時雨不足以喻其澤，周孔數千無所復角其聖，賁育百萬無所復奮其勇矣。彼後嗣之愚主，見天下莫敢與之違，自謂若天地之不可亡也。乃奔其私嗜，騁其邪欲，君臣宣淫，上下同惡，目極角觝之觀，耳窮鄭衛之聲。入則耽於婦人，出則馳於田獵。荒廢庶政，棄亡人物，澶漫彌流，無所底極。信任親愛者，盡佞諂容悅之人也。寵貴隆豐者，盡后妃姬妾之家也。使餓狼守庖廚，飢虎牧牢豚，遂至熬天下之脂膏，斲生人之骨髓，怨毒無聊，禍亂並起。中國擾攘，四夷侵叛，土崩瓦解，一朝而去。昔之爲我哺乳之子孫者，今盡是我飲血之寇讎也。至於運徙勢去，猶不覺悟者，豈非富貴生不仁沈溺致愚疾耶？存亡以之迭代，政亂從此周復，天道常然之大數也。』損益篇言『作有利於時，制有便於物者，可爲。事有乖於數，法有翫於時者，可改。行於古有其迹，用於今無其功者，不可不變。變而不如前，易而多所敗者，亦不可不復。』又言治國當務行十六事，篇中載『制國以分人，立政以分事，人遠則難綏，事總則難了。今遠州之縣，或相去數百千里，雖多山陵洿澤，猶有可居人種穀者焉。當更制其境界，使遠者不過二百里。明版籍以相數閱，審什伍以相連持，限夫田以斷幷兼，定五刑以救死亡，益君長以興政理，急農桑以豐委積，去末作以一本業，敦教學以移情性，表德行以厲風俗，覈才藝以敘官宜，簡精悍以習師田，修武器以存守戰，嚴禁令以防僭差，信賞罰以驗懲勸，糾遊戲以杜姦邪，審苛刻以絕煩暴：審此十六者以爲政務，操之有常，課之有限，安寧勿懈墮，有事不迫遽，聖人復起，不能易也。』法誡篇痛言古者專任一人，後世分置三公遂成亂源，故曰：『夫任一人則政專，任數人則相倚。政專則和諧，相倚則違戾。和諧則太平之所興也，違戾則荒亂之所起也。』又言權移外家及近習之害，故曰：『權移外戚之家，寵被近習之豎，親其黨類，用其私人。內充京師，外布列郡，顛倒賢愚，貿易選舉，疲駑守境，貪殘牧民，撓擾百姓，忿怒四夷，招致乖叛，亂離斯瘼，怨氣並作，陽陰失和，三光虧缺，怪異數至。蟲螟食稼，水旱爲災，此皆戚宦之臣所致然也。反以策讓三公，至於死免，乃足爲叫呼蒼天號咷泣血者也。又中世之選三公也，務於淸慤謹愼循常習故者，是婦女之檢柙鄉曲之常人耳，惡足以居斯位耶？勢既如彼，選又如此。而欲望三公勳立於國家，績加於生民，不亦遠乎！』是歲卒，年四十一。（昌言外，又作兗州山陽先賢傳讚。）

【出處】後漢書仲長統傳　三國魏志王粲傳注

魏令王象撰皇覽　象字羲伯，河內人。少孤，爲人僕隸，年十七八，見使牧羊而私自讀書，同郡楊俊見之，嘉其材質，即贖象著家，娉妻立屋，然後與別。象拔果有才志，建安中，與同郡荀緯等俱爲魏太子所禮待。及王粲陳琳路粹等亡後，新出之中，惟象才最高。至是魏興，拜象散騎侍郎，遷爲常侍，封列侯。受詔集五經羣書，以類相從，撰皇覽。象遂領秘書監，從是年始與散騎侍郎劉劭撰集。數歲成，藏於秘府，合四十餘部，部有數十篇，通合八百餘萬字。

【出處】魏志楊俊傳注引魏略　劉劭傳

魏立九品官人之法　自後漢建安中，天下興兵，衣冠士族，多離於本土。欲徵源流，遽難委悉。至是魏興，吏部尚書陳羣以天朝選用，不盡人才，乃立九品官人之法。州郡縣俱置大小中正，各以本處人任諸府公卿及臺省郎吏有德充才盛者爲之，區別所管人物，定爲九等。其有言行修著，則升進之。或以五升四，以六升五。儻或道義虧缺，則降下之，或自五退六自六退七矣。又制郡口十萬以上歲察一人，其有秀異，不拘戶口。其武官之選，俾護軍主之。黃初三年，始除舊漢限年之制，令郡國貢舉勿拘老幼，儒通經術，吏達文法，則皆試用。

【出處】通典卷十四　選舉二

魏以邯鄲淳爲博士　淳一名竺，字子叔，潁川人。博學有才章，又善蒼雅，蟲篆，許氏字指。初平時，從三輔客荊州。荊州既下，曹操素聞其名，召與相見，甚敬異之。時五官將博延英儒，亦宿聞淳名，因啟淳，欲使在文學官屬中。會臨菑侯植亦求淳。操遣淳詣植。植初得淳甚喜。延入坐，不先與談。時天暑熱，植因呼常從，取水自澡訖，傅粉。遂科頭拍袒胡舞五椎鍛跳丸擊劍，誦俳優小說數千言。言訖，謂淳曰：『邯鄲生何如邪？』於是乃更著衣幘，整儀容，與淳評說混元造化之端，品物區別之意。然後論羲皇以來賢聖名臣烈士優劣之差，次頌古今文章賦誄及當官政事宜所先後，又論用武行兵倚伏之勢。乃命廚宰，酒炙交至，坐席默然，無與伉者。及暮，淳歸，對其所知，歎植之才，謂之天人。而于時世子未立，操俄有意於植，而淳屢稱植材。由是丕頗不悅。至是，丕即位　以淳爲博士，給事中。淳作投壺賦千餘言奏之，帝以爲工，賜帛千匹。

【出處】三國魏志二十一注引魏略

【考證】按魏志注稱黃初初淳爲博士，古文苑十二又引有淳之魏受命述，則當爲此年之事，其初爲博士，亦必在此年，故誌之於此。又按漢末有二邯鄲淳，一會稽人，字子禮。元嘉元年（一五一）作曹娥碑者是也。一卽此人。古文苑十九引有邯鄲淳之後漢鴻臚陳君碑。此當爲會稽邯鄲淳所作，因此淳其時尚在荆州也。

以賈洪爲白馬王相　洪字叔業，京兆新豐人。好學有才，而特精於春秋左傳。建安初仕郡，舉計掾，應州辟。時州中自參軍事以下百餘人，唯洪與馮翊嚴苞交通，材學最高。洪歷守三縣令，所在輒開除廄舍，親授諸生。後馬超反，超劫洪將詣華陰，使作露布。洪不獲已，爲作之。鍾繇在東識其文曰：『此賈洪作也』及超破走，曹操召洪署軍謀掾，猶以其前爲超作露布文，故不卽叙，晚乃出爲陰泉長。至是，轉爲白馬王相，善能談戲。王彪亦雅好文學，常師宗之，過於三卿。數歲病亡，亡時年五十餘，時人爲之恨仕不至二千石。而嚴苞亦歷守二縣。黃初中，以高才入爲秘書丞，數奏文賦，帝異之，出爲西平太守，卒官。

【出處】三國魏志王肅傳注引魏略儒宗傳

魏以蘇林爲博士　林字孝友，陳留人，博學多通古今字指，凡諸書傳文間危疑，林皆釋之。建安中，爲五官將文學，甚見禮待。至是，爲博士，給事中，帝作典論所稱蘇林者是也。

【出處】　三國魏志劉劭傳注引魏略

蜀	吳
昭烈帝 名備。景帝子中山靖王勝之後，據有兩川之地稱帝，在位二年。	
章武元年	

二年辛丑（二二一）

魏改漢樂　改漢巴渝舞曰昭武舞，改宗廟安世樂曰正世樂，嘉至樂曰迎靈樂，武德樂曰武頌樂，昭容樂曰昭業樂。雲翹舞曰鳳翔舞，育命舞曰靈應舞，武德舞曰武頌舞，文始舞曰大韶舞，五行舞曰大武舞，其衆歌詩，多即前代之舊。唯魏國初建，使王粲改作登歌及安世巴渝舞而已。

【出處】　宋書樂志

吳孫權使張昭等撰定朝儀　魏遣使者邢貞拜孫權爲吳王，拜張昭爲綏遠將軍，封由拳侯。昭與孫紹滕胤鄭禮等採周漢，撰定朝儀。

【出處】三國吳志張昭傳及注引吳錄

吳 大帝（名權，姓孫氏，據有江南稱帝，在位三十年。） 黃武元年	二年

三年壬寅（二二二）

優婆塞支謙居東吳譯經　謙字恭明，一名越，大月支人也。祖父法度以漢靈帝時率國人數百歸化。拜率善中郎將。越十歲學漢書，十三學婆羅門書，並得精妙，兼通六國語音。初桓靈世支讖譯出法典，有支亮字紀明，資學於讖，謙又受業於亮。博覽經籍，莫不精究，世間伎藝，多所綜習。故世稱天下博知，無出三支。謙爲人細長黑瘦，眼多白而睛黃，時人爲之語曰：「支郎眼中黃，形軀雖細是智囊。」其本奉大法，精練經旨。獻帝之末。漢室大亂，與鄉人數十，共奔於吳。孫權聞其博學有才慧，召見之，因問經中深隱之義，謙應機釋難，無疑不析。權大悅，拜爲博士，使輔導東宮，甚加寵秩。謙以大教雖行，而經多梵文，莫有解者，已既妙善方言，乃更廣收衆經舊本，譯爲吳言。

【出處】高僧傳卷第一　開元釋敎錄卷第二

魏韓翊造黃初曆　太史令高堂隆詳議曆數，對乾象曆有所改革。太史丞韓翊以爲乾象減斗分大過後當先天，造黃初曆。

【出處】宋書曆志上　晉書律曆志

【附錄】黃初曆法（見開元占經）

上元壬午至黃初三年二千七百八十　章歲十九　章閏七　紀法二（晉書作四）千八百八十三　斗分一千二百五（晉書作五十）　周天一百七十八萬三千五百　日法一萬二千七十九

經六千四百九　月法三十五萬六千七百

魏孟康爲散騎常侍　康字公休，安平廣宗人。帝立郭后，康以於郭后有外屬，幷受九親賜拜，遂轉爲散騎侍郎。是時散騎皆以高材英儒充其選，而康獨緣妃嬙雜在其間，故於時皆共輕之，號爲阿九。康既才敏，因在冗官，博讀書傳。後遂有所彈駁。其文義雅而切要，衆人乃更加意。景初中，司徒司空並缺，康薦崔林。正始中，出爲弘農，領典農校尉。嘉平末，徙渤海太守，徵入爲中書令，後轉爲監，有老子注二卷，漢書音義九卷。又有家誡，（見世說第一）

【出處】經典釋文叙錄　御覽一百二　魏志十六杜畿傳　崔林傳

魏曹植作洛神賦　初，帝方即王位，誅植黨丁儀丁廙並其男口，植與諸侯並就國。黃初二年，以罪貶爵安鄉侯，又改封鄄城侯　是年四月立爲鄄城王，朝京師，還濟洛水，作洛神賦，辭曰：『余從京域，言歸東藩，背伊闕，越轘轅，經通谷，陵景山，日既西傾，車殆馬煩。爾迺稅駕乎蘅皋，秣駟乎芝田，容與乎陽林，流眄乎洛川。於是精移神駭，忽焉思散，俯則未察，仰以殊觀，覩一麗人，于巖之畔。迺援御者而告之曰：「爾有覿於彼者乎？彼何人斯若此之豔也？」御者對曰：「臣聞河洛之神名曰宓妃，然則君王所見無迺是乎？其狀若何？臣願聞之。」余告之曰：其形也，翩若驚鴻，婉若遊龍，榮曜秋菊，華茂春松。髣髴兮若輕雲之蔽月，飄颻兮若流風之迴雪。遠而望之，皎若太陽升朝霞。迫而察之，灼若芙蕖出淥波。襛纖得衷，脩短合度，肩若削成，腰如約素，延頸秀項，皓質呈露，芳澤無加，鉛華弗御。雲髻峩峩，脩眉聯娟。丹脣外朗，皓齒內鮮。明眸善睞，靨輔承權。瓌姿豔逸，儀靜體閑。柔情綽態，媚於語言。奇服曠世，骨像應圖。披羅衣之璀粲兮，珥瑤碧之華琚。戴金翠之首飾，綴明珠以耀軀。踐遠遊之文履，曳霧綃之輕裾。微幽蘭之芳藹兮，步踟躕於山隅。於是忽焉縱體，以遨以嬉，左倚采旄，右蔭桂旗。攘皓腕於神滸兮，采湍瀨之玄芝。余情悅其淑美兮，心振蕩而不怡。無良媒以接懽兮，託微波而通辭。願誠素之先達兮，解玉佩以要之。嗟佳人之信修，羌習禮而明詩。抗瓊珶以和予兮，指潛淵而爲期。執眷眷之款實兮，懼斯靈之我欺。感交甫之弃言兮，悵猶豫而狐疑。收和顏而靜志兮，申禮防以自持。於是洛靈感焉，徙倚傍徨，神光離合，乍陰乍陽。竦輕軀以鶴立，若將飛而未翔。踐椒塗之郁烈，步蘅薄而流芳。超長吟以永慕兮，聲哀厲而彌長。爾迺衆靈雜遝，命儔嘯侶，或戲清流，或翔神渚，或采明珠，或拾翠羽。從南湘之二妃，攜漢濱之遊女。歎匏瓜之無匹兮，詠牽牛之獨處。揚輕袿之猗靡兮，翳脩袖以延佇。體迅飛鳧，飄忽若神，陵波微步，羅襪生塵。動無常則，若危若安。進止難期，若往若還。轉眄流精，光潤玉顏。含辭未吐，氣若幽蘭。華容婀娜，令我忘飡。於是屏翳收風，川后靜波。馮夷鳴鼓，女媧清歌。騰文魚以警乘，鳴玉鸞以偕逝。六龍儼其齊首，載雲車之容裔。鯨鯢踊而夾轂，水禽翔而爲衞。於是越北沚，過南岡，紆素領，廻青陽。動朱脣以徐言，陳交接之大綱。恨人神之道殊兮，怨盛年之莫當。抗羅袂以掩涕兮，淚流襟之浪浪。悼良會之永絕兮，哀一逝而異鄉。無微情以效愛兮，獻江南之明璫。雖潛處於太陰，長寄心於君王。忽不悟其取舍，悵神宵而蔽光。於是背下陵高，足往神留，遺情想像，顧望懷愁。冀靈體之復形，御輕舟而上遡，浮長川而忘反，思緜緜而增慕。夜耿耿而不寐，霑繁霜而至曙。命僕夫而就駕，吾將歸乎東路。攬騑轡以抗策，悵盤桓而不能去。」

【出處】文選洛神賦　三國魏志陳思王傳

【考證】李善注洛神賦曰：『記曰：魏東阿王漢末求甄逸女既不遂，太祖回，與五官中郎將。植殊不平，晝思夜想，廢寢與食。黃初中入朝，帝示植甄后玉鏤金帶枕。植見之，不覺泣。時已爲郭后讒死。帝意亦尋悟，因令太子留宴飲，仍以枕賚植。植還度轘轅少許時，將息洛水上，思甄后。忽見女來……遣人獻珠於王。王答以王珮，悲喜不能自勝，遂作感甄賦。後明帝見之，改爲洛神賦。』其言荒誕不經，本不值一辨。今可一言折之曰：甄后生於光和五年，（一八二年）曹植生於初平三年，（一九二）相差已有十歲，且曹丕納甄氏時，植僅有十三歲，甄初嫁袁熙時更在前，植年愈少，安得有所謂晝思夜想之事耶。

吳衛尉嚴畯使蜀　畯字曼才，彭城人也。少耽學，善詩書三禮，又好說文，避亂江東。性質純厚，其於人物，忠告善道，志存補益。張昭進之於孫權，權以爲騎都尉從事中郎。及橫江將軍魯肅卒，權以畯代肅督兵萬人鎮據陸口。衆人咸爲畯喜，畯前後固辭，樸素書生，不閑軍事。非才而據，咎悔必至。發言慷慨，至於流涕，權乃聽焉，世嘉其能以實讓。至是，權爲吳王，畯爲衛尉使至蜀，蜀相諸葛亮深善之。畯不蓄祿賜，皆散之親戚知故，家常不充。廣陵劉穎與畯有舊，穎精學家巷，權聞徵之，以疾不就。其弟略爲零陵太守，卒官，穎往赴喪。權知其詐病，急驛收錄，畯亦馳語穎，使還謝權，權怒廢畯，而穎得免罪。久之，以畯爲尚書令，後卒，年七十八。畯著孝經傳，潮水論，又與裴玄等論管仲季路，皆傳於世。玄字彥黃，下邳人也，亦有學行，官至太中大夫。問子欽齊桓晉文夷惠四人優劣。欽答所見，與玄相反覆，各有文理，欽與太子登游處，登稱其翰采。

【出處】三國吳志嚴畯傳

吳以唐固爲議郎　固字子正，丹陽人。修身積學，稱爲儒者。著國語公羊穀梁傳注，講授常數十人。至是，孫權爲吳王，拜固議郎。自陸遜張溫駱統等皆拜之。黃武四年，爲尚書僕射，卒，時年七十餘。

【出處】三國吳志闞澤傳及注引吳錄

四年癸卯（二二三）

後主　名禪，照烈帝子，在位四十二年。

建興元年

二年

魏以隗禧爲譙王郎中　禧字子牙，京兆人也。世單家，少好學。初平中，三輔亂，禧南客荊州，不以荒擾，擔負經書，每以採梠餘日，則誦習之。曹操定荊州，召署軍謀掾。至是，爲譙王郎中，王宿聞其儒者，常虛心從學。禧亦敬恭以授王，由是大得賜遺。以病還拜郎中，年八十餘。以老處家，就之學者甚多。禧既明經。又善星官，嘗仰瞻天文，歎息謂魚豢（京兆人，爲魏郎中，著有魏略三十八卷，典略八十九卷）曰：『天下兵戈尚猶未息，如之何？』豢又常從問左氏傳。禧答曰：『欲知幽微莫若易，人倫之紀莫若禮，多識山川草木之名莫若詩，左氏直相斫書耳，不足精意也。』豢因從問詩，禧說齊韓魯毛四家義，不復執文，有如諷誦。又撰作諸經解數十萬言，未及繕寫而得聾，後數歲病亡。

【出處】三國魏志王肅傳注引魏略

吳孫權改四分曆用乾象曆　權既用乾象曆，又推五德之運，以爲土行，用未祖辰臘。

【出處】三國吳志孫權傳

吳以謝承爲武陵太守　承字偉平，會稽山陰人。吳主權謝夫人之弟也。博學洽聞，嘗所知見，終身不忘。初拜五官郎中，稍遷長沙東部都尉，至是爲武陵太守。撰有後漢書一百三十三卷（錄一卷），會稽先賢傳七卷，集四卷

【出處】三國吳志謝夫人傳

【考證】按吳志謝夫人傳『愛幸有寵，後權納姑孫徐氏，欲令謝下之，謝不肯，由是失志，早卒，後十餘年弟承拜五官郎中。』徐夫人傳：『權爲討虜將軍，在吳，聘以爲妃，後權遷移，以夫人妬忌，廢處吳。』考孫權爲破虜將軍在建安五年。徙建業在建安十六年。徐之廢在此年，則謝之卒當遠在其前。去此當在二十年上下。武陵本屬蜀，自勝蜀後，姑歸吳，則謝承之爲武陵太守，至早不得過此年，姑誌之於此以俟考。

蜀益州牧諸葛亮以譙周爲勸學從事　周字允南，巴西西充國人也。父𡸫字榮始，治尚書，兼通諸經及圖緯。州郡辟請皆不應。州就假師友從事。周幼孤，與母兄同居。旣長，耽古篤學，未嘗問產業。誦讀典籍，欣然獨笑，以忘寢食。研精六經，尤善書札，頗曉天文，而不以留意，諸子文章，非心所存，不悉徧視也。身長八尺，體貌素朴　惟推誠不飾，無造次辯論之才，然潛識內敏。至是，丞相諸葛亮領益州牧，命周爲勸學從事。

【出處】 三國蜀志譙周傳

蜀以尹默爲諫議大夫　默字思潛，梓潼涪人也。少與李仁俱游荊州受學司馬徽宋衷等（仁字德賢，亦涪人。益部多貴今文而不崇章句，仁知其不博，乃遊學荊州，從司馬德操宋仲子受古學，以修文自終。）博通經史，又專精於左氏春秋。自劉歆條例鄭衆賈逵父子陳元服虔注說，咸略誦述，不復按本。先主定益州，領牧，以爲勸學從事。及立太子，以默爲僕射，以左氏傳授後主。至是，後主踐阼，拜諫議大夫。（丞相亮住漢中，請爲軍祭酒。亮卒，還成都，拜太中大夫，卒。子宗傳其業，爲博士。）

【出處】 三國蜀志尹默傳　華陽國志梓潼士女志

吳徙虞翻於交州　初，孫權以翻爲騎都尉，翻數犯顏諫爭，權不能悅。又性不協俗，多見謗毀，坐徙丹陽涇縣。呂蒙圖取荊州，稱疾還建業，以翻兼知醫術，請以自隨，亦欲因此令翻得釋也。翻性疏直，數有酒失，權與張昭論及神仙，翻指昭曰：『彼皆死人而語神仙，世豈有仙人也！』權積怒非一，遂徙翻交州。雖處罪放，而講學不倦，門徒常數百人。又爲老子論語國語訓註，皆傳於世。

【出處】三國吳志虞翻傳

魏曹植徙封雍丘王　植徙封雍丘王。是年朝京都，上疏曰：「臣自抱釁歸藩，刻肌刻骨，追思罪戾。晝分而食，夜分而寢。誠以天網不可重離，聖恩難可再恃。竊感相鼠之篇，無禮遄死之義，形影相弔，五情愧赧。以罪棄生，則違古賢夕改之勸；忍活苟全，則犯詩人胡顏之譏。伏惟陛下德象天地，恩隆父母，施暢春風，澤如時雨。是以不別荊棘者，慶雲之惠也；七子均養者，尸鳩之仁也；舍罪責功者，明君之舉也，矜愚愛能者，慈父之恩也；是以愚臣徘徊於恩澤而不能自棄者也。前奉詔書，臣等絕朝，心離志絕，自分黃耇無復執珪之望。不圖聖詔猥垂，齒召至止之日，馳心輦轂，僻處西館，未奉闕廷踊躍之懷，瞻望反仄，謹拜表獻詩二篇。」其辭曰：『於穆顯考，時惟武皇。受命于天，寧濟四方。朱旗所拂，九土披攘。玄化滂流，荒服來王。超商越周，與唐比蹤。篤生我皇，奕世再聰，武則肅烈，文則時雍。

受禪炎漢，臨君萬邦。萬邦旣化，率由舊則，廣命懿親，以藩王國。帝曰爾侯，君茲靑土，奄有海濱，方周于魯。車服有輝，旗章有叙，濟濟雋乂，我弼我輔。伊予小子，恃寵驕盈，擧挂時網，動亂國經。作藩作屛，先軌是墮，傲我皇使，犯我朝儀。國有典刑，我削我絀。將寘于理，元兇是率。明明天子。時篤同類，不忍我刑，暴之朝肆，違彼執憲，哀予小子。改封兗邑，于河之濱，股肱弗置，有君無臣。荒淫之闕，誰弼予身。煢煢僕夫，于彼冀方，嗟予小子，乃罹斯殃。赫赫天子，恩不遺物，冠我玄冕，要我朱紱。朱紱光大，使我榮華，剖符授玉，王爵是加。仰齒金璽。俯執聖策。皇恩過隆，祗承怵惕。咨我小子，頑凶是嬰，逝慚陵墓，存愧闕廷。匪敢傲德，寔恩是恃，威靈改加，足以沒齒。昊天罔極，性命不圖，常懼顚沛，抱罪黃壚。願蒙矢石，建旗東嶽，庶立豪氂，微功自贖。危軀授命，知足免戾，甘赴江湘，奮戈吳越。天啟其衷，得會京畿，遲奉聖顏，如渴如饑。心之云慕，愴矣其悲，天高聽卑，皇肯照微。』又曰：『肅承明詔，應會皇都，星陳夙駕，秣馬脂車。命彼掌徒，肅我征旅。朝發鸞臺，夕宿蘭渚，茫茫原隰，祁祁士女。經彼公田、樂我稷黍。爰有樛木，重陰匪息，雖有糇糧，饑不遑食。望城不過，面邑匪游，僕夫警策，平路是由。玄駟藹藹，揚鑣漂沫，流風翼衡，輕雲承蓋。涉澗之濱，緣山之隈，遵彼河滸，黃阪是階。西濟關谷，或降或升，騑驂倦路，再寢再興。將朝聖皇，匪敢晏寧，弭節長騖，指日遄征。前驅舉燧，後乘抗旌，輪不輟運，鸞無廢聲。爰暨帝室，稅此西墉，嘉詔未賜，朝覲莫從。仰瞻城閾，俯惟闕廷，長懷永慕，憂心如酲。』帝嘉其辭義，優詔答勉之。初，植未到關，自念有過，宜當謝帝。乃留其從官著關東，單將兩三人微行入見清河長公主，欲因主謝。而關吏以聞，帝使人逆之，不得見。太后以爲自殺也，對帝泣。會植科頭負鈇鑕徒跣詣闕下，帝及太后乃喜。及見之帝，又嚴顏色不與語，又不使冠履。植伏地泣涕，太后爲不樂。詔乃聽復王服。是時待遇諸國法峻，任城王彰暴薨，諸王既懷友于之痛，植及白馬王彪還國，欲同路東歸以敘隔闊之思。而監國使者不聽，植發憤告離而作詩曰：『

謁帝承明廬，逝將歸舊疆，清晨發皇邑，日夕過首陽。伊洛曠且深，欲濟川無梁。
汎舟越洪濤，怨彼東路長。回顧戀城闕，引領情內傷。太谷何寥廓，山樹鬱蒼蒼。
霖雨泥我塗，流潦浩從橫。中田絕無軌，改轍登高岡。脩阪造雲日，我馬玄以黃。
玄黃猶能進，我思鬱以紆。鬱紆將何念，親愛在離居。本圖相與偕，中更不克俱。
鴟梟鳴衡軛，豺狼當路衢。蒼蠅間白黑，讒巧反親疏。欲還絕無蹊，擥轡止踟躕。
踟躕亦何留，相思無終極。秋風發微涼，寒蟬鳴我側。原野何蕭條，白日忽西匿。
孤獸走索羣，銜草不遑食。歸鳥赴高林，翩翩厲羽翼。感物傷我懷，撫心長嘆息。
嘆息何所爲，天命與我違。奈何念同生，一往形不歸。孤魂翔故域，靈柩寄京師。
存者勿復過，亡沒身自衰。人生處一世，忽若朝露晞。年在桑榆間，影響不能追。
自顧非金石，咄唶令心悲。心悲動我神，棄置莫復陳。丈夫志四海，萬里猶比鄰。
恩愛苟不虧，在遠分日親。何必同衾幬，然後展殷勤。倉卒骨肉情，能不懷苦辛，
苦辛何慮思？天命信可疑。虛無求列仙，松子久吾欺。變故在斯須，百年誰能持？

離別永無會，執手將何時？王其愛玉體，俱享黃髮期。收涕即長塗，援筆從此辭。」

【出處】三國魏志陳思王傳

五年甲辰（二二四）　二年　三年

天竺沙門維祇難竺律炎至吳武昌　維祇難吳言障礙，本天竺人。世奉異道，以火祀爲上。相傳有天竺沙門，習學小乘，多行道術。經遠行逼暮，欲寄難家宿，難家既事異道，猜忌釋子。乃處之門外，露地而宿。沙門夜密加咒術，令難家所事之火欻然變滅，於是舉家共出，稽請沙門入室供養。沙門還以咒術變火令生。難既覩沙門神力勝已，即於佛法大生信樂。乃捨本所事，出家爲道，依此沙門，以爲和尚。受學三藏，妙善四含，遊化諸國，莫不皆奉。至是，與同伴竺律炎來至武昌，齎曇鉢經梵本，曇鉢者，即法句經也。時吳士共請出經，難既未善方音，乃共伴其律炎譯爲漢文。炎亦未善漢言，頗有不盡。志存義本，辭句扑質。有從維祇難受經者，序之曰：『曇鉢偈者，衆經之要義。曇之言法，鉢者句也。而法句經別有數部，有九百偈，或七百偈及五百偈。偈者結語，猶詩頌也。是佛見事而作，非一時言，各有本末，布在衆經。佛一切智，厥性大仁，愍傷天下，出興于世，開現道義，所以解人。凡十二部經，總括其要，別有四部阿含，至去世後，阿難所傳，卷無大小，皆稱聞如是處佛所究暢其說，是後五部沙門各自鈔采經中四句六句之偈。比次其義，條別爲品，於十二部經，靡不斟酌，無所適名，故曰法句。夫諸經爲法言，法句者猶法言也。近世葛氏傳七百偈，偈義致深，譯人出之，頗使其渾漫，唯佛難值，其文難聞。又諸佛興皆在天竺。天竺言語，與漢異音！云其書爲天書，語爲天語，名物不同，傳實不易。唯昔藍調安候世高都尉佛調譯胡爲漢，審得其體，斯以難繼。後之傳者，雖不能密，猶尚貴其實，粗得大趣。始者維祇難出自天竺，以黃武三年來適武昌，僕從受此五百偈本，請其同道竺將炎爲譯，將炎雖善天竺語，未備曉漢。其所傳言，或得胡語，或以義出音，近於質直，僕初嫌其辭不雅。維祇難曰：「佛言依其義不用飾，取其法不以嚴，其傳經者，當令易曉，勿失厥義，是則爲善。」座中咸曰：老氏稱美言不信，信言不美。仲尼亦云：書不盡言，言不盡意，明聖人意深邃無極，今傳胡義，實宜經達，是以自竭受譯人口，因循本旨，不加文飾。譯所不解，則闕不傳，故有脫失多不出者。然此雖辭朴而旨深，文約而義博。事均衆經，章有本故，句有義說，其在天竺始進業者，不學法句，謂之越敍，此乃始進者之鴻漸，深入者之奧藏也。可以啓曚辯惑，誘人自立，學之功微，而所包者廣，實可謂妙要者哉。昔傳此時有所不出，會將炎來，更從諮問，受此偈等，重得十三品，並校往故，有所增定，第其品目合爲一部，三十九篇，大凡偈七百五十二章，庶有補益共廣聞焉。』

【出處】　高僧傳卷第一　歷代三寶紀卷第五　出三藏記集卷第七

魏立太學制五經課試法置春秋穀梁博士　立太學於洛陽，時慕學者，始詣太學爲門人，滿二歲試通一經者稱弟子，不通一經罷遣。弟子滿二歲試通二經者，補文學掌故。不通經者，聽須後輩試，試通二經，亦得補掌故。掌故滿二歲，試通三經者，擢高第爲太子舍人，不第者隨後輩復試，試通亦爲太子舍人。舍人滿二歲，試通四經者，擢其高第爲郞中。不通者隨後輩復試，試通亦爲郞中。郞中滿二歲能通五經者擢高第隨才敍用，不通者隨後輩復試，試通亦叙用。

從初平之元至建安之末，天下分崩，人懷苟且，綱紀既壞，儒道尤甚。至黃初元年之後，新主乃復始掃除太學之灰炭，補舊石碑之缺壞，備博士之員錄，依漢甲乙以考課。申告州郡，有欲學者，皆遣詣太學。太學始開，有弟子數百人。至太和青龍中，中外多事，人懷避就。雖性非解學，多求詣太學。太學諸生有千數，而諸博士率皆麤疎，無以教弟子。弟子本亦避役，竟無能習學。冬來春去，歲歲如是。又雖有精者，而臺閣舉格太高，加不念統其大義，而問字指墨法點注之間，百人同試，度者未十。是以志學之士遂復陵遲，而求浮虛者各相競逐也。正始中，有詔議圜丘，普延學士。是時郞官及司徒領吏二萬餘人，雖復分布，見在京師者，尚且萬人，而應書與議者略無幾人。又是時朝堂公卿以下四百餘人，其能操筆者，未有十人，多皆相從飽食而退。

【出處】通典卷五十三禮十三　三國魏志文帝紀　王肅傳注引魏略儒宗傳

【附錄】魏世十九博士表

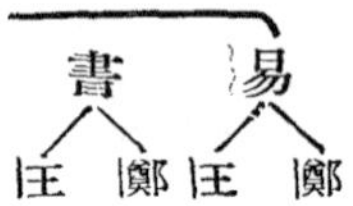

十九博士

- 毛詩：鄭、王
- 周官：鄭、王
- 儀禮：鄭、王
- 禮記：鄭、王
- 左傳：服、王
- 公羊：顏、何
- 穀梁：尹
- 論語：王
- 孝經：鄭

按晉書百官志云：『晉初承魏制，置博士十九人。』但未言掌何經。考宋書禮志及晉書荀崧傳俱載，東晉簡省博士，置九人。九博士之中，惟杜氏乃晉人，孔氏古文出於東晉，當爲魏十九博士所無者。其餘七人，又有荀崧請立之鄭易鄭儀禮及春秋公羊穀梁。必爲舊日所固有。魏志王肅傳言：『肅善賈馬之學而不好鄭氏。采會異同，爲尚書詩論語三禮左氏解及撰定父郎所作易傳，皆列於學官。』高貴鄉公紀又言：帝幸太學，與博士議鄭王兩家易及尙書。是十一博士之外，又有王氏尙書毛詩三禮左傳論語七博士明矣。論語孝經本二博士，至東晉乃合爲一人。荀崧傳又言：『太學有石經古文，先儒典訓，賈馬鄭杜服孔王何顏尹之徒，章句傳注衆家之學，置博士十九人。』此十八者，除杜孔不計外，賈馬之學即王氏之學，亦不復計。餘人之學，當俱在十九博士之中。故知穀梁家所立者爲尹氏，左傳王氏外又有服氏，而公羊則立顏何二氏，適足十九人之數。蓋隨時設置，本非一時所立，至王氏各經相繼立於學官，始得完備也。

六年乙巳（二二五）　三年　四年

魏阮籍至東郡　籍字嗣宗，阮瑀之子也。阮氏本陳留大族，族人南北分居。諸阮居道北，世業儒學，善居室，皆豐於財，嗣宗家居道南，尚道棄事，好酒而貧，爲當世禮法者所譏。籍八歲能屬文，容貌瓌傑，志氣宏放，傲然獨得，任性不羈，而喜怒不形於色。博覽羣籍，尤好莊老。嗜酒能嘯，善彈琴，當其得意，忽忽忘形骸，時人多謂之痴，惟族兄阮武見而偉之，以爲勝已。（武字文業，闊達博通淵雅之士，王戎謂其清倫有鑒識，漢元以來，未有此人。）由是咸共稱異。至是，籍隨叔父至東郡，兗州刺史王昶請與相見，終日不開一言，自以爲不能測。

【出處】晉書阮籍傳　御覽六百二引魏氏春秋　世說賞譽第八

【考證】按三國魏志王昶傳：『文帝踐阼，徙散騎侍郎，爲洛陽典農。時都畿樹木成林，昶斫開荒萊，勤勸百姓，墾田特多，遷兗州刺史。明帝即位，加揚烈將軍，賜爵關內侯，』可知昶之爲兗州刺史，必在黃初之末。且嗣宗此時方十六歲，已爲人重視，勢必不能再前，故誌之於此。

【附錄一】阮籍家世表

阮瑀（元瑜）
- 熙
  - □ — 簡
  - 咸（仲容）
    - 瞻（千里）
    - 孚（遙集）
- 籍（嗣宗）— 渾（長成）

【附錄二】阮武家世表

阮諶（士信）徵辟，無所就，造三禮圖傳於世。
- 武（文業）
- 炳（叔文）爲河南尹，精意醫術，撰藥方一部。
  - 坦（弘舒）
  - 柯（士度）

吳以程秉守太常　秉初爲士燮長史，孫權聞其名儒，以禮徵。秉既到，拜太子太傅。至是，權爲太子登娉周瑜女。秉守太常，迎妃於吳。權親幸秉船，深見優禮。既還，秉從容進說登曰：『婚姻人倫之始，王敎之基，是以聖王重之。所以率先衆庶，風化天下。故詩美關雎，以爲稱首。願太子尊禮敎於閨房，存周南之所詠，則道化隆於上，頌聲作於下矣。』登笑曰：『將順其美，匡救其惡，誠所賴於傅君也。』病卒官。著周易摘，商書駮，論語弼，凡三萬餘言。又有河南徵崇，字子和，治易春秋左氏傳，兼善內術，本姓李。遭亂更姓，遂隱於會稽，躬耕以求其志。好尚者從學，所敎不過數人輒止，欲令其業必有成也。所交結如丞相步隲等咸親焉。嚴畯薦崇行足以厲俗，學足以爲師。秉爲傅時，崇爲率更令。初見太子，以疾賜不拜。東宮官僚，皆從諮詢。太子數訪以異聞，年七十而卒。

【出處】三國吳志程秉傳及注引吳錄

七年丙午（二二六）　四年　五年

魏以薛夏爲秘書丞　夏字宣聲，天水人也。博學有才。天水舊有姜閻任趙四姓，常推於郡中。而夏爲單家，不爲降屈。四姓欲共治之，夏乃遊逸東詣京師。曹操宿聞其名，甚禮遇之。後四姓又使囚遙引夏，關移潁川，收捕繫獄。時曹操已在冀州，聞夏爲本部所質，撫掌曰：『夏無罪也，漢陽兒輩直欲殺之耳。』乃告潁川，使理出之。召署軍謀掾。文帝又嘉其才，及即位，以爲秘書丞。帝每與夏推論書傳，未嘗不終日也。每呼之不名，而謂之薛君。夏居甚貧，帝又顧其衣薄，解所御服袍賜之。其後鎮東將軍曹休來朝，時帝方與夏有所咨論，而外啟休到。帝引入，坐定，帝顧夏言之於休曰：『此君秘書丞天水薛宣聲也，宜共談。』其見遇如此。尋欲用之，會文帝崩，至太和中，嘗以公事移蘭臺，蘭臺自以臺也，而秘書署耳，謂夏爲不得儀也。推使當有坐者，夏報之曰：『蘭臺爲外臺，秘書爲內閣，臺閣一也，何不相移之有？』蘭臺屈無以折。自是之後，遂以爲常。後數歲，病亡，敕其子無還天水。

【出處】三國魏志王肅傳注引魏略儒宗傳

魏帝崩　帝天資文藻，下筆成章，博聞彊識，才藝兼該。五經四部諸子百家之言，靡不畢覽。好文學，以著述爲務，所撰典論詩賦等蓋百餘篇。

【出處】三國志魏文帝紀

【附錄】曹丕著述表

海內士品錄三卷　唐志

典論五卷　隋志　唐志

士操一卷 隋志

列異傳三卷 隋志

皇博經一卷 唐志

興赤龍圖 張彥遠歷代名畫記

興兵符圖 同前

集二十三卷 七錄

魏朝廷議改元 明帝既立，朝廷議改元。司空王朗曹丕即王位，朗遷御史大夫，封安陵亭侯，及即位，改爲司空，封樂平鄉侯。議：『古者有年數無年號，漢初猶然。或有世而改，有中元後元。元改彌數，中後之號不足，故更假取美名，非古也。述春秋之事曰隱公元年，則簡而易知。載漢世之事曰建元元年，則後不見。宜若古稱元而已』明帝不從，乃詔曰：『先帝即位之元，則有延康之號。受禪之初，亦有黃初之稱，今名年可也。』於是尚書奏：『易曰：「乾道變化，各正性命，保合太和乃利貞。」首出庶物，萬國咸寧。」宜爲太和。』

【出處】宋書禮志一

明帝 名叡，文帝子

在位十三年。

太和元年丁未（二二七）

五年

六年

魏詔郡國以經學貢士　六月詔曰：『尊儒貴學，王教之本也。自頃儒官或非其人，將何以宣明聖道？其高選博士才任侍中常侍者，申勅郡國貢士，以經學爲先。』

【出處】三國魏志明帝紀

魏高堂隆爲給事中博士駙馬都尉　初，隆於黃初中以選爲平原王傅。王即尊位，即明帝也，以隆爲給事中博士駙馬都尉。帝初踐阼，羣臣或以爲宜饗會。隆曰：『唐虞有遏密之哀，高宗有不言之思。是以至德雍熙，光于四海。以爲不宜爲會。』帝敬納之。遷陳留太守。犢民酉牧，年七十餘，有至行，舉爲計曹掾，帝嘉之，特除郎中以顯焉。徵隆爲散騎常侍，賜爵關內侯。

【出處】三國魏志高堂隆傳

魏高柔請以學行優劣用博士　時博士執經，廷尉延壽亭侯高柔（字文惠，陳留圉人。）上疏曰：『臣聞遵道重學，聖人洪訓，褒文崇儒，帝者明義。昔漢末陵遲，禮樂崩壞，雄戰虎爭，以戰陣爲務。遂使儒林之羣，幽隱而不顯。太祖初興，愍其如此，在於撥亂之際，並使郡縣立教學之官。高祖即位，遂闡其業，興復辟雍，州立課試。於是天下之士，復聞庠序之教，親俎豆之禮焉。陛下臨政，允迪叡哲，敷弘大猷，光濟先軌，雖夏啓之承基，周成之繼業，無以加也。然今博士皆經明行修，一國淸選，而使遷除，限不過長，懼非所以崇顯儒術帥勵怠惰也。孔子稱舉善而教不能則勸。故楚禮申公，學士銳精；漢隆卓茂，搢紳競慕。臣以爲博士者，道之淵藪，六藝所宗。宜隨學行優劣，待以不次之位，敦崇道教，以勸學者，於化爲弘。』帝納之。

【出處】三國魏志高柔傳

魏改太予樂爲太樂　詔曰：『禮樂之作，所以類物表庸而不忘其本者也。凡音樂以舞爲主，自黃帝雲門以下至於周大武，皆太廟舞名也。然則其所司之官，皆曰太樂，所以總領諸物，不可以一物名。武皇帝廟樂未稱，其議定廟樂及舞，舞者所執綴兆之制，聲哥之詩，務令詳備。樂官自如故爲太樂。』太樂漢舊名，後漢依讖改太予樂官，至是改復舊。又改漢時短簫鐃歌之樂十二曲，使繆襲爲詞，襲字熙伯，東海人，辟御史大夫府，至是爲侍中。歷事魏四世，官至尚書光祿勳，正始六年，年六十卒，除鐃歌曲十二篇之外，有列女傳讚一卷，集五卷錄一卷，又有祭儀。述以功德代漢。改朱鷺爲楚之平，言魏也。改思悲翁爲戰滎陽，言曹公也。改艾如張爲獲呂布，言曹公東圍臨淮擒呂布也。改上之回爲克官渡，言曹公與袁紹戰破之於官渡也。改雍離爲舊邦，言曹公勝袁紹於官渡還譙收藏死亡士卒也。改戰城南爲定武功，言曹公初破鄴武功之定始乎此也。改巫山高爲屠柳城，言曹公越北塞歷白檀破三郡烏桓於柳城也。改上陵爲平南荊，言曹公平荊州也。改將進酒爲平關中，言曹公征馬超定關中也。改有所思爲應帝期，言文帝以聖德受命應運期也。改芳樹爲邕熙，言魏氏臨其國君臣邕穆庶績咸熙也。改上邪爲太和，言明帝繼體承統，太和改元，德澤流布也。其餘並同舊名。景初元年，有司奏：『武皇帝撥亂反正，爲魏太祖，樂用武始之舞。文皇帝應天受命，爲魏高祖，樂用咸熙之舞。帝制作興治，爲魏烈祖，樂用章武之舞。三祖之廟，萬世不毀，其餘四廟，親盡迭毁，如周后稷文武廟祧之制。』

【出處】　宋書樂志　晉書樂志　三國魏志劉劭傳及注引先賢行狀　明帝紀

魏華歆薦鄭小同　初，鄭玄有子益恩，孔融在北海舉爲孝廉。及融爲黄巾所圍，益恩赴難隕身。有遺腹子，以丁卯日生，而玄以丁卯歲生，故名曰小同。文帝以爲郎中。至是，太尉華歆薦之曰：『臣聞勵俗宣化，莫先於表善；班祿叙爵，莫美於顯能。是以楚人思子文之治，復命其胤；漢室嘉江公之德，用顯其世。伏見故漢大司農北海鄭玄，當時之學，名冠華夏，爲世儒宗。文皇帝旌錄先賢，拜玄適孫小同以爲郎中，長假在家。小同年踰三十，少有令質，學綜六經，行著鄉邑。海岱之人，莫不嘉其自然，美其氣量。迹其所履，有質直不渝之性，然而恪恭靜默，色養其親，不治可見之美，不競人間之名。斯誠清時所宜式叙，前後明詔所斟酌而求也。臣老病委頓，無益視聽，謹具以聞。』於是以小同爲侍中。

【出處】　後漢書鄭玄傳　三國魏志高貴鄉公紀注引鄭玄別傳及魏名臣奏

【考證】按鄭玄致子益恩書，知其時玄年已七十，當在建安元年。而孔融即以是年失北海。則益恩之死，又不能在後，故可斷定其死於是年。假使小同生於建安元年或二年，則至此時方三十一二歲。又值華歆爲太尉，其薦小同，必在此時可知。

魏衞覬請立律博士　帝即位，衞覬進封閿鄉侯三百戶。奏曰：『九章之律，自古所傳，斷定刑罪，其意微妙。百里長吏，皆宜知律。刑法者，國家之所貴重，而私議之所輕賤。獄吏者，百姓之所縣命，而選用者之所卑下。王政之弊，未必不由此也。請置律博士，轉相教授。』事遂施行。

【出處】三國魏志衞覬傳

二年戊申（二二八）　六年　七年

魏傅嘏辟司空掾　嘏字蘭石，北地泥陽人，傅介子之後也。弱冠知名，司空陳群辟爲掾。是時何晏（字平叔，漢大將軍何進孫，曹操爲司空時，納晏母，並收養晏於宮中。）以材辯顯於貴戚之間，鄧颺好變通，合徒黨，鬻聲名於閭閻。而夏侯玄（字太初，少知名，弱冠爲散騎黃門侍郎。）以貴臣子，少有重名，爲之宗主，求交於嘏而不納也。嘏友人荀粲有清識遠心，然猶怪之。謂嘏曰：『夏侯泰初一時之傑，虛心交子，合則好成，不合則怨至。二賢不睦，非國之利，此藺相如所以下廉頗也。』嘏答之曰：『泰初志大其量，能合虛聲而無實才。何平叔言遠而情近，好辯而無誠，所謂利口覆邦國之人也。鄧玄茂有爲而無終，外要名利，內無關鑰，貴同惡異，多言而妬前，多言多釁，妬前無親，以吾觀此三人者，皆敗德也。遠之猶恐禍及，況昵之乎！』

荀粲荀彧之子也。字奉倩。其諸兄並以儒術論議而粲獨好言道。常以爲子貢稱夫子之言性與天道，不可得聞，然則六籍雖存，固聖人之糠粃。粲兄俁難曰：『易亦云聖人立象以盡意，繫辭焉以盡言。則微言胡爲不可得而聞見哉？』粲答曰：『蓋理之微者，非物象之所舉也，今稱立象以盡意，此非通于意外者也。繫辭焉以盡言，此非言乎繫表者也。斯則象外之意，繫表之言，固蘊而不出矣。』及當時能言者不能屈也。又論父彧不如從兄攸，彧立德高整，軌儀以訓物，而攸不治外形，愼密自居而已。粲以此言善攸，諸兄怒而不能迴也。太和初到京邑與傅嘏談，嘏善名理而粲善玄遠。宗致雖同，倉卒時或有格而不相得意。裴徽通彼我之懷爲二家騎驛。頃之，粲與嘏善，夏侯玄亦親。常謂嘏玄曰：『子等在世塗間，功名必勝我，但識劣我耳。』嘏難曰：『能盛功名者識也，天下孰有本不足而末有餘者耶？』粲曰：『功名者，志局之所獎也。然則志局自一物耳，固非識之所獨濟也。我以能使子等爲貴，然未必齊子等所爲也。』粲常以婦人者才智不足論，自宜以色爲主。驃騎將軍曹洪女有美色，粲於是聘焉。容服帷帳甚麗，專房歡宴，歷年後，婦病亡，未殯，傅嘏往唁粲，粲不哭而神傷。嘏問曰：『婦人才色並茂爲難，子之娶也，遺才而好色，此自易遇，今何哀之甚？』粲曰：『佳人難再得。顧逝者不能有傾國之色，然未可謂之易遇。』痛悼不能已，歲餘亦亡，時年二十九。粲簡貴不能與常人交接，所交皆一時俊傑。至葬夕，赴者裁十餘人，皆同時知名士也；哭之感慟路人。

【出處】三國魏志荀彧傳注引何劭荀粲傳　傅嘏傳及注引傅子

王朗卒　朗高才博雅而性嚴整，慷慨多威儀，恭儉節約，自婚姻中表禮贄無所受，常譏世俗有好施之名而不恤窮賤，故用財以周急爲先。至是卒，謚曰成侯，子肅嗣。

【出處】三國魏志王朗傳及注引魏書

【附錄】王朗著述表

易傳　本傳

周官傳　本傳

春秋左氏傳注十二卷　隋志

春秋左氏釋駁一卷　七錄

孝經傳　本傳

集三十四卷　隋志

三年己酉（二二九）　七年　黃龍元年

魏以王肅爲散騎常侍　肅於黃初中爲散騎黃門侍郎。至是，拜散騎常侍。著諸經傳及論定朝儀，改易鄭玄舊說，而玄門人王基據持玄義，常與抗衡。基字伯輿，東萊曲城人，少孤，與叔父翁居，翁撫養甚篤，基亦以孝稱。年十七，郡召爲吏，非其好也。遂去，入琅琊界遊學。黃初中，察孝廉，除郎中。是時青土初定，刺史王淩，特表請基爲別駕，後召爲秘書郎。淩復請還，淩流稱青土，蓋亦由基協和之輔也。大將軍司馬懿辟基，未至，擢爲中書侍郎。

【出處】後漢書鄭玄傳　三國魏志王肅傳　王基傳

吳使韋昭製鐃歌十二曲　昭字弘嗣，吳郡雲陽人也。少好學，能屬文。從丞相掾除西安令，還爲尚書郎。孫權即尊位，改漢短簫鐃歌之樂，使韋昭製十二曲名以述功德受命。改朱鷺爲炎精缺，言漢室衰孫堅奮迅猛志，念在匡救，王迹始乎此也。改思悲翁爲漢之季，言堅悼漢之微，痛董卓之亂，興兵奮擊，功蓋海內也。改艾如張爲攄武師，言權卒父之業而征伐也。改上之回爲烏林，言魏武既破荊州，順流東下，欲來爭鋒，權命將周瑜逆擊之於烏林而破走也。改雍離爲秋風，言權悅以使人人忘其死也。改戰城南爲克皖城，言魏武志圖並兼而權親征破之於皖也。改巫山高爲關背德，言蜀將關羽背棄吳德，權引師浮江而擒之也。改上陵曲爲通荊州，言權與蜀交好齊盟，中有關羽自失之愆，終復初好也。改將進酒爲章洪德，言權章其大德而遠方來附也。改有所思爲順歷數，言權順籙圖之符而建大號也。改芳樹爲承天命，言其時主聖德踐位道化至盛也。改上邪曲爲玄化，言其時主修文武則天而行仁澤流洽天下喜樂也。其餘亦用舊名不改。

【出處】三國吳志韋昭傳　晉書樂志

魏衛覬卒　覬仕歷漢魏，時獻忠言。受詔典著作，又爲魏官儀，凡所撰述數十篇。好古文鳥篆隸草，無所不善。至是卒，諡曰敬侯。子瓘嗣。瓘字伯玉，清貞有名理，少爲傅嘏所知，弱冠爲尚書郎。累遷散騎常侍，陳留王即位，拜侍中，轉廷尉卿。

【出處】三國魏志衛覬傳　晉書衛瓘傳

【考證】按晉書衛瓘傳，瓘十歲喪父。考瓘被殺於元康元年，年七十二。則其十歲當在此年，故知覬卒於此年也。

吳張昭著春秋左氏傳解及論語注　孫權既稱尊號，昭以老病上還官位及所統領。更拜輔吳將軍，班亞三司，改封婁侯，食邑萬戶。在里宅無事，乃著春秋左氏傳解及論語注。權嘗問衛尉嚴畯，寧念小時所闇書不。畯因誦孝經仲尼居。昭曰：『嚴畯鄙生，臣請爲陛下誦之。』乃誦君子之事上，咸以昭爲知所誦。年八十一。嘉禾五年卒。

【出處】三國吳志張昭博

四年庚戌（二三〇）　——八年　——二年

魏以董遇爲大司農　遇字季直，弘農人，性質訥而好學。興平中，關中擾亂，與兄季中依將軍段煨采。相負販而常挾持經書，投閑習讀。其兄笑之，而遇不改。及建安初，王綱小設，郡舉孝廉，稍遷黃門侍郎。是時漢帝委政曹操，遇旦夕侍講，爲天子所愛信。至二十二年，許中百官矯制，遇雖不與謀，猶被錄詣鄴，轉爲冗散。常從曹操西征，道由孟津，過弘農王冢。曹操疑欲謁，顧問左右，左右莫對。遇乃越第進曰：『春秋之義，國君即位未踰年而卒，未成爲君。弘農王即阼既淺，又爲暴臣所制，降在藩國，不宜謁。』操乃過。黃初中，出爲郡守。至是，入爲侍中，大司農

○與賈洪邯鄲淳薛夏隗喜蘇林樂詳詳於黃初中徵拜博士，于時太學初立，有博七十餘人，學多偏狹，又不熟悉，略不親教，備員而已。惟詳五業並授，其或難解，質而不解，詳無慍色。以杖畫地，牽譬引類，至忘寢食，以是獨擅名於遠近，詳學既精悉，又善推步三五，別授詔與太史典定律歷。至是，轉拜騎都尉。並爲當時儒宗。遇善治老子，爲老子作訓詁。又善左氏傳，更爲作朱墨別異。人有從學者，遇不肯教，而云必當先讀百遍，言讀書百遍而意自見。學者云苦渴無日，遇言當以三餘。或問三餘之意，遇言：『冬者歲之餘，夜者日之餘，陰雨者時之餘也。』由是諸生少從遇學，無傳其朱墨者。爲大司農數年，病亡。

【出處】三國魏志王肅傳注引魏略　杜畿傳注引魏略

【考證】按魏志常林傳，林於文帝時爲大司農。明帝即位，進封高陽鄉侯。徙光祿勳太常。梁習傳，太和二年習爲大司農，四年薨。則明帝初相繼爲大司農者，即林與習也。趙儼傳，齊王即位，始由大司農轉征西將軍。裴潛傳，明帝即位，入爲尚書，出爲河南尹，轉太尉軍師大司農，則非短時之事，故知明帝晚年相繼爲大司農者，裴潛趙儼也。則梁習裴潛當中之年。當即董遇爲大司農之年，故置其事於此。

【附錄】董遇著述表

周易章句十卷 七錄 新唐志

春秋左氏傳章句三十卷 釋文敘錄

春秋左氏傳朱墨別異

老子訓

吳立都講祭酒以教學諸子

【出處】 三國吳志孫權傳

魏下詔課試郎吏 二月壬午下詔曰：『世之質文，隨教而變。兵亂以來，經學廢絕。後生進趣，不由典謨。豈訓導未洽？將進用者不以德顯乎？其郎吏學通一經，才任牧民，博士課試，擢其高第者亟用。其浮華不務道本者，皆罷退之。』

【出處】 三國魏志明帝紀

魏刻文帝典論 二月戊子，詔太傅三公以文帝典論刻石，立於廟門之外。

【出處】 三國魏志明帝紀

天竺沙門竺律炎於吳揚都譯經　維祇難卒後，律炎爲孫權於揚州譯經。所出者有三摩竭經一卷，（見始興錄，與分恕檀王經大同小異。）梵志經一卷，（見始興錄，與五百梵志經同本異出。）佛醫經一卷（共支越出，非全（一曰罪金）典從大經略，見寶唱錄，或云佛醫王經）共三經，合三卷。（羣錄不同，或云持炎，或云將炎，或云律炎，未知孰是。）

【出處】歷代三寶紀卷第五

五年辛亥（二三二）　九年　三年

魏杜恕爲散騎黃門侍郎　恕字務伯，京兆杜陵人也（杜畿之子）。少與馮翊李豐（字安國）相善，及各成人，豐砥礪名行以要時譽。而恕誕節直意，與豐殊趣。豐竟馳名一時，京師之士，多爲之游說。而當路者，或以豐名過其實而恕被褐懷玉也。由是爲豐所不善。恕亦任其自然，不力行以合時。豐已顯仕朝廷，恕猶居家自若。至是，年二十四，帝擢拜爲散騎侍郎。（數月，轉補黃門侍郎。每值省闥，威儀矜嚴。）

【出處】三國魏志杜恕傳及注引杜氏新書　書鈔五十八引三輔決錄

【考證】按魏志本傳稱恕於太和中爲散騎黃門侍郎，而杜恕傳載嘉平元年程喜劾奏杜恕，注引杜氏新書，謂恕是時年五十二，則其二十四當在黃初二年，與本傳及三輔決錄所載不同。竊疑二十四爲三十四之訛，正當太和五年，與各方所載情形均合，故誌其事於此。

六年壬子（二三二）　十年　嘉禾元年

魏張揖上古今字詁　張揖字稚讓，河間人。或云清河人爲博士。上古今字詁，其巾部曰：『紙，今帋也，其字从巾。古以縑帛依書長短，隨事截之，絹數重沓即名幡。紙字从系，此形聲也。漢和帝元興中，中常侍蔡倫以故布擣剉作紙，故字从巾。是其聲雖同，系巾爲殊，不得言古之紙爲今紙。』

又上廣雅，進表曰：『臣揖言：臣聞昔在周公，纘述唐虞，宗翼文武，尅定四海，勤相成王，踐祚理政，日昃不食，坐而待旦。德化宣流，越裳徠貢，嘉禾貫桑。六年制禮，以導天下。著爾雅一篇，以釋其意義，傳於後昆，歷載五百，典墳散零，惟爾雅恆存。禮三朝記哀公曰：『寡人欲學小辨以觀於政，其可乎？』孔子曰：『爾雅以觀於古，足以辯言矣。』春秋元命包言子夏問夫子作春秋不以初哉首基爲始何？是以知周公所造也。率斯以降，超絕六國，越踰秦楚，爰暨帝劉，魯人叔孫通撰置禮記，文不違古。今俗所傳三篇爾雅。或言仲尼所增，或言子夏所益。或言叔孫通所補，或言沛郡梁文所考。皆解家所說，詁師口傳，既無正論聖人所言，是故疑不能明也。夫爾雅之爲書也，文約而義固，其陳道也，精研而無誤。眞七經之檢度，學問之階路，儒林之楷素也。若其包羅天地，綱紀人事，權揆制度，發百家之訓詁，未能悉備也。臣揖體質蒙蔽，學淺辭頑，言無足取。竊以所識，擇撢羣藝。文同義異，音轉失讀，八方殊語，庶物異名，不在爾雅者，詳錄品覈，以著于篇，凡萬八千一百五十文，分爲上中下，以頡方徠俊哲洪秀偉彥之倫，扣其兩端，摘其過謬，令得用謂，亦所企想也。」

【出處】顏師古漢書叙例　張揖上廣雅表

【附錄】張揖著述表

廣雅三卷 隋志

埤倉三卷 隋志

三倉訓詁三卷 唐志

古今字詁三卷 隋志

雜字一卷 七錄 唐志

錯誤字一卷 七錄

集古文 通志藝文略

漢書注一卷 顏師古漢書叙例文選注

老子注 文選注引

魏王肅議禘祫之禮　初，武宣皇后於四年六月崩，至是年三月，有司以今年四月禘告。王肅議曰：『今宜以崩年數。按春秋：魯閔公二年夏，禘於莊公。是時縗絰之中，至二十五月大祥，便禘不復禫，故譏其速也。去四年六月，武宣皇后崩，二十六日晚葬除服即吉。四時之祭，皆親行事。今當計始除服日數，當如禮，須到禫月乃禘。』趙怡等以爲皇帝崩二十七月之後乃得祫禘。王肅又奏：如『鄭元言，各於其廟，則無以異四時常祀，不得謂之殷祭。以粢盛百物豐衍備具爲殷之者，夫孝子盡心於事親，致敬於四時，比時具物，不可以不備。無緣儉於其親，累年而後，一豐其饌。夫謂殷者，因以祖宗并陳昭穆皆列故也。設以爲毀廟之主皆祭謂殷祭者，夫毀廟祭於太祖，而六廟獨在其前，所不合宜，非事之理。近尚書難臣以曾子問「唯祫於太祖，羣主皆从。」而不言禘，知禘不合食。臣答以爲禘祫殷祭，羣主皆合，舉祫則禘可知也。論語：「孔子曰：禘自既灌而往者，吾不欲觀之矣。」所以特禘者，以禘大祭，故欲觀其成禮也。禘祫大祭獨舉禘，則祫亦可知也。於禮記則以祫爲大，於論語則以禘爲盛，進退未知其可也。漢光武時言祭禮：以禘者，毀廟之主皆合於太祖；袷者，唯未毀之主合而已矣。鄭元以爲：禘者，各於其廟，原其所以夏商。夏祭曰禘，然其殷祭亦名大禘，商頌長發是大禘之歌也。至周改夏祭曰礿，以禘唯爲殷祭之名。周公以聖德用殷之禮，故魯人亦遂以禘爲夏祭之名。是以左傳所謂禘於武宮，又曰烝嘗禘於廟，是四時祀，非祭之禘也。鄭斯失矣！至於經所謂禘者，則殷祭之謂。鄭據春秋，與大義乖。』朝廷從之。

【出處】通典卷四十九禮九

魏曹植卒　初，植於元年徙封浚儀，二年復還雍丘　三年徙封東阿。至是年二月，以陳四縣封植爲陳王，邑三千五百戶。植每欲求別見，獨談論及時政，幸冀試用，終不能得。既入朝還，悵然絕望，時法制待藩國既自峻迫，寮屬皆賈豎下才，兵人給其殘老，大數不過二百人。又植以前過，事事復減半，十一年中而三徙都，常汲汲無歡，爲琴瑟調歌辭曰：『吁嗟此轉蓬，居世何獨然，長去本根逝，夙夜無休閑，東西經七陌，南北越九阡，卒遇回風起，吹我入雲間，自謂終天路，忽焉下沈淵，驚飆接我出，故歸彼中田。當南而更北，謂東而返西，宕宕當何依，忽亡而復存。飄颻周八澤，連翩歷五山，流轉無恆處，誰知吾苦艱！願爲中林草，秋隨野火燔，糜滅豈不痛？願與枝葉連。』十一月，遂發疾卒，時年四十一。遺令薄葬，以小子志保家之主也，欲立之。初植登魚山，臨東阿，喟然有終焉之心，遂營爲墓，子志嗣，徙封濟北王。植爲詩詞彩炳耀，才華高曠，世人莫及。故稱天下共有才十斗，子建獨有其八。鍾嶸言：『陳思之於文章也，譬人倫之有周孔，鱗羽之有龍鳳，音樂之有琴笙，女工之有黼黻，俾爾懷鉛吮墨者，抱篇章而景慕，映餘輝以自燭。』

【出處】三國魏志陳思王傳

【附錄】曹植著述表

鼙舞歌五篇 宋書樂志

列女傳頌一卷 隋志

畫讚傳五卷 隋志

前錄七十八篇　藝文類聚五十三

集二十卷　新唐志

青龍元年癸丑（二三三）　十一年　二年

吳虞翻卒　翻放棄南方云：『自恨疏節，骨體不媚，犯上獲罪，當長沒海隅。生無可與語，死以青蠅爲弔客，使天下一人知己者，足以不恨。』以典籍自慰，依易設象以占吉凶。又以宋氏釋玄：頗有繆錯，更爲立法，並著明楊釋宋以理其滯。雖在徙棄，心不忘國，常憂五谿宜討，以遼東海絕，聽人使來屬，尚不足取，今去人財以求馬，既非國利，又恐無獲，欲諫不敢。作表以示呂岱，岱不報。爲愛憎所白，復徙蒼梧猛陵。孫權遣將士至遼東，於海中遭風，多所沒失。權悔之，乃令曰：『昔趙簡子稱諸君之唯唯，不如周舍之諤諤。虞翻亮直，善於盡言，國之周舍也。前使翻在此，此役不成。促下問交州，翻若尚存者，給其人船，發遣還都。若以亡者，送喪還本郡，使兒子仕宦。』會翻已終，年七十　乃歸葬舊墓。妻子得還。

【出處】三國吴志虞翻傳及注引虞翻别傳江表傳

【附録】虞翻注述表

周易注十卷 釋文叙録

周易日月變例六卷 七録

論語注十卷 釋文叙録

孝經注 唐玄宗御注孝經序

鄭注五經違失事因

春秋外傳國語注二十一卷 隋志

川瀆記 太平寰宇記江南東道引

太玄經注十四卷 七録 唐志

老子注二卷 釋文叙録

京氏易律歷注一卷 隋志

周易集林律歷一卷隋志

集三卷錄一卷七錄

二年甲寅（二二四）　十二年　三年

魏王肅上疏請山陽公稱皇配謚　山陽公薨，漢主也。肅上疏曰：『昔唐禪虞，虞禪夏，皆終三年之喪，然後踐天子之尊，是以帝號無虧君體猶存。今山陽公承順天命，允答民望，進禪大位，退處賓位。公之奉魏，不敢不盡節，魏之待公，優崇而不臣。既至其薨，櫬斂之制，輿徒之飾，皆同之於王者。是故遠近歸仁，以爲盛美。且漢總帝皇之號，號曰皇帝。有別稱帝，無別稱皇。則皇是其差輕者也。故當高祖之時，士無二王。其父見在而使稱皇，明非二王之嫌也。況今以贈終，可使稱皇以配其謚。』帝不從，使稱帝，乃追謚曰漢孝獻皇帝。

【出處】三國魏志王肅傳

魏夏侯惠薦劉劭　魏帝初即位，劭出爲陳留太守，敦崇教化，百姓稱之。徵拜騎都尉，與議郎庾嶷荀詵等定科令，作新律十八篇，著律略論。遷散騎常侍。嘗作趙都賦，帝美之，詔劭作許都洛都賦。時外興軍旅，內營宮室，劭作二賦，皆諷諫焉。會詔書博求衆賢。散騎侍郎夏侯惠薦劭曰：『伏見常侍劉劭，深忠篤思，體周於數，凡所錯綜，源流弘遠。是以羣才大小，咸取所同而斟酌焉。故性實之士，服其平和良正。清靜之人，慕其玄虛退讓。文學之士，嘉其推步詳密。法理之士，明其分數精比。意思之士，知其沉深篤固，文章之士，愛其著論屬辭。制度之士，貴其化略較要。策謀之士，贊其明思通微。凡此諸論，皆取適已所長而舉其支流者也。臣數聽其清談，覽其篤論，漸漬歷年，服膺彌久，實爲朝廷奇其器量。以爲若此人者，宜輔翼機事，納謀幃幄，當與國道俱隆，非世俗所常有也。惟陛下垂優游之聽，使劭承清閑之歡，得自盡於前，則德音上通輝耀日新矣。』

【出處】 三國魏志劉劭傳

四年丙辰（二三六）　十四年　五年

魏置崇文觀以王肅爲祭酒 是年選秘書監，詔秘書騶吏以上三百餘人，非但學問義理，當用有威嚴能檢下者，詔王肅以常侍領之，兼爲崇文觀祭酒 肅表曰：『魏之秘書，即漢之東觀，郡國稱敢言之上東觀。且自大魏分秘書而爲中書以來，傳續相繼，於今三監，未有隸名於少府者也。今欲使臣編名於騶隸，言事於外府，不亦隳朝章而辱國典乎？太和之中，蘭臺秘書爭議三府奏議，秘書司先王之載籍，掌制書之典謨，與中書相亞，宜與中書爲官聯。』

【出處】 三國魏志王肅傳 御覽二三三

魏以韋誕爲侍中 誕字仲將，京兆杜陵人，太僕端之子也。有文才，善屬辭章。建安中，爲郡上計吏，特拜郎中。帝即位，爲武都太守，以能書留補侍中中書監。魏氏寶器銘，大抵皆誕所書。帝立陵霄觀，誤先釘榜，乃籠盛誕轆轤，長絚引上，使就題之，去地二十五丈。誕甚危懼，乃戒子孫，絕此楷法，著之家令。

【出處】 三國魏志劉劭傳注 世說新語巧藝第二十一

【考證】按魏志高堂隆傳載：『陵霄闕始搆，有鵲巢其上。』又載：『是歲有星孛於大辰』考明帝紀，是年十月，有星孛於大辰。故誌其事於此年。

魏以高堂隆爲侍中　時大治殿舍，西取長安大鐘，隆上疏曰：『昔周景王不儀刑文武之明德，忽公旦之聖制，既鑄大錢，又作大鐘。單穆公諫而弗聽，伶州鳩對而弗從，遂迷不返，周德以衰。良史記焉，以爲永鑒。然今之小人好說秦漢之奢靡以盪聖心，求取亡國不度之器：勞役費損以傷德政，非所以興禮樂之和保神民之休也。』是日帝幸上方，隆與卞蘭從。帝以隆表授蘭，使難隆曰：『興衰在政，樂何爲也？化之不明，豈鐘之罪？』隆曰：『夫禮樂者，爲治之大本也。故蕭韶九成，鳳凰來儀。雷鼓六變，天神以降。政是以平，刑是以錯，和之至也。新聲發響，商辛以隕；大鍾既鑄，周景以弊，存亡之機，恆由斯作，安在廢興之不階也？君舉必書，古之道也。作而不法，何以示後？聖王樂聞其闕，故有箴規之道，忠臣願竭其節，故有匪躬之義也。』帝稱善。遷侍中，猶領太史令。崇華殿災，詔問隆：『此何咎於禮？寧有祈禳之義乎？』隆對曰：『夫災變之法，皆所以明教戒也。惟率禮修德，可以勝之。易傳曰：「上不儉，下不節，孽火燒其室。」又曰：「君高其臺，天火爲災。」此人君苟飾宮室，不知百姓空竭，故天應之以旱。火從高殿起也。上天降鑒，故譴告陛下，陛下宜增崇人道以答天意。昔太戊有桑穀生於朝，武丁有雊雉登於鼎，皆聞灾恐懼，側身修德。三年之後，遠夷朝貢，故號之曰中宗高宗，此則前代之明鑒也。今案舊占，灾火之發，皆以臺榭宮室爲誡。然今宮室之所以充廣者，實由宮人猥多之故。宜簡擇留其淑懿，如周之制，罷省其餘。此則祖已之所以訓高宗高宗之所以享遠號也。』詔問隆：『吾聞漢武帝時柏梁災，而大起宮殿以厭之，其義云何？』隆對曰：『臣聞西京柏梁既災，越巫陳方，建章是經，以厭火祥，乃夷越之巫所爲，非聖賢之明訓也。五行志曰：「柏梁災，其後有江充巫蠱也。」如志之言，越巫，建章無所厭也。孔子曰：「災者修類應行，精祲相感，以戒人君。」是以聖王覩災責躬，退而修德以消復之。今宜罷散民役。宮室之制，務從約節，內足以待風雨，外足以講禮儀。淸埽所災之處，不敢於此有所立作，萐莆嘉禾必生此地，以報陛下虔恭之德。豈可疲民之力，竭民之財，實非所以致符瑞而懷遠人也。』帝遂復崇華殿。（景初元年，遷光祿勳。）

【出處】三國魏志高堂隆傳

景初元年丁巳（二三七）　——十五年　——六年

魏改正朔服色　初，文帝即位，以受禪於漢，因循漢正朔弗改。帝在東宮，著論以爲五帝三王雖同氣共祖，禮不相襲，正朔自宜改變，以明受命之運。及即位，優遊者久之。是年正月，史官復著言宜改，乃詔三公特進九卿中郎將大夫博士議郎千石六百石博議。議者或不同帝，據古典，甲子詔曰：『夫太極運三辰五星於上，元氣轉三統五行於下，登降周旋，終則又始。故仲尼作春秋於三微之月，每月稱王，以明三正，迭相爲首。今推三統之次，魏得地統，當以建丑之月爲正月。考之羣藝，厥義章矣。其改靑龍五年三月爲景初元年四月。』於是服色尙黃，犧牲用白，戎車乘黑首白馬，建大赤之旗，朝會建大白之旗。改太和歷曰景初歷。先是黃初時，尚書陳羣奏以為『歷數難明，前代通儒紛爭。黃初之元，以四分歷久遠疏闊，大魏受命，宜改歷明時，韓翊首建，猶恐不審，故以乾象互相參校。其所校日月行度弦望朔晦，校歷三年更相是非，無時而決。案三公議，皆綜盡典禮，殊塗同歸。欲使效之璿璣，各盡其法，一年之間，得失足定。』奏可。於是太史令許芝，郎中李恩，及孫欽，董巴，徐岳（字公河，東萊人也。）楊偉等議論紛紜，校議未定，會文帝崩而議寢，至是，楊偉造景初歷表上，帝遂改正朔，施行偉歷。　其春夏秋冬孟仲季月雖與正歲不同，至於郊祀迎氣礿祠烝嘗巡狩蒐田分至啟閉班宣時令中氣早晚敬授民事，皆以正歲斗建為歷數之序。三年正月，帝崩，復用夏正。其劉氏在蜀，仍用漢四分歷，吳人則用乾象云。

【出處】三國魏志明帝紀及注引魏書　晉書律歷志

【附錄】景初歷法

上元壬辰至景初元年四千四十六　元法一萬一千五十八　紀法一千八百四十三

紀月二萬二千七百九十五　章歲十九　章月二百三十五　章閏七　通數一十

三萬四千六百三十　日法四千五百五十九　餘數九千六百七十　周天六十七萬

三千一百五十　歲中一十二　氣法一十二　沒分六萬七千三百一十五　沒法九

百六十七　月周二萬四千六百三十八　通法四十七　會通七十九萬一百十　朔望合數六萬七千三百一十九　入交限數七十二萬二千七百九十五　通周一十二萬五千六百二十一　周日月餘二千五百二十八　周虛二千三十一　斗分四百五十五

魏王肅議司徒陳矯服　矯本劉氏，養於陳氏。是年七月薨，劉氏弟子疑所服，以問王肅。肅答曰：『昔陳司徒喪母，諸儒陳其子無服，甚失禮矣。爲外祖父母小功，此以異姓而有服者，豈不以母之所生反重於父之所生，不亦左乎！爲人後者，其婦爲舅姑大功。婦他人也，猶爲夫故，父母降一等。祖至親也，而可以無服乎？推父降一等，則子孫宜依本親而降一等。』

【出處】　通典六十九

魏營洛陽南委粟山爲圜丘　十月詔曰：『蓋帝王受命，莫不恭承天地，以章神明。尊祀世統，以昭功德。故先代之典既著，則禘郊祖宗之制備也。昔漢氏之初，承秦滅學之後。采摭殘缺，以備郊祀。自甘泉，后土，雍宮，五時，神祇兆位，多不見經。是以制度無常，一彼一此，四百餘年，廢無禘祀，古代之所更立者，遂有闕焉。曹氏系世，出自有虞氏，今祀圜丘，以始祖帝舜配，號圜丘曰皇皇帝天。方丘所祭曰皇皇后地，以舜妃伊氏配。天郊所祭，曰皇天之神，以太祖武皇帝配。地郊所祭，曰皇地之祇，以武宣后配。宗祀皇考高祖文皇帝於明堂，以配上帝。』十二月壬子冬至，始祀皇皇帝天於圜丘，以始祖有虞帝舜配。自正始以後，終魏世不復郊祀。

【出處】三國魏志明帝紀　王肅傳注引魏略

二年戊午（二三八）　延熙元年　赤烏元年

魏帝與王肅議漢事　帝常問肅曰：『漢桓帝時，白馬令李雲上書言，帝者諦也。是帝欲不諦，當何得不死？』肅對曰：『但爲言失逆順之節，原其本意，皆欲盡心，念存補國。且帝者之威，過於雷霆，殺一匹夫，無異螻蟻。寬而宥之，可以示容受切言，廣德宇於天下，故臣以爲殺之未必爲是也。』帝又問：『司馬遷以受刑之故，內懷隱切，著史記非貶孝武，令人切齒。』肅對曰：『司馬遷記事，不虛美，不隱惡，劉向楊雄服其善叙事，有良史之才，謂之實錄。漢武帝聞其述史記，取孝景及已本紀覽之，於是大怒，削而投之。於今此兩記有錄無書。後遭李陵事，遂下遷蠶室，此爲隱切在孝武而不在於史遷也。』

【出處】三國魏志王肅傳

魏以嵇康爲漆陽長　康字叔夜，譙國銍人也。身長七尺八寸。美詞氣，有風儀，土木形骸，不自藻飾，而龍章鳳姿，天質自然。見者嘆曰：蕭蕭肅肅，爽朗淸擧。至是著遊山九咏，帝異其文詞，問左右曰：『斯人安在。吾欲擢之。』遂起家爲漆陽長。

【出處】三國魏志注引嵇喜所爲嵇康傳，晉書嵇康傳，世說新語容止第十四北堂書鈔一百引嵇康集

【考證】按康之爲漆陽長，見北堂書鈔一百引嵇康集。康之爲官，至早須在十餘

歲。而依各方考之，是年不過十五歲。十二月明帝即寢疾不起。故其擢嵇康，至遲亦須在此年也。

魏使劉劭作都官考課之法　自太和之後，俗用浮靡，遞相標目。而夏侯玄諸葛誕何晏鄧颺之儔，有四聰八達之稱，帝深嫉之　於是士大夫之有名聲者，或禁錮廢黜以懲之。吏部尚書盧毓奏曰：『古者敷奏以言，明試以功，今考績之法久廢，而以毀稱相進退，故眞僞混雜也。』帝遂詔散騎常侍劉劭作都官考課之法七十二條考覈百官，其略欲使州郡考士必由四科，皆有事效，然後察舉，試辟公府，爲親人長吏，轉以功次。補郡守者，或就秩而加賜爵焉。至於公卿及內職大臣率考之事下三府。是時大議考課之制，杜恕以爲用不盡其人，雖文具無益。上疏曰：『書稱明試以功，三考黜陟，帝王之盛制。然歷三代而考績之法不著，閱七聖而課試之要未立。臣誠以爲其法可粗依其詳難備舉故也。語曰：世有亂人而無亂法。若使法可專任，則唐虞可不須稷契之佐，殷周無資伊呂之輔矣。今奏考功者，陳周漢之云爲，撥京房之本旨，可謂明考課之要。至於崇揖讓之風，興濟濟之理，臣以爲未盡善也。古之三公，坐而論道。內職大臣，納言補闕，無善不紀，無過不舉。且天下至大，萬機至衆，誠非一明所能偏照。故君爲元首，臣爲股肱，明一體相資而成也。』後考課竟不行。

【出處】三國魏志劉劭杜恕盧毓等傳　通典卷十四十五

蜀以李譔爲太子庶子　譔字欽仲，李仁之子也。具傳父業，又從尹默講論義理。五經諸子，無不該覽，加博好技藝算術卜數醫藥弓弩機械之巧，皆致思焉。始爲州書佐尚書令史。至是後主立太子，以譔爲庶子。遷爲僕射，轉中散大夫，右中郎將，猶侍太子。太子愛其多知，甚悅之。然體輕脫，好戲嘲，故世不能重也。著古文易尚書毛詩三禮左氏傳太玄指歸，皆依準賈馬，異於鄭玄。與王氏殊隔，初不見其所述而意歸多同。景耀中卒。時又有漢中陳術，字申伯，亦博學多聞，著釋問七篇，益部耆舊傳及志，位歷三郡太守。

【出處】三國蜀志李譔傳

魏高堂隆卒　隆疾篤，上疏以觀淫樂營宮室爲戒，帝優詔報之。既卒，遺令薄葬，斂以時服。初，太和中，中護軍蔣濟上疏曰：『宜遵古封禪』詔曰：『聞濟斯言，使吾汗出流足。』事寢歷歲，後遂議修之，使隆撰其禮儀。帝聞隆沒，嘆息曰：『天不欲成吾事，高堂生舍我亡也。』子琛嗣爵。景初以來，帝以蘇林秦靜等並老，恐無能傳業者，乃詔曰：『昔先聖既沒，而其遺言餘敎著於六藝。六藝之文，禮又爲急，弗可斯須離者也。末俗背本，所由來久，故閔子譏原伯之不學，荀卿醜秦世之坑儒。儒學既廢，則風化曷由興哉？方今宿生巨儒，並各年高，敎訓之道，孰爲其繼？昔伏生將老，漢文帝嗣以鼂錯。穀梁寡疇，宣帝承以士郎。其科郎吏高才解經義者三十人從光祿勳隆，散騎常侍林博士靜分受四經三禮。主者具爲設課試之法。夏侯勝有言：「士病不明經術，經術茍明，其取青紫如俛拾地芥耳。」今學者有能究極經道，則爵祿榮寵不期而至，可不勉哉！』至是，隆等皆卒，學者遂廢。初，蘇林以老歸第，國家每使人就問之，數加賜遺。及卒，年八十餘，著有孝經注一卷，陳留耆舊傳一卷，又有漢書注。

【出處】三國魏志高堂隆傳

【附錄】高堂隆著述表

魏台雜訪儀三卷 隋志

雜忌歷二卷 隋志

張掖郡玄石圖一卷 隋志

相牛經一卷 七錄 世說汰侈

集十卷錄一卷 七錄

三年己未（二三九）　二年　二年

魏杜恕爲趙相以疾去官　初，恕在朝八年，議論亢直，出爲弘農太守，數歲轉趙相。至是，以疾去官。時阮武亦從清河太守徵，俱自薄廷尉，謂恕曰：『相觀才性可以由公道，而持之不厲，器能可以處大官，而求之不順；才學可以述古今，而志之不一；此所謂有其才而無其用。今向閑暇，可試潛思，成一家言。』恕遂著體論，武亦著書十八篇，謂之阮子，終於家。

【出處】　三國魏志杜恕傳

【考證】　按魏志注引杜氏新書曰：『恕遂去京師，營宜陽一泉塢，因其壘塹之固，小大家焉。明帝崩，時人多爲怨言者』可知怨之去趙相，必在明帝之末，故誌之此。

魏劉劭著樂論　初，劭以爲宜制禮作樂以移風俗，著樂論十四篇。至是事成，未上，會帝崩，不施行。正始中，執經講學，賜爵關內侯。卒，追謚光祿勳，子琳嗣。

【出處】三國魏志劉劭轉

【附錄】劉劭著述表

樂論十四篇 本傳

孝經注一卷 釋文敘錄

爾雅注 初學記歲時部引

魏國爵制 續漢書百官志注引

都國考課七十二條　說略一篇

魏新律十八篇 本傳

律略論五篇七錄

法論十卷七錄

人物志三卷七錄

集二卷錄一卷七錄

魏王肅議明帝喪禮　明帝崩於建始殿，殯於九龍殿，尙書訪曰：『當以明皇帝謚告四祖，祝文於高皇，稱玄孫之子，云何？』王肅曰：『禮稱曾孫某，謂國家也。荀爽鄭玄說皆云天子諸侯事曾祖以上，皆稱曾孫。』又訪：『案漢旣葬，容衣還。儒者以爲宜如文皇帝故事，以存時所服。』王肅曰：『禮雖無容衣之制，今須容衣還而後虞祭，宜依尸服卒者上服之制，生時褻服，可隨所存。至於制度，則不如禮。孔子曰：祭之以禮。亦爲此也。諸侯之上服，則今服也。天子不爲命服，然亦所以命服之上也。案漢氏西京故事，月遊衣冠，則容衣也。言冠以正服不以褻衣也。』尙書又訪，『容衣還，羣臣故當在帳中，常塡衞見。』王肅曰：『禮不墓祭，而漢氏正月上陵。神座在西序東向，百辟計吏，前告郡之穀價，人之疾苦，欲先帝魂靈聞知。時蔡邕以爲禮有煩而不可去，事亡如存。況今無塡衛之禁，而合于如事存之意。可見於門內，拜訖，入帳，臨乃除服，』

【出處】通典七十九

魏以何晏爲散騎侍郎　初，晏養於宮中，無所顧憚，服飾擬於太子，故曹丕特憎之，每不呼其姓字，常謂之爲假子。晏尙主，（晏尙沛穆王妹金鄉公主，得賜爵爲列侯。）又好色。故黃初時，無所事任。及明帝立，頗爲冗官。（晏與夏侯玄等名盛於時，司馬師亦與焉。晏嘗曰：『唯深也，故能通天下之志，夏侯泰初是也。唯幾也故能成天下之務，司馬子元是也。惟神也，不疾而速，不行而至，吾聞其語，未見其人。蓋欲以神況諸已也。）至是，曹爽秉政，晏以合於曹爽，亦以才能，故爽用爲散騎侍郎，（遷侍中尙書，任選舉。內外之衆職，各得其才，粲然之美，於斯可觀。）爽常大集名德，長幼莫不預會。及欲論道，曹羲（曹爽之弟，爲中領軍。）乃嘆曰：『妙哉平叔之論道，盡其理矣。』既而淸談雅論，辯難紛紜，不覺諸生在坐。

【出處】三國魏志曹爽傳及裴注引魏略，魏末傳，魏氏春秋　晉書傅咸傳　北堂

書鈔引何晏別傳

齊王 名芳，明帝子，在位十四年，為司馬師所廢。

正始元年庚申（二四〇）　三年　三年

吳以薛綜為選曹尚書　初，綜在交阯，及士燮附孫權，召綜為五官中郎將，除合浦交阯太守。又從呂岱越海南征，事畢還都，守謁者僕射。黃龍三年，建昌侯孫慮為鎮軍大將軍，屯半州，以綜為長史。外掌衆事，內授書籍。慮卒，入守賊曹尚書，遷尚書僕射。嘉禾三年正月乙未，孫權勅綜祝祖不得用常文。綜承詔卒造文義，信辭粲爛。權曰：『復為兩頭使滿三也』綜復再祝，辭令皆新，衆咸稱善。至是，徙還曹尚書。五年，為太子少傅。領選職如故。六年春卒。凡所著詩賦難論數萬言，名曰私載。隋志引七錄，有薛綜集三卷，錄一卷。又定五宗圖，述二京解。皆傳於世。

【出處】三國吳志薛綜傳

魏以王肅為廣平太守　肅出為廣平太守，時鉅鹿隱士張臶卒，年百五歲 肅到官，敎下縣曰：『前在京師，聞張子明，來至問之，會其已亡。致痛惜之。此君篤學隱居，不與時競，以道樂身。昔絳縣老人，屈在泥塗，趙孟升之，諸侯用睦。愍其耄勤好道，而不蒙榮寵。書到，遣吏勞問其家，顯題門戶，務加殊異。以慰既往，以勸將來。』肅以公事徵還，拜議郎，頃之，爲侍中。

【出處】三國魏志王肅傳　管寧傳

魏以荀顗爲散騎侍郎　荀顗字景倩，潁川人，荀彧之第六子也。幼爲姊婿陳羣所賞。性至孝，總角知名。博學洽聞，理思周密。以父勳除中郎。司馬懿輔政，見覬奇之曰：『荀令君之子也。』擢拜散騎侍郎。累遷侍中，爲少帝執經，拜騎都尉，賜爵關內侯。

【出處】晉書荀顗傳

二年辛酉（二四一）　——四年　——四年

魏王肅等議祭明帝　明帝以景初三年崩，至是年積二十五晦爲大祥，有司以爲禫在二十七月，到其年四月，依禮應祫。肅以爲禫月至其年二月宜應祫祭。

【出處】通典五十

三年壬戌（二四二）　五年　五年

魏阮籍辟太尉府　太尉蔣濟聞阮籍有儁才，而俶儻爲志高。問掾王默，然後辟之。籍詣都亭奏記曰：『伏惟明公，以含一之德，據上台之位。英豪翹首，俊賢抗足。開府之日，人人自以爲掾屬，辟書下而下走爲首。昔子夏在於西河之上，而文侯擁篲，鄒子處於黍谷之陰，而昭王陪乘。夫布衣韋帶之士，孤居特立，王公大人所以禮下之者，爲道存也。今籍無鄒卜之道而有其陋，猥見采擇，無以稱當，方將耕於東皐之陽，輸稷黍之餘稅，負薪疲病，足力不强，補吏之召，非所克堪。乞迴謬思，以清光擧。』初濟恐籍不至，得記，欣然遣卒迎之，而籍已去。濟大怒，責王默，默懼，與籍書勸說之，於是鄉親共喻之，乃就吏。

【出處】　文選詣蔣公奏記及注引臧榮緒晋書

【考證】　按濟之辟嗣宗，不知在何年。惟本傳「蔣濟」之上，冠以太尉之官名，奏記中又有「開府之日」語，蓋即蔣濟初爲太尉時也。故誌之於此。

吳以闞澤爲太子太傅　澤字德潤，會稽山陰人也。家世農夫。至澤好學，居貧無資，常爲人傭書以供紙筆。所寫既畢，誦讀亦遍。追師論講，究覽羣籍，兼通歷數，由是顯名。察孝廉，除錢唐長，遷郴令。孫權爲驃騎將軍，辟補西曹掾。及稱尊號，以澤爲尚書。嘉禾中，爲中書令，加侍中。至是，拜太子太傅，領中書如故。澤以經傳文多，難得盡用，乃斟酌諸家，刊約禮文及諸注說以授二宮，爲制行出入及見賓儀。又受劉洪乾象法於東萊徐岳，著乾象歷注以正時日（岳又常撰數術記遺，述計算之法十四，其第十三爲珠算，文曰：珠算控帶四時，經緯三才，刻板爲三分。其上下二分以停遊珠，中間一分以定算位，位各五珠。上一珠與下四珠色別，其上別色之珠，當其下四珠，珠各當一。至下四珠所領，故云控帶四時，其珠遊於三方之中，故云經緯三才也。）每朝廷大議，經典所疑，輒諮訪之。以儒學勤勞，封都鄉侯。性謙恭篤愼，官府小吏，呼召對問，皆爲抗禮。人有非短，口未常及，容貌似不足者。然所聞少窮。權嘗問書傳篇賦何者爲美。澤欲諷喻以明治亂，因對賈誼過秦論最善。權覽讀焉。初以呂壹姦罪發聞，有司窮治，奏以大辟，或以爲宜加焚裂，用彰元惡。權以訪澤，澤曰：『盛明之世，不宜復有此刑。』權從之。又諸官司有所患疾，欲增重科防以檢御臣下。澤每曰：『宜依禮律』其和而有正，皆此類也。六年冬卒，權痛惜感悼，食不進者數日。

【出處】三國吳志闞澤傳

吳以韋昭爲太子中庶子　昭遷太子中庶子，時蔡穎亦在東宮，性好博奕。太子和以爲無益，命昭論之。其辭曰：『蓋聞君子恥當年而功不立，疾沒世而名不稱。故曰：學如不及，猶恐失之。是以古之志士，悼年齒之流邁而懼名稱之不立也。故勉精厲操，晨興夜寐，不遑寧息，經之以歲月，累之以日力，若寧越之勤，董生之篤，漸漬德義之淵，棲遲道藝之域。且以西伯之聖，姬公之才，猶有日昃待旦之勞，故能隆興周道，垂名億載。況在臣庶，而可以已乎？……今世之人，多不務經術，好翫博弈，廢事棄業，忘寢與食，窮日盡明，繼以脂燭。當其臨局交爭，雌雄未決，專精銳意，心勞體倦，人事曠而不修，賓旅闕而不接。雖有太牢之饌，韶夏之樂，不暇存也，至或賭及衣物，徙棊易行，廉恥之意弛而忿戾之色發。然其所志不出一枰之上。所務不過方罫之間。勝敵無封爵之賞，獲地無兼土之實。技非六藝，用非經國。立身者不階其術，徵選者不由其道。求之於戰陣，則非孫吳之倫也。考之於道藝，則非孔氏之門也。以變詐爲務，則非忠信之事也。以劫殺爲名，則非仁者之意也。而空妨日廢業，終無補益。是何異設木而擊之置石而投之哉。且君子之居室也，勤身以致養。其在朝也，竭命以納忠。臨事且猶旰食，而何博弈之足耽？夫然故孝友之行立貞純之名彰也。方今大吳受命，海內未平。聖朝乾乾，務在得人。勇略之士，則受熊虎之任。儒雅之徒，則處龍鳳之署。百行兼苞，文武並騖，博選良才，旌簡髦俊，設程試之科，垂金爵之賞，誠千載之佳會百世之良遇也。當世之士，宜勉思至道，愛功惜力，以佐明時。使名書史籍，勳在盟府，乃君子之上務當今之先急也。夫一木之枰，孰與方國之封？枯棊三百，孰與萬人之將？袞龍之服，金石之樂，足以兼棊局而貿博奕矣。假令世士移博弈之力而用之於詩書，是有顏閔之志也。用之於智計，是有良平之思也。用之於資貨，是有猗頓之富也。用之於射御，是有將帥之備也。如此則功名立而鄙賤遠矣。」和廢後，昭爲黃門侍郎。

【出處】三國吳志韋昭傳

四年癸亥（二四三）　六年　六年

魏以王肅爲太常　肅遷太常。時大將軍曹爽專權，任用何晏鄧颺等，肅與太尉蔣濟司農桓範論及時政。肅正色曰：『此輩即弘恭石顯之屬，復稱說耶！』爽聞之，戒何晏等曰：『當共慎之，公卿已比諸君前世惡人矣。』

【出處】三國魏志王肅傳

魏王弼注老子　弼字輔嗣，山陽高平人，少而察惠，十餘歲，便好老莊，通辯能言，遂注老子以闡明虛無之義。雖爲注解之書，然其精論妙理，有非老聃所可及者。其要旨有二：一曰無名，謂一切名詞　皆反乎自然。無名之時，原甚周衍。及有名之時，強以諸名賦於各事物之上，即不周衍矣。雖盡力擴充其所表現之意義，亦僅一部分而已。名與實既非完全合一，而後人循名以察實，誤矣。故曰：『凡有皆始於無，故未形無名之時，則爲萬物之始。』又曰：『可道之道，可名之名，指事造形，非其常也，故不可道不可名也。』又曰：『捨其母而用其子，棄其本而適其末，名則有所分，形則有所止。雖極其人，必有不周。雖成其美，必有憂患。』無名主義施於政治，則與儒家之正名主義相反。故曰：『始制官者，不可不立名分以定尊卑，故始制有名也。過此以往，將爭錐刀之末……遂任名以號物，則失治之母也。』二曰無爲，謂萬物之於自然，各有適合，不必有所作爲。故曰：『夫燕雀有匹，鳩鴿有仇，寒鄉之民，必知旃裘，自然已足，益之則憂。故續鳧之足，何異截鶴之脛，畏譽而進，何異畏刑？』又曰：『天地任自然，無爲無造，萬物自相治理，故不仁也。仁者必造立施化，有恩有爲。造立施化，則物失其眞；有恩有爲，則物不具存。物不具存，則不足以備載矣。地不爲獸生芻而獸食芻，不爲人生狗而人食狗。無爲於萬物，而萬物各適其所用，則莫不贍矣。若慧由己樹，未足任也。』無之爲用，可推至一切，故曰：『無之爲物，水火不能賊，用之於心，則虎兕無所投其齒角，兵戈無所容其鋒刃，何危殆之有乎？』弼父業爲尚書郎，時裴徽（字文季，河東聞喜人）爲吏部郎，弼未弱冠，往造焉。徽一見而異之，問弼曰：『夫無者，誠萬物之所資也。然聖人莫肯致言，而老子申之無已者何？』弼曰：『聖人體無，無又不可以訓，故不說也。老子是有者也，故恆言無所不足。』尋亦爲傅嘏所知。

【出處】三國魏志鍾會傳注引何劭王弼傳　王弼老子注　世說新語文學第四

【考證】按王弼傳謂弼年未弱冠往謁裴徽，考弼之十九歲在正始五年。然考魏志管輅傳注引管輅別傳，謂輅年三十六謁冀州刺史裴徽。輅卒於甘露元年，壽四十八。則其三十六歲時正在正始五年，其時裴徽爲冀州刺史，故知其爲吏部郎時必在前，而弼之謁之，亦必在前。細玩二人問答之語，似王弼已注老子者，故誌之於此。

【附錄】裴氏家世表

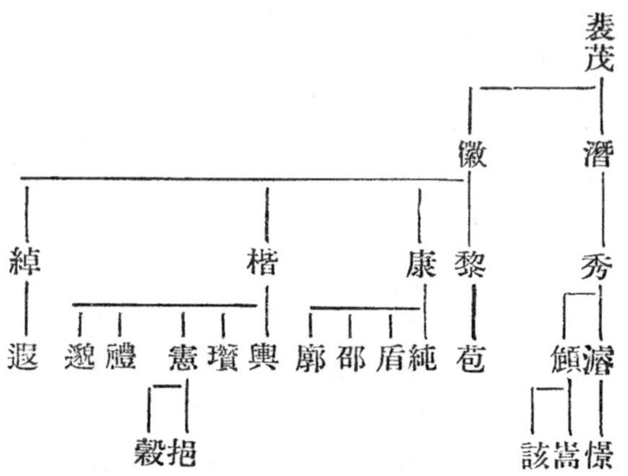

五年甲子（二四四）

——七年

——七年

魏何晏作道德論　晏神明精微，言皆巧妙，巧妙之至，殆破秋毫。又有位望於時，故

天下談士，多宗尚之。時談客盈坐，王弼未弱冠，往見之。晏甚奇弼，嘆之曰：『仲尼稱後生可畏。若斯人者，可與言天人之際乎。』因條向者勝理，語弼曰：『此理僕以為極，可得復難不？』弼便作難，一坐人便以為屈。於是弼自為客主數番，皆一坐所不及。晏注老子未畢，見王弼自說注老子旨，何意多所短，不復得作聲，遂不復注，因以所注為道德二論。自儒者論以老子非聖人，絕禮棄學，惟晏謂與聖人同。故意在溝通兩方，不專持一家之言。其奏帝曰：『善為國者必先治其身，治其身者慎其所習。所習正則其身正，其身正則不令而行。所習不正則其身不正，其身不正則雖令不從。是故為人君者，所與遊必擇正人，所觀覽必察正象，放鄭聲而弗聽，遠接人而弗近，然後邪心不生而正道可弘也。季末闇主，不知損益；斥遠君子，引近小人；忠良疏遠，便辟褻狎，亂生近暱，譬之社鼠。考其昏明，所積以然。故聖賢諄諄，以為至慮。舜戒禹曰：「鄰哉！鄰哉！」言慎所近也。周公戒成王曰：「其朋！其朋！」言慎所與也。詩云：「一人有慶，兆民賴之。」可自今以後，御幸式乾殿及游豫後園皆大臣侍從，固從容戲晏，兼省文書，詢謀政事，講論經義，爲萬世法。』是乃儒者之言。及其論虛無之旨，則曰：『有之爲有，待無以生。事而爲事，由無以成。夫道之而無語，名之而無名，視之而無形，聽之而無聲，則道之全焉。故能昭音響而出氣物，包形神而出光影，玄以之黑，素以之白，矩以之方，規以之圓，圓方得形而此無形，黑白得名而此無名也。』又作無名論曰：『爲民所譽，則有名者也。無譽，無名者也。若夫聖人名無名，譽無譽，謂無名爲道，無譽爲大。則夫無名者可以言有名矣，無譽者可以言有譽矣。然與夫可譽可名者，豈同用哉！此比於無所有，故皆有所有矣。而於有所有之中，當與無所有相從，而與夫有所有者不同。同類無遠而相應，異類無近而不相違。譬如陰中之陽，陽中之陰，各以物類自相求從。夏日爲陽，而夕夜遠與冬日共爲陰；冬日爲陰，而朝晝遠與夏日同爲陽，皆異於近而同於遠也。詳此異同，而後無名之論可知矣。凡所以至於此者，何哉？夫道者，惟無所有者也。自天地以來，皆有所有矣。然猶謂之道者，以其能復用無所有也。故雖處有名之域，而沒其無名之象；由以在陽之遠體，而忘其自有陰之遠類也。』立論精覈，非儒家所及，則又近於道家矣。

【出處】三國魏志管輅傳注　齊王芳紀　世說新語文學第四　王弼傳　列子張湛注

【考證】按世說載王弼未弱冠往見何晏，可考知其事必在正始六年之前。又謂晏本注老子，及見王注，乃止不注而作道德論。是作道德論在王注老子之後也。故誌其事於此。

蜀以文立爲州從事　立字廣休，巴郡臨江人也。少遊蜀太學，治毛詩三禮，兼通群書。師事譙周。周門人以立爲顏回；陳壽，（字承祚，巴西安漢人。）李密（字令伯，犍爲武陽人，一名虔。）爲游夏；羅憲（字令則，襄陽人。父宦蜀廣漢太守，憲因在蜀。）爲子貢。至是州刺史費禕命立爲從事。（入爲尙書郎，復辟禕大將軍東曹掾，稍遷尙書。）

【出處】晉書儒林文立傳　華陽國志西州後賢志

【考證】按三國蜀志，費禕以是年領益州刺史，其引文立爲從事，當在此時，故誌之於此。

六年乙丑（二四五）

八年　八年

魏劉馥上疏陳儒訓之本　衛尉劉馥字元穎，沛國相人。上疏曰：『夫學者，治亂之軌儀，聖人之大教也。自黃初以來，崇立太學，二十餘年，而寡有成者，蓋由博士選輕，諸生避役，高門子弟，恥非其倫。故夫學者雖有其名而無其人，雖設其教而無其功。宜高選博士，取行爲人表經任人師者掌教國子。依遵古法，使二千石以上子孫，年從十五，皆入太學。明制黜陟榮辱之路，其經明行修者，則進之以崇德，荒教廢業者，則退之以懲惡。舉善而教不能則勸，浮華交游，不禁自息矣。闡弘大化，以綏未賓，六合承風，遠人來格，此聖人之教，致治之本也。』

【出處】三國魏志劉馥傳

魏立王朗易傳於學官　初，王肅撰定父朗所作易傳，至是年十二月，遂詔令此書學者得以課試。

【出處】 三國魏志齊王紀　王肅傳

魏何晏等上論語集解　晏集孔安國包咸周氏馬融鄭玄陳羣王肅周生烈諸家論語說，並下己意，爲論語集解。自敘曰：『漢中壘校尉劉向言：魯論語二十篇，皆孔子弟子記諸善言也。太子太傅夏侯勝前將軍蕭望之丞相韋賢及子玄成等傳之。齊論語二十二篇，其二十篇中，章句頗多於魯論，琅邪王卿及膠東庸生昌邑中尉王吉皆以敎授。故有魯論，有齊論。魯共王時，嘗欲以孔子宅爲宮，壞得古文論語。齊論有問王知道，多於魯論二篇。古論亦無此二篇，分堯曰下章子張問以爲一篇，有兩子張，凡二十一篇，篇次不與齊魯論同。安昌侯張禹本受魯論，兼講齊說，善者從之，號曰張侯論，爲世所貴。包氏周氏章句出焉。古論唯博士孔安國爲之訓解，而世不傳。至順帝時，南郡太守馬融亦爲之訓說。漢末，大司農鄭玄就魯論篇章，考之齊古，爲之注。近故司空陳羣太常王肅博士周生烈皆爲義說。前世傳授，師說雖有異同，不爲訓解。中間爲之訓解，至於今多矣。所見不同，互有得失。今集諸家之善說，記其姓名，有不安者，頗爲改易，名曰論語集解。』遂與孫邕鄭沖曹羲荀顗共上之。

【出處】論語序解

【考證】按論語序解與晏共上此書者，有光祿大夫鄭沖侍中荀顗……等四人。考晉書鄭沖傳：『大將軍曹爽引爲從事中郎，轉散騎常侍，光祿勳。』荀顗傳：『宣帝輔政，見顗奇之，擢拜散騎侍郎，累遷侍中。』可知沖之爲光祿大夫，顗之爲侍中，必不在正始初年。敘中又言及太常王肅。考肅於正始中爲太常，坐宗廟事免，後爲光祿勳。其免太常之年雖不見於魏志，然齊王紀稱是年高柔由太常爲司空，高柔傳稱柔爲太常僅旬日。則太常一職之更動，必在是年。晏之上此書，至晚亦必在此年，故誌之於此。

魏刻三字石經　自漢立石經之後，僅八年而遭董卓之亂，宮闕宗廟，盡爲灰燼，碑遂零落不全。至是振興文教，重書篆科隸三種。魏初傳古文者，出于邯鄲淳，衛覬寫淳尚書，後以示淳而淳不別。至是，立三字石經，轉失淳法。因科斗之名，遂效其形。寫春秋尚書二部，又寫左氏，至莊公中葉而止。共三十五碑，春秋每碑三十二行，尚書每碑三十四行。二者行俱六十字。

【出處】晉書衛恆傳　御覽五八九引西征記　民國十一年洛陽出土正始石經殘石觀堂集林

【考證】按魏石經爲何人所書，本不可考。後人强欲考知其人，或謂爲邯鄲淳；或謂衛覬，或謂爲嵇康。邯鄲淳已由前人詳細辨駁，茲不贅。衛覬則年代不相及，考晉書衛瓘傳，瓘十歲喪父。瓘於元康元年被殺，年七十二。則其十歲，當在太和三年。是覬卒於太和三年，去正始已十年矣。嵇康在太學寫石經，在甘露二年，(詳見後考證)去正始爲時九年。年代亦不相及。蓋康寫石經，乃摹寫之謂，非寫碑而刻字也。

又按是年劉馥請整頓太學，朝廷又立王朗易傳，學術界頗呈活躍之氣。其立石經，當在此時，故誌之於此。

八年丁卯（二四七）

——十年

——十年

阮籍爲尚書郎　初，籍既就吏，旋謝病歸。至是，復爲尚書郎。少時又以病免。曹爽召爲參軍，籍因以疾辭，屏於田里，歲餘而爽誅，時人服其遠識。

【出處】晉書阮籍傳

【考證】按世說二十四注引晉陽秋曰：『王戎年十五，隨父渾在郎舍，阮籍見而悅焉。』又引竹林七賢論曰：『籍與戎父渾俱爲尚書郎，』可知嗣宗之爲尚書郎，正當王戎十五歲時，即明年也。其初爲尚書郎，必在其前，故誌之於此。

康僧會至建業　僧會之先，本康居人，世居天竺。其父因商賈移於交趾。會年十餘歲，二親並終。至孝服畢出家，勵行甚峻。爲人弘雅有識量，篤志好學。明解三藏，博覽六經。天文圖緯，多所綜涉。辯於樞機，頗屬文翰。于時三吳先有支謙宣譯經典，既初染大法，風化未洽。僧會欲使道振江左，興立圖寺。乃杖錫東遊，以是年達乎建業。營立茅茨，設像行道。相傳時吳國以初見沙門，覩形未及其道，疑爲矯異。有司奏曰：『有胡入境，自稱沙門，容服非恆，事應檢察。』權曰：『

昔漢明帝夢神，號稱爲佛，彼之所事，豈其遺風耶？』即召會詰問有何靈驗。會曰：『如來遷迹，忽逾千載。遺骨舍利，神曜無方。昔阿育王起塔乃八萬四千，夫塔寺之興，以表遺化也。』權以爲誇誕，乃謂會曰：『若能得舍利，當爲造塔。如其虛妄，國有常刑。』會請期七日，乃謂其屬曰：『法之興廢，在此一舉，今不至誠，後將何及？』乃共潔齋靜室，以銅瓶盛水燒香，禮請七日。期畢，寂然無應。求申二七，亦復如之。權曰：『此實欺誑』將欲加罪。會更請三七，權又特聽，會謂法屬曰：『宣尼有言曰，文王既沒，文不在茲乎。法靈應降，而吾等無感，何假王憲，當以誓死爲期耳。』三七日暮，猶無所見。莫不震懼。既入五更，忽聞瓶中鏗然有聲。會自往視，果獲舍利。明日呈權，舉朝集觀。五色光炎，照耀瓶上。權自手執瓶；瀉於銅盤。舍利所衝，盤即破碎。權大肅然驚起，而曰：『希有之瑞也。』會進而言曰：『舍利威神，豈直光相而已。乃刼燒之火不能焚，金剛之杵不能碎。』權命令試之，會更誓曰：『法雲方被，蒼生仰澤。願更垂神迹以廣示威靈。』乃置舍利於鐵砧礩上，使力者擊之，於是砧礩俱陷，舍利無損。權大嘆服，即爲建塔，以始有佛寺，故號建初寺。因名其地爲佛陀里，由是江左大法遂興。

【出處】高僧傳卷第一

九年戊辰（二四八）

十一年

十一年

魏王基作時要論　初，基遷安平太守，公事去官。大將軍曹爽請爲從事中郎。出爲安豐太守。郡接吳人，爲政清嚴有威惠，明設防備，敵不敢犯，加討寇將軍。至是，以曹爽專柄，風化陵遲，遂著世要論以切世事。以疾徵還，起家爲河南尹，未拜，爽誅，基常爲爽官屬，隨例罷。其年爲尚書，出爲荊州刺史，加揚烈將軍，明制度，整軍農，兼修學校，南方稱之。

【出處】三國魏志王基傳

魏沐並復倡羸葬　並字德信，河間人也。少孤苦，袁紹父子時始爲名吏。有志介。嘗過姊，姊爲殺雞炊黍，而不留也。然爲人公果，不畏彊禦，丞相召署軍謀掾。黃初中，爲成皐令，校事劉肇出過縣，遣人呼縣吏，求索槀穀。是時蝗旱，官無有見，未辨之間，肇人從入，並之閤下，呴呼駡吏。並怒，因躧履提刀而出，多從吏卒，欲收肇。肇覺知，驅走，具以狀聞。有詔：『肇爲牧司爪牙吏，而並欲收縛，無所忌憚，自恃淸名邪？』遂收欲殺之。肇髡決減死刑，竟復吏，由是放散十餘年。正始初，爲三府長史。時吳使朱然諸葛瑾攻圍樊城，遣船兵於峴山東斫材。牂牁人兵作食，有先熟者，呼後熟者言「共食來」，後熟者答言：「不也。」呼者曰：「汝欲作沐德信邪？」其名流布，播於異域如此。雖自華夏，不知者以爲前世人也。爲長史八年，晚出爲濟陰太守，召還，拜議郎。年六十餘，自慮身無常，豫作終制，戒其子以儉葬曰：『告雲儀等，夫禮者，生民之始敎，而百世之中庸也。故力行者則爲君子，不務者終爲小人，然非聖人莫能履其從容也。是以富貴者有驕奢之過，而貧賤者譏於固陋。於是養生送死，苟竊非禮。由斯觀之，陽虎璵璠，甚於暴骨；桓魋石椁，不如速朽，此言儒學撥亂反正鳴鼓矯俗之大義也，未臻夫窮理盡性陶冶變化之實論也。若能原始要終，以天地爲一區，萬物爲芻狗，該覽玄通，求形景之宗，同禍福之素，一死生之命，吾有慕於道矣。夫道之爲物，惟怳惟忽，壽爲欺魄，天爲冕沒。身淪有無，與神消息，含悅陰陽，甘夢太極。奚以棺椁爲牢，衣裳爲纆，屍繫地下，長幽桎梏，豈不哀哉！昔莊周闊達，無所適莫，又楊王孫裸體，貴不久容耳。至夫末世，緣生怨死之徒，乃有含珠鱗柙玉牀象衽殺人以徇。壙穴之內，錮以紵絮，藉以蜃炭，千載僵燥，託類神仙。於是大教陵遲，競於厚葬，謂莊子爲放蕩，以王孫爲戮屍，豈復識古有衣薪之鬼而野有狐狸之齧乎哉？吾以材質滓濁，汙於清流。昔忝國恩，歷試宰守，所在無效，代匠傷指，狽跋首尾，無以雪耻，如不可求，從吾所好。今年過耳順，奄忽無常，苟得獲沒，即以吾身襲於王孫矣。上冀以瀆市朝之逋罪，下以親道化之靈祖。顧爾幼昏，未知藏否。若將逐俗，抑廢吾志，私稱從令，未必爲孝，而犯魏顆聽治之賢。爾爲棄父之命，誰或矜之？使死而有知，吾將屍視。』至嘉平中，病甚。臨困，又勑豫掘埳。戒氣絕，令二人舉屍即埳，絕哭泣之聲，止婦女之送。禁弔祭之賓，無設搏治粟米之奠。又戒後亡者不得入藏，不得封樹。妻子皆遵之。

【出處】三國魏志常林傳注引魏略

魏王弼爲尚書郎　是時黃門侍郎累缺，何晏旣用賈充字公閭，平陽襄陵人。裴秀字季彥，河東聞喜人。少好學，有風操，八歲能屬文。朱整，又議用弼。時丁謐與晏爭衡，致高邑王黎於曹爽，爽用黎，於是以弼補臺郎。初除，覲爽請間，爽爲屛左右。而弼與論道移時，無所他及，爽以此嗤之。時爽專朝政，黨與共相進用，弼通儁不治名高。尋黎無幾時病亡，爽用王沈代黎。弼遂不得在門下，晏爲之嘆恨。弼在臺旣淺，事功亦雅非所長，益不留意焉。淮南人劉陶善論縱橫，爲當時所稱。每與弼語，嘗屈弼。弼天才卓出，當其所得，莫能奪也。

【出處】三國魏志鍾會傳注引何劭王弼傳

【考證】按魏志裴潛傳注，裴秀二十五歲爲黃門侍郎。晉書裴秀傳，秀卒於泰始七年，壽四十八。則其二十五歲，當在此年。王弼之爲臺郎，既與同時，故知亦爲此年之事。

正始十年己巳（二四九）四月以後爲嘉平元年——十二年——十二年

魏司馬懿殺何晏　正月車駕朝高平陵，曹爽兄弟皆從。司馬懿部勒兵馬，先據武庫。遂出屯洛水浮橋。使人誘爽等還誅之。遂悉收其黨羽，於是晏與鄧颺丁謐畢軌李勝桓範等，皆被害，夷三族。

【出處】三國魏志曹爽傳

【附錄】何晏著述表

老子道德論二卷 七錄　舊唐志

老子講疏四卷 唐志

老子雜論一卷 隋志云：『何王等注』

道德問二卷

論語集解十卷 隋志　今存

孝經注一卷 七錄

魏明帝謚議二卷 唐志

官族傳十四卷 隋志

周易何氏解 孔穎達正義引

樂懸一卷 隋志云：何晏等撰議

集十一卷 隋志

魏王弼卒　曹爽既誅，弼以公事免。是秋遇癘疾亡，時年二十四，無子絕嗣。弼性和理，樂游宴，解音律，善投壺。其論道，附會文辭不如何晏，自然有所拔得多晏也。頗以所長笑人，故時爲士君子所疾。弼與鍾會善，會字士季，潁川長社人，太傅鍾繇小子也。少敏慧夙成。中護軍蔣濟著論，謂觀其眸子足以知人。會年五歲，繇遣見濟，濟甚異之曰：『非常人也』及壯，有才數技藝而博學，精練名理，以夜續晝，由是獲聲譽，正始中，以爲秘書郎，遷尙書中書侍郎。會論議以校練爲家，然每服弼之高致。何晏以爲聖人無喜怒哀樂，其論甚精，鍾會等述之。弼與不同，以爲聖人茂於人者神明也，同於人者五情也。神明茂，故能體冲和以通無；五情同，故不能無哀樂以應物。然則聖人之情，應物而無累於物者也。今以其無累便謂不復應物，失之多矣。弼注易，潁川人荀融難弼大衍義。弼答其意，白書以戲之曰：『夫明足以尋極幽微，而不能去自然之性。顏子之量，孔父之所預在，然遇之不能無樂，喪之不能無哀。又常狹斯人，以爲未能以情從理者也。而今乃知自然之不可革，是足下之量雖已定乎胸懷之內，然而隔踰旬朔，何其相思之多乎？故知尼父之於顏子，可以無大過矣。』弼注老子，爲之指略，致有理統，註道略論，註易，往往有高麗言。太原王濟好談，病老莊。嘗云：『見弼易註，所悟者多。』然弼爲人淺而不識物情。初與王黎荀融善，黎奪其黃門郎，於是恨黎，與融亦不終。初王粲與族兄凱俱辟地荊州。劉表欲以女妻粲，而嫌其形陋而用率，以凱有風貌，乃以妻凱。凱生業，業生宏及弼。蔡邕有書近萬卷，末年載數車與粲。粲亡後，相國魏諷謀反，粲子與焉。既被誅，文帝以業嗣粲，邕所與書悉入業。知弼成就之早，蓋有因也。

【出處】三國魏志鍾會傳注引何劭王弼傳

【附錄】王弼著述表

周易注六卷 釋文敘錄

易略例一卷 釋文敘錄

周易大衍論三卷 新唐志

周易窮微論一卷 通志藝文略

易辨一卷 宋史藝文志

論語釋疑三卷 釋文敘錄

老子道德經注二卷 隋志 今存

老子指略二卷 釋文敘錄 唐志

集五卷錄一卷 隋志

魏張華作感婚賦　華字茂先，范陽方城人也。少孤貧，自牧羊，同郡盧欽見而器之。鄉人劉放亦奇其才，以女妻焉。華因作感婚賦。華學業優博，辭藻溫麗，朗贍多通。圖緯方伎之書，莫不詳覽。少自修謹，造次必以禮度。勇於赴義，篤於周急。器識弘曠，時人罕能測之。初未知名，著鷦鷯賦以自寄，阮籍見之歎曰：『王佐之才也』由是聲名始著。

【出處】　晉書張華傳　初學記十四

【考證】　按初學記十四引感婚賦序有云：『方今歲在已己』故知作於是年。而明年劉放即卒，以前則華尚幼，其見奇於放，當在此時，故知爲感已之婚事而作也。

魏阮籍作鳩賦　籍爲鳩賦曰：『嘉平中，得兩鳩子，常食以黍稷，後卒爲狗所殺，故爲作賦：伊嘉年之茂惠，洪肇恍忽以發蒙，有期緣之奇鳥，以鳴鳩之攸同。翔彫木以胎隅，寄增巢於脊松。喻雲霧以消息，遊朝陽以相從。曠踰旬而育類，嘉七子之修容。始戢翼而樹羽，遭金風之蕭瑟。既顚覆而靡救，又振落而莫弼。陵桓山以徘徊，臨舊鄉而思入。揚哀鳴以相送，悲一往而不集。終飄搖以流離，傷弱子之悼栗。何依恃以育養，賴兄弟之親戚。背草萊以求仁，託君子之靜室。甘黍稷之芳嬉，安戶牖之無疾。潔文襟以交頸，坑華麗之艷溢。端妍姿以鑒飾，好威儀之如一。聊俛仰以逍遙，求愛媚於今日。何飛翔之羨慕，願投報而忘畢。值狂犬之暴怒，加楚害於微軀。欲殘沒以糜滅，終捐棄而淪失。」

【出處】 阮步兵集

【考證】 按狗殺雙鳩，細事耳，嗣宗竟爲之作賦，是必有所感而借以爲喻者。疑雙鳩即指曹爽兄弟也。其證有三？嘉平元年，司馬懿殺曹爽兄弟，故賦中以嘉平立時，證一也。古有爽鳩氏，故賦中以「鳩」字影「爽」之名，證二也。曹爽聞桓範之言，躊躇終夜，終不能聽，竟還洛陽，爲司馬懿所殺。故賦中言，「陵桓山以徘徊，臨舊鄉而思入。」證三也。

總評

黃巾之亂，表明東漢政治的崩潰，自此以後，接連不斷的戰爭，中國全部，陷於混亂狀態，以直到曹操平定中原，北方的局勢，才趨於穩定。緊接着魏氏篡漢，吳蜀兩國分割大江流域，從此成了三國鼎立的局勢。三國之中，惟有魏國是佔據舊日文化發達的地帶。但當大亂之後，各地荒涼，關中一帶，常常受蜀國的侵擾，更沒有恢復的希望。徐揚一帶，是和吳國角逐的地方，人民常常遇着兵禍，很少安居的時間。荊襄一帶，更是南北交爭之地。只有河南北部一帶，是一片乾淨土。所以舊日的五大都市，（洛陽邯鄲臨淄宛城郡）只有洛陽可以很快的恢復。不但是政治中心，文化中心，更是學者避難的所在。所以這時期的學者，大半在此地成就。

一般學者，既由批評政治釀成黨禍，大受摧殘。以此對於政治，不敢有積極的主張。又當上天下變亂，朝代更換，有積極主張的每易受禍，所以多變爲消極，漸漸成了淸談客了。如仲長統所說自己的志願，（見本書二二〇年）就可見他們消極的一般。

但那喜歡批評的餘勢，仍不稍衰，旣不能討論政治，又轉而批評道德問題。在從前政府以經學誘引學者，以經學解釋一切，所以一般學者的思想和行爲，都爲固定的方式所拘束。自以中央統一的勢力崩壞，從前盛極一時的學問，到此沒有升官發財的利益去引誘人。所以研究學問的人，不再受固定的師說拘束了，精神一變而爲自由。因爲時勢已變，舊日的倫理，不再適用，所以這時期人對於道德問題的批評，頗有獨到的見解。如徐幹的中論，主張知識貴於德行，又主張威儀容貌爲君子所不可缺，和前代比起來，就覺得有特殊的色彩。又如曹操殺孔融時候宣布他的罪狀道：

融與白衣禰衡，跌蕩放言，云：『父之於子，當有何親？論其本意，實爲情欲發耳。子之於母，亦復奚爲？譬如寄物瓶中，出則離矣。』又言：『若遭饑饉，而父不肖，寧活餘人。』

這話雖不知確是孔融所說與否，但最低限度可以承認當時的人已經想到這裏。再看從前王充所說的『夫婦合氣偶生子』，知道這話並不是無因而發。這個時期，可以分作兩個節段，在魏氏篡漢以前，是舊思想破壞時期。篡漢以後，是新思想系統成立時期。新學者講學，以易和老子爲依據，但並不爲易老所限，不過借古來的題目作自已的文章而已。

這時期的學者講宇宙原理，雖也是自然的，也是沿襲老莊提出的題目。但他們解決的方法，並不是抄襲老莊，純粹是魏晋間的產物。以「無」字解釋宇宙間的一切，也是自老子題出，到了這個時期，又以舊說提出討論，更加發揮光大，這派人可以何晏王弼等人作代表。分三個題目敘述如下：

(一)，無的原理　老子說：『三十輻共一轂，當其無，有車之用。埏埴以爲器，當其無，有器之用。鑿戶牖以爲室，當其無，有室之用。故有之以爲利，無之以爲用。』這還是就一事物立論，把有無兩部分的工用分開，本是很淺近的道理。王何一派，把這種道理極端發揮，就以哲學的基礎建設在虛無之上。晋書王衍傳載：

魏正始中，何晏王弼祖述老莊，以爲天地萬物皆以無爲本。無也者，開物成務無往不存者也。陰陽恃以化生，萬物恃以成形，賢者恃以成德，不肖恃以免身，故無之爲用，無爵而貴矣。

當時的學者，雖然講道家思想，但並不敢明目張膽的反對儒家。「無」有這許多功用，而儒家不講，當時的學者，不得不想法子替他解釋。魏志鍾會傳注說：

裴徽問王弼曰：『夫無誠萬物之所資也，然聖人莫肯致言而老子伸之無已者何？』弼曰：『聖人體無，無又不可以訓，故不說也。老子是有者也，故恆言無不足。』

「無」在老子書裏面講來，就是空虛的地方。王何諸人把這個字看成哲學的名詞，就成了各種事物的最後實在。何晏說：

有之爲有，待無以生。事而爲事，由無以成。夫道之而無語，名之而無名，視之而無形，聽之而無聲，則道之全焉。故能照音響而出氣物，包形神而出光影，玄以之黑，素以之白，矩以之方，規以之圓。圓方得形而此無形，黑白得名而此無名也。

到此就把「道」與「無」合而爲一了。王弼又極力發揮「無」在人事上的用途，他說：

無之爲物，水火不能侵，金石不能殘，用之於心，則虎兕無所投其齒角，兵戈無所容其鋒刃，何危殆之有乎？

但我們怎樣去利用無呢？王何等以爲萬物形態雖然複雜，但他們都起於一，一又始於無，所以能執無以主萬物。王弼說：

萬物萬形，其歸一也。何由致一？由於無也。由無乃一，一可謂無己。謂之一豈得無言乎？有言有一，非二如何？有一有二，遂生乎三。從無之有，數盡乎斯，過此以往，非道之流。故萬物之生，吾知其主，雖有萬形，冲氣一焉。百姓有心，異國殊風，而得一者，王侯主焉。以一爲主，一何可舍？愈多愈遠，損則近之。損之至盡，乃得其極。旣謂之一，猶乃至三，况本不一，而道可近乎？損之而益，豈虛言也？

又說：

> 無形無名者，萬物之宗也。雖古今不同，時移俗易，莫不由乎此以成其始者也，故可執古之道以御今之有，上古雖遠，其道存焉，故雖在今可以知古始也。

何以貴「無」就能由古以知今呢？因爲「無」就是萬事萬物的爲功之母，守着這個「母」，自然萬事萬物都能循序自由生長。由這個程序一推，自然能知道古始了。王弼說：

> 苟得其爲功之母，則萬物作焉而不辭，萬事存焉而不勞也。……守母以存其子，崇本以擧其末，則形名俱有而邪不生，大美配天而華不作。故母不可遠，本不可失。仁義母之所生，非可以爲母，形器匠之所成，非可以爲匠也。

「母」和「母之所生」很容易使人發生誤會。人若守着母，不必求「子」，「子」自會立下，若專就「子」求「子」，就永不會得「子」了。所以王弼說：

> 一數之始而物之極也，各是一物之生，所以爲主也。物皆各得此一以成。既成而舍以居成，居成則失其母，故皆裂發歇竭滅蹶也。

又說：

用一以致清耳，非用清以清也。守一則清不失，用清則恐裂也。故爲功之母，不可舍也，是以皆無用其功，恐喪其本也。

（二）無名　老子書裏面曾講到哲學名詞都不過是暫定的，不能充分表現事物的意義。所以說：『吾無以名之』『强名之』到了這個時期，就產生「無名主義」，不但將哲學名詞認爲不恰當，一切名詞都是反乎自然的。王弼說：

凡有皆始於無，故未形無名之時，則爲萬物之始。

又說：

可道之道，可名之名，指事造形，非其常也，故不可道不可名也。

又說：

捨其母而用其子，棄其本而適其末，名則有所分，形則有所止，雖極其大，必有不周，雖成其美，必有憂患。

這是說，到了有名的時候，把一個名子附在一種事物之上，則這事物便爲名詞所給與的意義所限定。雖然極力將意義擴充，也只能說明事物的一部分。夏侯玄又以爲各種名都是强定的。他說：

天地以自然運，聖人以自然用，自然者，道也。道本無名，故老氏曰：『道本無名』，仲尼稱堯舜蕩蕩民無能名焉，下云巍巍成功，則彊爲之名，取世所知而稱耳。豈有名而更當云無能名焉者耶？夫唯無名，故可得徧以天下之名名之，然豈其名者哉？唯此是喻而終莫悟，是觀太山崇崛而謂元氣不浩茫者也。

何晏更說，就是一個名子附在一件事物之上，也很難周衍。他說：

同類無遠而相應，異類無近而不相違。譬乃陰中之陽，陽中之陰，各以物類，自相求從。夏日爲陽，而夕夜遠與冬日共爲陰；冬日爲陰，而朝晝遠與夏日同爲陽，皆異於近而同於遠也。詳此異同而後無名之論可知矣。

儒家以爲『名不正則言不順』所以爲政主張正名。王何諸人主張無名，所以極力說正名之害。王弼說：

始制官者，不可不立名分以定尊卑，故始制有名也。過此以往，將爭錐刀之末，……遂任名以號物，則失治之母也。

這和「正名主義」正立在反對地位。

(三)無爲　老子以爲爲民上的要想去替人民打算，不如人民自已打算，因此可以無爲。他說：『夫代司殺者殺，是謂代大匠斲。夫代大匠斲者，奚有不傷其手矣。』王何等講無爲，却是從無的原理推出。王弼說：

萬物皆由道而生，既生而不知其所由。故天下當無欲之時，萬物各得其所，若道無施於物，故名於小矣。

輕輕幾句，就把上帝取消，這不是老莊所能及的，差不多是無爲的汎神論了。王弼又說：

夫燕雀有匹，鳩鴿有仇，寒鄉之民，必知旃裘，自然已足，益之則憂。故續鳧之足，何異截鶴之脛？畏譽而進，何異畏刑？

這是說萬物各有自然的適合，不必有所作爲。他又說：

天地任自然，無內無造，萬物自相治理，故不仁也。仁者必造立施化，有恩有爲。造立施化，則物失其眞；有恩有爲，則物不具存。物不具存，則不足以備載矣。地不爲獸生芻，而獸食芻；不爲人生狗，而人食狗。無爲於萬物，而萬物各適其所用，則莫不贍矣。若慧由己樹，未足任也。

民国首版学术经典

汉晋学术编年【四】

刘汝霖　著

上海科学技术文献出版社
Shanghai Scientific and Technological Literature Press

劉汝霖編

漢晉學術編年

第四册

商務印書館發行

漢晉學術編年 第四册

劉汝霖編

商務印書館發行

漢晉學術編年卷之七

嘉平二年庚午（二五〇）——十三年——十三年

魏王肅作家語解　肅自稱得孔氏家語於孔子二十二世孫猛之手，遂作家語解詁。以解其反鄭玄學派之意。自叙曰：『鄭氏學行五十載矣。自肅成童，始志於學而學鄭氏學矣。然，尋文責實，攷其上下，義理不安，違錯者多，是以奪而易之。世未明其欵情，而謂其苟駁前師以見異於人。乃慨然而嘆曰：豈好難哉，予不得已也。聖人之門，方壅不通，孔氏之路，枳棘充焉，豈得不開而辟之哉？若無由之者，亦非予之罪也。是以撰禮經申明其義，及朝論制度，皆據所見而言。孔子二十二世孫有孔猛者，家有其先人之書。昔相從學，頃還家，方取以來。與余所論，有若重規疊矩者。仲尼曰：「文王既沒，文不在茲乎？天之將喪斯文也，後死者不得與於斯文也。天之未喪斯文也，匡人其如予何！」言天喪斯文，故令己傳斯文於天下。今或者天未欲亂斯文故令從予學而予從猛得斯論已。明相與孔氏之無違也。斯皆聖人實事之論，而恐其將絕，故特為解以貽好事之君子語云：「牢曰，子云，吾不試，故藝。」談者不知為誰，多妄為之說。孔子家語，弟子有琴張一名牢，字子開，亦字張，衛人也。宗魯死，將往弔，孔子止焉。春秋外傳曰：「昔堯臨民以五」說者曰：「堯五載一巡狩」五載一巡狩，不得稱臨民以五。經曰五載一巡狩，此乃說舜之文，非說堯。孔子說論五帝，各道其異事。于舜云：「巡狩天下，五載一始。」則堯之巡狩，年數未明，周十二歲一巡，寧可言周臨民以十二乎？孔子曰：堯以土德王天下，而色尚黃。黃，土德；五，土之數。故曰臨民以五，此其義也。」

【出處】毛晉倣北宋本孔子家語序

【考證】按序言鄭氏學行五十載，此年正為其死後五十年。且何晏注論語，常採王肅之說。而牢曰一節，則引鄭曰：『牢弟子子牢也』可知晏未見及孔子家語，則家語之出，常在其死後矣。故誌之於此。又按孔子家語一書　後人多疑其僞。

蓋王氏欲掊擊鄭玄，不得不僞託古人以自重也。

西竺曇柯迦羅至洛陽　曇柯迦羅此云法時，本中天竺人。家世大富，常修梵福。迦羅幼而才悟，質像過人。讀書一覽，皆文義通暢。善學四韋陀論，風雲星宿，圖讖運變，莫不該綜。自言天下文理，畢已心腹。至年二十五，入一僧坊看，遇見法勝毘曇，聊取覽之，茫然不解。殷懃重省，更增昏漠。乃嘆曰：『吾積學多年，浪志墳典。遊刃經籍，義不再思，文無重覽。今覩佛書，頓出情外，必當理致鉤深，別有精要。』於是齎卷入房，請一比丘，略爲解釋，遂深悟因果，妙達三世。始知佛教弘曠，俗書所不能及。乃棄捨世榮，出家精苦，誦大小乘經及諸部毘尼，常貴遊化，不樂專守。至是來至洛陽。于時魏境雖有佛法，而道風訛替。亦有衆僧，未稟歸戒。正以剪落殊俗耳。設復齋懺，事法祠祀。迦羅既至，大行佛法。諸僧請出毘尼，迦羅以律藏曲制，文言繁廣，佛教未昌，必不承用。遂於白馬寺出僧祇戒本一卷，且備朝夕。中夏戒法，自此始焉。

【出處】高僧傳卷第一曇柯迦羅傳

蜀杜瓊卒　瓊字伯瑜，蜀郡成都人也。少受學於任安，精究安術。劉璋時，辟爲從事

○先主定益州，領牧，以瓊爲議曹從事。後主踐阼，拜諫議大夫，遷左中郎將，大鴻臚，太常。爲人靜默少言，闔門自守，不與世事。蔣琬費禕等皆器重之。雖學業入深，初不視天文，有所論說。後進通儒譙周常問其意，瓊答曰：『欲明此術甚難，須當身視，識其形色，不可信人也。晨夜苦劇，然後知之。復憂漏泄，不如不知，是以不復視也。』周因問曰：『昔周徵君以爲當塗高者魏也。徵君名舒，字叔布，巴西閬中人，少學術於廣漢楊厚。時人有問春秋讖曰：『代漢者當塗高，此何謂也？』舒曰：『當塗高者魏也』鄉黨學者私傳其語。其義何也？』瓊答曰：『魏闕名也，當塗而高，聖人取類而言耳。』又問周曰：『寧復有所怪耶？』周曰：『未達也』瓊又曰：『古者名官職不言曹，始自漢已來，名官盡言曹。吏言屬曹，卒言侍曹，此殆天意也。』至是，年八十餘卒。著韓詩章句十餘萬言，不教諸子內學，無傳業者。

周緣瓊言，乃觸類而長之曰：『春秋傳著晉穆侯名太子曰仇，弟曰成師。師服曰：「異哉君之名子也！嘉偶曰妃，怨偶曰仇，今君名太子曰仇，弟曰成師，始兆亂矣。兄其替乎！」其後果如服言。及漢靈帝名二子曰史侯董侯，既立爲帝，後皆免爲諸侯，與師服言相似也。先主諱備，其訓具也。後主諱禪，其訓授也。如言劉已具矣，當授與人也。意者甚於穆侯靈帝之名子。』後宦人黃皓弄權於內。景耀五年。宮中大樹無故自折。周深憂之，無所與言，乃書柱曰，衆而大，期之會，具而授，若何復？言曹者衆也，魏者大也，衆而大天下，其當會也。具而授，如何復有立者乎？蜀既亡，咸以周言爲驗。周曰：『此雖已所推尋，然有所因，由杜君之辭而廣之耳，殊無神思獨至之異也。』

【出處】三國蜀志杜瓊傳

三年辛未（二五一）　十四年　太元元年

魏阮籍爲司馬師從事中郎　司馬懿既卒，籍遂復爲司馬師大司馬從事中郎。

【出處】晋書阮籍傳

四年壬申（二五二）　十五年　少帝（名亮，孫權少子，在位六年，爲孫綝所廢。）建興元年（二月以前爲太元二年，以後爲神鳳，四月以後爲建興。）

魏以王肅爲光祿勳　初，肅坐宗廟事免，至是爲光祿勳。時有二魚長尺，集於武庫之屋，有司以爲吉祥。肅曰：『魚生於淵而亢於屋，介鱗之物失其所也。邊將其殆有棄甲之變乎。』其後有東關之敗。徙爲河南尹。六年持節兼太常奉法駕迎高貴鄉公於元城。

【出處】三國魏志王肅傳

吳命韋昭等撰吳書　初，大帝末年，命太史令丁孚部中項峻始撰吳書，孚峻俱非史才，其所撰作，不足紀錄。至是，孫亮即位，諸葛恪輔政，表韋昭爲太史令，撰吳書。昭遂與周昭薛瑩（字道言，薛綜之子。爲秘府中書郎。）梁廣華覈（字永先，吳郡武進人，以文學入爲秘府郎。）五人，訪求往事，所共撰立，備有本末。（昭字恭遠，潁川人，後爲中書郎，坐事下獄，華覈表救之，孫休不聽，昭遂伏法。）

【出處】　三國吳志薛瑩傳　步隲傳

魏杜恕卒　恕起家爲河東太守。歲餘，遷淮北都督護軍，復以疾去。頃之，拜御史中丞。恕在朝廷，以不得當世之和，故屢在外任。復出爲幽州刺史，加建威將軍使持節護烏丸校尉。復以事爲征北將軍程喜所劾奏，下廷尉當死。以父畿勤事水死，免爲庶人，徙章武郡，時嘉平元年也。恕倜儻任意，而思不防患，終致此敗。在章武，著體論八篇。以爲人倫之大綱莫重於君臣。立身之基本，莫大於言行。安上理民，莫精於政法。勝殘去殺，莫善於用兵。夫禮也者，萬物之體也。萬物皆得其體，無有不善，故謂之體論。又著興性論一篇，蓋興於爲己也。至是，卒於徙所。（又作家誡）

，見御覽五九三引。又有篤論四卷，見隋志。

【出處】　三國魏志杜恕傳

天竺沙門康僧鎧在洛陽譯經　於洛陽白馬寺譯郁伽長者所問經一卷（第二譯，一名郁伽羅越問菩薩行經。）無量壽經二卷。（第二譯。）

【出處】　高僧傳卷第一曇柯迦羅傳　歷代三寶紀卷第三第五

五年癸酉（二五三）　十六年　二年

魏嵇康與向秀鍛於洛邑　康常修養性服食之事，聞道士遺言，餌朮黃精，令人久壽，意甚信之。又以爲神仙稟之自然，非積學所致。至於導養得理以盡性命，若安期彭祖之論，可以善求而得也。於是著養生論三篇。入洛，京師謂之神人，向子期難之不得屈。子期名秀，河內懷人，清悟有遠識，少爲山濤（見二五七年）所知，雅好老莊之學。初注莊子者數十家，莫能究其旨要，秀於舊注外爲解義，妙析奇致，大暢玄風。（秀與嵇康東平呂安爲友，而趣舍不同。嵇康傲世不羈，安放逸邁俗，而秀雅好讀書，二子頗以此嗤之。後秀將注莊子，先以告康安，康安咸曰：『此書詎復須注，徒棄人作樂事耳。』及成，以示二子曰：『爾故復勝不』康安乃驚曰：『莊周不死矣！』後注周易，大義可觀，而與漢世諸儒互有彼此，未若隱莊之絕倫也。

康性絕巧，能鍛鐵，家有盛柳樹，乃激水以圜之。夏天甚清涼，恒居其下傲戲，乃身自鍛，向子期爲佐鼓排。家雖貧，有人說鍛者，康不受直，唯親舊以鷄酒往與共飲噉清言而已。

康又以爲君子無私，其論曰：『夫稱君子者，心不惜乎是非而行不違乎道者也。何以言之者？夫氣靜神虛者，心不存於矜尙；體亮達心者，情不繫於所欲。矜尙不存乎心，故能越名敎而任自然；情不繫於所欲，故能審貴賤而通物情。物情順通，故大道無違；越名任心，故是非無措也。是故言君子則以無措爲主，以通物爲美。言小人則以匿情爲非，以違道爲闕。何者？匿情矜吝，小人之至惡；虛心無措，君子之篤行也。是以大道言「及吾無身，吾又何患？」無以生爲貴者，是賢於貴生也。由斯而言，夫至人之用心，固不存有措矣。故曰：「君子行道，忘其爲身。」斯言是矣。君子之行賢也，不察於有度而後行也，任心無邪，不議於善而後正也；顯情無措，不論於是而後爲也。是故傲然忘賢而賢與度會，忽然任心而心與善遇，儻然無措而事與是俱也。』

【出處】　三國魏志注引嵇康傳　世說簡傲第二十四　文學第四　晉書嵇康傳

【考證】　按御覽引向秀別傳『向秀嘗與嵇康鍛於洛邑』御覽八八三引鄧粲晉紀『嵇康嘗鍛於長林之下，鍾會造焉。』世說曰：『鍾會撰四本論始畢，甚欲使嵇公一見。』可知鍾會造訪之時，又當在其四本論完成之時，又適値嵇康鍛於洛邑之時，四本論之成在此年（見後）故康之鍛於洛邑亦當在此年也。

魏鍾會撰四本論　四本者：言才性同，才性異，才性合，才性離也。尚書傅嘏論同，中書令李豐論異，侍郎鍾會論合，屯騎校尉王廣論離。至是，會遂集而論之。（會撰四本論始畢，甚欲使嵇公一見。要於時賢儁之士，俱往尋康。康大樹下鍛，向子期爲佐鼓排。康揚槌不輟，傍若無人，移時不交一言，會起去。康曰：『何所聞而來？何所見而去？』會曰：『聞所聞而來，見所見而去。』自是深銜之。）

【出處】三國魏志傅嘏傳　世說簡傲第二十四　文學第四

【考證】按魏志，會以正始八年始爲尚書中書侍郎，李豐以嘉平四年爲中書令，正元元年二月被害，傅嘏傳又載：『嘏論才性同異，鍾會集而論之。』本傳誌此事於嘉平之末　諸葛恪圖新城之後。恪圖新城在是年四月，則會作四本論，當在是年四月之後也。

吳支謙譯經訖　謙自黃武元年至是，凡譯出菩薩本緣，維摩，大般泥洹，法句，瑞應本起等經數十種（高僧傳稱四十九種，祐錄三十六種，四十八卷，房錄百二十九種，一百五十二卷）曲得聖義，辭旨文雅。又依無量壽中本起製菩提連句梵唄三契，並注了本生死經等，皆行於世。江左譯事，謙實啟之。謙旋隱於窮隘山，不交世務，從竺法蘭道人更練五戒，凡所遊從，皆沙門而已。後卒於山中，春秋六十。吳主孫亮與衆僧書曰：『支恭明不救所疾，其業履冲素，始終可高，爲之惻愴，不能已已。』其爲時所惜如此。

【出處】高僧傳第一　開元釋敎錄卷第二　菩薩本緣經

高貴鄉公

名髦，文帝孫東海定王霖子，在位六年，爲司馬昭所殺。

正元元年甲戌（二五四）

自九月以前爲嘉平六年以後爲正元元年　十七年　五鳳元年

魏司馬師殺李豐及夏侯玄　初，李豐年十七八，已有淸名，其父衛尉義不悅，敕使閉門斷客。及司馬師秉政，以豐爲中書令。夏侯玄者，曹爽之姑子也。初爲征西將軍假節都督雍涼州諸軍事。爽誅，玄徵爲大鴻臚，又徙太常。玄以爽抑黜，內不得意。張緝以后父家居，亦不得意。豐皆與親善，雖爲師所擢用，而心常在玄。魏主芳又數獨召豐語。師知其謀，請與相見。豐往，即殺之，又收玄緝下廷尉。玄至廷尉，不肯下辭。廷尉鍾毓自臨治玄，玄正色責毓曰：『吾當何辭？卿爲令史，責人也。卿便爲吾作。』毓以其名士，節高不可屈，而獄當竟，夜爲作辭，令與事相附，流涕以示玄。玄視，頷之而已。毓弟會年少於玄，玄不與交，是日於毓坐狎玄。玄正色曰：『鍾君何得如是！』於是豐緝玄皆夷三族。玄格量弘濟，臨斬東市，顏色不變，舉動自若，時年四十六。玄常著道德論。又著夏侯子，見御覽八九七及九四五引。

【出處】三國魏志夏侯玄傳及注引世語　世說新語方正第五

魏命王沈等撰魏書　初，黃初太和中，命尚書衛覬繆襲侍中韋誕誕以光祿大夫遜位，年七十五，卒於家。著有筆墨法一卷，韋氏相印法一卷，集二卷錄一卷。應璩字休璉，汝南人，博學好屬文，善爲書記，文明帝世，歷官散騎常侍。齊王卽位，稍遷侍中，大將軍長史。曹爽秉政，多違法度，璩爲詩以諷焉。其言雖頗諧合，多切時要，世共傳之。復爲侍中。典著作，嘉平四年卒，追贈衞尉。有書林十卷。文集十卷，錄一卷。司徒右長史孫該字公達，任城人，彊志好學，年二十，上計掾、召爲郎中，著魏書。遷博士司徒右長史，『爲陳郡太守，復還入著作，景元二年卒官。傅玄字休奕，北地泥陽人，少孤貧，博學，善屬文，解鍾律，性剛勁亮直，不能容人之短，郡上計吏再舉孝廉，太尉辟，皆不就。州舉秀才，除郎中，與繆襲俱以時譽選入著作，撰集魏書，草創紀傳，累載不成。至是，命王沈字處道，太原晉陽人，少孤，養於從叔司徒昶，事昶如父，奉繼母寡嫂，以孝義稱。好書，善屬文，大將軍曹爽辟爲掾，累遷中書黃門侍郎。及爽誅，以故吏免，後起爲治書侍御史，轉秘書監。至是，遷散騎常侍侍中，典著作，撰魏書。荀顗時顗以難鍾會易無互體，又與扶風王駿論仁孝孰先，見稱於世。阮籍復共撰定。其後王沈獨就其業，勒成魏書四十八卷。其書多爲時諱，非實錄也。

【出處】史通正史　晉書王沈傳　傅玄傳　三國魏志卷第二十一

魏阮籍作首陽山賦　籍感於司馬氏之廢立，乃作首陽山賦曰：正元元年秋，余尙爲中郎，在大將軍府，獨往南墻下作首陽山賦曰：『在玆年之末歲兮，端旬首而重陰。風飄回以曲至兮，雨旋轉而纖襟。蟋蟀鳴乎東房兮，鶗鴂號乎西林。時將暮而無儔兮，慮悽愴而感心。振沙衣而出門兮，纓委絕而靡尋。步徙倚以遙思兮，喟歎息而微吟。將修飭而欲往兮，衆齹齹而笑人。靜寂寞而獨立兮，亮孤植而靡因。懷分索之情一兮，穢羣僞之射眞。信可實而弗離兮，寗高峯而自繽。聊仰首以廣頫兮，瞻首陽之岡岑。林叢茂以傾倚兮，紛蕭爽而揚音。……』

【出處】阮步兵集

【考證】按是年司馬師廢齊王芳，立高貴鄉公髦，改嘉平六年爲正元元年。賦中既稱正元元年，可知其作於改元之後。又詠懷詩內亦有『步出上東門，北望首陽岑。』之詩，當爲同時所作。

曇柯迦羅上書於魏乞行受戒法　漢魏以來，二衆惟受三歸。大僧沙彌曾無區別。曇柯迦羅乃上書乞行受戒法，與安息國沙門曇諦同在洛，出曇無德部四分戒本。曇無德者，魏云法藏，藏師地梨荼由，是阿踰闍第九世弟子，藏承其後，即四分律主也。自斯異部興焉。此當佛後二百年。至是曇諦至洛，以妙善律學，於白馬寺，衆請譯出。十人受戒羯摩法。沙門潁川朱士行爲受戒之始。後資持律宗，用曇無德爲四分部主，尊爲始祖。迦羅至此土，傳四分，行十人受戒法，爲二祖。至南山廣述疏鈔行於世，爲九祖。

【出處】　歷代三寶紀卷第三第五　高僧傳卷第一　佛祖統紀卷第三十五

魏皇甫謐舉孝廉不行　皇甫謐字士安，幼名靜，安定朝那人，漢太尉皇甫嵩之曾孫也。出後叔父，徙居新安。年已二十，猶不好學，游蕩無度，或以爲癡。嘗得瓜果，輒進所後叔母任氏。任氏曰：『孝經云：三牲之養，猶爲不孝，汝今年餘二十，目不存教，心不入道，無以慰我。』因歎曰：『昔孟母三徙以成仁，曾父烹豕以存教。豈我居不擇鄰，教有所闕？何爾魯鈍之甚也！修身篤學，自汝得之，於我何有？』因對之流涕。謐乃感激，就鄉人席坦受書，勤力不怠。居貧，躬自稼穡，帶經而農，遂博綜典籍百家之言。沉靜寡欲，始有高尚之志。以著述爲務，自號玄晏先生，著禮樂聖眞之論。後得風痺疾，猶手不輟卷。或勸謐修名廣交。謐以爲：非聖人孰能兼存出處，居田里之中，亦可以樂堯舜之道，何必崇接世利，事官執掌，然後爲名乎？遂作玄守論以答之。叔父有子既冠，謐年四十，喪所生後母，遂還本宗。時魏郡召上計掾，舉孝廉，不行。至景元初，相國辟，亦不應命。

【出處】晉書皇甫謐傳

【考證】按謐傳，謐以太康三年卒，六十八歲，則其四十歲，當在此年，故誌之於此。

二年乙亥（二五五）　十八年　二年

魏阮籍爲司馬昭從事中郎　是年閏正月，司馬師卒，弟昭繼之爲大將軍輔政。籍從容言於昭曰：『籍平生曾遊東平，樂其風土。』昭大悅，即拜東平相。籍乘驢到郡，壞府舍屏障，使內外相望。法令清簡，旬日而還，昭引爲大將軍從事中郎。有司言有子殺母者，籍曰：『嘻！殺父乃可，至殺母乎！』坐者怪其失言。昭曰：『殺父天下之極惡，而以爲可乎？』籍曰：『禽獸知母而不知父，殺父禽獸之類也，殺母禽獸之不若。』衆乃悅服。

【出處】晉書阮籍傳

【考證】按晉書本傳嗣宗本爲司馬師從事中郎，若於師沒後即繼爲昭之從事中郎，則後文不當有『昭引爲從事中郎』之語，蓋師沒後，嗣宗亦隨罷，昭初爲大將軍時，嗣宗尚無定職，故得請爲東平相而後昭引爲從事中郎也。

甘露元年丙子（二五六）——十九年——太平元年

魏王肅卒　初，司馬師破毌丘儉及文欽，肅以策畫有功，遷中領軍，加散騎常侍，增邑三百，并前二千二百戶。至是肅卒，門生縗絰者以百數，追贈衛將軍，謚曰景侯。肅善賈馬之學而不好鄭氏，采會同異，爲尚書詩論語三禮左氏解，及撰定父朗所作易傳，皆列於學官。其所論駁朝廷典制郊祀宗廟喪紀輕重，凡百餘篇。時樂安孫炎叔然，受學鄭玄之門人，稱東州大儒。徵爲秘書監，不就。肅集聖證論以譏短玄，炎駁而釋之。

【出處】三國魏志王肅傳

【附錄】王肅著述表

周易注十卷　釋文敘錄

周易音 釋文敍錄

尚書傳十一卷 釋文敍錄

尚書駁議五卷 隋志

尚書答問三卷 隋志

毛詩注二十卷 釋文敍錄

毛詩義駁八卷 隋志

毛詩奏事一卷 隋志

毛詩問難二卷 七錄

毛詩音 釋文敍錄

周官禮注十二卷 釋文敍錄

儀禮注十七卷 隋志

喪服經傳注一卷 隋志釋文敍錄

喪服要記一卷　隋志
喪服變除　晉書禮志
禮記三十卷　釋文敘錄
祭法五卷　七錄
明堂議三卷　七錄
宗廟詩頌十二篇　宋書樂志
三禮音三卷　釋文敘錄
春秋左氏傳注三十卷　釋文敘錄
春秋外傳章句二十二卷　七錄
孝經解一卷　隋志
論語注十卷　釋文敘錄
論語釋駁三卷　七錄

孔子家語解二十一卷　隋志　今存

聖證論十二卷　隋志

楊子太玄經注七卷　七錄

玄言新記道德二卷　唐志

王子正論十卷　隋志

集五卷錄一卷　隋志

家誡　藝文類聚二十三引

【附錄二】　孫炎著述表

周易例　宋史二六七張洎對狀引

毛詩注　王肅傳

春秋例

禮記注三十卷　隋志　釋文叙錄

春秋三傳注

聖證論駁

爾雅注三卷 釋文敍錄 隋志七卷 唐志六卷

爾雅音一卷 顏氏家訓音辭篇 隋志有爾雅音二卷孫炎郭璞撰（唐志有郭氏音一卷，則孫氏音亦當爲一卷）

春秋外傳國語注 王肅傳

集十餘篇

魏阮籍爲步兵校尉 籍聞步兵廚營人善釀，有貯酒三百斛。乃求爲步兵校尉，遺落世事。雖去佐職，恆游府內，朝宴必與焉。籍雖不拘禮敎，然發言玄遠，口不臧否人物。性至孝，母終，正與人圍棊，對者求止，籍留與決賭。既而飲酒二斗，舉聲一號，吐血數升。及將葬，食一蒸肫，飲二斗酒，然後臨訣，直言窮矣。舉聲一號，因又吐血數升，毁瘠骨立，殆致滅性。裴楷（字叔則，裴徽之子。）往弔之，籍散髮箕踞，醉而直視。楷弔唁畢，便去。或問楷：『凡弔者，主哭客乃爲禮，籍既不哭，君何爲哭？』楷曰：『阮籍既方外之士，故不崇禮典。我俗中之士，故以軌儀自居。』時人數爲兩得。籍又能爲青白眼，見禮俗之士，以白眼對之。及嵇喜來弔，籍作白眼，喜不懌而退。喜弟康聞之，乃齎酒挾琴造焉。籍大悅，乃見青眼。由是禮法之士，疾之若讎，而司馬昭每保護之。司隸校尉何曾面質籍於昭曰：『卿縱情背禮敗俗之人！今忠賢執政，綜合名實，若卿曹之，不可長也。』因言於昭曰：『明公方以孝治天下，而聽阮籍以重哀飲酒食肉於公座，宜擯四夷，無令汙染華夏。』昭曰：『嗣宗毀頓如此，君不能共憂之何謂？且有疾而飲酒食肉，固喪禮也。』曾爭之甚切，昭不聽。而籍飲酒不輟，神色自若。籍嫂嘗歸寧，籍相見與別，或譏之，籍曰：『禮豈爲我輩設耶？』鄰家少婦有美色，當壚沽酒，籍嘗詣飲，醉便臥其側，籍既不自嫌，其夫察之，亦不疑也。兵家女有才色，未嫁而死，籍不識其父兄，徑往哭之，盡哀而還，其外坦蕩而內淳至，皆此類也。

【出處】晋書卷第四十九阮籍傳　三十三何曾傳　世說任誕第二十三

【考證】按晋書何曾傳稱：『……步兵校尉阮籍負才放誕，居喪無禮。曾面質籍於文帝。……正元中，爲鎮北將軍都督河北諸軍事。』可知籍之爲步兵校尉，居母喪必在何曾外出之前。至是年六月，始改正元三年爲甘露元年。則籍之爲步兵校尉，必在此年六月之前。而去年籍爲東平相大司馬從事中郎，故其爲步兵校尉又在其後。御覽五百六十一引晉諸公別傳：『裴楷少知名，而風情朗悟，初陳留阮籍遭母喪，楷弱冠往弔。籍乃離喪位，神志晏然。』考晉書裴楷傳，楷以楊駿被誅之年卒，正當元康元年，年五十五歲，則其二十歲弔阮籍母，當在此年，亦可爲證。

又按嵇康造阮籍之事觀之，蓋初相見之情形也。不然，則相交有素，豈不知其待己之情，何必於此時試其青白眼乎。

天竺沙門白延至洛陽　天竺沙門白延才明有深解，至是，懷道遊化，來屆洛陽，止白馬寺。衆請譯經，遂譯無量清淨平等覺佛說須賴經等六部。同年七月外國三藏支彊梁接（魏言正無畏）至交州，譯法華三昧經六卷。沙門道馨筆受

【出處】　佛祖統紀卷第三十五　歷代三寶記卷第五　高僧傳卷第一

魏帝幸太學　帝幸太學，問諸儒曰：『聖人幽贊神明，仰觀俯察，始作八卦。後聖重之爲六十四，立爻以極數。凡斯大義，罔有不備。而夏有連山，殷有歸藏，周曰周易，易之書，其故何也？』易博士淳于俊對曰：『包羲因燧皇之圖而制八卦。神農演之爲六十四。黃帝堯舜通其變。三代隨時質文，各繇其事。故易者變易也，名曰連山，似山出內氣連天地也。歸藏者，萬事莫不歸藏於其中也。』帝又曰：『若使包羲因燧皇而作易，孔子何以不云燧人氏沒包羲氏作乎？』俊不能答。帝又問曰：『孔子作彖象，鄭玄作注，雖聖賢不同，其所釋經義一也。今彖象不與經文相連，而注連之，何也？』俊對曰：『鄭玄合彖象於經者，欲使學者尋省易了也。』帝曰：『若鄭玄合之於學誠便，則孔子曷爲不合以了學者乎？』俊對曰：『孔子恐其與文王相亂，是以不合。此聖人以不合爲謙。』帝曰：『若聖人以不合爲謙，則鄭玄何獨不謙邪？』俊對曰：『古義弘深，聖問奧遠，非臣所能詳盡。』帝又問曰：『繫辭云：「黃帝堯舜垂衣裳而天下治」此包羲神農之世爲無衣裳。但聖人化天下，何殊異爾邪？』俊對曰：『三皇之時，人寡而禽獸衆，故取其羽皮而天下用足。及至黃帝，人衆而禽獸寡，是以作爲衣裳，以濟時變也。』帝又問：『乾爲天，而復爲金，爲玉，爲老馬，與細物並邪？』俊對曰：『聖人取象，或遠或近，近取諸物，遠則天地。』講易畢，復命講尚書。帝問曰：『鄭玄云：「稽古同天，言堯同於天也。」王肅云：「堯順考古道而行之」二義不同，何者爲是？』博士庾峻對曰：『先儒所執，各有乖異，臣不足以定之。然洪範稱「三人占，從二人之言。」賈馬及肅，皆以爲順考古道。以洪範言之，肅義爲長。』帝曰：『仲尼言：「唯天爲大，唯堯則之。」堯之大美，在乎則天，順考古道，非其至也。今發篇開義以明聖德，而舍其大更稱其細，豈作者之意邪？』峻對曰：『臣奉遵師說，未喻大義，至於折中，裁之聖思。』次及四嶽擧鯀，帝又問曰：『夫大人者，與天地合其德，與日月合其明，思無不周，明無不照。今王肅云：「堯意不能明鯀，是以試用。」如此聖人之明有所未盡邪？』峻對曰：『雖聖人之弘，猶有所未盡。故禹曰：「知人則哲，惟帝難之。」然卒能改授聖賢，緝熙庶績，亦所以成聖也。』帝曰：『夫有始有卒，其惟聖人。若不能始，何以爲聖？其言惟帝難之，然卒能改授。蓋謂知人聖人所難，非不盡之言也。經云：「知人則哲，能官人。」若堯疑鯀，試之九年，官人失叙，何得謂之聖哲？』峻對曰：『臣竊觀經傳，聖人行事，不能無失。是以堯失之四凶，周公失之二叔，仲尼失之宰予。』帝曰：『堯之任鯀，九載無成。汨陳五行，民用昏墊。至於仲尼失之宰予，言行之間輕重不同也。至於周公管蔡之事，亦尚書所載，皆博士所當通也。』峻對曰：『此皆先賢所疑，非臣寡見所能究論。』次及『有鰥在下曰虞舜』帝問曰：『當堯之時，洪水爲害，四凶在朝，宜速登賢聖濟斯民之時也。舜年在既立，聖德光明，而久不進用，何也？』峻對曰：『堯咨嗟求賢，欲遜己位。嶽曰：「否，德忝帝位。」堯復使嶽揚舉仄陋，然後薦舜。薦舜之本，實由於堯，此蓋聖人欲盡衆心也。』帝曰：『堯既聞舜而不登用，又時忠臣亦不進達，乃使嶽揚仄陋而後薦舉，非急於用聖恤民之謂也。』峻對曰：『非臣愚見所能逮及』於是復命講禮記。帝問曰：『太上立德，其次務施報。爲治何由，而敎化各異？皆修何政，而能致於立德施而不報乎？』博士馬照對曰：『太上立德，謂三皇五帝之世，以德化民。其次報施；謂三王之世以禮爲治也。』帝曰：『二者致化，薄厚不同。將主有優劣邪？時使之然乎？』照對曰：『誠由時有樸文，故化有薄厚也。』帝常與中護軍司馬望，侍中王沉，散騎常侍裴秀，黃門侍郞鍾會等講宴於東堂，並屬文論，名秀爲儒林丈人，沈爲文籍先生，望會亦各有名號。帝性急，請召欲速。秀等在內職，到得及時。以望在外，特給追鋒車虎賁卒五人，每有集會，望輒奔馳而至。

【出處】三國魏志高貴鄉公紀及裴注引晉諸公讚

二年丁丑（二五七）

二十年　二年

魏阮籍等七人遊於竹林 阮籍嵇康山濤 字巨源，河內懷人。早孤居貧，少有器量，介然不羣。性好莊老，每隱身自晦，與嵇康呂安善。後遇阮籍，便爲竹林之友，著忘言之契。年皆相比。康年少亞之 預此契者，劉伶 字伯倫，沛國人。身長六尺，容貌甚陋，放情肆志，常以細宇宙齊萬物爲心，澹然少言，不妄交遊。與阮籍嵇康相遇，欣然神解，携手入林，初不以家產有無介意。常乘鹿車，携一壺酒，使人荷鍤而隨之，謂曰：『死便埋我』其遺形骸如此。生平著有酒德頌一篇。阮咸 字仲容，籍兄子也。任達不拘，與叔父爲竹林之遊，當世禮法者譏其所爲。咸與籍居道南，諸阮居道北，北阮富而南阮貧。七月七日，北阮盛曬衣服，皆錦綺粲目。咸以大竿挂大布犢鼻於庭，人或怪之，答曰：『未能免俗，聊復爾耳。』向秀王戎字濬沖，琅琊臨沂人，幼而穎悟，神彩秀徹，視日不眩。少籍二十四歲，而籍與之交，籍每適戎父渾，俄傾輒去。過視戎良久，然後出，謂渾曰：『濬沖清賞，非卿倫也，共卿言不如共阿戎談。』七人常集於竹林之下，肆意酣暢，故世謂竹林七賢。後戎為尚書令，常著公服，乘軺車，經黃公酒壚下過，顧謂後車客，『吾昔與嵇叔夜阮嗣宗共酣飲於此壚，竹林之遊，亦預其末。自嵇生夭阮公亡以來，便為時所羈絏，今日視此雖近，邈若山河。』

【出處】　世說任誕第二十三　傷逝第十七　晉書山濤劉伶阮籍王戎諸傳

【考證】　按文選集釋思舊賦注云：『漢書河內郡有山陽縣，案水經清水篇注云：『長泉經七賢祠東，左右筠篁列植，冬夏不變。魏阮籍，嵇康，阮咸，山濤，向秀，王戎，劉伶同居，結自得之遊，時人號為竹林七賢。向子期所謂山陽舊居也。後人立廳於其處。』郭緣生述征記云：「白鹿山東南二十五里，有嵇公故居，以居時有遺竹焉，蓋謂此也。」據方輿紀要，「漢之山陽，北齊廢，入修武，今故城在懷慶府修武縣西北。」寰宇記，「修武縣天門山上有精舍，又有鍛灶處云。又獲嘉縣七賢祠在西北四十二里，阮籍等遊處。」下即引酈注，豈祠與居異地與。獲嘉城在今衛輝府新鄉縣，而白鹿山則在輝縣。』

又按竹林之遊，非短時間之事，然前年嵇初與阮相交，翌年，則叔夜避居於外，
惟此年中，於時較長，故係其事於此。

魏樂詳上書頌杜恕之事　詳學優能少，故歷三世竟不出爲宰守。正始中，以年老罷歸於舍，本國宗族歸之，門徒數千人。至是，年九十餘，以杜恕徙死，上書訟畿之遺績。朝廷感焉，詔封恕子預（字元凱）爲豐樂亭侯。

【出處】三國魏志杜恕傳

魏阮籍作大人先生傳　籍嘯聞數百步。時孫登隱居蘇門山中，（登字公和，汲郡共人。）居於土窟，夏則編草爲裳，冬則被髮自覆，好讀易，撫一絃琴，見者皆親樂之。性無恚怒，人或投諸水中，欲觀其怒，登出便大笑。時時游人間，所經家或設衣食者，一無所辭，去皆捨棄。伐樵者咸共傳說。司馬昭使籍往觀，見其人擁厀巖側，籍登嶺就之，箕踞相對。籍商略終古，上陳黃農玄寂之道，下考三代盛德之美，以問之。仡然不應。復敘有爲之敎，棲神導氣之術以觀之。彼猶如前，凝矚不轉。籍乃嘐然長嘯，韻

響寥亮。蘇門先生乃逌然而笑曰：『可更作』籍復嘯，意盡，退還半嶺許，聞上㗵然有聲，如數部鼓吹，林谷傳響。顧看，乃向人嘯也。籍素知音，乃假蘇門先生之論以寄所懷。其歌曰：『日沒不周西，月出丹淵中，陽精晦不見，陰光代爲雄。亭亭在須臾，厭厭將復隆，富貴俛仰間，貧賤何必終。』歸遂著大人先生論，所言皆胸懷間本趣，大意謂先生與己不異也。其略曰：『世之所謂君子，惟法是修，惟禮是克，手執圭璧，足履繩墨，行欲爲目前檢，言欲爲無窮則。少稱鄉黨，長聞鄰國。上欲圖三公，下不失九州牧。獨不見羣蝨之處褌中？逃乎深縫，匿乎壞絮，自以爲吉宅也。行不敢離縫際，動不敢出褌襠，自以爲得繩墨也。然炎丘火流，焦邑滅都，羣蝨處於褌中而不能出也。君子之處域內，何異夫蝨之處褌中乎？』

【出處】晉書阮籍傳　孫登傳　世說棲逸第十八

【考證】按晉書阮籍傳稱『籍嘗於蘇門山遇孫登』則世說所謂眞人，即孫登也。隱逸孫登傳稱『嵇康繼往，與遊三年。』則嗣宗之訪孫登當在叔夜之前。叔夜訪孫登在甘露三年，故誌嗣宗訪孫登事於此年。

三年戊寅（二五八）

景曜元年

景帝 名休，孫權第六子，在位六年。永安元年

魏以王祥鄭小同爲三老五更　八月丙寅詔曰：『夫養老興敎，三代所以樹風化垂不朽也。必有三老五更，以崇至敬，乞言納誨，著在惇史。然後六合承流，下觀而化，宜妙簡德行，以充其選。關內侯王祥履仁秉義，雅志淳固。關內侯鄭小同溫恭孝友，帥禮不忒。其以祥爲三老，小同爲五更。』於是車駕親率羣司，躬行古禮。

【出處】三國魏志高貴鄉公紀

吳立學　孫休下詔曰：『古者建國，敎學爲先，所以道世治性爲時養器也。自建興以來，時事多故，吏民頗以目前趨務，去本就末，不循古道。夫所尙不淳，則傷化敗俗。其案古置學官，立五經博士，核取應選，加其寵祿。科見吏之中及將吏子弟有志好者，各令就業，一歲課試，差其品第，加以位賞。使見之者樂其榮，聞之者羨

其譽，以敦王化，以隆風俗。』

【出處】三國吳志孫休傳

魏嵇康避居河東　初，魏揚州都督毌丘儉刺史文欽起兵討司馬昭，康與有力，且欲起兵應之，以問山濤，濤曰不可，儉等旋已失敗。至是，司馬昭上書，請嵇康爲博士，康因避居於外。康與郭遐周郭遐叔友善，至是避世，二郭賦詩送之，康亦賦詩答之，以明己避世之意，曰：『……寡志自生災，屢使衆釁成，豫子匿梁側，聶政變其形。顧此懷怛惕，慮在苟自寧，今當寄他域，嚴駕不得停。……昔蒙父兄祚，少得離負荷，因疏遂成懶，寢迹北山阿。但願養性命，終已靡有他。良辰不我期，當年直紛華，坎壈趣世務，常恐嬰網羅。羲農邈已遠，撫膺獨咨嗟。朔戒貴尙容，漁父好揚波。雖逸亦以難，非余心所嘉，豈若翔區外，湌瓊漱朝霞，遺物棄鄙累，逍遙遊太和。結友集靈岳，彈琴登淸歌。有能從此者，古人何足多，詳觀凌世務，屯險多憂虞，施報更相市，大道匿不舒。夷路値枳棘，安步將焉如。權智相傾奪，名位不可居，鸞鳳辟罻羅，遠託崑崙墟，莊周悼靈龜，越稷嗟王輿。至人存諸己，隱璞樂玄虛，功名何足殉，乃欲列簡書。所好亮若茲，楊氏歎交衢，去去從所志，敢謝道不俱。』至汲郡蘇門山中，遇孫登，遂從之遊，執弟子禮而事焉。登無所言。

【出處】三國魏志王粲傳注　北堂書鈔　嵇中散集

【考證】按水經共水注：『山在國北，所謂共北山也。』楊守敬曰：『寰宇記，共山在共城縣北十里，即本此注山在國北為言也。據酈氏所言孫登事，則天門山蘇門山皆即此山。又證之漢志，共北山淇水所出，則更當在西北。蓋此山即太行之麓，蜿蜒於共縣林慮之間，隨地異名，其實一也。詳見余晦明軒稿。』考元和郡縣志：『天門山今謂之百家岩，在縣西北三十七里，以岩下可容百家，因名，山有精舍，又有鍛灶處所，即嵇康所居也。』又『蘇門山在縣西北十一里，孫登隱阮籍嵇康所造處。』余按所謂避世，即至汲郡山中也。蓋康既參與毌丘儉之事，儉既死而司馬昭辟之又不至，心不自安，不得不避居於外。王粲傳注引魏氏春秋謂『大將軍嘗欲辟康，康既有絕世之言，又從子不善，避之河東。』蓋誤採康之託辭耳。與山巨源絕交書曰：『前年自河東還』孫登傳曰：『康又從之遊三年，』自此至絕交之前年，恰爲三年，故知二者爲一事，或云汲郡或云河東者，蓋叔夜避居於外，本無定所，然以居蘇門山時爲多也。

吳王蕃作渾天象說　蕃字永元，廬江人也。博覽多聞，兼通術藝，始爲尚書郎，去官。孫休即位，與賀邵（字興伯，會稽山陰人，後爲孫皓所殺。）薛瑩虞汜（字世洪，虞翻之子。）俱爲散騎中常侍，皆加駙馬都尉，時論淸之。遣使至蜀，蜀人稱焉，還爲夏口監軍。初，古言天者有三家，一名蓋天，二曰宣夜，三曰渾天。蕃主渾天之說，故著渾天象說曰：『虞書稱在璇機玉衡，以齊七政。則今渾天儀日月五星是也。鄭玄說：動運爲機，持正爲衡，皆以玉爲之，視其行度，觀受禪是非也。渾儀羲和舊器，歷代相傳，謂之機衡，其所由來，有原統矣。而斯器設在候臺，史官禁密，學者寡得聞見。穿鑿之徒，不解機衡之義，見有七政之言，因以爲北斗七星，構造虛文，託之讖緯，史遷班固，猶尙惑之。鄭玄有贍雅高遠之才，沈靜精妙之思，超然獨見，改正其說，聖人復出，不易斯言矣。渾儀以察三光，分宿度，象以著天體，布星辰，按斯二者以考於天，蓋詳察矣。幽平之後，周室遂卑，天子不能頒朔，魯歷不正，百有餘年，以建中之月爲建亥，而怪蟄虫不伏也。歷紀廢壞，道術侵亂。渾天之儀，傳之者寡。末世之儒，或不聞見。各以私意爲天作說，故有周髀宣夜之論。宣夜之學，絕無師法，周髀見行於世，考驗天狀，多所違失。依劉洪乾象歷之法而論渾天曰：前儒舊說，天地之體，狀如鳥卵，天包地外，猶殼之裹黃也。周旋無端，其形渾渾然，故曰渾天也。周天三百六十五度五百八十九分度之百四十五，東西南北，展轉周規。半覆地上，半在地下。故二十八宿，半見半隱，以赤儀準之，其見者常百八十二度有奇，是以察知其半覆地上，半隱地下。其二端謂之南極北極，天之中也。北極在正北，出地三十六度，南極在正南，入地亦三十六度。兩極相去一百八十二度半强。衆星皆移而北極不徙，猶車輪之有輻軸也。繞北極徑七十二度，常見不隱，謂之上規。

繞南極七十二度，常隱不見，謂之下規是也。上規去南極，下規去北極，皆一百四十四度半強。以二規於渾儀爲中規。赤道帶天之紘，去兩極各九十一度少強。黃道日之所行也。半在赤道外，半在赤道內，與赤道東交於角五少弱，西交於奎十四少強。其出赤道外極遠者，出赤道二十四度，斗二十一度是也。其入赤道內極遠者，人赤道二十四度，井二十五度是也。日南至在斗二十一度，去極百一十五度少強。是日最南，去極最遠，故景最長。黃道斗二十一度，出辰入申，故日出辰入申，晝行地上，百四十六度強，故日短。夜行地下二百一十九度少弱，故夜長。自南至之後，日去極稍近，故景稍短，日晝行地上度稍多，故日稍長。夜行地下度稍少，故夜稍短，日行度稍北，故日出入稍北。以至於夏至，日在井二十五度，去極六十七度少強，是日最近北，去極最近，故景最短。黃道井二十五度，出寅入戌，晝行地上二百一十九度少弱，故日長。夜行地下百四十六度少強，故夜短。自夏至之後，日去極稍遠，故景稍長。日晝行地上度稍少，故日稍短。夜行地下度稍多，故夜稍長。

日所在度稍南，故出入稍南，以至於南至而復初焉。斗二十一度，井二十五度，南北相較四十八度。春分日在奎十四少強，秋分日在角五少弱，此黃赤二道之交中也。去極俱九十一度少強，南北處斗二十一井二十五之中，故景居二至長短之中。奎十四，角五，出卯入酉，故日亦出卯入酉。日晝行地上，夜行地下，俱百八十二度半強，故日見之漏五十刻，不見之漏五十刻。謂之晝夜同。夫天之晝夜，以日出入爲分。人之晝夜，以昏明爲限。日未出二刻半而明，日入後二刻半而昏，故損夜五刻以增晝刻。是以春秋分之漏，五十五刻。渾天遭周秦之亂，師徒斷絕，而喪其文。唯渾儀尙在候臺，是以不廢。故其法可得言。至於纖微委曲，闕而不傳，周天里數無聞焉爾。而洛書甄曜度春秋考異郵皆云周天一百七萬一千里。至以日景驗之，違錯甚多。然其流行，布在衆書，通儒達士，未之考正，是以不敢背捐舊術，獨攄所見。故按其說，更課諸數以究其意也。古歷皆云，周天三百六十五度四分度之一。皆分一百七萬一千里數，爲一度得二千九百三十二里七十一步二尺七寸四分大強案宋書天文志及晉書天文志大強二字，皆作四百八十七分分之三百六十二，開元占經改之也。斗下分宋晉志未引，大弱二字，當亦是占經改。斗下分爲七百三十三里一

。十七步五尺一寸八分大弱。三光之行，不必有常，術家以算追而求之。故諸家之歷，各有異同。漢靈之末，四分歷與天違錯。時會稽東部都尉太山劉洪，善於推候，乃考術官及史，自古至今歷法。原其進退之行，察其出入之驗，視其往來，度其終始，課較其法，不能四分之一。減以爲五百八十九分之一百四十五。更造乾象歷以追日月五星之行，比於諸家，最爲精密。今史官所用，則其歷也。故所作渾象，諸分度節次及昏明中星，皆更以乾象法作之。周天一百七萬一千里，以乾象法分之，得二千九百三十二里八十步三尺九寸五分弱，斗下分爲七百二十一里二百五十九步四尺五寸二分弱。乾象全度，張古歷零度九步一尺二寸一分弱，斗下分減古歷斗下分十一里五十八步六寸六分弱。其大數俱一百七萬一千里，斗下分減則全度純數使其然也。又陸績云：周天一百七萬一千里，東西南北徑三十五萬七千里，立徑亦然，此蓋天黃赤道之徑數也。渾天蓋天黃赤道周天度同，故績取以言耳。此言周三徑

一也。古少廣術，用率圓周三，中徑一。臣更考之，徑一不翅周三。率周百四十二，而徑四十五。以徑率乘一百七萬一千里。以周率約之，得徑三十三萬九千四百五里一百二十二步三尺二寸一分七十一分分之十。東西南北及立徑皆同，半之得十六萬九千七百二里二百一十一步一尺六寸百四十二分分之八十一。地上去天之數也。夫周天徑。目前定物，圖蓋天者，尚不考驗，而乃論天地之外，日月所不照，陰陽所不至，目精所不及，儀衡所不測，皆爲之說，虛誕無徵，是亦鄒子瀛海之類也。臣謹更以晷景考周天里數，按周禮大司徒之職，立土圭之法，測土深，正日景，以求地中。日南則景短多暑，日北則景長多寒，日東則景夕多風，日西則景朝多陰。日至之景，尺有五寸，謂之地中。鄭衆云：土圭之長，尺有五寸。以夏至立八尺表中景適與圭等，謂之地中。今潁川陽城地爲然。鄭玄云：凡日景於地，千里而差一寸。景尺有五寸者，南戴日下萬五千里也。誠以八尺之表，而有尺五寸景，是立八十而旁十五也。南萬五千里，而當日下，則日當去其下地八萬里矣。從日斜射陽城，則天徑之半也。天體圓如彈丸，地處天之半，而陽城爲中，則日春秋冬夏昏明晝夜去陽城皆等，無盈縮矣。故知從日斜射陽城，爲天徑之半也。以句股之法言之：旁萬五千里則句也，立八萬里則股也，從日斜射陽城則弦也。以句股求弦法入之，得八萬一千三百九十四里三十步五尺三寸六分，天徑之半而地上去天之數也。倍之得十六萬二千七百八十八里六十一步四尺七寸二分，天徑之數也。以周率乘之，徑率約之，得五十一萬三千六百八十七里六十八步一尺八寸二分，周天之數也。減甄曜度考異郵五十五萬七千三百一十二里有奇，一度凡一千四百六里百二十四步六寸四分十萬七千五百六十五分分之一萬九千四十九，減舊度千五百二十五里二百五十六步三尺三寸二十一萬五千一百三十分分之十六萬七百三十。夫末世之儒，多妄穿鑿，減增河洛，竊作讖緯。其言浮虛，難悉據用。六官之職，周公所制，句股之術，目前定數，晷景之度，事有明驗，以此推之，近爲詳矣。黃赤二道，相與交錯，其間相去二十四度，以兩遊儀準之，二道俱三百六十五度有奇。是以知天體圓如彈丸。而陸績造渾象，其形如鳥卵，然則黃道應長於赤道矣。績云：天東西南北徑三十五萬七千里，然則績亦以天形正圓也。而渾象爲鳥卵，則爲自相違背。月行二十七日有奇而周天，其行半出黃道外，半入黃道內。在內謂之陰道，在外謂之陽道。其行陰陽道，極遠者不過六度，黃道無常，諸家各異，各依其歷，節氣所行宿度，尚書月令太初三統四分乾象各不同。昏明亦異。日行蹉跌，不遵常軌之所爲也。夫三光之行，雖有盈縮，天地之體，常然不變。故諸家之歷，皆不著渾象，爲黃道當各隨其歷而錯之。而今臣所施黃道，乾象法也。審校春秋二分於一，先代諸歷差，而冬夏二至，恆在二分張中。蕃按渾象之法，地當在天中，其勢不便。故反觀其形，地爲外匡，於已解人，無異在內。詭狀殊體而合於理，可謂奇巧。古舊渾象，以二分爲一度，凡周七尺三寸半分。漢張衡更制，以四分爲一度，凡周一丈四尺六寸一分。臣以古制局小，以布星辰，相去稠概，不得了察。而張衡所作，又復過大，難可轉移。前表開以三分爲一度事許令臣所作，周一丈九寸五分四分分之三，張古法三尺六寸五分四分分之一，減張衡亦三尺六寸五分四分分之一。渾象法黃道赤道各廣一度有半，故今所作渾象，黃赤道各廣四分半，相去七寸二分，渾儀中箭爲璇璣，外規爲玉衡。』

【出處】　開元占經　三國吳志王蕃傳

四年己卯（二五九）

魏司馬昭殺鄭小同　小同詣司馬昭，昭有密疏，未之屏也。如廁還，問之曰：『卿見吾疏乎？』答曰：『我不見』昭曰：『寧我負卿，無卿負我。』遂酖之。（小同著禮義四卷（七錄）又有鄭志十一卷。）

【出處】　後漢書鄭玄傳注引魏氏春秋

魏鄭默爲秘書郎　默字思元，滎陽開封人，漢大司農鄭衆之後也。起家爲秘書郎。初，東漢之末，書籍散失。魏氏代漢，采掇遺亡，藏在秘書中外三閣。至是，默刪省舊文，除其浮穢，著魏中經簿，陳留虞松爲中書令，謂默曰：『而今而後，朱紫別矣。」

【出處】 晉書鄭默傳　隋書經籍志

元帝　名奐，武帝孫燕王宇子，在位五年，爲晉所篡。

景元元年庚辰（二六〇）自五月以前爲甘露五年，以後爲景元元年。—三年　—三年

魏沙門朱士行西行求法　初，漢靈帝時，竺佛朔譯出道行經，即般若小品之舊本，士行自出家已後，專務經典，謂此經大乘之要，而譯理不盡，文意隱質，諸未盡善。乃誓志捐身，遠求大本。遂以是年發迹雍州，遠遊西域。在于闐得梵書正本九十章，減六十萬言。遣弟子弗如檀（此云法饒）齎還洛陽。託無羅叉竺叔蘭二人共譯之。當晉惠帝世，元康元年五月十日，譯於倉垣水南寺，曰放光般若經，共九十品二十卷，即大般若經之第二分也。般若研究，自此日進矣。（詳見元康元年）士行遂終於于闐。

【出處】 高僧傳卷第四

魏司馬昭弒其君髦於南闕下而立元帝　魏帝見威權日去，不勝其忿，乃召侍中王沈，尚書王經，散騎常侍王業謂曰：『司馬昭之心，路人所知也。吾不能坐受廢辱，今

日當與卿自出討之。』王經諫，不聽，乃出懷中板令投地曰：『行之決矣！正使死何所懼，況不必死邪。』於是入白太后，沈業奔走告昭，昭爲之備。帝遂率僮僕數百，鼓譟而出。與昭衆戰於南闕下。帝師潰散，遂爲成濟所殺。帝才慧夙成，好問尚辭，蓋亦文帝之流亞。然權柄久失，乃輕躁忿肆，欲一旦復之。遂蹈大禍焉。葬於洛陽西北三十里瀍澗之濱，下車數乘，不設旌旐，百姓相聚而觀之曰：『是前日所殺天子也』或掩面而泣，悲不自勝。

【出處】三國魏志高貴鄉公紀注引漢晉春秋

【附錄】曹髦著述表

春秋左氏傳音三卷　釋文叙錄

祖二疎圖　張彥遠歷代名畫記

盜跖圖　同前

黃河流勢圖　同前

新豐放鷄犬圖　同前

於陵子黔婁夫妻圖 同前

卞莊子刺虎圖 同前

集四卷 七錄

魏以荀顗爲尙書令　初，司馬昭方輔政，顗遷尙書。至是，顗甥陳泰卒，昭啟顗代泰爲僕射，領吏部，四辭而後就職。顗承泰後，加之淑愼。綜核名實，風俗澄正。

【出處】晉書荀顗傳　北堂書鈔五十九引王隱晉書

魏嵇康自河東還山陽　康從孫登遊三年，問其所圖，終不答。然，神謀所存良妙，康每薾然歎息。將別，謂曰：『先生竟無言乎？』登乃曰：『子識火乎？生而有光而不用其光，果然在於用光。人生有才而不用其才，果然在於用才。故用光在乎得薪，所以保其曜。用才在乎識物，所以全其年。今子才多識寡，難乎免於今之世矣。子無多求。』康遂還山陽。登後不知所終。隋唐志有登老子道德經注二卷，音一卷。

【出處】世說新語棲逸第十八

魏趙至從嵇康至山陽　趙至字景眞，代郡人也。寓居洛陽，緱氏令初到官，至年十三，與母同觀。母曰：『汝先世本非微賤，世亂流離，遂爲士伍耳。爾後能如此不？』至感母言，詣師受業，聞父耕叱牛聲，投書而泣。師怪問之。至曰：『我小，未能榮養，使老父不免勤苦。』師甚異之。年十四，詣洛陽，游太學，遇嵇康於學寫石經，徘徊視之，不能去，而請問姓名。康曰：『年少何以問邪？』曰：『觀君風器非常，所以問耳。』康異而告之。後乃亡到山陽求康，不得而還。又將遠學，母禁之。至遂陽狂，走三五里，輒追得之。至是遊鄴，復與康相遇。隨康還山陽，改名浚，字允元。康每曰：『卿頭小而銳，瞳子白黑分明，視瞻停諦，有白起風。恨量小狹。』至曰：『尺表能審璣衡之度，寸管能測往復之氣，何必在大？但問識如何耳。』

【出處】晉書文苑趙至傳　世說言語第二

【考證】按晉書趙至傳謂至卒於太康中，年三十七。其卒於太康何年，雖無明文。然則使其最早卒於元年，則其十六歲，已在甘露四年。但康之回自河東，實在甘露五年，故其隨康還山陽，亦必在五年。（由此下推，可知其卒於太康二年）

甘露三年，康方在外，故其往訪於山陽不能遇也。

二年辛巳（二六一）

四年

四年

魏嵇康與山濤絕交　山濤爲吏部郎，欲舉康自代。康與書告絕曰：『……吾每讀尚子平臺孝威傳，慨然慕之，想其爲人。少加孤露，母兄見驕，不涉經學，性復疏懶，筋駑肉緩，頭面常一月十五日不洗，不大悶癢，不能沐也。每常小便，而忍不起，令胞中略轉乃起耳。又縱逸來久，情意傲散。簡與禮相背，嬾與慢相成。而爲儕類見寬，不攻其過。又讀莊老，重增其放。故使榮進之心日頹，任實之情轉篤。此由禽鹿少見馴育，則服從教制，長而見羈，則狂顧頓纓，赴蹈湯火。雖飾以金鑣，饗以嘉肴，愈思長林而志在豐草也。阮嗣宗口不論人過，吾每師之而未能及。至性過人，與物無傷，惟飲酒過差耳。至爲禮法之士所繩，疾之如讐，幸賴大將軍保持之耳

○吾不如嗣宗之賢，而有好盡之累，久與事接，疵釁日興，雖欲無患，其可得乎？又人倫有禮，朝廷有法。自維至熟，有必不堪者七，甚不可者二：臥喜晚起，而當關呼之不置，一不堪也。抱琴行吟，弋釣草野，而吏卒守之，不得妄動，二不堪也。危坐一時，痺不得搖，性復多蝨，把搔無已，而當裹以章服，揖拜上官，三不堪也。素不便書，又不喜作書，而人間多事，堆案盈机。不相酬答，則犯教傷義。欲自勉强，則不能久，四不堪也。不喜弔喪，而人道以此爲重，已爲未見恕者所怨，至欲見中傷者，雖瞿然自責，然性不可化。欲降心順俗，則詭故不情，亦終不能無咎無譽如此，五不堪也。不喜俗人，而當與之共事，或賓客盈坐，鳴聲聒耳，囂塵臭處，千變百伎，在人目前，六不堪也。心不耐煩，而官事鞅掌，機務纏其心，世故繁其慮，七不堪也。又每非湯武而薄周孔，在人間不止此事，會顯世教所不容，此甚不可一也。剛腸疾惡，輕肆直言，遇事便發，此甚不可二也。以促中小心之性，統此九患，不有外難，當有內病，寧可久處人間邪？又聞道士遺言，餌朮黃精，令人久壽，意甚信之。遊山澤，觀魚鳥，心甚樂之。一行作吏，此事便廢，安能舍其所樂而從其所懼哉！……吾頃學養生之術，方外榮華，去滋味，游心於寂寞，以無為為貴。縱無九患，尚不顧足下所好者。又有心悶疾，頃轉增篤，私意自試，不能堪其所不樂。自卜已審，若道盡途窮則已耳。足下無事寃之，令轉於溝壑也。……」因有非湯武而薄周孔之語，司馬昭聞而怒焉。

【出處】晉書嵇康傳　文選嵇叔夜與山巨源絕交書

【考證】按魏志注引山濤行狀，濤始以景元二年除吏部郎。其舉康當在此年，故誌之於此。

魏鄭冲等上書司馬昭請受晉公爵　魏帝以并州之太原上黨西河樂平新興雁門，司州之河東平陽八郡地方八百里封司馬昭為晉公，加九錫，進位相國，晉國置官司馬焉。使太尉高柔搴授昭相國印綬，司徒鄭冲致晉公茅土九錫，昭固辭。公卿將校當詣府敦喻，冲馳遣信就阮籍求文，籍時在袁孝尼家，宿醉扶起，書札為之，無所點定，乃寫付使，時人以爲神筆。其辭曰：『……自先相國以來，世有明德，翼輔魏室以綏天下。朝無闕政，人無謗言。前者明公西征靈州，北臨沙漠，榆中以西，望風震服，羌戎東馳，迴首內向。東誅叛逆，全軍獨克。禽闔閭之將，斬輕銳之卒，以萬萬計。威加南海，名懾三越。宇內康寧，奇慝不作。是以殊俗畏威，東夷獻舞。故聖上覽乃昔以來禮典舊章，開國光宅，顯茲太原。明公宜承聖旨，受茲介福，允當天人。元功盛勳，光光如彼，國士嘉祚，巍巍如此。內外協同，靡愆靡違。由茲征伐，則可朝服濟江，掃除吳會，西塞江源，望祀岷山。迴戈弭節以麾天下，遠無不服，邇無不肅。今大魏之德，光於唐虞，明公盛勋，超於桓文。然後臨滄州而謝支伯，登箕山以揖許由，豈不盛乎！至公至平，誰與爲鄰，何必勤勤小讓也哉？沖等不通大體，敢以陳聞。』

【出處】三國魏志陳留王紀　晉書文帝紀　阮步兵集

【考證】按晉書文帝紀甘露三年，景元元年二年，俱有昭辭九錫之事。考勸進表中有『東夷獻舞』之語，三國魏志載是年樂浪外夷韓濊貊各率其屬來朝貢，當指此事而言，故誌其事於此。

王基卒　初，高貴鄉公即位，基進封常樂亭侯，毋丘儉文欽討司馬師，朝廷以基爲行監軍假節統許昌軍。儉等已平，遷鎭南將軍都督豫州諸軍事，領豫州刺史，進封安樂鄉侯。又以平諸葛誕功，轉爲征東將軍都督揚州諸軍事，進封東武侯。甘露四年，轉爲征南將軍都督荆州諸軍事。是歲卒，追贈司空，謚曰景侯。

【出處】三國魏志王基傳

【附錄】王基著述表

毛詩駁五卷　隋志一卷殘缺，新舊唐志俱五卷

春秋左氏傳注　釋文敘錄

東萊耆舊傳一卷　隋志

新書五卷　七錄

時要論

三年壬午（二六二）　——五年　——五年

吳主議使韋昭入侍講　初，孫休踐祚，以韋昭爲中書郎，博士祭酒，命昭依劉向故事，校定衆書。休銳意於典籍，欲畢覽百家之言。至是，欲與韋昭及博士盛冲講論道藝。而左將軍張布近習寵幸，事行多玷。以昭冲素皆切直，恐入侍發其陰失，令已不得專。因妄飾說以拒遏之。休答曰：『孤之涉學，羣書略徧，所見不少也。其明君闇主，奸臣賊子，古今賢愚成敗之事，無不覽也。今昭等入，但欲與論講書耳，不爲從昭等始更受學也。縱復如此，亦何所損！君特當以昭等恐道臣下奸變之事，以此不欲令入耳。如此之事，孤已自備之，不須昭等然後乃解也。此都無所損，君意特有所忌故耳。』布得詔，陳謝，重自序述，又言懼妨政事。休答曰：『書籍之事，患人不好，好之無傷也。此無所爲非，而君以爲不宜，是以孤有所及耳。王務學業，其流各異，不相妨也。不圖君今日在事更行，此於孤也，良所不取。』布拜表叩頭。休答曰：『卿相開悟耳，何至叩頭乎？如君之忠誠，遠近所知，往者所以相感今日之巍巍也。詩云：「靡不有初，鮮克有終。」終之實難，君其終之。』初，休爲王時，布爲左右將督，素見信愛，及至踐阼，厚加寵待，專擅國勢，多行無禮，自嫌瑕短，懼昭冲言之，故尤患忌。休雖解此旨，心不能悅，更恐其疑懼，竟如布意，廢其講業，不復使昭冲等入。

【出處】 三國吳志孫休傳　韋昭傳

四年癸未（二六三）——炎興元年——六年

魏司馬昭殺嵇康　康友呂安爲兄所枉訴，以事繫獄，辭相證引，遂復收康。康性愼言行，一旦縲紲，乃作幽憤詩，有『昔慚柳惠，今愧孫登。』之語。而司隸鍾會與康有嫌，遂言於司馬昭曰：『嵇康臥龍也，不可起。公無憂天下，顧以康爲慮耳。』因譖康欲助毋丘儉，賴山濤不聽。昔齊戮華士，魯誅少正卯，誠以害時亂教，故聖賢去之。康安等言論放蕩，非毀典謨，帝王者所不宜容。宜因釁除之，以淳風俗。』昭既昵聽信會，遂並害之。康將刑東市，太學生三千人，請以爲師，弗許。康顧日影索琴彈之曰：『昔袁孝尼嘗從吾學廣陵散，吾每靳固之，廣陵散於今絕矣。』時年四十，海內之士，莫不痛之。昭亦尋悟而恨焉。

【出處】晉書嵇康傳

【附錄】嵇康著述表

周易言不盡意論一篇　玉海

春秋左氏傳音三篇　釋文叙錄

聖賢高士傳贊三卷　隋志

養生論三卷　七錄

集十五卷錄一卷　七錄

家誡

聲無哀樂論

巢父許由圖　張彥遠歷代名畫記
獅子擊象圖　同前

魏鍾會死於蜀　鍾會鄧艾伐蜀，蜀光祿大夫譙周勸後主出降，蜀遂亡，蜀將姜維降會。會陰懷異圖，維見而知其心，謂可構成擾亂以圖克復也。乃詭說會，會遂搆鄧艾，艾檻車徵，因將維等詣成都，自稱益州牧以叛。欲授維兵五萬人，使爲前驅。魏將士憤怒，殺會及維。會死年四十。

【出處】三國魏志鍾會傳

【附錄】鍾會著述表

周易盡神論一卷　隋志
周易無互體論三卷　七錄
老子道德經注二卷　釋文叙錄
芻蕘論五卷　七錄　兩唐志

道論二十篇　見會本傳，未知與蒭蕘論為一書否。

本論　本傳　世說文學篇注

集十一卷錄一卷　七錄

劉徽注九章　徽著九章重差圖一卷。又有九章算術注九卷，自序曰：『昔在包犧氏始畫八卦，以通神明之德，以類萬物之情，作九九之術，以合六爻之變。暨於黃帝，神而化之，引而伸之。於是建曆紀，協律呂，用稽道原，然後兩儀四象精微之氣，可得而效焉。記稱隸首作數，其詳未之聞也。按周公制禮，而有九數，九數之流，則九章是矣。往者暴秦焚書，經術散壞。自時厥後，漢北平侯張蒼，大司農中丞耿壽昌皆以善算命世。蒼等因舊文之遺殘，各稱刪補，故校其目，則與古或異，而所論者多近語也。徽幼習九章，長再詳覽，觀陰陽之割裂，總算術之根源，探賾之暇，遂悟其意，是以敢竭頑魯，采其所見，為之作注。事類相推，各有攸歸。故枝條雖分，而同本幹者，知發其一端而已。又所析理以辭，解體用圖，庶亦約而能周，通而不黷，覽之者思過半矣。且算在六藝，古者以賓興賢能，教習國子。雖曰九數，其能窮纖入微，探測無方，至於以法相傳，亦猶規矩度量可得而共，非特難爲也。當今好之者寡，故世雖多通才達學，而未必能綜於此耳。周官大司徒職，夏至日中，立八尺之表，其景尺有五寸，謂之地中，說云南戴日下萬五千里。夫云爾者，以術推之。按九章立四表望遠，及因木望山之術，皆端旁互見，無有超邈若斯之類。然則蒼等爲術，猶未足以博盡羣數也。徽尋九數有重差之名，原其指趣，乃所以施於此也。凡望極高，測絕深，而兼知其遠者，必用重差。句股則必以重差爲率，故曰重差也。立兩表於洛陽之城，令高八尺，南北各盡平地，同日度其正中之時，以景差爲法，表高乘表間爲實，實如法而一，所得加表高，即日去地也。以南表之景，乘表間爲實，實如法而一，即爲從南表至南戴日下也。以南戴日下及日去地爲句股，爲之求弦，即日去人也。以徑寸之筩南望日，日滿筩空，則定筩之長短，以爲股率，以筩徑爲句率。日去人之數爲大股，大股之句，即日徑也。雖天圓穹之象，猶曰可度，又况泰山之高與江海之廣哉。徽以爲今之史籍，且略舉天地之物，考論厥數，載之於志，以闡世術之美，輒造重差，並爲注解，以究古人之意，綴於句股之下。度高者重表，測深者累矩，孤離者三望，離而又旁求者四望。觸類而長之，則雖幽遐詭伏，靡所不入，博物君子，詳而覽焉。』

【出處】晉書律歷志　九章算術注序

向秀入洛　嵇康旣被殺，秀應本郡計入洛。司馬昭問曰：『聞有箕山之志，何以在此？』秀曰：『以爲巢許狷介之士未達堯心，豈足多慕！』昭甚悅。秀乃自此役，作思舊賦以悼嵇康呂安。後爲散騎侍郎，轉黃門侍郎，散騎常侍，在朝不任職，容迹而已。卒於位。二子：純，悌。

【出處】晉書向秀傳

【考證】按本傳觀之，知秀上計洛邑在嵇康被殺之後，又見及司馬昭，考昭卒於次年八月，而思舊賦則有『寒冰淒然』之語，故可知其爲本年冬之事。

【附錄】向秀著述表

莊子注二十卷 七錄

莊子音一卷 七錄

周易注 世說注引竹林名士傳

集二卷錄一卷 七錄

魏阮籍卒 籍本有濟世志，屬魏晉之際，天下多故，名士少有全者，籍由是不與世事，遂酣飲爲常。司馬昭初欲爲其子炎求婚於籍，籍醉六十日不得言而止。鍾會數以時事問之，欲因其可否而致之罪，皆以酣醉獲免。時率意獨駕，不由徑路，車迹所窮，輒痛哭而反。嘗登廣武，觀楚漢戰處，歎曰：『時無英雄，使豎子成名。』登武牢山，望京邑而嘆，於是賦豪傑詩。是年冬卒，年五十四。籍能屬文，初不留意，作詠懷詩八十二篇，爲世所重。以身仕亂朝，常恐罹謗遭禍，因茲發詠，故每有憂生之嗟，惟志在刺譏，而文多隱避，故百世之下，難以情測。

【出處】 晉書阮籍傳 三國魏志王粲傳注引魏氏春秋

【附錄】 阮籍著述表

通老論　御覽引書綱目
達莊論
通易論一卷（五篇）　宋史藝文志
道德論
樂論　續漢書五行志注引有阮籍樂論
宜陽記　御覽地部七引
秦記　御覽卷四百七十四引
集十二卷錄一卷　七錄

咸熙元年甲申（二六四）

魏以張華爲中書郎　郡守鮮于嗣薦華爲太常博士。盧欽言之於司馬昭，轉河南尹。未拜，除佐著作郎。頃之，遷長史，兼中書郎。朝議表奏，多見施用，遂即眞。初，昭西

孫皓　孫權之孫，孫和之子，在位十七年，爲晉所滅。
元興元年

征鍾會，華兼中書侍郎，掌書疏表檄，昭善之，還卽眞者也。

【出處】晉書張華傳　北堂書鈔五十七引張華別傳

【考證】按書鈔有還卽眞之語，而盧欽則以是年方爲吏部尚書，故知其薦張華必爲此年之事。

魏司馬昭以荀勗爲侍中　勗字公曾，漢司空荀爽曾孫也。少孤，依于舅氏，岐嶷夙成，年十餘歲，能屬文，從外祖魏太傅鍾繇。曰：『此兒當及其曾祖』及長，遂博學，達於從政。仕魏，辟大將軍曹爽掾，遷中書通事郎。爽誅，門生故吏無敢往者，勗獨臨赴，衆乃從之。爲安陽令，轉驃騎從事中郎。遷廷尉正，參司馬昭大將軍軍事，賜爵關內侯，轉從事中郎，領記室。鍾會之叛，昭出鎭長安，主簿郭奕，參軍王深以勗是會從甥，少長舅氏，勸昭斥出之，昭不納，而使勗陪乘，待之如初。先是勗啟伐蜀，宜以衞瓘爲監軍。及蜀中亂，賴瓘以濟。會平還洛，與裴秀羊祜（字叔子，泰山南城人。）共管機密。時將發使聘吳，並遣當時文士作書與孫皓。昭用勗所作。皓既報命和親。昭謂勗曰：『君前作書，使吳思順，勝十萬之衆也。』昭爲晉王，以勗爲侍中 封安陽子，邑千戶。

【出處】 晉書荀勗傳

魏司馬昭命荀顗撰新禮 初，魏承漢末大亂，舊章殄滅，命侍中王粲尚書衛覬草創朝儀，至是，司馬昭爲晉王，議復五等，使賈充正法律，裴秀議官制。又命荀顗因魏代前事，撰爲新禮。參考古今，更其節文。顗上請羊祜，孔顥，任愷，庾峻，應貞（貞字吉甫，應璩之子。自漢至魏，世以文章顯，軒冕相襲，爲郡盛族。貞善談論，以才學稱。正始中，夏侯玄有名勢，貞常在玄坐，作五言詩，玄嘉玩之，舉高第，頻歷顯位。及司馬炎爲撫軍大將軍，以貞參軍事，後踐阼，遷給事中。）幷共刊定，成六百十五篇奏之。

【出處】 晉書禮志荀顗傳 文苑應貞傳 三國魏志王粲傳注 御覽二百八引晉諸公別傳

晉

武帝

名炎，魏晉王司馬昭長子，篡魏滅吳有天下。在位二十六年。

泰始元年乙酉（二六五）吳孫皓甘露元年

吳臨海太守范平謝病還家　平字子安，吳郡錢塘人也。其先銍侯馥避王莽之亂適吳，因家焉。平研覽墳索，遍該百氏，姚信字元直，（阮孝緒說）一云字德祐，（陸德明說）吳興人。賀邵之徒皆從受業。舉茂才，累遷臨海太守，政有異能。孫皓初，謝病還家，敦悅儒學。吳平，太康中，頻徵不起，年六十九卒。有詔追加諡號曰文貞先生。邵子循勒碑紀其德行。三子奭咸泉，並以儒學至大官。泉子蔚關內侯，家世好學，有書七千餘卷，遠近來讀者恒有百餘人。蔚爲辦衣食。蔚子文才，亦幼知名。

【出處】晉書儒林范平傳

張華移書薦成公綏　綏字子安，東郡白馬人。幼而聰敏，博涉經傳，性寡欲，不營資產。家貧歲饑，常晏如也。少有俊才，詞賦甚麗，閑默自守，不求聞達。常以賦者貴能分賦物理，敷演無方，天地之盛，可以致思矣。歷觀古人未有之賦，豈獨以至麗無文，難以辭贊，不然，何其闕哉。遂爲天地賦。張華雅重綏，每見其文，歎服，以爲絕倫，薦之太常，書曰：『竊見處士東郡成公綏，年二十五，字子安，體珪璋之質，資不器之量，知深慮明，足以妙見，研思篤好，則仲舒之精。貞幹足以敦風篤俗，淵才達學，足以弘道世教，固逸倫之殊俊，搢紳之檢式也。』由是徵爲博士。

【出處】晉書文苑成公綏傳　御覽六三二引文士傳

荀勗爲中書監　帝受禪，改封勗爲濟北郡公。勗以羊祜讓，乃固辭爲侯，拜中書監，加侍中，領著作，與賈充共定律令。

【出處】晉書荀勗傳

吳主孫皓議毀梵寺　孫皓始即位，下令遍毀神祠，被及梵宇。臣僚諫：『先帝感瑞剏寺，不可毀也。』乃遣臣張昱往詰康僧會。會挫其辭，理辯鋒出，昱不能屈，歸以會才高聞。皓召至，問曰：『佛言善惡報應，可得聞乎？』會曰：『明主以孝慈治天下，則赤烏翔而老人見。以仁德育萬物，則醴泉涌而嘉禾茁。善既有應，惡亦如之。故爲惡於隱，鬼得而誅之。爲惡於顯，人得而誅之。易稱積善餘慶，詩美求福不回。雖儒典之格言，即佛教之明訓。』皓曰：『然則周孔既明，安用佛教？』會曰：『周孔不欲深言，故略示近跡。佛教不止淺言，故詳示其要，皆爲善也。聖人唯恐善之不多，陛下以爲嫌，何也？』皓無以酬之，遂能。

【出處】高僧傳卷第一　佛祖歷代通載卷第六

沙門竺曇摩羅刹自西域還　曇摩羅刹晉言法護，其先月支人，本姓支氏。世居燉煌郡。年八歲出家，事外國沙門竺高座爲師。誦經日萬言，過目則能。天性純懿，操行精苦，篤志好學，萬里尋師。是以博覽六經，遊心七籍。雖世務毀譽，未甞介抱。時寺廟圖像雖崇京邑，而方等深經，蘊在葱外。護乃慨然發憤，志弘大道。遂隨師至西域，遊歷諸國。外國異言三十六種，書亦如之，護皆遍學，貫綜詁訓，音義字體，無不備識。遂大賫梵本婆羅門經還歸中夏。沿路傳譯，寫爲晉文。是年出薩芸分陀利經六卷，無盡意經四卷（第二出，與阿差末同本別譯，出大集，或五卷。）

【出處】高僧傳卷第一　歷代三寶紀卷第六

陳邵爲燕王師，邵字節良，東海襄賁人也。郡察孝廉，不就。以儒學徵，爲陳留內史，累遷燕王師，撰周官禮同異評十二卷，甚有條貫，行於世。詔曰：『燕王師陳邵清貞絜靜，行著邦族，篤志好古，博通六籍。耽悅典誥，老而不倦。宜在左右，以篤儒教，可爲給事中。』卒於官。

【出處】晉書儒林陳邵傳

【考證】按晉書樂安平王鑒傳，稱武帝踐祚，爲鑒及燕王機高選師友。清惠亭侯京傳，稱機以是年封燕王，其得邵爲師，當距此不遠，姑誌之於此以俟考。

傅玄製短簫鐃歌曲　初，玄參安東將軍軍事，轉溫令，再遷弘農太守，領典農校尉，所居稱職。數上書陳便宜，多所匡正，五等建封鶉觚男。帝爲晉王，以玄爲散騎常侍。及即帝位，進爵爲子，加駙馬都尉。帝命玄改漢之短簫鐃歌曲，製爲二十二篇，述以功德代魏。改朱鷺爲靈之祥，言宣帝之佐魏，猶虞舜之事堯，既有石瑞之徵，又能用武以誅孟達之逆命也。改思悲翁爲宣受命，言宣帝禦諸葛亮，養威重，運神兵，亮震怖而死也。改艾如張爲征遼東，言宣帝陵大海之表討滅公孫氏而梟其首也，不廢武事，順時以殺伐也。改石留爲順天道，言仲冬大閱，用武脩文，大晉之德。改上之回爲宣輔政，言宣帝聖道深遠，撥亂反正，網羅文武之才以定二儀之序也。改雍離爲時運多難，言宣帝致討吳方有征無戰也。改戰城南爲景龍飛，言景帝克明威教，賞順夷逆，隆無疆崇洪基也。改巫山高爲平玉衡，言景帝一萬國之殊風，齊四海之乖心，禮賢養士而纂洪業也。改上陵爲文皇統百揆，言文帝始統百揆，用人有序，以敷太平之化也。改將進酒爲因時運，言因時運變，聖謀潛施，解長蛇之交，脫羣桀之黨，以武濟文，以邁其德也。改有所思爲惟庸蜀，言文帝既平萬乘之蜀，封建萬國，復五等之爵也。改芳樹爲天序，言聖皇應歷受禪，弘濟大化，用人各盡其才也。改上邪爲大晉承運期，言聖皇應籙受圖化象神明也。改君馬黃爲金靈運，言聖皇踐祚，致敬宗廟，而孝道行於天下也。改雉子班爲於穆我皇，言聖皇受禪德合神明也。改聖人出爲仲春振旅，言大晉申文武之教，畋獵以時也。改臨高臺爲夏苗田，言大晉畋狩順時，爲苗除害也。改遠如期爲仲秋獮田，言大晉雖有文德配天也。改務成爲唐堯，言聖皇陟帝位，德化光四表也。玄雲依舊名，言聖皇用人各盡其材也。改黃爵行爲伯益，言赤烏銜書，有周以興，今聖皇受命神雀來也。鈞竿依舊名，言聖皇德配堯舜，又有呂望之佐，濟大功致太平也。玄進皇甫陶，陶爲散騎常侍，與玄共掌諫職。玄遷侍中，陶抵玄事，二人爭言諠譁，爲有司所奏，倶坐免官。泰始四年，玄爲御史中丞，五年爲太僕。

【出處】晉書樂志　傅玄傳

二年丙戌（二六六）吳孫皓寶鼎元年

議襲用魏正朔服色　是年九月，羣公奏：『唐堯舜禹不以易祚改制，至於湯武，各推行數。宣尼答爲邦之問，則曰：行夏之時，輅冕之制，通爲百代之言，蓋期於從政濟治，不繫於行運也。今大晉繼三皇之蹤，踵舜禹之迹，應天從民，受禪有魏，宜一用前代正朔服色，皆如有虞遵唐故事，於義爲弘。』奏可。

【出處】宋書禮志

吳張儼至洛陽　儼字子節，吳人也。弱冠知名，歷顯位，以博聞多識，拜大鴻臚。至是，使於晉，弔祭司馬昭。孫皓謂儼曰：『今南北通好，以君爲有出境之才，故相屈行。』對曰：『皇皇者華，蒙其榮耀，無古人延譽之美。磨厲鋒鍔，思不辱命。』既至，車騎將軍賈充，尚書令裴秀，侍中荀勗等欲傲以所不知，而不能屈。尚書僕射羊祜，尚書何禎並結縞帶之好。及還，道病死。生平著有：默記三卷，誓論三十卷，集二卷，錄一卷。

【出處】三國吳志孫皓傳注引吳錄

司馬彪爲秘書丞　彪字紹統，高陽王睦之長子也。出後司馬懿弟敏。少篤學不倦，然好色薄行，爲睦所責，故不得爲嗣。雖名出繼，實廢之也。彪由此不交人事而專精學習。故得博覽羣籍，終其綴集之務。初拜騎都尉，又爲秘書郎，至是轉丞。帝親祠南郊，彪上疏定議。後拜散騎侍郎。

【出處】晋書司馬彪傳

【考證】按晋書禮志稱武帝祠南郊乃泰始二年不事，故誌之於此。又按司馬彪傳稱『上疏定議，語在郊祀志。』晋書無郊祀志而有禮志，亦不載其語，蓋沿舊晉書之語未及刪改也。

袁準爲給事中　準有儁才，忠信公正，不恥下問，惟恐人之不勝己也。以世事多險，故常恬退而不敢求進。著書十餘萬言，論治事之務。又作才性論曰：『凡萬物生於天地之間，有美有惡。物何故美？清氣之所生也。物何故惡？濁氣之所施也。夫金石絲竹，中天地之氣；黼黻玄黃，應五方之色有五。君子以此得：曲直者，木之性也。曲者中鉤，直者中繩，輪桷之材也。賢不肖者，人之性也。賢者爲師，不肖者爲資，師資之材也。然則性言其質，才名其用，明矣。』又爲易周官詩傳及論五經滯義聖人之微言以傳於世。至是，爲給事中。

【出處】三國魏志袁渙傳注引袁氏世紀及荀綽九州記　藝文類聚二十一

【考證】按九州記謂準於泰始中爲給事中。考袁渙傳，渙卒於曹操之前，即使準生於渙卒之年，則此時已將五十歲。故知其爲給事中必在泰始之初，姑誌之於此以俟考。

【附錄】袁準著述表

周易傳 三國魏志裴潛傳注引

袁氏詩傳 三國魏志袁渙傳注引

周官傳 同前

喪服經注一卷 隋志

儀禮音一卷 舊唐志

正論十九卷 隋志

正書二十五卷 七錄

文立爲濟陰太守　自蜀幷於魏，梁州建首，立爲別駕從事。咸熙元年，舉秀才，除郎中，至是帝方欲懷納梁益，引致雋彥，遂拜立爲濟陰太守。

【出處】華陽國志西州後賢志

竺曇摩羅刹居長安譯經　十一月八日，於長安青門內白馬寺出須眞天子經（亦云問四

事經）安文惠白元信傳語，聶承遠張玄伯孫休達筆受。承遠清信士也，明解有才，篤志務法，護公出經，多參正文句。達

十二月三十日未時訖。

【出處】歷代三寶紀卷第三第六　高僧傳卷第一　出三藏記集卷第二第七

荀勗造金像佛菩薩　侍中荀勗造金像佛菩薩十二身於洛陽，放大光明，都人競集瞻禮。

【出處】佛祖統紀卷第三十六

三年丁亥（二六七）

禁星氣讖緯之學

【出處】晉書武帝本紀

張華爲黃門侍郎　詔以華爲黃門侍郎，封關內侯。華博覽圖籍，强記默識，四海之內，若指諸掌。帝嘗問漢宮室制度及建章千門萬戶，華應對如流，聽者忘倦。畫地成圖，左右屬目，帝甚異之，時人比之子產。華又好觀奇異圖緯之學，捃拾天下遺逸

，自書契之始，考驗神怪及世間里閭所說，撰博物志四百卷奏帝。帝曰：『卿才十倍萬代，博識無倫。記事採言，多所浮妄。宜刪剪無據，以見成文。昔仲尼刪詩書不及鬼神幽昧之事，不言怪力亂神。見卿所志，驚所未聞，異所未見，將繁於耳目也。可更芟截浮疑，分爲十卷。』從之。

【出處】 晉書張華傳　王嘉拾遺記

陳壽舉孝廉　壽少受學於譙周，治尙書三傳，銳精史漢，聰警敏識，屬文富豔。初應州命衛將軍主簿，東觀秘書郎，散騎黃門侍郎。宦人黃皓專弄威權，大臣皆曲意附之，壽獨不爲之屈，由是屢被譴黜。遭父喪，有疾，使婢丸藥，客往見之，鄉黨以爲貶議。及蜀平，坐是沈滯者累年。至是，張華愛其才，以壽雖不遠嫌，原情不至貶廢。舉孝廉，除本郡中正。

【出處】 晉書陳壽傳　華陽國志西州後賢志

【考證】 按華陽國志稱壽於大同後『察孝廉，爲本郡中正。』是舉孝廉後即爲本郡中正也。又王化傳稱化『與壽良李密陳壽李驤杜烈同入京洛。』李密傳稱『武帝立太子，徵爲洗馬。』考惠帝之爲太子，在泰始三年，則陳壽之舉，李密之徵，當俱在此年也。且蜀志譙周傳稱『泰始五年，予嘗爲本郡中正，淸定事訖，求休還家。』則初爲中正，必在其前，與此情形正合，晉書本傳則載爲中正於上諸葛亮集之後，殊誤。蓋此書之上，在泰始十年，陳壽本人記載甚明，不得以他人傳聞之言而推翻本人自叙之語也。

文立應貞等爲太子中庶子　帝立太子，以司徒李胤爲太傅，齊王驃騎爲少傅，選文立貞及護軍長史孔恂等爲中庶子。立上疏曰：『伏維皇太子春秋美茂，盛德日新。始建幼志，誕陟大繇，猶朝日初暉，良寶耀璞。侍從之臣，宜簡俊乂，妙選賢彥。使視觀則覩禮容棣棣之則，聽納當受嘉話駭耳之言，靜應道軌，動有所采，佐淸初陽，緝熙天光，其任至重，聖王詳擇，誠非糞朽能可堪任。臣聞之，人臣之道，量力受命，其所不諧，得以誠聞。』帝報曰：『古人稱與田蘇遊，非舊德乎？』貞後遷散騎常侍。

【出處】華陽國志西州後賢志　晉書儒林文立傳　文苑應貞傳

姚信爲吳太常　初，孫權時，信以親附太子和，枉見流徙。及孫皓即位，追謚父和曰文皇帝，改葬明陵。至是，遣信與守丞相孟仁等備宮僚中軍步騎二千人以靈輿法駕東迎神於明陵。姚信喜言天，作昕天論曰：「天北高南下，若車之軒。若使天裹地，如卵含雞，地何所倚立而自安固？若有四維柱石，則天之運轉，將以相害。使無四維，因水勢以浮，則非立性也，若天經地，行於水中，則日月星辰之行，將不得其性。是以兩地之說，下地則上地之根也，天行乎兩地之間矣。人爲靈蟲，形最似天。今地形立於下，天象運乎上，譬於人頤前多臨胸，而項不能覆背。近取諸身，故知天體南低入地，北則偏高也，嘗覽漢書云，冬至日在牽牛，去極遠。夏至日在東井，去極近。冬至極低，天運近南，故日去人遠，斗去人近，北天氣至，故冰寒也。夏至極起，天運近北，故斗去人遠，日去人近，南天氣至，故蒸熱也。極之高時，日所行地中淺，故夜短；天去地高，故晝長。極之低時，日所行地中深，故夜長，天去地下淺，故晝短。然則天行，寒依於渾夏依於蓋也。』

【出處】太平御覽二 宋書天文志

【附錄】姚信著述表

周易注十卷 釋文敍錄

士緯新書十卷 隋志

姚氏新書二卷 隋志

昕天論一卷

集二卷錄一卷 七錄

徵李宓爲太子洗馬不至 初，宓父早亡，母何氏改醮。宓時年數歲，感戀彌至，蒸蒸之性，遂以成疾。祖母劉氏，躬自撫養，宓奉事以孝謹聞。劉氏有疾，則涕泣，側息未嘗解衣；飲食湯藥，必先嘗後進。有暇則講學忘疲，而師事譙周，治春秋左傳，博覽五經，多所通涉。機警辯捷，辭義響起，周門人方之游夏。少仕蜀爲郎，數吳使，有才辯，吳人稱之。至是帝立太子，徵爲洗馬。密以祖母年高，無人奉養，遂不應命，上疏有云：『……劉日薄西山，氣息奄奄，人命危淺，朝不慮昔。臣無祖母：無以至今日；祖母無臣，無以終餘年。母孫二人，更相爲命，是以私情區區，不敢棄遠。……』帝覽之曰：『士之有名，不虛然哉！』嘉其誠欵，賜奴婢二人，下郡縣供其祖母奉膳。

【出處】晉書孝友傳　華陽國志西州後賢志

四年戊子（二六八）

裴秀上禹貢地域圖　是年正月，詔以裴秀爲司空。秀儒學洽聞，且留心政事，當禪代之際，總納言之要。其所裁當，禮無違者。又以職在地官，以禹貢山川地名，從來久遠，多有變易。後世說者，或彊牽引，漸以闇昧。於是甄擿舊文，疑者則闕，古有名而今無者，皆隨事注列。作禹貢地域圖十八篇奏之，藏於秘府。其序曰：『圖書之設：由來尚矣。自古立象垂制而賴其用。三代置其官，國史掌厥職。暨漢屠咸陽，丞相蕭何盡收秦之圖籍。今秘書既無古之地圖，又無蕭何所得。惟有漢氏輿地及括地諸雜圖。各不設分率，又不考正準望。亦不備載名山大川。雖有麤形，皆不精審，不可依據。或荒外迂誕之言，不合事實，於義無取。大晉龍興，混一六合，以清宇宙。始於庸蜀，深入其岨。文皇帝乃命有司撰訪吳蜀地圖。蜀土既定，六軍所經，地域遠近，山川險易，征路迂直。校驗圖記，罔或有差。今上考禹貢山海川流原隰陂澤，古之九州及今之十六州，郡國縣邑疆界鄉陬及古國盟會舊名水陸徑路，爲地圖十八篇。制圖之體有六焉：一曰分率，所以辨廣輪之度也。二曰準望，所以正彼此之體也。三曰道里，所以定所由之數也。四曰高下，五曰方邪，六曰迂直。此三者各因地而制宜，所以校夷險之異也。有圖象而無分率，則無以審遠近之差。有分率而無準望，雖得之於一隅，必失之於他方。有準望而無道里，則旋於山海絕隔之地，不能以相通。有道里而無高下方邪迂直之校，則徑路之數，必與遠近之實相違，失準望之正矣。故以此六者參而考之。然遠近之實，定於分率，彼此之實，定於道里。度數之實，定於高下方邪迂直之算。故雖有峻山鉅海之隔，絕域殊方之迥，登降詭曲之因，皆可得舉而定者。準望之法既正，則曲直遠近無所隱其形也。』

【出處】晉書裴秀傳

帝幸芳林園　是年二月，上幸芳林園洛陽圖經曰：『華林園在城內東北隅，魏明帝起，名芳林園，齊王芳改爲華林。』與羣臣宴，賦詩觀志，以散騎常侍應貞詩最美。詩曰：『悠悠太上，民之厥初，皇極肇建，彝倫攸敷。五德更運，膺籙受符。陶唐既謝，天歷在虞，於時上帝，乃顧惟眷，光我晉祚，應期納禪，位以龍飛，文以虎變。玄澤滂流，仁風潛扇。區內宅心，方隅回面。天垂其象，地曜其文，鳳鳴朝陽，龍翔景雲。嘉禾重穎，蓂莢載芬。率土咸序，人胥悅欣。恢恢皇度，穆穆聖容，言思其順，貌思其恭，在視斯明，在聽斯聰，登庸以德，明試以功。其恭惟何？昧旦丕顯。無理不經，無義不踐。行捨其華，言去其辯。游心至虛，同規易簡，六府孔修，九有來踐。澤靡不被，化罔不加，聲教南聲，西漸流沙，幽人肆險，遠國忘遐，越裳重重，充我皇家。峩峩列辟，赫赫虎臣，內和五品，外威四賓。修時貢職，入覲天人。備言錫命，羽蓋朱輪。貽宴好會，不常厥數，神心所受，不言而喻。於時肄射，弓矢斯御，發彼五的，有酒斯飫。文武之道，厥猷未墜。在昔先王，射御茲器。示武懼荒，過亦爲失。凡厥羣后，無懈于位。』貞於明年卒，有集五卷行於世。

【出處】昭明文選晉武帝華林園集詩及李善注引洛陽圖經干寶晉紀孫盛晉陽秋晉書文苑應貞傳

沙門竺曇摩羅剎出小品經七卷 三月四日譯，是第二出，或八卷。與舊道行經本同，文小異。

【出處】歷代三寶紀卷第六

五年己丑（二六九）吳孫皓建衡元年

文立請錄用故蜀大官之子孫　立上『故蜀大官及盡忠死事者子孫，雖仕郡國，或有不才，同之齊民爲劇。』又上『諸葛亮蔣琬費禕等子孫流徙中畿，宜見敘用。一則以慰巴蜀民之心，其次傾東吳士人之望。』事皆施行。

【出處】 華陽國志西州後賢志

【考證】 按晉書武帝紀，是年『詔諸葛亮孫京隨才署吏』故誌之於此。

傅玄荀勗張華等上樂歌 尚書奏使太僕傅玄中書監荀勗黃門侍郎張華各造正旦行禮及王公上壽酒食舉樂歌詩。荀勗云：『魏氏行禮，食舉再取周詩鹿鳴以爲樂章。又鹿鳴以宴嘉賓，無取於朝。考之舊聞，未知所應。』勗乃除鹿鳴舊歌，更作行禮詩四篇。先陳三朝朝宗之義。又爲正旦大會王公上壽歌詩，幷食舉樂歌詩，合十三篇。又以魏氏歌詩，或二言，或三言，或四言，或五言，與古詩不類。以問司律中郎將陳頎，頎曰：『被之金石，未必皆當。』故勗造晉歌，皆爲四言。惟王公上壽酒一篇爲三言五言焉。張華以爲魏上壽食舉詩及漢氏所施用，其文句長短不齊，未皆合古。蓋以依詠弦節，本有因循，而識樂知音，足以制聲度曲法用，率非凡近之所能改。二代三京，襲而不變，雖詩章辭異，廢興隨時，至其韻逗留曲折，皆繫於舊，有由然也。是以一皆因就，不敢有所改易，此則華勗所明異旨也。時詔又使中書侍郎成公綏亦作焉。綏自博士歷秘書郎，轉丞，遷中書郎，每與張華受詔並爲詩賦，又與賈充等參定法律，泰始九年卒，年四十三，所著詩賦雜筆十餘卷，行於世。（七錄有集十卷）

【出處】晉書樂志上

沙門竺曇摩羅刹出大般泥洹經二卷　七月三日出，亦云方等泥洹。

【出處】歷代三寶紀卷第六

王衍見僕射羊祜　衍字夷甫，王戎之從弟也。神情明秀，風姿詳雅，總角嘗造山濤，濤嗟嘆良久。既去，目而送之曰：『何物老嫗，生寧馨兒，然誤天下蒼生者，未必非此人也。』父乂爲平北將軍，嘗有公事，使行人列上，不時報。衍年十四，時在京師，造僕射羊祜，申陳事狀，辭甚清辯。祜名德貴重，而衍幼年無屈下之色，衆咸異之。祜不然之，衍拂衣而起，祜顧謂賓客曰：『王夷甫方以盛名處大位，然敗俗傷化，必此人也。』楊駿欲以女妻焉。衍恥之，遂陽狂自免。帝聞其名，問戎曰：『夷甫當世誰比？』戎曰：『未見其比，當從古人中求之。』步闡之役，祜以軍法將斬王戎，故戎衍並憾祜，每言論多毀祜。時人爲之語曰：『二王當國，羊公無德。』

【出處】晉書羊祜傳　王衍傳

六年庚寅（二七〇）

譙周卒　初，司馬昭以周勸蜀歸降，有全國之功，封陽城亭侯，又下書辟周。周發至漢中，困疾不進。晉室踐阼，累下詔所在發遣周，周遂輿疾詣洛。泰始三年至，以疾不起，就拜騎都尉。周乃自陳無功而封，求還爵土，皆不聽許。是年秋，詔曰：『騎都尉譙周字允南，閑居中道，不仕危國。蜀亡之際，勸劉禪歸降，有忠上濟民之謀。又就習典藝，博物洽聞，朕甚嘉之，其以爲散騎常侍。』疾篤不拜。至冬卒，年七十餘。

【出處】三國蜀志譙周傳　北堂書鈔五十八引干寶晉紀

【附錄】譙周著述表

論語注十卷　釋文叙錄

五經然否論五卷　隋志

古史考二十五卷　隋志

三巴記一卷　隋志

法訓八卷　隋志

五教五卷　七錄　唐志

喪服圖　御覽五百四十引

後漢記　晉書司馬彪傳　續漢志

蜀本紀　華陽國志序志　三國蜀志秦宓傳注引

禮祭集志　宋書禮志及通典四十八四十九五十二引

益州志　文選蜀都賦注引

異物志　文選蜀都賦注引

讖記　華陽國志引

沙門竺曇摩羅刹出寶藏經二卷，賴吒和羅所問光德太子經一卷　九月三十日出一名光德太子經。

【出處】歷代三寶紀卷第六

七年辛卯（二七一）

裴秀卒　秀創制朝儀，廣陳刑政，朝廷多遵用之，以爲故事。在位四載，爲當世名公。服寒食散，當飲熱酒而飲冷酒。是年三月薨，時年四十八。著易及樂論，作冀州記（見史記索隱），又畫地域圖傳行於世。盟會圖及典治官制，皆未成。又有文集三卷，錄一卷。（見隋志引七錄。）

【出處】晉書裴秀傳　三國魏志裴潛傳注引文章叙錄

張華爲中書令　華既爲中書令，又加散騎常侍，遭母憂，哀毁過禮。中詔勉厲，逼令攝事

【出處】晉書張華傳

陳壽除佐著作郎　益部自建武後，蜀郡鄭伯邑太尉趙彥信及漢中陳申伯祝元靈廣漢王文表，皆以博學洽聞，作巴蜀耆舊傳。壽以爲不足經遠，乃幷巴漢，撰爲益部耆舊

傳十篇。文立表呈其傳，帝善之，除佐著作郎。出補平陽侯相。

【出處】華陽國志西州後賢志　晉書陳壽傳

【考證】按蜀志譙周傳注引益部耆舊傳載有董榮圖畫周像於州學之事，且稱之爲前哲。故知此書之成，必在譙周死後。而壽又於泰始十年由平陽侯相入爲著作。則初爲平陽相必在其前，以進益部耆舊傳得爲佐著作郎，當又在其前，故誌之於此。

沙門竺曇摩羅刹出超日明三昧經　經共三卷　或兩卷。正月譯，初出。或直云超日明經。此經初譯，頗多煩重。聶承遠以此經文義隱質，理句未圓，後遂更整文偈，刪改勝前爲二卷。又別出迦葉詰阿難經一卷，（第二譯，與漢世嚴佛調出者小異，）越難經一卷，（第二出）又有新道行經十卷　第二出，與漢世竺佛朔譯舊道行全異，亦名小品，出光讚般若。　佛昇忉利天爲母說法經二卷　亦云佛昇忉利天品經。　亦俱於大始年出。

【出處】歷代三寶卷第六　高僧傳卷第一

八年壬辰（二七二）吳孫皓鳳皇元年

留用太學生 有司奏：『太學生七千餘人，才任四品，聽留。』詔：『已試經者留之，其餘遣還郡國。大臣子弟堪受教者，令入學。』

【出處】 宋書禮志一

荀勗進位光祿大夫 初賈充將鎮關右，勗謂馮紞曰：『賈公遠放，吾等失勢，太子婚尙未定，若使充女得爲妃，則不留而自停矣。』勗與紞伺帝間，幷稱充女才色絕世，若納東宮，必能輔佐君子，有關雎后妃之德。』遂成婚。當時甚爲正直者所疾，而獲佞媚之譏焉。久之 進位光祿大夫。（既掌樂事，又修律呂，使郭瓊宋識造正德大豫之舞。並行於世。）

【出處】 晉書荀勗傳 宋書樂志

山濤爲吏部尙書 詔曰：『議郞山濤，至性簡靜，凌虛篤素，立身行己，足以勵俗，其以濤爲吏部尙書』。

【出處】 北堂書鈔六十引晉起居注

左思移家京師 思字太冲，齊國臨淄人也。其先齊之公族，有左右公子，因爲氏焉。

家世儒學，父熹字彥雍，起小吏，爲太原相，以能擢授殿中侍御史。出爲弋陽太守。思少學鍾胡書及鼓琴，並不成。彥雍謂友人曰：『思所曉解，不及我少時』思遂感激勤學，兼善陰陽之術。貌寢口訥而辭藻壯麗。不好交遊，惟以閑居爲事。造齊都賦，一年乃成，復欲賦三都，會是年妹芬入宮，移家京師。方始著筆。

【出處】晉書左思傳　左貴嬪傳　左貴嬪碑

潘岳舉秀才　岳字安仁，滎陽中牟人也。祖瑾安平太守，父芘琅邪內史。岳少以才穎見稱，鄉邑號爲奇童，謂終賈之儔也。泰始四年，帝躬耕耤田，岳作賦以美其事。至是，辟司空賈充府，舉秀才。

【出處】晉書潘岳傳

【考證】按岳本傳稱岳『早辟司空太尉府，舉秀才。』閑居賦自序亦稱『忝司空太尉之命』考晉書武帝紀謂咸寧二年賈充由司空爲太尉，是岳之舉秀才，必不能兼充爲太尉及爲司空時。姑以之誌於充爲司空開府之時以俟攷。

尚書盧欽舉王衍爲遼東太守不就　詔舉奇才可以安邊者，衍初好論縱橫之術，故尚書盧欽舉爲遼東太守，不就。於是口不論世事，唯雅詠玄虛而已。嘗因宴集爲族人所怒，舉樏擲其面，衍初無言，引王導共載而去，然心不能平。在車中攬鏡自照，謂導曰：『爾看吾目光，乃在牛背上矣。』父卒於北平，送故甚厚，爲親識之所借貸，因以捨之。數年之間，家資罄盡，出就洛城西田園而居焉。後爲太子舍人，遷尚書郎，出補元城令，終日清談而縣務亦理。入爲中庶子，黃門侍郎。

【出處】晉書王衍傳

九年癸巳（二七三）

荀勗領秘書監　勗領秘書監，與中書令張華依劉向別錄整理記籍。初東漢之末，兩京大亂，圖書縑帛，掃地皆盡。魏氏代漢，采掇遺亡，藏在秘書中外三閣。魏秘書郎鄭默始置中經。荀勗又因中經更著新簿。分爲四部，總括羣書。一曰甲部，紀六藝及小學等書。二曰乙部，有古諸子家近世子家兵書兵家術數。三曰丙部，有史記舊事皇覽簿雜事。四曰丁部，有詩賦圖讚。後得汲冢書，亦列於此部。但錄題及言，盛以縹囊，書用緗素，至於作者之意，無所論辯。大凡四部，合二萬九千九百四十五卷。又立書博士，置弟子教習，以鍾胡爲法。

【出處】晉書荀勗傳　隋書經籍志

荀勗作古尺以調聲律　勗以魏杜夔所制律呂，檢校定太樂，作鼓吹八音，與律呂乖錯，始知後漢及魏，度漸長於古四分餘。而夔依爲律呂，故致失韻不和。部佐著作劉恭依周禮制尺，所謂古尺也。依古尺作新律呂以調聲韻。以律量黍，以尺度古樂器，皆與本銘尺寸無差。

【出處】晉書樂志　律歷志　宋書律志

摯虞夏侯湛等擧賢良　虞字仲治，京兆長安人也。父模，魏太僕卿。虞少事皇甫謐，才學通博，著述不倦。郡檄主簿。虞常以死生有命，富貴在天。天之所祐者義也，人之所助者信也。履信思順，所以延福。違此而行，所以速禍。然道長世短，禍福舛錯，怵迫之徒，不知所守，蕩而積憤，或迷或放，故借之以身，假之以事。先陳處世不遇之難，遂棄彝倫，輕擧遠游，以極常人罔惑之情，而後引之以正，反之以義。推神明之應於視聽之表，崇否泰之運於智力之外，以明天任命之不可違。故作思遊賦。湛字孝若，譙國譙人也。祖威，魏兗州刺史。父莊，淮南太守。湛幼有盛才，文章宏富，善構新詞而美容觀。與潘岳友善，每行止，同輿接茵，京都謂之連璧。少爲太尉掾。至是，與虞等十七人舉孝廉。湛策爲中第，拜郎中。虞策爲下第，拜中郎。帝詔曰：『省諸賢良答策，雖所言殊途，皆明於王義，有益政道。欲詳覽其對，究觀賢士大夫用心。』因詔諸賢良方正直言會東堂，策問曰：『頃日食正陽，水旱爲災，將何所修以變大眚？及法令有不宜於今爲公私所患苦者皆何事？凡平世在於得才，得才者亦借耳目以聽察。若有文武器能有益於時務而未見申敘者，各舉其人。及有負俗謗議宜先洗濯者，亦各言之。』虞對曰：『臣聞古之聖明，原始以要終，體本以正末，故憂法度之不當而不憂人物之失所。憂人物之失所而不憂災害之流行。誠以法得於此，則物理於彼。人和於下，則災消於上。其有日月之眚，水旱之災，則反聽內視，求其所由。遠觀諸物，近驗諸身，耳目聽察，豈或有蔽其聰明者乎？動心出令，豈或有傾其常正者乎？大官大職，豈或有授非其人者乎？賞罰黜陟，豈或有不得其所者乎？河濱山巖，豈或有懷道釣築而未感於夢兆者乎？方外遐裔，豈或有命世傑出而未蒙膏澤者乎？推此類也，以求其故；詢事考言，以盡其實；則天人之情可得而見，咎徵之至可得而救也。若推之於物則無忤，求之於身則無尤，萬物理順，內外咸宜，祝史正辭，言不負誠，而日月錯行，夭癘不戒，此則陰陽之事，非吉凶所在也。期運度數自然之分，固非人事所能供御，其亦振廩散滯貶食省用而已矣。是故誠遇期運，則雖陶唐殷湯有所不變。苟非期運，則宋衛之君，諸侯之相，猶能有感。惟陛下審其所由以盡其理，則天下幸甚。臣生長蓽門，不逮異物，雖有賢才，所未接識，不敢瞽言妄舉，無以疇答聖問。』擢爲太子舍人。

【出處】晉書摯虞傳　夏侯湛傳

【考證】晉書摯虞傳：『舉賢良，與夏侯湛等十七人策爲下第。』夏侯湛傳『泰始中，舉賢良，中第。』摯虞傳中又有『頃日食正陽』之語。考晉書天文志，武帝泰始九年四月戊辰朔日蝕。四月六月俱爲正陽之月，所謂日蝕正陽，當在此年。他如二年七年八年十年，雖亦有日蝕之事，但非値正陽，故誌之於此。

吳殺韋昭　初，孫皓即位，封昭高陵亭侯，遷中書僕射職省爲侍中，常領左國史。時所在承指，數言瑞應。皓以問昭，昭答曰：『此人家筐篋中物耳』又皓欲爲父和作紀，昭執以和不登帝位，宜名爲傳。如是者非一，漸見責怒。昭益憂懼，自陳衰老，求去侍史二官，乞欲成所造書，以後業別有所付。皓終不聽。時有疾病醫藥，監護持之愈急。皓每饗宴，無不竟日坐席，無能否率以七升爲限，雖不悉入口，皆澆灌取盡。昭素飲酒不過三升，初見禮異時，常爲裁減，或密賜茶荈以當酒。至於寵衰，更見偪彊，輒以爲罪。又於酒後，使侍臣難折公卿，以嘲弄侵克發摘私短以爲歡。時有愆過，或誤犯皓諱，輒見收縛，至於誅戮。昭以爲外相毀傷，內長尤恨，使不濟濟，非佳事也。故但示難問經義言論而已。皓以爲不承用詔命，意不忠盡，遂積前後嫌忿，收昭付獄。昭因獄吏上辭曰：『囚荷恩見哀，無與爲比，曾無芒蹇，有以上報。孤辱恩寵，自陷極罪，念當灰滅，長棄黃泉。愚情慺慺，竊有所懷，貪令上聞。囚昔見世間有古歷注，其所紀載，既多虛無，在書籍者，亦復錯繆。囚尋按傳記，考合異同，采撫耳目所及，以作洞紀。起自庖犧，至於秦漢，凡為三卷。當起黃武以來，別作一卷。事尚未成。又見劉熙所作釋名，信多佳者。然物類衆多，難得詳究，故時有得失。而爵位之事，又有非是。愚以官爵今之所急，不宜乖誤。囚自忘至微，又作官職訓及辯釋名各一卷。欲表上之，新寫始畢。會以無狀，幽囚待命。泯沒之日，恨不上聞，謹以先死列狀，乞上言秘府，於外料取，呈內以聞。追懼淺薉，不合天聽，抱怖雀息，乞垂哀省。』昭冀以此求免，而晧更怪其書之垢，故又以詰昭，昭對曰：『囚撰此書，實欲表上，懼有誤謬，數數省讀，不覺點汚。被問寒戰，形氣吶吃，謹追辭叩首五百下，兩手自搏。』而華覈連上疏救昭曰：『昭運值千載，特蒙表識，以其儒學，得與史官貂蟬內侍，承合天問。聖朝仁篤，慎終追遠。迎神之際，垂涕敕昭，昭愚惑不達，不能敷宣陛下大舜之美，而拘繫史官。使聖趣不叙，至行不彰，實昭愚蔽當死之罪。然臣慺慺，見昭自少勤學，雖老不倦。探綜墳典，溫故知新，及意所經識古今行事，外吏之中，少過昭者。昔李陵爲漢將，軍敗不還而降匈奴，司馬遷不加疾惡，爲陵遊說。漢武帝以遷有良史之才，欲使畢成所撰，忍不加誅。書卒成立，垂之無窮。今昭在吳，亦漢之史遷也。伏見前後符瑞彰著，神指天應，繼出累見，一統之期，庶不復久。事平之後，當觀時設制。三王不相因禮，五帝不相沿樂，質文殊塗，損益異體。宜得昭輩，依準古義，有所改立。漢氏承秦，則有叔孫通定一代之儀，昭之才學，亦漢通之次也。又吳書雖已有頭角，叙贊未述。昔班固作漢書，文辭典雅，後劉珍劉毅等作漢記，遠不及固，叙傳尤劣。今吳書當垂千載，編次諸史，後之才士，論次善惡，非得良才如昭者，實不可使闕不朽之書，如臣頑蔽，誠非其人。昭年已七十，餘數無幾。乞赦其一等之罪，爲終身徒，使成書業，永足傳示，垂之百世。謹通進表，叩頭百下。』皓不許，遂誅昭，徙其家零陵。

【出處】三國吳志韋耀傳（史爲晉諱，改昭爲耀）

漢書音義七卷 隋志

吳書五十五卷 隋志

春秋外傳國語注二十二卷 隋志

孝經解讚一卷 隋志

洞紀四卷 隋志

官儀職訓一卷 七錄

辨釋名一卷 本傳

三吳郡國志 寰宇記江南東道引

博奕論 本傳

集二卷 錄一卷 七錄

與朱育等毛詩答雜問七卷 七錄

〈鼓吹鐃歌曲十二篇〉晉書樂志

吳以薛瑩爲左國史　瑩於孫休時爲散騎中常侍，數年，以病去官。孫皓初，爲左執法，遷選曹尚書，及立太子，又領少傅。建衡三年，皓追嘆瑩父綜遺文，且命瑩繼作。瑩獻詩，有『父子兄弟，累世蒙恩，死惟結草，生誓殺身，雖則灰隕，無報萬分。』之句。會何定建議鑿聖谿以通江淮，皓令瑩督萬人往逐，以多盤石難施功，罷還，出爲武昌左部督。及定被誅，皓追聖谿事，下瑩獄。至是徙廣州。右國史華覈上疏曰：『臣聞五帝三王皆立史官，叙錄功美，垂之無窮。漢時，司馬遷班固咸命世大才，所撰精妙，與六經俱傳。大吳受命，建國南土。大皇帝末年，命太史令丁孚部中項峻始撰吳書，孚峻俱非史才，其所撰作，不足紀錄。至少帝時，更差韋昭周昭薛瑩梁廣及臣五人訪求往事。所共撰立，備有本末。昭廣先亡，昭負恩蹈罪，瑩出爲將，復以過徙，其書遂委滯，迄今未撰奏。臣愚淺才劣，適可爲瑩等記注而已，若使撰合，必襲孚峻之跡，懼墜大皇帝之元功，損當世之盛美。瑩涉學旣博，文章尤妙，同寮之中，瑩為冠首。今者見吏雖多，經學紀述之才，如瑩者少，是以慺慺為國惜之。實欲使卒垂成之功，編於前史之末。奏上之後，退塡溝壑，無所復恨。』皓遂召瑩還，為左國史。後遷光祿勳，天紀四年，晉軍征皓，皓奉書於司馬伷王渾王濬請降，其文瑩所造也。瑩既至洛陽，特先見敘為散騎常侍，答問處當，皆有條理。太康三年卒。

【出處】三國吳志薛瑩傳

【附錄】薛瑩著述表

後漢記一百卷　隋志

荆揚以南異物志　文選吳都賦注引

新議八篇　本傳

集三卷　隋志

十年甲午（二七四）

荀勗奏律法　中書監荀勗中書令張華出御府銅竹律二十五具，部太樂郎劉秀等校試，其三具與杜夔及左延年律法同。其二十二具，視其銘題尺寸，是笛律也。問協律中郎將列和，辭：『昔魏明帝時，令和承受一笛聲，以作此律，欲使學者別居一坊，歌詠講習，依此律調，至於都合樂時，但識其尺寸之名，則絲竹歌詠，皆得均合。歌聲濁者，用長笛長律，歌聲清者，用短笛短律。凡絃歌調張清濁之制，不依笛尺寸名之，則不可知也。』勗等奏：『昔先王之作樂也，以振風蕩俗，饗神佑賢，必協律呂之和，以節八音之中。是故郊祀朝宴，用之有制，歌奏分敍，清濁有宜，故曰：五音十二律，還相爲宮，此經傳記籍可得而知者也。如和對辭，笛之長短，無所象則，率意而作，不由曲度，考以正律，皆不相應。吹其聲均，多不諧和。又辭先師傳笛，別其清濁，直以長短；工人裁制，舊不依律，是爲作笛無法。而和寫笛造律，又令琴瑟歌詠從之爲正，非所以稽古先哲垂憲於後者也，謹條牒諸律問和意狀如左。及依典制用十二律，造笛象十二枚，聲均調和，器用便利，講肄彈擊，必合律呂。況乎宴饗萬國，奏之廟堂者哉。雖伶夔曠遠，至音難精，猶宜儀形古昔，以求厥衷，合乎經體，於制爲詳。若可施用，請更部笛工，選竹造作，下大樂樂府施行。平議諸杜夔左延年律，可皆留其御府笛正聲下徵各一具，皆銘題作者姓名。其餘無所施用，還付御府，毀。』奏可。

【出處】晉書律曆志　宋書律志

吳陸機爲牙門將　機字士衡，吳郡人也。祖遜，吳丞相。父抗，吳大司馬。機身長七尺，其聲如雷，少有異才，文章冠世。伏膺儒術，非禮不動。至是抗卒，機領父兵爲牙門將。

【出處】晉書陸機傳

陳壽上諸葛亮集　初壽在著作郎，荀勗和嶠（字長輿，汝南西平人，爲中書令。）爲中書令。奏使其定故蜀丞相諸葛亮集。壽輒刪除複重，隨類相從，凡爲二十四篇。（時成都壽良亦集，與此頗有不同。）至是上之，遷爲大著作。（壽撰魏吳蜀三國志，時人稱其善敘事，有良史之才。夏侯湛時著魏書，見壽所作，便壞已書而罷。張華深善之，謂壽曰：『當以晉書相付耳。』其爲時所重如此。）

【出處】三國蜀志卷五　御覽二百三十四　華陽國志西州後賢志　晉書卷十二陳

壽傳

文立爲散騎常侍　詔曰：『太子中庶子立，忠貞清實，有思理器幹。前在濟陰，政事修明。後事東宮，盡輔導之節。昔光武平隴蜀，皆收其才秀，所以援濟殊方伸叙幽滯也。其以立爲散騎常侍。』累辭不許，上疏曰：『臣子之心，願從疏以求昵，凡在人情，貪從幽以致明。斯實物性，賢愚所同，臣者何人，能無此懷？誠自審量，邊荒遺燼，犬馬老甚，非左右機納之器。臣雖至愚，處之何顏？』詔曰：『常伯之職，簡才而受，何謙虛也！』立自內侍，獻可替否，多所補納，甄致二州人士，銓衡平當，爲士彥所宗。故蜀尙書犍爲程瓊雅有德望，素與立至厚，帝聞其名以問立，立對曰：『臣至知其人，但年垂八十，禀性謙退，無復當時之望，不以上聞耳。』瓊聞之曰：『廣休可謂不黨矣，故吾善夫人也。』西州獻馬，帝問立『馬何如？』對曰：『乞問太僕』帝每善其恭愼。

【出處】華陽國志西州後賢志

咸寧元年乙未（二七五）吳孫皓天冊元年

徵處士皇甫謐爲太子中庶子不至　初，謐於景元初，相國辟，不行。其後武帝頻下詔敦逼。謐乃上書自陳廢疾之狀，辭切言至，遂見聽許。歲餘，又舉賢良方正並不起。自表就帝借書。帝送一車書與之。謐雖羸疾，而披閱不怠。初服寒食散而性與之忤，每委頓不倫。嘗悲恚，叩刃欲自殺，叔母諫之而止。時文立表以命士有贄爲煩，請絕其禮幣，詔從之。謐聞而嘆曰：『亡國之大夫不可與圖存，而以革歷代之制，其可乎？夫束帛戔戔，易之明義；玄纁之贄，自古之舊也。故孔子稱夙夜強學以待問，席上之珍以待聘。士於是乎三揖乃進，明致之難也；一讓而退，明去之易也。若殷湯之於伊尹，文王之於太公，或身卽莘野，或就載以歸，唯恐禮之不重，豈吝其煩費哉？且一禮不備，貞女恥之，況命士乎。孔子曰：賜也爾愛其羊。我愛其禮。棄之如何？政之失賢，於此乎在矣。』至是又詔曰：『男子皇甫謐，沉靜履素，守學好古，與流俗異趣。其以謐爲太子中庶子。』固辭疾篤。帝初雖不奪其志，尋復發詔，徵爲議郎，又詔補著作郎，司隸校尉劉毅請爲功曹，並不應。

【出處】晉書皇甫謐傳

衛瓘爲尚書令　初瓘於泰始初爲征東將軍，進爵爲公，都督青州諸軍事，青州刺史。加征東大將軍青州牧。又除征北大將軍都督幽州諸軍事幽州刺史護烏桓校尉。至是，徵拜尚書令，加侍中。性嚴整，以法御下，視尚書若參佐，尚書郎若掾屬。瓘學問深博，明習文藝，與尙書郎敦煌索靖俱善草書，時人號爲一臺二妙。漢末張芝亦善草書，論者謂瓘得伯英筋，靖得伯英肉。

【出處】 晋書衛瓘傳

二年丙申（二七六）吳孫皓天璽元年

立國子學 晉初承魏制，置博士十九人。至是帝初立國子學，置國子祭酒博士各一人，助敎十五人，以敎生徒。博士皆取履行淸淳通明典義者，若散騎常侍中書侍郎太子中庶子以上，乃得召試。諸縣率千餘戶立一小學，不滿千戶亦立。

【出處】 晉書百官志 武帝本紀 御覽五三四引晉令

【考証】 按晉書百官志載立國子學乃咸寧四年之事，而本紀則載於二年，今從本紀。

三年丁酉（二七七）吳孫皓天紀元年

譙爲陳瑞自稱天師被誅 瑞初以鬼道惑民，其道始用酒一斗，魚一頭，不奉他神，貴鮮潔，其死喪產乳者，不百日不得至道治。其爲師者曰祭酒。父母妻子之喪，不得撫殯入弔，及問乳病者。轉奢靡，作朱衣，素帶，朱幘，進賢冠。瑞自稱天師。徒衆以千數百，益州刺史王濬以爲不孝，誅瑞及祭酒袁旌等，焚其傳舍。益州民有奉瑞道者，見官二千石長吏巴郡太守犍爲唐定等皆免官或除名。

【出處】華陽國志卷八

四年戊戌（二七八）

陳壽爲侍御史　鎮南大將軍羊祜，病篤，舉杜預自代。預將之鎮，入辭啟曰：『蜀有陳壽，才史通博，宜補黃散之職。』帝曰：『卿何說晚，壽可作治書侍御史不？』預對：『惟上詔』即手詔用壽爲治書侍御史。壽上官司論七篇，依據典故，議所因革，又上釋諱廣國論。張華表令兼中書郎，而壽魏志有失荀勖意。不欲其處內。遂諷吏部，還壽爲長廣太守。辭母老不就。

【出處】北堂書鈔　華陽國志　晉書本傳

潘岳作秋興賦　岳才名冠世，爲衆所疾，遂栖遲，不得遷。至是，仍以太尉掾兼虎賁中郎將寓直於散騎之省，因感秋而有山林之志，遂作秋興賦以自遣。

【出處】晉書本傳　文選秋興賦

傅玄卒　初，玄由太僕轉司隸，至是，獻皇后崩於弘訓宮，設喪位，舊制，司隸於端門外坐在諸卿上，絕席。其入殿，按本品秩在諸卿下以次坐，不絕席。而謁者以弘訓宮爲殿內，制玄位在卿下。玄恚怒，厲聲色而責謁者，謁者妄稱尚書所處。玄對百僚而罵尚書，以下御史，中丞庾純奏玄不敬。玄又自表不以實，坐免官。玄天性峻急，不能有所容，每有奏劾，或值日暮，捧白簡，整簪帶，竦踊不寐，坐而待旦。於是貴游懾伏，臺閣生風。尋卒於家，時年六十二，諡曰剛。玄少時避難於河內，專心誦學。後雖顯貴，而著述不廢。撰論經國九流及三史故事，評斷得失，各爲區例，名爲傅子。爲內外中篇，凡有四部六錄合百四十首數十萬言，並文集百餘卷行於世。玄初作內篇成，子咸以示司空王沈，沈與玄書曰：『省足下所著書，言富理濟，經綸政體，存重儒敎，足以塞楊墨之流遁，齊孫孟於往代，每開卷未嘗不嘆息也。不見賈生，自以過之，乃今不及，信矣。』其後追封清泉侯。

【出處】晉書傅玄傳

【附錄】傅玄著述表

五禮儀

傅子百二十卷

周官論評十二卷

集五十卷錄一卷

李宓爲溫令　初，宓祖母劉終，服闋，復以洗馬徵至洛。徙尙書郎。司空張華問之曰：『安樂公何如？』宓曰：『可次齊桓。』華問其故。對曰：『齊桓得管仲而霸，用豎刁而蟲流。安樂公得諸葛亮而抗魏，任黃皓而喪國，是知成敗一也。』次問：『孔明言敎何碎？』宓曰：『昔舜禹臯陶相與語，故得簡雅。大誥與凡人言，宜碎。孔明與言者無己敵，言敎是以碎耳。』華善之。出爲河內溫令，敷德陳敎，政化嚴明。太傅鉅平侯羊公薨，無子，帝令宗子爲世子嗣之，不時赴喪。宓常著有老子注二卷，集二卷，錄一卷。

遣兵曹賁移推轂，遣之中山。諸王每過温縣，必責求供給，吏民惡之。宓至中山，王過縣徵芻茭薪蒸，宓引『高祖過沛濱，老幼桑梓之供，一無煩費。伏維明王，孝思維則，動識先戒，本國望風，式歌且舞，誅求煩碎，所未聞命。』後諸王過，不敢煩温縣。盜賊發河內餘縣，不敢進温。追賊者不敢經界。而宓憎疾從事，嘗與人書曰：『慶父不死，魯難未已。』從事白其書司隸，司隸以宓在縣清愼，弗之劾也。

【出處】晉書孝友傳　華陽國志西州後賢志

【考證】按羊祜以是年薨，則密之爲温令；亦當在此時，故誌之於此。

五年己亥（二七九）

汲郡得竹簡古書　汲郡人不準，盜發魏襄王墓，或言安釐王冢，得竹書數十車，皆科斗文字。初發冢者，燒策，照取寶物。及官收之，多燼簡斷札。文旣殘缺，不復詮次。且科斗書久廢，推尋不能盡通。汲郡初得此書，表藏秘府。帝命中書監荀勗令和嶠校綴次第，尋考指歸，而以今文寫之，以爲中經，列在秘書。

【出處】晉書束晳傳　杜預春秋左氏傳集解

【考證】按汲冢出書之事，晉武帝本紀載於咸寧五年，晉書衛恆傳載於太康元年。束晳傳及荀勗序穆天子傳皆載於太康二年。蓋初發冢時實在咸寧五年，而收集散亂，表上秘府，命人整理，俱非一年之事，故記載不免出入也。

文立卒　初，立遷衛尉，猶兼都職，中朝服其賢雅，爲時名卿，連上表年老，乞求解替還桑梓，帝不聽。至是卒。帝緣立有懷舊性，乃送葬于蜀，使者護喪事，郡縣修墳塋，當時榮之。凡立章奏集爲十篇，詩賦論頌亦數十篇。

【出處】華陽國志西州後賢志

虞溥爲鄱陽內史　溥字允源，高平昌邑人也。父祕爲偏將軍，鎭隴西，溥從父之官，專心墳籍。時疆埸閱武，人爭視之，溥未嘗寓目。郡察孝廉，除郎中，補尚書都令史。尚書令衛瓘尚書褚䂮並器重之。溥謂瓘曰：『往者金馬啟符，大晉應天。宜復先王五等之制以綏久長，不可承暴秦之法遂漢魏之失也。』瓘曰：『歷代嘆此而終未能改』稍遷公車司馬令，除鄱陽內史。大修庠序，廣招學徒，移告屬縣曰：『學所以定情理性而積衆善者也。情定於內而行成於外，積善於心而名顯於教。故中人之性，隨教而移，善積則習與性成。唐虞之時，皆比屋而可封。及其廢也，而云可誅。豈非化以成俗教移人心者哉？自漢氏失御，天下分崩，江表寇隔，久替王教，庠序之訓，廢而莫修。今四海一統，萬里同軌，熙熙兆庶，咸休息乎太和之中。宜崇尚道素，廣開學業，以讚協時雍，光揚盛化。』乃具爲條制，於是至者七百餘人。溥乃作誥以奬訓之曰：『文學諸生，皆冠帶之流，年盛志美，始涉學庭，講修典訓，此大成之業立德之基也。夫聖人之道，淡而寡味，故始學者不好也。及至朞月，所觀彌博，所習彌多，日聞所不聞，日見所不見，然後心開意朗，敬業樂羣，忽然不覺大化之陶己，至道之入神也。故學之染人，甚於丹青，丹青吾見其久而渝矣，未見久學而渝者也。夫工人之染，先修其質，後事其色，質修色積而染工畢矣。學亦有質，孝悌忠信是也。君子內正其心，外修其行，行有餘力，則以學文。文質彬彬，然後為德。夫學者不患才不及而患志不立。故曰：希驥之馬亦驥之乘，希顏之徒亦顏之倫也。又曰：鍥而舍之，朽木不知。鍥而不舍，金石可虧。非其效乎？今諸生口誦聖人之典，體閑庠序之訓，比及三年，可以小成。而令名宣流，雅譽日新，朋友欽而樂之，朝士敬而歎之。於是州府交命，擇官而仕，不亦美乎？若乃含章舒藻，揮翰流離，稱述世務，探賾究奇，使楊班韜筆，仲舒結舌，亦惟才所居，固無常人也。然積一勺以成江河，累微塵以崇峻極，匪志匪勤，理無由濟也。諸生若絕人間之務，心專親學，累一以貫之，積漸以進之，則亦或遲或速或先或後耳，何滯而不通何遠而不至耶？』時祭酒求更起屋行禮。溥曰：『君子行禮，無常處也。故孔子射於矍相之圃，而行禮於大樹之下，況今學庭庠序高堂顯敞乎。』溥為政嚴而不猛，風化大行，有白烏集於郡庭，注春秋經傳，撰江表傳及文章詩賦數十篇，卒於洛，時年六十二。子勃過江，上江表傳於元帝。詔藏于秘書。

【出處】晉書虞溥傳

太康元年庚子（二八〇）是歲吳亡

張華爲廣武縣侯　初，帝使張華問羊祜以伐吳策略，祜對畢，華深贊成其計。祜謂華曰：『成吾志者子也』及帝將大舉伐吳，以華爲度支尚書，華量計運漕，決定廟算。衆軍既進而未有克獲，賈充等奏誅華以謝天下。帝曰：『此是吾意，華但與吾同耳』時大臣皆以爲未可輕進，華獨堅執，以爲必克。及是，吳果亡。詔曰：『尚書關內侯張華，前與故太傅羊祜，共創大計，遂典掌軍事，部分諸方，算定權略，運籌決勝，有謀謨之勳，其進封爲廣武縣侯，增邑萬戶，封子一人爲亭侯，千五百戶，賜絹萬匹』華名重一世，衆所推服，晉史及儀禮憲章，並屬於華，多所損益。當時詔誥皆所草定，聲譽益盛，有台輔之望焉。

【出處】晉書張華傳

徵楊泉爲郎中不至　泉字德淵，吳處士也（意林引爲梁國人）。至是，吳亡，會稽相朱則上言，楊泉清操自然。詔拜泉郎中，不就。泉著有太玄經十四卷，仿楊雄太玄經。又有物理論十二卷。發明自然之理：其言曰：『所以立天地者水也，成天地者氣也。水土之氣，升而爲天，天者君也。夫地有形而天無體，譬如灰焉，烟在上灰在下也。……夫地元氣也，皓然而已，無他物焉。』又曰：『所以立天地者水也。夫水，地之本也。吐元氣，發日月，經星辰，皆由水而興。』又曰：『土精爲石，石氣之核也。氣之生石，猶人筋絡之生爪牙也。……夫土地皆有形而人莫察焉。有魚龍體，有麟鳳貌，有弓弩式，有斗石象，有張舒形，有塞閉容，有隱眞之安，有纍卵之危，有育英之利，有墝埆之害。此四形者，氣勢之始終，陰陽之所極也。』

【出處】北堂書鈔六十三引晉錄　御覽引物理論

康僧會卒　初會在吳朝，亟說正法。以孫皓性兇麤，不及妙義，唯叙報應近事，以開其心。閑隙爲衆祈請，於建初寺譯出衆經。所謂阿難念彌陀經鏡面王察微王梵皇經等。又出小品及六度集雜譬喻等，幷妙得經體，文義允正。又傳泥洹唄聲，淸靡哀亮，一代模式。又注安般守意法鏡道樹等三經，並製經序。辭趣雅便，義旨微密，幷見於世。其安般守意經序曰：『夫安般者，諸佛之大乘，以濟衆生之漂流也。其事有六，以治六情。情有內外：眼耳鼻口身心，謂之內矣。色聲香味細滑邪念，謂之外也。經曰：諸海十二事，謂內外六情之受邪行猶海受流。餓夫夢飯，蓋無滿足也。心之溢盪，無微不浴。恍惚髣髴，出入無間。視之無形，聽之無聲，逆之無前，尋之無後。深微細妙，形無絲髮。梵釋僊聖所不能照，明默種子，此化生乎。彼非凡所覩，謂之陰也。猶以晦曀種夫粢芥，閿手覆種，孳有萬億。旁人不覩其形，種家不知其數也。一朽乎下，萬生乎上。彈指之間，心九百六十轉，一日一夕，十三億意。意有一身，心不自知，猶彼種夫也。是以行寂繫意著息，數一至十，十數不誤，意定在之。小定三日，大定七日，寂無他念，泊然若死，謂之一禪。禪棄也，棄十三億穢念之意，已獲數定。轉念著隨，蠲除其八，正有二意，意定在隨，由在數矣，垢濁消滅，心稍清淨，謂之二禪也。又除其一，注意鼻頭，謂之止也。得止之行，三毒四趣五陰六冥諸穢滅矣。昭然心明，踰明月珠。淫邪汚心，猶鏡處泥，穢垢汚焉。偃以照天，覆以臨土，聰叡聖達，萬土臨照，雖有天地之大，靡一夫而能覩。所以然者，由其垢濁。衆垢汚心，有踰彼鏡矣。若得良師劃刮瑩磨，薄塵微曀，蕩使無餘。舉之以照，毛髮面裏，無微不察，垢退明存，使其然矣。情溢意散，念萬不識一矣。猶若於市馳心放聽，廣采衆音，退宴存思，不識一夫之言，心逸意散濁翳其聰也。若自閑處；心思寂寞，志無邪欲，側耳靖聽，萬句不失，片言斯著，心靖意清之所由也。行寂止意，懸之鼻頭，謂之三禪也。還觀其身，自頭至足，反覆微察，內體汚露，森楚毛竪，猶覩膿涕，於斯具照，天地人物，其盛若衰，無存不亡，信佛三寶，衆冥皆明，謂之四禪也。攝心還念，諸陰皆滅，謂之還也。穢欲寂盡，其心無想，謂之淨也。得安般行者，厥心即明，舉眼所觀，無幽不覩，往無數刼方來之事，人物所更現在諸刹，其中所有世尊法化弟子誦習，無遐不見，無聲不聞，恍惚髣髴，存亡自由。大彌八極，細貫毛釐。制天地，住壽命，猛神德，壞天兵，動三千，移諸刹，八不思議，非梵所測，神德無限，六行之由也。世尊初欲說斯經，時大千震動，人天易色，三日，安般無能質者。於是世尊化爲兩身，一曰何等，一曰尊主，演于（一作千）斯義出矣。大士上人六雙十二輩，靡不執行。有菩薩者，安清字世高，安息王嫡后之子，讓國與叔，馳避本土。翔而後進，遂處京師。其爲人也，博學多識，貫綜神模，七正盈縮，風氣吉凶，山崩地動，鍼脉諸術，覩色知病。鳥獸鳴啼，無音不照，懷二儀之弘仁，愍黎庶之頑闇，先挑其耳，却啟其目，欲之視聽明也。徐乃陳演正眞之六度，譯安般之秘奧，學者塵興，靡不去穢濁之操就清白之德者也。余生末綜，始能負薪，考妣殂落，三師凋喪，仰瞻雲日，悲無質受。睠言顧之，潸然出涕。宿祚未沒，會見南陽韓林潁川皮業會稽陳慧，此三賢者，信道篤密，執德弘正，蒸蒸進進，執道不倦。余之從請問，規同矩合，義無乖異。陳慧注義，余助斟酌，非師不傳，不敢自由也。』其法鏡經序曰：『夫心者，衆法之源，臧否之根，同出異名，禍福分流。以身爲車，以家爲國，周遊十方，稟無惓息。家欲難足，猶海吞流，火之獲薪，六邪之殘，已甚於蒺蔾網之賊魚矣。女人佞等三魃，其善僞而促，寡家之爲禍也。尊邪穢，賤清眞，連叢瑣，謗聖賢，興獄訟，喪九親，斯家之所由矣。是以上士耻其穢，懼其厲，爲之懾懾如也。默思遁邁，由明哲之避無道矣。剔髮毀容，法服爲珍，靖處廟堂，練情攘穢，懷道宣德，闓導聾瞽，或有隱處山澤，枕石嗽流，專心滌垢，神與道俱。志寂齊乎無名，明化周乎羣生，賢聖競乎清靖，稱斯道曰大明，故曰法鏡。騎都尉安玄臨淮嚴佛調斯二賢者，年在齠齔，弘志聖業，鉤深致遠，窮神達幽，愍世矇惑，不覩大雅，竭思譯傳，斯經景模。都尉口陳，嚴調筆受。言既稽古，義又微妙，然時干戈未戢，志士莫敢或遑，大道陵遲，內學者寡。會覩其景化，可以拯塗炭之尤嶮，然義壅而不達，因閑竭愚，爲之注義，喪師歷載，莫由重質。心憤口悱，停筆愴如。追遠慕聖，涕泗並流。今記識闕疑，俟後明哲，庶有暢成以顯三寶矣。』是秋九月，遘疾而終。

【出處】高僧傳卷第一　出三藏記集卷第六

沙門竺曇摩羅刹出密迹金剛力士經五卷十月八日出，或八卷四卷。

【出處】歷代三寶紀卷第六

張載至蜀　載字孟陽，安平人也。父收，蜀郡太守。載性閑雅，博學有文章。是年至蜀省父，道經劍閣。載以蜀人恃險好亂，因著銘以作誡曰：『巖巖梁山，積石峩峩，遠屬荊衡，近綴岷嶓，南通邛僰，北達褒斜。狹過彭碣，高踰嵩華。惟蜀之門，作固作鎭，是曰劍閣，壁立千仞。窮地之險，極路之峻，世濁則逆，道淸斯順。閉由往漢，開自有晉。秦得百二，幷吞諸侯。齊得十二，田生獻籌。矧茲狹隘，土之外區，一人荷戟，萬夫趦趄。形勝之地，非親勿居。昔在武侯，中流而喜，河山之固，見屈吳起。洞庭孟門，二國不祀，興實由德，險亦難恃，有古及今，天命不易，憑阻作昏，鮮不敗績。公孫旣沒，劉氏銜璧，覆車之軌，無或重跡，勒銘山河，敢告梁益。』益州刺史張敏見而奇之，乃表上其文，帝遣使鐫之於劍閣山焉。載又爲蒙汜賦，傅玄見而嗟嘆，以車迎之。言談盡日，爲之延譽，遂知名。起家佐著作郎，出補肥鄉令，復爲著作郎，轉太子中舍人。遷樂安相，弘農太守。長沙王乂請爲記事督，拜中書侍郎，復領著作。載見世方亂，無復進仕意，遂稱疾篤，告歸，卒於家。著有集七卷。(見隋志)。

【出處】　晉書張載傳

【考證】按傅玄卒於咸寧中，則爲藏延譽者，必非傅玄，或爲傅咸之誤。

劉智作天論　智字子房，平原高唐人。少貧窶，每負薪自給，讀誦不輟，竟以儒行稱。歷中書黃門吏部郎，出爲潁川太守。平原管輅嘗謂人曰：『吾與劉潁川兄弟語，使人神思清發，昏不假寐，自此之外，殆白日欲寢矣。』嘗作論天曰：『凡含天地之氣而生者，人其最貴而有靈智者也。是以動作云爲，皆應天地之象，古先聖王，觀靈曜，造算數，準辰極，制渾儀，原性理，考徵祥，贊其幽義，而作術焉。渾儀象天之圓體，以含地方，輪轉周匝，在二端中。其可見者，極星是也，謂之行極。在南者在地下不見，故古人不名。陰陽對合，爲羣生父母。精象在下，五星具於上，共成天地之功也。則日月爲政，五星爲緯，天以七紀，七曜是也。行極不過爲衆星之君，命政指授，以斗建時。斗有七星，與曜同精，而布節氣於下者也。晦朔分于東西，消息辨於南北，取以定四方。天地配合，方氣有常，天以七紀方修其政。故方有七宿，二十八星是也。於是天有常度，日月成象，衆星有宮分，方物有體類

○在朝象官，在野象物○在人象事，理自然也○衆星定位，七曜錯行，盈縮有期節，故歷數立焉○日太陽也，施温萬物生，施光則陰以明，衆所稟爲倡先者也，君尊之象也○月太陰也，稟照於陽，虧盈隨時，有所稟受，臣卑之道也○五星象五常，託四時，成五事○舊說，日譬猶火也，月譬猶水也○火則施光，水則含景○故月光生於日，當日則明光盈，近日則明滅，然則月之淸象在前矣○又曰：當其衝月食者，陰性毀損，不受光也○君臣不等强，日月不等明，陰在於上，不自抑損，陽必侵之○望在交度，其應必食○故詩云：彼月而食，則維其常，道勢然也○侵甚則旣，臣之象也○日尊君象也，月卑臣象也○晦朔之會，交則同道，同道則形相蔽○天道前爲尊，臣由臣道，雖度相値，月不掩日，卑下尊也○不由臣道，月掩日體，卑凌尊也○是故太平之時，交而不食，尊卑道順○或問曰：舊說云，顓頊造渾儀，黃帝爲蓋天○蓋天以天象笠，極在其中○日月以遠近爲晦明，渾儀以天裹地，地載於氣，天以迴轉，而日月出入以爲晦明，二說誰其得之？劉智曰：蓋天之論謬矣○以春秋二分，日出卯入酉。若天象車蓋，極在其中，日月星辰，迴遠則藏，二分之時，當晝短夜長。今以漏刻數之，則晝夜分等。以日出入效之，則出卯入酉，此蓋天之說不通之驗也。然此二器，皆古之所制，但傳說義者失其用耳。昔者聖王治歷明時，作圓蓋以圖列宿，極在於中，回之以見天象，分三百六十五度四分度之一，以定日數。日行於星紀，轉迴右行，故圓規之以爲日行道。欲明其四時所在，故於春也則以青爲道，於夏也則以赤爲道，於秋也則以白爲道，於冬也則以黑爲道。四季之末各十八日則以黃爲道。蓋圖已定，仰觀雖明，而未可正昏明分晝夜。故作渾儀以象天體，亦以極爲中，而朱規爲赤遊，周環去極九十一度有奇。攷日所行，冬夏去極，遠近不同。故復晝爲黃道。夏至去極近，冬至去極遠。二分之際，交於赤道。二道有表裏，以定宿度之進退，爲術乃密。至漢順帝時，南陽張衡考定進退。靈帝時，太山劉洪步月遲疾。自此之後，天驗愈詳。自司馬遷劉向劉歆楊雄賈逵張衡蔡氏劉洪鄭元此九君者，不但於算步，皆博索沈綜，才思宏遠，而不合論渾蓋之用，明定日行四時之道，雖或精考，雅有所得，亦或出入，失其本旨。人之不同，處意各異，道之難進，致於斯矣。或問曰：古歷論月食，或云陰損則不受明，或云闇虛，闇虛所在，值月則月食，值星則星亡，今子不從，何也？劉智曰：言闇虛者，以爲當日之衝，地體之陰，日光不至，謂之闇虛。凡光之所照，光體小於所蔽，則大於本質。今日以千里之徑而地體蔽之，則闇虛之陰將過半及。星亡月毀，豈但交會之間而已哉？由此言之，陰不受明，近得之矣。又問曰：若如所論，必有大蔭，月在日衝，何由有明？劉智曰：夫陰含陽而明，不待陽光明照之也。陰陽相應，清者受光，寒者受溫，無門而通，雖遠相應。是故觸石而流出者，水氣之通也。相響而相反，無遠不至。無隔能塞者，至清之質。承陽之光，以天之圓，面向相背，側立不同，光魄之理也。陰陽相承，彼隆此衰，是故日月有爭明，日微則晝月見。若但以形光相照，無相引受之氣，則當陽隆乃陰明隆，陽衰則陰明衰，二者之異，無由生矣。』智入爲秘書監，領南陽王師，加散騎常侍。遷侍中尚書太常，著喪服釋疑論，多所辨明，太康末卒，謚曰成。

【出處】晉書劉智傳　開元占經一　隋書天文志

二年辛丑（二八一）

校理汲冢古物訖　汲冢所出書，惟易經及紀年最爲分了。易經二篇，與周易上下經同，而無彖象文言繫辭。其紀年十三篇，紀夏以來至周幽王爲犬戎所滅，以晉接之，晉書束皙傳，晉字作事，今按下面文義及春秋後記校改。三家分仍述魏事，至安釐王之二十年。蓋魏國之史書。大略與春秋皆多相應。其中經傳大異則云：夏年多殷。益干啟位，啟殺之。太甲殺伊尹。文丁殺季歷。自周受命至穆王百年，非穆王壽百歲也。幽王既亡，有共伯和者攝行天子事，非二相共和也。又有易繇陰陽卦二篇，與周易略同，繇辭則異卦下。易經一篇，似說卦而異。公孫段二篇，公孫段與邵陟論易。國語三篇，言楚晉事。名三篇，似禮記，又似爾雅論語。師春一篇，書左傳諸卜筮，師春似是造書者姓名也。瑣語十一篇隋志作四卷。諸國卜夢妖怪相書也。梁丘藏一篇，先叙魏之世數，次言丘藏金玉事。繳書二篇，論弋射法。生封一篇，帝王所封。大曆二篇，鄒子談天類也。

穆天子傳五篇隋志六卷言周穆王遊行四海見帝臺西王母。圖詩一篇，畫贊之屬也。又雜書十九篇，周食田法，周書，論楚事，周穆王美人盛姬死事。大凡七十五篇，杜預春秋後序亦言七十五篇，但合計各篇，實為七十六篇，疑各書中篇數有誤者。七篇簡書折壞，不識名題。冢中又得銅劍一枚，長二尺五寸。

【出處】晉書束皙傳　杜預春秋左氏傳後序

【考證】按隋志稱荀勗和嶠撰次汲冢書為十五部，八十七卷。今觀晉書束皙傳，則共有十六種，當是易經三種合為兩種之故。至如何改篇為卷，則不可攷。惟周書七十一篇，已見漢志著錄。今亡者僅一篇耳。此一篇或即其目錄，幷未亡佚。隋志有周書十卷，與今卷數正同。則隋志所載即漢之原本無疑。而隋志注云：『汲冢書，似仲尼刪書之餘。』是以漢之周書當汲冢所出之周書矣。余考汲冢周書，在雜書十九篇之內，斷無多至七十一篇之理。蓋汲冢周書至隋已亡，後人因書名相同，遂誤以漢之周書當之也。

華譚舉秀才　譚字令思，廣陵人。祖融，吳左將軍，錄尚書事。父諝，吳黃門郎。譚期歲而孤，母年十八，便守節鞠養，勤勞備至。及長，好學不倦，爽慧有口辯，為鄉里所重。揚州刺史周浚引譚為從事史，愛其才器，待以賓友之禮。嵇紹為刺史，又舉譚秀才，時譚方年十四也。入洛，會宣武場，座有辯者，嘲南人，『諸君楚人亡國之餘，有何秀異？忽應斯舉。』眾無答。譚在下行，遙曰：『當今六合齊軌，異人並出。吾聞大禹出於東夷，文王出於西羌，賢聖所在，豈常之有？昔武王伐紂，遷商頑民於洛邑，得無吾子是其苗裔。』時咸改視，辯者無以應也。

【出處】　御覽四六四引文士傳　晉書華譚傳

【考證】　按譚在嵇紹為徐州刺史時舉秀才。年僅十四，又在周浚為揚州刺史時為從事史，而浚以平吳之明年移鎮秣陵，即太康二年也。移後則為從事史之年愈小，移前則舉秀才之年長於十四歲矣，故知其十四歲舉秀才之事，必在周移鎮嵇來徐之年矣。

西竺沙門彊梁婁至來廣州　彊梁婁至晉言眞喜，至是來廣州，譯十二遊經一卷

【出處】歷代三寶紀卷第六　佛祖統紀卷第三十六

左思三都賦成　初，思之爲賦，門庭藩溷，皆著筆紙；遇得一句，即便疏之。自以所見不博，求爲秘書郎。又詣著作郎張載訪岷邛之事。至是，構思十年，賦成。時人未之重。思自以其作不謝班張，恐以人廢言。以皇甫謐有高譽，造而示之。謐稱善，爲其賦序云：『玄晏先生曰：古人稱不歌而頌謂之賦。然則賦也者，所以因物造端，敷弘體理，欲人不能加也。引而申之，故文必極美，觸類而長之，故辭必盡麗，然則美麗之文，賦之作也。昔之爲文者，非苟尚辭而已，將以紐之王敎本乎勸戒也。自夏殷以前，其文隱沒，靡得而詳焉。周監二代，文質之體，百世可知。故孔子採萬國之風，正雅頌之名，集而謂之詩。詩人之作，雜有賦體。子夏序詩曰：一曰風，二曰賦，故知賦者古詩之流也。至於戰國，王道陵遲，風雅寖頓。于是賢人失志，詞賦作焉。是以孫卿屈原之屬，遺文炳然，辭義可觀。存其所感，咸有古

詩之意。皆因文以寄其心，託理以全其制，賦之首也。及宋玉之徒，淫文放發，言過於實，誇競之興，體失之漸。風雅之則，於是乎乖。逮漢賈誼，頗節之以禮。自時厥後，綴文之士，不率典言，並務恢張其文，博誕空類。大者罩天地之表，細者入毫纖之內。雖充車聯駟，不足以載；廣厦接榱，不容以居也。其中高者，至如相如上林，揚雄甘泉，班固兩都，張衡二京，馬融廣成，王生靈光，初極宏侈之辭，終以約簡之制。煥乎有文，蔚爾鱗集，皆近代辭賦之偉也。若夫土有常產，俗有舊風。方以類聚，物以羣分。而長卿之儔，過以非方之物，寄以中域，虛張異類，託有于無。祖搆之士，雷同影附，流宕忘反，非一時也。曩者漢室內潰，四海圮裂。劉孫二氏，割有交益。魏武撥亂，擁據函夏。故作者先爲吳蜀二客，盛稱其本土險阻瓌琦，可以偏王。而卻爲魏主述其都畿弘敞豐麗奄有諸華之意。言吳蜀以擒滅，比亡國。而魏以交禪，比唐虞。既已著逆順，且以爲鑒戒。蓋蜀包梁岷之資，吳割荆南之富，魏跨中區之衍，考分次之多少，計殖物之衆寡，比風俗之清濁，課士人之優劣，亦不可同年而語矣。二國之士，各沐浴所聞，家自以爲我土樂，人自以爲我民良，皆非通方之論也。作者又因客主之辭，正之以魏都，折之以王道。其物土所出，可得披圖而校，體國經制，可得案記而驗，豈誣也哉。』張載爲注魏都，劉逵注吳蜀。陳留衞瓘又爲思賦作略解。自是之後，盛重於時。張華見而嘆曰：『班張之流也。使讀之者盡而有餘，久而更新。』於是豪貴之家，競相傳寫，洛陽爲之紙貴。

【出處】晉書左思傳　文選皇甫謐三都賦序並注

【考證】按三都賦之成於是年，其證有三：本傳謂移家京師之後，構思十年乃成，自泰始八年至是，恰爲十年，一也。考皇甫謐卒於太康三年，爲思賦作序當在其前。而張載傳稱載於太康初至蜀省父。至早不得過太康元年，則思之訪載問岷邛之事，當在其後，不得不定爲是年完成，二也。文中言及吳國之亡，則當在太康元年之後，三也。

潘岳出爲河陽令　岳栖遲十年，出爲河陽令。負其才，而鬱鬱不得志。時尚書僕射山濤領吏部，王濟裴楷等並爲帝所親遇。岳內非之，乃題閣道爲謠曰：『閣道東，有大牛，王濟鞅，裴楷鞧，和嶠刺促不得休。』轉懷令。旣頻宰二邑，勤於政績，調補尚書度支郎，遷廷尉評。

【出處】晉書潘岳傳

摯虞等議荀顗所上之禮　尚書僕射朱整奏以荀顗所上之新禮付尚書郎摯虞討論之。虞表所宜損增曰：『臣典校故太尉顗所撰五禮，臣以爲夫革命以垂統，帝王之美事也。隆禮以率敎，邦國之大務也。是以臣前表禮事稽留求速訖施行。又以喪服最多疑闕，宜見補定。又以今禮篇卷煩重，宜隨類通合。事久不出，懼見寢嘿。蓋冠婚祭會諸吉禮，其制少變。至於喪服，世之要用，而特易失旨。故子張疑高宗諒陰三年，子思不聽其子服出母，子游謂異父昆弟大功而子夏謂之齊衰，及孔子沒而門人疑於所服。此等皆明達習禮，仰讀周典，俯師仲尼，漸漬聖訓，講肄積年，及遇喪事，猶尚若此，明喪禮易惑，不可不詳也。況自此以來，篇章焚散，去聖彌遠，喪制詭謬，固其宜矣。是以喪服一卷，卷不盈握，而爭說紛然。三年之喪，鄭云二十七月，王云二十五月。改葬之服，鄭云服緦三月，王云葬訖而除。繼母出嫁，鄭云皆服，王云從乎繼寄育乃爲之服。無服之殤，鄭云子生一月哭之一日；王云以哭之日易服之月：如此者甚衆。喪服本文省略，必待注解，事義乃彰。其傳說差詳，世稱子夏所作，鄭王祖經宗傳，而各有異同。天下並疑，莫知所定。而顗直書古文經而已，盡除子夏傳及先儒注說，其事不可得行，及其行事，故當還頒異說，一彼一此，非所以定制也。臣以爲今宜參采禮記，略取傳說，補其未備，一其殊義，可依準王景侯所撰喪服變除，使類統明正以斷疑爭，然後制無二門，咸同所由。又有此禮當班於天下，不宜繁多。顗爲百六十五篇，篇爲一卷，合十五餘萬言。臣猶謂卷多文煩，類皆重出。案尙書堯典祀山川之禮，惟於東嶽備稱牲幣之數，陳所用之儀，其餘則但曰如初。周禮祀天地五帝享先王，其事同者，皆曰亦如之。文約而義舉。今禮儀事同而名異者，輒別爲篇卷，煩而不典，皆宜省文通事，隨類合之。事有不同，乃列其異，如此所減三分之一。』虞討論新禮訖，以元康元年上之，所陳惟明堂五帝二社六宗及吉凶王公制度，凡十五篇，有詔可其議。後虞與傅咸纘續其事，竟未成功。中原覆沒，虞之決疑注，是其遺事也。逮於江左，僕射刁協太常荀崧補緝舊文，光祿大夫蔡謨又踵修其事云。

【出處】晉書禮志

樂廣爲太子舍人　廣字彥輔，南陽淯陽人也。父方參魏征西將軍夏侯玄軍事。廣時年八歲，玄常見廣在路，因呼與語。還謂方曰：『向見廣神姿朗徹，當爲名士。卿家雖貧，可令專學，必能興卿門戶也。』方早卒，廣孤貧，僑居山陽，寒素爲業，人無知者，性沖約，有遠識，寡嗜慾，與物無競。尤善談論，每以約言析理以厭人之心，其所不知，默如也。客有問『旨不至』者，廣亦不復剖析文句，直以麈尾柄确几曰：『至不？』客曰：『至』因又舉麈尾曰：『若至者，那得去？』於是客乃悟服。廣辭約而旨達，皆此類。裴楷常引廣共談，自夕申旦，雅相欽挹。歎曰：『我所不如也』王戎爲荊州刺史，聞廣爲夏侯玄所賞，乃舉爲秀才。楷又薦廣於賈充，遂辟太尉掾，轉太子舍人。尚書令衛瓘，朝之耆舊，逮與魏正始中諸名士談論，見廣而奇之曰：『自昔諸賢既沒，嘗恐微言將絕，而今乃復聞斯言於君矣。』命諸子造焉，曰：『此人之水鏡，見之瑩然若披雲霧而覩青天也。』王衍自言與人語甚簡，至及見廣，便覺已之煩。其爲識者所嘆美如此。

【出處】晉書樂廣傳　世說新語文學第四

三年壬寅(二八二)

皇甫謐卒　初，謐著論爲葬送之制，非厚葬之風，崇節儉之道，名曰篤終。終不出仕，至是卒，年六十八，子童靈方回等尊其遺命葬焉。門人摯虞張軌牛綜席純皆爲晉名臣。

【出處】晉書皇甫謐傳

【附錄】皇甫謐著述表

周易解　見周易正義引

帝王世紀十卷　隋志

年歷六卷　唐志

玄晏春秋三卷　隋志
高士傳六卷　隋志
逸士傳一卷　隋志
韋氏家傳五卷　唐志
列女傳六卷　隋志
鬼谷子注三卷　隋志
朔氣長曆二卷　七志
黃帝三部鍼經十二卷　新唐志
集二卷錄一卷　隋志

張華出於外鎮　荀勗自以大族，持帝恩，深憎疾華，每伺間隙，欲出之外鎮。會帝問華誰可託寄後世者。對曰：『明德至親，莫如齊王』齊王攸既非上意所在，微爲忤旨，間言遂行，乃出華爲持節都督幽州諸軍事，領護烏桓校尉安北將軍，撫納新舊，戎夏懷之，東夷馬韓新彌諸國，依山帶海，去州四千餘里，歷世未附者二十餘國，並遣使朝獻。於是遠夷賓服，四境無虞，頻歲豐稔，士馬強盛。

【出處】晉書張華傳

荀勗爲光祿大夫　詔曰：『勗明哲聰達，經識天序，有佐命之功，兼博洽之才。久典內任，著勳弘茂。詢事考言，謀猷允誠，宜登大位，毗贊朝政。今以勗爲光祿大夫儀同三司開府，辟召守中書監侍中侯如故。』時太尉賈充司徒李胤並薨，太子太傅又缺。勗表陳，『三公保傅，宜得其人，若使楊珧參輔東宮，必當仰稱聖意。尚書令衞瓘，吏部尚書山濤，皆可爲司徒。如以瓘新爲令未出者，濤即其人。』帝並從之。於是以濤爲司徒。又以瓘爲司空，侍中令如故。

【出處】晉書荀勗傳

杜預作春秋左氏經傳集解　杜預自滅吳立功，進爵當陽縣侯。從容無事，乃耽思經籍。謂公羊穀梁詭辯之言，又非先儒說左氏未究丘明意，而橫以二傳亂之。遂錯綜微言，著春秋左氏經傳集解。又參考衆家譜第，謂之釋例，又作盟會圖春秋長歷備一家之學。其自序曰：『春秋者，魯史記之名也。記事者以事繫日，以日繫月，以月繫時，以時繫年，所以紀遠近別同異也。故史之所記，必表年以首事，年有四時，故錯舉以爲所記之名也。周禮有史官，掌邦國四方之事，達四方之志。諸侯亦各有國史，大事書之於策，小事簡牘而已。孟子曰：「楚謂之檮杌，晉謂之乘，而魯謂之春秋，其實一也。」韓宣子適魯，見易象與魯春秋曰：「周禮盡在魯矣！吾乃今知周公之德與周之所以王。」韓子所見，蓋周之舊典禮經也。周德既衰，官失其守。上之人不能使春秋昭明，赴告策書，諸所記注，多違舊章。仲尼因魯史策書成文，考其眞僞而志其典禮。上以遵周公之遺制，下以明將來之法。其教之所存，文之所害，則刊而正之，以示勸戒。其餘則皆即用舊史，史有文質，辭有詳略，不必改也。故傳曰：「其善志」又曰：「非聖人孰能脩之？」蓋周公之志，仲尼從而明之。左丘明受經於仲尼，以爲經者不刊之書也。故傳或先經以始事，或後經以終義，或依經以辯理，或錯經以合義，隨義而發。其例之所重，舊史遺文，略不盡舉，非聖人所修之要故也。身爲國史，躬覽載籍，必廣記而備言之。其文緩，其旨遠，將令學者原始要終，尋其枝葉，究其所窮。優而柔之，使自求之；饜而飫之，使自趨之；若江海之浸，膏澤之潤，渙然冰釋，怡然理順，然後爲得也。其發凡以言例，皆經國之常制，周公之垂法，史書之舊章，仲尼從而脩之，以成一經之通體。其微顯闡幽裁成義類者，皆據舊例而發義，指行事以正褒貶。諸稱書，不書，先書，故書，不言，不稱，書曰之類，皆所以起新舊，發大義，謂之變例。然亦有史所不書即以爲義者，此蓋春秋新意，故傳不言凡，曲而暢之也。其經無義例，因行事而言，則傳直言其歸趣而已，非例也。故發傳之體有三而爲例之情有五：一曰微而顯，文見於此而起義在彼。稱族，尊君命，舍族，尊夫人，梁亡，城緣陵之類是也。二曰志而晦，約言示制，推以知例。參會，不地，與謀，曰及之類是也。三曰婉而成章，曲從義訓以示大順，諸所諱辟璧假許田之類是也。四曰盡而不汙，直書其事，具文見意。丹楹，刻桷，天王求車，齊侯獻捷之類是也。五曰懲惡而勸善，求名而亡，欲蓋而章，書齊豹盜，三叛人名之類是也。推此五體以尋經傳，觸類而長之，附于二百四十二年行事，王道之正人倫之紀備矣。或曰：春秋以錯文見義，若如所論，則經當有事同文異而無其義也。先儒所傳，皆不其然。答曰：春秋雖以一字爲褒貶，然皆須數句以成言，非如八卦之爻可錯綜爲六十四也，固當依傳以爲斷。古今言左氏春秋者多矣，今其遺文可見者十數家。大體轉相祖述，進不成爲錯綜經文以盡其變，退不守丘明之傳。於丘明之傳有所不通，皆沒而不說，而更膚引公羊穀梁，適足自亂。預今所以爲異，專脩丘明之傳以釋經，經之條貫必出於傳，傳之義例摠歸諸凡，推變例以正褒貶，簡二傳而去異端，蓋丘明之志也。其有疑錯，則備論而闕之，以俟後賢。然劉子駿創通大義，賈景伯父子許惠卿皆先儒之美者也。末有潁子嚴者，雖淺近，亦復名家。故特舉劉賈許潁之違，以見同異。分經之年與傳之年相附，比其義類，各隨而解之，名曰經傳集解。又別集諸例及地名譜第歷數，相與爲部，凡四十部十五卷，皆顯其異同，從而釋之，名曰釋例，將令學者觀其所聚異同之說釋例詳之也。或曰：春秋之作，左傳及穀梁無明文，說者以仲尼自衛反魯修春秋，立素王，丘明爲素臣。言公羊者亦云黜周而王魯，危行言孫以辟當時之害，故微其文，隱其義。公羊經止獲麟，而左氏經終孔丘卒，敢問所安。答曰：異乎余所聞。仲尼曰：「文王既沒，文不在茲乎？」此制作之本意也。歎曰：「鳳鳥不至，河不出圖，吾已矣夫！」蓋傷時王之政也。麟鳳五靈，王者之嘉瑞也。今麟出非其時，虛其應而失其歸，此聖人所以爲感也。絕筆於獲麟之一句者，所感而起，固所以爲終也。曰：然則春秋何始於魯隱公？答曰：周平王東周之始王也，隱公讓國之賢君也，考乎其時則相接，言乎其位則列國，本乎其始則周公之祚胤也。若平王能祈天永命，紹開中興；隱公能弘宣祖業，光啓王室，則西周之美可尋，文武之迹不墜。是故因其歷數附其行事，采周之舊以會成王義，垂法將來。所書之王，即平王也；所用之歷，即周正也；所稱之公，即魯隱也；安在其黜周而王魯乎？子曰：「如有用我者，吾其爲東周乎！」此其義也。若夫制作之文，所以章往考來，情見乎辭，言高則旨遠，辭約則義微，此理之常，非隱之也。聖人包周身之防，既作之後，方復隱諱以辟患，非所聞也。子路欲使門人爲臣，孔子以爲欺天，而云仲尼素王丘明素臣，又非通論也。先儒以爲制作三年文成致麟，既已妖妄，又引經以至仲尼卒，亦又近誣。據公羊經止獲麟，而左氏小邾射不在三叛之數，故余以爲感麟而作，作起獲麟，則文止於所起，爲得其實。至於反袂拭面，稱吾道窮，亦無取焉。』又爲後序曰：『太康元年三月，吳寇始平，余自江陵還襄陽，解甲休兵，乃申抒舊意，脩成春秋釋例及經傳集解始訖。會汲郡汲縣有發其界內舊冢者，大得古書，皆簡編科斗文字。發冢者不以爲意，往往散亂。科斗書久廢，推尋不能盡通。始者藏在秘府，余晚得見之，所記大凡七十五卷，多雜碎怪妄，不可訓知。周易及紀年最爲分了。周易上下篇與今正同，別有陰陽說而無彖象文言繫辭，疑于時仲尼造之於魯尚未播之於遠國也。其紀年篇起自夏殷周，皆三代王事，無諸國別也。唯特記晉國，起自殤叔，次文侯昭侯以至曲沃莊伯。莊伯之十一年十一月，魯隱公之元年正月也，皆用夏正建寅之月爲歲首，編年相次。晉國滅，獨記魏事，下至魏哀王之二十年，蓋魏國之史記也。推校哀王二十年，太歲在壬戌，是周赧王之十六年，秦昭王之八年，韓襄王之十三年，趙武靈王之二十七年，楚懷王之三十年，燕昭王之十三年，齊湣王之二十五年也。上去孔丘卒百八十一歲，下去今太康三年五百八十一歲。哀王於史記，襄王之子惠王之孫也。惠王三十六年卒而襄王立，立十六年卒而哀王立。古書紀年篇，惠王三十六年改元從一年始，至十六年而稱惠成王卒，即惠王也。疑史記誤分惠成之世以爲後王年也。哀王二十三年乃卒，故特不稱謚，謂之今王。其著書文意，大似春秋經，推此足見古者國史策書之常也。文稱「魯隱公及邾莊公盟于姑蔑」即春秋所書「邾儀父未王命故不書爵，曰儀父貴之也」。又稱「晉獻公會虞師伐虢，滅下陽。」即春秋所書「虞師晉師滅下陽，先書虞，賄故也。」又稱「周襄王會諸侯于河陽」即春秋所書「天王狩于河陽，以臣召君不可以訓。」也。諸若此輩甚多，略舉數條，以明國史皆承告據實而書時事，仲尼脩春秋以義而制異文也。又稱「衛懿公及赤翟戰于洞澤」疑洞當爲泂，即左傳所謂熒澤也。「齊國佐來獻玉磬紀公之甗」即左傳所謂賓媚人也。諸所記多與左傳符同，異于公羊穀梁」，知此二書近世穿鑿，非春秋本意，審矣。雖不皆與史記尚書同，然參而求之，可以端正學者。又別有一卷，純集疏左氏傳卜筮事，上下次第及其文義皆與左傳同，名曰師春，師春似是抄集者人名也。紀年又稱「殷仲壬即位居亳，其卿士伊尹。仲壬崩，伊尹放太甲于桐乃自立也。伊尹即位，放太甲七年，太甲潛出自桐，殺伊尹，乃立其子伊陟伊奮，命復其父之田宅而中分之」。左氏傳：「伊尹放太甲而相之，卒無怨色。」然則大甲雖見放還殺伊尹，而猶以其子爲相也。此爲大與尚書敘說大甲事乖異。不知老叟之伏生或致昏忘，將此古書亦當時雜記未足以取審也？爲其粗有益於左氏，故略記之附集解之末焉。』預又撰女記讚，當時論者謂預文義質直，世人未之重。惟秘書監摯虞賞之曰：『左丘明本爲春秋作傳，而左傳遂自孤行。釋例本爲傳設，而所發明，何但左傳？故亦孤行。』時王濟解相馬，又甚愛之，而和嶠頗聚斂。預常稱濟有馬癖，嶠有錢癖。帝聞之，謂預曰：『卿有何癖？』對曰『臣有左傳癖。』

【出處】晉書杜預傳　左傳注疏

四年癸卯（二八三）

摯虞奏用古尺　初，虞除聞喜令，時天子留心正道，又吳寇新平，天下乂安，上太康頌以美晉德。以母憂解職，久之，召補尚書郎。至是，將作大匠陳勰掘地得古尺。尚書奏：今尺長於古尺，宜以古爲正。潘岳以爲習用已久，不宜復改。虞駁曰：「昔聖人有以見天下之賾而擬其形容，象物制器以存時用，故參天兩地以正算數之紀，依律計分以定長短之度。其作之也有則，故用之也有徵。考步兩儀，則天地無所隱其情。準正三辰，則懸象無所容其謬。施之金石，則音韻和諧。措之規矩，則器用合宜。一本不差，而萬物皆正。及其差也，事皆反是。今尺長於古尺，幾於半寸。樂府用之，律呂不合。史官用之，曆象失占。醫署用之，孔穴乖錯。此三者，度量之所由生，得失之所取徵，皆絓閡而不得通，故宜改今而從古也。唐虞之制，同律度量衡。仲尼之訓，謹權審度。今兩尺並用，不可謂之同。知失而行，不可謂之謹。不同不謹，是謂謬法，非所以軌物垂則，示人之極。凡物有多而易改，亦有少而難變，亦有改而致煩，有變而之簡。度量是人所常用，而長短非人所戀惜，是多而易改者也。正失於得，反邪於正，一時之變，永世無二，是變而之簡者也。憲章成式，不失舊物，季末苟合之制，異端雜亂之用，當以時釐改貞夫一者也。臣以為宜如所奏。』初，荀勖依所其造之古尺更鑄銅律以調聲韻，以尺量古器，與本銘尺寸無差。又汲郡盜發六國時魏襄王冢，得古周時玉律及鐘磬，與新律聲韻闇同，於時郡國或得漢時故鐘吹律，命之皆應勖銘。時人稱其精密。惟散騎侍郎陳留阮咸譏其聲高，聲高則悲，非興國之音。亡國之音哀以思，其人困。今聲不合雅，懼非德正至和之音，必古今尺有長短所致也。勖意忌之，遂阮出為始平太守。至是，得古銅尺，歲久欲腐，不知所出何代，果長勖尺四分，時人服咸之妙而莫能厝意焉。

【出處】晉書摯虞傳　律歷志　世說新語術解第二十

【考證】按晉書摯虞傳誌此事於上太康頌之後，乙巳赦之前。乙巳太康六年也。然潘岳以太康二年，出為河陽令，又轉懷令，自非短時間離朝。必不能與摯虞辯難於太康之初，故誌之於此。

五年甲辰（二八四）

杜預卒　預身不跨馬，射不穿札，而每任大事，輒居將率之列。結交納物，恭而有禮，問無所隱，誨人不倦，敏於事而慎於言。在鎮數餉遺洛中貴要。或問其故，預曰

：「吾但恐爲害，不求益也。」又好爲後世名，常言高岸爲谷，深谷爲陵。刻石爲二碑，紀其勳績，一沉萬山之下，一立峴山之上，曰：「焉知此後不爲陵谷乎？」至是，徵爲司隸校尉，加位特進，行次鄧縣而卒，時年六十三。帝甚嗟悼，追贈征南大將軍開府儀同三司，謚曰成。

【出處】晉書杜預傳

【附錄】杜預著述表

喪服要記二卷　隋志

春秋釋例十五卷　隋志

春秋左氏傳評二卷　隋志

春秋左氏經傳集解三十卷　隋志

律本二十一卷　隋志

雜律七卷　七錄

春秋左氏傳音三卷　七錄　釋文叙錄　舊唐志

女記讚十卷　晉書本傳　隋志

盟會圖　七錄

春秋長歷

集十八卷　隋志

善文四十九卷　隋志

竺曇摩羅刹出修行道地經及阿維越致經　二月二十三日出修行道地經七卷（第二譯，與漢世安世高出六卷者少異，凡二十七品。）十月十四日，出阿維越致經四卷。先是護於燉煌從龜茲副使羌子侯得此梵書，至是口敷晉言，授沙門法乘使流布，一切咸悉聞知（或云阿惟越致遮經，或云不退轉法輪經四卷。或云廣博嚴淨經六卷，四經同本別譯。）

【出處】出三藏記集卷第二第七　歷代三寶紀卷第六

六年乙巳（二八五）

王濬辟王長文不至　長文字德叡　廣漢郪人也。天姿聰警，高暢敏識，治五經，博綜羣籍。弱冠州三辟書佐，丁時衰亂，託疾歸家。大同後，郡功曹察孝廉，不就，遂陽愚，嘗着絳衣絳帽牽猪過市中乞，人與語，僞不聞，常騎牛周旋。郡守至，詣門修敬，至閤走出，請終不還。刺吏淮南胡羆辟從事祭酒，臥在治。羆出，版舉秀才，長文陽發狂疾，步擔走出門。羆累遣敎請還，終不顧。還家養母，獨講學，著無名子十二篇，依則論語。又以爲春秋三傳，傳經不同，每生訟議，乃據經摭傳，著春秋三傳十三篇。又撰約禮記除煩舉要凡十篇。又著通玄經四篇擬易，有文言卦象，可用卜筮，時人比之楊雄太玄。同郡馬秀曰：『楊雄作太玄，惟桓譚以爲必傳後世，晚遭陸績，玄道遂明。長文通玄經未遭陸績君山耳。』長文才鑒清妙，汎愛廣納，放蕩闊達，不以細宜廉分爲意，亦不好臧否人物，故時人愛而敬之。以母欲祿養，咸寧中，領蜀郡太守。至是，宰府辟三司，及撫軍大將軍王濬累辟，不詣。濬薨，以故州將軍弔祭。

【出處】華陽國志西州後賢志　晉書王長文傳

【考證】按晉書武帝紀及王濬傳，濬以是年爲撫軍大將軍開府儀同三司。其辟長文，當在此時，故誌之於此。

摯虞上族姓昭穆　虞以漢末喪亂，譜傳多亡失，雖其子孫，不能言其先祖，撰族姓昭穆十卷，上疏進之。以爲足以備物致用，廣多聞之益。以定品違法，爲司徒所劾，詔原之。時太廟初建，詔普增位一等，後以主者承詔失旨，改除之。虞上表曰：『臣聞昔之聖明，不愛千乘之國而惜桐葉之信，所以重至尊之命而達於萬國之誠也。前乙巳赦書，遠稱先帝遺惠餘澤，普增位一等，以酬四海欣戴之心，驛書班下，被于遠近，莫不鳥騰魚躍，喜蒙德澤，今一旦更以主者思文不審，收既往之詔，奪已澍之施，臣之愚心，竊以爲不可』。詔從之。

【出處】晉書摯虞傳

竺曇摩羅剎出經數種　正月十九日，譯生經五卷，或四卷　六月，譯大善權經二卷，初出，亦云慧上菩薩問大善權經，或云慧上菩薩經。或善權方便，或方便所度無極，凡五名。　七月十日，出海龍王經四卷。或三卷

【出處】歷代三寶紀卷第六

七年丙午（二八六）

張華爲太常　朝議欲徵華入相，又欲進號儀同。初華毀徵士馮恢於帝，恢弟紞深有寵於帝，嘗侍帝，從容論魏晉事，因曰；『臣切謂鍾會之釁，頗由太祖。』帝變色曰；『卿何言邪！』紞免冠謝曰；『臣愚蠢瞽言，罪應萬死，然臣微意，猶有可申。』帝曰；『何以言之？』紞曰；『臣以爲善御者必識六轡盈縮之勢，善政者必審官方控帶之宜。故仲由以兼人被抑，冉求以退弱被進。漢高八王，以寵過夷滅；光武諸將，由抑損克終。非上有仁暴之殊，下有愚知之異，蓋抑揚與奪使之然耳。鍾會才具有限，而太祖誇獎太過，嘉其謀猷，盛其名器，居以重勢，委以大兵。故使會自謂算無遺策，功在不賞。輈張跋扈，遂構凶逆耳。向令太祖錄其小能，節以大禮，抑之以權勢，納之以軌則，則亂心無由而生，亂事無由而成矣。』帝曰；『然』紞稽首曰；『陛下既已然微臣之言，宜思堅冰之漸。無使如會之徒，復致覆喪。』帝曰；『當今豈有如會者乎？』紞曰；『東方朔有言，談何容易。易曰，臣不密則失身。』帝乃屏左右曰；『卿極言之』紞曰；『陛下謀謨之臣，著大功於天下，海內莫不聞知，據方鎮總戎馬之任者，皆在陛下聖慮矣。』帝默然。頃之，徵華爲太常。

【出處】晉書張華傳

【考證】按明年華免太常，其初爲太常必在其前。而晉書武帝紀是年始有馬韓等十一國來獻。其朝議徵爲相，爲太常，必在其後。故知華之爲官，必在此二年之間也。

竺曇摩羅刹廣譯法華經　初，護自天竺國齎持梵本來，譯法華經成六卷，即名爲薩芸芬陀利法華經者是也。（已見太始六年）至是年八月十日，又手執梵本，口宣出前經二十七品，廣譯爲十卷，名正法華經。優婆塞聶承遠，張仕明，張仲正及法獻等共筆受，九月二日訖。（或七卷）天竺沙門竺力，龜茲居士帛元信共參校。是年又譯普超經四卷，（十月二十七日出，第二譯，與漢世支讖阿闍世王經本同別譯，亦名普超三昧經，亦名文殊普超三昧經。）光讚般若經十卷，（十一月二十五日出凡十七品，或十五卷。）持心經六卷，（凡十七品，一名等御諸法經，一名持心梵天所問經，一名莊嚴佛法經，亦名持心梵天經。三月十日護於長安說出梵文授承遠。）

【出處】出三藏記集卷第二　歷代三寶記卷第六　法華傳第一　弘贊法華傳卷第二

華嶠上漢後書　嶠字叔駿，平原高唐人，魏太尉華歆之孫也。才學深博，少有令聞。司馬昭爲大將軍，辟爲掾屬，補尚書郎，轉車騎從事中郎。泰始初，賜爵關內侯，遷太子中庶子，出爲安平太守，辭親老不行。至是，更拜散騎常侍，典中書著作，領國子博士，遷侍中。初嶠以漢紀煩穢，慨然有改作之意。及爲臺郎，典官制事，由是得徧觀秘籍，遂就其緒。起于光武，終于孝獻，一百九十五年。爲帝紀十二卷，皇后紀二卷，十典十卷，傳七十卷，及三譜序傳目錄，凡九十七卷。嶠以爲皇后配天作合，前史作外戚傳以繼末編，非其義也。故易爲皇后紀以次帝紀。又改志爲典，以有堯典故也。而改名漢後書，奏之。詔朝臣會議，時中書監荀勗，令和嶠，太常張華，侍中王濟，咸以嶠文質實核，有遷固之規，實錄之風。藏之秘府。後太尉汝南王亮司空衞瓘爲東宮傳，列上通講，事遂施行。

【出處】晉書華嶠傳

【考證】按張華以是年爲太常，而明年正月即免，其議漢後書事當在是年，故誌上書事於此。

八年丁未(二八七)

太常張華免　華以太廟屋棟折免官。遂終帝之世，以列侯朝見。

【出處】晉書張華傳

【考證】按晉書武帝紀，是年正月太廟殿陷，知其免官必在此年，故誌之於此。

廣州大中正王範上交廣二州春秋

【出處】三國吳志孫策傳注

李宓卒　初，隴西王司馬子舒深敬友宓，而貴家憚其公直。宓去官爲州大中正。性方亮，不曲意勢位者，失荀張指，左遷漢中太守，諸王多以爲寃。宓自以失分懷怨，及賜餞東堂，詔普令賦詩，末章曰：『人亦有言，有因有緣，官中無人，不如歸田。明明在上，斯語豈然？』帝忿之。於是都官從事奏免宓官。至是，卒於家。年六十四。著述理論，論中和仁義儒學道化之士，凡十篇。又有續通俗文二卷。集二卷錄一卷。安東將軍胡羆與皇甫士安深善之，又與士安論夷齊，及司馬文中杜超宗鄰令先文賨休等議論往返，言經訓詁，衆人服其理趣。釋河內趙子聲誄詩賦之屬二十餘篇。壽良李驤與陳承祚相長短，宓公議其得失而切責之。嘗言；『吾獨立於世，顧影爲儔，而不懼者，心無彼此於人也。』

【出處】晉書孝友李宓傳　華陽國志西州後賢志

竺曇摩羅刹出普門品等經　正月，出普門品經一卷。四月二十七日，出寶女經四卷。或三卷　亦云寶女三昧經，或云寶女問慧經，出大集。

【出處】歷代三寶紀卷第六

荀勗守尚書令　詔曰；『周之冢宰，今尚書令，皆古百揆之任。以其亮采惠疇，熙帝之載，宜允於此。勗肆力先朝，庸勳超格，受終之揆，協於大麓，故授以此任也。』勗久在中書，專管機事，及是失之　甚悶悶悵恨。或有賀之者。勗曰；『奪我鳳凰池，諸君賀我邪？』及在尚書，課試令史以下，覈其才能。有闇於文法不能決疑處事者，即時遣出。帝嘗謂曰：『魏武帝言，荀文若之進善，不進不止。荀公達之退惡，不退不休。二令君之美，亦望於君也。』居職月餘，以母憂上還印綬，帝不許。遣常侍周恢喻旨，勗乃奉詔視職。

【出處】　晉書荀勗傳　書鈔五十九引曹嘉之晉紀

九年戊申（二八八）

衛瓘請廢九品觀人法　瓘以魏立九品是權時之制，非經通之道，宜復古鄉舉里選。與太尉亮等上疏曰：『昔聖王崇賢舉善而敎用，使朝廷德讓，野無邪行。誠以閭伍之政，足以相檢，詢事考言，必得其善。人知名不可虛求，故還修其身。是以崇賢而俗益穆，黜惡而行彌篤。斯則鄉舉里選者，先王之令典也。自茲以降，此法陵遲。魏氏承顚覆之運，起喪亂之後，人士流移，考詳無地。故立九品之制，粗具一時選用之本耳。其始造也，鄉邑淸議，不拘爵位，褒貶所加，足爲勸勵，猶有鄉論餘風。中間漸染，遂計資定品，使天下觀望，唯以居位爲貴。人棄德而忽道業，爭多少於錐刀之末，傷損風俗，其弊不細。今九域同規，大化方始。臣等以爲宜皆蕩除末法，一擬古制，以土斷定。自公卿以下，皆以所居爲正，無復懸客遠屬異土者。如此則同鄉鄰伍皆爲邑里，郡縣之宰，即以居長，盡除中正九品之制，使舉善進才，各由鄉論。然則下敬其上，人安其敎，俗與政俱淸，化與法並濟。人知善否之敎不在交遊，即華競自息，各求於己矣。今除九品，則宜準古制，使朝臣共相舉任，於出才之路既博，且可以厲進賢之公心，覈在位之明闇，誠令典也。』帝善之，而卒不能改。

【出處】晋書衞瓘傳

【考證】按晋書誌此事於『以日蝕瓘與太尉汝南王亮司徒魏舒俱遜位，帝不聽。』之後。考天文志，太康四七八九各年俱有日蝕。然四年日蝕在三月，而魏舒於其年十一月始爲司徒。則遜位之事，必在其餘三年之中。瓘之上此表，又當在其後。以此年已近武帝之末，故誌之於此。

十年己酉（二八九）

荀勗卒　勗久管機密，有才思，探得人主微旨，不犯顏忤爭，故得始終全其寵祿。帝素知太子闇弱，恐後亂國，遣勗及和嶠往視之。勗還盛稱太子之德，而和嶠云太子如初，於是天下貴嶠而賤勗。帝將廢賈妃，勗與馮紞等諫請，故得不廢。時議以勗傾國害時，孫資劉放之匹，然性愼密，每有詔令大事，雖已宣布，然終不言，不欲使人知己豫聞也。至是卒，詔贈司徒，謚曰成。

【出處】晉書荀勗傳

【附錄】荀勗著述表

孝經集議一卷　隋志

孝經注二卷　七錄

晉中經十四卷　隋志

雜撰文章家集叙十卷　隋志、

太樂歌辭二卷　新唐志

讌樂歌辭十卷　七錄

集三卷錄一卷　七錄

竺曇摩羅刹居洛陽譯經　二月二日，出離垢施女經一卷。四月八日，出文殊師利淨律經一卷，是經乃護於洛陽白馬寺遇西域沙門寂志誦出。經後尚有數品悉忘，但宣憶者。聶道眞筆受。道眞承遠子，始太康年迄永嘉末，其間詢稟諸承法護，筆受之外。及護沒後，眞遂自譯新經，凡五十四部，合六十六卷。頗善文句，辭義分炳。　十月二日，出魔逆經一卷。

【出處】歷代三寶紀卷第六

衞恒作四體書勢　恒字巨山，衞　之子也。少辟司空齊王府，轉太子舍人，尚書郎，秘書丞，太子庶子，黃門郎。恒善草隸書。爲四體書勢曰：『昔在黃帝，創制造物，有沮誦倉頡者，始作書契以代結繩，蓋覩鳥跡以興思也。因而遂滋，則謂之字。有六義焉。一曰指事，上下是也。二曰象形，日月是也。三曰形聲，江河是也。四曰會意，武信是也。五曰轉注，老考是也。六曰假借，令長是也。夫指事者，在上爲上，在下爲下。象形者，日滿月虧，效其形也。形聲者，以類爲形，配以聲也。會意者，止戈爲武，人言爲信也。轉注者，以老壽考也。假借者，數言同字，其聲雖異，文意一也。自黃帝至三代，其文不改。及秦用篆書，焚燒先典，而古文絕矣。漢武時，魯恭王壞孔子宅，得尚書春秋論語孝經，時人以不復知有古文，謂之科斗書。漢世秘藏，稀得見之。魏初傳古文者，出於邯鄲淳。恒祖敬侯（覬）寫淳尚書，後以示淳而淳不別。至正始中，立三字石經，轉失淳法。因科斗之名，遂效其形。太康元年，汲縣人盜發魏襄王塚，得策書十餘萬言。按敬侯所書，猶有髣髴。古書亦有數種，其一卷論楚事者最爲工妙。恒竊悅之，故竭愚思以贊其美。愧不足厠前賢之作，冀以存古人之象焉。古無別名，謂之字勢云。黃帝之史，沮誦倉頡，眺彼鳥跡，始作書契。紀綱萬事，垂法立制，帝典用宣，質文著世。爰暨暴秦，滔天作戾，大道旣泯，古文亦滅。魏文好古，世傳丘墳，歷代莫發，眞僞靡分。大晉開元，弘道敷訓，天垂其象，地耀其文。其文乃耀，粲矣其章，因聲會意，類物有方。日處君而盈其度，月執臣而虧其旁。雲委蛇而上布，星離離以舒光。木卉苯蕁以垂穎，山嶽峨嵯而連岡，蟲跂跂以若動，鳥似飛而未揚。觀其錯筆綴墨，用心精專，勢和體均，發止無間。或守正循檢，矩折規旋，或方圓靡則，因事制權。其曲如弓，其直如弦。矯然特出，若龍騰於川，森爾下頹，若雨墜于天。或引筆奮力，若鴻鴈高飛，邈邈翩翩。或縱肆阿那，若流蘇懸羽，靡靡綿綿。是故遠而望之，若翔風厲水，清波漪漣。就而察之，有若自然。信黃唐之遺跡，爲六藝之範先。籀篆蓋其子孫，隸草乃其曾玄。覩物象以致思，非言辭之所宜。昔周宣王時，史籀始著大篆十五篇，或與古同，或與古異，世謂之籀書者也。及平王東遷，諸侯力政，家殊國異，而文字乖形。秦始皇帝初兼天下，丞相李斯乃奏益之，罷不合秦文者。斯作倉頡篇，中車府令趙高作爰歷篇，太史令胡母敬作博學篇，皆取史籀大篆或頗省改，所謂小篆者。或曰：下士人程邈爲衙獄吏，得罪始皇，幽繫雲陽十年，從獄中作。

大篆少者增益，多者損減，方者使員，員者使方，奏之始皇。始皇善之，出以爲御史，使定書。或曰：邈所定乃隸字也。自秦壞古文，有八體：一曰大篆，二曰小篆，三曰刻符，四曰蟲書，五曰摹印，六曰署書，七曰殳書，八曰隸書。王莽時，使司空甄豐校文字部，改定古文，復有六書。一曰古文，孔氏壁中書也。二曰奇字，即古文而異者也。三曰篆書，秦篆書也。四曰佐書，即隸書也。五曰繆篆，所以摹印也。六曰鳥書，所以書幡信也。及許慎撰說文，用篆書爲正，以爲體例最可得而論也。秦時李斯號爲工篆，諸山及銅人銘，皆斯書也。漢建初中，扶風曹喜少異於斯，而亦稱善。邯鄲淳師焉，略究其妙，韋誕師淳而不及也。太和中，誕爲武都太守，以能書留補侍中，魏氏寶器銘題，皆誕書也。漢末，又有蔡邕，採斯喜之法，爲古今雜形，然精密閑理不如淳也　邕作篆勢曰：鳥遺跡，皇頡循，聖作則，制斯文，體有六，篆爲眞，形要妙，巧入神。或龜文鍼列，櫛比龍鱗，紓體放尾，長短複身。頹若黍稷之垂穎，蘊若蟲蛇之棼縕，揚波振擊，鷹跱鳥震，延頸脅翼，勢似凌雲。或輕筆內投，微本濃末，若絕若連，似水露絲絲，凝垂下端。從者如懸，衡者如編，杳杪邪趣，不方不員。若行若飛，跂跂翾翾，遠而望之，象鴻鵠羣游，駱驛遷延。迫而視之，端際不可得見，指撝不可勝原。研桑不能數其詰屈，離婁不能覩其郤間，般倕揖讓而辭巧，籀誦拱手而韜翰。處篇籍之首目，粲斌斌其可觀。摛華豔於紈素，爲學藝之範先，喜文德之弘懿，慍作者之莫刊，思字體之頫仰，舉大略而論旃。秦既用篆，奏事繁多，篆字難成，即令隸人佐書，曰隸字。漢因行之。獨符印璽幡信題署用篆。隸書者，篆之捷也，上谷王次仲始作楷法。至靈帝好書，時多能者，而師宜官爲最。大則一字徑丈，小則方寸千言，甚矜其能。或時不持錢，詣酒家飲，因書其壁，顧觀者以酬酒討錢，足而滅之。每書輒削而焚其柎，梁鵠乃益爲版而飲之酒，候其醉而竊其柎。鵠卒以工書至選部尚書。宜官後爲袁術將，今鉅鹿宋子有耿球碑，是術所立，其書甚工，云是宜官也。梁鵠奔劉表，魏武帝破荊州，募求鵠。鵠之爲選部也，魏武欲爲洛陽令，而以爲比部尉，故懼而自縛，詣門。署軍假司馬，在秘書，以勤書自効，是以今者多有鵠手跡。魏武帝懸著帳中，及以釘壁玩之，以爲勝宜官。今宮殿題署，多是鵠篆。鵠宜爲大字，邯鄲淳宜爲小字，鵠謂淳得次仲法，然鵠之用筆，盡其勢矣。鵠弟子毛弘教於秘書，今八分皆弘法也。漢末有左子邑，小與淳鵠不同，然亦有名。魏初有鍾胡二家，爲行書法，俱學之於劉德升，而鍾氏小異，然亦各有巧，今大行於世云。作隸勢曰：鳥跡之變，乃惟左隸，蠲彼繁文，崇此簡易。厥用既弘，體象有度，煥若星陳，鬱若雲布。其大徑尋，細不容髮，隨事從宜，靡有常制。或穹隆恢廓，或櫛比鍼列，或砥平繩直，或蜿蜒膠戾。或長邪角趣，或規旋矩折。修短相副，異體同勢，奮筆輕舉，離而不絕。纖波濃點，錯落其間。若鍾簴設張，庭燎飛煙，嶄巖嵯峨，高下屬連。似崇臺重宇，增雲冠山。遠而望之，若飛龍在天。近而察之，心亂目眩。奇姿譎詭，不可勝原。研桑所不能計，宰賜所不能言，何草篆之足算，而斯文之未宣。豈體大之難觀，將祕奧之不傳。聊俯仰而詳觀，舉大較而論旃。漢興而有草書，不知作者姓名，至章帝時，齊相杜度號善作篇，後有崔瑗崔實，亦皆稱工。杜氏結字甚安，而書體微瘦。崔氏甚得筆勢，而結字小疎。弘農張伯英者，因而轉精甚巧。凡家之衣帛，必書而後練之。臨池學書，池水盡黑。下筆必爲楷，則號忩忩不暇草書，寸紙不見遺，至今尤寶其書，韋仲將謂之草聖。伯英弟文舒者次伯英。又有姜孟穎梁孔達田彥和及韋仲將之徒，皆伯英弟子，有名於世，然殊不及文舒也。羅叔景趙元嗣者，與伯英並時，見稱於西州，而矜巧自與，衆頗惑之。故英自稱上比崔杜不足，下方羅趙有餘。河間張超亦有名，然雖與崔氏同州，不如伯英之得其法也。崔瑗作草書勢曰：書契之興，始自頡皇，寫彼鳥跡，以定文章。爰既末葉，典籍彌繁。時之多僻，政之多權，官事荒蕪，勦其墨翰，惟作佐隸，舊字是刪。草書之法，蓋又簡略，應時諭指，用於卒迫。兼功幷用，愛日省力，純儉之變，豈必古式？觀其法象，俯仰有儀，方不中矩，員不副規，抑左揚右，望之若崎。竦企鳥跱，志在飛移，狡獸暴駭，將奔未馳。或黝黊點黼，狀似連珠，絕而不離，畜怒怫鬱，放逸生奇。或凌邃惴慄，若據高臨危。旁點邪附，似蜩螗挶枝。絕筆收勢，餘綖糾結，若杜伯揵毒緣巇，騰蛇赴穴，頭沒尾垂，是故遠而望之，隆焉若沮岑崩崖。就而察之，一畫不可移。機微要妙，臨時從宜。略舉大較，髣髴若斯。』

【出處】晉書衛恒傳

【考證】按本文引太康元年之事，疑其文之作，最早亦當在太康中葉或中葉之後，故誌之於此。

潘尼爲淮南王允鎭東參軍　尼字正叔，潘岳之從子也。祖勗，漢東海相；父滿，平原內史，並以學行稱。尼少有淸才，與岳俱以文章見知。性靜退不競，唯以勤學著述爲事。著安身論以明所守，且言世之怨亂危害，皆自私榮利爭競矜伐有以致之故曰：『今之學者，誠能釋自私之心　塞有欲之求，杜交爭之原，去矜伐之態。動則行乎至通之路，靜則入乎大順之門，泰則翔乎寥廓之宇，否則淪乎渾冥之泉。邪氣不能干其度，外物不能攖其神，哀樂不能傷其守，死生不能移其眞。而以造化爲工匠，天地爲陶鈞，名位爲糟粕，勢利爲埃塵，治其內而不飾其外，求諸己而不假諸人，忠肅以奉上，愛敬以事親，可以御一體，可以牧萬民，可以處富貴，可以安賤貧，經盛衰而不改，則庶幾能安身矣。」初應州辟，後以父老，辭位致養。太康中，始舉秀才，爲太常博士，歷高陸令。至是，爲淮南王允鎮東參軍。

【出處】晉書潘尼傳

【考證】按晉書十三王傳：淮南王允以太康十年由濮陽徙封淮南，並都督揚江二州諸軍事鎮東大將軍，而尼於元康初即拜太子舍人，則其初爲鎮東參軍，必在此年，故誌之於此。

惠帝 名衷，武帝第二子，在位十七年。

永熙元年庚戌（二九〇） 四月以前爲武帝太熙元年，以後爲惠帝永熙元年。

比丘康那律等校法華經　是年八月二十八日，比丘康那律，於洛陽寫正法華經竟，時與清戒界節優婆塞張季博，董景玄，劉長武長文等，手持經本，詣白馬寺對，與法護口授古訓，講出深義。以九月本齋十四日，於東牛寺中施檀大會，講誦此經；竟日盡夜，無不咸歡，重已校定。是年護又譯出寶髻菩薩所問經二卷（泰熙元年七月十四日，出大集，一名菩薩淨行經，舊錄云：寶髻經。）文殊師利佛土嚴淨經二卷。（泰熙元年出，或云嚴淨佛土，或云佛土嚴淨。）

【出處】法華傳記卷第一　歷代三寶紀卷第六

竺曇摩羅剎隱居深山　護以是年隱居深山，山有清澗，恒取澡漱。後有採薪者，穢其水側，俄頃而燥。護乃徘徊嘆曰：『人之無德，遂使清泉輟流。水若永竭，眞無以自給，正當移去耳。』言訖而泉湧滿澗，其幽誠所感如此。（故支遁爲之像贊曰：『護公澄寂，道德淵美，微吟窮谷。枯泉漱水，邈矣護公，天挺弘懿，濯足流沙，領拔玄致。』）

【出處】高僧傳卷第一

【考證】按高僧傳謂法護以晉武之末隱居深山，考法護此年八九月尙於洛陽校經，則其隱居不能在此年之前。且此年即武帝泰熙元年，與武帝末之語正合，故誌之於此。

張華爲太子少傅　帝即位，以華爲太子少傅，與王戎　和嶠，爲太子太傅，加散騎常侍光祿大夫。裴楷，俱以德望爲楊駿所忌，皆不與朝政。

【出處】　晉書張華傳

陸機陸雲入洛　機年二十而吳滅，退居舊里，閉門勤學，積十一年，譽流京華，聲溢四表。以孫氏在吳而祖父世爲將相，有大勳於江表，深慨孫皓舉而棄之，乃論權所以得，皓所以亡。又欲述其祖父功業，遂作辯亡論二篇。至是與弟雲俱入洛，雲字士龍，六歲能屬文，性清正，有才理，少與機齊名，雖文章不及機，而持論過之，號曰二陸。幼時，吳尙書廣陵閔鴻見而奇之曰：『此兒若非龍駒，當是鳳雛。』後舉雲賢良，時年十六。造張華。華素重其名，如舊相識，曰：『伐吳之役，利獲二俊。』遂爲之延譽，薦之諸公。

【出處】　晉書陸機傳陸雲傳　三國吳志陸抗傳注　文選文賦注引臧榮緒晉書

【考證】　按臧榮緒晉書稱『機年二十而吳滅，退臨舊里，與弟雲勤學積十一年……與弟雲俱入洛。』自吳滅至是十年，故誌其事於此。

元康元年辛亥（二九一）三月以前爲永平元年。

張華爲中書監　楚王瑋受密詔殺太宰汝南王亮太保衛瓘及瓘子恒等，瓘死時年七十二。著有喪服儀一卷，集注論語六卷。內外兵擾，朝廷大恐，計無所出。華白帝，以瑋矯詔擅殺二公，將士倉卒，謂是國家意，故從之耳。今可遣騶虞幡使外軍解嚴，理必風靡。上從之，瑋兵果敗。及瑋誅，華以首謀有功，拜右光祿大夫開府儀同三司侍中中書監，金章紫綬。固辭開府，賈謐與后共謀，以華庶族，儒雅有籌略，進無逼上之嫌，退爲衆望所依。欲依以朝綱，訪以政事。疑而未決，以問裴頠，頠素重華，深贊其事，華遂盡忠匡輔，彌縫補缺，雖當闇主虐后之朝而海內晏然，華之功也。

【出處】晋書張華傳

陸機爲太子洗馬　初太傅楊駿辟機爲祭酒。會駿誅，機還太子洗馬。范陽盧志於衆中問機曰：『陸遜陸抗於君近遠？』機曰：『如君於盧毓盧珽』志默然。既起，雲謂機曰：『殊邦遐遠，容不相悉，何至於此！』機曰：『我父祖名播四海，寧有不知？鬼子敢爾！』議者以此定二陸之優劣。

【出處】晉書陸機傳　世說方正第五　文選文賦注引臧榮緒晉書

魯勝爲建康令　勝字叔時，代郡人也。少有才操，爲佐著作郎。至是，遷建康令。到官，著正天論云：『以冬至之初，立晷測影，準度日月星辰。按日月裁徑百里無千里。星十里不百里。』遂表上求下羣公卿士考論。『若臣言合理，當得改先代之失而正天地之紀。如無據驗，甘即刑戮，以彰虛妄之罪。』事遂不報，嘗歲日望氣，知將來多故，便稱疾去官。張華遣子勸其更仕，再徵博士，舉中書郎，皆不就。其著述爲世所稱，遭亂遺失。惟注墨辯，存其叙曰：『名者，所以別同異，明是非，道義之門政化之準繩也。孔子曰：「必也正名」「名不正，則事不成。」墨子著書，作辯經以立名本。惠施公孫龍祖述其學，以正刑名顯於世。孟子非墨子，其辯言正辭，則與墨同。荀卿莊周等皆非毀名家，而不能易其論也。名必有形，察形莫如別色，故有堅白之辯。名必有分明，分明莫如有無，故有無序之辯。是有不是，可有不可，是名兩可，同而有異，異而有同，是之謂辯同異。至同無不同，至異無不異，是謂辯同辯異，同異生是非，是非生吉凶。取辯於一物而原極天下之汙隆，名之也。自鄧析至秦時，名家者世有篇籍，率頗難知，後學莫復傳習，於今五百餘歲遂亡絕。墨辯有上下經，經各有說，凡四篇。與其書衆篇連第，故獨存。今引說就經，各附其章，疑者闕之。又采諸衆，雜集爲刑名二篇，略解指歸以俟君子。其或興微繼絕者，亦有樂乎此也。』

【出處】晉書隱逸魯勝傳

夏侯湛卒　初，湛於泰始中拜郎中，累年不調，乃作抵疑以自廣。後選補太子舍人，轉尚書郎，出爲野王令。以卹隱爲急，而緩於公調，政清務閑，優游多暇，乃作昆弟誥，其辭曰：『惟正月，才生魄，湛若曰：咨爾昆弟淳琬瑠謨總瞻，古人有言：孝乎惟孝，友于兄弟。死喪之威，兄弟孔懷。又曰；周之有至德也，莫如兄弟。於戲，古之載於訓籍傳于詩書者，厥乃不思？不可不行。爾其專乃心，一乃聽，砥礪乃性，以聽我之格言。淳等拜手稽首。湛若曰；嗚呼！唯我皇乃祖滕公，肇釐厥德厥功，以左右漢祖，弘濟於嗣君，用乘祚於後世。世增敷前軌，濟其好行美德，明允相繼，冠冕胥及，以逮于皇曾祖愍侯。寅亮魏祖，用康乂厥世，遂啓土宇，以大綜厥勳于家。我皇祖穆侯崇厥基以允釐顯志，用恢闡我令業。唯我后府君侯，祇服哲命，欽明文思，以熙柔我家道，丕隆我先緒，欽若稽古訓，用敷訓典籍，乃綜其微言。嗚呼！自三墳五典八索九丘圖緯六藝及百家衆流，罔不探賾索隱，鈎深致遠。洪範九疇，彝倫攸敘，乃命世立言，越用繼尼父之大業，斯文在茲。且九齡而我王母薛妃登遐，我后孝思罔極，惟以奉于穆侯之繼室蔡姬，以致其子道。蔡姬登遐，隘于穆侯之命，厥禮乃不得成，用不祔于祖姑。惟乃用騁其永慕，厥乃以疾辭位，用遜于厥家，布衣席稾，以終于三載。厥乃古訓撫文，我后丕孝其心，用假于厥制，以穆于世父使君侯。惟伯后聰明叡智，奕世載德，用慈友于我后。我惟蒸蒸是虔，罔不克承厥誨。用增茂我敦篤，以播休美于一世，厥乃可不遵？惟我用夙夜匪懈，日鑽其道，而仰之彌高，鑽之彌堅，我用欲罷不敢。豈唯予躬是懼？寔令跡是奉。厥乃晝分而食，夜分而寢，豈唯令跡是畏？寔爾猶是儀。嗚呼，予其敬哉！俞，予聞之，周之有至德，有婦人焉。我母氏羊姬宣慈愷悌，明粹篤誠，以撫訓羣子。厥乃我亂齒，則受厥教，于書學未遑，惟寧敦詩書禮樂，孳孳弗倦。我有識惟與汝服厥誨，惟仁義惟孝友是尚。憂深思遠，祗以防于微翳，義形於色，厚愛平恕，以濟其寬裕，用緝和我七子，訓諧我五妹。惟我兄弟姊妹，束修慎行，用不辱于冠帶，寔母氏是憑。予其爲政，蕞爾惟母氏仁之不行是戚，予其望色思寬，獄之不情教之不泰是訓，予其納戒思詳。嗚呼，惟母氏信著于不言，行感于神明。若夫恭事于蔡姬，敦穆于九族，乃高于古之人。古之人厥乃千里承師，矧我惟父惟母，世德之餘烈，服膺之弗可及，景仰之弗可階，汝其念哉。俾羣弟天祚於我家，俾爾咸休明，是履。淳英哉，文明柔順，琬乃沉毅篤固，惟滔厥清粹平理。謨茂哉儁哲寘亮。總其弘肅簡雅，瞻乃純鑠惠和。惟我蒙蔽，極否于義訓。嗟爾六弟，汝其滋義洗心，以補予之尤，予乃亦不敢忘汝之闕。嗚呼，小子瞻，汝其見予之長於仁，未見予之長於義也。瞻曰；僉，以如何。湛若曰；我之管於總角，以逮於弱冠，暨於今之二毛，受學於先載，納誨于嚴父慈母。予其敬忌於厥身，而匡予之纖介，翼予之小疵，使予有過未嘗不知，予知之迪改，惟沖子是賴。予親於心，愛於中，敬於貌，厥乃口無擇言，柔惠且直，廉而不劌，肅而不厲，厥其成予哉。用集我父母之訓，庶明厲翼，邇可遠在茲。瞻拜手稽首曰；僉。湛曰；都，在修身，在愛人。瞻曰：吁，惟聖其難之。湛曰；都，厥不行惟難，厥行惟易。淳曰；僉，明而昧，崇而卑，沖而恒，顯而賢，同而疑，厲而柔，和而矜。湛曰：僉，乃言厥有道。淳曰：僉，祗服訓。湛曰：來琬，汝亦昌言。琬曰：僉，身不及於人，不敢墮於勤，厥故惟新。湛曰：僉，瑫亦昌言。瑫曰：僉，滋敬于己，不滋敬於已，惟敬乃恃，無忘有恥。湛曰：僉，謨亦昌言。謨曰：僉，無忘於不可不虞，形貌以心，訪心於虞。湛曰：僉，總亦昌言。總曰，僉：若憂厥憂以休。湛曰：僉，瞻亦昌言。瞻曰：僉，復外惟內，取諸內不忘諸外。湛曰；僉，休哉。淳等拜手稽首，湛亦拜手稽首，乃歌曰；明德復哉，家道休哉，世祚悠哉，百祿周哉。又作歌曰；訊德恭哉，訓翼從哉，內外康哉，皆拜曰：欽哉。』居邑累年，朝野多嘆其屈，除中書侍郎，出補南陽相，遷太子僕，未就命而武帝崩，帝即位，以為散騎常侍。至是卒，年四十九。著論三十餘篇別為一家之言，七錄有湛集十卷，錄一卷。初湛作周詩成，以示潘岳，岳曰：『此文非徒溫雅，乃別見孝悌之性。』岳因此遂作家風詩。湛族為盛門，性頗豪侈，侯服玉食，窮滋極珍。及將沒，遺命小棺薄斂，不修封樹。論者謂湛雖生不砥礪名節，死則儉約令終，是深達存亡之理。淳字孝沖，亦有文藻，著文集十卷。

【出處】　晉書夏侯湛傳　唐書藝文志

太傅主簿潘岳免　初，岳為廷尉評，以公事免。楊駿輔政，高選吏佐，引為太傅主簿。至是，駿誅，除名為民。先是譙人公孫宏少孤貧，客田於河陽。善鼓琴，頗屬文。岳之為河陽令，愛其才藝，待之甚厚。至是，宏為楚王瑋長史，專殺生之政。時駿綱紀皆當從坐，同署主簿朱振已就戮。岳其夕取急在外，宏言之瑋，謂之假吏，故得免。

【出處】晉書潘岳傳

賈謐等議晉書斷限　謐字長深，南陽堵陽人，賈充少女午之子也。本姓韓氏。充既死，以謐爲後。謐好學有才思，既爲充嗣，繼佐命之後。又賈后專恣，謐權過人主，至乃鏁繫黃門侍郎，其爲威福如此！負其驕寵，奢侈踰度。室宇崇僭，器服珍麗，歌僮舞女，選極一時。開閣延賓，海內輻湊。貴遊豪戚及浮競之徒，莫不盡禮事之，或爲文章稱美謐，以方賈誼。渤海石崇 字季倫 歐陽建 字堅石；滎陽潘岳；吳國陸機，陸雲；蘭陵繆徵 繆襲之孫，爲秘書監，有集九卷。；京兆杜斌，摯虞；琅琊諸葛詮；弘農王粹；襄城杜育； 字方叔，爲國子祭酒，有集二卷 南陽鄒捷；齊國左思；清河崔基，沛國劉瓌；汝南和郁 字仲輿，和嶠之弟。 周恢；安平索秀；潁川陳珍；太原郭彰；高陽許猛；彭城劉訥；中山劉輿，劉琨；皆傅會於謐，號曰二十四友。其餘不得預焉。 謐歷位散騎常侍，後軍將軍，充婦死，謐去職，喪未終，起爲秘書監，掌國史。 先是朝廷議立晉書限斷，中書監荀勗謂宜以魏正始起年，著作郎王瓚欲引嘉平已下朝臣謐入晉史。于時依違未有所決。至是，帝更使議之。謐上議，請從泰始爲斷。於是事下三府，王戎，張華，王衍，樂廣，嵇紹，國子博士謝衡皆從謐議。騎都尉濟北侯荀畯，侍中荀藩，黃門侍郎華混以爲宜用正始開元。博士荀熙刁協謂宜嘉平起年。謐重執奏戎華之議，事遂施行。（謐尋轉侍中，領秘書監如故。）

【出處】晉書賈謐傳

歐陽建爲馮翊太守　建世爲冀方右族。雅有理思，才藻美贍，擅名北州。時人爲之語曰：『渤海赫赫，歐陽堅石。』辟公府，歷山陽令，尚書郎，至是爲馮翊太守，甚得時譽。時趙王倫爲征西將軍，撓亂關中，建每匡正不從，由是有隙。建長名理之學，爲言盡意論曰：『有雷同先生問於違衆先生曰：世之論者，以爲言不盡意，由來尚矣。至乎通才達識，咸以爲然。若夫蔣公之論眸子，鍾傅之言才性，莫不引此爲談證，而先生以爲不然，何哉？先生曰：夫天不言而四時行焉，聖人不言而鑒識存焉。形不待名而方圓已著，色不俟稱而黑白以彰。然則名之於物，無施者也。

言之於理，無爲者也。而古今務於正名，聖賢不能去言，其故何也？誠以理得於心，非言不暢，物定於彼，非名不辯。言不暢心，則無以相接；名不辯物，則鑒識不顯。鑒識顯而名品殊，言稱接而情志暢。原其所以，本其所由，非物有自然之名，理有必定之稱也。欲辯其實，則殊其名，欲宣其志，則立其稱。名逐物而遷，言因理而變。此猶聲發響應，形存影附，不得相與爲二。苟其不二，則無不盡，吾故以爲盡矣。』

【出處】文選臨終詩注引王隱晉書　晉書歐陽建傳　藝文類聚十九引言盡意論

【考證】按晉書惠帝紀，趙王倫以是年爲征西將軍，鎭關中。故知建之爲馮翊太守，必在此時。

竺叔蘭於陳留譯經　河南居士竺叔蘭者，本天竺人。父世避難居於河南。蘭少好遊獵，後經暫死，備見業果。因改勵專精，深崇正法，博究衆音，善於漢梵之語。又有無羅叉比丘，西域道士，稽古多學。是年五月十日，遂於陳留倉垣水南寺，手執朱士行所得之梵本，叔蘭譯爲晉文。稱爲放光般若。至太安二年，淮陽沙門支孝龍就叔蘭一時寫五部，校爲定本，時未有品目，舊本十四匹縑，後寫爲二十卷。叔蘭又別出首楞嚴經二卷，亦於是年出，是爲第五譯，與二支一白一竺出者，文異本同。異毘摩羅詰經三卷，元康六年第五出。與漢世嚴佛調吳世支謙，竺法護羅什等所譯本大同小異。或二卷。

【出處】高僧傳卷第四　歷代三寶紀卷第六

沙門竺曇摩羅刹出經數種　四月九日，出勇伏定經二卷。是第四譯，與支讖支謙白延等所出首楞嚴經，本同名異，文少別。四月十三日，出度世品經六卷。是華嚴經離世間品。十二月二十五日，出如來興顯經五卷，是華嚴經如來性品，亦云興顯如幻經。又是年出大哀經七卷或八卷，或六卷，是大集一品。

【出處】歷代三寶紀卷第六

二年壬子（二九二）

改中書著作隸秘書省　著作郎周左史之任也，漢東京圖籍在東觀，故使名儒著作東觀，其有名尙未有官，魏明帝太和中詔置著作郎，於此始有其官，隸中書省。及晉受命，武帝以繆徵爲中書著作郎。至是，詔曰：『著作舊屬中書，而秘書旣典文籍，今改中書著作爲秘書著作。』於是改隸秘書省。後別自置省，而猶隸秘書。著作郎一人，謂之大著作郎，專掌史任。又置佐著作郎八人。著作郎始到職，必撰名臣傳一人。書鈔五十七引王隱晉書曰：『惠帝永平元年詔曰：秘書綜理經籍，考核古今，課試署吏，須四百人，宜專其事，然後精詳。中書自有職事，務相連統攝，寺事付丞，理必未盡，其後責秘書監也。』

【出處】 晉書職官志

鮑靚撰三皇經　靚字太玄，晉陵人，學兼內外，明天文河洛書，稍遷南陽中部都尉，官至南海太守。以是年出三皇經十四紙。自稱此經當昔天皇治時，上天以天經一卷授之，天皇用而治天下二萬八千歲。地皇代之，上天又以經一卷授之，地皇用而治天下二萬八千歲。人皇代之，上天又以經一卷授之，人皇用而治天下，亦二萬八千歲。三皇所授經合三卷，爾時號爲三墳是也。亦名三皇經。三皇後又有八帝，治各八千歲。上天又各以經一卷授之，時號爲八索是也。此乃三墳八索根本經也。三皇八帝之後，其文亦隱。已少好仙道，至是年二月二日登嵩高山入石室清齋，忽見古三皇文，皆刻石爲字。爾時未有師，乃依法以四百尺絹爲信，自盟而受。又自稱曰

：『凡諸侯有此文者，必爲國王。大夫有此文者，爲人父母。庶人有此文者，錢財自聚。婦人有此文者，必爲皇后。』靚深重句容葛洪稚川，以女妻之。洪傳靚業。靚書旣犯國諱，永康中，被誅。後人改其書名爲三洞。

【出處】雲笈七籤三皇經說　佛祖歷代通載卷第六　晉書葛洪傳　藝術鮑靚傳

潘岳爲長安令　岳復官，除長安令，作西征賦，述所經人物山水，文清旨詣。

【出處】晉書潘岳傳　文選西征賦及注　閑居賦序

潘尼爲太子舍人　尼拜太子舍人。會春閏月太子有事於上庠，釋奠於先師。尼遂上釋奠頌以美之。

【出處】晉書潘尼傳

和嶠卒　初，太子朝西宮，嶠以太子太傅從入。賈后使帝問嶠曰：『卿昔謂我不了家事，今日定云何？』嶠曰：『臣昔事先帝，曾有斯言，言之不效，國之福也。臣敢逃其罪乎？』至是卒，贈金紫光祿大夫，加金章紫綬，本位如前。嶠家產豐富，擬於王者，然性至吝，以是獲譏於世。

【出處】晉書和嶠傳

三年癸丑（二九三）

華嶠卒　元康初，嶠封宣昌亭侯，誅楊駿，改封樂鄉侯，遷尚書。後以嶠博聞多識，屬書典實，有良史之志，轉秘書監，加散騎常侍。班同中書，寺爲內臺，中書散騎著作及治禮音律天文數術南省文章門下撰集，皆典統之。嶠所著論議難駁詩賦之屬數十萬言，其所奏官制太子宜還宮及安邊雩祭明堂辟雍浚導河渠巡禹之舊跡，置都水官，修蠶宮之禮，置長秋，事多施行。至是卒，追贈少府，謚曰簡。嶠性嗜酒，率常沈醉，所撰書十典，未成而終。秘書監何劭奏嶠中子徹爲佐著作郎，使踵成之，未竟而卒，後監繆徽又奏嶠少子暢爲佐著作郎，克成十典。并草魏晉紀傳，與著作郎張載等俱在史官。永嘉喪亂，經籍遺沒。嶠書存者五十餘卷。（隋志有後漢書十七卷，集八卷，元龜國史部有紫陽眞人周君傳一卷。）

【出處】晉書華嶠傳

詔國子學品第諸生　國子學者，法周禮，國之貴游子弟國子受授於師者也。至是，以太學生人多猥雜，欲辨其涇渭。於是制立國子學官，品第五以上，得入國學。

【出處】南齊書禮志引曹思文上書

裴頠爲侍中　頠字逸民，裴秀之次子也。弘雅有遠識，博學稽古，自少知名。御史中丞周弼見而歎曰：『頠若武庫五兵，縱橫一時之傑也。』賈充即頠從母夫也，表秀有佐命之勳，不幸嫡長喪亡，遺孤稚弱。頠才德英茂，足以興隆國嗣。詔頠襲爵，頠固讓不許。太康二年，徵爲太子中庶子，遷散騎常侍。帝即位，轉國子祭酒，兼右軍將軍。累遷侍中。時天下暫寧，頠奏修國學，刻石寫經。皇太子既講，釋奠祀孔子，飲饗射侯，甚有儀序。又令荀藩終父勗之志，鑄鍾鑿磬以備郊廟朝享禮樂。頠通博多聞，兼明醫術。荀勗之修律度也，檢得古尺，短世所用四分有餘。頠上言：『宜改諸度量。若未能悉革，可先改太醫權衡。此若差違，遂失神農岐伯之正，藥物輕重分兩乖互，所可傷夭，爲害尤深。古壽考而今短折者，未必不由此也。』卒不能用。樂廣嘗與頠清言，欲以理服之，而頠辭論豐博，廣笑而不言，時人謂頠爲言談之林藪。

【出處】晉書裴頠傳

【考證】按晉書禮志載：『元康三年，皇太子講論語通。』則本傳所謂皇太子既講之事，當在此時，頠之爲侍中，亦當在此時，故誌之於此。

四年甲寅（二九四）

張華召束晳爲掾　晳字廣微，陽平元城人，漢太子太傅疏廣之後也。博學多聞，與兄璆俱知名，少游國學。或問博士曹志曰：『當今好學者誰乎？』志曰：『陽平束廣微好學不倦，人莫及也。』還鄉里，察孝廉，舉茂才，皆不就。璆娶石鑒從女，棄之。鑒以爲憾，諷州郡公府不得辟，故晳等久不得調。晳與衛恆善，聞恆遇禍，自本郡赴喪。嘗爲勸農及餅諸賦，文頗鄙俗，時人薄之。而性沉退，不慕榮利，作玄居釋以擬客難，張華見而奇之。至是石鑒卒，王戎乃辟璆，華召晳爲掾。文爲司空下邳王晃所辟。

【出處】　晉書束晳傳

陸機爲吳王郎中　吳王晏出鎮淮南，以機爲郎中令。

【出處】　晉書陸機傳

【考證】　按北堂書鈔六十六引陸機皇太子淸晏詩序：『元康四年，余以太子洗馬出補吳王郎中。』故誌其事於此。

沙門竺曇摩羅刹出聖法印經一卷　是經乃十二月五日於酒泉郡出，竺法首筆受。（亦直云聖印經，亦云慧印經，道安云：出雜阿含。）

【出處】　歷代三寶紀卷第六

五年乙卯（二九五）

潘岳作閑居賦　初，岳徵補博士，未召拜，以母疾輒去官免。至是，以仕宦不達，乃作閑居賦以歌事遂情焉。（岳性輕躁趨世利，與石崇等諂事賈謐，每候其出，與崇輒望塵而拜，謐二十四友，岳爲其首，謐議晉書斷限，乃岳之辭。後構愍懷太子之文，亦岳爲之。其母數誚之曰：『爾當知足，而乾沒不已乎？』而岳終不能改。尋爲著作郎，轉散騎侍郎。）

【出處】　晉書潘岳傳　文選潘安仁閑居賦序

【考証】　按岳於明年，有於金谷送石崇等之事，其時當已出仕。且賦中有『涉于知命之年』一語，此時岳適四十九歲，爲時亦合，故誌之於此。

潘岳作悼亡詩　岳之妻，滎陽人東武伯楊肇之女也。至是卒，岳遂作悼亡詩三首。其一曰：『荏苒冬春謝，寒暑忽流易，之子歸窮泉，重壤永幽隔。私懷誰克從，淹留亦何益。僶俛恭朝命，迴心返初役。望廬思其人，入室想所歷。帷屏無髣髴，翰墨有餘跡。流芳未及歇，遺挂猶在壁。悵怳如或存，周遑忡驚惕。如彼翰林鳥，雙棲一朝隻。如彼遊川魚，比目中路析。春風緣隟來，晨霤承檐滴。寢息何時忘，沈憂日盈積。庶幾有時衰，莊缶猶可擊。』其二曰：『皎皎窗中月，照我室南端。清商應秋至，溽暑隨節闌，凜凜涼風升，始覺夏衾單，豈曰無重纊，誰與同歲寒，歲寒無與同，朗月何朧朧。展轉眄枕席，長簟竟牀空。牀空委清塵，室虛來悲風。獨無李氏靈，髣髴覩爾容，撫衿長歎息，不覺涕霑胸。霑胸安能已，悲懷從中起，寢興目存形，遺音猶在耳。上慚東門吳，下愧蒙莊子。賦詩欲言志，此志難具紀。命也可奈何，長戚自令鄙。』其三曰：『曜靈運天機，四節代遷逝，淒淒朝露凝，烈烈夕風厲。奈何悼淑儷，儀容永潛翳。念此如昨日，誰知已卒歲。改服從朝政，哀心寄私制。茵幬張故房，朔望臨爾祭。爾祭詎幾時？朔望忽復盡，衾裳一毀撤，千載不復引。亹亹朞月週，戚戚彌相愍，悲懷感物來，泣涕應情隕。駕言陟東阜，望墳思紆軫。

徘徊墟墓間，欲去復不忍。徘徊不忍去，徙倚步踟躕，落葉委埏側，枯荄帶墳隅，孤魂獨煢煢，安知靈與無。投心遵朝命，揮涕强就車。誰謂帝宮遠，路極悲有餘。』

【出處】文選懷舊賦　楊仲武誄　悼亡詩

【考證】按悼亡詩及哀永逝文之爲悼其妻所作，其證有二：文曰：『庶無愧兮莊子』詩曰：『莊缶猶可擊』明用莊子至樂篇『莊子妻死』之故事，證一也。文曰：『嫂姑兮慞惶，慈姑兮垂矜。』詩曰：『如彼翰林鳥，雙栖一朝隻。如彼遊川魚，比目中路析。』皆爲對其妻之語氣，證二也。考西征賦注『夭赤子於新安』之語引傷弱子序曰：『三月壬寅，弱子生。』然則元康二年，岳尚生子，則其妻死於其年之後可知。楊仲武誄有云：『而子之姑，余之伉儷焉。往歲卒於德宮里。』仲武卒於元康九年，則岳妻可斷定卒於九年之前。閑居賦言其家庭之樂，未言及其妻，疑妻已先卒。其詩一則曰：『僶俛恭朝命，迴心反初役。』再則曰：『改服从朝政，哀心寄私制。』皆爲復出仕時祭墓之語氣，故誌之於此。

六年丙辰（二九六）

張華爲司空　初華懼后族之盛，作女史箴以爲諷。賈后雖凶妒而知敬重華。久之，論前後忠勳，進封壯武郡公。華十餘讓，中詔敦譬，乃受。至是，代下邳王晃爲司空，領著作。

【出處】晉書張華傳

陸機遷尚書郎　機由吳王郎中令，遷尚書中兵郎。

【出處】晉書陸機傳

【考證】按文選陸機答賈謐詩序云：『余出補吳郎中令，元康六年，入爲尚書郎。』

石崇等會於金谷　崇穎悟有才氣，而任俠無行檢。初爲荆州刺史，在州刼遠使商客，致富不貲。徵爲大司農，以徵書未至擅去官免，頃拜太僕。至是，出爲征虜將軍，假節監徐州諸軍事，鎮下邳。崇有別館，在河陽之金谷，一名梓澤，送者傾都，帳飲於此焉。崇爲序曰：『余以元康六年，从太僕卿出爲使持節監靑徐諸軍事征虜將軍。有別廬在河南縣界金谷澗中，去城十里，有田十頃，或高或下。有淸泉茂林衆果竹柏藥草，羊二百口，鷄猪鵞鴨之屬莫不畢備。又有水碓魚池土窟，其爲娛目歡心之物備矣。時征西大將軍祭酒王詡當還長安，余與諸賢共送，往澗中晝夜遊宴。屢遷其坐，或登高臨下，或列坐水濱。時琴瑟笙筑，合載車中，道路並作。及住，令與鼓吹遞奏。遂各賦詩以敘中懷，或不能者，罰酒三斗。感性命之不永，懼凋落之無期，故具列時人官號姓名年紀，又寫詩著後，後之好事者，其覽之哉。凡三十人，吳王師議郎關中侯始平武功蘇紹字世嗣，年五十，爲首。』

【出處】 世說新語品藻篇注　御覽一百十九引　晉書石崇傳

紀瞻舉秀才　瞻字思遠，丹陽秣陵人也。祖亮，吳尚書令。父陟，光祿大夫。瞻少以方直知名，吳平，徙家歷陽，郡察孝廉，不行。至是，舉秀才。尚書郎陸機策之曰：『昔三代明王，啟建洪業，文質殊制，而令名一致。然夏人尚忠，忠之弊也朴。

救朴莫若敬，殷人革而修焉。敬之弊也鬼，救鬼莫若文，周人矯而變焉。文之弊也薄，救薄則又反之於忠。然則王道之反覆，其無一定耶？亦所祖之不同而功業各異也。自無聖王，人散久矣。三代之損益，百姓之變遷，其故可得而聞邪？今將反古以救其弊，明風以蕩其穢，三代之制，將何所从？太古之化，有何異道？』瞻對曰：『瞻聞有國有家者，皆欲邁化隆政，以康庶績，垂歌億載，永傳於後。然而俗變事弊，得失隨時，雖經聖哲，無以易也。故忠弊質野，敬失多儀。周鑒二王之弊，崇文以辯等差，而流遁者歸薄而無款誠，款誠之薄，則又反之於忠。三代相循，如水濟火，所謂隨時之義救弊之術也。羲皇簡朴，無爲而化，後聖因承，所務或異，非賢聖之不同，世變使之然耳。今大晉闡元，聖功日隮，承天順時，九有一貫，荒服之君，莫不來同。然而大道既往，人變由久，謂當今之政，宜去文存朴，以反其本，則兆庶漸化太和可致也。』又問：『在昔哲王，象事備物，明堂所以崇上帝，清廟所以寧祖考，辟雍所以班禮教，太學所以講藝文。此蓋有國之盛典，爲邦之大司。亡秦廢學，制度荒闕，諸儒之論，損益異物。漢氏遺作，居爲異事。而蔡邕月令，謂之一物，將何所從？』對曰：『周制明堂，所以宗其祖以配上帝，敬恭明祀永光孝道也，其大數有六。古者聖帝明王，南面而聽政，其六則以明堂爲主。又其正中，皆云太廟，以順天時，施行法令，宗祀養老，訓學講肄，朝諸侯而選造士，備禮辨物，一教化之由也。故取其宗祀之類則曰清廟，取其正室之貌則曰太廟，取其室則曰太室，取其堂則曰明堂，取其四門之學則曰太學，取其周水圜如璧則曰璧雍。異名同事，其實一也。是以蔡邕謂之一物。』又問：『庶明亮采，故時雍穆唐；有命既集，而多士隆周。故書稱明良之歌，易貴金蘭之美，此長世所以廢興，有邦所以崇替。夫成功之君，勤於求才；立名之士，急於招世。理無世不對，而事千載恒背。古之興王，何道而如彼？後之衰世，何闕而如此？』對曰：『興隆之政，務在得賢。清平之化，急於拔才。故二八登庸則百揆序，有亂十人而天下泰。武丁擢傅巖之徒，周文攜渭濱之士，居之上司，委之國政，故能龍驤天衢，垂勳百代。

先王身下白屋，搜揚仄陋，使山無扶蘇之才，野無伐檀之詠。是以化厚物感，神祇來應，翔鳳飄颻，甘露豐墜，醴泉吐液，朱草自生，萬物滋茂，日月重光，和氣四塞，大道以成。序君臣之義，敦父子之親，明夫婦之道，別長幼之宜。自九州被八荒，海外移心，重譯入貢，頌聲穆穆，南面垂拱也。今貢賢之塗已闓，而教學之務未廣。是以進競之志恒銳，而務學之心不修。若闢四門以延造士，宣五教以明令德，考績殿最，審其優劣，厝之百寮，置之羣司。使調物度宜，節宣國典，必協濟康哉，符契往代，明良來應，金蘭復存也。』又問：『昔唐虞垂五刑之教，周公明四罪之制。故世歎清問，而時歌緝熙。姦宄既殷，法物滋有，叔世崇三辟之文，暴秦加族誅之律，淫刑淪胥，虐濫已甚。漢魏遵承，因而弗革，亦由險泰不同，而救世異術，不得已而用之故也。寬猛之中，將何立而可？族誅之法，足爲永制與不？』對曰：『二儀分則兆庶生，兆庶生則利害作，利害之作，有由而然也。太古之時，化道德之教，賤勇力而貴仁義，仁義貴則彊不陵弱，衆不暴寡，三皇結繩而天下泰，非惟象刑緝熙而已也。且太古知法，所以遠獄。及其末，不失有罪。是以獄用彌繁，而人彌暴。法令滋章，盜賊多有。書曰：「惟敬五刑，以成三德。」叔世道衰，既興三辟，而文網之弊，又加族誅，淫刑淪胥，感傷和氣，化染後代，不能變改，故漢祖指麾而六合響應。魏承漢末，因而未革，將以俗變由久權時之宜也。今四海一統，人思反本。漸尚簡樸，則貪夫不競，尊賢黜否，則不仁者遠。爾則斟參夷之刑，除挾誅之律，品物各順其生，緝熙異世而偕也。』又問曰：『夫五行迭代，陰陽相須，二儀所以陶育，四時所以化生。易稱在天成象，在地成形，形象之作，相須之道也。若陰陽不調，則大數不得不否；一氣偏廢，則萬物不得獨成。此應同之至驗，不偏之明證也。今有溫泉而無寒火，其故何也？思聞辯之以釋不同之理。』對曰：『蓋聞陰陽升降，山澤通氣，初九純卦，潛龍勿用。泉源所託，其溫宜也。若夫水潤下，火炎上，剛柔燥濕，自然之性。故陽動而外，陰靜而內。內性柔弱，以含容爲質；外動剛直，以外接爲用。是以金水之明內鑒，火日之光外輝，剛施柔受，陽勝陰伏，水之受溫，含容之性也。』又問曰：『夫窮神知化，才之盡稱；備物致用，功之極目。以之爲政，則黃羲之規可踵；以之革亂，則玄古之風可紹。然而唐虞宓，皇人之闊網；夏殷繁，帝者之約法。機心起而日進，淳德往而莫返。豈太樸一離，理不可振，將聖人之道稍有降殺邪？』對曰：『政因時以興，機隨物而動，故聖王究窮通之源，審始終之理，適時之宜，期於濟世，皇代質朴，禍難不作，結繩爲信，人知所守。大道既離，智惠擾物，夷險不同，否泰異數。故唐虞宓，皇人之網；夏殷繁，帝者之法；皆廢興有由，輕重以節，此窮神之道，知化之術，隨時之宜，非有降殺也。』

【出處】晉書紀瞻傳

陸雲爲吳王晏郎中令　初，揚州刺史周浚召雲爲從事。謂人曰：『陸士龍當今之顏子也』俄以公府掾爲太子舍人，出補浚儀令。縣居都會之要，名爲難理。雲到官肅然，下不能欺，市無二價。人有見殺者，主名不立。雲錄其妻而無所問，十許日遣出，密令人隨後，謂曰：『其去不出十里，當有男子候之與語，便縛來。』既而果然。問之具服云：『與此妻通，共殺其夫，聞妻得出，欲與語，憚近縣，故遠相要候。』於是一縣稱其神明。郡守害其能，屢譴責之，雲乃去官。百姓追思之，圖畫形象，配食縣社。尋拜吳王晏郎中令。愛才好士，多所貢達。入爲尚書郎，，侍御史，太子中舍人，中書侍郎。

【出處】晉書陸雲傳

【考證】按陸士龍集國起西園第表啓有：『昔淮南太妃。當安置，臣兄比下墨機，時爲郎中令從行。』可知雲之爲郎中令在機爲郎中令之後。集中又有嘲褚常侍一文，稱『六年正月，以臨川府丞褚爲常侍，君子謂吳於是乎能官人。』疑雲時已在吳，故誌之於此。

束晳爲佐著作郎　張華爲司空，以晳爲賊曹屬，入府匝月，除佐著作郎，著作西觀。造晉書，草三帝紀及十志。又因在著作得觀竹書，隨疑分釋，皆有義證。遷轉博士，著作如故，又遷尚書郎。時有人於嵩高山下得竹簡一枚，上兩行科斗書，傳以相示，莫有知者。華以問晳，晳曰：『此漢明帝顯節陵中策文也。』檢驗果然，時人伏其博識。

【出處】晉書束晳傳　北堂書鈔五十七引文士傳　初學記十二引張隱文士傳。

七年丁巳（二九七）

陳壽卒　初壽以母憂去職，母遺言，令葬洛陽，壽遵其志，又坐不以母歸葬，竟被貶議。初譙周嘗謂壽曰：『卿必以才學成名，當被損折，亦非不幸也。宜深慎之。』壽至此再致廢辱，皆如周言。後數歲，起爲太子中庶子太子傅從，又兼散騎常侍，不拜。至是卒。年六十五。梁州大中正尚書郎范郡等上表曰：『昔漢武帝詔曰，司馬相如病甚，可遣悉取其書。使者得其遺書，言封禪事，天子異焉。臣等按故治書侍御史陳壽作三國志，辭多勸誡，明乎得失，有益風化。雖文豔不若相如，而質直過之。願垂採錄。』於是詔下河南尹洛陽令就家寫其書。

【出處】晉書陳壽傳　華陽國志　西州後賢志

【考證】晉書本傳言：『或云：丁儀丁廙有盛名於魏。壽謂其子曰：「可覓千斛米見與，當爲尊公作佳傳。」丁不之與。竟不爲立傳。壽父爲馬謖參軍，謖爲諸葛亮所誅，壽父亦坐被髡。諸葛瞻又輕壽。壽爲亮立傳，謂亮將略非長，無應敵之才。言瞻惟工書，名過其實。議者以此少之。」余按三國志中評諸葛公父子之是否允當，乃史家個人之意見，姑置之不論。丁儀立傳一事，頗有可疑。三國志患在簡略，故十七文人之事蹟，皆附於王粲一傳。則不立專傳者，不僅丁氏二人也。丁氏二人在當世之地位，並不高於他人。而謂其當立專傳乃因索賄不遂之故竟不立，誤也。竊思當時名人，多有別傳。而丁氏之子，亦欲爲儀廙立傳。壽索重酬，事遂不果，後人乃誤以之與三國立傳之事混爲一談，非也。考此事又見藝文類聚七十三食物部引語林，則晉書此段史料，當採自語林。今不取。

【附錄】陳壽著述表

三國志六十五卷　晉書本傳

古國志五十篇　晉書本傳

官司論七篇　華陽國志本傳

漢名臣奏事三十卷 唐志

魏名臣奏事四十卷目一卷 隋志

益部耆舊傳十四卷 隋志

竺曇摩羅剎立寺長安　護立寺於長安青門外，精勤行道。於是德化遐布，聲蓋四遠。僧徒數千，咸所宗事。是年譯漸備一切至德經十卷，是華嚴十地品，或五卷，金剛薩菩薩行經一卷。於長安市西寺譯，出華嚴第二十二卷。又有光世音大勢至受決經一卷，亦於元康年出。（亦直云觀世音受記經）

【出處】高僧傳卷第一　歷代三寶紀卷第六

【考證】按泰始二年護於長安青門內白馬寺譯經，此處又在長安市西寺出經者，蓋彼時乃借住他人之地，此乃自立寺耳。

王衍為北軍中侯中領軍　初，魏正始中，何宴王弼等祖述老莊立論，以為天地萬物皆以無為本，無也者，開物成務無往不存者也。陰陽恃以化生，萬物恃以成形，賢者恃以成德，不肖恃以免身，故無之爲用，無爵而貴矣。衍甚重之。衍既有盛才美貌，明悟若神，常自比子貢。兼聲名籍甚，傾動當世，妙善玄言，唯談老莊爲事。每捉玉柄麈尾，與手同色。義禮有所不安，隨即改更，世號口中雌黃。朝野翕然，謂之一世龍門矣。累居顯職，後進之士，莫不景慕放效。選舉登朝，皆以爲稱首。矜高浮誕，遂成風俗焉。衍嘗喪幼子，山簡（山濤之子）弔之，衍悲不自勝。簡曰：『孩抱中物，何至於此？』衍曰：『聖人忘情，最下不及情，然則情之所鍾，正在我輩。』簡服其言，更爲之慟。衍妻郭氏，賈后之親，藉宮中之勢，剛愎貪戾，聚斂無厭，好干預人事，衍患之而不能禁。時有鄉人幽州刺史李陽，京師大俠，郭氏素憚之。衍謂郭曰：『非但我言卿不可，李陽亦謂不可。』郭氏爲之小損。衍疾郭之貪鄙，故口未嘗言錢。郭欲試之，令婢以錢繞牀，使不得行。衍晨起見錢，謂婢曰：『舉阿堵物却』其措意如此。由黃門侍郎爲北軍中候中領軍。（又拜尚書令。）

【出處】晉書王衍傳

八年戊午（二九八）

陸機補著作郎　機以臺郎出補著作，遂遊乎秘閣，見魏武帝遺令，而作弔魏武帝文。文轉殿中郎。

【出處】文選六十　藝文類聚四十

賀循補太子舍人　循字彥先，會稽山陰人也。其先慶普，漢世傳禮，世所謂慶氏學。族高祖純，博學有重名，漢安帝時爲侍中，避安帝父諱，改爲賀氏。曾祖齊，仕吳爲名將。祖景，滅賊校尉。父邵，中書令，爲孫皓所殺，徙家屬邊郡。循丁茲家難，流放海隅。吳平乃還本郡。節操高厲，童齓不羣，言行舉動，必以禮讓，好學博聞，尤善三禮。國相丁乂請爲五官掾，刺史嵇喜舉秀才，除陽羨令，以寬惠爲本，不求課最，後爲武康令。俗多厚葬，及有拘忌迴避，歲月停喪不葬者，循皆禁焉。政敎大行，鄰城宗之。然無援於朝，久不進序。著作郎陸機及弟雲顧榮字彥先，吳國吳人，與機同入洛，時人號爲三俊。上書薦循曰：『伏見武康令賀循，德量邃茂，才鑒清遠，服膺道素，風操凝峻，歷試二州，刑政肅穆。守職下縣，編名凡萃，出自新邦，朝無知己。恪居遐外，志不自營，年時倏忽，而邈無階緒，實州黨愚智所爲悵然。臣等並以凡才，累授飾進，被服恩澤，忝豫朝末。知良士後時，而守局無言，懼有避賢之咎。是以不勝愚管，謹冒死表聞。』久之，召爲太子舍人。

【出處】晉書賀循傳　三國吳志賀邵傳注引虞預晉書

九年己未（二九九）

裴頠作崇有論　尚書裴頠深患時俗放蕩，不尊儒術，何晏阮籍素有高名於世，口談浮虛，不尊禮法，尸祿耽寵，仕不事事，至王衍之徒，聲譽太盛，位高勢重，不以物務自嬰，遂相放效，風教陵遲，乃著崇有之論以釋其蔽曰：『夫總混羣本，宗極之道也。方以族異，庶類之品也。形象著分，有生之體也。化感錯綜，理迹之原也。夫品而爲族，則所稟者偏，偏無自足，故憑乎外資，是以生而可尋，所謂理也。理之所體，所謂有也。有之所須，所謂資也。資有攸合，所謂宜也。擇乎厥宜，所謂情也。識智旣授，雖出處異業，默語殊途，所以保生存宜，其情一也。衆理並而無害，故貴賤形焉。失得由乎所接，故吉凶兆焉。是以賢人君子，知欲不可絕而交物有會，觀乎往復，稽中定務。惟夫用天之道，分地之利，躬其力任，勞而後饗，居以仁順，守以恭儉，率以忠信，行以敬讓，志無盈求，事無過用，乃可濟乎。故大建厥極，綏理羣生，訓物垂範，於是乎在，斯則聖人爲政之由也。若乃淫抗陵肆，則危害萌矣。故欲衍則速患，情佚則怨博，擅恣則興攻，專利則延寇。可謂以厚生而失生者也。悠悠之徒，駭乎若茲之釁，而尋艱爭所緣，察夫偏質有弊，而覩簡損之善。遂闡貴無之議，而建賤有之論。賤有則必外形，外形則必遺制，遺制則必忽防，忽防則必忘禮，禮制弗存則無以爲政矣。衆之從上，猶水之居器也。故兆庶之情，信於所習，習則心服其業，業服則謂之理然，是以君人必愼所教，班其政刑一切之務，分宅百姓，各授四職，能令稟命之者不肅而安，忽然忘異，莫有遷志，況於據在三之尊，懷所隆之情，敦以爲訓者哉。斯乃昏明所階，不可不審。夫盈欲可損而未可絕有也。過用可節而未可謂無貴也。蓋有講言之具者，深列有形之故，盛稱空無之美。形器之故有徵，空無之義難檢，辯巧之文可悅，似象之言足惑，衆聽眩焉，溺其成說，雖頗有異此心者，辭不獲濟，屈於所狎，因謂虛無之理誠不可蓋，唱而有和，多往弗反，遂薄綜世之務，賤功烈之用，高浮游之業，卑經實之賢，人情所殉，篤夫名利。於是文者衍其辭，訥者讚其旨，染其衆也。是以立言藉其虛無，謂之玄妙。處官不親所司，謂之雅遠，奉身散其廉操，謂之曠達。故砥礪之風彌以陵遲。放者因斯，或悖吉凶之禮而忽容止之表，瀆棄長幼之序，混漫貴賤之級。其甚者，至於裸裎，言笑忘宜。以不惜爲弘，士行又虧矣。老子既著五千之文，表摭穢雜之弊，甄舉靜一之義，有以令人釋然自夷，合於易之損謙艮節之旨。而靜一守本，無虛無之謂也。損艮之屬，蓋君子之一道，非易之所以爲體守本無也。觀老子之書，雖博有所經，而云有生於無，以虛爲主，偏立一家之辭，豈有以而然哉？人之既生，以保生爲全，全之所階，以順感爲務。若味近以虧業，則沉溺之釁興，懷末以忘本，則天理之眞滅。故動之所交，存亡之會也。夫有非有於無，非無於無，非無於有非有，是以申縱播之累而著貴無之文，將以絕所非之盈謬，存大善之中節，收流遁於既過，反澄正于胸懷，宜其以無爲辭而旨在全有。故其辭曰：「以爲文不足」若斯則是所寄之途，一方之言也。若謂至理信以無爲宗，則偏而害當矣。先賢達識，以非所滯，示之深論。惟班固著難，未足折其情。孫卿楊雄，大體抑之猶偏有所許，而虛無之言，日以廣衍，衆家扇起，各列其說，上及造化，下被萬事，莫不貴無。所存僉同，情以衆固。乃號凡有之理，皆義之卑者，薄而鄙焉。辯論人倫及經明之業，遂易門肆。頠用矍然申其所懷，而攻者盈集，或以爲一時口言，有客幸過，咸見命著文，擿列虛無不允之徵，若未能每事釋正，則無家之義弗可奪也。頠退而思之，雖君子宅情無求於顯，及其立言，在乎達旨而已。然去聖久遠，異同紛糾，苟少有彷彿，可以崇濟先典，扶明大業，有益於時，則惟患言之不能，焉得靜默及未舉一隅略示所存而已哉？夫至無者，無以能生。故始生者，自生也。自生而必體有，則有遺而生虧矣。生以有爲已分，則虛無是有之所謂遺者也。故養既化之有，非無用之所能全也。理既有之衆，非無爲之所能循也。心非事也，而制事必由於心，然不可以制事以非事，謂心爲無也。匠非器也，而制器必須於匠。然不可以制器以非器，謂匠非有也。是以欲收重泉之鱗，非偃息之所能獲也。隕高墉之禽，非靜拱之所能捷也。審投弦餌之用，非無知之所能覽也。由此而觀，濟有者皆有也。虛無奚益於已有之羣生哉？」論成，時人攻難交至，莫能折，惟王衍來，如小屈，時人即以王理難裴，理還復申。

【出處】晉書裴頠傳　世說文學第四

沙門帛法祖講習於長安　法祖名遠，本姓萬氏，河內人。父威達，以儒雅知名，州府辟命皆不赴。祖少發道心，啟父出家，辭理切至，父不能奪。遂改服從道。祖才思俊徹，敏朗絕倫，誦經日八九千言。研味方等，妙入幽微。世俗墳索，多所該貫。乃於長安造築精舍，以講習爲業。白黑宗稟，幾且千人。至是，太宰河間王顒鎮關中，虛心敬重，待以師友之敬。每至閑晨靜夜，輒談講道德。于時西府初建，俊乂甚盛，能言之士，咸服其遠遊。祖見羣雄交爭，干戈方始，志欲潛遁隴右，以保雅操。會張輔爲秦州刺史，鎭隴上。祖與之俱行。輔以祖名德顯著，衆望所歸，欲令反服，爲己僚佐。祖固志不移，由是結憾。先有州人管蕃與祖論議，屢屈於祖。蕃深銜恥恨，每加讒構。祖行至汧縣，忽語諸道人及弟子云：『我數日對當至。』便辭別，作素書分布經像及資財都訖。明晨，詣輔共語，忽忤輔意。輔使收之行罰。衆咸怪惋。祖曰：『我來此畢對，此宿命久結，非今事也。』乃呼『十方佛祖，前身罪緣，歡喜畢對，願從此以後，與張輔爲善知識，無令受殺人之罪。』遂便鞭之五十，奄然命終，輔後具聞其事，方大悔恨。初，祖道化之聲，被於關隴。崤函之右，奉之若神，戎晉嗟慟，行路流涕。隴上羌胡率精騎五千，將欲迎祖西歸。中路聞其遇害，悲恨不及，衆咸憤激，欲復祖之讎。輔遣軍上隴，羌胡率精騎逆戰。時天水故帳下督富整遂因忿斬輔。羣胡既雪怨恥，稱善而還。共分祖屍，各起塔廟。祖既博涉多閑，善通梵漢之語。嘗譯惟逮弟子本起五部僧等三部經。又注首楞嚴經。又有別譯數部小經，値亂零失，不知其名。（房錄有二十三經，二十五卷。）祖弟法祚亦少有令譽。被博士徵，不就。年二十五出家，深洞佛理，關隴知名。時梁州刺史張光，以祚兄不肯反服，輔之所殺，光又逼祚令罷道。祚志堅貞，以死爲誓，遂爲光所害，春秋五十有七。注放光般若經及著顯宗論等，又有優婆塞衞士度者，譯出道行般若經二卷，（第二出亦直云道行經，與竺佛朔譯者文質爲異）從舊道行中删改，亦是小品及放光等要別名耳。士度本司州汲郡人，陸沉寒門，安貧樂道，常以佛法爲心，當其亡日，清淨澡漱，誦經千餘言，然後引衣屍臥，奄然而卒。

【出處】高僧傳卷第一帛遠傳

【考證】按晉書河間王顒以是年爲鎭西將軍鎭關中，則西府之建，當在此時。故誌法祖事於此。

道士王浮作化胡經　沙門帛法祖每與祭酒王浮（一云道士基公次）議論，符屢屈，乃改西域傳爲化胡經，稱老子出關入天竺國，教胡王爲浮圖。胡王不信老子，老子神力伏之，方求悔過。自髠自剪，謝愆謝罪。老君大慈，愍其愚昧，爲說權教，隨機戒約。皆令頭陀乞食，以制兇頑之心。赭服偏衣，用挫强梁之性。割毀形貌，示爲剠劓之身。禁約妻房，絕其悖逆之種。其文本一卷，其徒增爲十一卷。第一卷說化罽賓胡王，第二卷俱薩羅國降伏外道，第三卷化維衛胡王，第四卷化罽賓王兄弟七人，第五卷化胡王經十二年。大抵偸竊佛語，妄自安置。其最荒謬者，如云：『老子化胡，王不受其教。老子曰：王若不信，吾南入天竺教化諸國，其道大興，自此以南無尊於佛者。胡王猶不信受曰：若南化天竺，吾當稽首稱南無佛。又流沙塞有加夷國，常爲劫盜，胡王患之，使男子守塞常憂，因號男爲憂婆塞。女子又畏爲加夷所掠，乘憂其夫爲夷所困，乃因號憂婆夷。』

【出處】佛祖統紀卷第三十六　廣弘明集卷第九笑道論　第十三九箴篇　辯正論卷第五

【考證】按佛祖統紀載此事於成帝咸康六年，未知何據。高僧帛遠傳載此事，則當在惠帝時，又考辯正論引裴子野高僧傳云：『晉惠帝時，沙門帛遠字法祖，每與祭酒王浮……』云云，則浮爲此時人無疑，故誌之於此。

永康元年庚申（三〇〇）

樂廣爲尙書令　初，廣出補元城令，遷中書侍郎，轉太子中庶子，累遷侍中，河南尹。

廣善清言，而不長於筆。將讓尹，請潘岳爲表。岳曰：『當得君意』廣乃作二百句語述己之志，岳因取次比，便成名筆。時人咸云：『若廣不假岳之筆，岳不取廣之旨，無以成斯美也。』常有親客，久闊不復來，廣問其故，答曰：『前在坐，蒙賜酒，方欲飲，見杯中有蛇，意甚惡之，既飲而疾。』于時河南聽事壁上有角，漆畫作蛇。廣意杯中蛇卽角影也，復置酒于前處，謂客曰：『酒中復有所見不？』答曰：『所見如初』廣乃告其所以。客豁然意解，沉痾頓愈。衞玠總角時，嘗問廣夢，廣云：『是想』玠曰：『形神所不接而夢，豈是想邪？』廣曰：『因也，未嘗夢乘車入鼠穴持虀噉鐵杵，皆無想無因故也』玠思因經日不得，遂成病。廣聞故，命駕，爲剖析之。玠旣小差，廣歎曰：『此兒胸中，當必無膏肓之疾。』廣所在爲政，無當時功譽，然每去職，遺愛爲人所思。凡所論人，必先稱其所長，則所短不言而自見矣。人有過先盡弘恕，然後善惡自彰矣。廣與王衍俱宅心事外，名重於時，故天下言風流者，謂王樂爲稱首焉。少與弘農楊準相善，準之二子曰喬曰髦，皆知名於世。準使先詣裴頠，頠性弘方，愛喬有高韻，謂準曰：『喬當及卿，髦少減也』又使詣廣，廣性清淳，愛髦有神檢，謂準曰：『喬自及卿，然髦亦清出。』準笑曰：『我二兒之優劣，乃裴樂之優劣也。』論者以爲喬雖有高韻而神檢不足，樂爲得之矣。是時王澄胡毋輔之等皆亦放任爲達，或至裸體者。廣聞而笑曰：『名教內自有樂地，何必乃爾？』其居才愛物，動有理中，皆此類也。值世道多虞，朝章紊亂，清己中立任誠保素而已，時人莫有見其際焉。

愍懷太子之廢也，詔故臣不得辭送。衆官不勝憤歎，皆冒禁拜辭。司隸校尉滿奮勅河南中部收縛拜者送獄，廣即便解遣，衆人代廣危懼。孫琰說賈謐曰：『前以太子罪惡，有斯廢黜。其臣不懼嚴詔，冒罪而送，今若繫之，是彰太子之善。不如釋去。』謐然其言，廣故得不坐。遷吏部尚書左僕射，會東安王繇當爲僕射，轉廣爲右僕射，領吏部，代王戎爲尚書令。始戎薦廣而終踐其位，時人美之。

【出處】晉書樂廣傳　世說文學第四

王衍等上巳禊洛　朝賢上已禊洛還，樂廣問王衍曰：『今日戲樂乎？』王曰：『裴僕射（頠）善談名理，混混有雅致。張茂先（華）論史漢，靡靡可聽。我與王安豐（戎）說延陵子房，亦超超玄箸。』

【出處】世說新語言語第二

【考證】按王衍稱及裴僕射，則其事必發生於裴頠爲僕射之後。考裴頠以元康九年八月始爲僕射。而上已則爲三月上旬，故知爲今年之事。

趙王倫殺張華及裴頠　初趙王倫爲鎮西將軍，撓亂關中，氐羌反叛，乃以梁王肜代之。或說華曰：『趙王貪昧，信用孫秀，所在爲亂。而秀變詐，姦人之雄。今可遣梁王斬秀，刈趙之半以謝關右，不亦可乎。』華從之，肜許諾。秀友人辛冉從西來言於彤曰：『氐羌自反，非秀之爲。』故得免死。倫既還，諂事賈后，因求錄尚書事，後又求尚書令。華與頠皆固執不可，由是致怨。至是，倫秀起兵廢賈后，遂殺華頠及后黨賈謐等數十人。華死時年六十九，頠年三十四。頠著辨才論，古今精義，皆辨釋焉，未成而遇禍。又嘗著冠禮，（見魏書禮志）又有集九卷（見隋志）朝野莫不悲痛之。華性好人物，誘進不倦，至於窮賤候門之士，有一介之善者，便咨嗟稱詠，爲之延譽。雅愛書籍，身死之日，家無餘財。惟有文史，溢於几篋，嘗徙居，載書三十乘，秘書監摯虞撰定官書，皆資華之本以取正焉。天下奇秘世所希有者，悉在華所，由是博物洽聞，世無與比。

【出處】晉書張華傳　裴頠傳

【附錄】張華著述表

東方朔神異經注二卷　隋志　唐志

張公雜記五卷　七錄

博物志十卷　隋志

列異傳一卷

集十卷錄一卷　隋志

孫秀譖殺石崇歐陽建潘岳

賈后既廢，賈謐亦被誅，崇以黨與免官。時趙王倫專權，崇甥歐陽建與倫有隙。崇有妓曰綠珠，美而豔，善吹笛，孫秀使人求之。崇時在金谷別館，方登涼臺，臨清流，婦人侍側。使者以告，崇盡出其婢妾數十人以示之，皆蘊蘭麝，被羅縠，曰：『在所擇』使者曰：『君侯服御，麗則麗矣。然本受命指索綠珠，不識孰是？』崇勃然曰：『綠珠吾所愛，不可得也。』使者曰：『君侯博古通今，察遠照邇，願加三思。』崇曰：『不然』使者出而又反，崇竟不許。秀怒，乃勸倫誅崇建。崇建亦潛知其計，乃與黃門郎潘岳陰勸淮南王允齊王冏以圖倫秀，秀覺之，遂矯詔收崇及潘岳歐陽建等。崇正宴於樓上，介士到門，崇謂綠珠曰：『我今爲爾得罪』綠珠泣曰：『當效死於官前』因自投於樓下而死。崇曰：『吾不過流徙交廣耳』及車載詣東市，乃歎曰：『奴輩利吾家財』收者答曰：『知財致害，何不早散之？』崇不能答。初，潘岳父芘爲琅邪內史，孫秀爲小史給岳，而狡黠自喜，岳惡其爲人，數撻辱之。秀常銜忿 及趙王倫輔政，秀爲中書令，岳於省內謂秀曰

：『孫郎猶憶疇昔周旋不？』答曰：『中心藏之，何日忘之！』岳於是自知不免。至是被收，將詣市，與母別曰：『負阿母』初收之時，與崇俱不相知。崇已送在市，岳後至，崇謂之曰：『安仁！卿亦復爾邪！』岳曰：『可謂白首同所歸』岳金谷詩云：『投分寄石友，白首同所歸。』乃成其讖。崇母兄妻子無少長皆被害，死者十五人。岳母及兄侍御史釋，弟燕令豹，司徒掾據，據弟詵，兄弟之子，已出之女無長幼一時被害。崇時年五十二，建年三十餘，岳年五十有四。崇有集六卷，錄一卷。（見七錄）建有集二卷，（見隋志），岳有潘氏家譜（見元和姓纂）又有關中記一卷（見唐志）集十卷（見隋志）

【出處】晉書潘岳傳　石崇傳

束晳罷歸　趙王倫爲相國，請晳爲記室。晳辭疾罷歸，教授門徒。年四十卒，元城市里爲之廢業。門生故人，立碑墓側。晳才學博通，所著三魏人士傳，七代通記，晉書記志，遇亂亡失，其五經通論，發蒙記補亡詩文集數十篇，行於世云。

【出處】晉書束晳傳

【考證】按晉書本傳載有武帝問三日曲水之事。考晳於元康四年始爲張華所引用，（見前）則其先不得有見武帝之事，此事不知由何種說部中採來，頗有可疑，故不採。

【附錄】東晳著述表

五經通論　本傳

發蒙記一卷　隋志

帝紀十卷　晉書本傳

七代通記　晉書本傳

汲冢書釋　晉書本傳

汲冢書釋難　晉書本傳

三魏士八傳　本傳

集七卷　隋志

沙門竺曇無蘭譯賢劫經七卷　七月二十一日，護從罽賓沙門得是賢刧三昧，手執口

宣。時竺法友從洛寄未，筆受者趙文龍。遂譯七卷（或十卷，十三卷）

【出處】 出三藏記集卷第七　歷代三寶紀卷第六

永寧元年辛酉（三〇一）

沙門釋法立法炬居洛陽譯經　初沙門維祇難與竺律炎譯法句經二卷，以未善漢言，頗有不盡。至是，法立更譯爲五卷。祐錄作四卷，房錄作五卷，沙門法炬著筆，其辭小華。立又別出小經，近百許首。值永嘉末亂，多不復存。

【出處】 高僧傳卷第一維祇難傳　佛祖統紀卷第三十六

王長文卒　初，太康中，蜀士荒饉，開倉振貸。長文居貧，貸多，後無以償。郡縣切責，送長文到州，刺史徐幹捨之，不謝而去。元康初，成都王穎引爲江源令。或問：『前不降志，今何爲屈？』長文曰：『祿以養親，非爲身也。』縣收得盜賊，長文引見誘慰。時值臘晦，皆遣歸家。獄先有繫囚，亦遣之，謂曰：『敎化不厚，使汝等如此，長吏之過也。蜡節慶賞，歸就汝上下，善相歡樂，過節來還，當爲思他理。』羣吏惶遽爭請，不許。尋有赦令，無不感恩，所宥人輒不爲惡，曰：『不敢負王君』將喪去官，民思其政。大將軍梁王彤及諸府並辟，長文曰：『吾從其先命者。』遂應彤招爲從事中郎。在洛出行，輒著白旃小鄣以載車，當時異焉。諸王公卿慕其名，咸與之交。賈氏之誅，從彤有功，封關內侯，再爲中書郎。愍懷太子死於許下，博士中書論虞祔之禮。長文議：虞祭宜還東宮，以繼太子者爲主，配食於潁川。府君皆施行。除洛陽令。長文見彤曰：『主者不庶幾，奏長文爲洛陽令。』彤笑答曰：『卿乃不庶幾，非主者也。』固辭不拜。聞益州亂，以通經筮得老蠶緣枯桑之卦，歎曰：『桑無葉，蠶以卒也。吾蜀人殄於是矣。』拜蜀郡太守。暴疾卒於洛。時年六十四。

【出處】華陽國志西州後賢志　晉書王長文傳

【考證】按華陽國志稱長文拜蜀郡太守，暴疾卒。晉書稱其『後終於洛。』則是長文雖拜蜀郡太守未及赴任即卒也。蓋聞蜀郡變亂，思赴其地有所施爲，故朝廷即以蜀郡討之。以今年李特始亂蜀，故志其事於此。

趙王倫以郭琦爲吏不就　琦字公偉，太原晉陽人也。少方直，有雅量，博學善五行。作天文志五行傳注穀梁京氏易百卷。鄉人王游等皆就琦學。武帝欲以琦爲佐著作郎，問琦族人尚書郭彰。彰素疾琦，答云：『不識』帝曰：『若如卿言，烏丸家兒能事卿，即堪爲郎矣。』遂決意用之。至是，趙王倫纂位，又欲用琦。琦曰：『我已爲武帝吏，不容復爲今世吏。』終身處於家。

【出處】晉書隱逸郭琦傳

賀循辭疾歸　趙王倫纂位，循轉侍御史，辭疾去職。後除南中郎長史，不就。會逆賊李辰起兵江夏，征鎮不能討，皆望塵奔走，辰別帥石冰略有揚州，前南平內史王矩吳興內史顧秘前秀才周玘等倡義，傳檄州郡以討之，循亦合衆應之。事平，杜門不出。陳敏作亂，詐稱詔書，以循爲丹陽內史。循辭以脚疾，手不制筆。又服寒食散，露髮袒身，示不可用。敏竟不敢逼。時江東豪右無不受敏爵位，惟循與同郡朱誕，不掛賊網。敏破，征東將軍周馥上循領會稽相，尋除吳國內史，公車徵賢良，皆不就。

【出處】晉書賀循傳　三國吳志賀劭傳注引虞預晉書

潘尼爲齊王冏參軍　初，尼出爲宛令，在任寬而不縱，恤隱勤政，厲公平而遣人事。

入補尚書郎，俄轉著作郎，爲乘輿箴，及趙王倫篡位，孫秀專政，忠良之士，皆罹禍酷。尼遂疾篤，取假拜掃墳墓。至是，聞齊王冏起義，乃赴許昌。冏引爲參軍，與謀時務，兼管書記。事平，封安昌公。

【出處】晉書潘尼傳

齊王冏命左思爲記室督不就　初，秘書監賈謐請思講漢書，謐誅，思退居宜春里，專意典籍。至是，齊王冏命爲記事督，辭疾不就。及張方縱暴都邑，舉家適冀州，數歲，以疾終。妻翟氏，生二男二女，長男髦字英髦。次女芳，字惠芳。次女媛，字紈素。幼子驄奇，字驃卿。世說注二曰：『司空張華辟思爲祭酒，賈謐舉爲秘書郎，謐誅，歸鄉里，專思著述。齊王冏請爲記室參軍，不起，時爲三都賦未成也。後數年，疾終，其三都賦改定，至終乃上。初作蜀都賦云：「金馬電發于高岡，碧鷄振翼而云披。鬼彈飛丸以礌礉，火井騰光以赫曦。」今無鬼彈句。故其賦往往不同。思爲人無吏幹而有文才，又頗以椒房自矜，故齊人不重也。』又曰：『思造張載問岷蜀事，交接亦疏。皇甫謐西州高士，摯仲治宿儒知名，非思倫匹。劉淵林衞伯輿並蚤終，皆不爲思賦序注也，凡諸注解，皆思自爲，欲重其文，故假時人名姓也。』

【出處】晉書左思傳　左貴嬪碑

【考證】按齊王之舉左思，當在殺趙王倫之後。而明年又爲長沙王所殺。故知其舉思，必在此年。又按思之三都賦，雖經十年告成。然十年之後，其所改定，亦必甚多。意者後人見其臨終之稿，遂謂齊王冏請爲參軍時，賦尙未成。又見皇甫謐卒於其前，遂以爲謐序乃思所假託歟。

王接舉秀才　接字祖游，河東猗氏人，漢京兆尹尊十世孫也。父蔚，世修儒史之學。魏中領軍曹羲作至公論，蔚善之而著至機論，辭義甚美。官至夏陽侯相。接幼喪父，哀毀過禮，鄉親皆歎曰：『王氏有子哉』渤海劉原爲河東太守，好奇，以旌才爲務。同郡馮收試經爲郎，七十餘，薦接於原曰：『夫驊騮不總轡，則非造父之肆；明月不流光，則非隋侯之掌。伏惟明府苞黃中之德，耀重離之明，求賢與能，小無遺錯。是以鄙老思獻所知。竊見處士王接，岐嶷雋異，十三而孤，居喪盡禮。學過目而知，義觸類而長，斯玉鏡之妙味，經世之徽猷也。不患玄黎之不啓，竊樂春英之及時。』原即禮命，接不受。原乃呼見曰：『君欲慕肥遯之高邪？』對曰：『接薄祜少孤而無兄弟，母老疾篤，故無心爲吏。』及母終，柴毀骨立，居墓次積年。備覽衆書，多出異義。性簡率，不修俗操，鄉里大族多不能善之，唯裴頠雅知焉。

平陽太守柳濬，散騎侍郎裴遐，尙書僕射鄒攸，皆與接友善。後爲郡主簿，迎太守溫宇，宇奇之，轉功曹史。州辟部平陽從事，時泰山羊亮爲平陽太守，薦之於司隸校尉王堪，出補都官從事。至是舉秀才，友人滎陽潘滔遺接書曰：『摯虞下玄仁並謂足下應和鼎味，可無以應秀才行。』接報書曰：『今世道交喪，將遂剝亂，而識智之士，鉗口韜筆，禍敗日深，如火之燎原，其可救乎！非榮斯行，欲極陳所見，冀有覺悟耳。』是歲三王義舉，帝復祚，以國有大慶，天下秀才一皆不試，接以爲恨。除中郎，補征虜將軍司馬。

【出處】晉書王接傳

王衍以病去官　衍女爲愍懷太子妃　太子爲賈后所誣，衍懼禍，自表離婚。賈后既廢，有司奏衍曰：『衍與司徒梁王肜書，寫呈皇太子手與妃及衍書，陳見誣之狀，肜等伏讀，辭旨懇惻。衍備位大臣，應以義責也。太子被誣得罪，衍不能守死善道，即求離婚。得太子手書，隱蔽不出，志在苟免，無忠謇之操。宜加顯責，以厲臣節，可禁錮終身。』從之。衍素輕趙王倫之爲人，及倫篡位，衍陽狂斫婢以自免。及倫誅，拜河南尹，轉尙書，又爲中書令。時齊王冏有匡復之功，而專權自恣，公卿皆爲之拜，衍獨長揖焉。以病去官。成都王穎以衍爲中軍帥，累遷尙書僕射，領吏部，後拜尙書令，司空。

【出處】晉書王衍傳

太安元年壬戌（三〇二）

高密處士徐苗卒　苗字叔冑，高密淳于人也。累世相承，皆以博士爲郡守。祖邵爲魏尙書郎，以廉直見稱。苗少家貧，晝執鉏耒，夜則吟誦，弱冠與弟賈就博士濟南宋鈞受業，遂爲儒宗。作五經同異評，又依道家著玄微論，前後所造數萬言，皆有義味，性抗烈，輕財貴義，兼有知人之鑒。弟患口癰膿潰，苗爲吮之。其兄弟皆早亡，撫養孤遺，慈愛聞於州里，田宅奴婢，盡推與之。鄉里有死者，便輟耕助營棺槨，門生亡於家，即斂於講堂。其行已純至，類皆如此。遠近咸歸其義師其行焉。郡察孝廉，州辟從事，治中別駕擧異行，公府五辟，博士再徵，並不就。武惠兩代計吏至臺，帝輒訪其安不。至是卒，遺命濯巾澣衣，榆棺雜塼露車載尸，葦席瓦器而已。時青土隱逸之士，又有劉兆汜毓。兆字延世，濟南東平人，漢廣川惠王之後也。兆博學洽聞，溫篤善誘，從受業者數千人。武帝時，五辟公府三徵博士，皆不就。安貧樂道，潛心著述，不出門庭數十年，以春秋一經而三家殊塗，諸儒是非之議，紛然互爲讎敵，乃思三家之異，合而通之，周禮有調人之官，作春秋調人七萬餘言。皆論其首尾，使大義無乖，時有不合者，舉其長短以通之。又爲春秋左氏解，名曰全綜，公羊穀梁解詁，皆納經傳中，朱書以別之。又撰周易訓註，以正動二體，互通其文，凡所讚述，百餘萬言。年六十五卒。毓字稚春，濟北盧人也。奕世儒素，敦睦九族，客居青州，逮毓七世。時人號其家，兒無常父，衣無常主。毓少履高操，安貧有志業，父終，居於墓所三十餘載，至晦朔，躬掃墳壠，循行封樹，還家則不出門庭。或薦之武帝，召補南陽王文學秘書郎太傅參軍，並不就。兆苗皆務教授，惟毓不蓄門人，清靜自守，時有好古慕德者諮詢，亦傾懷開誘，以三隅示之，合三傳爲之解注，撰春秋釋疑肉刑論凡所述造七萬餘言，年七十一卒。

【出處】　晉書儒林傳

竺曇摩羅刹譯經二種　五蓋疑結失行經一卷安公云：不似護公出，後記云，永寧二年四月十二日出。大六向拜經一卷，或云尸迦羅越六向拜經，或直云六向拜經。

【出處】　歷代三寶紀卷第六　出三藏記集卷第二

陸機爲平原內史　初，趙王倫輔政，引機爲相國參軍。豫誅賈謐功，賜爵關中侯。倫將篡位，以爲中書郎。倫之誅也，齊王冏以機職在中書，九錫文及禪詔，疑機與焉，遂收機等九人付廷尉。賴成都王穎吳王晏並救理之，得減死徙邊，遇赦而止。初，機有駿犬，名曰黃耳，甚愛之。既而羈寓京師，久無家問。笑語犬曰：『我家絕無書信，汝能齎書取消息不？』犬搖尾作聲。機乃爲書以竹筩盛之，而繫其頸。犬尋路南走，遂至其家，得報還洛，其後因以爲常。時中國多難，顧榮戴淵等咸勸機還吳。機負其才望，而志匡世難，故不從。齊王冏既矜功自伐，受爵不讓，機惡之，作豪士賦以刺焉。冏不之悟，而竟以敗。機又以聖王經國，義在封建，因采其遠指，著五等論。時成都王穎推功不居，勞謙下士。機既感全濟之恩，又見朝廷屢有變難，謂穎必能康隆晉室，遂委身焉。穎以機參大將軍軍事，表爲平原內史。

【出處】晉書陸機傳

陸雲爲成都王穎右司馬　是年春，成都王穎表雲爲爲清河內史，夏，又轉大將軍右司馬於鄴都。

【出處】晉書陸雲傳　陸士龍集

二年癸亥（三〇三）

成都王穎殺陸機陸雲　初，穎與河間王顒起兵討長沙王乂，假機後將軍河北大都督，督北中郎將王粹冠軍牽秀等諸軍二十餘萬人。機以三世爲將，道家所忌；又羈旅入宦，頓居羣士之右，而王粹牽秀等皆有怨心，固辭都督。穎不許。機鄉人孫惠亦勸機讓都督於粹。機曰：『將謂吾爲首鼠避賊，適所以速禍也。』遂行。穎謂機曰：『若功成事定，當爵爲郡公，位以台司，將軍勉之矣。』機曰：『昔齊桓任夷吾以建九合之功，燕惠疑樂毅以失垂成之業。今日之事，在公不在機也。』穎左長史盧志心害機寵，言於穎曰：『陸機自比管樂，擬君闇主。自古命將遣師，未有臣陵其君而可以濟事者也。』穎默然。機始臨戎而牙旗折，意甚惡之。列軍自朝歌至于河橋，鼓聲聞數百里。漢魏以來出師之盛，未嘗有也。長沙王乂奉天子與機戰於鹿苑。機軍大敗，赴七里澗而死者如積焉。水爲之不流。將軍賈稜皆死之。初，宦人孟玖弟超並爲穎所嬖寵。超領萬人，爲小都督。未戰，縱兵大掠。機錄其主者。超將鐵騎百餘人，直入機麾下奪之。顧謂機曰：『貉奴能作督不！』機司馬孫拯勸機殺之，機不能用。超宣言於衆曰：『陸機將反』又還書與玖，言機持兩端，軍不速決。及戰，超不受機節度，輕兵獨進而沒。玖疑機殺之，遂譖機於穎，言其有異志。將軍王闡郝昌公師藩等皆玖所用，與牽秀等共證之。穎大怒，使秀密收機。其夕，機夢黑幰繞車，手決不開。天明而秀兵至。機釋戎服，著白帢，與秀相見，神色自若，謂秀曰：『自吳朝傾覆，吾兄弟宗族蒙國重恩，入侍帷幄，出剖符竹。成都命吾以重任，辭不獲已。今日受誅，豈非命也！』因與穎箋，詞甚悽惻，既而歎曰：『華亭鶴唳，豈可復聞乎？』遂遇害於軍中。時年四十三，二子蔚夏亦同時遇害。機既死非其罪，士卒痛之，莫不流涕。機天才秀逸，辭藻宏麗。張華嘗謂之曰：『人之爲文，嘗恨才少，而子更患其多。』弟雲嘗與書曰：『君苗見兄文，輒欲燒其筆硯。』後葛洪著書稱機文猶玄圃之積玉，無非夜光焉。五河之吐流，泉源如一焉。其弘麗妍贍，英銳漂逸，亦一代之絕乎。然，好游權門，與賈謐親善以進趣，獲譏。所著文章凡二百餘篇，並行於世。機既死，弟雲亦被害。初穎晚節政衰，雲屢以正言忤旨。孟玖欲用其父爲邯鄲令，左長史盧志等並阿意從之，而雲固執不許曰：『此縣皆公府掾資，豈有黃門父居之耶？』玖深忿怨。張昌爲亂，穎上雲爲使持節大都督前鋒將軍以討昌，會伐長沙王乃止。陸機既敗，又並收雲。穎官屬江統蔡克棗嵩等上疏代雲乞命，穎不納。統等重請，穎遲迴者三日。盧志又曰：『昔趙王殺中護軍趙浚赦其子驤，驤詣明公而擊趙，即前事也。』蔡克入至穎前，叩頭流血曰：『雲為孟玖所怨，遠近莫不聞，今果見殺，罪無彰驗，將令羣心疑惑，竊為明公惜之。』僚屬隨克入者數十人，流涕固請。穎惻然有宥雲色。孟玖扶穎入，催令殺雲，時年四十二，有二女，無男。門生故吏迎喪葬清河，修墓立碑，四時祠祭。所著文章，三百四十九篇。又撰新書十篇，並行於世。雲弟耽為平東祭酒，亦有清譽，與雲同遇害，大將軍參軍孫惠與淮南內史朱誕書曰：『不意三陸相携闇朝，一旦湮滅，道業淪喪，痛酷之深，荼毒難言。國喪儁望，悲豈一人！』其為州里所痛悼如此。後東海王越討穎，移檄天下，亦以機雲兄弟枉害罪狀穎云。

【出處】晉書陸機傳　陸雲傳

【附錄】陸機著述表

吳章二卷　隋志

晉記四卷　隋志

惠帝起居注　三國志注

晉惠帝百官表三卷 唐志

顧譚傳 三國吳志注

洛陽記一卷 隋志

要覽三卷 兩唐志

集四十七卷錄一卷 隋志

連珠一卷

正訓十卷

竺曇摩羅剎出經數種 四月一日，譯維摩詰所說法門經一卷是第三出，與漢世嚴佛調吳世支謙出者，大同小異。五月譯佛爲菩薩五夢經一卷一名佛五夢，一名太子五夢，一名仙人五夢。又譯五百弟子自說本起經一卷，舊錄云：五百弟子說本末經。五月十七日，譯彌勒菩薩所問本願經一卷，一名彌勒菩薩本願經，一名彌勒難經。八月一日，譯胞胎經一卷或云胞胎受身經是年又譯彌勒成佛經一卷。一名彌勒當來下生經。

【出處】歷代三寶紀卷第六

永興元年甲子（三〇四）正月改太安三年爲永安，七月改元建武，十一月復爲永安，十二月改爲永興。

竺曇摩羅刹譯經　譯所欲致患經一卷，太安三年正月譯，阿闍貰女經一卷建武元年出，第二譯，與吳世支謙譯者小異，亦名阿述達經，亦名阿闍世王女經，亦名阿述達菩薩經。又有師子月佛生經一卷，奈女耆域經一卷一名奈女經亦出於太安年。

【出處】歷代三寶紀卷第六

樂廣卒　初，廣女適大將軍成都王潁。王兄長沙王乂執權於洛，遂構兵相圖。長沙王親近小人，遠外君子，凡在朝者，人懷危懼。廣既允朝望，加有婚親。羣小讒於長沙王，長沙常以問廣。廣神色不變，徐答曰：『廣豈以五男易一女？』長沙王猶以爲疑，廣竟以憂卒。七錄有樂廣集二卷，錄一卷。

【出處】晉書惠帝本紀　樂廣傳　世說新語言語第二

葛洪避地南土　洪少好學，家貧，躬自伐薪以貿紙筆，夜輒寫書誦習，以儒學知名。性寡欲，無所愛翫，不知棊局幾道，摴蒲齒名。爲人木訥，不好榮利，閉門却掃，未嘗交遊。於餘杭山見何幼道郭文舉，目擊而已，各無所言。時或尋書問義，不遠數千里，崎嶇冒涉，期於必得，遂究覽典籍，尤好神仙導養之法。從祖玄，相傳吳時學道得僊，號曰葛仙公，以其煉丹密術授弟子鄭隱，洪就隱學，悉得其法焉。後師事鮑靚，靚亦內學，逆占將來，見洪深重之，以女妻洪。洪傳靚業，兼綜練醫術。凡所著撰，皆精覈是非，而才章富贍。石冰作亂，吳興太守顧祕爲義軍都督，與周玘等起兵討之。祕檄洪爲將兵都尉，攻冰別率破之，遷伏波將軍。冰平，洪不論功賞，徑至洛陽，欲搜求異書以廣其學。洪見天下已亂，欲避地南土，乃參廣州刺史嵇含軍事。含遇害，遂停南土。居南多年，征鎮檄命，一無所就。後還鄉里，禮辟皆不赴，瑯琊王睿爲丞相，辟爲掾，以平賊功，賜爵關內侯。

【出處】晉書葛洪傳

摯虞至長安　虞歷秘書監衛尉卿，至是，從帝至長安。及東軍來迎，百官奔散，遂流離鄠杜之間，轉入南山中，糧絕飢甚，採橡實而食之，後得還洛。

【出處】晉書摯虞傳

二年乙丑（三〇五）

王接卒　初，河間王顒欲還駕長安，與關東乖異，以接成都王佐，難之，表轉臨汾公相國。至是東海王越率諸侯討顒，尚書令王堪統行臺，上請接補尚書殿中郎，未至而卒，年三十九。接學雖博通，特精禮傳。常謂左氏辭義贍富，自是一家書，不主爲經發。公羊附經立傳，經所不書，傳不妄起。於文爲儉，通經爲長。任城何休訓釋甚詳，而黜周王魯，大體乖硋。且志通公羊而往往還爲公羊疾病，接乃更著公羊春秋，多有新義。時秘書丞衛恒攷正汲冢書，未訖而遭難。佐著作郎束晳述而成之，事多證異義。時東萊太守陳留王庭堅難之，亦有證據。晳又釋難，而庭堅已亡。潘滔謂接曰：『卿才學理議，足解二子之紛，可試論之。』接遂詳其得失。摯虞謝衡皆博物多聞，咸以爲允當。又撰列女後傳七十二人，雜論議詩賦碑頌駁難十餘萬言，喪亂盡失。長子愆期流寓江南，緣父本意更注公羊，又集列女後傳云。

【出處】晉書王接傳

潘尼爲中書令　尼歷黃門侍郎，散騎常侍，侍中，秘書監，至是爲中書令。時三王戰爭，皇家多故。尼職居顯要，從容而已，雖憂虞不及，而備嘗艱難。永嘉中遷太常卿，洛陽將沒，攜家屬東出城皋，欲還鄉里，道遇賊不得前，病卒於塢壁，年六十餘。隋志有潘尼集十卷。

【出處】晉書潘尼傳

光熙元年丙寅（三〇六）

沙門安法欽居洛陽譯經　安法欽安息國沙門也。太康中，至洛陽譯經，至是，共譯五部，合十二卷。大阿育王經五卷（是年出）道神足無極變化經二卷，（第二譯，或三卷四卷，即是竺法護所出佛昇忉利天爲母說法經同本別名文小異）文殊師利現寶藏經二卷（太安二年出或三卷亦云示現寶藏經。）阿貰貰王經二卷（太康年譯）阿難目佉經一卷（與微密持經，本同名異。）

【出處】歷代三寶紀卷第六

沙門竺曇摩羅刹出滅十方冥經一卷八月十四日出一本無滅字。

【出處】歷代三寶紀卷第六

司馬彪卒　彪卒，年六十餘。常注莊子，二十一卷五十二篇。內篇七，外篇二十八，雜篇十四，解說三。又爲音三卷。作九州春秋。

又以爲先王立史官以書時事載善惡，以爲沮勸，撮敎世之要也。是以春秋不修，則仲尼理之。關雎既亂，則師摯修之。前哲豈好煩哉！蓋不得已故也。漢氏中興，訖于建安，忠臣義士，亦以昭著，而時無良史，記述煩雜。譙周雖已刪除，然猶未盡。安順以下，亡缺者多。彪乃討論衆書，綴其所聞，起於世祖，終于孝献，編年二百，錄世十二，通綜上下，旁貫庶事，爲紀志傳凡八十篇，號曰續漢書。初譙周以司馬遷史記書周秦以上，或採俗語百家之言，不專據正經。周於是作古史考二十五篇，皆憑舊典以糾遷之謬誤。彪復以周爲未盡善也，條古史考中凡百二十二事爲不當，多據汲冢紀年之義，亦行於世。又作有兵紀八卷。一本十卷

【出處】　晉書司馬彪傳　經典釋文叙錄　新唐書藝文志

【附錄】　司馬彪著述表

續漢書八十三卷　隋志

九州春秋十卷　隋志

莊子注二十一卷

莊子注音三卷

獨斷注　文選李善注

子虛上林賦注

禮記注

兵記八卷　隋志

集四卷　隋志

徵紀瞻爲尚書郎不果至　先是瞻於永康初，州又舉寒素，大司馬辟東閤祭酒。其年，除鄢陵公國相，不之官，明年，左降松滋侯相。太安中，棄官歸家。至是，與顧榮等共誅陳敏，召拜尚書郎，與榮同赴洛。在途共論易太極。榮曰：『太極者，蓋謂混沌之時，矇昧未分，日月含其輝，八卦隱其神，天地混其體，聖人藏其身。然後廓然既變，清濁乃陳，二儀著象，陰陽交泰，萬物始萌，六合闓拓。老子云：「有物混成，先天地生。」誠易之太極也。而王氏云，「太極天地」愚謂未當。夫兩儀之謂，以體爲稱，則是天地。以氣爲名，則名陰陽。今若謂太極爲天地，則是天地自生無生天地者也。老子又云；天地所以能長且久者，以其不自生，故能長久。一生二，二生三，三生萬物以資始，冲氣以爲和，原元氣之本，求天地之根，恐疑以此爲準也。』瞻曰：『昔庖犧畫八卦，陰陽之理盡矣。文王仲尼，係其遺業。三聖相承，共同一致，稱易準天，無復其餘也。夫天清地平，兩儀交泰；四時推移，日月輝其間；自然之數，雖經諸聖，孰知其姑？吾子云朦昧未分，豈其然乎？聖人人也，安得混沌之初能藏其身於未分之內？老氏先天之言，此蓋虛誕之說，非易者之意也。亦謂吾子神通體解，所不應疑。意者直謂太極極盡之稱，言其理極，無復外形。外形既極，而生兩儀。王氏指向，可謂近之。古人舉至極以爲驗，謂二儀生於此，非復謂有父母。若必有父母，非天地其孰在？』，榮遂止。至徐州，聞亂日甚，將不行。會刺史裴盾得東海王越書，若榮等顧望，以軍禮發遣。瞻乃與榮及陸玩等各解船棄車牛，一日一夜行三百里，得還揚州。

【出處】晉書紀瞻傳

懷帝 名熾，武帝第二十五子。

永嘉元年丁卯（三〇七）

沙門竺曇摩羅刹出阿差末經四卷十二月一日譯，是第二出，或五卷七卷，或云阿差末菩薩經。無極寶三昧經一卷三月三日譯

【出處】歷代三寶紀卷第六

徵張協爲黃門侍郎不就　協字景陽，張載之弟也。少有儁才，與載齊名。少辟公府掾，轉秘書郎，補華陰令，征北大將軍從事中郎，遷中書侍郎，轉河間內史。在郡清簡寡欲。于時天下已亂，所在寇盜。協遂棄絕人事，屏居草澤，守道不競，以屬詠自娛。有雜詩十首，錄其一曰：『秋夜涼風起，清氣蕩暄濁，蜻蛚吟階下，飛蛾拂明燭。君子從遠役，佳人守煢獨。離居幾何時，鑽燧忽改木。房櫳無行跡，庭草萋以綠。青苔依空牆，蜘蛛網四屋。感物多所懷，沈憂結心曲。』又擬諸文士作七命

，世以爲工，至是，復徵爲黃門侍郎，託疾不就。終于家。協弟亢，字季陽，才藻不逮二昆，亦有屬綴，又解音樂伎術。時人謂載協亢陸機雲曰二陸三張。中興初，過江，拜散騎常侍，復領佐著作，述歷贊一篇

【出處】晉書張協傳　文選二十九

王衍爲司徒　衍由司空拜司徒，雖居宰輔之重，不以經國爲念，而思自全之計。說東海王越曰：『中國已亂，當賴方伯，宜得文武兼資以任之。』乃以弟澄爲荊州都督，族弟敦爲青州刺史，語之曰：『荊州有江漢之固，青州有負海之險，卿二人在外，而吾留此，足以爲三窟矣。』識者鄙之。

【出處】晉書王衍傳

二年戊辰（三〇八）

竺曇摩羅刹在天水寺譯經　護在天水寺，出普曜經八卷。是第三譯，沙門康殊白法巨等筆受，與蜀普曜及智猛寶雲所出六卷者小異。是年又譯無量壽經二卷。正月二十一日譯，是第四出，與吳世支謙魏世康僧鎧白延等出本同文異，亦云無量清淨平等覺經弘道廣顯三昧經二卷，三月出，一云阿耨達一云阿耨達請佛，一云金剛門定意，或無三昧字，凡四名，有十品，一本但有七品，少中三品，一本正有前五品。

【出處】歷代三寶紀卷第六

四年庚午（三一〇）

郭象爲太傅主簿　象字子玄，河南人。少有才理，好老莊，能清言，時人以爲王弼之亞。王衍每云：『聽象語如懸河瀉水，注而不竭。』州郡辟召不就，閑居以文論自娛。常注莊子，最有清辭遒旨，爲世所重。其序曰：『夫莊子者，可謂知本矣。故未始藏其狂言，言雖無會而獨應者也。夫應而非會，則雖當無用；言非物事，則雖高不行。與夫寂然不動不得已而後起者，固有間矣。斯可謂知無心者也。夫心無爲則隨感而應，應隨其時，言唯謹爾，故與化爲體，流萬代而冥物，豈曾設對獨遘而游談乎方外哉？此其所以不經而爲百家之冠也。然莊生雖未體之，言則至矣。通天地之統，序萬物之性，達死生之變，而明內聖外王之道，上知造物無物，下知有物之自造也。其言宏綽，其旨玄妙，至至之道，融微旨雅，泰然遣放，放而不敖。故曰：不知義之所適，猖狂妄行而蹈其大方，含哺而熙乎澹泊，鼓腹而游乎混芒。至人極乎無親，孝慈終於兼忘，禮樂復乎已能，忠信發乎天光。用其光則其朴自成，是以神器獨化於玄冥之境而源流深長也。故其長波之所蕩，高風之所扇，暢乎物宜，適乎民願，弘其鄙，解其懸，灑落之功未加，而矜夸所以散。故觀其書，超然自以爲已當經崑崙，涉太虛，而遊惚怳之庭矣。雖復貪婪之人，進躁之士，暫而攬其餘芳，味其溢流，彷彿其音影，猶足曠然有忘形自得之懷，況探其遠情而玩永年者乎。遂綿邈清遐，去離塵埃，而返冥極者也。』後辟司徒掾，稍遷黃門侍。東海王越聞其名，引爲豫州牧長史，至是爲太傅主簿。象天性閑朗，事無疑滯，雖處衡要，猶閑習也。

【出處】晉書郭象傳　書鈔六十九引文士傳　世說新語文學第四

【考證】按世說新語文學第四又載：『初注莊子者數十家，莫能究其旨要，向秀於舊注外爲解義，妙析奇致，大暢玄風。唯秋水至樂二篇，未竟而秀卒。秀子幼，義遂零落，然猶有別本。郭象者，爲人薄行有儁才，見秀義不傳於世，遂竊以爲己注。乃自注秋水至樂二篇，又易馬蹄一篇。其餘衆篇，或定點文句而已。後秀義別本出。故今有向郭二莊，其義一也。』余按秀義今雖不傳，然據經典釋文所引，則云：『向秀注二十卷，二十六篇。』自注云：『一作二十七篇，一作二十八篇，亦無雜篇。』考郭注則有外篇十五，雜篇十一。（內篇七各家並同）即使郭注竊自向義，則雜篇十一，亦當出自己手，是已有十四篇非原注所有矣。注解古書採取舊義者所在多有，安得以此厚誣子玄耶？

西竺沙門佛圖澄至洛陽　澄西域人也，本姓帛氏。少出家，清眞務學，誦經數百萬言，善解文義。雖未讀此土儒史，而與諸學士論辯疑滯，皆闇若符節，無能屈者。自云再到罽賓，受誨名師，西域咸稱得道。至是，來適洛陽，志弘大法。欲於洛陽立寺，值劉曜寇斥洛陽，帝京擾亂，澄立寺之志遂不果。迺潛草野，以觀世變，時石勒屯兵葛陂，專以殺戮爲威，沙門遇害者甚衆。澄憫念蒼生，欲以道化勒。於是杖策到軍門，勒大將軍郭黑略素奉法，澄即投止略家。略從受五戒，崇弟子之禮。略後從勒征伐，輒預剋勝負，勒疑而問曰：『孤不覺卿有出衆智謀，而每知行軍吉凶何也？』略曰：『將軍天挺神武，幽靈所助。有一沙門，術智非常，云將軍當略有區夏，已應爲師。臣前後所白，皆其言也。』勒喜曰

：『天賜也』召澄與語，深信服之。澄因諫曰：『夫王者德化洽於宇內，則四靈表瑞；政弊道消，則慧孛見於上。恆象著見，休咎隨行，斯迺古今之常徵，天人之明誡。』勒甚悅之，凡應被誅餘殘蒙其益者，十有八九。於是中州胡晉，略皆奉佛。

【出處】高僧傳卷第九佛圖澄傳

五年辛未（三一一）

摯虞卒　虞自還洛，歷光祿勳太常卿，時懷帝親郊。自元康以來，不親郊祀，禮儀弛廢。虞考正舊典，法物粲然。至是，洛京荒亂，盜竊縱橫，人飢相食。虞素淸貧，遂以餒卒。虞善觀玄象，嘗謂友人曰：『今天下方亂，避難之國，其惟涼土乎。』又常撰古文章類聚，區分爲三十卷，名曰流別集。各爲之論，辭理愜當，爲世所重。其略曰：『文章者，所以宣上下之象，明人倫之敍，窮理盡性以究萬物之宜者也。王澤流而詩作，成功臻而頌興，德勳立而銘著，嘉美終而誄集，祝史陳辭，官箴王闕。周禮，太師掌敎六詩：曰風，曰賦，曰比，曰興，曰雅，曰頌。言一國之事，繫一人之本，謂之風；言天下之事，形四方之風，謂之雅；頌者美盛德之形容；

賦者敷陳之稱也；比者喻類之言也，興者有感之辭也。後世之爲詩者多矣，其功德者謂之頌：其餘則總謂之詩。頌詩之美者也，古者聖帝明王，功成治定而頌聲興。于是史錄其篇，工歌其章，以奏於宗廟，告於鬼神。故頌之所美者，聖王之德也。則以爲律呂，或以頌形，或以頌聲，其細已甚，非古頌之意。昔班固爲安豐戴侯頌，史岑爲出師頌，和熹鄧侯頌，與魯頌體意相類，而文辭之異，古今之變也。楊雄趙充國頌，頌而似雅。傅毅顯宗頌文，與周頌相似，而雜以風雅之意。若馬融廣成上林之屬，純爲今賦之體，而謂之頌，失之遠矣。賦者敷陳之稱，古詩之流也。古之作詩也，發乎情，止乎禮義。情之發，因辭以形之；禮義之旨，須事以明之，故有賦焉，所以假象盡辭，敷陳其志。前世爲賦者，有孫卿屈原，尚頗有古詩之義，至宋玉則多淫浮之病矣。楚辭之賦，賦之善者也，故揚子稱賦莫深於離騷。賈誼之作，則屈原儔也。古詩之賦，以情義爲主，以事類爲佐。今之賦，以事形爲本，以義正爲助。情義爲主，則言省而文有例矣。事形爲本，則言當而辭無常矣。文之煩省，辭之險易，蓋由於此。夫假象過大，則與類相遠；逸辭過壯，則與事相違；辯言過理，則與義相失；麗靡過美，則與情相悖。此四過者，所以背大體而害政教。是以司馬遷割相如之浮說，揚雄疾辭人之賦麗以淫。書云：「詩言志，歌永言。」言其志謂之詩。古有採詩之官，王者以知得失。古之詩有三言四言五言六言七言八言九言。古詩率以四言爲體，而時有一句二句雜在四言之間，後世演之，遂以爲篇，古詩之三言者，「振振鷺，鷺于飛」之屬是也，漢郊廟歌多用之。五言者，「誰謂雀無角？何以穿我屋！」之屬是也，于俳諧倡樂多用之。六言者，「我姑酌彼金罍」之屬是也，樂府亦用之。七言者，「交交黃鳥止于桑」之屬是也，于俳諧倡樂世用之。古詩之九言者，「泂酌彼行潦，挹彼注茲」之屬是也，不入歌謠之章，故世希爲之。夫詩雖以情志爲本，而以成聲爲節。然則雅音之韻，四言爲正。其餘雖備曲折之體，而非音之正也。』虞性愛士人，有表薦者，恆爲其辭。東平太叔廣（字季思。成都王爲太弟，欲使詣洛，廣子孫多在洛，慮害，乃自殺。）與虞名位略同，廣長口才，虞長筆才。廣談虞不能對，虞筆廣不能逵，更相嗤笑，紛然於世云。

【出處】 晉書摯虞傳 世說新語文學第四 御覽四百八十六 五百八十八 五百八十七 藝文類聚五十六

【附錄】 摯虞著述表

決疑要注一卷 隋志

畿服經一百七十卷 隋志

三輔決錄注七卷 本傳

族姓昭穆十卷 晉書本傳

文章志四卷 本傳

文章流別集四十一卷 隋志

文章流別志論二卷 隋志

集十卷錄一卷 七錄 隋志 唐志

王衍爲石勒所執被殺　初，石勒王彌寇京師，朝廷以衍都督征討諸軍事，持節假黃鉞以距之。衍使前將軍曹武左衛將軍王景等擊賊，退之，獲其輜重，遷太尉，尚書令如故，封武陵侯，辭封不受。時洛陽危逼，多欲遷都以避其難，而衍獨賣牛車以安衆心。東海王越討苟晞，衍以太尉爲太傅軍司。至是，越死，衆共推衍爲元帥。衍以賊寇鋒起，懼不敢當，辭曰：『吾少無宦情，隨牒推移，遂至於此。今日之事，安可以非才處之？』俄而舉軍爲石勒所破。勒呼王公與之相見，問衍以晉故。衍爲陳禍敗之由，云計不在己。勒甚悅之，與語移日。衍自說少不豫事，欲求自免，因勸勒稱尊號。勒怒曰：『君名蓋四海，身居重任，少壯登朝，至於白首，何得言不豫世事邪？破壞天下，正是君罪。』使左右扶出，謂其黨孔萇曰：『吾行天下多矣，未嘗見如此人，當可活不？』萇曰：『彼晉之三公，必不爲我盡力，又何足貴乎？』勒曰，『要不可加以鋒刃也』使人夜排牆填殺之。衍將死，顧而言曰，『嗚呼！吾曹雖不如古人，向若不祖尚虛浮，戮力以匡天下，猶可不至今日。』時年五十六○。

【出處】晉書王衍傳

郭象卒　象既爲東海王越所親委，遂任職當權，熏灼內外，由是素論去之，鄢陵庾敳字子嵩，雅有遠韻，爲東海王越軍諮祭酒。時越府多儁異，敳在其中，常自袖手。甚知象，嘗曰：『郭子玄何必減庾子嵩！』後象任事專勢，敳謂象曰：『卿自是當世大才，我疇昔之意，都已盡矣。』至是以病卒。

【出處】晉書郭象傳　庾敳傳

【附錄】郭象著述表

論語體略二卷　隋志

論語隱一卷　隋志

莊子注三十卷目一卷　隋志

莊子音三卷　隋志

述征記二卷　舊唐志

碑論十三篇 晉書本傳

集五卷錄一卷 七錄

六年壬申（三一二）

瑯琊王睿引賀循爲軍諮祭酒　初，瑯琊王睿爲安東將軍，上循爲吳國內史，與循言及吳時事，因問曰：『孫皓嘗燒鋸截一賀頭，是誰耶？』循未及言，睿悟曰：『是賀邵也』循流涕曰：『先父遭遇無道，循創巨痛深，無以上答。』睿甚愧之，三日不出。東海王越命爲參軍，徵拜博士，並不起。至是，睿爲鎮東大將軍，以軍司顧榮卒，引循代之。循稱疾篤，牋疏十餘上，睿遺書勸之，循猶不起。及睿承制，復以爲軍諮祭酒，循稱疾。賜逼不已，乃轝疾至。睿親幸其舟，因諮以政道。循羸疾不堪拜謁，乃就加朝服，賜第一區，車馬牀帳衣褥等物，循辭讓一無所受。及愍帝即位，徵爲宗正，睿在鎮，又表爲侍中，以討華軼功將封鄉侯。循自以臥疾私門，固讓不受。

【出處】晉書賀循傳

愍帝 名鄴，武帝孫吳孝王晏之子。

建興元年癸酉(三一三)

沙門竺曇摩羅刹譯大淨法門經一卷 十二月二十六日出

【出處】 歷代三寶紀卷第六

華譚爲鎮東軍諮祭酒　初，譚除郎中，遷太子舍人，本國中正。以母憂去職。服闋，爲鄄城令，過濮水，作莊子贊以示功曹。而廷掾張延爲作答教，其文甚美，譚異而薦之，遂見升擢。以父墓毁去官，尋除尚書郎。永寧初，出爲郟令，甚有政績。再遷廬江內史，加綏遠將軍。時延已爲淮陵太守。譚又常舉寒族周訪爲孝廉，訪果立功名，時以譚爲知人。以討平石冰之黨有功，封都亭侯，食邑千戶，賜絹千匹。因與揚州刺史劉陶有隙，陶因法收譚，下壽陽獄。鎮東將軍周馥與譚素相稱善，理而出之。後爲紀瞻所薦而爲顧榮所止遏，遂數年不得調。至是，鎮東將軍瑯琊王睿命爲鎮東軍諮祭酒。譚博學多通，在府無事，乃著書三十卷，名曰辨道，上牋進之，王親自覽焉。

【出處】晉書華譚傳

二年甲戌（三一四）

竺曇摩羅刹卒　初，護以關中擾亂，百姓流移。遂與門徒避地，東下至澠池，至是遘疾而卒，春秋七十有八。生平譯經二百一十部，合三百七十一卷。高僧傳唯云護出一百六十五部，僧祐出三藏集記止錄一百五十九部，三百八卷。道安云：護公所出，若審得此公手目，綱領必正，凡所譯經，雖不辯妙婉顯，而宏達欣暢，特善無生，依慧不文，扑則近本。其見稱若此。又世居燉煌，死而化道周洽，時人咸謂燉煌菩薩也。

【出處】歷代三寶紀卷第六　高僧傳卷第一　出三藏記集卷第二

四年丙子（三一六）

王隱至江東　隱字處叔，陳郡陳人也，世寒素。父銓，歷陽令，少好學，有著述之志，每私錄晉事及功臣行狀，未就而卒。隱以儒素自守，不交勢援。博學多聞，受父遺業，洛都舊事，多所諳究。至是，過江。丞相軍諮祭酒涿郡祖納雅相知重。納好博弈，每諫止之。納曰：『聊用忘憂耳』隱曰：『蓋古人遭時，則以功達其道。不遇，則以言達其才。故否泰不窮也。當今晉未有書。天下大亂，舊事蕩滅，非凡才所能立。君少長王都，游宦四方。華夷成敗，皆在耳目。何不述而裁之？應仲遠作風俗通。崔子眞作政論。蔡伯喈作勸學篇，史游作急就章，猶行於世，便爲沒而不朽。當其同時。人豈少哉？而了無聞。皆由無所述作也。故君子疾沒世而無聞，易稱自強不息。況國史明乎得失之跡。何必博弈而後忘憂哉？』納喟然歎曰：『非不悅子之道。才不足也。』乃上疏薦隱。瑯琊王以草創務殷。未遑史官，遂寢不報。

【出處】晉書王隱傳

總評

這個時期，是漢民族單獨發展最後的一個時代。自此以後，大江以北，被野蠻民族佔據，中原文物，掃地無餘，變成黑暗狀態。大江以南，雖承吳國的餘緒，又有殘留的學者過江，但非經長時間的修養，不能恢復原狀的。惟有這個時期，是中國學術史上一個最特別的時期。一般學者的態度，都與別代不同。他們討論行爲，則提倡適性；研究思想，則崇拜虛無；談到政治，則主張放任。雖然年代不久，曇花一現，但那短時間的成績，已經很可令人驚異。不過前人對於這個時期，往往忽略過去，對於講學的人不大注意，而專舉一般以玩世縱酒爲事的人如竹林七賢等作代表。不知道這些人的行爲，不過是時代精神的表現，我們着眼的地方，應當在他對於學術有貢獻與否爲去取。

講中國學術，惟有這個時期的史料，最感缺乏。因爲西晉統一不久就遭了五胡之亂，中原文物，掃地無餘。各學者的著作，出世不久，就遭散失，所以重要史料，多半不傳。我們取材，只好根據年代稍後各書所引，和當時人的書註，僞列子，全晉三國文。詳細是不能辦到，不過稍微說明這時代潮流的趨勢能了。至於周易，雖從前講魏晉學術的，拿來和「老」「莊」並稱，稱爲「三玄」之學。但我們平心而論，漢儒用陰陽五行等等怪話講易，固然鬧得烏烟瘴氣，魏晉學者用較平易的話附會周易，也不見得十分高明。因爲易不過是一部最古的卦書，本沒有什麼道理可講，硬要按照本書的字句裏面講出道理來，想不糊塗都不能了。所以他們講周易，雖然玄妙，只是字句上的玄，並不是思想上的玄，對於我們解釋當時的學術思想，並沒有什麼幫助，所以不講牠。

在這時期，儒家學說，雖然還存在，但牠的精神，早已反乎太虛了。死守這軀殼，就是當時所說的禮法之士。他們處處要按照刻板的文字去作，氣節可以不管，國家可以滅亡，這些繁文末節，却一步不能走錯的。我們看何曾是給司馬氏首上勸進表的人，却還和司馬昭力爭道：「公方以孝治天下，而聽阮籍以重哀飲酒食肉於公座，宜屛諸四夷，無令汚辱華夏。」從前曹丕纂漢，禮法之士替他演堯舜禪讓的把戲。到此司馬昭弒君，禮法之士替他想出湯武征誅的好名目。主張自然道德的，對這種現象覺得不滿意。所以說：「禮豈爲我設耶？」他們因爲忍不住求知的衝動，看不起荒謬的思想，所以本着爲知識求知識的精神，向着自己以爲應當想的地方去想，所以能够大放光彩。在前一時代，研究思想，還不免牽就儒家，到此時代，就完全離儒家而獨立了。從前本老子，提出「無」的觀念；到此本莊子，提出「有」的觀念。莊子說：「有先天地生者物邪？物物者非物，物出不得先物也，猶其有物也。猶其有物也無已。」所以推到原始還是有物。到了這個時期，這種觀念，就更爲清晰。這派人可以郭象裴頠等作代表。

（一）「有」的原理　何晏王弼等以「無」爲立論的基礎，所以主張「天地萬物生於有，有生於無。」郭象裴頠等反對這種說法，他們主張天地萬物都是「有」組成。有不能化成「無」，「無」也不能化成「有」。這種主張，和希臘安納西門特(Anaximander)所說的無限（Infinite），很有相像。郭象說：

天地常存，乃無未有之時。

又說：

非唯無不得化而爲有也，有亦不得化而爲無矣。是以夫有之爲物，雖千變萬化而不得一爲無也。不得一爲無，故自古無未有之時而常存也。

王何等說「無」能生出天地萬物，在論理上自然是不容易講的。但把「無」列在「有」前，還算是有方法回答。郭象等人以「有」爲元始，那麼「有」又是由什麼生出呢？裴頠崇有論說：

夫至無者，無以自生。故始生者，自生也。自生而必體有，則有遺而生虧矣。生以有爲已分，則虛無是有之所謂遺者也，故養既化之有，非無用之所能全也。理既有之衆，非無爲之所能循也。心非事也，而制事必由於心，然不可以制事以非事，謂心爲無也。匠非器也，而制器必須於匠，然不可以制器以非器，謂匠非有也。是以欲收重泉之鱗，非偃息之所能獲中；隕高墉之禽，非靜拱之所能捷也；

審投弦餌之用，非無知之所能覽也。由此而觀，濟有者皆有也，虛無奚益於已有之羣生哉？

他提出「自生」的觀念，以代替有生於無。又他這些話，句句是針對王弼的「守母以存其子」而發。王弼說天地萬物生於有，有生於無，所以敎人守着無。舉匠人制器爲例，證明人當守着匠人，不應當守着器。裴頠等以爲天地萬物生於有，有之先還是有。器雖生於匠，但匠也是有，不是無。郭象也是這種主張，他說：

一者，有之初至妙者也。至妙未有物理之形耳。夫一之所起，起於至一，非起於無也。然莊子之所以屢稱無於初者何哉？初者未生而得生，得生之難而猶上不資於無，下不待於知，突然而自得此生矣，又何營生於已生以失其自生哉？

這是說有的最初是一，一又起於至一，並不是起於無。他又說：

誰得先物乎哉？吾以陰陽爲先物，而陰陽者，即所謂物耳，誰又先陰陽者乎？吾以自然爲先之，而自然即物之自身耳。吾以道爲先之矣，而至道者，乃至無也。

既已無已，又奚爲先？然則先物者誰乎哉？而有物無已，明物之自然，非有使然也。

這和老子的學說正立在反對地位了。最有趣味的，是郭注莊子庚桑楚。莊子明說：「天門者，無有也，萬物出乎無有，有不能以有爲有，必出乎無有。」郭象却注道：

此所以明有之不能爲有而自有耳，非謂無能爲有也。若無能爲有，何謂無乎？

注文和正文的意思，正是相反。可以見出正文是有時含混，而郭象的思想，却是一貫的。但若承認萬物自無而生，當然用不著造物主，既說萬物由有而生，又不承認有造物主的存在，這種說法，似乎欠完滿。郭象却辯道：

世或謂罔兩待影，影待形，形待造物者。請問夫造物者，有邪？無邪？無也，則何能造品哉？有也，則不足以物衆形。故明乎衆形之自物，而後始可與言造耳。是以涉有物之域，雖復罔兩，未有不獨化於玄冥者也。故造物者無主，而物各自造。物各自造而無所待焉，此天地之正也。

又說：

夫天籟者，豈復別有一物哉？即衆竅比竹之屬，接乎有生之類，會有共成一天耳。無既無矣，則不能生有。有之未生，又不能爲生，然則生生者誰哉？塊然而自生耳。自生耳，非我生也。我既不能生物，物亦不能生我，則我自然矣。自己而然，則謂之天然。天然耳，非爲也，故以天言之。以天言之，所以明其自然也，豈蒼蒼之謂哉？而或天籟役物使從己也。夫天且不能自有，況能有物哉？故天地者，萬物之總名也，莫適爲天，誰主役物乎？故物各自生而無所出焉，此天道也。

(二)無爲　郭象等講無爲，和王弼等不同。王弼等深信萬物之本是「無」，又主張「崇其母以致其子」所以提倡無爲。郭象等深信「有」，又信「有」的自生，所以也主張無爲。就是不加人工，任他自生，以免防碍他的發展。郭象說：

物無貴賤，未有不必知耳目以自通者也。故世之所謂知者，豈欲知而知哉？所謂見者，豈謂見而見哉？若夫知見可以欲爲而得者，則欲賢可以得賢爲聖可以得聖乎？固不可矣。而世不知知之自知，因欲爲知以知之；不見見之自見，因欲爲見以見之；不知生之自生，又將爲生以生之。故見目而求離婁之明，見耳而責師曠之聰。故心神奔馳於內，耳目竭喪於外，身處不適，則與物不冥矣。不冥矣，而能合乎人間之變應乎世之節者，未之有也。

這種主張，很可養成一般人樂天安命的習氣。他爲什麼這樣主張呢？他覺得各種事物都有一定的狀態，一定的分量，都以充足他的形態達到他的分量爲滿足。絲毫不必增加，也不能增加。郭象說：

物各有形，形各有極，各充其極，則物不差分毫。

又說：

夫以形相對，則泰山大於秋毫也。若各據其性分，物冥其極，則形大未爲有餘，形小不爲不足。苟各足於其性，則秋毫不獨小其小而泰山不獨大其大矣。若以性足爲大，則天下之足，未有過於秋毫者也。若性足者非大，則雖泰山亦可稱小矣。

這種見解，是郭象一般人獨到的地方，並不是王弼所可及，更不是老莊所能見到的。他們論政治，也是根據這種原理，所以說：

夫無爲也，則羣才萬品各任其事，而自當其責矣。故曰：「巍巍乎舜禹之有天下，而不與焉。」此之謂也。

又說：

夫無爲之體大矣。天下何所不爲哉？故主上不爲冢宰之任，則伊呂靜而司尹矣。冢宰不爲百官之所執，則百官靜而御事矣。百官不爲萬民之所務，則萬民靜而安其業矣。萬民不易彼我之所能，則天下之彼我靜而自得矣。故自天子以下至於庶人，下及昆蟲，孰能有爲而成哉？是故彌無爲而彌尊也。

但他又怕旁人誤會了無爲之意，把無爲看作任何事情不作，所以他便解釋道：

夫工人能無爲於刻木而有爲於用斧，主上無爲於親事而有爲於用臣。臣能親事，主能用臣，斧能刻木，而工能用斧，各當其能，則天理自然，非有爲也。若乃主代臣事，臣秉主用，則非臣矣。故各司其任，則上下咸得而無爲之理至矣。

又說：

無爲之言，不可不察也。夫用天下者，亦有用之爲耳，然自得此爲率性而動，故謂之無爲也。今之爲天下用者，亦自得耳。但居下者親事，故雖舜禹爲臣，猶稱有爲。故對上下，則君靜而臣動；比古今，則堯禹爲而湯武有事。然各用其性，而天機玄發，則古今上下無爲。誰有爲也？

這是說率性而動，雖然是動，也可稱無爲。他又極力說明不能無爲的害處：

夫在上者，患不能無爲而代人臣之所司，使咎繇不得行其明斷，后稷不得施其播殖，則羣才失其任而主困於役矣。故冕旒垂目而付之天下，天下皆得其自由，斯乃無爲而無不爲者也。但上之無爲則用下，下之無爲則自用也。

當時又有一派人，用「氣」的觀念以代替「有」，以爲天地萬物都由「氣」組成。如魏晉時代所造成的僞列子天瑞篇道：

虹蜺也，雲霧也，風雨也，四時也，此積氣之成乎天者也。山岳也，河海也，金石也，火木也，此積形之成乎地者也。……夫天地空中之一細物，有中之最巨者，……天地不得不壞，則會歸於壞。

這種氣的一原論，自然比專用那抽象名詞「有」清晰多了。這種思想，大概起於南方。因爲東南沿海一帶，時常看見海中風雲變化，自然引氣的觀念。吳人楊泉說：「所以立天地者水也，成天地者氣也。水土之氣，升而爲天，天者君也。夫地有形而天無體，譬如灰焉，煙在上灰在下也。……夫地元氣也，皓然而已，無他物焉。」又說：「所以立天地者水也。夫水，地之本也，吐元氣，發日月，經星辰，皆由水而興。」又說：「土精爲石」又說：「石，氣之核也。氣之生石，猶人筋絡之生爪牙也」這是說天地萬物都是由氣化成，氣是由水吐出。又因爲氣的結晶不同，所以由氣化成土地的形狀也不相同。他說：

夫土地皆有形而人莫察焉，有魚龍體，有麟鳳兒，有弓弩式，有斗石形，有張舒狀，有塞閉容，有隱眞之安，有纍卵之危，有育英之利，有堉塉之害，此四形者，氣勢之始終，陰陽之所極也。

可見魏晉人觀察很精，已經注意到物體結晶的問題了。自然學派研究的結果，歸到科學問題，這也是中國學術一大進步。

氣旣由水吐出，地又由氣化成，那麼氣和土以外必還是水。楊泉說：「九州之外皆水也。余昔在會稽，仰看南山，見雲如瀑練，方數丈，大聲磤磕，須臾山下居民驚駭，洪水大至。」氣旣組成天地，氣的變動，就是天地的變動，雷雨風雪，都是由氣變化而來。楊泉說：「風者，陰陽亂氣激發而起者也，氣因激越而發也。……氣積自然，怒則飛沙揚礫，發屋拔樹。喜則不搖枝動草，順物布氣，天下之性，自然之理也。」又說：「積風成雷」又說：「風清熱之，氣散爲雹。」人也是由氣化成，人死後氣散，就和火滅一般。楊泉說：『人含氣而生，精盡而死，死猶澌也，滅也。譬如火焉，薪盡而火滅，則無火矣。故滅火之餘，無遺炎矣。人死之後，無遺魂矣。』

漢晉學術編年索引

凡例

一、本書索引，分爲人名索引及分類索引二大類。人名索引又分爲普通人名索引及佛教人名索引。分類索引又分爲國家方面及個人方面。

一、普通人名索引人名之排列，以其姓氏筆畫之簡繁爲次。佛教人名索引則以人名末一字筆畫簡繁爲次。

一、每人名之下，注以見於本書之西元。其有年代在後而事蹟預述於他人事蹟之內者，則用〔 〕括之。有年代在前而追述於他人事蹟之內者，則用（ ）括之。

一、各類題目之下，亦注以西元。不復加以預述追述之區別。

目錄

(一)學派之傳授：(1)道家之傳授(2)周易之傳授(3)尚書之傳授(4)詩之傳授(5)禮之傳授(6)春秋之傳授(7)論語之傳授(8)孝經之傳授(9)道教之傳授

(二)個人之著述　(1)著述表(2)單種書籍(3)單篇文章：a論文b對策及上書言事c奏記及移書d詩賦箴頌(4)佛典

索引一 人名索引

(A)普通人名索引

二畫

丁

三畫

士

山

孔

公孫

公戶

公羊

尹

五畫

司馬

司馬相如 前一五〇 前一四三〔前一四〇〕〔前一三九〕 前一三五 前一二九 前一一八 司馬談 前一三五 前一一一 前一一〇 司馬遷 前一一一 前一一〇 前一〇九 前一〇八 前一〇四 前九八 前九〇 司馬朗 一九九 司馬彪 二六六 三〇六

申

申培 前二〇一 前一八七 前一七八 前一七四 前一五五 前一四〇 前一三九 申輓 前五三 申章昌 前五三 申咸 前六

田

田何 前二〇二 田由 前一六四 田王孫 〔前一五四〕〔前一三四〕 前七九 (前五九)

田終術 前八 一〇

左

左吳 前一六四 左咸 〔前四四〕 前七 一一 左雄 一三二 左思 二七二 二八一 二九一 三〇一

白

白生 前二〇一 前一七四 白光 前七九 白奇 〔前六七〕

七畫

李

杜

宋

八畫

施讐 〔前一五四〕前七九 前五九 前五一（前四七）

卽墨

卽墨成 前二〇二

食

食子公 前八五

洼

洼丹 三五 四一

皇甫

皇甫謐 二五四 二七五 二八一 二八二

柳

柳褒 前五九

紀

十畫

耿壽昌 前五二 耿況 前二三
郗
郗萌 七四 郗慮 二〇〇 二〇八
展
展隆 七四
殷
殷崇（前五〇）
乘
乘弘 前四五
桑
桑欽 前一八
浮
浮丘

浮丘伯 前二〇一 前一八七
師
師丹 （前七二）前三二 前七 前六
粟
粟豐 前八五
貢
貢禹 （前一〇〇）前四八 前四四（前四〇）
冥
冥都 前四四
郎
郎宗 （一三三） 郎楷 一三三
浩星

痲

痲光　前七五

栝

栝育　前七五

眭

眭孟　前七八（前四四）

庸

庸譚（前一〇〇）（前一八）

假

假倉　前五一　前四六

終

終軍（前一四〇）前一二三　前一一六　前一一三

魚

魚豢 二二三

被

被公 前五九

第五

第五元 一四七

寇

寇恂 二七

昝

昝融 一九二

梁丘

梁丘賀 （前一五四）（前一三四）前七九 前六六 前五九 前五五

梁丘臨 前五九 前五五 前五一 前三八

十三畫

十四畫

十五畫

鄭

蔡

十六畫

十八畫

十九畫

二十畫

二十一畫

二十二畫

（B）佛教人名索引

六畫

七畫

八畫

九畫

十三畫

十四畫

十五畫

索引二 分類索引

A國家方面

(一)定禮樂

禮制

(1)漢高帝定正朔服色 前二〇六
(2)漢叔孫通定禮儀 前二〇〇 前一九五
(3)漢武帝制封泰山禮儀 前一一〇
(4)漢武帝定禮儀 前一〇四
(5)漢王莽定婚禮 三
(6)東漢光武正火德色尚赤 二六
(7)東漢東平王蒼定禮儀制度 五八
(8)東漢應劭定律令爲漢儀 一九六
(9)蜀劉備使許慈孟光等典掌制度 二一四
(10)魏曹操使衛覬王粲典制度 二一六 二一七
(11)吳孫權使張昭等撰定朝儀 二二一
(12)魏改正朔服色 二三七
(13)吳闞澤制太子行出入及見賓儀 二四二
(14)晉司馬昭命荀顗等撰新禮 二六四
(15)晉襲用魏正朔服色 二六六
(16)晉摯虞定禮儀 三一一

建議及討論

(1)漢文帝議定禮儀 前一七九

(2)漢賈誼請定禮樂 一七七
(3)漢宣帝議尊武帝 前七二
(4)漢王吉上疏請制禮 前四八
(5)漢議罷郡國廟 前四〇
(6)漢議毀太上皇孝惠皇帝寢廟園 前三九
(7)漢議復諸毀廟 前三六
(8)漢劉向上疏請興禮樂 前七
(9)漢議毀武帝廟 前七
(10)漢哀帝議爲共皇立廟京師 前六
(11)漢劉歆等議爲王莽母服 八
(12)東漢議宗廟之禮 四三
(13)東漢曹褒上漢禮 八五 八六 八七 九三
(14)東漢張奮請定禮樂 九七 一〇一
(15)吳張昭論爲舊君諱 一九三
(16)魏王肅等議禘祫之禮 二三二
(17)魏蔣濟等請定封禪儀 二三八
(18)魏王肅議明帝喪禮 二三九
(19)魏王肅議祭明帝 二四〇
(20)晉摯虞等議禮 二八一

行禮及祭祀

(1)漢置太祝官於長安 前二〇五
(2)漢武帝議立明堂 前一四〇 前一三九
(3)漢武帝祀竈 前一三三
(4)漢武帝封泰山 前一一〇

(5)漢匡衡等議郊祀之制 前三二
(6)漢匡衡議罷諸淫祀 前三一
(7)漢谷永淸禁祭祀方術事 前一四
(8)漢封孔子後爲湯後 前八
(9)漢王莽立辟雍 四
(10)東漢定禘祫之制 五〇
(11)東漢光武行封禪 五四
(12)東漢光武起明堂靈臺辟雍 五六
(13)東漢樊儵等定郊祀禮儀 五八
(14)東漢明帝臨辟雍尊事三老五更 五九
(15)漢桓帝祀老子 一六五 一六六
(16)魏營洛陽南委粟山爲圜丘 二三七
(17)魏養三老五更 二五七

樂制

(1)漢訂安世樂 前一九三
(2)漢景帝爲昭德舞 前一五六
(3)漢河間獻王獻雅樂 前一三〇
(4)漢立樂府 前一一一
(5)漢宋曄上書言河間樂義 前二四
(6)漢哀帝罷樂府官 前七
(7)東漢改太樂爲太予樂 六〇
(8)魏改漢樂 二二一
(9)魏改太予樂爲太樂 二二七
(10)吳韋昭制鐃歌十二曲 二二九

(11)晉傅玄制短簫鐃歌曲 二六五
(12)晉傅玄荀勗上樂歌 二六九
(13)晉荀勗造正德大豫之舞 二七二
(14)晉荀勗定律法 二七四

(二)設立教育機關

中央

(1)漢文帝置經傳諸子博士 前一七九
(2)漢武帝置五經博士 前一三六
(3)漢武帝爲博士置弟子員 前一二四
(4)漢武帝詔天下郡國立學宮 前一二四
(5)漢昭帝增博士弟子員 前八二
(6)漢宣帝立梁丘易大小夏侯尚書 前五一
(7)漢宣帝增博士弟子員 前四九
(8)漢元帝下詔博士弟子無置員 前四四
(9)漢王莽立古文學 前一八五
(10)漢王莽立學校 三
(11)新莽爲太子置師友祭酒 一一
(12)新莽立周官 二一
(13)東漢光武立太學 二九
(14)東漢光武廣博士之選 三一
(15)東漢明帝爲四姓小侯立學 六六
(16)東漢順帝繕起太學 一三一 一三二
(17)東漢桓帝置秘書監 一五九
(18)東漢曹操下令興學 二〇三

(19)魏曹操作泮宮 二一七
(20)魏立太學 二二四
(21)魏立律博士 二二七
(22)吳立都講祭酒以教學諸子 二三〇
(23)魏立崇文觀 二三六
(24)魏劉馥陳儒訓之本 二四五
(25)魏立王朗易傳於學官 二四五
(26)吳立學 二五八
(27)晉武帝立國子學 二七六
(28)晉惠帝改中書著作為秘書著作 二九一
(29)晉裴頠奏修國學刻石寫經 二九三

地方

(1)漢文翁於蜀郡立學校 前一五八
(2)東漢寇恂立學校於汝南 二七
(3)東漢李忠在丹陽立學校 三〇
(4)東漢伏恭在常山修學校 四〇
(5)東漢楊仁在什坊倡義學 七六
(6)東漢孔融在北海立學校 一九〇
(7)東漢劉表在荆州立學宮 一九九
(8)魏杜畿倡河東學業 二〇六
(9)魏王基在荆州修學校 二四八
(10)晉虞溥在鄱陽修庠序 二七九

(三)提倡學術

獎勵學術及技術(附禁止)

(1)漢齊國用黃老術　前二〇一
(2)漢文帝用道家言　前一七九
(3)漢淮南王倡道術　前一六四
(4)漢河間王倡儒術　前一五五
(5)漢梁孝王用辭賦之士　前一五二
(6)漢武帝黜黃老刑名百家之言　前一四〇　前一三五
(7)漢武帝用辭賦之士　前一四〇
(8)漢代提倡文字學　前六一
(9)漢宣帝用辭賦之士　前五九
(10)漢宣帝用法令之士　前四九
(11)漢哀帝用太平道　前五
(12)漢王莽徵天下異能之士　五
(13)新莽募有奇技術者　一九
(14)新莽使太醫習刳剝之術　一九
(15)東漢徵通內讖者　二六
(16)東漢光武以讖決郊祀　三六
(17)東漢章帝詔諸儒各選高材生受古文　八三
(18)東漢和帝幸東觀　一〇一
(19)東漢蔡倫獻紙　一〇五
(20)東漢舉隱逸大儒　一〇六
(21)東漢安帝舉能通古文者　一二三
(22)東漢張衡造候風地動儀　一三二
(23)東漢靈帝置鴻都門學生　一七八

(24)東漢靈帝舉能通古文者 一八〇
(25)東漢禁讖緯及兵書 二一八
(26)晉禁星氣讖緯之學 二六七
(27)晉荀勗作古尺以調聲律 二七三
(28)晉摯虞奏用古尺 二八三

蒐集及整理古籍(附賜書)

(1)漢文帝使鼂錯受尙書 前二〇一
(2)漢除挾書律 前一九一
(3)漢顏貞出孝經 前一九〇
(4)漢河間獻王徵集古書 前一五五
(5)漢魯恭王得古文經傳 前一四一
(6)漢河內女子得古文舊籍 前七四
(7)漢東平王求古書不與 前二八
(8)漢成帝求遺書於天下 前二六
(9)漢劉向校秘書 前二六
(10)漢張霸上百兩篇尙書 前二五
(11)漢劉歆校秘書 前七 前六
(12)漢成帝賜班嗣秘書 二五
(13)東漢光武命尹敏校圖讖 二六
(14)東漢章帝詔楊終刪太史公書 八〇
(15)東漢章帝賜東平王蒼秘書列仙圖 八三
(16)東漢安帝使馬融等校書東觀 一一〇
(17)東漢順帝使伏無忌等校書東觀 一三六

(18)東漢刻石經立於太學 一七五 一八三
(19)東漢書籍之散失 一九五
(20)東漢求蔡邕遺書 二〇三
(21)東漢袁渙請大收篇籍 二一三
(22)魏刻文帝典論立於太學 二三〇
(23)魏刻三體石經 二四五
(24)魏鄭默校中經 二五九
(25)晉荀勗領秘書監 二七三
(26)晉得汲冢古書 二七九
(27)晉整理汲冢古書 二八一 二九六

勅撰

(1)漢文帝使博士作王制 前一六四

(2)漢作郊祀歌十九章 前一二〇 前一一三 前一一二 前一〇九 前一〇一 前九四
(3)東漢明帝使班固等作世祖本紀 六三
(4)東漢明帝使馬嚴等雜定建武注記 七二
(5)東漢章帝使賈逵出左氏長義 七六
(6)東漢班固作白虎議奏 七九
(7)東漢章帝使賈逵撰古今尚書同異 八一
(8)東漢章帝命賈逵撰古今詩同異 八一
(9)東漢鄭衆作春秋删 八三
(10)東漢班昭受詔續漢書 九六

(11)東漢馬續受詔續漢書 一〇九
(12)東漢安帝使劉珍等撰漢記漢禮 一二〇
(13)東漢順帝命伏無忌黃景撰漢記 一三六
(14)東漢桓帝命邊韶等撰漢記 一五一 一五二
(15)東漢靈帝使蔡邕等撰續漢記 一七七 一七八
(16)東漢靈帝使劉陶次弟春秋條例 一八三
(17)魏令王象等撰皇覽 二二〇
(18)吳命韋昭等撰吳書 二五二
(19)魏命王沈等撰魏書 二五四
(20)晉命陳壽撰諸葛亮集 二七四
(21)晉張華草晉史 二八〇
(22)晉命束皙造晉書 二九六
(23)晉惠帝命寫陳壽三國志 二九七

制訂曆法

(1)漢高祖用秦歷 前二〇六
(2)漢張蒼定歷法 前一七六
(3)漢公孫臣議律曆 前一六六 前一六五
(4)漢武帝造太初歷 前一〇四
(5)漢張壽王議太初歷 前七五
(6)東漢明帝詔楊岑署弦望月食官 六二
(7)東漢明帝命張盛景防署弦望月食 六九
(8)東漢章帝行四分曆 八五
(9)東漢張衡等論歷 一二三

(10)東漢邊韶等議歷 一四三
(11)東漢劉洪上七曜術 一七四
(12)東漢蔡邕等議歷 一七五
(13)魏韓翊造黃初曆 二二二
(14)吳孫權用乾象歷 二二三
(15)魏楊偉作景初歷 二三七

討論學術

(1)漢轅固與黃生議湯武革命 前一四七
(2)漢董仲舒江公議公羊穀梁之學 前一二三
(3)漢議罷鹽鐵榷酤 前八一
(4)漢宣帝詔諸儒議公羊穀梁異同 前五三
(5)漢宣帝平五經同異 前五一

(6)漢劉歆等議立古文學 前六
(7)東漢范升陳元等議立左氏春秋 二八
(8)東漢明帝詔班固等對史記 七四
(9)東漢章帝平五經同異 七九
(10)魏王肅與其主論漢事 二三八
附(11)蜀杜瓊與譙周論內學 二五〇
(12)魏主幸太學論學 二五六
(13)晉張華等議華嶠漢後書 二八六
(14)晉賈謐等議晉書斷限 二九一
附(15)晉紀瞻顧榮論易太極 三〇六

(四)引用人才

定考試或選舉之法

(1)漢文帝舉賢良 前一六五
(2)漢武帝定郡國舉孝廉人數 前一三四
(3)漢武帝議不舉孝廉者之罪 前一二八
(4)東漢章帝詔四科取士 八三
(5)東漢和帝詔議郡國取孝廉人數 九三
(6)東漢徐防請以五經試博士弟子 一〇二
(7)東漢順帝舉明經 一三二
(8)東漢順帝以四科取士 一四二
(9)東漢質帝令郡國舉明經 一四六
(10)東漢桓帝詔課試諸學生 一四七
(11)東漢蔡邕議選舉之法 一七五
(12)魏立九品官人之法 二二〇

(13)魏定課試之法 二三四
(14)魏詔郡國以經學貢士 二二七
(15)魏詔以學行優劣用博士 二二七
(16)魏下詔課試郎吏 二三〇
(17)魏使劉邵作都官考課之法 二三八
(18)晉衛瓘請廢九品官人之法 二八八
(19)晉詔國子學品第諸生 二九三

臨時引用者

(1)漢高帝舉賢才 前一九六
(2)漢武帝舉賢良 前一四〇
(3)漢武帝使褚大等循行天下舉獨行君子 前一一七

(4)漢昭帝取賢良文學　前八二

(5)漢元帝詔舉質樸敦厚遜讓有行之士　前四三

(6)漢成帝命丞相御史舉博士　前二四

(7)漢安帝詔求有道術之士　一〇八

(8)漢桓帝詔舉賢良方正及至孝篤行之士　一四七

(9)漢曹操用賢士　二一〇

(10)晉留用太學生　二七二

(B)個人方面

(一)學派之傳授

(1)道家之傳授　個人年代已見於人名索引者，不重錄。

道家傳授表　前二〇一　劉安　莊遵　安丘望之　耿匡　王伋

(2)周易之傳授

漢
- a 周易傳授表 前二〇二
- b 費氏易—費直—王璜
- c 高氏易—高相
  - 高康
  - 母將永

東漢
- a 施—戴賓
- b 孟—丹　鮭陽鴻
- c 梁丘—梁恭　呂羌　范升—楊政
- d 京—戴憑　魏滿

(3)尚書之傳授

漢
- 今文—尚書傳授表 前二〇二
- 古文—古文尚書傳授表 前一四一

東漢
- 今文
  - a 歐陽—桓榮
    - 丁鴻
    - 桓郁
    - 歐陽歙　牟長　尹敏　張奐
  - d 大夏侯—賈逵　張馴
  - c 小夏侯
- 古文—周防　丁鴻—楊倫　張楷　孔僖

(4)詩之傳授

漢
- 魯詩—魯詩傳授表 前一八七
- 齊詩—齊詩傳授表 前一四七
- 韓詩—韓詩傳授表 前一四五
- 毛詩 前一五五 前一八五

東漢
- 魯詩—魏應　魯丕　高詡
- 齊詩—伏黯—伏恭
- 韓詩—薛漢—杜撫—趙曄
- 毛詩—衛宏　孔僖

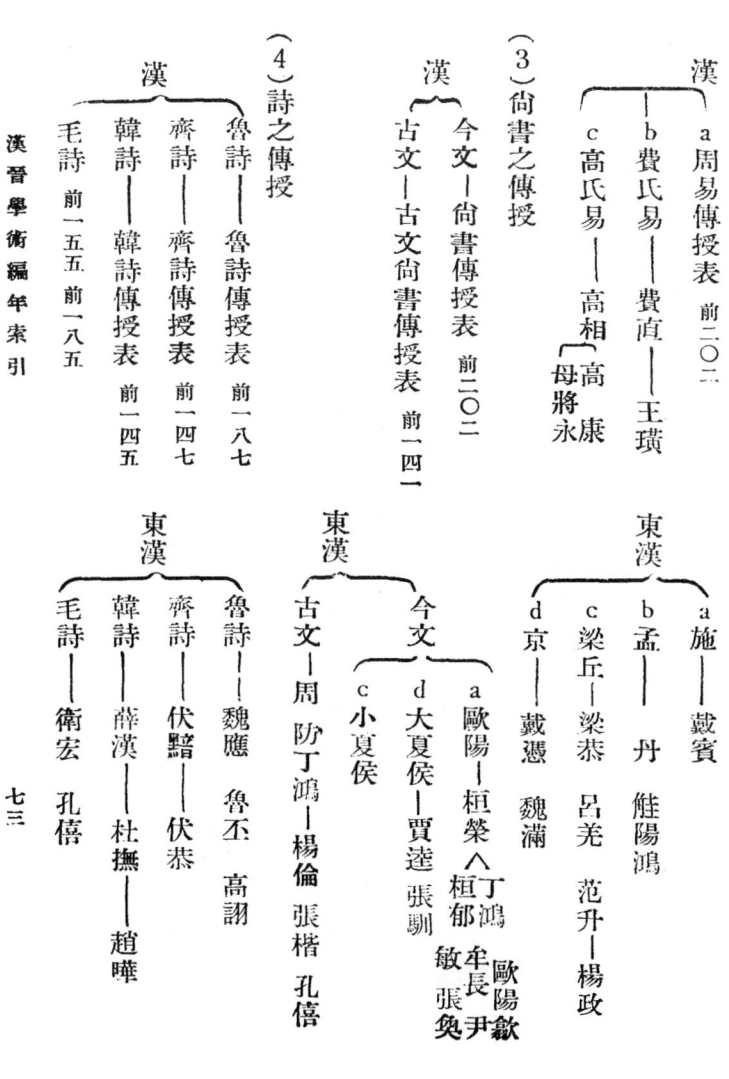

(5)禮之傳授

- 漢
  - 儀禮——禮傳授表 前二〇一
  - 周官 前一五五 二一
- 東漢
  - 儀禮
    - 大戴
    - 小戴
    - 慶氏
    - 鄭玄
    - 曹充—曹褒
    - 董鈞
  - 周官——杜子春
    - 鄭衆
    - 賈逵

(6)春秋之傳授

- 漢
  - 公羊—公羊氏春秋傳授表前一五六
  - 穀梁 前一八七 前一二三 前五三
  - 左氏—左氏春秋傳授表 前二〇一
- 東漢
  - 公羊
    - 顏—張玄
    - 嚴—丁恭—鍾興 樊儵 樓望
    - 程曾 張霸—張楷
  - 穀梁
  - 左氏—陳欽—陳元 賈徽 賈逵
    - 鄭興—鄭衆 潁容 謝該

(7)論語之傳授

- 漢—論語傳授表 前一〇〇
- 東漢—包咸 鄭玄

(8)孝經之傳授

- 漢 前一九〇

（一）道教之傳授

甘忠可—夏賀良—李尋　于吉—宮崇　襄楷
　　　　　　　　　　　　　—張角

張陵—張衡—張魯—張盛　陳瑞　王浮　葛玄—鄭隱—葛洪
　　　　　　　　　　　　　　　　　　　鮑靚—

（二）個人之著述

（1）著述表

劉安著述表　前一二二
京房著述表　前三七
劉向著述表　前七
楊雄著述表　一八
劉歆著述表　二三
衛宏著述表　三〇
桓譚著述表　五六
趙曄著述表　七六
鄭衆著述表　八三
班固著述表　九二
賈逵著述表　一〇一
曹褒著述表　一〇二
許愼著述表　一二一
張衡著述表　一三九

司馬彪著述表 三〇六
摯虞著述表 三一一
郭象著述表 三一一

(2)單種書籍（以有特別標題或稍採原文及簡單介紹者爲限）

陸賈上新語 前一九六
賈誼作新書 前一六八
劉安作內書 前一六四
董仲舒作春秋繁露 前一五六
虞初作周說 前一〇四
司馬遷作史記 前一〇四
桓寬作鹽鐵論 前八一

褚少孫補史記 前六五
耿壽昌作月行度 前五二
劉向作列女傳新序說苑 前一六
甘忠可作太平經 前五
楊雄作太玄經 前二
伏黯作齊詩章句 一五
崔篆作易林 二五
班彪作史記後傳 三六
班固作漢書 六二 七三
伏恭刪簡伏黯齊詩章句 六一
樊儵刪定公羊嚴氏春秋 六七
賈逵作左氏傳國語解詁 七四

李育作難左氏義 七六
王充作論衡 八四
桓榮桓郁減朱普尚書章句 九三
許愼作說文解字 一〇〇 一二一
張霸減樊儵之嚴氏春秋 一〇三
班昭作女誡 一〇七
王逸作楚注辭 一一八
馬融著易尚書詩禮傳 一三八
張陵作道經 一四二
馬融注周官 一四四
魏伯陽作周易參同契 一四七
應奉作漢事 一五三

張奐減歐陽尚書牟氏章句 一五五
趙岐作孟子章句 一五八
王符作潛夫論 一六二
何休著公羊春秋解詁 一六八
劉洪作七曜術 一七四
盧植作尚書章句 一七六
劉洪作乾象曆 一八一
鄭玄注古文尚書毛詩論語 一八四
服虔注左傳 一八八
潁容著春秋條例 一九〇
牟子作理惑論 一九一
應劭作漢儀 一九六

樂詳作左氏樂氏問 一九六
虞翻作易傳 二〇一
高誘注淮南子 二〇五 二一二
荀悅作申鑒及漢紀 二〇五
王粲作算術 二一七
徐幹著中論 二一七
曹丕作典論 二一七
仲長統著昌言 二二〇
張昭著春秋左氏傳解及論語注 二二九
張揖上古今字詁及廣雅 二三二
劉劭作樂論 二三九
闞澤著乾象歷注 二四二

王弼注老子 二四三
何晏作道德二論 二四四
何晏作論語集解 二四五
王基作時要論 二四八
王肅作家語解詁 二五〇
向秀注莊子 二五三
鍾會作四本論 二五三
劉徽注九章 二六三
張華撰博物志 二六七
裴秀作禹貢地域圖 二六八
陳壽作益部耆舊傳 二七一
韋昭作洞紀及官職訓辯釋名 二七三

陳壽撰三國志 二七四 二七八
傅玄作傅子 二七八
楊泉作太玄經及物理論 二八〇
杜預作春秋左氏經傳集解 二八二
摯虞作族姓昭穆 二八五
華嶠作漢後書 二八六
魯勝作墨辯注 二九一
鮑靚撰三皇經 二九二
王浮作化胡經 二九九
徐苗著五經同異評及玄微論 三〇二
劉兆作春秋調人及全綜 三〇二
王接注公羊春秋 三〇五
司馬彪作續漢書 三〇六
摯虞作文章流別論 三一一
華譚作辨道 三一三

(3)單篇文章

(a)論文

董仲舒論五行 前一四八
司馬談論六家要旨 前一三五
董仲舒論陰陽 前一三四
楊貴論贏葬 前一三三
王莽行井田詔 九
班彪作王命論 二五
張衡作渾天說及靈憲 一二四

張衡論圖讖之術 一三四
馬融辨僞太誓 一三八
崔實作政論 一四七
朱穆作崇厚論 一四九
趙岐作孟子章句序 一五八
趙岐作禦寇論 一六六
延篤論仁孝先後 一六七
何休作公羊解詁序 一六八
趙壹作非草書 一七八
劉梁辯和同 一八一
曹植作辯道論 二一八
韋昭作博奕論 二四二

何晏論語集解序 二四五
沐並論贏葬 二四八
王肅作家語解詁序 二五〇
嵇康論君子無私 二五三
王蕃作渾天象說 二五八
劉徽九章注序 二六三
姚信作昕天論 二六七
裴秀禹貢地域圖序 二六八
劉智作天論 二八〇
皇甫謐左思三都賦序 二八一
杜預春秋左氏經傳集解序 二八二
衛恆作四體書勢 二八九

潘尼著安身論 二八九
魯勝作正天論及墨辯注序 二九一
夏侯湛作昆弟誥 二九一
歐陽建作言盡意論 二九一
石崇作金谷會序 二九六
裴頠作崇有論 二九九
郭象作莊子序 三一〇

(b)對策及上書言事

賈山上至言 前一七八
賈誼上治安策 前一七三
東方朔上書 前一三八
董仲舒對策 前一三四
公孫宏對策 前一三〇
主父偃莊安徐樂上書 前一二八
終軍對白麟奇木 前一二二
東方朔對武帝問 前一〇七
翼奉上書言事 前四八 前四七 前四六
匡衡上書言事 前四六
劉更生上書言事 前四三 前一〇
京房對元帝問 前四一
京房上書言事 前三七
梅福上書言事 前八
李尋上書言事 前七
杜鄴對策 前二

班彪上書言事 四七
魯丕對策 七六
孔僖上書自頌 八五
竇憲上疏請帝涉經學 八九
丁鴻上封事 九二
張衡上書言事 一二六 一三四
楊倫上書言事 一二七
郎顗上書言事 一三三
馬融爲梁冀草奏李固 一四七
襄楷上書言事 一六六
荀爽對策 一六六
蔡邕上書言事 一七七 一七八

孔融上書薦謝該 一九六
虞翻奏易注及鄭玄解尚書違失事因 二一〇
路粹爲曹操枉奏孔融 二〇八
曹植上書言事 二二三
華歆上書薦鄭小同 二二七
王肅上疏 二三四 二三六
夏侯惠上書薦劉 二三四
高堂隆上疏言事 二三六
張華移書薦成公綏 二六五
華覈上疏救韋昭 二七三
華覈上疏救薛瑩 二七三
摯虞夏侯湛對策 二七三

文立辭散騎常侍　二七四
馮紞對晉武帝問　二八六
紀瞻對策　二九六
范郡等請採用陳壽三國志　二九七
陸機等上疏薦賀循　二九八

(c)奏記及移書

司馬遷致任安書　前九〇
楊惲報孫會宗書　前五四
李尋說王根　前八
劉歆移書讓太常博士　前六
楊雄致書劉歆　一五
朱穆奏記梁冀　一四六
高彪遺馬融書　一七八
蔡邕薦邊讓於何進　一八五
鄭玄致子益恩書　一九六
孔融致書王朗　一九八
曹丕答王朗書　二一九
阮籍奏記蔣濟　二四二
沐並戒子　二四八
王弼白書戲荀融　二四九
嵇康致書山濤　二六一
阮籍爲鄭冲等奏記司馬昭　二六一

(d)詩賦箴頌（以在本書有特別標題及採入原文或簡單介紹

者爲限○）
枚乘等作賦 前一五二
司馬相如作子虛賦 前一五○ 前一三五
枚乘作七發 前一四一
枚皋作賦 前一四○
劉安作離騷賦 前一三九
司馬相如作難父老 前一二九
王褒等作賦 前五九
韋玄成作詩自劾 前五二
韋玄成作詩戒子 前四二
楊雄作賦 前一四
杜篤作論都賦 四四

傅毅作北海王誄 六四
劉蒼作光武中興頌 七二
崔駰上四巡頌 八七
班昭作東征賦 一一三
馬融上廣成頌 一一五
馬融作東巡頌 一二四
張衡作東巡誥 一二四
張衡作鴻賦 一二八
邊韶作河激頌 一三四
鄭玄作嘉禾頌 一四二
馬融作上林頌 一五三
王延壽作桐栢淮源廟碑 一六三

邊韶作老子銘　一六五
趙壹作刺世疾邪賦　一七八
蔡琰作悲憤詩　二〇三
曹丕曹植作銅爵臺賦　二一二
曹丕等作寡婦賦　二一二
曹植作東征賦　二一四
仲長統作詩　二二〇
曹植作洛神賦　二二二
曹植獻詩　二二三
曹植爲琴瑟調歌辭　二三二
嵇康著遊山九吟　二三八
張華作感婚賦　二四九

阮籍作鳩賦　二四九
阮籍作首陽山賦　二五四
阮籍作詩　二五七
嵇康作詩別郭遐周　二五八
應貞在芳林園作詩　二六八
左思作三都賦　二七二
潘岳作秋興賦　二七八
張載作劍閣銘　二八〇
潘岳作西征賦　二九二
潘岳作閒居賦及悼亡詩　二九五
陸機作弔魏武帝文　二九八
張協作雜詩　三〇七

（4）佛典

出經之年	經名：華嚴部	大集部	寶積部	般若部	法華涅槃部	本緣部	經集部	阿含部	律部	譯經人
一四七			阿閦佛國經							支讖
一五一								七處三觀經		安清
一五二								普法義經		安清
一五六								人本欲生經		安清
一六七							道地經			安清
一七二				道行經						竺佛朔
一七九				般若道行品						支讖
一八〇		般舟三昧經	寶積經							支讖
一八一			法鏡經							安玄
一八三		般舟三昧經								竺佛朔
一八六		大集經					首楞嚴經			支讖

一九四						與起行經		四諦經梵網經舍利弗連遊四衢經		康孟詳
一九七						修行本起經				康孟詳 竺大力
二〇七						中本起經				康孟詳 曇果
二二四						法句經				維祇難
二三〇								三摩竭經 梵志經		竺律炎
二五〇									僧祇戒本	曇柯迦羅
二五二			郁伽長者所問經 無量壽經							康僧鎧
二五三						菩薩本緣經瑞應本起經	佛說維摩詰經了本生死經			支識
二五四									四分戒本	曇諦
二五六					法華三昧經					支畺梁接
仝上			佛說須賴經							白延
二六五		無盡意經			薩芸芬陀利經					竺法護

二六六							須眞天子經			竺法護
二六八				小品經						竺法護
二六九					方等般泥洹經					竺法護
二七〇						光德太子經				竺法護
二七一				新道行經			佛昇忉利天爲母說法經			竺法護
二八〇			密迹金剛力士經			六度集雜譬喻				竺法護
二八四					阿維越致經		修行經			竺法護
二八五			大善權經			生經	海龍王經 賢劫經			竺法護
二八六				光讚般若經	正法華經		持心經			竺法護
二八七		寶女經	普門品經							竺法護
二八九			離垢施女經				文殊師利淨律經 魔逆經			竺法護
二九〇			寶髻菩薩所問經							竺法護
二九一				放光般若			首楞嚴經			竺叔蘭

	度世品經　如來興顯經	大哀經					勇伏定經			竺法護
二九四								聖法印經		竺法護
二九七	漸備一切至德經　金剛菩薩行經									竺法護
三〇〇							賢刼經			竺法護
三〇一						法句譬喻經				法炬法立
三〇三			彌勒菩薩所問本願經　胞胎經			五百弟子自說本起經	彌勒下生經			竺法護
三〇四			阿闍貰女經				所欲致還經			竺法護
三〇七		阿差末經								竺法護
三〇八			無量壽經				普曜經	弘道廣顯三昧經		竺法護

中華民國二十一年十二月初版
中華民國二十四年四月本館再版

版權所有
翻印必究

(03171)

漢晉學術編年四册
每部定價大洋貳元肆角
外埠酌加運費匯費

編輯者　劉汝霖
發行人　王雲五　上海河南路
印刷所　商務印書館　上海河南路
發行所　商務印書館　上海及各埠

商

民国首版学术经典丛书第一辑

留欧外史（第一辑上编）/ 黎锦晖
清代学术概论 / 梁启超
中国目录学史 / 姚名达
理学纲要 / 吕思勉
中国殖民史 / 李长傅
白话本国史（四册）/ 吕思勉
近代中国留学史 / 舒新城
五十年来中国之文学、论文杂记 / 胡适、刘师培
历史研究法与中国文字变迁考 / 吕思勉
苏曼殊年谱及其他 / 柳亚子
中国商业史 / 王孝通
妙峰山 / 顾颉刚
中国文字学史（上下）/ 胡朴安

民国首版文学经典丛书第一辑

新月诗选 / 陈梦家
火灾 / 邱东平
我们的六月 / 朱自清
红的天使 / 叶灵凤
红雾 / 张资平
未完的忏悔录 / 叶灵凤
生死场 / 萧红
云游、志摩的诗 / 徐志摩
徐志摩选集 / 徐志摩
休息、给予者 / 王实味、欧阳山
迷羊 / 郁达夫
第七连 / 邱东平
弘一大师永怀录 / 弘一大师纪念会
石门集 / 朱湘
飞絮 / 张资平
鲁迅杰作选 / 鲁迅
胡适留学日记（四册）/ 胡适

民国首版学术经典丛书第二辑

东西文化及其哲学 / 梁漱溟
印度哲学概论 / 梁漱溟
中国历史研究法 / 梁启超
中国历史研究法补编 / 梁启超
中国小说史略 / 鲁迅
汉晋学术编年（四册）/ 刘汝霖
淮南鸿烈集解（上、下册）/ 刘文典
近代中国教育史料（四册）/ 舒新城
人生哲学（上卷）（上、下册）/ 李石岑
太炎文录续编（上、下册）/ 章太炎
中国百名人传（上、下册）/ 陈翊林
中国画学全史（上、下册）/ 郑昶
中国女性文学史（上、下册）/ 谭正璧
中国哲学史大纲（上卷）/ 胡适
中国文化史（上、下册）/ 柳诒徵
经学教科书 / 刘师培
中国学术史讲话 / 杨东莼
穆天子传西征讲疏 / 顾实
中国伦理学史 / 蔡元培
宋学概要 / 夏君虞

民国首版文学经典丛书第二辑

中国新文坛秘录 / 阮无名
曼殊六记 / 苏曼殊
英兰的一生 / 孙梦雷
一叶 / 王统照
新生代 / 齐同
二月 / 柔石
丽莎的哀怨 / 蒋光慈
苔莉 / 张资平
古庙集 / 章衣萍
海滨故人 / 庐隐
呼兰河传 / 萧红
公墓 / 穆时英
秋风集 / 章衣萍
囚绿记、龙山梦痕 / 陆蠡、徐蔚南
愤怒的乡村 / 鲁彦
泪珠缘（五册）/ 陈蝶仙
春醪集 / 梁遇春
缀网劳蛛 / 落华生
旧梦 / 刘大白
漩涡里外 / 杜衡
都市风景线 / 刘呐鸥
山野掇拾 / 孙福熙
西北远征记 / 宣侠父
花之寺 / 凌叔华
爱眉小札 / 徐志摩
怀旧集 / 柳亚子
音乐会小曲 / 陶晶孙

图书在版编目（CIP）数据

汉晋学术编年：全 4 册 / 刘汝霖著．—上海：上海科学技术文献出版社，2015.4
（民国首版学术经典丛书．第 2 辑）
ISBN 978-7-5439-6546-1

Ⅰ．①汉…　Ⅱ．①刘…　Ⅲ．①学术思想—编年史—中国—汉代～晋代　Ⅳ．① B234 ② B235

中国版本图书馆 CIP 数据核字（2015）第 027408 号

责任编辑：张　树　王卓娅
封面设计：周　婧

汉晋学术编年（一～四册）
刘汝霖　著
出版发行：上海科学技术文献出版社
地　　址：上海市长乐路 746 号
邮政编码：200040
经　　销：全国新华书店
印　　刷：上海中华商务联合印刷有限公司
开　　本：850×1168　1/32
印　　张：40.75
版　　次：2015 年 4 月第 1 版　2015 年 4 月第 1 次印刷
书　　号：ISBN 978-7-5439-6546-1
定　　价：238.00 元
http://www.sstlp.com